国家哲学社会科学成果文库

NATIONAL ACHIEVEMENTS LIBRARY
OF PHILOSOPHY AND SOCIAL SCIENCES

均衡与非均衡：中国宏观经济与转轨经济问题探索

袁志刚　著

北京师范大学出版集团
BEIJING NORMAL UNIVERSITY PUBLISHING GROUP
北京师范大学出版社

袁志刚　1958 年 1 月出生于上海。1993 年毕业于法国巴黎社会科学高等研究院（EHESS），获经济学博士学位，1994 年留复旦大学经济学系工作至今。现任复旦大学经济学院院长、教授、博士生导师，长江学者。兼任复旦大学理论经济学博士后流动站站长、复旦大学就业与社会保障研究中心主任，并被英国杜伦大学聘为访问教授。在经济学权威、核心杂志和重要报刊上发表论文 130 余篇，撰写并主编各类经济学类著作及教材 20 余部，论文、著作 20 余项获省部级奖项，并在科研、教学等方面获得多项国家级奖励。多年来一直从事宏观经济学和非均衡经济学的研究。近年来将研究重点转移到社会保障尤其是养老保险问题上面，论文被广泛引用。同时，还致力于对中国宏观经济运行的研究，如中国居民消费、金融改革和房地产等宏观经济问题的研究。

《国家哲学社会科学成果文库》
出 版 说 明

为充分发挥哲学社会科学研究优秀成果和优秀人才的示范带动作用，促进我国哲学社会科学繁荣发展，全国哲学社会科学规划领导小组决定自2010年始，设立《国家哲学社会科学成果文库》，每年评审一次。入选成果经过了同行专家严格评审，代表当前相关领域学术研究的前沿水平，体现我国哲学社会科学界的学术创造力，按照"统一标识、统一封面、统一版式、统一标准"的总体要求组织出版。

全国哲学社会科学规划办公室
2011 年 3 月

目　　录

第三篇 宏观经济研究专题一：
宏观经济波动、城市化与全球化

第四篇　宏观经济研究专题二：
消费、储蓄与房地产市场

第五篇　就业理论研究

第七篇　创新、教育与知识经济

CONTENTS

序

　　本书内容主要包括非均衡经济理论研究及其在中国宏观经济分析中的应用；中国经济转轨与国有企业问题；在全球化、工业化和城市化过程中我国宏观经济所面临的各种问题；宏观经济的增长与波动；居民消费、储蓄和房地产市场波动；就业、失业问题与社会保障问题研究；创新、教育与知识经济对于中国经济长期增长的重要性等。这些问题具有很强的时代性，许多是中国经济在不同历史时期所面临的热点问题。因此这些部分的写作动机几乎都是问题导向的。强烈的使命感迫使我们这一代经济学人在经济学理论修养还不够丰满，经济学方法尤其是实证研究方法掌握还不够充分的情况下就仓促上阵，上下求索，与时代共命运，同呼吸，胸怀经邦济世的志向，为中国经济的转轨和中国经济的发展，奉献自己的力量。

　　从接受教育的角度看，我们这一代人既是不幸的，又是非常幸运的。我们在"文化大革命"中度过了青少年时期，也在这个时期完成了中小学的学业。中学毕业以后去了工厂和农村，知道了中国社会的落后和农民的艰辛。经济学需要有使命感和现实感，工厂和农村的劳动锻炼，尽管十分艰苦，但对于我们日后研究经济学是有好处的。现在我们已经意识到，大学应该首先对学生进行通识教育，培养他们的社会责任感和使命感，树立正确的人生观和世界观。在哈佛大学等世界顶尖大学，通识教育就是通过哲学、历史学、人类学、社会学、经济学以及其他社会科学知识的传授，告诉学生人类是从哪里来的，将来人类走向何处，在关怀人类命运的大前提下学好自己的专业。简而言之，"天下意识"是任何一个学科任何一个学者必须具备的，更何况是经济学家。对于我们这一代人来讲，通识教育是从农村和工厂所经历的苦难中获得的，因此我们这一代人对国家和民族命运的关心是发自内心的，远胜过对自己个人问题的关心，这也是我们对于经济现实问题进行研究的持续动力。同样地，作为经济学人，我们也是不幸的，因为我们是在中国经济学发展非常封闭和落后的时代开始接受经济学知识的，经济学的基础训练相当不足。但是，同时我们又是非常幸运的，我们跟随中国经济和中国经济学一同前进，亲自参与了中国经济学的现代化过程。1977 年恢复高考，我有幸跨进经历"十年动乱"后的大学校门，并且进入今天看来已日益成为显学的经济学。一部《资本论》让我们感受到经济理论的逻辑之美，硕士研究生阶段我的专业是西方经济学，我开始接触现代经济学，而且对非均衡经济理论有着强烈的兴趣，翻译了法国经济学家让·帕斯卡尔·贝纳西先生的著作，并因此在 1988 年成为他的学生，跟随其学习经济学近五年，之后回到复旦大学经济学院任教。作为一位处于中国经济学转轨和经济转轨时期的经济学学者，我们有很多自己的不足，经济学在中国的进步是巨大的。这本书所选的文章从今天的角度来看，可能是不够分量的。但是，我们这一代经济学人又是其他人所无法同比的，因为我们经历了中国经济的转轨和中国经济学的进步。社会科学不像自然科学那样，可以设置实验，因此，经济学不可能做实验。但是，中国经济转轨相当于人类历史上最大的一次经济学实验。作为一名中国经济学人，能够亲临其境，每天面对大量涌现的经济学问题，"博学而笃志，切问而近思"，为解决中国现实的经济问题做不懈的努力，这是何等痛快的事情！因此，从这个意义上讲，我们是一代幸运的经济学人。

　　这本书，见证了我们这些经济学人如何积极参与中国经济转轨与发展的研究，也见证了我们如何为中国经济学的进步做一些力所能及的工作。"家有敝帚，享之千金"，如果这本书的出版对人对己还有所裨益，作者将倍感欣慰。

2011 年初于复旦

均衡与非均衡

第一篇

非均衡经济研究

非均衡理论研究及其实践意义

一、非均衡理论的由来

均衡分析是西方经济学中常用的分析方法。均衡有狭义和广义之分。狭义均衡即瓦尔拉斯均衡(walrasian equilibrium),指市场体系中的所有市场通过价格运动而使供求达到均衡,在均衡状态,经济行为人都唯一地根据价格信号作出自己的行为决策。它撇开从非均衡到均衡的时间调整过程,假定这种过程是瞬间完成的。这个事前的均衡假定排除了市场上的失败交易(在非均衡价格上的交换),因此经济行为人不可能遇到供给或需求不能完全实现的数量约束,整个经济系统不存在数量信号。广义的均衡包含了瓦尔拉斯均衡和非瓦尔拉斯均衡(non-walrasian equilibrium)。后者描述的是这样一种状态,即经济行为人在作出供求决策时,不仅考虑了传统的价格信号,而且也考虑了数量约束信号,并且主要是通过数量信号(数量约束)的变动,使得每个市场的有效供求达到均衡。因此,瓦尔拉斯均衡是通过价格摸索(price totannement)而达到均衡,而后者则是通过数量摸索(quantity totannement)而达到均衡,也称配额均衡(rationed equilibrium)。如凯恩斯形式的失业均衡(unemployment equilibrium)和传统计划经济中的短缺均衡(shortage equilibrium)就是非瓦尔拉斯均衡,也称非均衡(disequilibrium),因为用瓦尔拉斯均衡的标准来衡量它们是非均衡的。

非均衡理论的基本要素存在于凯恩斯的《通论》之中。《通论》以经济资源的非充分利用作为研究对象,承认某些市场处于非均衡之中。《通论》中的两个主要函数,消费函数和就业函数均以数量信号——收入为自变量。《通论》隐含地表明,瓦尔拉斯均衡是一种特例,它所研究的失业情况才是一般情况,所以称为通论。一些经济学家从凯恩斯的理论要点中得到启示，认为宏观非均衡现象必须与微观经济行为人在非均衡环境下的理性行为相一致，宏观理论才是完善的。因此，非均衡理论是在一些西方经济学家寻找凯恩斯宏观经济学的微观经济学基础的努力中产生的。

帕廷金(D. Patinkin)是一位推崇一般均衡理论的经济学家，在他1955年出版的《货币、利息和价格》一书的第十三章，当他分析非自愿失业时，认识到非自愿失业是一种非均衡现象，同一般均衡理论相悖，必须在非均衡环境中考察失业问题。帕廷金指出，在非自愿失业情况下，厂商对劳动力需求的降低是因为商品市场的有效需求不足，而不是实际工资太高的缘故。总需求的下降，使厂商的销售发生了困难。在一般均衡理论里，销售量是厂商根据价格进行选择的结果，而现在它变成了一个既定的数量约束，厂商根据这个数量信号和价格信号，选择最小的劳动投入来完成既定的产量，以期达到利润最大。这就是商品市场的超额供给对劳动市场超额供给的引发。

克洛尔(R. W. Clower)是第一个明确反对一般均衡理论，提出非均衡理论的先驱。在他的《凯恩斯的反革命》(1965)一文中，他对失业情况下的家庭行为进行了分析。当家庭在劳动市场不能根据愿望供给劳动(即供给受到数量约束)时，家庭的收入就会减少，根据预算约束原则，这必然影响到家庭在商品市场的需求。劳动市场的超额供给对商品市场有"溢出效应"(spillover effects)。与此相应，克洛尔称古典理论中家庭决策行为是一种单一决策假定，即根据相对价格信号，同时决定劳动销售和商品购买。在市场出现超额供给的情况下，必须用双重决策假定代替单一决策假定，即先决定能够销售的数量，然后再决定能够购买的数量。克洛尔的双重决策假定考虑了非均衡情况下的数量约束，并把数量变量引入微观经济行为人的需求函数中，这与凯恩斯的宏观消费函数是一致的。克洛尔的非均衡分析为凯恩斯的消费函数提供了微观基础。

巴罗(R. J. Barro)和格罗斯曼(H. I. Grossman)1971年在《收入和就业的一般非均衡模型》一文中，综合了他们两人的研究成果，提出了一个一般非瓦尔拉斯均衡模型，从而奠定了非瓦尔拉斯均衡理论的基础。20世纪70年代以来，非瓦尔拉斯均衡理论在西方有了很大的发展，无论是在理论模型方面，还是在计量模型的应用方面，在经济文献上都涌现了大量著作。在理论模型方面比较著名的是贝纳西(J. P. Benassy)和德雷兹(J. Dreze)等经济学家，他们用数学手段证明了非瓦尔拉斯均衡理论的基本概念。在计量模型应用方面比较著名的是波特斯（R. Portes）、霍华德（D. H. Howard）、库伊曼(P. Kooiman)和兰姆柏特(J. P. Lambert)等经济学家。

二、非均衡理论的微观经济学基础

（一）需求、交易数量和数量信号

在瓦尔拉斯均衡状态，由于假定每个市场的供求通过价格运动而达到均衡，经济行为人面对均衡价格，同时作出购买或销售的决策，在这个价格基础上所提出的需求或供给总是能够100％地实现(事先的均衡假定)，因此，需求(或供给)同作为结果的交易量就成了同一件事，它们之间不存在差异。而在非瓦尔拉斯均衡状态，每一个市场上的供求并不一致，面对供求不一致的情况，价格本身或者由于信息不完全，或者由于其他原因，不一定能够迅速变化以使两者达到均衡。但是，作为事后的交易结果，不管经济行为人向市场事先发出的作为一种愿望的需求和供给是怎样的不同，供求双方必须是相等的，即供给一方出售的商品数量一定等于需求一方购进的商品数量，这是一个会计等式。总之，除非市场处于瓦尔拉斯均衡状态，否则，市场上的供求双方是不可能相一致的。

如果市场是非均衡的，那么，供求双方的交换达成以后，一定会有某些经济行为人(或者处于需求一方，或者处于供给一方)的事前需求(或供给)愿望没有被满足。没有被满足的经济行为人，我们称之为受数量约束的行为人。当市场供过于求时，供给者的供给不能完全实现，处于数量约束状态。相反，当市场求大于供时，需求者的需求不能完全实现，处于数量约束状态。因此，在瓦尔拉斯均衡状态，我们不必区分需求(或供给)和交易结果之间的差别。但是，在非均衡状态，我们必须仔细区分需求(或供给)与交易结果之间的差别。

（二）配额机制及其性质

上面我们指出，在瓦尔拉斯均衡状态，不同经济行为人在每一个市场所表达的需求总量和供给总量必定是相等的。但是，当这些价格不再是均衡价格并且在短期内被固定时，供求总量就会不一致。面对这些不相等的供给和需求，市场最终将产生一个交换过程，使得实现了的交易量（供给和需求）在总量上相一致。这个市场交换过程就被称作配额机制（rationing schemes）。它是联系需求（或供给）和交易数量的一种计划的或市场的配额机制。如果把需求（或供给）看做自变量，那么，配额机制就是关系需求（或供给）和交易的一种函数。在经济实践中，具体的配额机制有：计划配额、排队配额、比例配额、随机配额等。在计划配额中，计划指标就是对经济行为人设置的一种数量约束，如计划投资配额、计划消费品配额等。在这些场合，需求者愿意在计划价格基础上多实现一些需求，但是考虑到供给的短缺，计划者对他们设置种种配额，结果使得受配额限制的需求同供给一致起来。综合来讲，配额机制可以分成两种类型：不可操纵的配额机制和可操纵的配额机制。不可操纵的配额机制是指处于市场长边的行为人（供过于求中的供给者或求过于供中的需求者）在市场中受到他个人所不能改变的既定的数量约束。如排队配额机制中，排在队伍中的某个需求者可实现的最大购买数量不能超过供给总量减去排在他前面的需求者的购买总量后的余额，如果该需求者需要购买 5 个单位的商品，而轮到他时的供给余额只是 4 个单位的商品，后者便是他所面临的数量约束，这个数量约束取决于其他行为人（供给者和排在他前面的需求者）的决策，对此他无法改变。这样的配额机制就是不可操纵的配额机制。可操纵的配额机制是指，虽然行为人在市场上受到了数量约束，但是他可以通过改变向市场表达的需求（或供给）来操纵交易结果。如在比例配额机制中，行为人所面临的是一个比例系数，交易结果是他的需求乘上这个比例系数（大于 0，小于 1）。在可操纵的配额机制中，如果操纵是不花费成本的，受数量约束的行为人可以提出比实际需要大得多的需求，来达到他希望实现的交易结果。例如，在计划投资的分配中，投资者往往通过"谎报军情"而争得投资规模。在可操纵的配额机制中，脱离实际的需求往往会导致信号系统的紊乱，使得配额机制处于非稳定的发散状态。但是，一般说来，操纵是要花费成本的，只要操纵是花费成本的，配额机制就可能是收敛的。

所有的配额机制都具有两个重要的性质：自愿交换性质和市场效率性质。所谓自愿交换性质是指，如果没有一个经济行为人被强迫去购买超过他所需要的数量或者出售超过他愿意供给的数量，那么这种交换就是自愿的(尽管他须服从某一配额机制)。在市场经济中，绝大多数配额机制都符合自愿交换原则。但是在计划经济中，非自愿交换情况也可能存在。例如某一市场，由于价格低于均衡价格，因此就有供求的缺口存在。在市场经济中，处于市场短边的行为人(这里是指供给者)实现其愿望供给，而处于市场长边的需求者受到数量约束，但是在计划配额情况下，计划者可以在供求缺口间制订一个计划配额，即迫使供给者的供给超过他在这个价格水平上自愿供给的数量，目的是使得需求者多满足一点。同样地，当价格高于均衡点时，计划者也可以用同样的方式迫使需求者购买超过他自愿购买的数量。在中国的传统计划经济中，企业必须接受计划规定的就业指标，就是一种计划配额所导致的非自愿交换情况。配额机制的市场效率性质是指不存在市场摩擦，即我们不可能在某一市场同时发现受制约的需求者和受制约的供给者。如果这种情况发生，说明市场中还有潜在的对供求双方都有益的交换可能性存在。因此，这时市场还处于摩擦状态，是市场非效率的。只有等到这种潜在的可能交换都已经实现时，市场中可能出现的，要么是需求者受约束，而供给者不受约束(即需求大于供给)，要么相反，需求者不受约束而供给者受约束(即供给大于需求)，这时，我们就称该市场具有市场效率。

如果配额机制同时具备自愿交换和市场效率两大性质，那么某一非均衡市场的总交易结果一定等于供给总量和需求总量两者之间的较小一方，这就是我们平时所说的配置符合"短边原则"(rule of the minimum)。

(三)名义需求和有效需求

上两部分我们所讲的需求和供给还停留在瓦尔拉斯均衡意义上的需求和供给，即行为人唯一地根据市场价格信号作出他们的买卖决策。这种需求在非瓦尔拉斯均衡理论中也被称作名义需求(notional demands)。而实际上，存在非均衡市场的情况下，当行为人面对不同的数量约束时，他们都将修正原来的需求和供给。这种不仅考虑了价格信号，同时也考虑了非均衡市场上的数量信号后所形成的需求和供给称为有效需求(effective demand)和有效供给(effective supply)。

上述有效需求的定义虽然高度概括了这种需求的本质属性，但是有效需求怎样形成却是一个复杂的问题。一般说来，我们可以把经济行为人在非均衡市场体系中碰到的数量约束分为两类：一类是行为人在将要表达有效需求的同一市场上碰到的数量约束，这是一个预期的变量；另一类是行为人在其他市场上碰到的数量约束，这是一个已经实现了的变量。

当经济行为人在他做出需求表达的市场上感觉到数量约束时，那么，他预期到他的需求不可能100％地被满足，也就是说，他的最终交易将小于他的需求，这个交易结果一定是某种配额机制作用的结果。在这种情况下，有效需求的形成同市场具体的配额机制有关。如果该行为人碰到的是一种如排队类型的配额机制（即行为人无法对交易结果进行操纵的配额机制），那么该行为人一般会把他的实际需求（导致其效用函数最大的选择）作为有效需求来表达。但是，如果该行为人碰到的配额机制是一种比例配额机制，即按照每个行为人的需求按比例配给，这时，对比例系数有所预期的行为人就会表达一个高于实际需求的需求作为他的有效需求，以期达到他希望达到的交易结果。科尔奈还考察了短缺经济中更广泛意义上的有效需求，如强制替代：当一个需求者发现他所期待的商品在近期很难获得时，他就会转向购买其他替代商品。这是同一市场的数量信号对该市场的有效需求形成的影响。

在非瓦尔拉斯均衡的宏观经济模型中，人们更多考虑的是当行为人在某个市场碰到数量约束时，这种数量约束对他在其他市场的需求有什么影响，即考虑非均衡在各个市场之间的"溢出效应"。例如，在凯恩斯失业均衡状态下，家庭在劳动市场的供给受到数量约束，这种约束反过来就会影响家庭在商品市场的有效需求，从而导致商品的过剩。同样地，企业在商品市场受到数量约束，这种约束使企业在劳动市场上的有效需求降低，导致劳动市场的失业。因此有效需求概念解释了凯恩斯失业情况下的微观经济行为人的理性抉择行为。

三、宏观非瓦尔拉斯均衡模型

宏观非均衡模型就是建立在上述非瓦尔拉斯均衡理论的基本概念和方法论基础上的，模型以一个高度综合的货币经济为研究对象，考察宏观经济的均衡与非均衡运行。假定该经济由三个有代表性的经济行为人组成：家庭、企业和政府，家庭的目标函数是效用最大，企业的目标函数是利润最大。同时考察三种商品：消费品、劳动力和货币。由此引申出两个市场：消费品与货币相交换的商品市场和劳动与货币相交换的劳动市场。根据凯恩斯宏观经济理论，假定两大市场的商品价格和劳动工资水平在短期内是固定的，根据上述我们讨论的短边原则，如果市场上出现供求不平衡，一个市场最后的交易量等于供给和需求双方中较小的一方，即处于市场短边的经济行为人可以实现他们的愿望需求或供给，而处于市场长边的经济行为人不能完全实现他们的愿望需求或供给。在这样一个高度抽象的由两大市场组成的宏观经济里，除了一种相当特殊的情况，即价格和工资水平恰好处于瓦尔拉斯均衡水平上，从而使得两大市场的供给和需求相等，还可能出现以下三种非均衡情况。

第一，凯恩斯失业均衡。商品市场上供给大于需求，企业在商品供给上受到数量约束，而家庭在商品需求上不受约束；劳动市场上供给大于需求，家庭在劳动供给上受到数量约束，而企业在劳动需求上不受约束。

第二，古典失业均衡。商品市场上需求大于供给，劳动市场上供给大于需求。企业在两个市场的商品供给和劳动需求上均不受约束，处于市场的短边；而家庭在两个市场的劳动供给和商品需求上均受到数量约束，处于市场的长边。因此，商品和劳动的成交量由企业的供给和需求决定。

第三，抑制性通货膨胀均衡。商品市场上的需求大于供给，劳动市场上的需求也大于供给。这时商品市场上家庭的商品需求受到数量约束，而企业的商品供给不受数量约束，因此交易量等于处于短边的企业供给一方。在劳动市场，家庭的供给不受数量约束，而企业的劳动需求受到数量约束，最后的成交量等于处于短边的家庭供给一方。

第四种可能出现的组合情况是商品市场上供给大于需求而劳动市场上需求大于供给，除非我们假定企业为存货（即将来销售）而生产，否则当商品市场出现供大于求时，它不会继续在劳动市场购买劳动要素。因此，在企业不为存货进行生产的非均衡宏观经济模型里这第四种情况就被排除了。

非均衡理论的本质意义在于，当价格根据供求变化而作出无限迅速的反应的假定不再成立时，市场的价格机制无法修复宏观失衡。这时微观经济行为人根据市场上的价格信号和数量信号对需求和供给作出相应的调整，形成有效需求和有效供给，建立在这种有效供求基础上的经济将处于一种配额均衡状态。配额均衡不同于瓦尔拉斯均衡，我们可以把这些均衡分别称为凯恩斯失业均衡、古典失业均衡和抑制性通货膨胀均衡。

既然市场机制已无法使失衡的宏观经济恢复到瓦尔拉斯均衡状态，那么，通过什么方式或途径来减少宏观失衡呢？这就要依靠政府的宏观调控。因此，非均衡宏观模型引进的第三个经济行为人就是政府。政府一方面向企业和家庭征税来形成自己的收入，同时又在商品市场提出需求。此外，政府可以通过货币政策一方面来改变自己的收入；另一方面对家庭的需求进行调节。但是政府采取怎样的宏观调控政策对经济进行调节从而减少该经济的宏观失衡程度呢？首先我们要确定所考察的宏观经济处于哪一种非瓦尔拉斯均衡，然后根据不同的非均衡状态施以不同的宏观经济政策，在上述三种宏观非均衡状态当中，除古典失业均衡外，凯恩斯失业均衡和抑制性通货膨胀均衡（或称短缺均衡）是两大市场的超额需求（excess demand）的符号都相等的状态。凯恩斯失业均衡是两大市场上超额需求均为负的情况，也就是说两大市场的供给大于需求，我们可以把它们表达为以下的超额供给"乘数链"：

家庭 $\begin{cases} \text{在它的劳动供给方面没有受到约束} \\ \text{在它的商品需求方面受到约束} \end{cases}$

企业 $\begin{cases} \text{在它的商品供给方面没有受到约束} \\ \text{在它的劳动需求方面受到约束} \end{cases}$

在这样一种宏观失衡的经济里，政府只要借助于某种外力对其中一个市场的需求扩大产生推动作用，就会使整个经济发挥出需求乘数效应。例如，商品市场上的需求扩大就会放松企业在商品市场供给的约束，从而增加它在劳动市场的需求。反过来，家庭在劳动市场的供给约束的放松，又可以增加它在商品市场的需求，这种"溢出效应"一直持续下去，最后达到实现充分就业的均衡。政府的直接投资增加、减税和扩张的金融政策都可以起到这种推动需求扩张的作用。

抑制性通货膨胀均衡是两大市场上超额需求都为正的情况，也就是说需求大于供给。我们可以把这种情况表述为以下的超额需求"乘数链"：

家庭 $\begin{cases} \text{在它的劳动供给方面受到约束} \\ \text{在它的商品需求方面没有受到约束} \end{cases}$

企业 ⎰ 在它的商品供给方面受到约束
　　 ⎱ 在它的劳动需求方面没有受到约束

假定家庭所支配的闲暇时间（总时间减去劳动时间）是消费品的替代物，因此家庭在商品市场的消费需求受到约束，就会影响它在劳动市场的有效供给。在这样一种宏观失衡的经济里，政府如果通过压缩公共需求，使得商品市场对家庭的供给有所扩大，那么家庭的商品需求方面约束就可以放松，这可以促使家庭在劳动市场增加有效供给，劳动市场供给的增加又可使企业的劳动需求约束放松，从而提高它的商品供给能力……这类调整持续下去，一直到新一轮均衡的建立。这就是"供给乘数"发挥作用的机制。

宏观非均衡经济的第三种情况是古典失业均衡：商品市场由于价格水平太低而出现超额需求，劳动市场由于工资水平太高而出现失业。因此，两大市场的超额需求符号相反。在这种非瓦尔拉斯均衡状态里，商品交易和劳动交易由同时处于市场短边的企业来决定，而家庭的商品需求和劳动供给都受到数量约束。在这种状态下，上述的政府需求管理政策无助于宏观失衡程度的降低。在这里，政府或者采取调整相对价格（工资和物价水平），或者采取波普生产条件的供给管理政策，才能提高宏观经济的活动水平。

四、非均衡理论在计划经济分析中的应用

长期以来，西方经济学在社会主义计划经济中的应用问题遇到了相当大的困难，无论是传统的微观经济学，还是宏观经济学，都是在所考察的市场处于均衡的假定下进行分析的。然而，社会主义计划经济一大特征是市场上普遍存在着短缺以及某些市场的滞销，因此非瓦尔拉斯均衡理论在西方一出现就引起了经济学家，尤其是有关东方问题专家的兴趣，上面所描述的非均衡宏观模型中的抑制性通货膨胀就被自然地与社会主义计划经济中的短缺状态相联系，随之一批以非瓦尔拉斯均衡理论为基础的计量模型也应运而生。大多数把非瓦尔拉斯均衡理论应用于社会主义经济的模型（如美国霍华德模型，1979）都假定这些经济处于抑制性通货膨胀状态。在这个非均衡状态，家庭在商品市场受到约束而企业则在劳动市场受到约束。这种假定基本上符合苏联和东欧经济的普遍短缺状况。就宏观经济政策来说，这个假定的重要性

在于：如果家庭的商品需求没有受到数量约束，那么家庭的劳动供给就是实际工资水平的函数，但是，在家庭受到消费品需求约束的情况下，劳动供给不仅是实际工资水平的函数，而且也是消费品供给的函数。消费品的短缺将导致劳动供给的减少，而劳动供给的减少反过来又会影响国民经济水平。这就是消费品市场对劳动市场的"溢出效应"。霍华德等人的计量模型根据苏联和东欧的统计资料估计了消费市场短缺对家庭劳动供给的影响，在他们那里，经济计量模型所估计的参数同理论模型的假定相一致，因此抑制性通货膨胀均衡被看做是对那些计划经济宏观失衡情况的很好描述。

但是，波特斯和温特对上述流行的观点以及计量模型提出了挑战（波特斯、温特，1980，1981，1983）。他们认为，对社会主义经济的抑制性通货膨胀的假定来自非系统的定性观察，未必是正确的假定。波特斯和温特研究工作的理论基础是非瓦尔拉斯均衡理论，其中最关键的推理在于：计划经济条件下的消费品市场是否存在超额需求。单凭每一时期市场的交易数量我们是无法获知的，根据非瓦尔拉斯均衡理论的短边原则，我们所观察到的某一时期的消费品的成交数量，或者等于该市场的供给数量（如果市场处于超额需求状态），或者等于该市场的需求数量（如果市场处于超额供给状态）。因此，考察一个计划经济的消费品市场是否处于超额需求状态，首先要推论出该市场的供给函数和需求函数，估计所考察的市场的总需求量和总供给量，然后根据统计资料上记载的交易数量是等于事先估计的需求量还是供给量，来确定市场究竟处于哪一种非均衡状态。因此，在这一类计量模型中，供给函数和需求函数的推导是否正确是至关重要的，不然我们就会得出错误的结论。在波特斯（1981）的理论模型中，供给函数是根据计划者的行为来推导的，在需求函数方面他们使用了一个消费由收入决定的凯恩斯式的消费需求函数。波特斯和温特等人利用东欧等国的统计资料对上述数量关系作了计量分析，得出除民主德国外，这些国家大多数年份消费品的供给大于需求。这个结论在经济理论界引起了不小的震动，因为它同人们在这些经济中所观察到的现象相去甚远。经济理论界对波特斯等人的模型提出批评，然而模型中非瓦尔拉斯均衡的逻辑是没有问题的，诘难来自对波特斯等人在推导供给函数和需求函数时所作的假定，尤其是有关供给函数的假定，因为人们不得不承认迄今为止经济学家还不能圆满地解释计划者本身的行为规则。

五、非均衡理论在中国经济分析中的意义

上面我们分析了非均衡宏观模型的实践意义，尤其是讨论了这种理论方法在传统社会主义计划经济宏观非均衡分析中的意义。中国改革以前的传统经济也是价格被长期固定的非均衡经济，非均衡理论方法对分析中国的传统经济运行无疑是有效的。例如，数量信号（尤其是计划信号）在经济资源配置中就发挥着重要作用。在这个短缺经济里，当经济行为人的需求受到约束时，他们就会根据不同的数量信号和价格信号修改他们原先的需求或供给，提出新的有效需求或有效供给。在这个基础上，计划的配额机制和非计划的配额机制使这些不相等的有效需求和有效供给相平衡。当计划配额机制具有可控制性质时（如计划者对投资贷款的配置），配置过程中就会产生紊乱的信号，等等。这些非均衡分析方法对揭示中国传统经济的微观非均衡市场运行和微观经济行为人的行为是有意义的。改革开放以来，中国经济中的市场成分不断扩大，市场价格机制的引进改变了以往价格被长期固定的现象，计划比例的缩小使得计划信号在资源配置中的作用不断缩小，但是，中国经济中计划配置还是存在的。在这个经济中，微观经济行为人所面临的市场内，既存在计划配额和计划价格等信号，又存在市场价格信号。计划配额和计划价格的变化如何影响自由市场上的交易量，计划价格与市场价格之间存在着怎样的关系，都是值得研究的问题。而非瓦尔拉斯均衡理论则为这个研究提供了有效的方法论基础。

从宏观经济角度来看，无论是传统的计划经济，还是当前处于体制转轨时期中的经济，中国宏观经济失衡情况不能简单地等同于抑制性通货膨胀，也不等同于上述任何一个非均衡区域。这是由中国资源拥有的结构性特征所决定的。从资源拥有的结构性特征来看，我国是一个劳动力资源非常丰富的国家，劳动供给可以说是有无限弹性的，公开的和隐蔽的失业一直是我们面临的一个宏观经济问题。在这种经济条件下，政府会在其他经济资源可利用的前提下，尽量增加投资，提高生产和就业的水平。但是，在这个经济中，除劳动力资源丰富以外，其他经济资源都很缺乏，尤其是能源、交通、通信等这些薄弱环节，构成了限制经济持续发展的瓶颈部门，因此以投资膨胀为

特征，又时时受到瓶颈产品的结构性制约的非均衡运行是这个宏观经济的常态。同时，传统的或残存的计划型的企业投资饥渴的存在也为这种非均衡运行提供了微观经济基础。当这种以投资膨胀为表现形态的宏观运行非均衡积累到一定程度时，国家又会对其进行计划的（甚至行政的）和金融的调控，由于市场因素的引进，当这种宏观调控的力度超过一定限度时，经济中也会出现凯恩斯式的萧条。因此，到目前为止，中国宏观经济的非均衡现象不外乎三种：第一，由投资扩张和消费基金扩张所引起的经济过热；第二，由于瓶颈制约所引起的结构性失衡；第三，由于宏观紧缩政策所导致的总需求不足和市场疲软。因此只要略微修正一下传统的非瓦尔拉斯均衡模型，就可以用它来分析中国经济的宏观非均衡运行。例如，为了反映中国宏观经济资源的结构性特征，我们可以用一个里昂惕夫式的生产函数来描述中国总供给函数；为体现中国目前的经济体制特征，可以相应地把总供给分解为计划总供给和市场总供给。作出这些修正后，我们就可以运用非瓦尔拉斯均衡理论来分析中国宏观经济的运行，确定不同的非均衡状态，从而提出降低各种非均衡程度的政策建议。

作者说明

长期以来，经济学研究领域中都一直坚守着"假定所有的市场都处于永恒的均衡状态的传统的瓦尔拉斯模型"，但同时我们都不得不承认，非均衡是市场的常态现象，价格机制并非始终那么完善。非均衡理论源于凯恩斯的《通论》，后经帕廷金、克洛尔、巴罗和格罗斯曼等人的发展，在20世纪70年代已有相当的发展和广泛的影响。在80年代初，贝纳西成为这个领域的集大成者。作者通过对中国经济现实的长期思考，深切地感受到非均衡现象对于处于市场经济发展过程中的中国经济体系而言是长期存在的，中国经济中的许多价格曾经是也仍然是固定的，失业状态和某些重要市场的短缺曾长期并存，而且在当时迅速展开的市场化改革过程中双轨制经济体系的推行使得非均衡的现象呈现出更加独特的特征。本文发表在《复旦大学学报》（社会科学版）1994年第5期上。非瓦尔拉斯均衡理论，可以以一种严密的方式研究所有种类的市场非均衡和价格机制的不完善，因此将其用于当时现实的中国经济研究是件非常及时、有益而有趣的工作。

双轨经济均衡论：对一个计划配额制约下的非瓦尔拉斯均衡经济的效率考察

　　社会主义经济能否达到资源的最优配置，这是一个老话题。早在 20 世纪 30 年代关于社会主义经济的大论战中，建立在瓦尔拉斯一般均衡理论基础上的兰格模型就显示：如果社会主义经济中的计划当局充当瓦尔拉斯模型中喊价者的角色，根据供求平衡的原则以"错了再试"的方式建立起一套均衡价格，社会主义经济就会像完全竞争的市场经济一样，能够达到帕累托最优。然而，兰格以后的大量研究文献得出的结论是：现实中的社会主义经济存在着两大主要难题，使得兰格的理想难以实现。第一，中央计划者很难获得全面的有关资源、生产、供求等经济信息；第二，与第一点有关，中央计划当局怎样才能处理好其与被计划者之间的关系，即中央计划者运用何种有效手段，使得被计划者能百分之百地报告其所拥有的经济信息（例如，关于生产能力，在一个带有棘轮效应的奖励机制中，被计划者往往倾向于隐瞒其真实生产能力。同样，在一个需求受到计划配额限制的经济里，需求者往往会谎报"军情"，提出比其实际需要大得多的需求量。如企业对投资的需求和计划当局对投资的配置）和能够百分之百地执行计划者的计划指令。这些难题，在完全竞争的市场经济中，则被价格机制的充分作用解决了：价格本身既是经济信息的载体，又是收入分配的手段，而后者，在经济行为人以追求最大经济利益为目标的经济中，无疑是最有效的奖励机制。现实表明，在中国 1979 年经济改革之前的实践中，中央计划者正是被上述两类难题所困惑，其间虽然也有不少计划手段和制度的变革与完善，如中央与地方之间的关系的变革，计划指标的变革等，但都难以摆脱低效率的困境。

　　1979 年的改革主要是从两方面展开，一是承认和确立经济行为人的利益主体地位，二是在保留计划机制的基础上，部分地引进市场机制，并不断朝着完善市场机制和市场体系的方向发展。改革以后的中国经济的显著特征就是计划和市场的双轨制。比起传统的经济体制来，新的正在形成过程中的经济体制是否提高了经济效率？从实践上看，答案是显然的：中国十多年经济改革的成绩举世瞩目。但是，如何在理论上证明计划与市场的双轨制经济优于传统经济，或者说它是否达到了一种资源配置的较优状态，似乎还是一块开拓得不够的理论领域。本文试图通过一个以目前的双轨制经济为基础并能充分体现其经济运行的数学模型，对这一问题提出严密的理论证明，并从我们的理论分析中揭示出进一步改革的方向。

本文将分成三部分展开：其一，方法论；其二，模型；其三，分析与结论。

一、方法论

本文建模的理论基础是非瓦尔拉斯均衡理论，也就是经济文献上所称的非均衡理论，所用的方法是一般静态分析。所谓非瓦尔拉斯均衡，指的是这么一种经济，当处于这个经济中的经济行为人不仅面临着传统的价格信号，而且也面临着各种数量制约信号时，通过经济行为人的行为调整，达到某种均衡。然而，这个均衡与瓦尔拉斯均衡比起来，又是非均衡的，因为它的均衡点偏离了严格意义上的瓦尔拉斯均衡点。非瓦尔拉斯均衡理论有一套自己的概念和方法，理解它们的准确内涵是阅读下面的模型所必需的，所以我们将它们一一简单介绍。当然，介绍非均衡理论本身，不是本文的目的。

第一，商品的需求（供给）和交易量。在分析之前，我们首先必须区分需求（供给）和交易量之间的区别。所谓交易量指的是一个市场上已经实现了的交易数量。交易量总是供给和需求相一致的结果。这种一致可以通过多种途径达到，如市场经济中价格的变动，计划经济中的计划配额。而需求（或供给），则是经济行为人在某一市场对商品需求（或供给）愿望的表达，市场上的供给和需求可能会不一致。如果我们以 $\tilde{d}_{ih}$（或 $\tilde{S}_{ih}$）（$i=1,\cdots,n$ 表示经济行为人，$h=1,\cdots,H$ 表示商品）表示行为人 i 对商品 h 的需求（或供给），$\bar{d}_{ih}^{*}$（或 $\bar{S}_{ih}^{*}$）表示不平衡市场上的交易结果，我们可以得到下列关系式：

$$\sum_{i=1}^{n}\widetilde{d}_{ih} \neq \sum_{i=1}^{n}\widetilde{S}_{ih} \tag{1}$$

在商品市场上，需求和供给可能处于不一致状态，但是，这种商品的交易结果必须使双方一致：

$$\sum_{i=1}^{n}\overline{d}_{ih}^{*} = \sum_{i=1}^{n}\overline{S}_{ih}^{*} \tag{2}$$

第二，配额机制和数量信号。当某一市场的价格是固定的，或者它对供求变化的反应不灵敏时，需求与供给往往会不一致。这时为了达到某种需求与供给相等的交易结果，必须借助于某种配额机制。在中国传统的计划经济中，在价格固定而需求又大于供给的情况下常见的配额机制，一种是排队，另一种是通过发票证的办法。结果使得需求和供给一致起来，最终交易也就完成了。无论对于排队待购的需求者，还是持有票证的需求者，他们都面临着某种数量制约。对排队待购的需求者来讲，如果没有每人限量的规定，他所能够买到的商品就是该商品的供应数量减去排在他前面的需求者的需求总和，这就是他所面临的数量制约，因为他能购买的数量不可能超过此数量。对于持有票证的需求者，票证上所规定的数量就是他所面临的数量制约，这种数量制约也称为数量信号。在下面的分析中，我们以 $\overline{d}_{ih}$ 或 $\overline{S}_{ih}$ 表示这一类数量信号。

第三，名义需求和有效需求。名义需求也称为瓦尔拉斯需求，指的是当经济行为人在作出需求或供给决定时，他所要考虑的因素只是各种商品的价格信号。也就是说，在市场通行的价格水平上，他可以任意购买或者销售他愿意交易的商品数量，而不受任何数量限制。相反，有效需求指的是，当经济行为人作出供求决定时，他不仅必须考虑价格信号，而且还必须考虑他所面临的各种数量制约。例如，在资本主义经济中，当消费者在劳动市场上的劳动出售受到制约（即失业）时，他对商品的需求必须考虑这种数量制约。同样，如果企业在商品销售发生困难时，商品市场的这种制约也自然会影响到他对劳动市场的雇用工人的行为。

第四，中国经济中数量制约的种类及特点。中国经济中数量制约的性质由商品特征所决定。对大量短缺商品而言，数量制约主要有两种：其一，对这种商品的供给者，计划者要求他们按计划价格提供不得小于某数额的供给量，即按计划价所进行的交易量必须大于或等于计划供给配额，用数学公式表示：$\bar{S}_{ih}^{*} \geqslant \bar{S}_{ih}$；其二，对这种商品的需求者，计划者规定其交易量又不能超过计划配额，即按照计划价所进行的交易量必须小于或者等于计划需求配额，用数学公式表示：$\bar{d}_{ih}^{*} \leqslant \bar{d}_{ih}$。对于某些过剩商品（在中国，这种商品主要表现为劳动力），数量制约也有两种：其一，对这种商品的供给者规定一个最大供给配额，即最终交易量不能超过此数额，用数学公式表示：$\bar{S}_{ih}^{*} \leqslant \bar{S}_{ih}$；其二，对于这种商品的需求者，计划者规定一个最低需求数额，即最终交易量不能小于此数额。用数学公式表示：$\bar{d}_{ih}^{*} \geqslant \bar{d}_{ih}$。这种情况的一个显著例子，就是国家对企业就业数量的规定。

在这一类计划配额中，有两类交易存在：自愿交易和非自愿交易。自愿交易指的是，尽管存在着某种商品的最高需求数量制约或者最高供给数量制约，但是在这类最高数量之下，其交易是自愿进行的。非自愿交易指的是，经济行为人必须被迫出售高于他愿意供给的数量或购买高于他愿意需求的数量。

第五，市场行为。1979年经济改革以后的双轨制经济的特征是，每个经济行为人在完成计划规定的交易量以后，对大多数商品的需求和供给（包括生产领域的投入品和消费领域的消费品）都可以到市场上去进行补充的市场交易，我们称这种交易为市场行为。具体说来，对短缺商品而言，每个经济行为人可以享受低价的计划配额，然后再到市场上去购买高价的市场商品。从理论上说，虽然经济行为人对短缺商品的需求可以低于计划规定的需求限额，在这种情况下，计划制约则是无效的，但为了理论上的完善，我们假定，由于这类商品的计划价格低于市场价格以及改革以后计划配额的比例不断缩小，所以经济行为人总是全部购买计划规定的数额。对充裕商品而言，如企业在完成国家对其规定的就业量以后，也可以用低于国家固定工资的价格到市场上去招部分农村临时工，当然这种商品在社会主义经济中只是一种特例。

如果我们用 d_{ih}^{*} 表示经济行为人 i 对第 h 种商品的总交易额，即包括计划配额和市场上购买的部分，以 $\bar{d}_{ih}$ 表示计划对经济行为人 i 关于第 h 种商品的配额，那么其市场补充购买部分则为：$d_{ih}^{*} - \bar{d}_{ih}$。由于经济行为人在自由市场上不受任何数量制约，也就是说他的需求是在既定的计划配额基础上根据价格信号自由选择的，并可以根据需求购买任意的数量，我们就有了这样的关系式：

$$d_{jh}^* - \bar{d}_{jh} \geqslant 0 \tag{3}$$

同样的方法也适用于对计划供给和市场供给的分析。

简略归纳起来，我们用下列符号表示上述不同的概念：$\tilde{d}_{jh}(\tilde{S}_{jh})$为对商品的需求或供给，$\bar{d}_{jh}(\bar{S}_{jh})$为计划配额或数量信号，$\bar{d}_{jh}^*(\bar{S}_{jh}^*)$为在计划市场上最终实现的交易数量。$d_{jh}^*(S_{jh}^*)$为对这种商品的总交易量，其中在自由市场购买的部分为：$d_{jh}^* - \bar{d}_{jh}$（或者在市场销售的部分为$S_{jh}^* - \bar{S}_{jh}$）。然后我们可以把上述概念之间的相互关系用表 1 表示出来。

表 1　需求和供给等各种概念的相互关系

	对不同商品的计划配额		计划交易数量	自愿交换或 非自愿交换
	短缺商品	充裕商品		
最小需求配额	0	$\bar{d}_{jh}^* \geqslant \bar{d}_{jh}$	$\bar{d}_{jh}^* = \mathrm{Max}[\tilde{d}_{jh}, \bar{d}_{jh}]$	在计划交易中可能出现非自愿交换
最小供给配额	$\bar{S}_{jh}^* \geqslant \bar{S}_{jh}$	0	$\bar{S}_{jh}^* = \mathrm{Max}[\tilde{S}_{jh}, \bar{S}_{jh}]$	在计划交易中可能出现非自愿交换
最大需求配额	$\bar{d}_{jh}^* \leqslant \bar{d}_{jh}$	0	$\bar{d}_{jh}^* = \mathrm{Min}[\tilde{d}_{jh}, \bar{d}_{jh}]$	总是存在自愿交换
最大供给配额	0	$\bar{S}_{jh}^* \leqslant \bar{S}_{jh}$	$\bar{S}_{jh}^* = \mathrm{Min}[\tilde{S}_{jh}, \bar{S}_{jh}]$	总是存在自愿交换
市场行为	$d_{jh}^* - \bar{d}_{jh} \geqslant 0$ $S_{jh}^* - \bar{S}_{jh} \geqslant 0$			在自由市场上总存在自由交换

由于我们所考察的双轨制经济还处于形成过程中，换言之，并不是所有的商品都有其自由市场。由于市场体系的不完善，某些商品的供给或需求还处于计划的严格控制之下，如对银行信贷的配额，等等。对这些自由市场还没有形成的商品，我们称为计划制约绝对有效的商品，其市场交换部分为零。

二、模 型

在我们所考察的经济中，存在两个部分：生产和消费。其中有三种经济行为人：生产者(企业)，消费者(家庭)和中央计划者。首先我们考察生产者在双轨制经济中的行为。

在这个经济中，有 m 个生产者($j=1,\cdots,m$)，其产出以 Y_j 表示，有 H 种投入品 X_h ($h=1,\cdots,H$) 可用于生产，其投入数量为 X_j (其分量为 $X_{j1},\cdots,X_{jh}$)。在中央与企业实行利润分成的情况下，我们假定企业追求利润的动机明确。如果以 π_j 表示第 j 个企业的利润，a_j($0<a_j<1$)表示上缴利润率(或税率)，企业的目标函数即为争取企业留利最大：

$$\text{Max}(1-a_j)\pi_j \tag{4}$$

上式等同于：$\text{Max}\pi_j$。所以在我们下面的分析中，假定在这个双轨制经济中，企业的目标函数是追求利润最大。

对于企业 j，我们假定计划者对其规定一个必须完成的计划产量：$\overline{Y}_j$，并且这部分产量按计划价格 P 受计划者调配；为完成这些计划产量，计划者对企业 j 有一个投入品的分配计划，对于企业 j 来说，他对每一种投入品可以按照计划价格购买的数量为 $\overline{X}_{jh}$。为下面分析需要，我们把投入品分成两类：第一类，对这类投入品的交换存在着自由市场($h\in H_1$)；第二类，对这类投入品的交换不存在自由市场($h\in H_2$)。另外，企业还面临着一种特殊投入品，即劳动。在我们的模型里，以 X_L 表示，其中计划就业量为 $\overline{X}_L$。企业在完成计划交易以后，根据自由市场的价格信号(以 P 表示)，自行决定其为市场生产的产量和从市场购买的投入品。如果我们用 Y_j 表示其总产量水平，X_j 表示其投入品的总使用量，那么企业 j 在市场上的交易的部分就为 $Y_j-\overline{Y}_j$ 和 $X_j-\overline{X}_j$(这里 Y_j 和 X_j 均为向量)。显然对企业 j 来说，它所面临的计划制约为：

$$Y_j=\text{Max}(\overline{Y}_j,\widetilde{Y}_j) \tag{5}$$

其中 Y_j 为总产量，$\overline{Y}_j$ 为计划规定的产量，$\widetilde{Y}_j$ 为企业 j 根据利润最大原则而自愿选择的产量。上述制约表现为企业必须在完成计划产量的前提下才能参加市场活动。对于第二种投入品，企业所受到的制约是对该投入品的需求量不能超过计划配额(因为其不存在自由市场)，这表现为：

$$X_{jh}\leqslant\overline{X}_{jh}(h\in H_1) \tag{6}$$

相反，对第一类投入品，企业在市场上对这类投入品的需求不受制约：

$$X_{jh}-\overline{X}_{jh}\geqslant0\ (h\in H_1) \tag{7}$$

对于特殊投入品：劳动，企业对它的需求必须超过计划就业量，如果我们用 $X_{jL}(h=L)$ 表示企业 j 对劳动的使用量，我们则有：

$$X_{jL} \geqslant \overline{X}_{jL}(h=L) \qquad (8)$$

对于不同的企业，计划配额在总产量或总投入品中所占的比例是不同的，对于私有企业、合资企业等，计划配额则为零：$\overline{Y}_j=0$，$\overline{X}_j=0$，其产量与投入的组合唯一地根据市场价格信号决定。

同时，企业 j 还必须受其技术水平的制约，它的生产函数为：

$$Y_j = F_j(X_j) \qquad (9)$$

描述了企业的目标函数及其所面临的外部环境以后，企业的行为就可以用下述最优规划来表示：

$$\text{Max}\pi_j = \overline{P}\,\overline{Y}_j + P(Y_j - \overline{Y}_j) - \sum_{h=1}^{H} \overline{P}_h \overline{X}_{jh} - \sum_{h=1}^{H} P_h(X_{jh} - \overline{X}_{jh})$$

$$s.t. \begin{cases} Y_j \geqslant \overline{Y}_j \\ Y_j \leqslant F_j(X_j) \\ X_{jh} \leqslant \overline{X}_{jh} & \text{对} h \in H_2 \text{ 来说} \\ X_{jh} - \overline{X}_{jh} \geqslant 0 & \text{对} h \in H_1 \text{ 来说} \\ X_{jL} \geqslant \overline{X}_{jL} & \text{对} h = L \text{ 来说} \end{cases} \qquad (10)$$

我们在此引用拉格朗日函数，得到：

$$L_j(X_j，\lambda_j，\mu_{jh}) = PF(X_j) - (P - \overline{P})\,\overline{Y}_j - \sum_{h=1}^{H} \overline{P}_h \overline{X}_{jh} -$$

$$\sum_{h=1}^{H}(X_{jh} - \overline{X}_{jh})P_h + \lambda_j[F_j(X_j) - \overline{Y}_j] + \mu_{jh}(X_{jh} - \overline{X}_{jh}) \qquad (11)$$

其达到最优点的必要条件为：

$$\frac{\partial L_j}{\partial X_{jh}} = P \frac{\partial F_j(X_j)}{\partial X_{jh}} + \lambda_j \frac{\partial \Gamma_j(X_j)}{\partial X_{jh}} - P_h - \mu_{jh} = 0 \qquad (12)$$

这可以写成：

$$P = P_h \bigg/ \frac{\partial F(\cdot)}{\partial X_{jh}} + \mu_{jh} \bigg/ \frac{\partial F(\cdot)}{\partial X_{jh}} - \lambda_j \qquad (13)$$

这是一个非常有趣的结果，由于篇幅所限，我们不可能展开讨论，这里只把其主要经济含义解释一下。

P 是企业 j 生产的产品的市场价格（可以是向量，也可以是单一产品的市场价格）；P_h 是第 h 种投入品的市场价格，$P_h \bigg/ \frac{\partial F(\cdot)}{\partial X_{jh}}$ 则为企业 j 产量的边际成本；λ_j 是计划产量的负边际利润，也就是说，当企业自愿选择的产量低于计划规定的产量时，λ_j 便是为完成计划产量所造成的利润损失；μ_{jh} 为第 h 种投入品的计划制约乘数，其值可正可负，由投入品制约的性质所定，$\mu_{jh}\Big/\dfrac{\partial F(\cdot)}{\partial X_{jh}}$ 可视为一种第 h 种计划投入品附加的影子成本。

　　讨论经济效率的前提是看这两个计划制约乘数如何。如果 $\lambda_j=0$，即意味着企业自愿选择的最终产量大于计划产量，计划制约便是无效的；同时，如果 $\mu_{jh}=0$，就意味着企业对第 h 种投入品的需求或者是不受计划制约，或者是可以在市场上购买一部分，使得计划制约无效。如果上述两个条件都成立，那么(13)式就可以写成：

$$P=P_h\Big/\frac{\partial F(\cdot)}{\partial X_{jh}} \tag{14}$$

　　企业对其产量与投入品的组合将处于这么一点上，使得产出的边际成本恰好与其产品的市场价格一致。大家知道，这是自由市场经济中企业利润达到最大化的必要条件。由此可以引申出一条定理：只要计划者对一个企业的投入和产出不制定过高的计划配额，使得企业在每一项产出或投入的决策上都加入一部分市场交易，企业就可以按照市场信号来优化自己的投入—产出组合，使其利润达到最大。而计划配额或者计划价格的变化不影响企业的投入—产出组合，当然这些变化影响企业的利润。

　　现在我们再考虑另外一些情况。假定 $\mu_{jh}=0$，但是 $\lambda_j>0$。这种情况的产生在于，尽管企业可以自由地在市场上购买投入品和销售其产品，但由于计划产量定得太高，其产品在市场上的价格又没有高利润引诱其为市场生产，这时该企业的产量就会停留在计划限制的产量上。这种情况表明，企业在投入品的购买上虽然不受计划配额的制约，但其仍受计划产量的制约。我们有下列关系式：

$$P_h\Big/\frac{\partial F(\cdot)}{\partial X_{jh}}=P+\lambda_j \tag{15}$$

　　这就是说，该计划产量的边际成本比其产品的市场价格还高，其高出部分等于 λ_j。而该企业的产量又是根据计划价格受计划者调配，所以它可能处于亏损状态，而这种亏损的原因则来自过高的计划产量。

　　接着我们再考察 $\lambda_j=0$，但 $\mu_{jh}\neq0$ 的几种情况。第一，如果第 h 种投入品属于我们上面定义的第一类商品，即这类商品除计划配置以外，还存在着自由市场，这时如果 $\mu_{jh}>0$，那么是由下述原因引起的：虽然企业可以自由购买这种投入品，但其市场价格太高，它没有购买。而同时，企业对计划分配的投入品的需求又大于计划配额。正是从这个意义上讲，企业对该投入品的需求受到了制约。这时我们就有下列等式：

$$\bar{P}_h\Big/\frac{\partial F(\cdot)}{\partial \bar{X}_{jh}}=P-\mu_{jh}\Big/\frac{\partial F(\cdot)}{\partial \bar{X}_{jh}} \tag{16}$$

即按计划价格计算的产量的边际成本小于其产品的市场价格，如果继续获得这种计划投入品，可使该企业的利润提高。投入品的计划价格和市场价格的差异太大就可能产生这种情况。第二，如果第 h 种投入品属于第二种商品，即对其不存在自由市场，μ_{jh} 的值很可能大于零，因为企业受到这类计划投入品的制约是很明显的，这里就不详加讨论了。第三，如果该投入品是劳动，由于企业必须接受计划就业配额，使得 μ_{jh} 的值很可能为负。这种情况意味着，劳动的边际成本已经超过了处于边际上的这一劳动单位所生产的产品的市场价格。但是，企业不能辞退多余的计划分配的劳动投入，使得这种制约变得很明显。这时，我们有下列关系式：

$$\bar{P}_h\Big/\frac{\partial F(\cdot)}{\partial \bar{X}_{jL}}=P+\mu_{jh}\Big/\frac{\partial F(\cdot)}{\partial \bar{X}_{jL}} \tag{17}$$

这里 $\mu_{jh}\Big/\frac{\partial F(\cdot)}{\partial \bar{X}_{jL}}$ 就是企业多使用这一边际劳动单位所附加的影子成本，它使企业利润减少。

到此，我们已经把计划制约下的企业可能面临的情况及其对策讨论完了。当然还有其他许多种不同情况的组合，但讨论的原则是一样的，为节省篇幅，在这里我们就不一一展开了。

现在我们再讨论家庭行为。在这个经济中，我们假定有 n 个家庭（$i=1$，…，n），他们的收入用 W_i 表示，其中包括三部分，第一部分是计划者计划分配的劳动的工资报酬，第二部分是企业计划外投入的劳动所作的支付，第三部分则是由企业利润转化的奖金。家庭根据计划价格享受一部分计划配额的消费品：$\bar{C}_i$，同时他们可以根据市场价格在自由市场购买几乎所有的消费品。我们定义总消费为 C_i，其市场购买部分为 $C_i-\bar{C}_i$。改革以后，消费品的计划配置的种类大大减少，所以大多数消费品的计划配置为零。我们假

定第 i 个家庭的效用函数为：

$$U_i(C_i) \tag{18}$$

其中 C_i 是向量，其分量为 $(C_{i1}，\cdots，C_{ih})$。由于各种消费品均可以在自由市场购买，我们就有：

$$C_i - \bar{C}_i \geqslant 0 \tag{19}$$

有了这些条件，家庭行为就可以用下述家庭的最优规划来表述：

$$\text{Max}U_i(C_i)$$

$$s.t. \begin{cases} \sum\limits_{h=1}^{H} P_h(C_{ih} - \bar{C}_{ih}) + \sum\limits_{h=1}^{H} \bar{P}_h \bar{C}_{ih} = W_i \\ C_{ih} - \bar{C}_{ih} \geqslant 0 \end{cases} \tag{20}$$

引入拉格朗日函数以后，我们得到：

$$L_i(C_{ih}，\lambda_i，\mu_{ih}) = U_i(C_i) + \lambda_i[W_i + \sum(P_h - \bar{P}_h)\bar{C}_{ih} - \sum P_h C_{ih}] + \mu_{ih}(C_{ih} - \bar{C}_{ih}) \tag{21}$$

其达到最优点的均衡条件为：

$$\frac{\partial L_i}{\partial C_{ih}} = \frac{\partial U_i}{\partial C_{ih}} - \lambda_i P_h + \mu_{ih} = 0 \tag{22}$$

其中 λ_i 为第 i 个家庭收入的边际效用，U_{ih} 为家庭 i 对商品 h 的需求的计划配额制约乘数。如果我们称

$$\frac{\partial U_i}{\partial C_{ih}} \Big/ \lambda_i \tag{23}$$

为家庭 i 对商品 h 的边际愿支付价格，那么我们就可以获得两种情况：

$$\frac{\partial U_i}{\partial C_{ih}} \Big/ \lambda_i = P_h \qquad 对于 \ \mu_{ih} = 0 \tag{24}$$

$$\frac{\partial U_i}{\partial C_{ih}} \Big/ \lambda_i < P_h \qquad 对于 \ \mu_{ih} > 0 \tag{25}$$

在第一种情况下[（24）式]，家庭对商品 h 的边际愿支付价格等于该商品的市场价格。在第二种情况下[（25）式]，家庭 i 对商品 h 的边际愿支付价格小于该商品的市场价格。第二种情况的出现是因为下列事实：商品的计划价格太低，家庭对该商品的超额需求受到了计划配额的制约，然而该商品的市场价格又太高（高于家庭 i 对该商品边际愿支付价格），阻止家庭 i 进入该商品的自由市场。所以它处于对计划配置的商品的需求未得到满足，而又不能进

入自由市场去购买该商品的补充部分，以满足其需求的境地。在双轨制经济中，商品的计划价与市场价差异太大以及家庭收入之间的差异太大，就会导致这种情况的产生。

在分析了生产者行为和消费者行为之后，我们就可以分析所考察的双轨制经济能否达到某种均衡。在此，我们有必要引入计划者的行为及其预算制约。在文章的开头我们已经提到，所有的企业利润由企业与计划者以一定比例分成，企业的税后利润可以用作投资、职工的奖励基金和福利基金。但为了简化分析，我们假定所有企业的税后利润都转化为职工奖金，成为家庭收入的一部分（因为我们的模型是个静态模型，暂时不考虑企业投资的效应）。中央计划者的财政收入主要由生产者的上缴利润组成，在我们的模型里就表现为：

$$\sum_{j=1}^{m} a_j \pi_i \tag{26}$$

中央计划者的财政支出主要由投资、其他政府支出（以向量 G 表示，其分量为 G_1，…，G_h）和为弥补由计划分配所引起的财政赤字（如对粮食的计划配置所形成的赤字）构成。在整个模型完成之前，我们必须假定中央计划者的计划是可行的，即计划要做到在物资流量和金融流量上都达到平衡（当然在现实中这种平衡可能会出问题）。所有这些计划的平衡条件可以用下述关系式来表示：

(A)$\sum_{j=1}^{m} \bar{Y}_{jh} = \sum_{j=1}^{m} \bar{X}_{jh} + \sum_{i=1}^{n} \bar{C}_{ih} + G_h$

(B)$\sum_{j=1}^{m} a_j \pi_i = G + \sum_{h=1}^{H} \bar{P}_h \bar{Y}_h - \sum_{h=1}^{H} \bar{P}_h \bar{X}_{ih} - \sum_{h=1}^{H} \bar{P}_h \bar{C}_{ih}$

(C)$\sum_{i=1}^{n} W_i = \sum_{h=1}^{m} \bar{P}_L \bar{X}_{jh} + \sum_{j=1}^{m} P_L(X_{jL} - \bar{X}_{jL}) + \sum_{j=1}^{m} (1-a_j)\pi_j$

(D)$W_i > \sum_{h=1}^{H} \bar{P}_h \bar{C}_{ih}$ $\tag{27}$

条件(A)是计划的物资平衡公式，它要求对第 h 种商品的计划产量及其分配（计划投入品的分配、计划消费品的分配和计划投资品的分配）必须相等。有 H 种商品需要计划配置，那么从理论上讲就应该有 H 个物资平衡公式。条件(B)是中央计划者的财政平衡公式，它要求中央的财政收入与支出必须保持平衡。条件(C)是消费基金的会计等式，所有消费者收入的总和来自三个部分：计划就业量的固定工资收入；计划外使用的劳动的报酬；由企业利润转化的奖金。条件(D)意味着计划配置的消费品价值总额只占一个家庭收入的一部分，从而使自由市场上的消费品购买成为可能。

上述条件具备以后，我们就可以来定义一个双轨制经济条件下的非瓦尔拉斯均衡经济。

定义：一个计划制约条件下的非瓦尔拉斯均衡经济可表述为，面对一组既定计划配置向量 $\overline{Y}$、$\overline{X}$、$\overline{C}$ 和固定的计划价格向量 $\overline{P}$，每一个经济行为人（生产者和消费者）在完成计划配额以后，同时以自由市场供求机制产生的市场价格向量 P 为信号，根据利润极大化原则和效用极大化原则，作出自己的总产量 Y^*、总投入品需求量 X^* 以及总消费量 C^* 的决定；市场价格的充分波动以及经济行为人对市场价格的灵敏反应，形成一组市场均衡价格 P^*，使得下列等式成立：

$$P^*\left[(Y^*-\overline{Y})]-(X^*-\overline{X})-(C^*-\overline{C})\right]=0 \qquad (28)$$

由此可见，中央计划者制订的物资分配计划和金融计划的统一以及市场价格机制的充分作用可以使双轨制经济达到一种非瓦尔拉斯均衡状态。

三、模型的分析与结论

对效率标准的选择。我们已经分析了计划配额对生产者供求行为及利润和消费者的需求行为及收入的影响，并且定义了双轨制经济条件下的非瓦尔拉斯均衡。如何对这种均衡进行效率分析，就涉及一个标准选择问题。在西方经济文献中，最常用的效率标准是帕累托最优标准。但帕累托最优标准是以个人的偏好函数为基础的，社会福利函数也以个人偏好函数为基础。在西方微观经济学中，瓦尔拉斯一般均衡状态被证明为具有帕累托最优性质。

如果我们把计划配额看成是不可改变的参数，就如同每个经济行为人的自然禀赋一样，那么计划制约下的非瓦尔拉斯均衡也能达到帕累托最优。因为完成计划配额以后，所有经济行为人都以市场价格为信号按最优化规则选择他们的市场需求量和供给量，并使得每个市场处于均衡状态。这种均衡状态也可以符合帕累托最优标准，即已不可能在无损于任何人的情况下使一个人的处境变得更好一些。当然，瓦尔拉斯一般均衡基础上的帕累托最优和计划制约下的帕累托最优是不同的，如果前者确实是最优的，那么后者只能是次优，区别在于后者加进了计划配置，这里暗含的标准是计划配置并非是提高社会效率所必需的。

于是，从第一个问题引申出来的第二个问题便是计划配置是否必要。这不仅仅是个实证经济学的问题，而且也是个规范经济学的问题。详细论述这一问题不是本模型所能完成的任务，但是，我们可以提供几点说明，以便为进一步分析提供线索。在任何现实经济中，纯粹的完全竞争的经济是不存在的。很多经济研究文献证明，由于单个经济行为人掌握的经济信息的不完善、垄断的存在以及生产的外部经济的存在等，单个经济单位的理性行为可能导致社会最佳效率的破坏。在这种情况下，中央计划者（或国家）的计划干预对提高社会效率可能是必要的。所以，计划是否必要，根据计划本身的科学性以及被计划的经济的性质而定，不能作出单一的结论。计划配置在中国经济中一直扮演着收入分配的角色，如果彻底取消计划配置，就会引起经济行为人之间收入分配的大变动。以我们上述模型中第 i 个家庭的预算制约为例：

$$W_i = \sum P_h C_{ih} - \sum (P_h - \bar{P}_h) \bar{C}_{ih} \tag{29}$$

我们把 $T_i = \sum (P_h - \bar{P}_h) \bar{C}_{ih}$ 看做中央计划者对消费者的一种转移支付，则家庭的预算制约就变成：

$$W_i + T_i = \sum P_h C_{ih} \tag{30}$$

如果这种收入分配政策是社会偏好函数所规定的，那么这种配置就是必要的。这是一个规范经济学的命题。如果计划配置仅仅是作为收入分配的手段，那么我们是否可以设想，把计划配置给取消了，然后把这部分转移支付以收入补贴的方式补给家庭，即我们平时所说的把暗补变为明补，因为从经济理论上讲，后者优于前者。但是，问题的复杂性在于，当计划配置既定时，我们可以计算这部分转移支付，但当计划配置取消或改变时，我们很难精确估量这种变化对转移支付的影响，因为哪怕一种商品的计划价格发生变动，都会引起一系列的收入和价格效应，从而影响供求和市场价格，使得真正的转移支付的变化难以预见。对于这一点，我们可以通过（30）式表示，但为了简化分析，我们把计划商品由 n 种变成 2 种，于是我们获得：

$$T_i = (P_1 - \bar{P}_1) \bar{C}_{i1} + (P_2 - \bar{P}_2) \bar{C}_{i2} \tag{31}$$

我们假定第 1 种计划商品的计划价格提高，其可能引起的影响可以由下式表示：

$$\frac{\partial T_i}{\partial \overline{P}_1} = (\frac{\partial P_1}{\partial P_1} - 1)\,\overline{C}_{i1} + \frac{\partial P_2}{\partial \overline{P}_1}\,\overline{C}_{i2} \tag{32}$$

对转移支付的影响取决于计划价格变化对所有市场价格变化的影响,然而这种影响是很难估计的。同时,这种变化不仅影响家庭收入和需求,还影响生产者的利润,这也就是价格改革为什么要与工资改革、税收改革相配合的道理所在。从这个意义上讲,计划配置也是一种历史包袱,这种包袱使得经济改革不可能在一个晚上就把所有的计划价格变成市场价格而又能避免收入分配的大起大落。

在上述模型中,我们实际上面临着两种类型的非瓦尔拉斯均衡。生产者和消费者在作出供求决定时,他们实际上受到计划配额绝对有效的制约,前者如 $\lambda_j > 0$ 和 $\mu_{jh} \neq 0$ 时所表示的情况,后者如 $U_{ih} > 0$ 时所表示的情况。在这些情况下,或者由于某些市场的计划配额太高,或者由于计划价格和市场价格的差异太大,或者由于某些商品的自由市场还没有形成,使计划配额量即为他们的实际供求量。因此,计划配额的任一变动都会引起实际供求量的变化。我们称这种状态为计划配额绝对有效的非瓦尔拉斯均衡。生产者和消费者在作出其供求决定时,计划配额只是被作为一种既定的参数来考虑,而没有绝对的有效性。也就是说,经济行为人对每一项的商品交换,都可以突破计划的限制,到市场上去实现其补充的交换。对生产者而言,这种情况表现为 $\lambda_j = 0$,且所有的 $\mu_{jh} = 0$。对消费者而言,这种情况表现为 $U_{ih} = 0$。我们称这种情况为计划配额非绝对有效的非瓦尔拉斯均衡。显然,后一种非瓦尔拉斯均衡存在的一个必要条件是市场体系的 100% 的完善,即每一种商品必须有其自由市场的存在。

计划配额绝对有效的非瓦尔拉斯均衡往往会导致经济的某种低效率。导致计划指标和经济指标的矛盾。例如,为完成过高的计划产量指标,企业可能处于亏损的状态。然而经济改革以来,企业的利润指标,无论是对中央计划者,还是对企业本身,都变得重要起来。为完成利润指标,企业倾向于减少计划产量,为完成计划产量指标,企业要求国家财政补贴其亏损。同样的推理也适合于劳动投入要素,为完成国家的就业任务,企业可能亏损,要求财政补贴;为了完成利润指标,企业倾向于解雇多余的工人。商品的计划价格与其实际价值的扭曲程度越重,计划价格与市场价格的差距就越大,结果使得大多数企业和消费者仍处于计划制约的状态。因为对他们来讲，计划投入品或计划消费品的供应是远远不足的，但是这些商品的市场价格又太昂贵了，因此他们对这些商品的支付倾向远远低于这些商品的市场价格。只有少数生产者或消费者才愿意购买这些高价的投入品或消费品。对于少数计划严格控制的投入品或消费品，由于它们的自由市场不存在，缺乏有效的市场价格作为它们的衡量标准，这种配置也往往成为低效率的根源。尤其当这类投入品成了制约经济发展的瓶颈产品时，这种低效率的现象就更为明显。

如何从计划配额绝对有效的非瓦尔拉斯均衡过渡到计划配额非绝对有效的非瓦尔拉斯均衡，以避免可能产生的低效率，就成为本模型对进一步改革的建议。无论是对生产者还是对消费者来说，计划配额在整个交易量中的比例的相应缩小，并通过价格改革，使得计划价格和市场价格的差距不断缩小以及创立各种市场，完善市场体系，总是可以使前者过渡到后者，从而达到一种较优的效率状态。十多年来中国经济改革所走的道路以及今后改革的方向，应该同我们的这一理论结论相一致。

如果所考察的双轨制经济达到第二种状态的非瓦尔拉斯均衡，从我们的模型中就可以得出以下几条重要结论。首先，对生产者来说，计划产量或投入量的变化和它们的计划价格的变化将不会影响企业的投入—产出的最优组合，计划产量或投入量的变化只影响企业与中央计划者之间的交易数量，而这种变化将由企业在市场上的交易量的变化所弥补，从而使总的投入—产出组合保持不变。但这些变化却会带来企业利润的变化。其次，对消费者来说，情况就不同了。计划消费品数量的变化和计划价格的变化，不仅影响消费者与计划者之间的交易数量，而且通过消费者收入的变化最终影响消费者在市场上的需求组合。两者之间的差别在于：对生产者来说，不存在收入效应问题，它的目标函数是尽量扩大销售收入和成本之间的差额；而对消费者来说，计划配额的每一个变化，都会带来消费者收入的变化，而后者又是决定消费者需求函数的一个重要变量。

我们的模型假定每种计划总是平衡的，并且计划配额必须100％地被执行，而在现实经济中，这两个条件都可能出现问题。尤其是后者，在价格双轨制的条件下，物资很可能从计划领域非法地"漏出"到市场领域。两者之间的差距越大，这种"泄漏"的可能性就越大。这在经济文献上称为追租行为。

追租行为将会导致经济的低效率,这是双轨制经济的一个副产品。要对这类行为进行考察,需另建一个模型,这不是本文所能完成的。但在理论上,我们可以假定,通过计划制度和法律制度的完善,能够杜绝这一类行为。

作者说明

1992 年,恰逢中国的市场经济运行迫切需要肯定,并且在前进与倒退徘徊的时期。本文通过建立一个计划与市场并存的非瓦尔拉斯模型,分析计划与市场混合经济的各种非均衡状态及其效率。得出:由于计划配额的存在,经济会产生非均衡的现象,造成生产者与消费者由于计划制约而使资源配置处于低效率状态。但是,只要我们朝着市场经济的方向前进,不断减少计划配额,并使计划价格和市场价格的水平不断靠近,资源配置的效率就可以大幅度提高,这时计划配额在经济中只是起到某种转移支付的功能,减少从计划经济向市场经济过渡的阻力。本文发表在《经济研究》1992 年第 8 期上。中国经济转轨的理论逻辑和现实逻辑后来就是朝着这个方向发展的,一般的商品市场如此,后来的住房市场改革也是如此。

转轨过程中的宏观经济非均衡模型

由于宏观经济资源拥有的结构性特征和转轨时期的微观经济体制特征，我国的宏观经济运行常常处于各种非均衡状态。如何区别不同的非均衡状态并由此得出相应的宏观调控措施是本模型力图解决的主要问题。

一、模型的背景和假定

（一）模型的背景

第一，资源拥有的结构性特征。我国是一个劳动力资源非常丰富的国家，劳动供给可以说是有无限弹性的。公开的或者隐蔽的失业一直是我们所面临的一个严峻的宏观经济问题。任何一个政府，在这种经济条件下，都会在其他经济资源可利用的前提下，尽量增加投资，发展生产，提高就业水平。因此以投资膨胀为特征的非均衡运行是这个宏观经济运行的常态。但是，在这个经济中，除劳动力资源丰富以外，其他经济资源则很缺乏，尤其是能源、交通、通信等，这些薄弱环节构成了限制经济持续发展的瓶颈部门。因此，经常性的结构性制约成了这个宏观经济运行的又一大特征。分析中国宏观经济的运行，如果不抓住这一关键特征，就不可能看清中国宏观经济运行的实质。

第二，体制特征。我们正处于从计划经济体制向市场经济体制转轨的时期，中国经济是一个计划与市场机制交相作用的混合经济。首先，微观经济主体的成分复杂，有国有企业、集体企业、三资企业和私人企业等，其中国有企业的经营机制由于产权关系模糊还没有转到市场经济所要求的轨道上来，企业预算约束软化所引起的投资扩张和消费基金扩张的倾向在这些企业中还存在着。但与此同时，大量自负盈亏、承担破产风险的非国有企业得到了长足的发展，其比重已相当可观。其次，微观经济行为人所处的环境是一个既有计划信号调节又有价格信号调节的错综复杂的市场，计划配置在资源总配置中还起着重要的作用。在这个微观经济基础上，宏观总供求实际上是由计划总供求和市场总供求构成的，投资行为也是如此，决定它们变化的因素也是各自有别、错综复杂。

（二）模型的假定

由于上述特征，我们在构造宏观模型之前先做出以下假定。

第一，由于存在不同种类的微观经济主体，因此，我们在分析中首先应该考虑微观主体的预算约束硬度，其次要相应地把生产者分为主要受计划信号调节的生产者和主要受市场信号调节的生产者，并在此基础上把宏观总供给分为计划供给和市场供给两部分。这样划分的目的是为了分析不同微观经济主体的生产行为和投资行为，从而为宏观经济分析奠定微观经济基础。

第二，在传统的宏观经济模型中，总供给函数只考察可以互相替代的资本和劳动两个生产要素，并假定其他生产要素总是可以获得的。显然，这种供给函数不能反映结构性失衡的情况。为了更好地反映中国经济中的结构性制约的情况，我们使用一个里昂惕夫式的生产函数作为供给函数，因为在这一类生产函数中，各种生产要素是互相不可替代的互补要素，根据投入—产出系数，某一经济的总供给水平由该经济中可支配的最为短缺的生产要素的数量决定。

第三，相应地把总需求分为计划需求和市场需求两部分，前者对价格的反应比较迟钝而后者则比较灵敏；相反，前者对计划调控的反应却比较灵敏，而后者则比较迟钝。通过这样的区分，在这个双轨制经济里，我们就可以制定出由计划性行政控制和政策性市场调控相结合的有效的宏观经济政策。

二、计划总供给和计划配置

虽然从微观角度看，每个国有企业也可以不同程度地根据市场价格信号安排计划外生产，但是从宏观角度看，我们仍可以把按计划信号进行的那部分生产综合起来称为计划生产。我们假定计划生产有一个以下形式的总供给函数：

$$Y_p = \mathrm{Min}(\beta K_p, L_p/\alpha, R_p/\gamma_p)$$

这是一个里昂惕夫式的生产函数。使用这一生产函数来描述计划部门的供给函数，是因为计划者在安排计划时很少根据生产要素的价格来对它作出替代使用，而往往根据它们的技术系数来进行配置。在这个生产函数中，K_p是计划配置的固定资本，L_p是计划配置的劳动力，R_p是计划生产部门所使用的瓶颈投入品。这三个要素为不可相互替代的互补要素，它们的收益是常数。另外，β是资本—产出系数，表示一个单位的资本所能生产的产品数量，α和γ_p是有关劳动和瓶颈产品的投入—产出系数，它们分别表示生产一个单位的产品所必需的劳动和瓶颈产品的数量。在下面的分析中，我们暂且假定计划部门的瓶颈产品R_p的供应受到计划的保证，也就是说，我们假定计划是可行的，当然在实践中未必如此，但为了理论上的完整，我们先作这样的假定。中国经济中最常见的瓶颈制约产品是原材料、能源和交通等，但在模型中我们只考虑最为短缺的瓶颈产品，同时考虑几种瓶颈制约产品的方法是一样的。由于存在农村劳动供给的强大压力，劳动供给总是大于劳动需求，最终的劳动就业通过计划配置达到平衡，因此，固定资本的数量决定了计划生产的供给能力和就业水平：

$$Y_p^s = \beta K_p$$
$$L_p^d = \alpha \beta K_p$$

计划产品的总需求由两部分组成：消费需求和计划投资需求。由于计划产品的价格被计划者固定在低于市场均衡价格的水平上，因此计划商品市场的需求总是大于供给。最后交易量是计划配置的结果：

$$C_p^* + I_g = \beta K_p$$
$$L_p^* = \alpha \beta K_p$$

由于固定资本的短缺，结果我们就有了对计划产品的超额需求和对计划就业的超额供给。

三、非计划生产部门不同的供给水平

非计划生产领域主要包括农业、乡镇企业、三资企业、私人企业以及国有企业的计划外生产部分，这部分生产受市场价格机制的调节。在非计划生产领域，生产者在下述形式的生产函数的制约下使其利润达到最大：

$$Y_m = \text{Min}\left[\frac{R_m}{\gamma_m}, \ F(K_m, \ L_m)\right]$$

这里 K_m 和 L_m 是可替代的生产要素，$F(\cdot)$ 具有通常所假定的性质，即一阶导数为正，二阶导数为负。R_m 是这个生产部门所不可缺少的瓶颈投入品。这里我们把 K_m 和 L_m 看做替代的生产要素，是考虑到计划外生产者是根据市场价格信号来作出资本和劳动的组合，在资本固定不变时，生产者根据劳动工资和劳动生产率的比较来决定就业水平和供给水平。在技术条件（生产函数）约束之外，非计划生产部门在这个计划和市场的混合经济里还可能受到其他数量约束。

非计划生产部门所面临的第一个可能的数量制约是瓶颈投入品的数量制约：

$$Y_m \leqslant \frac{\bar{R}_m}{\gamma_m}$$

这里 $R_m = \gamma_m Y_m$ 是为生产非计划产量 Y_m 所必需的该瓶颈投入品，$\bar{R}_m$ 是非计划生产部门所能获得的该瓶颈投入品的最大数量。上述公式表明，即使非计划生产部门由资本和劳动的组合所决定的供给能力很大，但它最终不能突破 $\bar{R}_m / \gamma_m$ 的水平。

如果这个经济中价格具有向下的刚性，那么计划外生产者碰到的第二个数量制约是总需求的制约：

$$Y_m \leqslant Y_m^d$$

这里 Y_m^d 是对非计划产品的需求。经济体制改革以来，由于市场因素的引进，市场经济所特有的总需求水平对生产产生制约的现象也开始出现了。例如，1990 年中国经济就经历了一场因总需求不足而引起的经济萧条。

劳动供给的制约：

$$L_m \leqslant L - \alpha \beta K_p$$

这里 L 是这个经济中劳动的总供给数量，$\alpha \beta K_p$ 是计划生产部门中的劳动就业量，前者减去后者便是非计划生产领域所能雇用的最大劳动数量。由于中国经济中的劳动数量十分充沛，因此，这一数量制约在这个经济中还从来没有出现过。我们现在把这一数量制约列在这里只是为了理论上的完善。

非计划生产领域的生产者如同市场经济中的企业一样，它们的生产目的是为了使它们的利润达到最大，因此它们是在满足上述的各种制约的前提下使其利润达到最大：

$$\text{Max}(p_m Y_m - W_m L_m - \varepsilon_m R_m)$$

满足：

$$\begin{cases} Y_m = \text{Min}\left[\dfrac{R_m}{\gamma_m}, \ F(K_m, \ L_m)\right] \\ R_m \leqslant \bar{R}_m \\ Y_m \leqslant Y_m^d \\ L_m \leqslant L - \alpha\beta K_p \end{cases}$$

这里 ε_m 是非计划生产部门所能获得的由计划生产部门供给的瓶颈投入品的非计划价格，它同完全自由波动的市场价格不一样，它的波动的最高水平受到计划者一定程度的控制。在上述最优规划之下，我们可以考虑四种可能出现的非计划生产领域的供给情况。

第一种情况是该经济中不存在任何的数量制约，既无总需求制约，也不存在瓶颈投入品的制约；非计划生产部门的瓶颈投入品的使用满足等式：

$$R_m = \gamma_m Y_m$$

在这个劳动力充沛的经济中，劳动力供给自然也不存在问题。在无任何数量制约的情况下，非计划生产部门在其生产函数的约束下使该生产部门的利润达到最大：

$$\text{Max}[(P_m - \varepsilon_m\gamma_m)Y_m - W_m L_m]$$

满足：

$$Y_m = F(K_m, \ L_m)$$

从上述最优规划中我们获得有关劳动力使用的最优条件为劳动的边际生产率等于它的边际成本：

$$\frac{\partial F(K_m, \ L_m)}{\partial L_m} = \omega$$

我们定义 $\omega = \dfrac{W_m}{P_m - \varepsilon_m\gamma_m}$ 为非计划生产部门所使用的劳动的实际工资，在非计划生产部门不受任何数量制约的情况下，它对劳动力的需求函数取决于该生产部门所拥有的资本数量和实际工资水平 $L_m = \Phi_1(K_m, \omega)$，这个需求函数被定义为：

$$L_m = \Phi_1(K_m, \omega) \Leftrightarrow \frac{\partial F(K_m, L_m)}{\partial L_m} = \omega$$

并且我们有 $\partial \Phi_1 / \partial K_m > 0$，$\partial \Phi_1 / \partial \omega < 0$。上式表明，非计划生产部门根据劳动的边际生产率与劳动成本的比较来作出对劳动的需求，实际工资的上升使得劳动需求减少，反之亦然。但是，固定资本的增长，可以增加该部门对劳动的需求。

进一步地，我们定义：

$$G(K_m, \omega) = F[K_m, \Phi_1(K_m, \omega)]$$

结果我们获得下列的非计划生产部门的劳动需求函数和商品的供给函数：

$$L_m = \Phi_1(K_m, \omega)$$

$$Y_m = G(K_m, \omega)$$

第二种情况是非计划生产部门在投入品市场上受到瓶颈投入品的制约，这时，我们必须在上述非计划生产者的最优规划中考虑这个数量制约：

$$\text{Max}[(P_m - \varepsilon_m \gamma_m) Y_m - W_m L_m]$$

满足：

$$Y_m = F(K_m, L_m)$$

$$Y_m \leqslant \frac{\bar{R}_m}{\gamma_m}$$

从生产函数 $Y_m = F(K_m, L_m)$ 出发，我们定义劳动需求是产量的反函数：

$$L_m = \Phi_2(K_m, Y_m) \Leftrightarrow Y_m = F(K_m, L_m)$$

并且满足：

$$\partial \Phi_2 / \partial K_m < 0, \quad \partial \Phi_2 / \partial Y_m > 0$$

在考虑瓶颈投入品制约的情况下产量水平受制于可获得的瓶颈投入品数量，因此，我们就获得下列商品的供给函数和劳动的需求函数：

$$L_m = \Phi_2\left(K_m, \frac{\bar{R}_m}{\gamma_m}\right)$$

$$Y_m = \frac{\bar{R}_m}{\gamma_m}$$

在这个场合，非计划生产部门的劳动就业和产量水平都受制于可获得的瓶颈投入品数量,如果该瓶颈投入品增加,就业和产量就可以增加。待到这个数量制约消失时,我们又重新回到上面的状态,即就业和产量由市场价格机制决定。

第三种情况是非计划生产领域在它的商品市场上受到需求的制约,这时,我们就获得了下列最优规划:

$$\text{Max}[(P_m-\varepsilon_m\gamma_m)Y_m-W_mL_m]$$

满足:

$$Y_m=F(K_m,\ L_m)$$
$$Y_m\leqslant Y_m^d$$

对这个最优规划的解使我们获得:

$$L_m=\Phi_2(K_m,\ Y_m^d)$$
$$Y_m=F(\ \cdot\ )=Y_m^d$$

这里 Φ_2 如同上面所定义的,是产量的反函数。在这个场合,就业和生产水平由需求水平决定。只有需求增长,这个经济中的就业和产量才能增加。这种非均衡状态曾经在 1990 年出现过,这是一种凯恩斯有效需求不足的失业情况。

第四种情况是,我们现在设想这么一种状态,这个经济中的投入品很充裕,商品市场上的需求也很大,并且劳动市场的实际工资很低,非计划生产部门的就业和生产就可以扩大,但是,最终它将受到劳动供给自然数量的制约:

$$L_m=L-\alpha\beta K_p$$
$$Y_m=F(K_m,\ L-\alpha\beta K_p)$$

这时生产水平就由该经济中可获得的劳动数量决定。这种情况在中国香港等地的经济发展过程中曾经出现过,但直到目前为止,内地经济中还没有出现过。

在上述分析之后,我们就可以根据不同的数量制约情况,把不同非均衡状态下的非计划生产领域的总供给和就业函数用下列两个公式总结:

$$L_m^*=\text{Min}\Big[\Phi_1(K_m,\ \omega),\ \Phi_2\Big(K_m,\ \frac{\overline{R}_m}{\gamma_m}\Big),\ \Phi_2(K_m,\ Y_m^d),\ L-\alpha\beta K_p\Big]$$

$$Y_m^*=\text{Min}\Big[G(K_m,\ \omega),\ \frac{\overline{R}_m}{\gamma_m},\ Y_m^d,\ F(K_m,\ L-\alpha\beta K_p)\Big]$$

上述公式表明这个双轨制经济中的非计划经济部分的就业和生产水平或取决于市场价格和工资水平，或取决于不同的数量信号，如瓶颈投入品的制约、总需求制约和可支配的劳动数量的制约。

四、转轨时期总需求的形成

（一）消费需求的形成

这个经济中的家庭消费由两部分组成，计划配置的消费品和市场购买的消费品 $C_p + C_m$，在转型过程中前者正在趋向于零，因此，家庭的效用函数可以写成：

$$U(C_p + C_m, M_i/P)$$

其中，M_i/P 为家庭对实际货币余额的需求。

家庭的预算约束是：

$$P_p C_p + P_m C_m + M_i = \overline{M}_i + R_i$$

其中，$\overline{M}_i$ 为家庭在考察初期所拥有的货币，R_i 为家庭的收入，是计划就业和非计划就业的收入之和。家庭在上述预算约束之下求效用函数最大，得出下列需求函数：

$$C_p^* = \overline{C}_p$$
$$C_m^d = C_m^d(R_i, \overline{M}_i, P_p, P_m, \overline{C}_p)$$
$$+ \quad + \quad - \quad - \quad ?$$
$$M_i^d = m^d(R_i, \overline{M}_i, P_p, P_m, \overline{C}_p)$$
$$+ \quad + \quad ? \quad + \quad ?$$

上述方程式下面的符号表示相对应的自变量对应变量（或者说选择变量）的影响结果，例如，如果 $\partial C_m^d/\partial \overline{C}_p$ 是负数，则意味着计划配置商品数量的增加将导致家庭对自由市场商品需求的减少，因为，计划配置商品的增加对家庭的市场需求来说有双重效应：一是收入增加带来的收入效应（低价商品的增加意味着家庭收入的增加），它可以使家庭增加对市场商品的需求；但是，它们之间又有完全的替代效应，计划配置消费品增加会减少对市场商品的需求，当后者大于前者时，上述关系就成立了。

(二)企业和政府的投资行为及其预算约束

上面我们描述了生产者行为和代表性家庭的行为，现在我们再来分析企业利润分配和投资需求的形成。

在传统的计划体制下，政府作为中央计划者和所有国有企业的总代表，聚集企业的所有利润，同时也承担企业所需要的投资支出。在经济改革以后，政府开始下放投资权力，它只是收集作为税收的企业的部分利润，同时承担一定的投资任务，而不是全部的投资任务。与此同时，企业分享的利润形成几种基金：企业的工资奖励基金、企业的社会福利基金和企业发展基金。企业发展基金形成企业自行的计划外投资，这部分投资数量有大大增长的趋势。现在我们先把两种类型的企业利润分开：第一，计划生产领域的利润 π_p，它等于计划生产领域的收入减去计划就业的劳动工资总额；第二，非计划生产领域的利润 π_m，它等于非计划生产领域的收入减去这个领域的工资总额。根据这两类生产的不同的税率 a_p 和 a_m，政府获得来自生产部门利润的收入，我们在这里把它表示为 T_g：

$$T_g = a_p \pi_p + a_m \pi_m \qquad 0 < a_p < 1, \ 0 < a_m < 1$$

其中：

$$\pi_p = P_p Y_p - W_p L_p - \varepsilon_p R_p$$
$$\pi_m = P_m Y_m - W_m L_m - \varepsilon_m R_m$$

于是，计划生产领域的税后利润为：

$$R_{fp} = (1 - a_p) \pi_p$$

非计划生产领域的税后利润为：

$$R_{fm} = (1 - a_m) \pi_m$$

但是，在现实经济生活当中，我们很难区分这两种利润，因为每一个国有企业也被容许在完成计划产量任务之后，参加一部分计划外生产，对于这一类企业，哪部分利润来自计划生产，哪部分利润来自非计划生产，是不清楚的。为了使问题简单化，我们把所有企业的税后利润加在一起：$R_f = R_{fp} + R_{fm}$。

就投资来说，我们可以在统计资料上发现有关两种类型的投资的记录：计划投资和计划外投资。前者由国家财政拨款，后者来自企业和地方的自身积累，包括国有企业的自身积累。计划外投资所形成的生产能力将归入非计划生产领域，它们将根据市场调节来进行生产和交换。在我们下面的分析中，我们把问题限制在静态的状态，因此不考虑资本的增长问题以及计划外投资对下一期经济活动的影响。

到目前为止，我们已经分析了计划生产部门的生产的确定和交换中的计划配置机制，也分析了非计划生产部门的生产的确定，现在余下的问题是如何确定对非计划生产部门的产品的总需求。在家庭行为的分析中，我们已经讨论了家庭对非计划产品的需求，接下来我们将讨论对非计划产品的投资需求和政府部门对非计划产品的需求，这两项需求在中国的宏观经济波动中扮演着重要的角色。

根据上面的分析，我们把政府预算约束写成如下形式：

$$P_p I_g + P_m E_g = T_g + \Delta M_g$$

这里，I_g 是政府的计划投资，E_g 是政府对非计划产品的需求，T_g 是来自对企业利润征税所形成的政府收入，ΔM_g 是政府从中央银行获得的贷款或新发行货币。政府的财政赤字或者由政府来自中央银行的借款解决，或者由中央银行的货币发行解决：

$$\Delta M_g = P_p I_g + P_m E_g - T_g$$

发生哪一种情况（中央银行贷款还是发行货币）取决于中央银行的企业存款和家庭存款总额的大小。

现在我们再来分析企业的计划外投资行为，这部分投资资金主要来自企业自身的税后利润积累和企业从银行获得的贷款。因此，非计划投资基金由下列公式决定：

$$P_m I_m = (1 - a_p)\pi_p + (1 - a_m)\pi_m + \Delta M_f$$

它可以被进一步写成：

$$\Delta M_f = P_m I_m - R_f$$

这里 ΔM_f 是企业向银行借的款。如同我们在上面谈及政府的财政赤字弥补问题时所说的，如果企业向银行借款的增长不被政府存款和家庭存款的增长抵消，过多的企业贷款就会导致银行的货币新发行。

在有关家庭的行为分析中我们已经看到，家庭的货币存款需求公式为：

$$M_i^d = M_i^d(R_i, \ \overline{M}_i, \ P_p, \ P_m, \ \overline{C}_p)$$

因此整个经济中的货币积累或者货币创造是下列等式不平衡的结果：

$$\Delta M = M - \overline{M}$$
$$= \Delta M_f - \Delta M_i$$
$$= (P_p I_g + P_m E_g - T_g) + (P_m I_m - R_f) - (R_i - P_p \overline{C}_p - P_m C_m^d)$$

这里，$T_g + R_f + R_i = Y = Y_p + Y_m$。

政府向银行告贷 ΔM_g 和企业向银行告贷 ΔM_f 是由外在的因素决定的，如某一时期的经济增长计划和金融政策以及企业的投资行为等。一般说来，中央银行没有充分的权力和有效手段来控制这两个变量，它只能根据政府的信贷计划进行贷款的分配。在这个金融体制下，政府的总需求管理政策主要体现在货币政策上：某一时期货币政策或信贷政策的放松总是导致总需求的膨胀；相反，一个收紧的货币政策和信贷计划总是导致总需求的紧缩，并对经济活动产生萧条的影响。

如果我们把企业的计划外投资需求和政府的其他非计划需求用 $\widetilde{E}$ 表示，那么，这个外生变量就——由下列公式决定：

$$\widetilde{E} = R_f + T_g + \Delta M_f + \Delta M_g - P_p I_g$$

它的大小由企业利润和政府与企业的信贷总额减去计划投资以后的数额决定。加上家庭对非计划配置产品的需求，我们就获得了该经济中对非计划商品的总需求：

$$P_m C_m^d (R_i, \ \overline{M}_i, \ P_p, \ P_m, \ \overline{C}_p) + \widetilde{E}$$

在我们的上述分析里，一个暗含的假定是所有企业利润自动地转化为投资基金，企业的投资函数就被省略了。并且，我们还假定这个投资需求很旺的经济里，利率对投资的影响可以忽略不计。

五、计划和市场混合经济中的均衡与非均衡

上面我们完成了对这个计划和市场混合经济中两个领域的总供给函数和总需求函数的分析，现在我们来分析这个混合经济中的不同的宏观均衡或非均衡状态，为宏观经济政策提供理论依据。

我们下面将要讨论的各种状态有一个共同的特征，即计划领域是通过计划配置而达到总供求均衡的：

$$C_p^* + I_g^* = \beta K_p$$
$$L_p^* = \alpha \beta K_p$$

在计划配置的前提下，在非计划领域我们可能有三种不同的均衡或非均衡状态。

第一种情况，非计划生产领域在两大市场（劳动和商品）上都处于均衡状态：

$$L_m^* = \Phi_1(K_m,\ \omega) = L - \alpha \beta K_p$$
$$Y_m^* = G(K_m,\ \omega) = C_m^d(R_i,\ \overline{M}_i,\ P_p,\ P_m,\ \overline{C}_p) + \widetilde{E}$$

根据上面的分析，这种均衡状态得以成立的前提是，该经济中经常出现的数量制约——瓶颈投入品的制约不存在，因此，非计划生产部门可以根据商品价格和工资水平达到它们所愿意进行的生产水平。更确切地说，在劳动市场，非计划生产部门在该市场的实际工资水平上所愿意雇用的劳动恰好等于经济中的总劳动供给减去计划就业量以后的劳动数量，因此，劳动市场处于充分就业的均衡状态。在商品市场，通过价格机制的充分作用，非计划生产部门在充分就业时所生产的产品恰好等于市场上的总需求。

在上述场合，短期内该经济已达到充分就业的最大供给水平。任何宏观经济政策，如投资的增长和货币供应的增长都不可能再使供给水平提高，因为在短期内该经济已达到充分就业。通过国家税收的增加或货币供应的增加从而使投资增长的政策，在短期内只能对消费需求产生挤出效应。

第二种情况，在非计划的商品市场上通过价格的充分运动而达到均衡，但是，在非计划的劳动市场上却存在因瓶颈投入品的制约而产生的失业：

$$L_m^* = \Phi_2\left(K_m,\ \frac{\overline{R}_m}{\gamma_m}\right) < L - \alpha \beta K_p$$

$$Y_m^* = \frac{\overline{R}_m}{\gamma_m} = C_m^d(R_i,\ \overline{M}_i,\ P_p,\ P_m,\ \overline{C}_p) + \widetilde{E}$$

在这个场合，如果光是根据市场的价格信号，即商品市场上的价格和劳动市场的工资水平，非计划生产部门还愿意继续雇用劳动力来进行生产，但是由于该生产部门受到生产过程中不可缺少的瓶颈投入品的数量制约，因此，生产规模不可能再扩大，劳动就业水平就停留在与受数量制约的生产规模相适应的程度上。这时政府为了扩大就业水平和提高经济活动水平所采取的扩张性宏观经济政策(即需求管理政策)对改善就业没有任何效应。因为这时的就业水平受制于生产函数中另一互补的生产要素,改善就业和提高供给水平的唯一有效的政策是在经济中进行结构性调整,使得瓶颈投入品的生产增加或者通过进口该瓶颈投入品,最终提高生产水平和就业水平。实际上,一个经济的结构性调整涉及经济的长期行为问题,在中国经济中这也是一个计划价格调整的问题。

第三种情况,非计划商品市场的超额供给和劳动市场的失业并存:

$$L_m^* = \Phi_2(K_m,\ Y_m^d) < L - \alpha \beta K_p$$

$$Y^* = G(K_m,\ \omega)$$

$$Y_m^d = C_m^d(R_i,\ \bar{M}_i,\ P_p,\ P_m,\ \bar{C}_p) + \widetilde{E}$$

由于在短期内,市场价格和工资水平存在向下运动的刚性,$W_m \geqslant \bar{W}_m$,$P_m \geqslant \bar{P}_m$,这时,一种凯恩斯类型的失业在这个计划和市场的混合经济中就产生了。1989年,中国政府为克服高速的通货膨胀和避免经济中的瓶颈产品制约,而采取紧缩的财政政策和货币政策以后曾经历过这一类的失业。这时,由于总需求一下子紧绷过猛,非计划生产部门的生产能力大大过剩了(在我们的模型里假定计划生产部门不受需求紧缩的影响,因为计划价格过低,那里的需求总是大于供给;反过来说,如果某些计划生产部门的供给过剩了,对于价格改革来说,这正好是一个放开计划价格的有利时机。计划价格一旦放开,该计划生产部门就转化为由市场进行调节的非计划生产部门)。为了适应市场对该部门产品的需求情况,就会有许多劳动力被该生产部门所解雇,在这种非均衡场合,所有凯恩斯的扩张的财政政策和货币政策对经济活动水平和就业水平的提高都会产生积极的影响。

从上面所考察的三种情况来看,第一种情况是计划和市场的混合经济的理想状态,这时,虽然某些旧的商品和劳动的计划配置关系还暂时存在着,但是,计划外生产通过市场机制的充分调节而达到劳动的充分就业的均衡状态,一旦经济达到这个均衡状态,那么,任何政府的扩张的财政政策和货币政策对这个经济活动和就业都不可能产生影响。政府的扩张的财政政策只能带来对家庭消费的挤出效应,扩张的货币政策只能提高市场价格和工资,如果计划部门的计划价格保持不变,那么,这个政策会加大两者的差别。

这个混合体制与传统体制相比较,一个最大的优点是生产者根据经济合理性来重新组织生产要素，在这个重新组织的过程中，首先是各种生产要素的价格由市场来形成，生产者根据这些要素的价格对这些要素进行最合理的组合，这个经济中资本的稀缺性和劳动力的充裕性都得到了充分的考虑。

第二种情况是旧的计划体制所遗留下来的产物。由于传统的计划体制不是根据市场供求所形成的价格信号来进行资源的配置，计划价格又被人为地固定在不合理的水平上，这种状况势必造成投资结构的不合理，导致经济中瓶颈制约产品的出现。由于某些关系到国计民生的重要投入品还被控制在计划者的手中，除了中外合资或外资企业以外，乡镇企业很难获得这些瓶颈投入品，从而使得这部分的生产难以扩大。

第三种情况则是引进市场经济的产物，因为这是一种凯恩斯式的失业。随着市场经济的引进，中国经济中的普遍短缺现象正在逐步消失，但与此同时，市场需求对生产者的制约就变得越来越重要，一旦政府采取紧缩的财政政策和货币政策，市场就会出现普遍的商品供过于求的现象。然而，在这个劳动力十分充裕和国家与企业的投资欲望强烈的经济里，这种需求不足所造成的暂时的失业并不是太重要。在这个经济里，只有由于资本不足和瓶颈投入品制约所引起的失业才是最大的问题。

作者说明

转轨时期的中国，市场不出清，经济非均衡可谓是经济运行的常态。在经济体制无法迅速改变的前提下，如何分辨各种非均衡状态，对症下药，是经济政策成功与否的关键。本文发表于《世界经济文汇》1994 年第 4 期。在写作本文时，我考虑到了中国改革开放以来，尤其是 20 世纪 80 年代末到 90 年代初的一系列宏观经济非均衡问题，并希望将他们整合到一个模型中来，用非均衡理论的不同运行机制来解释其发生的原因。比如中国经济在 20 世纪 80 年代末为克服高速的通货膨胀和避免经济中的瓶颈产品制约而采取的紧缩货币和财政政策以后曾经历过的凯恩斯的失业；因瓶颈产品制约而出现的失衡现象；经济过热与劳动力市场的失业并存情况等。对中国已经存在和可能存在的宏观非均衡状态做了详细描述，及时而全面地阐述了中国在计划和转轨时期的宏观经济运行特点、机理和发展趋势，并得出治理非均衡的各种政策建议。

均衡与非均衡

第二篇
中国国有企业与转轨经济研究

过渡经济中的三个理论问题

经济体制过渡必然是制度革新，而不是制度替代的过程，在这一点上渐进式的改革方式与制度革新的思路相符合。作者以企业间的产权关系来说明过渡经济进行改革的结果是必然会产生一种既不同于原计划经济又不同于欧美市场经济的制度结构。作者利用"内部人—外部人"概念，在一般意义上说明制度的变迁必须不断地打破原有的利益格局，这一过程也是一个不断地将一些"内部人"转化为"外部人"的过程。通过对这些问题的论述，作者还指出，过渡经济立法层面上的工作对于过渡经济中产权关系的规范化和新制度的确立都有着极其重要的作用。

一、制度替代还是制度革新

从计划经济到市场经济的过渡，东西方学者从它的推进速度，从是否在全国范围内推行私有化，从是否伴随政治制度变化等来划分不同的模式，从而把苏联、东欧的改革划分为一类，即激进式的模式；把中国改革划分为另一类，即渐进式的模式。更深入地进行思考，我们可能会提出这样的问题，从计划经济向市场经济的过渡，是简单地以一种制度或组织结构代替另一种制度或组织结构(institutional or organizational replacement)，还是一种制度或组织的革新(institutional or organizational innovation)。所谓简单的制度替代就是彻底摧毁原有的制度框架，把某一种市场经济的制度结构作为目标模式，设计出一整套包括主要构成要件(如市场、私有化、政治变动等)的蓝图，然后按图索骥，进行过渡。这种过渡的轨迹可以归纳为："确立目标模式→制作蓝图→选择路径→开出药方→列出操作步骤→具体推行"。这是一种以理念为基础、认为在社会制度设计方面存在一种普遍适用的逻辑(universal logic)

的过渡模式。而所谓制度革新，就是对于原来的制度框架，不是采取完全摧毁的态度，而是本着总结过去、改革现有、开创未来的精神探索一种符合本国国情的制度框架。中国的"摸着石头过河"的说法高度形象地描述了这种制度革新式的过渡。我们发现激进式的改革实际上就是一种制度替代的思路，而渐进式的改革则自觉不自觉地采取了制度革新的思路。这两种思路体现出下面一些重要的差异。

从哲学层面来说，激进式改革避免不了一种内在的矛盾。因为计划经济向市场经济的过渡基于对计划经济的批评，其中最主要的就是对计划经济处理信息的能力的怀疑。这种怀疑在理论界要追溯到 19 世纪 30 年代关于计划经济可行性的国际争论。这场争论以哈耶克发表于 1945 年 9 月的《美国经济评论》上的文章《价格制度是一种使用知识的机制》为标志告一段落。① 而在 1988 年，哈耶克晚年的最后一本著作中，他进一步将传统社会主义实行的计划经济的"谬误"归结为所谓"致命的自负"（the fatal conceit）。② 因此，原计划经济国家向市场经济的过渡可以看做是实践上否定了人类以理性操纵经济运行的可能性。然而，激进式的改革实际上暗含着改革者已经清楚地知道改革的目标模式和改革的方式，从而可以凭借理性进行推进，而改革过程必然是短暂的和不重要的。这实际上恰恰是一种人类理性的"自负"。在这种指导思想下，改革过程中出现的问题也只被作为"阵痛"，不会影响到改革开始时已设定的改革目标。而在中国近二十年的渐进式改革过程中，中国的改革者却从未设计过全盘的改革目标和改革步骤，而只是在不同的改革阶段，针对不同的问题寻求突破。当然中国改革的根本方向是明确的，这就是"社会主义市场经济"，并且提出改革措施的"三大标准"③，在此前提之下进行着改革的摸索。

更为重要的是，就改革目标本身而言，由于制度替代模式简单地否定了原有的计划经济体制，而把某种理想化的市场经济模式作为改革目标，从而

① F. Hayek, The use of knowledge in Society，*American Economic Review*，1945 (4)，pp. 519—530.

② 关于哈耶克一生思想的发展，读者可参阅汪丁丁在《知识社会与知识分子》中的介绍。

③ 关于"三大标准"可参见《邓小平文选》第 3 卷。这本书可以说是对中国改革实践的最好诠释，从这里我们可以看出，中国改革的特点是，在不同阶段，改革面临的问题是不同的，中国的改革者是在不断解决现实问题中寻求改革的突破的。

必然导致持制度替代思路的改革者把当今世界的经济模式简单地划分为计划与市场、公有产权和私有产权两种制度框架，并且认为存在于两者之间的是一条泾渭分明的界线，而所有的过渡过程中出现的现象都只是短暂的过渡阶段，不会影响到改革的结果。与此相反，制度革新模式认为存在于上述两种制度框架之间的不只是一条界线，而是一个广阔的地带，因此可以创造出其他不同于上述两种制度框架的制度结合情况。因此，在计划与市场、公有产权和私有产权之间不是非此即彼的选择和替代问题，而是有着许多革新的空间的组合问题。目前越来越多的西方学者也终于看清楚，有着像苏联、东欧这样制度性历史起点、民族、文化和地域特征的国家，无论它们采取怎样的过渡模式，都不可能创造出西欧、北美模式的市场经济来，它们的制度和文化禀赋注定了它们目前采取的过渡模式所能达到的结果只能是一个不同制度框架的混血儿。

由于两种模式对于改革目标的认识不同，也必然影响到两种模式对于改革过程的不同把握。制度替代模式忽视了制度变革对制度的历史起点的路径依赖问题，制度革新模式自觉地注意到了这一问题。制度替代模式忽视了制度的民族、文化、地域特征对制度演变的影响，以为诞生在不同民族、文化和地域特征下的制度模式可以一味地加以移植；制度革新模式在制度演变过程中自觉地把握了民族、文化和地域特征。美国经济学家蒙勒(1992)[1]认为，激进改革观把社会看成是资源配置的手段，因而希望一步到达理想的体制。而渐进式改革把社会看做是信息加工手段，承认了改革过程中积累下来的信息的价值。重视改革过程中积累的信息也就会使得不以"对未来存在的最终状态的幻想"为基础，而是将"对目前需求的实际评价"[2]作为旧体制最迫切需要改革的特征。除了改革过程本身是信息积累过程外，我们还认为，制度替代模式过于强调旧体制的失败，没有把旧体制中既定的组织作为一种资源来看待。而在中国渐进式改革的过程中，实际上始终在不断地利用旧体制中既存的可作为一种资源的组织制度来降低改革的成本。中国的乡镇企业成长初期

---

① ［美］彼得·蒙勒：《论激进经济改革与渐进经济改革》，见李兴耕等《当代国外经济学家论市场经济》，中共中央党校出版社 1994 年版，第 132—142 页。

② 同上书。

就很好地利用了原先农村社区的行政组织资源和家庭亲缘关系。因此，我们说，当旧体制下的某种组织制度仍有可利用的价值时，它便可以作为向新体制过渡的一种资源被利用，而不应被一味地抛弃。

我们在这里对激进式改革和渐进式改革、制度替代模式和制度革新模式进行比较之后发现，路径依赖是所有过渡经济在制度变迁过程中必须面对的一个问题。由于路径依赖的存在，使得过渡经济中出现了一些新的制度结构，需要我们在理论和实践上加以重视。从这一意义上来说，与渐进式改革相一致的制度革新模式优于与激进式改革相一致的制度替代模式。

二、私有化的误区

我们在上面中已经提到，私有化及其结果——私有产权的普遍确立被制度替代模式视为市场经济过渡的主要构件之一，必不可少。因此在苏联、东欧国家中，普遍采取了私有化的方案，在苏联、波兰等国主要是采取向公民免费发放产权证的办法进行私有化，而东德、匈牙利主要是用出售国有资产的办法进行私有化。尽管私有化的具体操作方法不同，各国政府实际上都希望以最快的速度完成私有化的过程。从各国的私有化结果来看，出现了一些相似之处。第一，私有化的速度远比方案设计者设想的要慢，也就是说，这些国家中，普遍存在私有化进程缓慢的情况。第二，私有化以后，企业的产权结构是复杂的，既不同于原来的计划模式下的产权结构，也不同于西欧、北美市场经济中的产权结构。第三，企业中的"内部人"对企业资产有着相当程度的控制。而这种内部人控制是由于在过渡经济的私有化过程中，"多数或相当大量的股权为内部人所持有，在企业仍为国有的场合，在企业的重大战略决策中，内部人的利益得到有力的强调"而造成的。[①] 从这三点来看，苏联、东欧各国的私有化并没有塑造出一个类似于西方市场经济中私有权控制的企业占绝对优势的局面。虽然局部私有化可以凭借发放产权证或出售国有资产的方法"一次到位"，但却不能阻止这些私有化了的产权在进一步的交易

---

① ［日］青木昌彦：《对内部人控制的控制：转轨经济中的公司治理结构的若干问题》，见青木昌彦、钱颖一《转轨经济中的公司治理结构：内部人控制和银行的作用》，中国经济出版社1995年版，第15—42页。

中产生更为复杂的产权关系。以那些实行免费发放产权证进行私有化的国家为例，首先，长期生活在计划经济体制下的居民的产权意识、家庭资产组合管理意识非常薄弱，对手中突然出现的产权证兴趣不大。其次，广大公民所拥有的企业的经营信息非常有限，在产权市场不完善的情况下，对手中拥有的资产的实际价值到底有多少心中无数，因此他们拥有企业股权以后的首先动机就是在市场上出售它们以获得近期利益。他们把免费所获得的股权毫不心疼地廉价卖给各类金融中介公司和银行，而这些金融中介公司和银行，很多又由国有银行和国有企业控股和持股，这样一来就形成了过渡经济中特有的产权关系。对于像匈牙利那样坚持以出售方式进行私有化的国家来说，虽然其改革历史很长，第二经济很发达，非国有企业有一定程度的发展，出售国有企业的股权可以找到一定数量的购买者，但是私有化进程也并不如预期的那么快，其结果也是企业的横向持股和企业集团式的纵向控股持股情况发展很快，而其中的大多数股份还是由国有银行和国有企业持有。

据大卫·斯塔克①的研究显示，在匈牙利的私有化过程中，私有化的控股公司、国家控股公司和各级地方政府机构（它们用不动产换取企业的股份）、国家产权部（the state property agency）成为当前国有企业的主要股东。根据1993年一项对匈牙利195家最大企业和25家大银行（共220家企业）的调查，国家产权部（SPA）和国家控股公司是这些最大企业和银行的主要股东。这些企业中只有12家私人股份占25％以上，另外36家企业（占样本企业的16％）是由外国企业占主要股份。除国家和国家控股公司是主要股东以外，企业间持股也相当普遍，样本企业中有87家企业，其最大的股东为匈牙利其他企业。因此至少在40％的企业中，企业间所有权形式（inter-enterprise owner-ship）是相当明显的。匈牙利的国有企业在沉重的债务和破产压力之下，企业经营者利用国家的政策导向和法律许可，乘机打破原来的行业和行会组织网络，纷纷转变为股份制公司和责任有限公司，通过企业间横向和纵向的交叉持股构成一种企业网络经济（network of firms），因此真正的股东还是国有企业。但是这种企业间所有制形式既不是原来的国有制，也不是纯粹私有制条

---

① Stark，D.，Recombinant Property in East European Capitalism，*American Journal of Sociology*，1996(4)，pp. 993—1027.

件下法人占主要地位的股权结构（如日本）。因为在这一类公司中，其最初创办企业或控股企业虽为国有企业，但其中的一部分股份是由原来的企业经营者以及职工所持有，尽管私人还不能成为控股者，但是他仍可以利用他们的信息垄断和共同所有者的制度缺陷为自己谋利益。这种在过渡过程中自然产生的企业间横向与纵向的所有权结构，是一种与原来的制度有着千丝万缕的联系的制度演变，是复合的所有权形式（hybrid property ownership），其最大的特点是根据目前的西方公司法和一般民法并不能明确界定其产权关系，也就是说按照现有的市场经济法律框架，我们无法使这样一种产权关系得到明晰。

在我国的改革过程中，实际上也出现了过渡经济特有的产权关系，乡镇企业就是一例。我国的乡镇企业产权关系是一种公有产权，但不同于原来的集体企业，也不同于市场经济中的任何一种所有权形式，其中产权关系的界定除依赖某些现存官方规章制度和各种乡规民约外，目前还没有完整的法律出现。再联系到我国目前的国有企业改革，由行政主管部门转化而来的国家控股公司在大量涌现，如何界定这一类公司与下属国有企业的关系，一方面搞好国有资产的经营与管理；另一方面又要防止它们运用过去的行政命令过多地干预企业的内部经营事务，也是很值得研究的问题，但是目前的公司法并没有相应的明确的条文对此加以界定。

本文不想对这一类产权关系的具体内容和应建设怎样的法律制度展开讨论，只是想从其中得出一条重要的启示：既然过渡经济中已经产生了一种特殊的前所未有的产权关系，那么我们就不能只凭借目前西方国家现有的法律制度来处理和界定它，而是应该有一种面对现实的、根据实践提出的要求来建立过渡经济的公司法。由于制度具有安全功能，可以促进与他人的合作①，因此，通过立法的形式对这种过渡经济中的特殊的产权关系加以界定，使产权所有者在面临收益不确定性时获得保障是非常重要的。只有通过法律加以界定的产权，才可能是"安全"的产权，所有者通过产权交易获取的收益才能有所保障，产权的市场交易才能在利益驱动下顺利进行。

---

① 林毅夫：《关于制度变迁的经济学理论：诱致性变迁与强制性变迁》，见刘守英《财产权利与制度变迁——产权学派与新制度学派译文集》，上海三联书店、上海人民出版社1994年版，第397—381页。

三、关于内部人控制问题

内部人(insider)是针对外部人(outsider)而提出的一个概念，内部人控制是现代企业资产经营管理中的一个问题，随着现代企业的发展，所有者与经营者相分离，企业经营者(有时还包括企业职工)利用现代企业制度特征和其拥有的信息垄断优势在有利于本身利益的前提下利用和控制所有者资产。在一个较完善的公司治理结构中，所有者当然也能对经营者实施有效的控制，但如果出现信息拥有不对称等情况的话，所有者(作为外部人)对经营者(作为内部人)的有效控制就难以实施，这种现象的出现，就意味着内部人对企业有了相当程度的控制。经济学家们除了研究上述和与现代企业中所有者、经营者相分离的情况相伴随的"内部人控制"问题外，近年来还致力于研究过渡经济中发生的最终控制权与企业实际控制权相分离的转制公司情况。①

这两类内部人控制问题虽然产生的背景不尽相同，但本质上都是由所有者和经营者分离以及两者之间的信息不对称造成的。在过渡经济中，那些国有企业的经营者凭借自己所垄断的信息实际控制了企业的运行，并在一定程度上控制了资产的剩余分配。在上面分析的东欧国家中所出现的企业间纵横交叉的所有权关系中，内部人控制更是一种难以改变的现实。在我们国家则是通过放权让利式的企业改革，使经营者成了一定程度上控制企业的内部人，其实质也是因为他们是企业信息的垄断者。事实上，经济学家们也认为，内部人控制问题也恰恰集中反映在代理成本上。而在中国，国有企业的产权调整一方面降低了行政管理成本；另一方面又带来了内部人控制下的代理成本。② 企业中内部人与外部人的控制与反控制问题就像水与鱼的关系一样，"水至清则无鱼"，在信息拥有不对称的情况下，消除所有内部人控制，就可能会牺牲其作为一种激励手段而带来的效率。但是，如果超出一定的范围，内部人控制则是有害的。一是任何形式的企业内部人控制都是对企业所有者利润的侵蚀；二是在经营者与企业职工联合的内部人控制的情况中，内部人

---

① 费方域：《控制内部人控制》，《经济研究》1996 年第 6 期，第 31—39 页。

② 同上书。

控制还会产生成本推进的通货膨胀；三是企业的内部人控制超过一定程度，不利于新资本的流入，企业的进一步融资将变得更加困难。对于国有企业改革中出现的内部人控制问题及如何控制这样的内部人控制问题，中外学者已经做了很多研究，本文并不想就此作更多的评论。我们在此试图借用现在西方经济学理论界已广泛运用的"内部人—外部人"概念来说明，在过渡经济中还存在着另一类内部人控制问题，那就是来自制度性保护的内部人控制问题。

　　内部人与外部人概念在西方经济理论中的运用并不仅限于企业研究。如在失业问题研究中，内部人—外部人模型在解释劳动市场不能出清时起到很好的作用，人们把已经就业者称为内部人，把失业者称为外部人，工会与雇主讨论工资水平时，往往代表已经就业的内部人的利益，把工资定在高于市场出清的水平之上，而不管失业者在低工资水平上也愿意就业的情况，使得失业者难以就业。由于这种机制的存在，一旦周期性失业产生，周期性失业也可能演变成周期过后不能减少的自然失业，因为周期失业和内部人提高工资同时并存。由此可见，内部人实际上是一种既得利益者。在这里，"内部人—外部人"概念就与利益集团概念衔接起来了，因而可以被我们用于对制度变迁问题的思考。制度变迁必然涉及不同利益集团之间利益分配格局的变化，"内部人—外部人"概念则更突出不同利益集团之间不平等的地位。如果我们将改革的推进者所保护的利益集团称为内部人，而将另外的利益集团称为外部人的话，我们将发现，在改革结果不确定的情况下，改革必将首先在外部人那里展开，而且遇到的阻力也相对较小，而内部人的利益则暂时地得到保护。在我国，改革首先在农村开始，结果固然是一种"帕累托改进"，也就是说几乎所有人的利益都未被损害，但这样并不能说明在改革进行之前，在改革结果存在不确定性的时候，改革为什么首先在农村展开。实际上，在当时农民是外部人，而城市居民则作为内部人，其利益受到了改革推行者的保护，改革者通过这种办法也暂时地保持了城市工业的稳定发展。但是这种保护一个利益集团的既得利益的改革进行到一定的阶段，便会碰到新的困难。我们发现，有些旧体制下的既得利益如果不被触动，改革就很难再推进下去。这时，旧体制的变革将使得一部分人的既得利益不再被保护，从而也由内部人转化成了外部人。整个改革实际上也就在不断地将内部人转化为外部人，一部分既得利益被触动的过程中得到了推进。在我国改革的现阶段，仍有一些旧体制下的既得利益者受到保护，主要包括以下三个方面。

第一方面，一些计划经济体制下的行政机构随着经济体制的转轨而显得多余、职能重复或职能分散，但这些机构的保留显然有利于保持这些机构中的国家干部的地位。在目前的改革中，机构臃肿和职能重复已成为一个制约改革深化的重大障碍。

第二方面，国有企业的领导者在计划经济下同时也是国家的干部。在这种体制下，干部行政级别具有"可升不可降"的特点。这一特点在改革的现阶段基本上仍未得到改变。在市场经济体制下，由于企业经营者的地位极为关键，客观上要求建立经理市场，并形成某种机制，对经营者的绩效作出评价。因此，传统的"可升不可降"的干部体制与市场经济崇尚的优胜劣汰法则是不相容的，必须加以改革。

第三方面，在传统体制下，国有企业职工的就业是由国家给予保障的。这种体制在过渡时期有了一些改变，但对国有企业的已就业职工，国家实际上不允许企业根据自身需要进行解雇，从而达到控制社会显性失业率的目标。这种做法就社会而言降低了劳动力的流动性，使劳动力初始配置的低效率不能通过再配置过程加以纠正。就企业而言则加大了企业的生产成本，降低了企业的效率，使企业面临价格竞争和非价格竞争的双重不利局面。我们看到，以上几方面的改革难点，都可以归结为制度变迁过程中将内部人转化为外部人，使之不再受到制度保护的问题。我们在此仅谈了当前改革中最为重要的问题，事实上问题远不只这三点。同时，在改革的不同阶段，改革者会不断地面对将不同的内部人转化为外部人的问题。因此，制度变迁中内部人、外部人的控制和反控制是需要精心设计的一种机制。我们认为这里所谈的问题是个可操作性很强的问题。对于过渡经济国家来说，在面临类似问题时，需要从立法层面对新的体制加以确立。这样，当旧体制中的既得利益者因为其利益受到触动而给改革制造阻碍时，法律的保障将是降低改革成本的重要手段，其作用是不可替代的。

四、几点结论

通过我们在本文所作的分析，我们可以得出以下几点结论。

第一，由于存在路径依赖，过渡经济建立起来的制度结构必然是很特殊的，既不同于原先计划经济下的制度结构，又不同于欧美式市场经济中的制度结构。

第二，由于存在路径依赖，由计划经济向市场经济的过渡必然是一个制度革新的过程，而制度替代的思路在哲学层面上存在着内在的矛盾，对改革目标和改革过程的认识也过于简单化。

第三，作为已进行的改革的结果，过渡经济中的企业产权关系是一种"新"的产权关系，既不同于计划经济下的产权关系，又不同于欧美市场经济下的产权关系。

第四，改革是一个不断打破原有利益格局，将内部人转化为外部人的过程，在改革的不同阶段，改革者面临的问题必然是不同的，制度变迁中的内部人、外部人的控制和反控制是需要精心设计的一种机制。

第五，在过渡经济中，已经出现了"新"的企业产权关系，要求用相应的法律加以界定。同时，改革中内部人转化为外部人的过程，也需要有相应的制度保障改革顺利推进。因此，立法层面的工作是极其重要的。

我们在本文中所提的问题实际上并不是全面的和深入的，我们只是试图做一个抛砖引玉式的讨论，希望借此在总体上为过渡经济学的研究和过渡经济中的改革实践提供一个有关过渡过程中具体问题分析的思路。

作者说明

在经济转轨的过程中，很容易理解的一件事情是：推动改革的一方必然能够通过改革受益，而阻碍改革的一方往往会因改革而受损。因此，中国经济的转轨过程必然是曲折而复杂的。不同于西方国家长久以来自然生成的私有制度，中国从计划经济向市场经济的转变需要自下而上与自上而下两股力量的合作才能完成。由于路径依赖，这个过程将显著不同于西方国家制度形成的过程。本文与陆铭合作，发表在《经济学家》1997年第3期上。本文讨论了转轨经济可能遇到的问题，并且着重分析了"内部人"在转轨中起到的作用以及对其转换为"外部人"的一点分析。

中国国有资产流失问题的若干思考

在当前经济体制转轨时期，随着现代企业制度试点的推动，国有企业中国有资产的清产核资、重组、进入资本市场交易等现象不断出现，国有资产流失问题已引起大家的广泛重视。

所谓国有资产，在实物形态上是指国家的企事业单位以及行政单位所拥有的动产和不动产，在价值形态上也包括这些单位所持有的各类金融资产（包括银行账户）和以任何形式（如知识产权之类）存在的无形资产，广义地说，国有资产还包括虽不属于某一特定的国家部门，但法律上规定归国家所有的资产。我们这里要讨论的国有资产流失问题主要是指国有企业中的资产流失问题，而且主要是指资产的价值形态上的流失。国有企业资产流失问题，从表面上看是经济转轨时期的新问题，因为在原来的计划经济条件下，我们所实行的是实物资产的管理方式，并且那些以金融流量形式存在的企业实物资产的收益也通过严密的计划控制，或规定专门的用途，或上缴给国家的财政部门。因此，在计划经济体制下似乎不存在国有资产流失现象，尤其是不存在国有资产从国有部门向非国有部门流失的问题。但是在转轨时期，政企分开的改革思路要求各级政府从行政干预中退出来，国家要变资产的直接实物形态的控制为价值形态的控制。在这个过程中，国有资产流失问题就被提出来了。但是，我们的分析将表明，国有资产流失问题在传统体制中也是存在的，转轨时期的流失问题主要与我们的市场体系不完备有关，尤其是与资本市场不发达有关，因为资本市场不发达使得国有企业中资产的价值无法确定，从而使得企业的产权关系无法明晰化。

一、传统计划经济体制下国有资产的流失情况

在传统的计划经济体制下，计划者是根据物资平衡方式来进行资产的配置和管理，计划者根据对社会最终产品需求的预测和各类资产与产品的投入—产出关系来进行资产的分配，保持需求和供给的总体平衡。那时，投入品价格和产品价格都是计划者人为给出的，往往不反映其稀缺程度或市场价值，因此各个部门的实物资产的利润率也就是人为决定的，并不反映资产的配置效率。在这样的体制下，就国有企业的资产来说，其实物形态和价值形态是分离的，更确切地说，资产的价值形态没有存在的必要，因此企业的固定资产在金融体系中就没有它们的对应物（如股票之类的金融资产）的存在。这时，国家对国有资产的管理或者说对国有资产流失的防范就要简单得多，国家只要一方面严密控制住实物资产的调配和使用途径；另一方面使所有国有企业的收益按照严格规定的账户进入金融系统，而企业对职工的现金支付这一块又通过国家的工资计划而得到有效的控制。因此国家在计划经济体制下需要安排两种金融流量的平衡：政府金融流量的平衡和家庭金融流量的平衡。

在这个国家对企业进行实物资产控制，金融流量以财政统收统支、财政和银行穿"连裆裤"的体系中，虽然国有资产流向私人或其他非国有领域的问题不可能产生（除非是贪污和盗窃行为导致国有资产的流失），但是，每项专用资产（包括人力资产）与其应该得到的收益之间的关系被割断了。这样，不仅与资产所有权有关的激励机制无法运作，而且各类资产配置的效率问题也无法讨论了。我们知道，在一个资本市场完备的市场经济条件下，每一项金融资产价值的基础是它所代表的现实中存在的实物资产和无形资产使用过程中所能产生的收益的折现，如某一股票价格波动的长期趋势应该与该股票所代表的企业中的实物资产和无形资产的收益率相对应，虽然由于资产使用的耐久性和专用性的特点，资本市场上金融资产价格的确定也带有或然性。反过来，一项资产如果没有其金融资产的对应物，不能在金融市场中交易和流动，价值意义上的资产流失问题就无从谈起。因此在传统体制中我们就感觉不到资产流失问题，但是实际上，不管在何种经济形态下，实物资产也有一

个有效配置的问题，即有一个资产的配置价值问题。

在以实物指标为主要调节手段的计划经济中，一个理性的计划者也总是力图把有限的实物资产按最有效的结构和方式进行配置，一方面使各种实物产出的结构尽量符合人们的需求结构；另一方面使每一种实物产出为最大。要做到这一点，计划者实际上也需要计算资产在各种配置方案中的"影子价值"。例如，有两种实物资产的配置方案 A 和配置方案 B，如果配置方案 A 的"影子价值"要高于配置方案 B，但实际执行中，由于计划机制的固有弊病，如信息不完备，存在棘轮效应等因素，计划者结果采取了配置方案 B，那么，虽然从资产的实物形态来看，国有资产没有流失，但是从资产的价值形态来看，国有资产由于配置不当，造成了其"影子价值"的流失。这就是我们平时所说的由于投资不当或投资低效所造成的损失，这种流失在传统的体制下是经常发生的，但由于资产的实物形态没有变化，因此我们往往感觉不到这种流失。传统体制下国有企业的产权安排是一种责、权、利不相统一的产权结构，实物资产配置和使用中的浪费现象是很严重的。据有关人士估计，从新中国成立以来到"七五"末，国家固定资产投资累计达 4 万多亿元，其中仅形成国有资产 1.65 万亿元。可见，传统体制下也存在国有资产流失问题，这数以万亿计的国有资产不知"漏"到哪里去了。

二、转轨时期国有资产流失的主要途径

在转轨时期，建立现代企业制度必须具备几个前提条件：一是要实行政资分离，要把政府管理社会的职能和管理资产的职能相分离，同时要做到政企分离，也就是说国有企业的产权安排要采取所有者和经营者相分离的产权结构，国家要通过委托—代理关系把国有资产委托给企业经营者来经营；二是与前一个条件相联系，国家作为出资者要从对国有资产的实物形态的控制和管理中解脱出来，变为对资本形态的控制和管理。因此，将国有企业的管理制度转变成与市场经济运行相适应的现代企业制度，其实质就是如何使国有资产从实物形态转变为价值形态，其手段应该是通过市场过程给出国有资产的合理价格，而不是通过简单的资产评估。只有这一转变完成了，国有资产管理部门才有可能从对实物资产的控制中摆脱出来，从事资产价值的经营

和管理，所有权和经营权才能做到真正分离。这时，国有企业的国有性质将主要体现在确保国家的收益权上，这是现代市场经济中所有权最为重要的体现形式。但是，就在国有资产进行这一历史性形态转变的关键时刻，一方面由于所有者缺位；另一方面由于市场体系的不完善，主要是资本市场的不完备，国有资产流失问题被提出来了。

第一，从一个实物资产在金融体系中没有其相应代表物的计划经济过渡到资本形态的市场经济，如同当年西方世界从小私有经济过渡到现代工业经济一样，涉及产权的分解和重组，并需要通过合同形式形成一套精心设计的、以虚拟资本价值为核心的、与现代市场经济的特殊要求相吻合的经济制度，即金融制度和法人制度。如果国有资产从实物形态转化到价值形态的条件还不具备，资产所有者过早地从实物资产管理中退出来，就必然造成某种"真空"状态，导致国有资产的流失。从国有企业的角度来看，多年来中国经济体制改革所走的道路就是一条放权让利的道路，其本意是通过放权让利把国有企业塑造成自主经营、自负盈亏的、与市场经济相适应的微观经济主体，但是这种放权让利没有与产权制度的改革结合起来，其结果只能是国家对国有资产控制权的不断减弱，在所有者缺位的情况下，最后由企业"内部人"——企业经营者和职工行使对国有资产的控制，此谓"内部人控制"（insiders controls）。企业内部人控制国有资产的结果，是企业内部人设法对国有资产的收益作倾向于他们的收入增加和福利增加的分配和使用，导致了国有资产的大量流失。从实践的情况看，其具体表现形式有：把企业的投资资金用在建造高级办公楼、宿舍上，违规购买高级轿车和高级办公用品，并且这些资产长期不转增企业固定资产，不计折旧；增加企业的福利开支，并用福利基金赤字冲减固定基金；设置小金库，把企业资产收入转化为各种个人收入和福利开支，等等。

第二，如果所有者缺位问题已经解决了，即假定国有资产管理部门能够有效地充当起国有资产所有者的角色，并对企业经营者就国有资产的保值增值内容进行委托。但是当转轨时期资本市场还不完备时，对国有资产的原来价值和新增价值的评估就缺乏客观的标准。企业承包制相对于传统国有企业的管理模式是一种进步，但是它最终解决不了如何科学地制订承包基数的问题，这一问题解决不了，对承包人的激励机制就无法确定。这就说明了，在资本市场(包括企业经营人员的人力资本市场)确立之前，资产评估会带有当事人的主观色彩，影响资产价值的准确评估。只要评估不是通过市场过程客观地进行，那么无论是何种形式的评估，都会有人利用资产评估的主观色彩实施对国有资产的侵吞。这种现象在大量的国有小企业实行"国有民营"承租过程中特别明显，一方面对经营者的选择不是一种市场的选择，而往往是一种"历史"的选择，因此经营者的人力资本价值无法确定；另一方面，与此相应，被承租企业的资产价值或资产收益率不是通过公开的市场竞争确定，在实际操作中往往定得过低，几年下来，国有资产增值不多，而承租人却大发其财。这显然是一种国有资产流失的情况。

第三，长期以来的实物资产管理所形成的习惯，加之金融市场体系的不完善，人们缺乏金融资产经营的概念，使得很多人对国有的抽象意义上的、其价值又难以确定的无形资产(如商标、专利、版权、特许权和商业信誉等)不加重视，在与其他非国有的产权所有者进行交易和合作时，这些无形资产因没有得到充分的评估而流失。例如，在许多中外合资企业中，中方的国有资产或者被过低评估，或者被漏估，外方的投资往往是专利技术和商标、商誉等无形资产的投资，而我们却在合资时没有把这些无形资产的价值充分考虑进去，让外方占了便宜。这主要是与我们对无形资产在现代经济运行中的重要性缺乏认识有关。再如，在国有企业实行股份制时，原始股票价格定得过低，尤其是商业企业，没有把商场所在地的级差地租和商誉等巨大的无形资产考虑进去，结果使得企业职工内部股或其他私人股上市以后获得了大量原本应该属于国家资产的利益，导致了国有资产的大量流失。

第四，除上述因素以外，还有其他因素也可能造成国有资产的流失。国家作为特殊的股东，当国有资产保值和增值的目标与国家所追求的其他社会目标相矛盾时，国家为了实现其他目标，不得不使国有资产流失。例如，对于提供公共服务产品的国有企业和属于基础设施部门的国有企业，国家或者从全体人民的福利角度出发，把这些企业的产品价格制订在较低的水平上，使得这些企业在亏损的情况下运作；或者为了在短期内抑制成本推进型的通货膨胀，国家在通货膨胀时期冻结国有企业提供的中间投入品的价格，使这些提供投入品的部门在亏损的情况下也进行生产，等等。再例如，对于长期亏损的国有企业，在市场经济条件下，制止国有资产进一步流失的最有效的办法，是促使这些企业的破产，但是破产将导致大量的失业人员，国家为了减少失业压力，往往使这些企业继续维持下去。所有这些情况都表明国家作为特殊的所有者，为了实现其他的社会目标，以国有资产的流失为代价，体现了政府在目标选择上的偏好。

国有资产流失的途径还可以举出很多，但是究其原因，大多与上述因素有关。

三、建立和完善包括资本市场在内的市场体系是防范国有资产流失的前提条件

从上面的分析中我们已经看到，在转轨时期要防范国有资产的流失，一是要解决国有资产所有者缺位问题；二是要完成国有资产管理从实物形态管理到资本形态管理的彻底转变，而后者是一个金融市场体系和与此相应的法律制度的建立和完善的过程，是一个相当复杂的系统工程。

具体说来，就所有者到位问题来说，我们首先要解决好国有资产由谁来代表的问题，根据我国的国情并结合国外的做法，我们可以在国家和地方的权力机构——各级人民代表大会和国家与地方的各级行政机构之间作一选择，根据国家的资产经营职能与社会管理职能相分离的原则，以人民代表大会作为国有资产的代表较为合适。其次，我们要解决好国有资产代表与国有资产经营者之间的委托—代理关系，这一问题实际上包含着两方面的内容：一方面是国有资产代表如何组建国有资产经营公司，选择国有资产的经营者；另一方面是通过何种激励机制使得国有资产经营者的收入与所经营资产的增值相联系。这一问题初看起来是一个国有资产经营公司的人事制度和收入报酬问题，但实际上是一个经营者市场的建立问题。国有资产的经营者是一种特殊的人才，即一种专用的人力资本，因此对他们的选择不能按照选择其他干部的方式来进行，对他们的报酬的确定方式也不同于其他干部的收入确定方式。在资产的平均收益率由资本市场确定以后，一家国有资产经营公司的超额利润就反映了该公司经营者（专用人力资本）在其中发挥的作用，因此这部分超额利润就应该在资产所有者和经营者之间进行分配，分配的份额取决于经营者市场中的竞争情况。换句话说，一个有效率的国有资产的委托—代理

关系关键是要承认资产经营者有权参加资产收益的分配，因为这里的资产收益是广义的资产收益，其中也包括经营者(专用人力资本)的收益，并且这一人力资本的收益率要通过经营者市场的竞争来确定。由此可见，国有资产有效的委托—代理关系建立的关键是经营者市场的确立，从本质上讲也是市场体系完善的问题。

建立了有效的国有资产的委托—代理关系以后，资产所有者对经营者进行监控的中心问题就成了资产保值和增值的问题，而衡量资产是否保值增值的标准来自资本市场的评价。因此，要防范国有资产的流失，需要有一个规范的资本市场对国有资产配置和运行的效率给出客观评价，但是在这里我们要对不同部门的国有企业的资产作出区分。

对于提供公共服务产品和属于基础设施部门的国有企业，一方面它们往往是处于垄断地位的企业，这些企业的产品定价不是竞争定价，涉及的因素十分复杂，因此这些企业的利润并不反映该企业资产经营的好坏。这些企业往往采取国家独资企业的形式，因此国有资产一般不进入资本市场进行评估。另一方面，这些企业的运行往往还承担着利润以外的目标，如增进社会公共福利的目标、加强宏观经济稳定的目标和产业结构调整的目标等。对于这些部门的国有企业，我们不能只用国有资产的保值增值标准来衡量它们的经营业绩，而需要用一种复合的指标体系来考核这些企业的经营情况。例如，有些提供公共服务产品的国有企业是由于价格定得较低才造成亏损，但并不说明该企业资产经营得不好，对于这一类企业，我们就不能单纯用资产的经营状态这一标准来对这些企业的经营效率进行考评。但是一旦失去资产价值这一客观的市场标准，用其他的多重标准就难免会发生矛盾，资产经营者就可能利用这些矛盾侵吞国有资产，把资产的收益转化为个人收入，使得国有资产所有者代表无法对资产流失进行有效的控制。这时，所有者对资产实行适当的实物形态的控制或其他形式的控制(如通过向企业委派财务和审计进行监督)都是必要的。西方国家对于这一类国有企业的监管往往也是很严密的，如法国和美国都要求这类独资的国有垄断企业定期提供详细的财务报告，以便对企业的资产运行情况和收益情况进行了解。

相反，对于竞争性部门的国有企业，其产品市场的价格是由市场供求决定的，国家在这里只是一个普通的资产所有者，经营资产的唯一目标就是资产的增值。因此，对于这一类企业，只要资本市场(包括有形的股票市场等和由金融制度、法律制度等所构成的无形的资本市场)是完善和规范的，就要使国有资产进入资本市场，进行流动和交易，以便客观地确定其市场价值。在这个基础上，国有资产的所有者代表就可以充分利用资本市场的运作与资产经营者(专用人力资本所有者)签订体现各种资产所有权激励机制和约束机制的合约，一方面保证国有资产的保值和增值；另一方面也使资产经营者的专用人力资本的收益的增长得到保证。这时，国有资产的管理才真正完成从实物形态的管理到价值形态的管理的转变，国有资产流失问题才有可能得以解决。否则，任何形式的对国有资产的清产核资，只能反映国有资产在某一时点上的静态价值，而不可能反映资产在经营过程中的动态价值，建立在前者基础上的产权交易合约是难以使产权清晰的，因而也不可能进行有效的激励和约束，国家也难以防范国有资产的流失。

作者说明

在国企改革的初期，由于存在"内部人"控制现象，产权分解和界定不清，金融市场、资本市场、经营者市场和法人制度发育滞后等原因，国有资产流失问题就成了研究的重点。本文发表在《经济研究》1995年第4期上。笔者比较了计划经济体制下和双轨经济体制下国有资产运行效率和流失的不同，着重分析了转轨时期国有资产流失的几种典型情况，提出防范国有资产流失，一是要解决国有资产所有者缺位问题，建立有效的国有资产的委托—代理关系；二是要完成国有资产管理从实物形态管理到资本形态管理的彻底转换，而衡量资产是否保值增值的标准应该来自于资本市场的客观评价。但是，由于国有企业所处不同领域，要对不同部门的国有企业的资产做出区分。对于提供公共服务产品和处于基础设施部门的国有企业，一方面它们往往是处于垄断地位的企业，这些企业的产品定价不是竞争定价，涉及的因素十分复杂，因此这些企业的利润并不反映该企业资产经营的好坏。而且，这些企业往往采取国家独资企业的形式，因此国有资产一般不进入资本市场进行评估。另一方面，这些企业的运行往往还承担着利润以外的目标，如增进社会公共福利目标、加强宏观经济稳定目标和产业结构调整目标等。对于这些部门的国有企业，我们需要用一种复合的指标体系来考核这些企业的经营情况。

中国国有企业隐性失业与国有企业绩效

中国 20 世纪 90 年代以来的经济增长中，有两个事实一直困扰着中国经济，一个是国有企业的隐性失业问题，另外一个是国有企业不断下滑的财务绩效。大量的文献对这两个问题进行了分别的研究。如在隐性失业方面，有袁志刚和陆铭①、王诚②和李果、徐立新③等，他们分别对隐性失业有关理论、隐性失业的时点测算以及隐性失业的时间序列的测算进行了讨论。在国有企业财务绩效方面，经典的解释是"竞争利润侵蚀论"④，该理论强调了国有企业与非国有企业之间的竞争对国有企业绩效的影响，代表性的研究有诺顿⑤和欣格等⑥。在这些研究的基础上，本文将试图对隐性失业和国有企业绩效之间的关系进行实证研究，并因循改革的路径对隐性失业和企业绩效进行动态的讨论。由于数据方面的原因，本文以国有工业企业 1986—1997 年的情况为研究样本。

---

① 袁志刚、陆铭：《隐性失业论》，立信会计出版社 1998 年版，第 50 页。

② 王诚：《中国就业转型：从隐蔽失业、就业不足到效率型就业》，《经济研究》1996 年第 5 期，第 38—46 页。

③ 徐立新：《国有企业、劳动力冗员与就业的增长——1986—1996 年期间中国各省的经验》，《经济学季刊》2001 年第 10 期，第 97—110 页。

④ 张军：《中国国有部门的利润率变动模式：1978—1997》，《经济研究》2001 年第 3 期，第 19—28 页。

⑤ B. Naughton，Implications for the State Monoply over Industry and It's Relaxation，*Modern China*，1992(1)，pp. 14—41.

⑥ I. Singh，D. Latha，G. Xiao，*Non-State Enterprise as an Engine of Growth：Analysis of Provincial Industry Growth in Post-Reform China*，Working Paper，Transition and Macro Adjustment Division，the World Bank，1994(CPS18512).

一、国有工业企业隐性失业的性质分析及其测算

对于隐性失业的一个经济学定义是"劳动边际生产力低于其(实际)工资率的那部分就业"。[1] 在此定义下,可以用生产函数对隐性失业进行估算。用 $Y=F(L,X)$ 表示企业的生产函数,其中 Y 表示产出;L 表示劳动力数量;X 为一个由其他生产要素组成的向量。这样,劳动力的边际产出价值为 aY/L,从而当劳动力的边际产出与其工资相等时有:

$$W=aY^*/L^* \tag{1}$$

这里 a 为劳动的产出弹性,L^* 即为在一定工资水平下对劳动力的有效需求,Y^* 为与 L^* 相对应的产出水平。由此可分别求得隐性失业的数量 DL 和隐性失业率 RDL:

$$DL=L-L^*=L-aY^*/W \tag{2}$$

$$RDL=DL/L=1-aY^*/WL \tag{3}$$

其中,L 表示企业实际雇用的劳动力数量。

从式(1)、式(2)、式(3)式中可知求解隐性失业率需要的数据有劳动力的产出弹性、工资水平、企业的劳动力人数和产出水平。

陈宽等[2]、谢千里等(Jefferson, et al., 1992, 1996)、邹至庄(Chow, 1993)和胡永泰等[3]学者运用不同的数据和方法对国有工业企业的劳动产出弹性进行了估计。陈宽等(Chen, et al., 1988)和邹至庄(Chow, 1993)使用的是国有工业部门的总和时序数据,而谢千里等(Jefferson, et al., 1992)和胡永泰等(Woo, et al., 1994)则使用国有工业企业的调查数据。基于以下两点原因,我们以胡永泰等(Woo, et al., 1994)估计的劳动产出弹性作为估测国

---

[1]　袁志刚、陆铭:《隐性失业论》,立信会计出版社 1998 年版,第 29 页。

[2]　Chen, K., Jefferson G. H., Rawski T. G., Wang, H., Zheng, Y., Productivity Change in Chinese Industry: 1953—1985, *Journal of Comparative Economics*, 1988(4), pp. 570—591.

[3]　Woo, W. T., Hai, W., Jin, Y., Fan, G., How Successful Has Chinese Enterprise Reform Been? Pitfalls in Opposite Biases and Focus, *Journal of Comparative Economics*, 1994(3), pp. 410—437.

有工业企业隐性失业规模的依据：第一，运用国有工业企业的调查数据要比运用国有工业部门的总和时序数据更能准确地估测国有工业企业的生产函数；第二，谢千里等(Jefferson, et al., 1992)删除了占样本容量 2/3 的国有工业企业数据，利用他们估计的劳动产出弹性很可能会低估我国国有工业企业的隐性失业规模。根据胡永泰等人的估计，在三要素(资本、劳动、中间品投入)C—D 生产函数中我国国有工业企业的劳动产出弹性 a 为 0.086(Woo, et al., 1994)。

确定了劳动产出弹性 a 后，还需要继续求出劳动力的实际工资率。我国国有工业企业的实际工资率主要由工资(其中包括计时工资、计件工资、奖金和各种劳动补贴等)、保险福利费用和住房补贴这三部分支出构成。国有工业企业职工历年平均工资 w_a[①] 的具体数据可见表 1。从《中国劳动统计年鉴》中可以获得国有企业历年支付的保险福利费用占工资总额的比例，我们可以求出国有工业企业历年为职工支付的平均保险福利费用 w_b 和住房补贴 w_c。按照与王育琨(1991)类似的方法计算。有了 w_a、w_b 和 w_c 这 3 组数据后，我们就可以估计国有工业企业职工历年的实际工资率 $\overline{W}$，$\overline{W} = w_a + w_b + w_c$。

最后需要求得实际雇用的劳动力数量。值得注意的是，由于国有企业存在着"大而全"、"小而全"的问题，在国有工业企业中有相当部分的劳动力并不从事生产，属于"服务人员"和"其他人员"。用国有工业企业历年雇用的劳动力数量估测隐性失业会高估国有工业企业历年隐性失业的规模，为此，应首先估计国有工业企业中"服务人员"和"其他人员"占劳动力总数的比重。根据 1985 年进行的第二次全国工业普查和世界银行的调查结果，可以认为在 1980—1988 年这一比重为 15%，1989—1992 年这一比重为 16%(Jefferson, et al., 1996)。1993 1997 年 RUPL 的数据可由 1994—1998 年《中国劳动统计年鉴》中的有关数据求得，分别为 15.98%、16.23%、16.97%、18.04% 和 19.65%。这样，我们就可以求出我国国有工业企业历年雇用的从事生产的劳动力数量 PL。用 PL 代替式(1)中的 L^*，就可以估测出我国国有工业企业从事生产的劳动力中的隐性失业率 RDPL，假设国有工业企业的隐性失业率 RDL 等于 RDPL，我们就可以求出国有工业企业历年的隐性失业率(见表 1)。由于 1998 年国家就业体制有重大改革，大量国有企业职工(主要是工业企业

---

① 本书中未经特别说明的数据均引自历年《中国统计年鉴》。

职工)下岗分流，国有企业的失业问题有了比较大的演变，因此我们对国有企业隐性失业的估计截至1997年。

表1　中国国有工业企业隐性失业率的测算表($a=0.086$)

年份	v(亿元)	pl(万人)	w_a(元)	w_b(元)	w_c(元)	$\overline{W}$(元)	RDL(%)
1980	3 916	2 833.9	842.5	155.0	107.9	1 105.4	−8.2
1981	4 037	2 964.8	822.5	164.5	129.6	1 116.6	−5.3
1982	4 326	3 044.7	845.9	183.6	151.1	1 180.6	−3.8
1983	4 739	3 087.2	869.5	226.1	187.5	1 283.1	−3.2
1984	5 263	3 118.7	1 055.0	274.3	212.6	1 541.9	6.4
1985	6 302	3 242.8	1 228.8	320.7	246.4	1 795.9	7.6
1986	6 971	3 361.8	1 433.2	372.6	331.5	2 137.3	18.0
1987	8 250	3 473.1	1 582.4	441.5	367.5	2 391.3	15.8
1988	10 351	3 594.7	1 905.7	562.2	415.3	2 883.2	15.3
1989	12 343	3 589.3	2 152.9	658.8	549.8	3 361.5	13.1
1990	13 064	3 665.8	2 389.4	790.9	720.6	3 900.9	23.2
1991	14 955	3 756.5	2 606.3	909.6	815.7	4 331.6	22.7
1992	17 824	3 797.6	2 971.2	1 045.9	1 140.8	5 157.9	23.5
1993	22 725	3 779.2	3 653.4	1 318.9	1 610.9	6 583.1	23.2
1994	26 201	3 661.6	4 659.6	1 467.8	2 165.7	8 293.0	27.8
1995	31 220	3 650.8	5 592.7	1 806.4	2 503.2	9 902.4	27.8
1996	36 173	3 513.5	6 138.5	1 841.6	3 057.8	11 037.9	21.4
1997	35 968	3 246.1	6 436.9	1 956.8	3 291.1	11 684.8	20.0

注：v表示国有工业部门的总产值；pl表示国有工业企业历年雇用的生产性劳动力数量；w_a、w_b、w_c和$\overline{W}$分别表示国有工业企业职工的平均工资、职工的平均保险福利费用、职工的住房补贴和工资率；RDL表示隐性失业率。

上述过程从隐性失业的定义出发，对改革开放以来国有工业企业的隐性失业规模进行了测算。这种方法的优点是统一了测算的逻辑框架，并且极大地简化了测算的过程，可能存在的问题是结果对劳动产出弹性比较敏感，两者之间的弹性大约在1附近，即每增加1%，隐性失业的人数减少1%，而在

20 世纪 90 年代以后，这意味着隐性失业率的数据相应会变化 0.2 个百分点。而魏茨曼[1]和平迪克等人[2]对美国和苏联工业部门进行的研究表明，劳动产出弹性有随时间而上升的趋势，陈宽等人（Chen et al.，1988）的研究表明国有工业企业的劳动产出弹性也可能有相同的趋势，而本文中的 0.086 这一数值是按 1984—1988 年 300 家国有企业的数据估计的，因此有可能高估了 20 世纪 90 年代以来的隐性失业水平。尽管如此，基于以下理由仍可接受上述结果：第一，用 0.086 这个数据至少可正确地反映出隐性失业的变化趋势；第二，在以后的绩效问题的分析中，一个较大幅度的变化（如 10%）对结果的影响不显著；第三，根据这个数据所得的结果与一些调查结果（如国际劳动组织 1995 年的调查）比较一致。

二、国有企业绩效及隐性失业的互相影响

从图 1 可以看到，自 1984 年以来，国有工业企业的隐性失业率呈现出一种上升的趋势，其中主要是在 1983—1986 年、1989—1990 年和 1993—1994 年 3 个区间出现了较大幅度的上涨。

根据式（1）、式（2）、式（3）我们可以求出企业中的有效就业率 ERL 为：

$$ERL = L^*/L = [(aY/L)/W]^{1/(1-a)} = (MPL/W)^{1/(1-a)}$$

对上式两边求对数并且对时间求导可得：

$$dERL/ERL = [1/(1-a)](dMPL/MPL - dW/W)$$

从而隐性失业率的变动为：

$$dRDL/RDL = -dERL/ERL = [1/(1-a)](dW/W - dMPL/MPL) \quad (4)$$

由式（4）可知决定隐性失业的存在和上升是工资的上涨速度超过边际产出的上涨速度的结果。这里有两种可能性，一种是工资上涨过快，另外一种是边际产出上涨过慢或者说企业效率提高过慢。

[1]　Weitzman，M.，Soviet Postwar Economic Growth and Capital-labor Substitution，*American Economic Review*，1970(4)，pp. 676—692.

[2]　Pindyck，R. S.，Rotemberg，J. J.，Dynamic Factor Demands and the Effects of Energy Price Shock，*American Economic Review*，1983(5)，pp. 1066—1079.

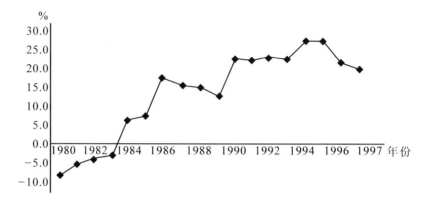

图 1   中国国有工业企业的隐性失业率

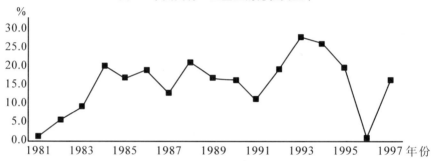

图 2   中国国有工业企业名义工资增长率

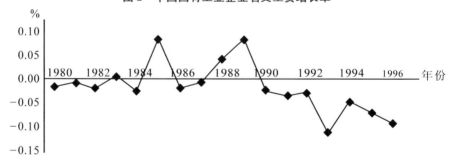

图 3   中国国有工业企业职工工资相对增长速度

注：这里的国有工业企业职工工资相对增长速度＝名义职工工资的增长速度＋职工人数的增长速度－名义 GDP 的增长速度，其含义是假设国有工业企业所生产 GDP 的增长速度与整个经济相当时，给定劳动力数量，检验其工资增长速度是否过高。

图 2 和图 3 所显示的结果基本排除了前面一种可能性。从图 1 和图 2 的对比中可以看出，工资的增长与隐性失业率的增长并没有出现一致性，工资

增长的高峰通常先于隐性失业率的高峰出现。更为重要的证据来自图3，图3显示了与GDP增长速度相比较的工资相对增长水平，很容易发现，除了个别年份外，国有企业职工全部报酬的增长速度实际上并不快，基本落后于全国国内收入的增长水平。换句话说，假定国有企业的工业总产值能够以与全国GDP同等的速度发展，隐性失业就不会出现或者远不会像现在这样严重。①

事实上，劳动力边际产出的增长速度缓慢在隐性失业的产生中所起的作用更为关键。由于大致可以假定劳动产出弹性保持不变，因此劳动边际产出的增长可以近似地用总产值的增长来代替。从图4中可以发现，自1980年以来，各类工业总产值的增长速度和GDP的增长速度几乎一直快于国有工业企业的增长速度，并且这种趋势在进入20世纪90年代以后更加明显。同时，从图4可以看出，在国有工业企业总产值增长速度落后于GDP增长速度的同时，全部工业总产值的增长速度在1984年以后要明显地快于GDP的增长速度。② 这将我们带回了一个熟知的结论，即改革开放后日益加剧的竞争对国有工业企业构成了极大的压力，在这种压力下，国有工业企业在工业部门及国民经济中的份额逐渐萎缩，而正是这种萎缩使得国有工业企业中的劳动的边际产出向不利的方向发展，导致了隐性失业的出现和加剧。这个结论对认识隐性失业问题的意义在于，有不少观点把国有企业中的隐性失业仅仅归结为改革开放开始时初始劳动力配置的问题，而在这里则可以明确地看出，国有企业中隐性失业更多地是改革开放开始以后国有企业在与非国有企业的市场竞争中动态发展的结果。在市场竞争中，非国有企业以比较灵活的经营机制和对市场的准确把握迅速地从国有企业那里抢占了市场份额，压缩了国有企业的增长空间。

当市场竞争的加剧使得国有企业中出现隐性失业问题时，隐性失业反过来又对国有企业的竞争力造成了进一步的影响。表2对1986年以来的这种影响给出了大概的估算。从表2可以看出，自1986年以来，隐性失业造成的利润损失对国有企业和非国有企业之间的效率差距的贡献几乎一直在50%以上，

---

① 因为根据我们的测算，1984年以前是不存在隐性失业的。

② 因为早期的经济增长与农业有关，所以在1984年等年份GDP增长较工业增长快是可以理解的。

平均达到 71%。如果考虑到非国有企业的资本存量低因而资本的利润率本来就应该相对较高的话，那么隐性失业对国有企业效率的影响几乎就是决定性的。

隐性失业对国有企业的效率构成严重的负面影响，而这种负面影响通过影响国有企业的市场竞争力进一步削弱国有企业劳动力的边际产出水平。这样，国有企业就在其隐性失业问题和市场竞争力问题之间陷入了恶性循环之中。从这个恶性循环中可以得到的一个理论结果是，在商品市场开放而劳动力市场不开放的情况下，国有工业企业的隐性失业将会有回滞的情况出现。事实上，袁志刚、宋铮等的计量研究证明这种隐性失业的回滞现象的确是存在的。

另外一个值得注意的趋势是，在长期处于相对于非国有企业的效率劣势后，国有企业即便在扣除了隐性失业影响后的真实竞争力也几乎丧失殆尽。图 4 显示从 1994 年到 1997 年国有企业与非国有企业在扣除了隐性失业后的真实效率差距稳步扩大。如果考虑到此时国有企业与非国有企业在资本存量上的差距已经减小，那么此次变化所揭示的国有企业真实竞争力的降低与图中以往的类似变动趋势相比更为严重。

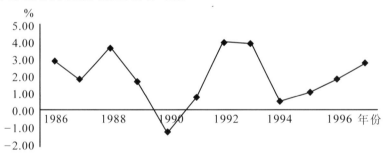

图 4   扣除隐性失业影响后的真实效率差距

表 3 的研究进一步证实了这个猜想。表中列出了 1997 年和 1999 年国有企业和非国有企业利润的比较情况。由于自 1998 年起大量的国有企业职工下岗分流，进入再就业中心，因此可以用这两年的比较结果来检验大规模减员的效率影响。结果是令人失望的，在总共 37 个行业中仍然有 17 个行业出现了国有企业与非国有企业的利润差距拉大的情况。另外，在纺织和食品两个行业中，虽然利润差有所减少，但国有企业仍然处在整体的亏损之中，而非

国有企业的利润相对较多，因此这两个行业中减员分流是否能真正改变国有企业的竞争力状态也是令人担忧的。假设在上述 19 个行业中国有企业最终完全失去竞争力，所涉及的职工人数将大约达到 1999 年国有企业职工人数的 48.87%。[①]

表 2　隐性失业对国有企业效率的影响

年份	非国有企业		国有企业		比　　较			
	利润 （亿元）	ROFA	利润 （亿元）	ROFA	ROFA(ad.) （调整后）	收益差	收益差 （调整后）	隐性失业对 差异的贡献
1986	187.68	21.50%	689.90	15.18%	18.53%	6.31%	2.97%	52.96%
1987	217.96	19.74%	787.00	15.01%	17.96%	4.72%	1.77%	62.47%
1988	298.01	21.60%	891.90	14.77%	17.86%	6.83%	3.74%	45.30%
1989	257.33	14.97%	743.01	10.56%	13.23%	4.41%	1.74%	60.55%
1990	171.70	8.37%	388.11	4.80%	9.68%	3.57%	−1.31%	136.57%
1991	240.61	9.58%	402.17	4.23%	8.85%	5.35%	0.72%	86.48%
1992	437.25	13.94%	535.10	4.87%	9.87%	9.07%	4.08%	55.06%
1993	785.21	15.33%	817.26	6.14%	11.31%	9.18%	4.02%	56.25%
1994	967.74	12.21%	829.01	5.29%	11.72%	6.92%	0.49%	92.96%
1995	969.33	9.81%	665.60	3.12%	8.78%	6.70%	1.03%	84.56%
1996	1077.10	7.76%	412.64	1.73%	5.98%	6.03%	1.78%	70.49%
1997	1275.65	8.01%	427.83	1.65%	5.30%	6.35%	2.71%	57.41%

注：ROFA 表示固定资产利润率，ROFA(ad.)表示经调整后的固定资产利润率；对国有企业利润的调节方法是：调节后利润＝统计利润＋隐性失业率×职工数量×工资率；上表中隐性失业对收益率差额的贡献的计算方法为：贡献度＝（调整前收益率之差－调整后收益率之差）/调整前收益率之差。

[①]　由于 1999 年国有工业企业分行业的职工人数无法得到，这个比例是按全部工业企业中这 19 个行业的总人数估计的。

表3   1997 年与 1999 年国有企业与非国有企业的利润对比

	职工人数 （万人）		国有企业利润 （亿元）		非国有企业利润 （亿元）		利润差额 （亿元）	
	1997 年	1999 年	1997 年	1999 年	1997 年	1999 年	1997 年	1999 年
煤炭采选业	493	372	34.8	−25.6	15.8	7.5	−1933	
石油和天然气	116	110	175.3	296.9	28.2	0.6	−147.1	−296.3
黑色金属矿采选	20	16	−0.3	0	4	4.3	4.3	4.2
有色金属矿采选	54	37	8	5.1	16	17.5	8.1	2.5
非金属矿采选	55	38	−1.9	−2.2	17.3	10.2	19.2	12.3
木材及竹材采运	111	85	0.6	0.7	0.9	0	0.3	−0.7
食品加工业	190	128	−55.8	−40.7	55.6	51.7	111.3	92.4
食品制造业	114	72	−3	10.8	20.9	22.2	23.9	11.3
饮料制造业	123	89	38	66.5	34.3	20.1	−3.7	−46.4
烟草加工业	33	29	123.2	125.9	2	1.2	−121.2	−124.7
纺织业	596	353	−65.6	−21.5	39	60.1	104.6	81.6
服装及其他	162	122	−1.4	1.7	39.5	60.4	0.9	58.3
皮革毛皮羽绒	85	57	−4.4	−2	20.8	26.8	25.2	28.8
木材加工等	67	35	−4	−2.6	9.5	12.2	13.5	14.9
家具制造	30	18	−0.5	−0.1	7.1	11.5	7.6	11.6
造纸及纸制品业	124	75	−6.8	5	27.5	30.7	34.3	25.7
印刷业	90	64	5.6	14.1	17.6	24.3	121	0.2
文教体育用品	35	29	−0.3	1.8	14.6	18.5	14.8	16.8
石油加工及炼焦	74	63	46.7	13.5	20.7	9.3	−26	−4.2
化学原料及制品制造	392	282	−6.3	−0.4	99.8	78.1	106.1	78.4
医药制造	101	83	12.4	54.5	60.4	46.9	48	−7.6
化学纤维制造业	50	34	−3.5	17.1	27.2	16.6	30.7	−0.6
橡胶制品	69	48	−0.3	−5.1	16.1	12.9	16.4	18

续表

	职工人数（万人）		国有企业利润（亿元）		非国有企业利润（亿元）		利润差额（亿元）	
	1997 年	1999 年	1997 年	1999 年	1997 年	1999 年	1997 年	1999 年
塑料制品	101	67	−2.1	4	24.6	47.9	26.7	43.8
非金属矿制品	387	263	−41	−8	26.9	48.6	67.8	56.6
黑色金属冶炼	321	242	16	17.6	9.5	18.2	−6.5	0.6
有色金属冶炼	98	83	−4.1	9.2	4.3	22.6	8.4	13.4
金属制品业	174	106	−7	0	27.2	53.3	34.2	53.3
普通机械制造	403	249	−15.8	2.3	58.9	59.7	74.7	57.4
专用设备制造	274	179	−15.9	−10.1	38.9	51	54.8	61.1
交通运输设备制造	346	267	11.3	76.8	77.5	48.3	66.2	−28.5
电气机械制造	227	158	−4.9	17.4	78.2	119.2	83.1	101.8
电子及通信设备制造	165	133	33	120.6	185.7	187	152.7	66.4
仪器文化办公机械	79	48	−6.5	−1.9	15.9	22.9	22.4	24.9
电力蒸汽热水	220	219	176.7	263.2	108.9	42	−67.8	−221.2
煤气生产供应	19	19	−5.6	−6.9	0.1	0	5.8	6.9
自来水生产供应	43	45	10.9	21.4	2.7	3.8	−8.2	−17.5

注：利润差额＝非国有企业利润－国有企业利润。

三、总结及政策建议

上面对国有企业绩效和国有企业之间的关系进行了论述，主要的结论有两点。

第一是国有企业绩效与国有企业隐性失业之间的关系是动态影响的。这基本上与我们的直觉相符合。从 20 世纪 80 年代中期的集体所有制企业（包括当时的乡镇企业)到 20 世纪 90 年代以后民营经济的发展,都在市场上对国有企业构成了极大的压力,正是这种压力使得国有企业非但没有能够利用整个国民经济近 20 年的高速增长摆脱劳动力冗员的包袱,反而越背越重。关于这个结论更有趣的一个问题是,假设从一开始国有企业就没有外来的就业指标约束而能够自由地调节就业数量和工资水平,也许早在 20 世纪 80 年代末期就会出现 1997 年以来因失业率提高、预防性储蓄提高而有效需求下降的局面(袁志刚,宋铮,1999),那么当时的非国有经济就不能取得如此飞快的发展。从这个意义上来说,政府补贴国有企业,国有企业补贴冗余劳动力,劳动力收入提高的很大一部分又支持了非国有企业的发展,这使得中国 20 年的经济增长更像某种间接的财政政策作用的结果。从理论上来说,如果这一系列推论能够成立,那么也许能够为理解双轨制经济提供另外一条思路。从政策建议上来说,这使我们必须重新思考对非国有经济的扶植政策问题。如果"间接财政政策"之说能够成立,那么过去 10 余年中对非国有经济的扶持可以说是极其巨大的。这种支持一方面为其迅速发展创造了条件,但是在另一方面也保护了非国有企业中某些落后的因素,阻碍了其在公平市场条件下真正竞争能力的提高,特别是其产品创新能力的实质性发展,这也是目前大多数非国有企业真正的困境所在。因此今后对于非国有经济的发展,政策应该更多地放在完善市场上,特别是完善资本市场上,而并非如有些观点认为的诸如"减免税"之类的直接的财政扶植政策。

从上面的分析中得出的第二个重要结论是在被隐性失业问题拖累了十多年后,国有企业自身的"造血机能"都已经极度地被弱化了,其在扣除了隐性失业影响后真实的竞争力相对非国有企业有进一步弱化的趋势,在表 3 所提及的 19 个行业中更是如此。由于长期的亏损或微利,在未来竞争中这些部门的国有企业相比非国有企业处于极大的劣势,随着竞争的继续,这些部门中的职工越来越多地面对失业的威胁。但是如果这些国有企业中的资本能够向有竞争力的企业转移,这样的失业在很大程度上是可以避免的。因此这类劳动力其实只是潜在的结构性失业人口。为了预防这些潜在的结构性失业人口转化为现实的大规模失业,一个必然的政策建议就是要完善资本市场,利用资本市场实现国有资本的退出和向竞争力相对较强的部门的转移。

附录　对国有工业企业职工住房补贴的估计

王育琨(1991)对 1978 年至 1988 年间我国城镇住房补贴进行了测算。我们使用与王育琨相似的方法估计 1980 年至 1995 年间国有工业企业的住房补贴。与王育琨的不同之处在于，我们假设：国有工业企业给予职工的住房居住总面积等于城镇住房居住总面积与国有工业企业职工总数占城镇就业总数比例的乘积；住房的维修费与管理费之和等于住房的现有租金；国有工业企业职工从企业手中低价购买的住房仍视作公房。在数据更新方面，我们用1990—1996 年间 1—3 年期基本建设贷款的平均利率 11‰计算 1990 年以来住房建设的投资利息；1994 年和 1995 年的住房造价数据为"房地产开发建设房屋建筑面积造价"；1992 年和 1993 年住房造价数据空缺，我们通过假设 1991年至 1994 年间住房造价的年增长率不变，求得 1992 年和 1993 年住房造价的估计值。根据上述方法和相关数据，我们得到了 1980—1995 年间国有工业企业职工人均住房补贴的估计值 WH。如果进一步假设国有工业企业职工人均住房补贴与其他企业相同的话，我们发现我们对城镇住房补贴的估计值处于戴圆晨和陈东琪[1]的与世界银行[2]的估计值之间。戴圆晨和陈东琪估计的1991 年和 1992 年职工人均住房补贴分别为 384.34 元和 417.88 元；我们的估计为 815.7 元和 1 140.8 元。世界银行估计的 1995 年城镇人均住房补贴为1 900 元(世界银行，1998)；我们的估计则是 1 263.87 元。

作者说明

在国企改革的第二阶段，隐性失业问题和不断下滑的财务绩效一直困扰着国有企业。本文与黄立明合作，发表在《管理世界》2002 年第 5 期上。我们通过定义国有企业的隐性失业为劳动边际生产率低于其实际工资率的那部分就业，进而对国有企业的实际就业量、劳动产出弹性、实际工资率等参数进行估计，测算出 1980—1997 年国有企业的隐性失业率，发现改革开放后日益

---

[1]　戴圆晨、陈东琪：《劳动过剩经济的就业与收入》，上海远东出版社 1996 年版，第 20 页。

[2]　世界银行：《共享增长的收入：中国收入分配问题研究》，中国财政经济出版社 1998 年版，第 17 页。

加剧的竞争对国有工业企业构成了极大的压力，使得国有工业企业在工业部门及国民经济中的份额逐渐萎缩，劳动的边际产出下降，导致了隐性失业的出现和加剧。因此，我们不能把国有企业中的隐性失业仅仅归结为改革开放开始时劳动力配置问题，而是国有企业在与非国有企业的市场竞争中动态发展的结果。在市场竞争中，非国有企业以比较灵活的经营机制和对市场的准确把握迅速地从国有企业那里抢占了市场份额，低效率的国有企业应该在竞争性领域退出，以保证国有资产的安全和中国宏观经济增长的高效。

重新审视中国国有企业的
历史地位、功能及其出路

中国经济转轨的一个重要特征是国有企业始终保持一定的比重。在新的时期，国有企业的垄断程度不断上升，未分配利润不用上缴或很少上缴，这是造成我国目前劳动收入占比不断下降和内外结构非均衡的一个深层次原因。目前我国经济发展所面临的巨大社保资金缺口、土地财政的不可持续性、农村人口转移、住房等诸多问题和挑战，已经对新一轮的国企改革形成了"倒逼"机制。国企的目标函数必须从保值增值转变为全民福利最大化，只有这样，国企的改革方向才能同我国彻底完成包括要素市场在内的市场化改革进程，从根本上解决收入差距、内外经济失衡等结构性问题的方向保持一致。

一、引　言

中国经济的渐进式改革中的一个主要特征就是国有企业在改革的不同阶段中始终维持着较高的比重，起着特殊的作用。改革前期，国有企业为非国有企业的发展提供了许多有利条件，承担了相当规模的转轨成本（在人事制度改革落后的情况下被迫接受"跳槽"现象，为非国有企业输送高技能和高效率的劳动者，产权安排不合理情况下的国有资产流失，维持冗员的社会保障及福利支出等），但同时也获得了国家的各类金融支持（先是银行贷款后形成坏账呆账，后是上市，变间接融资为直接融资，导致资本市场功能偏向等）。与其他转轨经济相比较，这样做的好处是：在社会经济稳定的前提下，积极融入全球化，吸引了大量外资，并创造了民营经济发展的良好环境，经济得到高速增长。但是中国的国企亏损、银行坏账以及财政赤字所形成的三角死结，却时刻困扰着中国经济的发展质量和增长潜力，1998—1999 年的宏观经济就几乎到了危机的边缘。当时 2/3 左右的国企大幅亏损、财政严重赤字的困境"倒逼"政府大刀阔斧地重构银行体系和国有企业，提出"抓大放小"、"保值增值"等口号，并将一部分国有企业民营化。2000 年以后，中国经济进入非对称市场改革阶段：产品市场高度竞争，要素市场高度垄断。国有企业在"抓大放小"的战略目标转型后，在做大做强（"保值增值"）的名义下，大力培育垄断力量，凭借着低廉的要素成本（如信贷、土地）以及能源、交通、电气等上游行业的垄断地位，国企不仅脱困，而且垄断利润大增。但其结果是，垄断利润不断挤压下游企业的竞争性利润，劳动收入占 GDP 的比重不断降低。在这一过程中，社会利益集团逐渐形成，成为阻碍要素市场改革深入的力量，尤其是金融领域的改革难以实质性推进。从根本上看，非对称改革经济的代价越来越大。这就需要我们重新审视国有企业的历史地位、功能及其出路，整体推进新一轮的国企改革，否则，中国经济的结构性问题难以解决，经济效率难以提高，先期改革的成果可能被非均衡的经济结构和整体经济的低效率所消耗。

二、新时期国有企业垄断程度上升，影响市场体系的发育

改革开放以来，中国的国企改革一共经历了以下四个阶段。第一阶段是1979—1986 年，经营权的部分下放使国企成为"自负盈亏、自主经营"的经济实体，让企业的经营者掌握了一部分的剩余控制权和索取权。但这场"放权让利"的改革是在原国有经济体制内进行的，只是政府和国企之间利益分配的调整，不涉及原先的所有权框架。第二阶段是 1987—1992 年，国有企业在所有权层面有所突破。当时有两种改革道路，一是企业承包制，这仍然是在原有财产关系之内的改革；二是企业股份制，主张引入多元产权主体，优化内部治理结构等，但仍然没有摆脱"政企不分"的老毛病，1993 年以前国企要向政府上缴利润。第三阶段是 1992—2002 年，十四届三中全会提出了要使国企变成"产权清晰、权责明确、政企分开、管理科学"的现代企业。20 世纪 90 年代的国企改革被称为

是一场事关中国经济命运的"攻坚战"，国家出台多项措施来剥离国企的负担。①
1993 年的《关于实行分税制财政管理体制的决定》规定，在一定时间内国企不向
国家上缴利润，只上缴一定比率的税收，剩余部分全部归企业所有，用于安置
下岗工人、支付退休金等。十五届四中全会提出"抓大放小、有进有退、有所为
有所不为"的国企改革战略方针后②，大部分国企就退出了竞争性行业。第四阶
段是 2003 年至今，国资委成立以来，把"兼并重组、整合壮大"作为新一轮国企
改革的目标。尽管国企数量有所减少，但在石油、电气、通信、交通等行业占
据了绝对的垄断地位。③ 由于在 1993—2007 年这整整 14 年间都没有分红，国企
资产和未分配利润总额快速上升。直到 2007 年 9 月，国家才试行"国有资本经
营预算"制度，规定国企要上缴一定比例的利润给财政部。④ 从图 1 看到，仅
2001—2008 年，国有企业的利润总额从 2 811.2 亿元猛增到 2008 年的
11 843.5 亿元，资产总额也从 179 244.9 亿元增加到 373 018.4 亿元，整整翻
了一番多。从 1998 年到 2008 年，国有上市企业的市值占总市值的比重一直
维持在 90% 左右，在短短 10 年内总市值涨了近 5 倍(图 2)。与此同时，国企
的职工人数从 2001 年的 5 140 万减少到目前的 3 521.6 万人，吸纳社会剩余劳
动力的能力下降了 30% 多。

---

　　① 　1997 年开始，为了实现国企三年脱困的目标，国家除了要求在国企领域本身进行改
革外，还出台了多项配套措施来剥离国企的负担。1998 年，政府向四大国有商业银行注入
2 700 亿元人民币作为准备金；先后成立了信达、东方、长城和华融四家资产管理公司，负责
收购、管理和处置从四大国有银行剥离的不良资产。

　　② 　当时要"进"的"国家安全行业、自然垄断行业、提供公共产品的公益性行业"这三大
行业以及"高新技术产业中少数几家关键性企业、支柱产业中的骨干企业"这两类企业必须由
国家控制(《关于国有企业改革和发展的若干重要问题的决定》，1999)。

　　③ 　目前，中央企业 82.8% 的资产集中在石油石化、电力、国防、通信、运输、矿业、
冶金、机械行业，承担着我国几乎全部的原油、天然气和乙烯生产，提供了全部的基础电信
服务和大部分增值服务，发电量约占全国的 55%，民航运输总周转量占全国的 82%，水运货
物周转量占全国的 89%，汽车产量占全国的 48%，生产的高附加值钢材约占全国的 60%，生
产的水电设备占全国的 70%，火电设备占 75%。在国民经济的重要行业和关键领域的中央企
业户数占全部中央企业的 25%，资产总额占 75%，实现利润占到 80%(李荣融，2008)。

　　④ 　其中烟草、石油石化、电力、电信、煤炭五个资源性行业，上缴比例为 10%，钢铁、
运输、电子、贸易、施工等一般竞争性企业上缴比例为 5%，军工企业转制、科研院所企业三
年内暂不上缴。

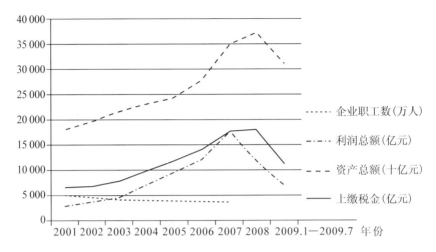

图1　国企的资产及利润总额、上缴税金及企业职工数(2001—2009年7月)

注：本月报中的国有及国有控股企业，包括中央部门所属企业、中央管理企业和地方国有及国有控股企业(不包括国有金融企业)，文中简称国有企业。

资料来源：2008年《中国财政年鉴》，《2008年1—12月国有及国有控股企业经济运行情况》，《2009年1—7月国有及国有控股企业经济运行情况》。

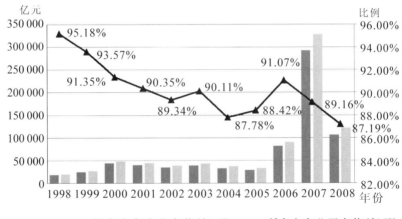

图2　国有上市企业的市值变化(1998—2008年)

资料来源：WIND资讯。

在经济学中，根据垄断形成的机理和动因不同，一般可分为自然垄断、行政垄断、经济垄断这三类形态。自然垄断行业主要是那些具有规模效应的基础设施和公共服务行业，比如高速公路、铁路路网、输油管道、高压输电网络、煤气、邮政等。行政垄断是政府凭借资源和特许经营等垄断权力设置市场进入壁垒，排斥和限制市场竞争对手，比如烟草、石油、成品油、天然气、银行等。经济垄断则是在市场竞争条件下，由于技术进步、创新以及其他竞争实力形成的市场垄断。表1是按照于良春的垄断行业分类指标体系，①抽取国企所处的具有代表性的17个行业，涵盖了采矿业，制造业，信息传输和计算机服务业，交通运输业，仓储业，邮政业，金融业，电力、燃气、水的生产和供应业等具有不同垄断形态和竞争程度的典型行业。从表中可以看到，只有"交通运输设备制造业"一项是属于竞争行业，其他16项全是属于不同形态的垄断行业，这其中自然垄断和行政垄断又占了12项。有7类行业属于自然垄断，主要都是些跟公共基础设施和服务相关的行业。有5类行业属于行政垄断，主要是资源以及特许专营行业。当然，这种划分也不是一成不变的，许多行业的垄断是自然垄断、行政垄断和经济垄断交织在一起的，比

表1　国有企业所在行业分类②

自然垄断行业		行政垄断行业		经济垄断行业	饮料制造业
	电力、热力的生产和供应业		烟草制造业		
	电信和其他信息传输服务业		煤炭开采和洗选业		橡胶制品业
	铁路运输业		石油加工、炼焦业及核燃料业		有色金属矿采选业
	航空运输业				
	邮政业		石油和天然气开采业		化学纤维制造业
	燃气生产和供应业		银行业	竞争行业	交通运输设备制造业
	水的生产和供应业				

资料来源：《中国统计年鉴》(2008年)和《中国大型工业企业统计年鉴》(2008年)。

---

① 于良春：《反行政垄断与促进竞争政策前沿问题研究》，经济科学出版社2008年版，第27页。

② 这里对自然垄断、行政垄断以及经济垄断、竞争行业的理论区分见于良春(2008)和丁启军(2008)这两篇文章。

如电信业发明了 3G 技术，这是创新带来的经济垄断，但它利用了原先的电信基础网络来推广这项技术，这就是自然垄断。如果它试图通过法律或行政法规来确立专利期限过后的 3G 市场的独占权，这就是强制性的行政垄断。

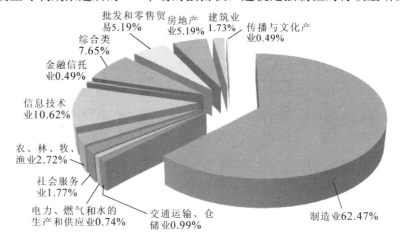

图 3　民营上市公司的行业分布情况（2008 年）

注：这是根据国家统计局的 13 个行业大类统计的，其中采掘业中没有民营企业。

资料来源：WIND 资讯。

在国企利润和资产总额节节攀升的背后是行业垄断力量的上升和市场化进程的倒退。我们以 2008 年深沪两市共 1 604 家上市企业（其中，民营企业有 562 家，国有企业 1 042 家）为例，除了中移动、中海油等少数在中国香港或海外上市的国企，基本上涵盖了我国目前的大中型国企类型。从图 3 可以看到，制造业是民营上市企业分布最为集中的行业，所占比重超过了 60%。接下来的就是信息技术业（10.62%）、批发和零售贸易（5.19%）以及房地产业（5.19%）这三个行业。在金融信托、传播与文化、交通运输、仓储等高端服务业和基础设施领域，电力、煤气及水的生产、供应等自然垄断领域，民营上市企业所占比重没有超过 1% 的，几乎就是国有上市企业的独占领域。图 4 描述了 2007 年我国具有代表性的垄断性行业的固定投资情况，民营资本在这些垄断行业的投资所占比重由高到低排列如下：燃气的生产和供应业（34.1%）；煤炭开采和洗选业（29.8%）；电力、热力的生产和供应业（12.6%）；水的生产和供应业（12.4%）；邮政业（9.85%）；烟草制造业（3.42%）；银行业（3.21%）；城市公共交通业（2.57%）；石油和天然气开采业(1.85%)；航空运输业(1.7%)；电信和其他信息传输服务业(1.52%)；铁路运输业(0.74%)。这反映了民营资本很难进入自然垄断和行政垄断的行业。由地方政府所管理的供气、供水等市政公用事业，民营资本进入稍多一些；主要由中央管理的行业，民营资本则进入困难，私人资本进入更是微乎其微。即便在已进行了股份制改造和上市的电信业，仍然存在严重的国有资本"一股独大"的现象。

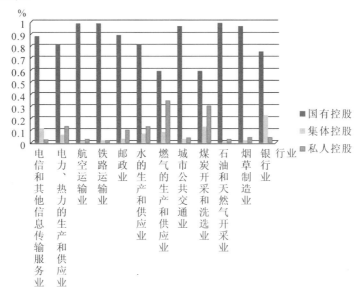

图 4　垄断性行业中的固定资产投资结构(2007 年)

资料来源：根据《中国统计年鉴》(2008 年)中有关数据计算而成。

接下来，我们用市场集中度(degree of market concentration)这个指标来反映市场的行业壁垒和垄断状况，市场份额集中度反映的是本行业中最大的一个企业在特定的市场上的销售额占整个行业销售额的份额，这个指标可以非常形象地反映一个企业或者是一个行业的市场权力的大小。我们把 2008 年沪深两市共 1 604 家上市公司按照 WIND 三级行业分类标准(共 50 个行业)进行分类，由图 5 可以看到，国有企业所占比重跟市场集中度呈正向关系，即行业的市场集中度越高，也就是行业壁垒越高、垄断程度越大，国有企业所占比重就越高。在市场集中度小于 50% 的所有行业中，民营上市企业所占比重超过 82%，显著高于国有企业的 45%，主要占据了市场竞争激烈的这些行业。而在市场集中度大于 50％的所有行业中，民营企业的比重不到 18％，远远低于国企的 55％。市场垄断程度较高的行业仍主要掌握在国有企业手中。

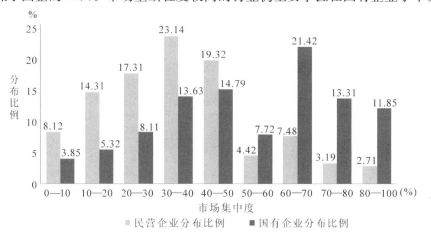

图 5　市场集中度与上市企业的行业分布情况

注：比重低于 20％(特别是低于 10％)则说明单个企业根本没有市场权力，不具备市场"发言权"；在 20％—50％之间说明这个企业具有足够的市场权力；在 50％—80％之间说明这个企业已经接近市场垄断的地位，在 80％以上则说明这个企业完全具有了垄断市场的权力。

资料来源：WIND 资讯。

从行业利润来看，国企盈利较大的行业主要是垄断性行业，私营企业的利润来源主要是竞争性行业。首先我们列出 2003—2008 年间央企所在的平均利润率最高的四大行业和民企所在的平均利润率最高的六大行业的经营情况，从图 7、图 8 可以看出，国企利润最丰厚的四大行业均是能源、交通运输以及电力等垄断性很强的行业；反之民营利润最好的六大行业都是竞争性很强的。一方面，这些垄断性行业的大型国企数量在逐年减少，符合国资委提出的"做大做强"口号，比如石油和天然气开采业的大型国企只有 12 家，电力、热力的生产和供应业的数量只有 117 家，但是资产规模以及利润总额越来越集中，2008 年这四大行业中的大型国企的总资产占所有国企总资产的 36％，当年利润占所有国企利润总额的 49％。这就使得除了石油和天然气行业在 2003 年和 2008 年的保值增值率没有达到 100％以上，其他行业从 2003 年开始提出"保值增值"口号以来都达到了 100％以上的保值增值率(图 6)。另一方面，四大行业中的人均利润水平增速也很快，除了电力、热力的生产和供应业在 2008

年直线下降到不足 1 万元以外，其他三个行业的人均利润水平都在 3 万元以上(图 7)。而民营企业在最盈利的行业中的人均利润水平在 2.3 万元左右，最高的化学原料及化学制品制造业的人均利润也仅是 3.5 万元，远低于国企的平均水平(图 8)。

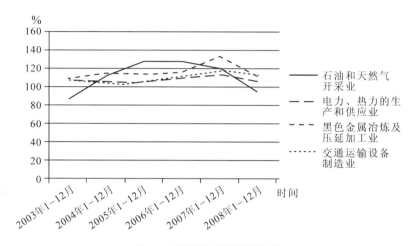

图 6　大型国企的保值增值率

注：国有资本保值增值率＝(扣除客观因素影响后的期末国有资本÷期初国有资本)×100%。

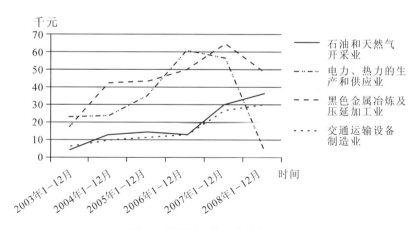

图 7　大型国企的人均利润水平

注：图中数据是用利润总额除以该行业员工数量得到的。

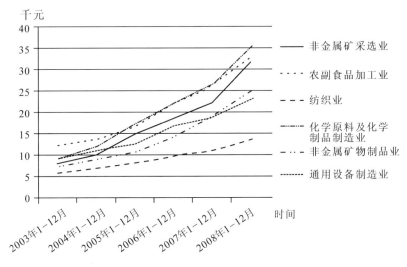

图8 民营企业的人均利润水平

资料来源：WIND 资讯。

　　跟国企获得的巨额利润形成鲜明对比的是，这些年来它们的全要素生产率(TFP)却没有提高甚至还有所下降，这就更说明这些利润不是依靠技术进步、管理水平提高而获取的，而是更多地凭借其垄断地位获取的。袁堂军①利用 1999 年、2001 年、2004 年这三年的上市公司数据进行分析，发现非制造业的农业、矿业、煤炭业、石油天然气开采业，全要素生产率(TFP)都有不同程度的下降，石油天然气开采业下降最严重。制造业中，除家具、印刷等行业以外，多数行业的平均生产率显现出上升的趋势(图9)。汽车业、电子电器业、一般机械行业在 1999—2004 年，大多数上市公司的生产率有大幅度提高，这也正是民营企业进入最多、国际竞争最为激烈的行业。另外，1999—2004 年，石油天然气开采业、煤炭业、建筑业、石油制品业、金属业、电力供应业的新上市公司的效率不高，对所属行业的 TFP 有明显的负影响。大部分企业的资源配置效率大幅度降低，金属业、橡胶塑料制造业以及石油天然气开采业的资源配置负效率尤其明显，而这几个行业的上市公司大都是受国家重点保护的国有企业。

---

　　① 袁堂军：《中国企业全要素生产率水平研究》，《经济研究》2009 年第 6 期，第 52—64 页。

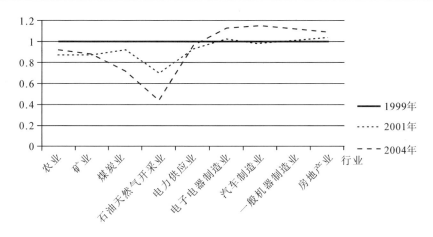

图 9　中国各行业平均 TFP 水平的变化趋势

资料来源：袁堂军：《中国企业全要素生产率水平研究》，《经济研究》2009 年第 6 期，第 52—64 页。

　　在经济学上，由于市场失灵的存在，国有企业的建立是为了解决负外部效应，缓解收入分配不公，为全民提供诸如教育、基础设施、交通、能源等公共产品和服务，并且只有在国家的战略利益和目标不能更好地通过某种方式实现时，才允许国企的进入和存在。另外，在这些领域，国有企业不能以利益最大化为目标，而只能以完成公共的社会利益为目标。因此，世界上大多数国家的国企主要集中于国防、公用事业等公共领域以及民间资本无力经营或不愿进入的行业。只要民间资本可以良好运作的领域，国有资本就需要退出。如果整个经济体系中仍然有很多国有企业和国有资产存在，那么，在规则制定与宏观调控过程中，政府难免不把国有企业和国有资产放在优先地位、放在民营企业之前。只要出现大的经济周期调整，一旦政府决定介入市场，它肯定会偏袒和保护国有企业，而把民营企业作为监督、监管和调控的重点对象。这对整个市场经济秩序的培育和健全是很不利的。

三、国有企业垄断是造成劳动收入占比下降和
内外结构失衡的深层次原因

　　从 20 世纪 90 年代中期开始，我国的劳动要素报酬在国民收入中的比重不断下降。从图 10 可以看到，在 1997—2007 年这十年间，劳动报酬占 GDP

的比重始终处于下降趋势，尤其是 2003 年以来，从 49.62％快速降低到 2007 年的 39.7％。同时，企业营业盈余占比从 2003 年的 20.19％上升到 2007 年的 32.63％，固定资产折旧占比则一直维持在 15％左右。从企业的现金流量表看，企业的增加值扣减劳动报酬、税收、利息、红利以及其他经常转移项目之后的营业盈余，相当于企业财务报表中的未分配利润，可以被认为是狭义的资本、土地和资源等生产要素参与分配所获得的收入份额。另外，由于企业为了实现延期纳税的目的，会将一部分利润转化为固定资产折旧。因此，企业营业盈余和固定资产折旧额的快速上涨，也就意味着资本、土地、能源等要素的回报率迅速增加，在收入分配格局中不断侵蚀着劳动要素的份额，造成严重的收入分配问题。

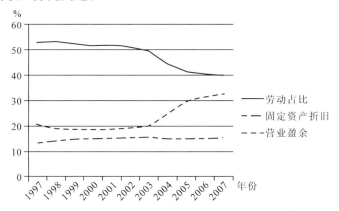

图 10　收入法 GDP 中的初次分配结构（1997—2007 年）

注：在分配结构中省去了"净税额"这一项。

资料来源：根据《中国统计年鉴》（1998—2008 年）中的相关内容整理而成。

从理论上讲，一国的劳动收入占比下降通常有以下几种解释。第一是认为全球化条件下，资本相对于劳动力来说流动性更大、逐利性更强，具备更多的谈判能力。Harrison 把要素收入分为"竞争性的收入"和"不完全竞争下的租金"，认为全球化进程强化了资本的议价能力，在跟资本"讨价还价"中劳动没有或很少分享到这块"租金"。[1] 第二是资本偏向型的技术进步，只要劳动

---

① Harrison, A. E., *Has Globalization Erodes Labor's Share? Some Cross-Country Evidence*, UC-Berkeley and NBER Working Paper, 2002.

与资本是替代关系，资本增强型技术进步会导致劳动收入占比的下降。因此，在经济均衡增长的路径上出现的是劳动增强型技术进步，劳动收入占比保持稳定；在向稳态趋近的路径上，则会出现资本增强型技术进步，这时劳动收入占比就会下降。[①] 第三是劳动力市场的供求情况、保护程度（工会力量大小）、工资合同的制订形式等都会直接影响劳动收入占比（Blanchard，1997[②]；Bentolina，2003[③]）。在经济衰退初期，由于劳动力市场受工会力量保护等因素，资本收入在初期会大幅下降。但随着旧的工资合同到期，劳动力市场的供求状况变化，企业会减少劳动力储存，并采取资本偏向型的技术进步，失业率会上升，劳动收入占比也会相应下降。另外，还有其他影响劳动收入占比的因素，比如人力资本含量、政策尤其是财政政策的倾向、经济发展阶段等。

在我国劳动收入占比不断下降的背后，则还有国企的高额利润与就业弹性的降低以及重化工资本深化与资源、金融要素垄断等诸多因素。

首先，1995 年以来，中国从主要出口轻纺等劳动密集型产品转向出口机械等资本相对密集的产品。[④] 随着中国经济逐渐进入重化工的转型阶段，会出现 Acemoglu(2000)讲的资本偏向型的技术进步，资本深化程度不断提高，加上政府的财政和信贷资源向资本密集型产业集聚，[⑤] 从 2002 年开始的新一轮经济增长就主要由钢铁等资本密集型产业带动，劳动密集型的服务业没有得到很大发展。蔡昉[⑥]的研究也证实了这个观点，他通过对国民经济 17 个部门的投入产出表进行分析，发现每个部门的产出乘数和就业系数有着不规则的变动规律，对产出(GDP)贡献越大的产业不一定就越能吸纳就业。这种资本偏

[①]　Acemoglu. D. ，*Labor and Capital Augmenting Technical Change*，NBER Working Paper，2000，7544.

[②]　Blanchard，Olive.，The Medium Run，*Brookings Papers on Economic Activity*，1997(2)，pp. 89—158.

[③]　Bentolina，S.，Saint-Paul，G. ，Explaining Movements in Labor Share，*Contributions to Macroeconomics*，2003(3)，pp. 1103—1136.

[④]　罗长远：《卡尔多"特征事实"再思考：对劳动收入占比的分析》，《世界经济》2008年第 11 期，第 86—96 页。

[⑤]　蔡昉、都阳、高文书：《就业弹性、自然失业和宏观经济政策——为什么经济增长没有带来显性就业》，《经济研究》2004 年第 9 期，第 18—47 页。

[⑥]　蔡昉：《保增长的终极目的应是保就业》，《东方早报》2008 年 11 月 1 日。

向型的发展模式和技术进步,会逐渐降低对劳动力的需求,而农村每年还要向城市转移大量的剩余劳动力,劳动力市场的供求关系不均衡加上工会力量不强等因素,增强了资本的谈判能力,资本在跟劳动的讨价还价过程中获取了"不完全竞争下的租金",边际报酬快速上升,而劳动只能获取"竞争性的收入"。

另外,从全世界范围看,无论哪个经济体,其真实(而非虚拟)财富主要是由不动产(主要是土地及矿藏资源)构成。在世界上绝大多数国家里,土地作为最重要的资产基本上属于民间部门。在我国,城市土地为国家所有,农村土地为集体所有,农民没有实质性可抵押的资产。只有居民手中掌握各类资产时,资产价值的增长才会产生消费的"财富效应",比如非资产性可支配收入基本上完全被用于消费,储蓄主要依靠资产性收入及资产增值来实现。从图11可以看到,城镇居民和农村居民在1990—2007年的财产性收入占可支配收入的平均比重分别只有1.76%和1.77%,深层次原因就是大多数的资源、金融等要素以垄断的形式掌握在国企(背后是国家)手里。国企以低廉的价格拿到土地、能源、矿产资源等稀缺要素资产,在工业化、城市化的快速推进过程中,这些资产价值的增长明显快于GDP的增长,这种资产制度安排同时决定了各项稀缺要素报酬持续扩大着国企部门和政府部门的收入份额,同时持续减少着民间部门及劳动要素的收入份额。

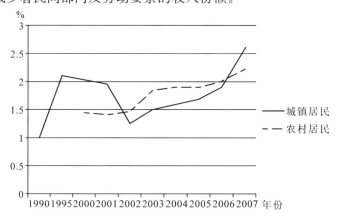

图11   中国居民的财产性收入占可支配收入的比重(1990—2007 年)

注:这里的"财产性收入"包括利息、红利、地租及其他。

资料来源:1990—2008 年《中国统计年鉴》(1990—2008 年)的资金流量表中关于"财产性收入"的有关数据。

在劳动占比不断下降的同时，我国经济近年来还出现了持续的内外结构失衡现象，也就是国内储蓄率太高，内需难以启动；投资比重过大，产业结构不合理；国外双顺差导致升值压力增加。这些结构失衡的现象都跟国企在许多行业中的垄断地位以及过高的垄断利润有密切关系。

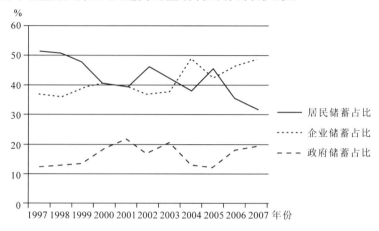

图 12　我国储蓄结构（1997—2007年）

资料来源：《中国统计年鉴》（1998—2008年）。

首先，国企凭借垄断地位获取了高额的利润，这体现在要素分配上，就是垄断行业的资本要素回报率不断提高，这会诱导国企加快固定资产折旧，把未分配利润尽量留在企业变成其储蓄的一部分，加上民营企业受到正规金融信贷资源的约束，需要依赖自身资金积累来解决发展资金问题，同时利润很高的电信、金融保险、教育、医疗健康等高端服务业又不允许它们进入，很大一部分资金就变成强制性储蓄，通过各种手段换成外汇去海外投资，因此民营企业的储蓄率近年来也是居高不下。樊纲等的经验研究证实了我国内部的储蓄过剩会直接导致外部贸易顺差，[①] 从图 12 可知，1997—2007 年这十年来我国的储蓄率大幅度提高，主要就是由企业储蓄拉动的，居民储蓄占比有所下降，政府储蓄变动不大。企业储蓄占比从 1997 年的 36.74％上升到 2007 年的 48.7％，居民储蓄占比则从 1997 年的 50.87％下降到 2007 年的

---

① 樊纲、魏强、刘鹏：《内外结构失衡和财税体制》，《经济研究》2009 年第 8 期，第 18—26 页。

32%。因此从根本上讲，国企在许多行业的垄断地位是造成目前我国储蓄率过高的一个深层次原因。而当国内的过度储蓄不能完全用作投资时，就只能通过大量出口的途径来消化这些过剩的储蓄，表现在外部结构上就是持续的贸易顺差。①

其次，前面30年的改革解决的是产品市场化问题，但是要素市场包括资本市场、土地市场、能源市场等全部受到制度和政策的扭曲，最集中的表现就是民营企业在金融支持、市场准入（要素市场、高端服务业等）以及政策扶持方面仍然没有得到跟国企一样公平的待遇。偏向国企的政策实施相当于给国企的投资者和生产者提供了政府补贴，加上国有企业利润没有或很少向国家分红（从1993年到2007年，整整14年国企"只交税，不交红利"，国资委从2007年开始要求部分国有企业按照税后利润的10%或5%分红），则所获利润的主要去向就是转为所有者权益留在企业里，即除了部分作流动资金和支付非国有股东股息以及部分作企业内部的（高）福利后，大部分用作新增投资。国有垄断企业既然具有由垄断所带来的高投资回报率导致的"超额利润"，又不用上缴或很少上缴，转为固定资本进行投资是主要渠道，国企及其控股公司的固定投资占整个社会的固定投资规模的比重是越来越大。同时民营企业在市场准入、投资领域等方面受到诸多限制，不能跟国企在垄断行业中进行公平竞争，只能在允许民间投资的制造业等竞争性领域进行过度投资，很难进入电信、金融保险、教育、医疗健康等高端服务业，这就造成了制造业的产能严重过剩和第三产业的比重难以提高的局面。多年来国有经济占全社会固定资产投资总额的投资比例一直最高，从1995年到2009年7月份，国有及国有控股投资占全社会固定投资的比重一直维持在45%左右的高位（图13）。反过来看我国服务业的水平，西方发达国家服务业占国内生产总值的比例一般在60%—70%，印度、俄罗斯等新兴国家的这一比例也达50%以上，但我国最近十几年仅占不到40%的比例。

---

① 假设在政府收支平衡的情况下，GDP的总供求平衡式：$C+I+X=C+S+M$，整理后得：$S-I=X-M$，就是国内的净储蓄等于国外的贸易顺差。

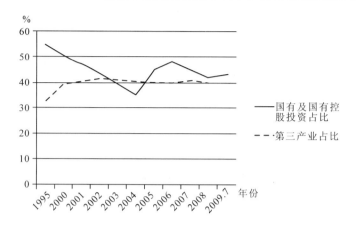

图 13　国有投资占总投资和第三产业占 GDP 比重情况(1995—2009 年 7 月)

资料来源：《中国统计年鉴》(1996—2008 年)；《国有及国有控股企业经济运行情况》(2009)。

四、中国经济的未来困境催生国有企业
新一轮改革的"倒逼"机制

现阶段我国处在垄断行业的国有企业，除了煤炭、石油、烟草、银行等行政垄断行业外，其余都是跟公共基础设施服务相关的自然垄断行业，如水、电、煤气、邮政、电信等。针对行政性垄断行业，最重要的就是打破垄断、引入市场竞争机制。[①] 自然垄断跟行政垄断不同，一方面，它是由于规模经济、成本效应等经济因素形成的市场垄断，是导致市场失灵的一个来源。另一方面，也存在行业垄断利润，在片面追求行业利益的过程中，会导致公共品有效供给量不足、价格过高，偏离全民福利最优的社会目标。因此，就世界各国的普遍经验来看，就是对它采取经济性规制，即允许它存在，但要规制垄断者行为，在定价、利润以及税收等方面采取全民福利最大化原则的规制措施。

从规制利益的角度来看，经济学上主要有两大规制理论：公共利益理论

---

① "十一五"提出"深化石油、电信、民航、邮政、烟草、盐业和市政公用事业改革，形成竞争性市场格局"的要求，在国有经济占控制地位的行业中，同样要引导、促进不同经营者进行公平竞争。2008 年 8 月 1 日，《反垄断法》开始正式实施。

和部门利益理论(或称规制俘虏理论)。前者是起源于国家干预的经济思想，从理论上讲，规制避免了自然垄断行业为追求其自身单一的利润最大化目标而忽视其社会福利功能，这有可能会带来社会福利的提高。① 这里的政府是公共利益而不是某一特定部门利益的保护者。这里暗含着两个非常强的前提假设：政府是"仁慈"的，以追求社会福利最大化为目标；信息是完全的，政府完全可以了解所需要的被规制产业的任何信息。但大量研究发现，这两大前提假设都难以符合现实的规制情况。首先，规制并不是为了公共利益而存在，而是为了满足了被规制产业的部门利益(Stigler，Friedland，1962②；Stigler，1971③)。部门利益理论(规制俘虏理论)则认为，规制的提供正好满足了产业对规制的需求，而且规制机构也逐渐被产业所"俘虏"和控制，规制提高了产业利润而不是社会福利，实际上成为生产者集团攫取产业利润的工具。规制作为一种法规，是生产所需并主要为其利益所设计和操作的(Stigler，1971)。其次，由于存在信息不对称现象，规制机构不可能完全掌握被规制产业的信息，被规制企业会策略性地利用它们拥有的信息优势，采取不利于规制机构和消费者的行动，从而使得规制达不到其预定的目标。最早的拉姆奇—布瓦德理论(Ramsey-Boiteux)认为，规制者在确定企业的产量以使社会福利最大化时，最优的价格是由拉姆奇公式给出的，即每种产品的勒纳指数(价格—边际成本比率)与该产品的需求弹性成反比。在信息充分的条件下，政府对自然垄断行业的规制可以简单地看做是具有不同激励强度的成本补偿机制。如果规制机构对企业成本、技术和努力水平等拥有完全信息，它就可以通过制定一个固定价格合同，使价格等于边际成本，并提供给企业一个等于固定成本的补贴。这样的合同既可以为企业提供充分的激励，又使其以社

---

① Posner R. A. ，Theories of Economic Regulation，*Bell Journal of Economics*，1974(2)，pp. 335—358.

② Stigler，G. J.，C. Friedland，What Can the Regulators Regulate：The Case of Electricity，*Journal of Law and Economics*，1962(1)，pp. 1—16.

③ Stigler，G. J.，The Theory of Economic Regulation，*Bell Journal of Economics*，1971(1)，pp. 3—21.

会最优的产出水平进行经营。拉丰(Laffont，1994①，2000②)从信息不对称的角度出发，提出了"激励性规制"(incentive regulation)的概念，认为关键是规制者要设计出一组既能为企业提供适度激励，又能有利于实现社会福利最大化的机制。在信息不对称的条件下，激励规制合同的设计面临着激励强度与企业所得超额利润(信息租金)之间的权衡关系，即提高合同的激励强度将产生大量的归企业所有的信息租金；而要减少企业的信息租金，则必须降低合同的激励强度。只要这种权衡关系达到一定的均衡，激励合同的实施最终所得到的将是一种帕累托次优状态。

概括来说，不论是从经济学理论还是从各国的宏观管理实践来看，有行政垄断就需要打破，有自然垄断就必须有规制，不能让垄断企业随心所欲地追求其利润。只有在完全竞争的一般均衡模型里，企业的利润目标函数才与社会最优目标相一致，这也是亚当·斯密的"看不见的手"指引资源配置达到社会最优原理的理论基础。但是我国目前的大多数国企都处于自然垄断和行政垄断行业，应该追求的目标要远高于企业本身的保值增值，即达到社会福利最优的全民目标。但由于信息的不对称性以及存在"部门利益俘虏"等因素，作为规制方的国资委没法按照拉姆奇—布瓦德模型中的定价方法，来激励国有企业提供社会最优水平的产品或服务。相反，按照可激励规制的理论，国资委作为规制方对国企提供了过高的合同激励强度(基本或很少分红、设置民企进入门槛、宽松的信贷条件等)，国企在追求利润最大化的过程中产生的大量信息租金(垄断利润)都留在企业内部，所提供的产品或服务的数量(质量)会严重偏离全民福利最优水平的目标。另外，国企的弱规制或无规制加剧了产品市场和要素市场的资源配置扭曲程度，形成并壮大了庞大的部门利益集团。

从新政治经济学的角度看，或者从决策角度看，利益集团的发展和壮大使新一轮的国企改革缺少内在的政治动力。但如果我们仔细回顾中国过去30

---

① Laffont，J.，The New Economics of Regulation Ten Years After，*Econometrica*，1994(3)，pp. 507—537.

② Laffont，Martimort，*The Theory of Incentives*，Princeton University Press，2002，pp. 32—41.

年的改革，就会发现经济对政治决策的"倒逼"机制是非常重要的，即当经济
社会的矛盾积累到一定程度时，经济危机蔓延到一定程度，改革的动力就"倒
逼"出来了。从这个逻辑看，目前有几个方面可以证明"倒逼"的可能：内外结
构失衡问题更加严峻；金融危机后的内需成为中国经济持续增长的关键；土
地财政的不可持续性；人口老龄化导致的社保资金缺口问题；包括金融领域
在内的要素市场改革必须加快推进，否则中国经济的整体效率难以提高；国
家要解决收入差距、民生工程、农村人口转移、住房等问题都需要财政大笔
资金的投入等。我们在第三部分中已经解释了中国经济在内外结构、收入分
配等方面所存在的问题，接下来我们侧重从社会保障、土地财政的角度来解
释"倒逼"机制发挥作用的前提和条件。

　　从国际上的标准来①看，我国从 1999 年开始就已经进入老龄化时代，
"人口红利期"也只剩下最后的几十年时间，在目前现收现付的社会保障制度
下，个人账户资金被用于当期支付，只能长期"空转"，加上远未偿还的"隐性
负债"，社保的资金缺口会越来越大，要想达到中央提出的"2020 年建立起覆
盖城乡的社会保障体系"的宏伟目标，要充实的社保资金远远超过政府的财政
收入以及目前全国各类社保基金积累额。② 同时，十七届三中全会提出：要
逐步减少征地范围，将用地分为经营性用地和公益性建设用地。这就暗含着，
未来经营性建设用地将更多地采用市场化的方式进行。加上农民对征地的补
偿要求越来越高，土地财政作为政府近十年来最重要的预算外资金来源在未
来几十年内也即将枯竭，③ 中央和各级地方政府那时将面临大规模财政赤字

---

　　① 联合国国际人口学会编著的《人口学词典》对人口老龄化的定义是：当一个国家或
地区 60 岁以上人口所占比例达到或超过总人口数的 10％，或者 65 岁以上人口达到或超过
总人口数的 7％时，其人口即称为"老年型"人口，这样的社会即称为"老龄社会"。

　　② 目前还没有对我国社会保险的个人账户缺口的精确统计数字，保守估计是 1 万多
亿元(项怀诚，2005)，养老金缺口是 2.5 万亿元(郑斯林，2004)。但截至 2008 年 12 月 31
日，我国社会保障基金资产总额 5 623.69 亿元，负债总额 492.81 亿元，基金权益总额也就
是可运用资金额为 5 130.89 亿元，远远不能满足社保资金需求。

　　③ 1992 年至 2003 年之间，全国土地出让金收入累计达 1 万多亿元，其中 2001 年至
2003 年三年累计达 9 100 多亿元。2004 年，全国土地出让金高达 5 894 亿元；2005 年在国
家收紧"地根"的情况下，土地出让金总额仍有 5 505 亿元；2006 年 7 000 多亿元，2007 年
年底已经达到 9 100 亿元(谢栋栋，2009)。

的严峻挑战。

　　要想打破中国经济的未来困境,一个重要的突破口就在于整体推进新一轮的国企改革,必须改变国有企业的目标函数,在国企仍然可以轻易地获取垄断利润的时候不宜继续提"保值增值"的口号。相反,国有资产的有序减持和出售,就短期来讲可以打破民营经济进入垄断性行业的"门槛",加快金融信贷等垄断要素的市场化进程,还可以吸收社会上过多的企业储蓄和居民储蓄,缓解目前国内严重的内外结构失衡(外部双顺差,内部需求不足)问题。从长期来讲减持的资金用于提供社会保障、公共服务和发展教育,增强居民的消费信心和人力资本含量,奠定中国经济持续健康发展的长期基础。具体做法就是,将国有企业一定比例的利润作为红利上缴财政。目前,我国可以试行把上市公司的更多国有股权划拨给社保基金,作为改善民生的公共支出。另外在保证国家控股的前提下,允许更多民营资本入股国有企业,政府可以通过降低民间资本的进入门槛,适当减持国有股权比例。事实上,国有企业

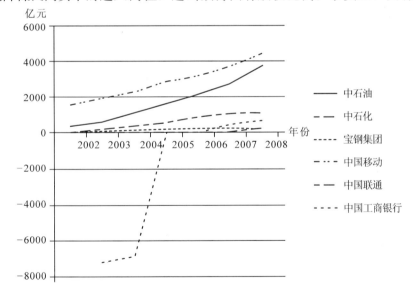

图 14　六家大型国有企业的未分配利润情况(2002—2008 年)

　　注:中国移动是在香港上市的,企业年报里没有"未分配利润"一栏,只有"资本和储备"。这里的储备包括了国内上市企业报表中的各类公积金和未分配利润。这里,我们就用中国移动的储备一栏来代表其未分配利润,其中有一定的偏差。

　　资料来源:巨潮资讯网(www.cninfo.com.cn)。

也已经具备了上缴更多利润以及转让一部分资产用于全民福利支出的前提。2008 年，仅中石油、中石化、中国移动、中国联通、宝钢集团和中国工商银行这六大国有企业的未分配利润就高达 10 462.55 亿元(图 14)。到 2006 年年底，全国有 11.9 万家国有企业，平均每家资产为 2.4 亿元，所有国企资产加在一起有 29 万亿元。有学者保守地估计国有土地价值为 50 万亿元(陈志武，2008)，到 2006 年年底，国有土地加国有企业的总价值为 79 万亿元。假设土地和国有资产以与 GDP 相同的增速升值，这意味着国有资产每年增值 9 万亿元，比 2007 年的 5.1 万亿元的财政收入还多出 80%。加上 2007 年国有企业的 1.6 万亿元利润，国家的资产性可支配收入和财政收入加在一起，政府可以支配的总收入是 15.7 万亿元。

五、国有企业的未来改革方向

国资委提出在新的历史时期要实现国有资产"保值增值"和国有企业的"做大做强"，这给国有垄断企业利用垄断地位追求利润最大化提供了政策支持。但国有企业及其政府主管部门从功能上来说应该首先保障国民的利益，以提供廉价高效的公共产品服务为目标，而不是通过非市场的手段来获得稀缺的要素资源从而获取垄断利润。整体推进国企新一轮的改革，既是完善公正合理的市场经济体系的内在要求，更是深化包括土地、金融、资源等要素市场化改革的前提。根据以上的分析，我们提出四点政策建议。

第一，改国企的"保值增值"经济目标为提高全民福利的社会目标。降低民营经济进入各类垄断性市场的门槛，允许其持有国企的更多股份。从这场金融危机中我国政府的巨大资源调配和动员能力来看，走出这场经济危机不困难，在未来的几年内经济增长"保 8"也不成问题。但接下来，必须启动民间投资和消费来带动内需，目前一味以政府投资为主的增长方式是不可持续的。就国有企业来讲，必须坚决地退出竞争性行业，[①] 减少各类针对民营经济的市场准入障碍。判断国企是否成功不能单纯地以创造多少产值、贡献多少税

---

① 2009 年 9 月 5 日，国资委主任李荣融指出，未来国有企业将逐步退出竞争性领域，民营企业还有很大发展空间。

收为标准，而必须是在公正公平的市场竞争条件下，必须承认国有企业的经济效率不如民营企业，允许效率更高的民营资本持有更多的国企股份，优化要素资源的配置效率。

第二，区分国企的各类垄断形态，对于那些行政性垄断行业，就是要坚决打破垄断，允许民营资本进入，提高资源配置效率，如移动通信和银行业等。对于自然垄断，政府需要更有效的规制，特别要注意区分其中的竞争性业务和自然垄断环节，自然垄断环节需要强规制，要建立起促使公共福利提高的规制目标。相反，竞争性业务则不需要规制，可以直接向民营资本开放，比如电信业中的基础电信业务不宜开放，但长话、移动和增值业务可以允许竞争。邮政业中的服务网络可以是自然垄断性环节，但快递及一般邮政服务却是非自然垄断性的。对于竞争性行业的国企，如果有利润，则应该上缴。对于资产的资本化收入，更是应该明确产权主体，上缴国库。

第三，更多的国企未分配利润和一部分资产应该划归社保基金等用于公共福利项目。2002—2008 年，中央企业资产总额从 7.13 万亿元增长到 17.69 万亿元，利润总额从 2 405.5 亿元增加到 16 708.6 亿元。我国提出在 2020 年前要建立覆盖城乡的社会保障体系，奠定构建和谐社会的物质基础，这会大大增加目前的社保收支缺口和将来的政府公共财政支出。在土地财政不能继续维持前面几十年的高速增长时，国家必须拿出更多的国企未分配利润并划拨相应的股权资产到社保基金，来应对老龄化时代中的各项公共福利支出。在此基础上，还可以考虑建立范围更广的各类"公民基金"，国有股份划拨过来后直接用于全民公共服务支出，可以普遍改善全民的福利水平。

第四，政府要建立起规范的资源税、财产税等现代税法体系。我国目前的要素市场发生扭曲的很大一个原因就是政府没有建立起规范的资源税征收办法，国有企业可以以很低的价格使用各类稀缺资源借以获取垄断利润，这里很大一部分利润就是来自资源的溢价。对这部分因资源的涨价而获得的资源租金，国家必须要以资源税的形式征收过来，收归国家财政。另外，随着要素市场改革的深化，居民会逐步增加他们的财产性收入，分享这些资产资本化后的收入流。相应的，政府应该改变目前这种直接给予国企和民企不同的要素使用成本的做法，变为放开要素市场上的各项政策，以征收财产税为主。

作者说明

近来，国有企业重新成为社会热点话题，不是因为国有企业改革、国有资产流失，而是因为国有企业本身。本文与邵挺合作，发表于《学术月刊》2010 年第 1 期。煤矿的国进民退，民营企业和国有企业的融资门槛差别，无不说明了国有企业正在重新回到政治强势的地位。但国有企业在中国经济中又是一个矛盾的存在，它占据着中国经济命脉，却常常做出与民争利的事；它属于国有，占据垄断地位，却无法体现出其全民所有的本质，蚕食消费者剩余。因此本文提出了一个国有企业改革的"倒逼"机制，即不是国有企业需要主动改革，而是社会现状逼国有企业不得不改革。其中，社保基金缺口、城乡二元机制、土地财政的不可持续性，都要求国有企业从一个最大化本身利润的微观个体变成最大化全民利益的"公众企业"，中国下一步发展的许多资金来源，应当来自国有企业的分红。

技术创新、收入分配和中国二元经济转型

二元经济向一元经济的发展，是一个复杂的社会经济全面转型的过程。经济的持续增长是这种转型的基础，但却远非全部，经济的转型必然和其他方面的转变紧密联系在一起。

即使把视野局限于这一转型的经济方面，也会发现情况远非教科书所描述的那样简单。尽管"看不见的手"这种市场机制对经济发展的重要作用已经成为绝大多数经济学家的共识，但在我们看来，仅仅依靠"看不见的手"并不能确保二元经济的成功转型；具体而言，如果在这一经济转型过程中缺少及时而合适的国家干预，二元经济的发展很可能会半途而废。市场并不是万能的。比如，诺斯在《西方世界的兴起》一书中已经出色地证明，制度创新是(二元)经济发展最重要的条件之一，而这种制度创新在很大程度上，是由国家而不是由市场来供给的。

我们非常同意诺斯的观点。然而，制度创新只是经济发展的必要条件，而非充分条件。其他一些因素，比如资本积累、技术创新和国家对收入分配的调节等，特别是后两者，也是不可缺少的必要条件。

虽然经历了在市场经济导向卜的二十多年的经济持续高速发展，但中国仍处于二元经济的转型过程中，并且转型的任务仍未完成。在这样一个时期，必须充分认识到，市场机制确实可以使我国的经济高速增长，但却不能单独完成二元经济转型的任务，适当而有力的国家干预必不可少。准确而全面地认识市场、国家在二元经济转型过程不同阶段中的重要作用，是制定有效的经济政策的基础。

一、技术创新对二元经济发展的重要作用

发展经济学中对于二元经济发展最好的阐释是刘易斯(1989)作出的。这一模型具有很多长处，但同时也显现出了几乎所有模型的局限。尽管如此，该模型提供了一个很好的分析起点。

简而言之，该模型描述了在(农业)劳动力具有无限供给的经济中，(工业)经济部门是如何通过资本积累而发展，并逐渐吸收农业的剩余劳动力，直至该经济体转化为一元经济的，此时，农村剩余劳动力为零。显而易见，工业部门的资本积累是否足够多是成功转型的关键，英国工业革命初期原始积累的残酷性正说明了其重要性和急迫性。而只要劳动力有剩余，资本就会一直短缺。所以，为了尽快转型成功，必须不惜一切代价尽可能多和快地积累资本。

这一模型抓住了二元经济必须存在大量剩余劳动力和急需大量资本积累的典型特征。然而，决定资本形成的根本原因则是技术创新。技术创新产生投资机会，而投资机会决定积累的储蓄能否转化为现实投资。如果不是这样，就无法解释为什么在农业社会，尽管也有大量甚至是惊人的财富积累，比如埃及的法老和中国的皇帝都积累了极为可观的财富，但却始终没能出现引致工业革命的大规模的资本积累。他们把大量财富用于修建金字塔(法老)和阿房宫(秦始皇)①的根本原因在于：由于科学不发达，相应的技术创新很少。国王的储蓄除了用于挥霍外，别无他用。对于资本的形成来说，技术创新是比储蓄和利率更重要的因素。

经济学家对这一点并不缺乏认识。熊彼特虽然没有专门就二元经济说过什么，但他的《经济发展理论》也可看做是一部有关二元经济发展的经典著作。他认为静态的"循环流转"的农业社会要想发展，就必须存在大量的创新和从事创新的企业家。没有创新，也就没有对资本的额外需求，经济也就不可能

---

① 一个有趣的说明是：在没有足够技术创新的情况下，把大量财富用于此种奢侈性消费对社会来说，仍然比不进行这种消费好，这样至少可以增加就业。这正是凯恩斯的观点。虽然他几乎完全没有谈到技术创新。

增长。因此，从这一角度看，刘易斯模型并未抓住二元经济发展的核心问题。

这一判断还可以得到现代经济增长理论研究的支持。索洛的计量结果表明，经济增长在相当大的程度上，并非由资本和劳动力投入的增加所致，而是由主要反映技术创新的"索洛残差"所致。① 资本积累对于二元经济的发展来说，虽然不可缺少，但却并非是最重要的，最重要的是技术创新。这一思想在 19 世纪 80 年代充分发展，并形成了所谓的新增长理论。②

技术创新如何带来投资机会？技术创新可以分为产品创新和工艺创新。前者指那种创造新产品、引发新需求并创造新的消费市场的技术创新。汽车、电脑的发明等都属于此类。这类创新一旦推广，往往会创造一个或一系列新的产业，形成新的消费市场，并对宏观经济产生明显的需求拉动作用，从而极大地促进经济增长和增加就业。因此，这类创新主要的经济作用是创造新需求。当然，这种创新也会极大地提高供给效率和供给能力并增加就业。总之，产品创新可以理解为"增员增效"型的技术创新。工艺创新则指发明新的生产工艺，对原有产品的生产工艺、流程、生产配方等进行改造，大幅度降低生产成本，尤其是通过劳动力的节约提高生产效率的创新。这类创新一般不创造新的产品需求，只是使已有产品的生产更有效率、成本更低。因此这种创新一般会减少就业。通俗地讲，这是一种"减员增效"型的技术创新。按照经济学的惯例，对于增长和发展这种长期性的问题，总是从供给的角度（如技术创新、人力资本的投入）来研究。需求一般只产生波动，但不会影响到长期增长的内在轨迹。比如，凯恩斯就是应用他的有效需求理论来解释"大萧条"的。③ 这一看法的计量经济学基础是：经济的长期运行轨迹可以被分解为有确定趋势的增长运动和围绕该趋势上下波动的周期运动，而这两者是互不干扰的。因此在研究增长时可以不考虑波动，所以在进行长期性研究时对有效需求的问题可不作考虑。然而，近年来关于单位根过程（Unit Root Process）的计量经济学研究（陆懋祖，1999④；Hamilton，1994⑤）表明：增长

---

① 详见［美］罗伯特·索洛《经济增长理论：一种解说》。
② 详见［美］罗伯特·巴罗、哈维尔·萨拉伊马丁《经济增长》。
③ 详见［英］凯恩斯《就业、利息和货币通论》。
④ 详见陆懋祖《高等时间序列经济计量学》。
⑤ Hamilton, J. D. , *Time Series Analysis*, Princeton University Press, 1994, p. 30.

和周期是不能分解的，它们相互作用、相互影响。所以近年来有许多将周期波动内生于增长过程的研究。这些研究说明：有效需求同样会影响二元经济的长期发展。特别是当有效需求不足时，经济的增长会受到持久的负面影响，比如1929年的"大萧条"。技术创新正是通过影响有效需求来决定投资机会的多少的。

从长期来看，影响有效需求的主要原因不是价格的下降，而是产品创新和收入分配。无论是汽车、电视机还是电脑的发明都引发了大量的直接和间接需求；相反，在农业社会，即使农产品的价格下降到生产成本，一个正常人也不可能每天吃十顿饭。消费品种类的增加，而不是消费品价格的有限下降，对于需求的持续扩大更有意义。这一点也为新经济增长理论家所承认，在他们那里，代表性消费者的效用主要取决于消费品种类的增加（巴罗、萨拉伊马丁，2000），这将导致需求曲线的移动，而不仅仅局限于由价格下降导致的沿需求曲线本身的移动。显然，前者是经济发展的长期轨迹，而后者只是短期轨迹。

除了大幅度提高供给能力，并从供给方面保证经济的长期增长外（索洛模型实际上是对这一点的描述，但该模型假设需求总等于供给，从而无法研究技术创新对有效需求的重要影响），产品创新会创造新市场，增加对商品的有效需求，而工艺创新则通过提高生产率，引致对服务业的大量需求。技术创新带来的有效需求增加保证了供给能找到足够的市场，甚至会导致供不应求。而这意味着大量的投资机会。因此，在技术创新较多的前提下，比如英国的工业革命时期和20世纪90年代的美国，由于投资机会较多，资本积累有利可图，储蓄才会顺利地转化为投资，新的市场不断涌现，消费和投资呈现一种良性循环的态势。然而，如果技术创新匮乏，缺少新的消费热点，储蓄增加但却由于没有投资机会无法转化为投资，则消费和投资会形成一种恶性循环。

以最典型的英国工业革命为例。这一引致了英国二元经济发展并促使其转型的工业革命，起初以纺织业、冶金业和运输业的迅速发展为代表。所有这些行业，无一例外地产生于技术创新；而工业革命的进一步发展和二元经济的转型成功，则取决于这些产业的发展及持续不断的新技术创新带来的新增需求，如对化工业、机械制造业及电气业等行业的大量需求。没有这种持续不断的大规模技术创新，也就不会有大量的需求拉动，二元经济就不会成功转型。一个反例是：从 1913 年到 1929 年"大萧条"开始，正好是技术创新极为匮乏的时期（相对于其他历史时期）。范·杜因认为，这正是引起"大萧条"的一个重要原因。[①] 这些都充分表明，无论是一元经济还是二元经济的发展，技术创新都必不可少。

二、收入分配对二元经济转型的重要影响

一个有关收入和储蓄的众所周知的"典型事实"是，无论在发达国家还是发展中国家，高收入的家庭总是比中低收入的家庭倾向于将收入中更多的部分用于储蓄（Browning，Lusardi，1996[②]；梁雪峰，1999[③]）。由此可以推论，在同样的社会总财富（对应特定的 GDP 水平）下，社会形成的总储蓄与分配的不均成正比。因此，虽然刘易斯并未明确说明，但由于在其模型中资本积累非常重要，所以其中一个隐含的推论是：二元经济在发展初期由于缺乏资本，所以应该让一部分人先富起来，以尽快增加储蓄并形成更多的投资。而这意味着较高程度的收入分配不均。于是，二元经济的迅速发展将与收入分配的恶化相对应。

在绝大多数二元经济国家的发展初期，这一推论成为了事实。进而，库兹涅茨发现了著名的"倒 U 形"曲线。[④] 这一曲线表明，分配不均的现象在二元经济发展的起步阶段会不断加剧，随后当经济达到中等发达程度，分配不均会有所停滞；当经济进入发达阶段，分配不均会减弱。

虽然刘易斯模型中未涉及收入分配，但收入分配的"倒 U 形"变化正是二元经济转型最本质的特征之一。其中，拐点的出现是二元经济能否持续发展

---

① 详见［荷］范·杜因《经济长波与创新》。

② Browning Mortin，Lusardi，Annamaria，Household Saving：Micro Theories，and Micro Facts，*Journal of Economic Literature*，1996(4)，pp. 1797—1855.

③ 梁雪峰：《收入不均为何影响经济增长》，见汤敏、茅于轼《现代经济学前沿专题》第三辑，商务印书馆 1999 年版，第 122—132 页。

④ Kuznets，S.，Economic Growth and Income Inequality，*American Economic Review*，1955(1)，pp. 1—28.

并最终成为一元经济的关键。如果拐点不能出现，收入分配不均随着经济增长而不断加剧，那么该经济体必将形成严重的收入两极分化。巴西、印度以及印度尼西亚都是这样的例子。这种分化最终将导致经济增长和社会发展的不可持续性，并使二元经济的转型中途夭折。这种结果也是通过收入分配不均对总有效需求的影响来实现的。

前文的经典事实已经明白地告诉我们，收入较高的人会把其收入的较大比例用于储蓄。所以，在总收入相同时，一个分配不均的社会比分配平均的社会储蓄更多，消费更少。如果库兹涅茨的"倒 U 形"曲线正确，那么伴随着二元经济转型初期的收入分配恶化，就可能会产生有效需求不足。当然，如果此时产品创新很多，投资机会很多，那么因收入分配恶化而产生的消费需求不足就可能被抵消，如英国工业革命早期；但如果二元经济中的产品创新也不足，那么双重的有效需求不足就可能对二元经济的发展产生重大的制约作用。事实上，1929 年的"大萧条"就是这种双重约束的结果。一方面，当时的技术创新相对较少；另一方面，当时仍存在较严重的收入分配不均。任何单独一方面都不足以解释如此严重的萧条，以上两方面的影响同样重要。

进一步地说，在某些时期，产品创新并不能保证能完全补偿收入分配的恶化导致的需求不足。假设一个社会所有的财富都集中在国王手中，这时即使有很多产品创新，也不可能设想该国王会消费一万辆汽车、十万台电视或一百万台电脑。在这种情况下社会总需求还是不足。

由收入分配引起的有效需求不足同样会减少投资机会，从而使储蓄无法全部转化为投资。于是，二元经济就有可能落入这种过度储蓄的陷阱当中而无法继续发展，甚至会衰退。认为二元经济不可能出现有效需求不足的观点是错误的。我们可以把以上的讨论归纳为图 1。

以上讨论表明，收入分配在二元经济发展初期的恶化有助于资本形成和经济增长，因为当时资本相对稀缺。然而当经济发展到一定阶段，收入分配的恶化就将阻碍二元经济的进一步发展，因为此时的主要问题是有效需求不足，而不是资本不足。这种不足，并不能由技术创新完全补偿。但市场机制本身并不能保证收入分配会好转。相反，马太效应告诉我们：穷者将越穷，富者将越富。那么库兹涅茨"倒 U 形"曲线的拐点是如何产生的呢？关于这一点，经济学的逻辑似乎已无能为力，"看不见的手"在此处失灵，唯一的办法

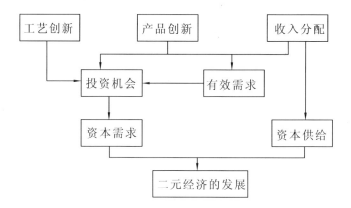

图1　收入分配对二元经济转型的重要影响

是对经济史进行考察。

　　我们以英国的二元经济转型最成功的经济体为例来进行考察。根据内尔森的研究,① 在英格兰,工业革命大约从 1760 年开始,而收入的不平均程度在 1780—1850 年间是增加的, 从 1850—1875 年间保持稳定, 并从 1875 年后开始缓慢下降。阿斯莫格罗和罗宾逊的最新研究②表明, 在英格兰和威尔士, 基尼系数在 1823 年是 0.400, 1871 年达到 0.627, 但到了 1901 年则下降到 0.443。这与内尔森的研究吻合, 都显示出明显的"倒 U 形"曲线的特征。与此同时, 英国经济也正好在 1870 年前后结束了所谓的繁荣时代, 进入一个比较长的相对萧条时期(丁建定, 2000)。这表明当时确实存在着凯恩斯所说的由收入分配恶化导致的并且未能由技术创新所弥补的有效需求不足。

　　该曲线的前半段一般被认为是市场力量自发作用的结果。该曲线的后半段成为研究的焦点。对基尼系数下降的原因有多种解释。比如, 林德特和威廉姆森(Lindert, Williamson, 1985)认为, 由技术创新所导致的技术工人比重的增加是一个重要原因; 另外一个重要原因是社会采取了有利于穷人的收入再分配政策, 这一点也被林德特(Lindert, 1994)后来的研究所证实: 英国

　　①　Nielsen, Income Inequality and Industrial Development: Dualism Revisited, *American Sociological Review*, 1994(5), pp. 654—677.

　　②　Acemoglu, Daron, Robinson, James. A., Why did the West Extend the Franchise? *Quarterly Journal of Economics*, 2000(4), pp. 1167—1199.

税收占国民产值的比重由 1867 年的 8.12％上升到 1927 年的 18.8％，并且税收制度日益倾向于累进制。林德特还提供了一个不同国家从 1880 年到 1930 年间社会转移支付占国民产出的比例的表。[1]　该表表明，在当时几乎所有主要的资本主义国家中，包括失业、医疗、养老和住房在内的政府社会福利支出都在上升。例如，在英国，该比例从 1880 年的 0.86％上升到 1900 年的 1.00％，再到 1920 年的 1.42％以及 1930 年的 2.61％。丹麦、芬兰和德国上升得更快。

伴随这种转移支付的收入再分配政策的，是大规模的社会保障方面的立法。从 19 世纪 80 年代到第一次世界大战前夕，欧洲各国的社会保障立法主要是解决工伤事故保险、老年人年金和疾病保险等问题；在两次世界大战之间，主要受 1929 年"大萧条"的冲击和凯恩斯主义的影响，社会保障立法的中心是失业保险和救济。[2]　比如，英国在 1911 年制定出世界上第一部失业保险法。其他欧洲资本主义国家基本上在同一时期也采取了相同的做法。从时间上看，所有这些改良措施都发生在 19 世纪后半期，也就是基尼系数开始下降的时期，因此我们可以有把握地推测，虽然导致基尼系数下降的原因很多，但正是以上这些大规模国家干预的做法，在相当大的程度上扭转了收入分配不均继续恶化的趋势。当然，这并未彻底改变收入分配不均的状况。

关于经济史的最新研究已经在某种程度上达成共识，即：英国及当时西欧各国"倒 U 形"曲线出现拐点和基尼系数下降，主要是社会和政府对经济进行干预的结果，而不是市场机制自发作用的产物。加斯特曼和格雷德斯坦[3]认为，社会民主化的进展及政府在这种推动下所采取的积极的干预措施，如普及义务教育，发展养老、医疗和失业救济，采用更激进的遗产税和所得税政策等，是促成这种转变的关键因素。林德特也认为，政府在各种社会力量的推动下使社会转移支付在 19 世纪下半期有了大幅上升，从而减少了收入分

---

[1]　Lindert, Peter, H., The Rise of Social Spending, 1880—1930, *Explorations in Economichistory*, 1994(1), pp. 1—37.

[2]　黄素庵：《西欧"福利国家"面面观》，世界知识出版社 1985 年版，第 52 页。

[3]　Justman, Gradstein, Mark, The Industrial Revolution, Political Transition, and The Subsequent Decline in Inequality in 19th Century Britain, *Explorations in Economic History*, 1999(2), pp. 109—127.

配的不均。阿斯莫格罗和罗宾逊（Acemoglu and Robinson，2000）认为，收入分配在该时期的改善是由于政府实行收入再分配政策的结果。莫里斯则从另一方面指出，地方政府和半官方组织的活跃程度对早期资本主义的成果能惠及大众有很大作用。①

经历了 1929 年"大萧条"的凯恩斯认为收入分配严重不均是引起有效需求不足的主要原因。对这一问题，市场机制是无能为力的，必须依靠国家干预来解决。战后的凯恩斯主义更是将这一点发扬光大，社会福利比战前有过之而无不及。虽然这仍然不能从根本上避免马克思对资本主义的深刻批评，但无可否认，这些社会福利措施确实有助于缓解收入分配的继续恶化，从而使二元经济能最终完成转型。

三、对当前中国二元经济转型的启示

技术创新对二元经济的成功转型至关重要。从前面的图示可以看出，不论是产品创新还是工艺创新，都是不可缺少的。可以说，没有持续的技术创新，特别是足够多的产品创新，二元经济就不可能成功转型。技术创新较多时，转型相对容易；技术创新较少时，转型相对困难，甚至经济会发生衰退。由于目前的劳动生产率远远高于工业革命时期（由不断积累的工艺创新所致），因此相对于工业革命时期，要有更多的产品创新，有效需求才会充分，二元经济转型的任务才能完成。

从收入分配的角度来看，历史上"标准的"二元经济的转型至少可以分为两个阶段。第一，经济高速增长，基尼系数上升，这是"倒 U 形"曲线的前半段。在这一阶段，基尼系数的上升有利于资本积累，让一部分人先富起来有利于共同致富。第二，当基尼系数高到一定程度时，收入分配的两极分化开始对有效需求的形成产生强烈的负面影响，此时，为了使经济继续发展，必须采用国家干预的办法，特别是通过增加社会福利来降低基尼系数，提高有效需求。如果基尼系数不能有效下降，那么有效需求不足会减少投资机会，

---

① Morris, Cynthia, Taft, How Fast Why Did Early Capitalism Benefit the Majority? *Journal of Economic History*，1995(2)，pp. 211—226.

二元经济转型将陷入停顿。可以说，这一阶段是最终决定二元经济能否成功转型的关键。在这一阶段，所有人的共同富裕成为让一部分人更加富裕的前提。

在第一阶段，由技术创新导致的需求非常充足，经济增长面临的主要问题是资本不足。在一定程度上，基尼系数的上升不会对总需求产生大的负面影响，反而有利于资本积累。这也是市场机制自我发展的逻辑。在第二阶段，收入分配的过度恶化会使总需求不足（虽然技术创新仍然可能充足），而此时资本已不是稀缺资源。在这种情况下，重要的是改善收入分配，提高总需求，但这必须要靠政府的干预，市场对此无能为力。

这一框架的一个隐含推论是：如果在第一阶段能以某种方式解决资本供给不足的问题，则也可以采取收入再分配的政策，以达到更高的社会福利水平。其中一个办法是引进外资。这可以解释中国台湾省和韩国等经济体为何可以在经济增长的同时保证收入相对平均。然而，一个经济大国是无法完全依靠吸引外资来提供资本积累的。另外一个推论是：如果可以依靠外部需求，比如大力发展外向型经济，也可以忽略收入分配对国内总需求的负面影响。这也是英国工业革命时期的基尼系数可以很高的一个原因。但同样，这对大国经济也不适用。对于一个经济大国，总需求和资本积累都主要依靠内部来完成，以上的"标准"发展轨迹可能更加适用。

中国经济从 1978 年改革开放以来一直持续高速增长。随着经济的高速增长，在人民生活水平普遍提高的同时，基尼系数也不断增大。陈宗胜认为，"倒 U 形"曲线在中国也成立。根据赵人伟等的研究，改革前，我国城镇基尼系数大约为 0.160，1995 年上升到 0.280，1997 年上升到 0.380，农村基尼系数则从 1978 年的 0.220 上升到 1995 年的 0.340；而根据其住户调查数据估计，1988 年和 1995 年全国的基尼系数分别达到 0.382 和 0.452，虽然这一数值仍然低于英国在 1871 年所达到的 0.627 的极端程度，但这种比较是没有意义的。① 另外，目前我国的银行存款已超过 6 万亿元人民币，其中大约 80%

---

① 这种比较不能成立的依据是：首先，社会制度不同；其次，对当时英国社会的种种弊端，马克思和恩格斯及其他作家已有了深刻的批判；最后，当时英国号称"世界工厂"，极大量的出口抵消了其国内有效需求的下降。而最后这一点，在中国可能并不成立，因为净出口并不能代替大国的国内需求。

的储蓄由 20％的人拥有，这表明当前我国还处于二元经济转型的第一阶段，基尼系数仍在上升，拐点还未出现。

根据我们的研究，目前我国的收入分配状况已严重制约了有效需求的增加，这导致投资机会减少，大量储蓄无法找到出路，资本形成严重不足。一方面，这使得近两年来的需求刺激政策并未相应带动私人投资的发展。一旦目前采用的诸如刺激假日经济等政策对增加需求的边际效用迅速递减（这是肯定的），有效需求不足的问题仍将很严重。另一方面，现在大家都认识到，农村居民的收入太低而负担太重，如不能有效增加农民的收入，有效需求不可能增加，中国经济不可能持续增长。必须遏制收入分配的继续恶化。而这只能靠采取有力的国家干预措施。

有效需求不足的另一个原因是我国的技术创新也存在不足。技术创新对经济增长的贡献率，美国是 47.7％，日本为 55％，而我国只有 28.7％，甚至还低于发展中国家 35％的平均水平；高技术创新成果转化为现实需求的转化率，美国在 80％以上，而我国只有 20％。其后果一方面体现为能带来新需求的产品创新不足。产品创新不足的第一个影响是，在城市家庭中，很多耐用消费品的拥有率已接近饱和，而新的需求又由于种种原因始终无法产生，这直接导致城市的有效需求不足。产品创新不足的第二个影响是，没有足够的产业空间吸收仍然很多的农村剩余劳动力，而这是增加农民收入进而增加农村有效需求的根本之策。另一方面，工艺创新不足也在某种程度上阻碍了社会的进一步分工和对服务业的大量需求，使我国服务业在 GDP 中的比重远远低于发达国家的水平。

技术创新不足的两个很重要原因是鼓励创新的经济制度还不健全以及政府对很多行业的垄断。比如，对知识产权保护的不力造成盗版横行，对汽车业的保护使得新车型推出缓慢等。因此，鼓励技术创新和改善收入分配应该是制定经济政策的出发点。只有切实做到这两点，经济政策才是有效的。

我国近几年来一直采取积极的以增加公共开支为主的财政政策和多次降低利率的货币政策以鼓励个人消费。这些政策都取得了一定的成果，但在以上两方面都还存在欠缺，所以制约经济转型的根本因素依然存在。具体而言，主要表现为两方面。一方面，增加的公共开支主要由政府用于造桥、修路等基础设施建设，这对改善收入分配，特别是提高农民的收入并无太大帮助；

而且，国家对很多行业的垄断经营使民间投资因门槛过高而未被拉动；最后，由于居民并没有其他合适的实业投资和风险投资渠道（并非买卖股票），降息也无助于刺激消费。另一方面，由于并未形成鼓励创新的机制（特别是缺少创业板市场和对风险投资的保护），以及行业垄断的存在，民间技术创新的供给也不足。

四、政策建议

第一，建立覆盖面更广的社会保障制度，降低基尼系数。有必要在社会养老、医疗、失业及住房等各方面全面建立覆盖面更广的社会保障制度。增加居民的持久收入，改善收入分配。考虑到中央政府还无力负担广大农民的社会福利支出，目前可以采取一些过渡性措施，如鼓励农民工向城市的转移，并分期、逐步将其纳入城市的社会福利计划中。在推进城市化的同时提高社会平均福利水平，这种同步发展本身也是二元经济转型的本质特征。

第二，加大对基础教育的投入，确保义务教育的实现。历史经验证明，普及义务教育是促进收入均等化的重要措施，在二元经济国家，义务教育对经济发展的促进作用要远远大于高等教育；同时，还可以带来明显的社会效益，如降低人口出生率、加强环境保护等。

第三，开征更加累进的个人收入所得税、高消费税和遗产税以及其他有助于促进平等的税种，以承担增加的社会福利支出。据测算，我国目前国民收入转移支付的调节力度不到2%，而发达国家则在20%—30%。政府的调节力度仍有可能大大加强。

第四，高度重视并鼓励技术创新。我国目前并不缺少可转化为投资的储蓄，缺少的是投资机会。随着中国加入WTO，资本的流动会越来越方便，资本将不再成为发展的核心（在这个资本丰裕的时代）。另外，实际上我国并不缺乏人才，缺乏的是健全的知识产权和专利保护制度。这些对于我国的技术创新是最基本的。

第五，尽快开放创业板市场，鼓励风险投资。与十年前不同，目前我国并不缺乏对技术创新感兴趣的民间资本（其效率和数额都远远超过国家资本），缺乏的是对技术创新的产生和转化有极大促进作用的创业板市场和对民间风险投资的法律保护，这是连接技术创新和民间资本必不可少的渠道。而民间资本对技术创新的大力投入，是保证我国经济能够成功转型的关键。

第六，解除某些垄断行业对民间资本的市场准入限制，鼓励民间投资。目前我国有很多行业仍由政府垄断，如电信、铁路、化工、汽车、金融业等。垄断使这些行业的效率低下，技术创新缓慢（汽车业是一个典型）。打破这些行业的垄断不仅会吸引大量民间资本进入，加快技术创新的速度，还可以大大加强政府财政政策的拉动作用。更重要的是，这样做会给民间资本以大量的投资机会，并使得以上一些政策在促进公平的同时，不会阻碍效率的提高。

我国二元经济的转型是一个长期问题，任何急功近利的想法都是有害的。在这一阶段，所有人的共同富裕是一部分人更加富裕的前提。因此，以上两方面应成为我国今后较长时期内制定经济政策的出发点。前者通过提高社会福利来增进平等，后者通过鼓励技术创新来提高（生产）效率。这样，在我国二元经济转型的这个关键时期，平等和效率才有可能形成双赢；也只有这样，我国二元经济的转型才可能真正成功。

作者说明

尽管本文发表于 2001 年，但是今天看来仍然具有现实意义。中国经济改革开放 30 年，经济高速增长，成就举世瞩目，但是近年来需求结构、要素投入结构、产业结构和内外经济结构扭曲的问题越来越严重。本文与朱国林合作，发表于《天津社会科学》2001 年第 6 期。中国经济必须转型，转到以创新驱动为新动力、内需增长快于外需增长和第三产业增长快于制造业增长的发展方式，只有这样我们才能根本完成二元经济向一元经济的转型。而要做到这一点，我们必须在供给领域促进技术不断创新，在需求领域通过收入分配均等化方向的努力，提高居民收入，促进消费。

均衡与非均衡

第三篇

宏观经济研究专题一：
宏观经济波动、城市化与全球化

对中国宏观经济运行状态的经济学分析

　　中国宏观经济在成功地实现"软着陆"之后，在低通胀情况下，出现了有效需求不足、生产几乎全面过剩、经济增长乏力的情况。如何看待中国宏观经济出现的如此重大的变化？文章结合中国改革的具体实践，从理论上深入地探讨了这一变化的根源及其内在机理，指出：普遍的金融宽松政策虽然能对启动总需求有一定好处，但是会对重复建设的调控产生负面影响。

　　步入1998年以后，中国的宏观经济运行状况有点令人困惑。长期以来在传统体制下中国宏观经济运行的常态是短缺均衡（或称抑制性通货膨胀均衡），即通过对总需求的数量调整方式使过分强烈的总需求与既定总供给相一致。改革开放以后，由于市场机制的引入，价格的放开，抑制性通货膨胀演变成公开的通货膨胀。其间我们一共经历了四次经济周期，每次周期的高峰以通货膨胀率最高的年份为标志。因此短缺和通胀一直是中国宏观经济运行的常态，虽然每次通胀高峰因有意识的调整而下降，但短缺和通胀的根源没有消除，周而复始的现象明显。但是这一次不同，中国宏观经济成功地实现"软着陆"之后，以前司空见惯的强劲需求消失了，而代之以一个生产几乎全面过剩的经济，在通货膨胀率低下的同时，有效需求不足，经济增长乏力。短短几年，中国的宏观经济何以有这样重大的变化？这一变化的根源在哪里？其内在机理如何？需要我们从理论上进行深入的剖析。

一、传统体制下的宏观经济运行及其经济增长的方式

　　要剖析一种宏观经济运行的状态，我们要搞清楚三方面的内容，即宏观总供给的形成、宏观总需求的形成以及在宏观总供求形成机制中起作用的微观经济行为人（企业和家庭）的行为方式（简称为微观机制）。一个国家的宏观

总供给取决于一个国家所拥有的生产要素的数量和质量（其中劳动力的质量最为重要）以及生产要素配置的效率，而生产要素的配置效率取决于两方面的因素：宏观上的经济体制因素（计划配置还是市场配置）以及相应的企业效率。从总需求的形成来看，一个国家的总需求总是由四部分构成：家庭的消费需求；企业的投资需求；政府需求；出口需求。由此可见，无论是在总供给的形成中，还是在总需求的形成中，家庭和企业的行为方式在这里起着重要的作用，而微观经济行为人的行为方式又是与特定的经济体制联系在一起的。这样我们就不难得出结论：一个国家的宏观经济运行状态不仅与该国所拥有的生产要素的数量和质量有关，更为重要的是与一个国家的经济体制有着密切的关系。

传统体制下中国的宏观经济运行处于一种短缺均衡（非瓦尔拉斯均衡中的一种）的运行状态，我们完全可以从总供给和总需求的形成及其微观机制运作着手找出其根源。

从总供给角度来看，在改革开放以前，我们除了劳动力要素数量充实之外，其他生产要素都比较短缺，其中尤其是资本要素短缺。面对这样的生产要素禀赋，政府为了在短期内积累起一定的物质资本基础，就采取扭曲价格信号的办法，如通过使农产品低价从而压低工资成本的手段（即工农产品剪刀差的办法），使工业部门实现高利润，最后把工业利润转化为形成物质资本的积累基金。在物质资本的高速增长得以保证以后，与其相配套的劳动力资源在中国是不成问题的，这就是粗放式地使一个国家的总供给能力迅速扩大的过程。从微观机制来讲，由于价格信号的扭曲，市场配置资源的功能被取消，计划当局就势必要求微观生产单位——企业，只根据数量指标进行生产，既不需要考虑市场需求，也不需要考虑投入和产出的价格信号，最后企业也就不可能树立起追求企业的经济效益——利润最大这样一种行为目标。由于企业从短期来讲不追求利润最大，从长期来讲也不追求企业的现值 $\left(\sum_{i=1}^{n}\frac{\pi_i}{(1+r)^i}\right)$ 最大，因而投资的风险约束概念就从传统体制下的企业经营视野中消失了，这种企业行为状态的直接后果便是企业投资饥渴症的产生——只要有投资资源，企业总是存在无限扩张其投资需求的冲动。就家庭来讲，在传统体制下的最主要特征是家庭的行为选择被限制在日常消费品的选择上，而诸如消费与储蓄的分割（现在消费还是将来消费）、不同金融资产的选择等问题在低工资、消费品短缺（大量消费品需要凭票供应）的年代都变得没有意义了。因此，传统体制下一个国家的总储蓄决策是由政府来作出的，GDP 中的储蓄份额一旦确定，余下的问题就是如何在具有强烈投资冲动的企业之间配置其有限投资资源。至于消费需求，为了服从粗放经济增长的战略，被压制在较低的水平，因此这一领域也存在严重的短缺。政府需求中除投资需求之外，其他需求也都处于紧张的状态。由于传统经济是一个封闭经济，因此出口需求对宏观经济运行的意义还不是很大。

因此，通过对上述传统体制下的总供给、总需求和微观机制三位一体的分析，我们不难总结出传统体制下宏观经济运行的几个特征：其一，宏观经济总是处于需求大于供给的非均衡状态；其二，总供给的增长与扩大总是受制于经济中所短缺的要素——资本和技术；其三，计划信号的失误、粗放式增长的低效以及微观生产单位在缺乏激励机制下的低效和浪费进一步加剧了经济中的短缺状态；其四，由于短缺的普遍存在，导致微观经济行为人的行为变异，如企业的囤积物资倾向、对产品需求的强制替代倾向、消费者的排队购物现象等，进一步强化了短缺。在上述特征之下，"由政府雄心勃勃的经济发展目标和微观企业的投资饥渴所推动的经济粗放式的高速增长→增长的低质量和低效率→短缺→进一步要求粗放增长"，这就是传统体制下宏观经济运行和经济增长的常态。尽管在那样的年代里，我们也曾经讨论过粗放增长和集约增长的问题，但是在计划经济条件下，要做到集约增长是困难的，增长方式不是简单地可以由政府来作出的选择，而是由市场来作出选择。

二、改革开放以后的新情况

1978 年十一届三中全会以后，中国的经济体制发生了很大的变化，这个变化的一个最主要特征是市场机制的引进、计划体制的逐步退出，经过计划和市场双轨经济体制的并存再逐步过渡到全面的市场经济。与此相对应，中国的宏观经济运行状况也发生了很大的变化。根据这 20 年中国宏观经济运行的情况，我们把它分为两个阶段。第一阶段为"软着陆"以前所经历的四次经济周期。在这一阶段，经济运行的常态是"经济扩张冲动→瓶颈制约加剧→通货膨胀→政府暂时的经济调控→宏观经济中瓶颈短缺缓解→新一轮的经济扩张"。第二阶段以这次"软着陆"为标志，经济增长速度放慢，市场需求拉动对经济增长的作用日益明显，没有市场需求拉动的生产项目通过微观低效率反映出来，进一步加剧这一领域的投资需求下降，市场需求通过影响企业效率进而影响经济的增长。这表明宏观经济运行的机制已经发生了根本性的变化。

第一阶段宏观经济运行的机理。在第一阶段，由于市场机制的引入，宏观总供给能力大幅度提高。总供给能力提高的根源来自以下几个方面：第一，在市场价格信号的引导下，生产要素的宏观配置体现了中国生产要素拥有的比较优势，改变了传统计划经济体制下片面强调重工业的优先发展战略，可以广泛利用劳动密集优势的轻工业迅速发展；第二，农产品价格的放开和农村微观经济组织的改变，激发了农业生产的微观效率，使农产品供应大量增加；第三，对外开放，引进外资，弥补中国宏观经济中资本要素的短缺，流入的外资与相对充裕的劳动力相结合，使这部分剩余的处于闲置状态的劳动力得到充分利用，极大地提高了中国的供给能力。

从城市工业的微观机制角度来看，国有企业在经济生活中扮演着主要的角色，就这部分企业来讲，微观体制的改革还没有到位，带有浓重的双轨经济的特征。一方面国有企业的盈利动机已经相当明显，提高经济效率和把资源投向高盈利领域已成为经营者的追求目标；但是另一方面由于产权改革没有到位，加上资本市场等重要要素市场的建设滞后，追求企业长远盈利性（即企业现值最大）的目标还普遍缺乏，投资资源使用的债、权、利不明确，缺乏投资的风险意识，因此国有企业对投资的饥渴症还没有被治愈。与此同时，非国有企业迅速增长，这部分企业的投入—产出行为和投资行为就比较理性。总而言之，从微观机制的角度来看，利润目标的确立和市场机制的引入，一方面极大地提高了中国的总供给能力；但另一方面由于体制改革没有彻底到位，留下了许多隐患。隐患之一是企业过于追逐短期利益，在市场价格信号还有问题时（或者说市场失效的情况下），能源、交通和基础设施等重要部门投资滞后，形成总供给增长上的瓶颈制约。隐患之二同样是企业过于追逐短期利益，加上传统体制条条块块分割状态的延续，重复建设情况严重。隐患之三是在投资饥渴症的作用下，经济的粗放增长没有得到根本性的改变。这一时期的经济增长虽然速度很快，但经济增长的质量并不是很高，给经济的持续增长带来一些问题。

从需求的角度来看，这一时期经济增长的动力主要来自家庭消费需求的扩张和出口需求的拉动，以及双轨体制情况下的国有企业投资需求的强烈。从消费需求来看，由于国民收入分配格局向家庭收入增长倾斜，改革以来家庭收入增长迅速，家庭储蓄上升，成为投资资金的重要来源。但是这一时期传统体制仍然延续了诸如城市家庭的住房福利、养老福利以及子女教育等重要家庭消费项目的配置方式，因此家庭收入增长的直接市场投向是对农副产品的需求增长和耐用消费品需求的增长，而对农产品的需求增长又促进了农村家庭的收入增长，反过来又增加了对城市工业品的需求。因此，这一阶段经济增长的物质内容是城乡居民人均农副产品消耗量的大量增加和耐用消费品在中国家庭的逐步普及。由于耐用消费品市场的市场容量相当大，投资于这些部门的短期盈利就相当丰厚，因此消费需求和投资需求相互推动，中国宏观经济增长的动力在这一时期非常强劲。最后从出口需求看，与其他转轨经济国家相比较，中国的出口增长对 GDP 增长的拉动作用较为明显。其他如苏联、东欧国家等，随着经济转轨的开始，原来经互会体系崩溃，成员国之间的对外贸易大幅度下降，而出口到西方发达国家，产品又缺乏竞争力和比较优势，因此，外贸出口一落千丈，导致了许多外贸生产企业的倒闭，GDP在一段时期里呈负增长。然而中国自 20 世纪 60 年代起由于没有加入经互会体系，外贸企业较早在国际市场上经受锻炼，改革开放以后，一方面国有外贸企业经过体制的转换，活力增加，又有本国劳动力廉价优势的支撑；另一方面全方位地引进外资，尤其是全世界华侨资本大量涌入中国，并且这些资本和项目往往已经获得国际市场的一定份额。因此，1979 年以来，中国的外贸出口在大多数年份里一直以两位数的数字在增长，出口需求对宏观经济增长的作用十分明显。

因此，从改革开放以来的第一阶段宏观经济运行来看，总供给的能力得到了前所未有的扩张，微观企业的机制又有一定程度的改变，尤其是非国有企业，其行为目标和行为方式与市场经济的需求相一致，成为宏观总供给增长中富有生命力的一部分。但是与此同时，许多国有企业的体制特征还带有浓厚的双轨经济色彩，总供给增长的质量还有待于提高，这一阶段总供给扩张中的重复建设为后来经济的持续发展留下了隐患。从总需求的构成方面来说，这一阶段无论是从国内家庭的消费需求和企业的投资需求来讲，还是从国际上的出口需求来讲，都是非常旺盛的。巨大的总供给的扩张空间和强盛的总需求构成了中国这一阶段经济的高速增长。

三、经济转轨基本到位情况下的宏观经济运行

第二阶段宏观经济运行的机理。自 1993 年起，中国的宏观经济进入了一个高增长同时也伴随高通货膨胀的时期，1993 年中国的通货膨胀率为 13.2%，1994 年为 21.7%，1995 年为 14.8%。面对高增长和高通货膨胀，政府实施了有效的宏观经济调控，通过紧缩的货币政策和财政政策，在结构性问题上配合相机抉择的（为避免一刀切的不利后果）对某些产业部门的优先发展政策。自 1996 年开始，通货膨胀全面回落，同时由于瓶颈部门得到优先发展政策的支持，总供给能力的扩张还是相当显著的。加上连续几年的农业丰收，农副产品因科技投入增加而产量大幅度上升，在总供给扩大的同时，价格迅速回落。因此 1997 年我们取得了高经济增长与低通货膨胀率相配合的局面，这种现象被称为"软着陆"。"软着陆"是中国政府宏观经济调控能力和水平提高的里程碑，是具有重要意义的，也是转轨经济中所罕见的，值得我们进行总结。但是，在"软着陆"成功的同时，我们也发现，中国的宏观经济运行又进入一个不同寻常的时期，消费需求、投资需求和出口需求都面临着难以继续振作的局面。由于总需求的不足，微观领域里的经济效率难以令人乐观，企业开工不足，生产能力普遍过剩，职工下岗人数增加，金融领域里呆账和坏账比例上升。中国经济增长的动力何在？政府应实行怎样的经济政策来启动当前经济？

对于中国目前经济增长乏力的表现，我们应该用一分为二的观点来看待。从微观机制的变化来看，这是一件好事，是中国经济体制改革逐步到位的表现，这是因为：经济增长乏力首先来自目前投资需求的普遍不足，用实际经济领域中的一句行话来说，现在无项目可投。所谓无项目可投，主要指投资项目的预期收益不高，因而对于非国有企业来说，或者对于产权关系已经理顺的国有企业来说，具有风险约束机制的经营者认为，预期收益率不高的项目是万万投不得的。对于那些产权关系改革尚未到位的国有企业来讲，尽管

它们还存在投资饥渴症，但随着近几年商业银行改革的深入，商业银行对贷款的安全性、盈利性十分关心，又有自我决策的权力和自我约束的控制，因而在相当程度上杜绝了传统体制留下的投资饥渴症。因此，从这个角度来看目前投资需求的不足是件好事情，是企业普遍理性复归的表现，这是一个宏观经济消除无休止的短缺和通货膨胀的重要微观基础。

但是从另外一个角度来看，宏观经济增长如此乏力，总不是一件好事情，说明中国当前的经济运行中确实存在一些问题，需要我们进一步深入分析。前面提到，经济增长乏力的主要原因是投资项目的盈利概率下降或平均盈利率下降。那么盈利率为什么会下降呢？从供给角度来看，中国由于劳动力资源丰富，因此只要有资本（如外资的进一步引进）、有市场（如劳动密集产品的出口、国内需求增长等），粗放式经济增长的空间还是相当大的。但是，由于过去几年的重复建设，国内和国际对这类重复建设产品需求的限制，粗放式经济增长虽然有空间，但缺乏需求的拉动，只能闲置起来。但是，对于不断需要提高档次和质量的产品，需要创新的产品，由于国内大量企业效率低下，劳动力的人力资本含量低下，还不可能形成与国外企业和国内三资企业进行竞争的供给能力，因而这部分不断增长的需求只能溢出到进口产品上面。但是进一步的研究发现，尽管中国当前的宏观有效总供给扩张还存在些问题，但经济增长的主要问题来自总需求的各个构成部分，如对经济增长起关键作用的家庭消费需求和出口需求。因为在企业已恢复理性的情况下，投资需求是上述需求扩张情况下的引致需求，当消费需求和出口需求普遍疲软时，投资需求现状是难以好转的。

要分析中国目前的家庭消费需求，为了把问题引向深入，我们首先把它分为农村家庭需求和城镇家庭需求两部分。

就农村家庭的需求来讲，20 世纪 70 年代末至 20 世纪 80 年代中期，农村家庭收入的上升速度较快，原因是当时城市家庭收入上升以后最需要大幅度提高和满足的消费内容是对农副产品的需求。城市家庭需求的旺盛，拉动了农村生产的发展，农产品供给由于农村改革所带来的资源优化配置和微观经济效率的提高而大大增加。农村供给的增加和收入的提高，反过来对工业消费品提出了需求，农村消费市场的需求容量扩张十分明显，这对这一时期中国经济的增长起了重要的作用。但是 20 世纪 80 年代后期以来，尤其是进入

20世纪90年代以来，农业生产的进一步增长面临两方面的问题：第一，农业生产的增长受土地资源的限制和农村劳动力过分密集的限制，现代农产品的比较优势是在土地密集和资本密集的国家，不在劳动密集的国家；第二，农产品是竞争性产品，尤其是在全球经济一体化、农产品保护逐渐被解除的情况下更是如此。这两方面结合起来，就限制了中国农业的进一步发展。首先，中国农业从供给来看，农产品的生产方式还是采取劳动密集的方法，表现为农产品的成本相当高，出口无比较优势；其次，城市家庭对农产品的需求有一定的限制，因为作为生活必需品的粮食，粮食收入弹性很低，随着人民生活水平的提高，农副产品也逐步进入生活必需品的范围，粮食的收入弹性逐渐下降。换句话说，城市家庭的收入提高到一定程度以后，其花费在农产品上的支出比重将越来越低。另外，城市家庭对农副产品如水果之类的品质要求越来越高，这就导致人均收入比较高的城市（如人均GDP已达3 000美元的上海等），家庭开始消费进口粮食（泰国米）和进口水果。把这些现象综合起来，我们就会发现，进入20世纪90年代以后，随着城市家庭收入水平的提高，农业生产为城市居民生活质量的提高已不能贡献更多东西。尽管随着科技的发展和资本投入的增加，其供给能力的提高余地还很大，但是从经济效率的角度看，农村家庭单单依靠农业生产已无法大幅度提高其本身的收入水平。因此，城乡的收入差距有可能进一步扩大。从当前中国宏观经济的运行来看，农村家庭收入提高困难，最大的问题是，农村家庭对耐用消费品的需求还不可能像城市那样迅速普及。而在城市工业中，近20年迅速发展壮大的耐用消费品工业由于城市家庭使用的普及，需求下降很快。因此，在耐用消费品上面，我们看到了一种奇怪的现象：一方面我们的城市工业对这部分产品的生产和供给能力大量过剩；另一方面中国广大农村市场上的需求却不怎么旺盛，家用电器在农村还不可能普及。在市场经济条件下，这部分生产能力只能被闲置起来。

就城市家庭的需求来讲，近20年来中国经济增长很大一部分应该归功于城市家庭对家用电器等耐用消费品的需求拉动，但是前面我们在分析农村家庭需求时已经提到，以家用电器为标志的耐用消费品在城市大多数家庭中已经饱和。因此中国经济的进一步增长，就物质内容来讲我们需要提供新的产品和服务内容。像上海这样的城市，家庭消费内容上的许多新变化慢慢就凸现出来了。首先，由于家庭收入提高到一定程度，人们对一般消费品的质量，或者说消费品中的科技含量和文化含量的要求大大提高，这就使得人均GDP增长带来对进口商品的需求的增加和导致进口溢出效应明显，这对于我国经济的进一步增长显然是不利的。其次，家庭收入进一步提高以后，不可避免地将对目前尚未普遍走进中国家庭的两项消费内容越来越感兴趣，这就是住房和汽车。但是这两项重要的消费需求和支出在中国由于国情的原因，发展将极其困难。住房消费需求扩张上面的困难更多地来自体制问题，即由于长期以来所实行的是福利分房制度，导致购买商品房的需求的发展将还会有一段路要走。第一，由福利分房制度到货币分房制度的转换还不能一下子完成，尤其对于许多国有企业单位来讲，且不说在政策方面会有许多矛盾，就是过渡到货币分房以后，工资成本将大幅度上升，这对于我国产品的竞争力是有影响的（尽管福利分房制度下这部分成本也是存在的，但它毕竟处于隐性状态）。第二，长期福利分房制度下所形成的观念很难在一夜之间转换过来。但不管怎么说，只要我们下决心彻底改革福利分房制度，城市家庭对住房支出的潜在需求迟早要爆发出来，那时，住房需求的扩张将是推动今后几年乃至几十年经济增长的一个主要动力。因为房地产业是产业链条较长的行业，可以相应带动很多产业的发展。与房地产业相比较，汽车需求的发展在中国将更为困难，因为中国人口规模大这一基本国情决定了中国城市居民人均道路面积拥有量很低。对中国人来讲，汽车消费不仅涉及汽车的制造成本和使用成本，还涉及拥堵情况特别严重的道路成本，每辆车的消费负外部性将大大高于其他国家。因此汽车需求将是一项长期受限制的消费。

最后，从出口需求来看，我们目前也是面临种种挑战。挑战之一来自东南亚金融危机。一方面我国对东南亚国家的出口势必受到影响；另一方面我国与东南亚出口产品替代性较强的劳动密集产品出口，可能因为东南亚国家和地区的货币贬值而失去竞争优势，另外东南亚金融危机可能影响全球的经济增长速度，从而影响我国产品的出口。挑战之二来自我国国有外贸生产企业由于改革的不到位，自身的包袱（如隐性失业包袱、退休人员包袱等）较重，在出口竞争中将越来越处于不利地位。挑战之三是，像上海等人均GDP不断增长的城市，其劳动密集产品的出口优势将逐渐丧失，面临一个出口产品调整和转换的过程，在这个过程中如何继续保持强劲的出口增长势头，将是一个艰巨的任务。

总而言之，在中国宏观经济成功实现"软着陆"之后，宏观经济运行面临着新的问题。这些问题有来自供给方面的，如以前重复建设所形成的部分供给能力的过剩，等等。但是问题的主要方面是来自总需求的不足。在总需求不足中，投资需求的不足反映了两方面的情况。一是理性投资机制在中国的逐步形成，这是好事。二是投资项目的盈利差，其实质是当前我国家庭的消费需求上出了问题，问题之一是农村由于近几年收入增长缓慢，消费需求尤其是对家电等耐用消费品的需求不足，问题之二是城市家庭的住房需求和汽车需求等需求升级，因为中国的体制原因和国情原因，难以顺利实现，从而导致全面的消费需求不足。因此，中国经济增长速度放慢的主要原因来自有效需求的不足。

四、简单的结论和建议

从上面的论述来看，我国当前的宏观经济处于微观经济行为人理性复归但体制转换还没有彻底到位的情况下，总有效需求不足而导致经济增长乏力，这种经济增长乏力的最直接后果是生产能力利用的不足，失业人口规模的扩大。因此，当前宏观经济调控政策的重点，一方面要进一步推动改革，尤其是要杜绝导致重复建设的微观投资冲动；另一方面就是要想方设法启动总需求。就第一方面来讲，我们目前还不能采取普遍松动的金融政策，因为就国有企业投资的自我抑制能力来讲，还没有到位，目前对国有企业非盈利项目拒绝给予融资的约束主要来自商业银行，因此，普遍的金融宽松政策虽然能对启动总需求有一定好处，但是会对重复建设的调控产生负面影响。就启动总需求来讲，我们可以从分别启动农村家庭需求、城市家庭需求、政府公共工程方面的需求和出口需求几方面来进行论述。

从上述四类总需求的构成来看，农村家庭需求和城市家庭需求实际上是宏观经济中的内生变量，其启动涉及整个宏观经济的方方面面，但是由于中国经济是一种转轨经济，在这两方面可做的工作还是很多的。政府公共工程需求从短期看是一个有效的政策变量，宏观经济调控的操作余地最大。出口需求是纯粹的外生变量，但是本国政府也并不是无能为力的，还是可以做一些工作的，特别是做一些长期的战略性决策。

从农村家庭需求启动来说，中国的宏观经济由于劳动力资源充裕，因此粗放式经济增长的潜力还是相当大的，粗放式的经济增长可以进一步利用农村闲置的劳动力，例如由国家财政投入资金在农村修建水利、公路等基本设施，就短期看可以提高农村家庭收入，启动农村消费品市场，反过来对城市消费品生产的过剩能力还能进一步的利用，这就在全国范围内产生了凯恩斯长期的乘数效应。总之，在近期内如何提高农村居民的收入，对启动农村家庭需求是很重要的，由于农民凭借农业生产已很难大幅度提高其收入，因此，其他提高收入的主要途径是发展非农产业，如接受城市中夕阳工业的转移，完成产业结构在中国的梯度转移，但要完成这一转移，农村人力资本投资的增加和基础设施投资的增加都是至关重要的。

从城市家庭需求的启动来说，首先，近年内可通过住房制度的彻底改革，启动房地产市场，全面带动新一轮的中国经济增长。其次，对汽车进入家庭的问题要进行全面研究，在进一步改善城市道路设施的同时，要特别注意扩大城市生活半径，城市半径的扩大对于汽车进入家庭是十分重要的。最后，我们还要注意需求的创新问题，除上述提到的需求内容之外，服务性需求在城市家庭需求中的比重将会大大提高，如高等教育，待城市家庭对其需求的强度高到一定程度时，就可以将教育作为一个产业部门来发展，使之成为新的经济增长点。

从政府公共工程需求的启动来说，政府公共工程支出的增加，可以直接带来农村家庭收入和城市家庭收入的增加，然后通过乘数效应作用到整个经济，加快我国经济增长的速度。

从短期来看，我们要进一步利用劳动力廉价的优势，推动出口的进一步增长。从长期来看，我们要把我国的产业部门划分成涉外经济部门和非涉外经济部门。对于涉外经济部门，我们要增加 R&D 的投入和人力资本的投资，增加产品的科技含量和文化含量，通过知识经济含量争取国际市场的更大份额，而在非涉外经济部门，可以适当多吸纳一些劳动力。

作者说明

本文写作于中国经济成功"软着陆"之后的 20 世纪 90 年代中后期，虽然高通货膨胀被成功控制，但随之而来的却是通货紧缩、总需求萎缩与一定程度上的经济萧条。本文发表于《复旦大学学报》1998年第4期。1998年到2002年5年间中国的GDP增长"七上八下"。为何一放就乱，一抓就死？为何从总供给不足、普遍短缺到总供给过剩的转变会如此之快？本文就是要研究这个问题，并发现：在计划经济向市场经济转轨的最后时期中，宏观经济主体双轨并存，低水平的投资，家庭消费需求结构升级的受阻，是总需求不足的最重要原因。为了迅速启动总需求，避免更多的失业现象的出现，如何启动农村居民的消费，加大政府对基础设施的投资，是十分重要的。

以新的视角审视中国宏观经济增长

本轮经济波动的一个显著特征是作为衡量经济过热的重要指标之一的通货膨胀并不明显。本文以宏观总供给的形成、宏观总需求的形成和宏观经济运行的微观基础为线索，在历史地回顾和分析改革开放以来前四次经济周期性波动的内在特征的基础上，指出当前宏观经济运行已进入一个新时期，具有与以往经济波动不同的新特征，并着重从推动本轮经济增长的动力源和隐藏在其背后的深层内在矛盾角度给出了对本轮经济波动的新解释。

进入 2002 年下半年以来，中国经济在居民消费热点出现、民间投资活跃、银行贷款扩张较为明显、外贸出口和引进外资成就不断刷新的情况下逐渐趋暖，2003 年第一季度 GDP 增长达 9.9％，第二季度由于"非典"影响，增速回落，但从第三季度起，经济又迅速恢复强劲增长，全年的经济增长最终达到 9.1％，是 1997 年以来增速最快的一年。2004 年第一季度 GDP 增长 9.8％，通胀 2.8％，4 月份通胀继续上升到 3.8％。面对这种经济形势，国内经济学界大致有左、中、右三种看法。① 而随着经济过热现象的继续，上述分歧有可能暂时趋于统一，决策层的调控决心也比较坚定，对投资项目进行

---

① 有三种看法。第一种看法认为当前的经济增长速度偏快，经济有过热倾向，宏观上应该出台紧缩性政策。其依据是：首先，当前的经济增长速度偏高；其次，投资增长过快；再次，货币供应量增长过快；最后，物价，尤其是生产资料价格开始上涨。第二种看法认为当前的经济运行仍处于正常状态，经济的快速增长是有基础的，应予以保持和巩固。其理由大致也有四点：第一，目前的经济增长速度尚低于潜在经济增长率；第二，最终消费需求还处于较低迷的状态；第三，经济的供给能力较以前大大提高；第四，物价虽然开始回升，但整体还比较低。第三种看法认为当前的经济运行整体仍处于均衡状态，但局部可能出现过热。一方面，当前的经济增长具有其内在的基础，总体是均衡的；另一方面，在部分行业，主要是房地产、汽车和钢铁行业开始出现投资过热，并且在部分地区还出现了不太正常的开发区热，造成大量低水平重复建设及土地的大量闲置和浪费。

逐项清理，并进一步紧缩货币政策。但是，这一轮经济波动为什么刚复苏一年就如此"过热"？这"过热"的定义是什么？这一轮的"过热"与以往中国宏观经济的过热有什么差异？等等，这些问题需要经济理论界作出回答。

经济过热按照正常的理解是指由于总需求项目(消费、投资、政府支出和出口)的异常变动(扩张)，供给能力在短期内无法满足突然扩张的总需求，导致生产要素价格(包括工资)上升，最终引起普遍的通货膨胀。在传统计划经济体制下，由于价格固定和生产性资源难以在全球范围内流动，经济过热表现为由政府推动的总需求扩张受到国内瓶颈产品短缺的约束，并且短缺信号的不断加剧致使决策层主动将经济降温。在经济体制转轨初期，由于价格开始放开，同样的结构性瓶颈产品约束和短缺信号的加剧通过结构性通货膨胀的途径释放并迫使决策层作出宏观紧缩的决定。但是，这一轮的经济"过热"毕竟与过去中国经济中曾经出现过的过热和一般意义上的经济过热有所不同。第一，经济资源并没有出现普遍的紧张，电力等能源的不足与其说是当前经济过热导致的，还不如说是因为过去几年控制投资的结果。第二，某些中间产品价格的上升对最终产品的价格传导受最终产品需求的制约，难以在短期内完成，普遍的高速通货膨胀①还没有出现。第三，这一轮经济增长中出现的结构性矛盾与以往中国经济中的结构性瓶颈制约不同，随着全球范围内资源的流动、价格的作用和投资的快速反应，将很快得到缓解。更多的经济学家是从目前在这些领域进行大规模投资将使该类中间产品成为过剩产品而导致从新一轮通货紧缩的角度来看待目前的经济过热。第四，从长期来看，中国经济的快速增长最终要受到资源和环境的制约，即土地、能源、水资源和环境污染的制约。因此，政府领导人对这次经济"过热"的担忧，与其说是对短期经济过热的担忧，还不如说是对经济过热的长期后果的担忧。从短期经济波动的角度来看，至少"过热"的症状是不同于过去的，"过热"的传导机制是特殊的，"过热"的重要判断指标之一——通货膨胀——是不明显的。

---

①　最近两次的周期波动中的通货膨胀率为 1988 年的 18.5% 和 1994 年的 21%。

一、中国经济增长的五大动力源

　　1997 年之后中国经济的增长主要受到来自总需求方面的约束，新一轮经济增长的启动等待着总需求方面的突破。由于宏观经济的转型已经基本完成，这一等待是漫长的，2003 年机会终于到来了。在本轮的经济周期性增长中，经济开始逐渐摆脱投资、消费双疲软的制约，展现出新的活力。

　　这一轮的经济增长得益于居民消费中住房和汽车需求热点的形成。进入20 世纪 90 年代中期以来，随着城市居民在家用电器方面需求的饱和，在农村居民收入的提高还面临很多困难的情况下，居民消费需求的扩张是宏观经济启动的关键变量。2000 年以来，随着住房制度的改革，金融领域住房贷款制度的创新，汽车价格的下降等，居民的住房和汽车需求终于出现强劲增长的势头。在住房和汽车需求的推动下，对钢材、水泥、电力和运输等中间投入品的需求大增，从而引发新一轮的固定资产投资。由于宏观经济的运行状态已经从资源约束型经济转向需求约束型经济，因此这种由需求增长推动的宏观经济增长一方面是来之不易的；另一方面也是得到供给能力保证的。虽然这样的增长会在短期内导致中间投入品、能源和运输价格的上涨，但是除住房和需要一定周期进行调整的农产品外，最终产品的价格未必与中间产品价格保持同比例的上涨。这说明我国经济正在从有效需求不足的周期低谷走向消费需求和投资需求开始旺盛的发展阶段，由于我们的供给能力有了大幅度的提高，以往资源约束型经济中出现的瓶颈短缺导致全面短缺从而引发通货膨胀的情况不可能再重现。

　　这一轮增长是在中国加入 WTO 两年后我国已全面融入经济全球化进程中出现的。两年来，我国的对外贸易增长尤其显著：2002 年进出口总额达到6 207 亿美元，增长 21%；2003 年根据商务部公布的数据，全年进出口总额高达 8 512 亿美元，增长率达 37.1%；2004 年前两个月，进出口继续保持高速增长势头，进出口同比增长率为 35.4%。随着我国成为世界制造业中心的可能性不断增大，我国进出口增长的基础更加坚实。与此同时，引进外资也取得了较好的成绩，2002 年实际利用外资 550 亿美元，增长 11%多，2003 年虽因"非典"、全球经济复苏、外资流向转移等因素有所回落，全年实际利用外资仍达到 535 亿美元，2004 年有望反弹。根据商务部公布的数据，前两个月实际利用外资同比增长达 10.3％。因此，外部市场的开拓和外部资源的利用是这一轮宏观经济增长的基础，一方面，强劲的外部市场需求对启动原先不足的总需求起到了重要的作用；另一方面，外部资源的利用使我国生产的可能性边界大大往外拓展，延缓了周期过热的到来。当然，由于全球石油等生产资料价格因前几年投资滞后出现不断攀升的现象，导致国内价格的上升，但是这并不能归咎于国内经济的过热，而是一种国际相对价格调整对国内价格的传导现象。

经过进一步的经济体制改革和市场经济体系的完善，经过近几年基础设施的建设，我国的投资环境得到很大的改善。同时，作为这一轮经济增长主动力的投资主体发生了根本的变化，从过去以政府和国有企业投资为主转变为以民营企业和外资企业投资为主，投资决策日益符合市场理性。进入 20 世纪 90 年代以来，以政府推动为主的国有及集体企业的固定资产投资比重一直在下降，从 1993 年的 78.4％下降到 2002 年的 57.2％；相反，靠民间力量推动的个体及其他经济成分所做的固定资产投资的比重则从 1993 年的 21.6％上升到 2002 年的 42.8％。而且进入 2000 年以来，政府推动的国有及集体企业的投资比重开始出现加速下降，凸显出民间投资的活跃。

目前的投资是否存在重复？政府推动的投资对这一轮经济增长的贡献有多大？这一直是理论界关注的焦点，因为这关系到这一轮经济增长的质量和增长的可持续性。目前我们最担心的问题是，这一轮投资高速增长是否由地方政府的非理性投资冲动引起，这样的投资冲动是旧体制的惯性，一定会导致经济的过热和不可持续性。但是，从一直到 2002 年的投资数据来看，非国有的其他投资比重一直处于上升状态，2003 年更应该是民间投资显示作用的年份。因此，我们可以初步得出这样的结论：民间投资主体的确立是中国这一轮经济增长将不同于过去经济周期波动轨迹的关键。

这一轮经济增长的最大特色是工业生产的强劲增长。根据国家统计局公布的数据，2003 年全年规模以上工业企业累计完成增加值 411 万亿元，增长 17％，实现利润增长 42.7％。随着中国成为世界制造业中心的趋势的出现，国际产业的转移，出口的增加，国内因汽车、住房和通信等消费需求所推动，对中间产品的需求的进一步拉动，使得重工业增速快于轻工业：1999 年增速快 1%，2000 年快 3.5%，2001 年快 5.7%，2002 年快 1.68%，2003 年快 4%。冶金行业实现利润在 2003 年增长 1 倍多，煤炭、石化、有色、建材、机械行业实现利润增长均超过 50%。[①] 从重工业内部的构成来看，加工工业的增长率从 2000 年起开始超过原料工业。到 2002 年，加工工业增长率为 20.3%，原料工业的增长率为 15.6%，前者超过后者近 5 个百分点（见图 1）。这标志着中国真正全面进入了工业化阶段，并且向重化工业比重不断提高的工业化高级阶段迈进。

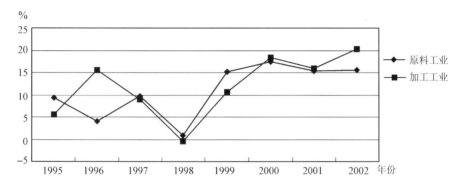

图 1　1995—2002 年重工业中原料工业与加工工业增长率

资料来源：《中国统计年鉴》(1995—2002 年)。

城市居民住房需求的空前增大和工业化发展带来的移民潮使中国的城市化进程不断加快。

长期以来，由于受计划经济福利分房制度和户籍制度的影响，中国的住房市场发育十分迟缓，城市化速度大大落后于工业化速度。但这一状况在 2000 年以后得到了极大的改善。随着福利分房制度的终结和户籍制度的松动，住房建设、土地拍卖、城市交通和环境的改善在市场机制下互动，既满足了人民群众对住房和环境的更高档次的需求，又通过土地拍卖筹集到城市建设的资金，由此构成住房建设、城市交通和环境建设的投资高潮，对这一轮的 GDP 高速增长起到了极其重要的推动作用。

---

① 2003 年数据来自国家统计局发布的《2003 年国民经济和社会发展统计公报》，1999 年、2000 年、2001 年、2002 年数据系根据相应年份的《中国统计年鉴》提供的数据自行计算得出。

由于长期以来中国的城市化落后于工业化，现在城市化的加速发展有其合理的一面。但是，由于我国的现有城市人口密集，土地资源极为短缺，土地管理存在很多问题，城市化的加速发展势必带来土地资源利用不当，房地产投机猖獗，需要一定程度的规范和整顿。

二、中国经济增长背后的深层矛盾

这一轮经济快速增长的动力是明显的，其合理性也是存在的。目前讨论最为热烈的问题是经济是否过热。但什么叫经济过热？其判断标准又是什么？诚然，随着投资的高速增长，中间产品的价格在短期内大幅度上扬，经济过热的基本标准之一的通货膨胀似乎有到来的架势，但我们必须看到的是，由于许多最终产品的生产能力过剩，尤其是劳动力市场的供给过剩，劳动成本根本没有上升的空间，中间产品的价格上升没有办法传递到最终产品的价格上。因此，我们看到一方面中间产品的价格具有通货膨胀的压力；另一方面最终产品的价格却面临通货紧缩的局面。更有甚者，随着这一轮中间产品投资的高速增长，未来生产能力将大幅度提高。因此，我们并不能摆脱全面通货紧缩的可能。如果说，投资的高速增长和通货紧缩、生产能力的利用不足和失业率的居高不下几种情况同时并存也叫经济过热，那么至少这种经济过热是以往中外经济发展史中所没有出现过的，或者说我们必须重新定义经济过热。我们认为，中国宏观经济运行所出现的这一矛盾现象表明，这一轮经济增长的背后潜伏着更深层次的矛盾。我们只有通过剖析这些更深层次的矛盾，才能找到问题的根源，提出相对应的经济政策。这些矛盾主要体现在以下几个方面。

第一个方面，虽然GDP增长很快，但城乡居民的收入增长却落后于GDP的增长，构成GDP的增长和居民可支配收入增长的矛盾。

图2显示了1993年以来实际GDP与实际个人可支配收入增长率的运动轨迹。从图中可以清楚看到，以1997年为转折点，在此之前，个人可支配收入增长率虽然波动较大，但整体还是以较高速度在增长。但在1997年以后，个人可支配收入的增长率就开始低于GDP的增长率，经济进入没有收益的增长轨道。

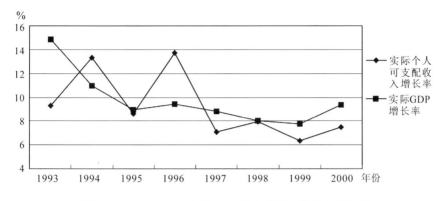

图 2　1993—2000 年实际 GDP 及个人可支配收入增长率

资料来源：1992—1995 年数据来自《中国统计年鉴》(1998 年)，1996—2000 年数据分别来自《中国统计年鉴》(1999—2003 年)；实际增长率系作者以 1990 年的价格为不变价格进行调整后计算而得。

　　第二个方面，GDP 增长很快，但就业弹性偏低，就业的增长跟不上 GDP 的增长，构成 GDP 增长和就业增长的矛盾。

　　根据奥肯定理，我们知道，经济的增长会带动对劳动力需求的增加和就业机会的扩张，其带动强度的大小可借助就业的 GDP 弹性来反映。图 3 提供了 1991—2003 年全国就业 GDP 弹性的变动示意图。从图 3 看，全国的就业 GDP 弹性在 1992—2001 年有平缓的上升趋势，但从此开始出现较大幅度的下降，并且从整体来看，就业的 GDP 弹性数值偏小，平均仅有 0.12，说明经济的增长对就业的带动能力较弱。作为比较，这里我们提供一组国外的数据。根据布兰查德(2001)的估算，1981—1998 年，美国、英国、德国和日本的就业 GDP 弹性系数分别为 0.42、0.51、0.32 和 0.20。

　　就业是民生之本，居民的可支配收入的增长反映了人民的经济福利的提高。从上述两点我们发现，GDP 的高速增长并没有转化为人民经济福利的同步增长。

　　第三个方面，由于就业的增长有限，居民可支配收入有限，推动 GDP 增长的总需求增长中，就只能以投资需求和出口需求为主，消费需求的增长相对缓慢，构成投资增长和消费增长的矛盾。同时，由于对未来预期的不稳定，导致本国居民的储蓄不断增长，但这些储蓄却难以转化为有效的投资，而且居民投资渠道单一，投资回报低，这就构成储蓄增长和投资增长的矛盾。

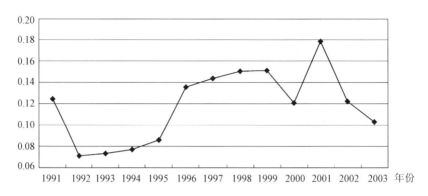

图 3　1991—2003 年全国就业 GDP 弹性

注：2003 年数据系国家统计局发布的《2003 年国民经济和社会发展统计公报》提供的数据。

资料来源：根据相关年份的《中国统计年鉴》所提供的数据，经由作者计算而得出。

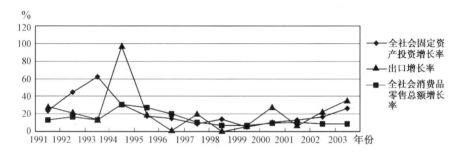

图 4　1991—2003 年出口、固定资产投资及社会消费品零售总额增长率

资料来源：1991—2002 年数据来源于《中国统计年鉴》(2003 年)，2003 年数据系国家统计局发布的《2003 年国民经济和社会发展统计公报》提供的数据。

图 4 显示了 1991—2003 年出口、全社会固定资产投资及全社会消费品零售总额增长率的趋势。从中可以看出，出口由于受外部环境影响较大，增长率的波动比较明显，但整体的增长速度非常之快，平均达到 23%。固定资产投资增长率在整个时期经历了三个阶段：1991—1993 年处于高速增长阶段，到 1993 年达到顶点，为 61.8%；而后开始逐步下滑，到 1999 年达到谷底，全年增长率仅有 5.1%；从 2000 年开始，增长率开始稳步上升，2003 年达到 26.7%。反观全社会消费品零售总额的增长情况，则自 1997 年以来一直比较平稳，起色不大。从图 4 还可以特别明显地看到，自 2001 年以来，出口与固定资产投资增长率开始迅速上升，但消费品零售总额增长率却继续低迷，其

至有微幅下降。这说明，即使是在2003年经济增长势头比较好的情形下，投资增长和消费增长的矛盾仍然存在。

居民消费持续低迷的另一面是储蓄的不断高涨，但居民的储蓄却难以转化为有效的投资，使居民的资本收益下降。在人民币资本项目不可兑换的情况下，考察国内储蓄是否能顺利转化为投资的一个最直接的方法就是比较国内投资和储蓄的规模。而全部金融机构的贷款余额和存款余额无疑是衡量国内投资和储蓄规模的理想指标。① 从20世纪90年代以来中国金融机构历年的存款余额、贷款余额和存贷差额来看，在1994年以前，中国的贷款余额一直大于存款余额。但从1994年开始，随着存款余额的迅速上升，存贷差额变成了正数，且一直在增加。1994年存贷差额为525亿元，到2002年增加为39 623亿元，2003年更是上升为49 059亿元。② 此外，在一个开放经济中，当国内投资小于储蓄时，行为人会选择对外投资。人民币资本项目虽然不可兑换，但大规模的资本外逃③也从一个侧面反映了国内投资需求不足的事实。因此，综合以上情况，可以判断出当前的储蓄并不能有效地转化为资本，储蓄增长和投资增长的矛盾确实存在。

第四个方面，由于国内消费需求的不足，国内储蓄难以转化为有效的投资。对已经从资源约束型转向需求约束型的中国宏观经济来讲，出口需求的增长和FDI的进入对中国的经济增长起到了极其重要的作用，但如果一个经济过多地依赖外部经济，经济增长带来的利益分配将更加复杂，会构成内外经济利益的矛盾。

改革开放以来，我国进出口占GDP的比重一路上升，从1978年的9.8%飙升到2003年的60.4%，已占到GDP总额的近2/3。作为一个大国，如此大的外贸依存度是非常令人不安的。

---

① 袁志刚、宋铮：《人口年龄结构、养老保险制度与最优储蓄率》，《经济研究》2000年第11期，第24—32页。

② 2002年及以前的数据来自于相关年份的《中国统计年鉴》，2003年数据系中国人民银行在网上公布的数据。

③ 宋文兵：《中国的资本外逃问题研究：1987—1997》，《经济研究》1999年第5期，第39—48页。李庆云、田晓霞：《中国资本外逃规模的重新估算：1982—1999》，《金融研究》2000年第8期，第72—82页。

随着外贸出超的积累，我国的外汇储备不断增加，截至 2003 年已高达 4 032.5 亿美元。高额外汇储备背后蕴藏着如下两个事实：第一，外汇储备背后对应的是贸易顺差，而贸易顺差背后反映的是中国每年有大量的剩余资源借给其他国家使用；第二，如果我们把外汇储备投资到国外，比如购买美国的国债，其投资收益率一般较低。但是相反，外国在中国的直接投资增长很快，并且收益率较高，外国在中国直接投资的回报大大高于中国外汇储备在国外的投资回报，导致利益的流出。这种情况的出现说明我们在内外储蓄资源的利用上存在一定程度的矛盾。一般来说，发展中国家的储蓄相对于经济发展的要求来讲是不足的，因此引进外资是合理的。但是，当前中国的现实情况是储蓄过度，导致经济的动态无效，① 我们为什么还需要大量的 FDI，而且是越多越好？原因是 FDI 对当前中国经济来讲，不仅带来资金，而且带来具体的项目，带来科技创新，带来先进的管理，带来知识产权与品牌，带来国际市场。一句话，FDI 的生产函数曲线大大高于国内资本的生产函数曲线，也就是外国直接投资的收益率高于国内投资的收益率。

第五个方面，随着市场经济体制的全面引入，中国经济的微观效率得到了大幅度的提高，但由于社会公平机制建设有一定程度的滞后，导致不同社会阶层的收入差距日益扩大，构成社会贫富矛盾，最终将影响中国经济的宏观效率。

反映一国收入分配均等状况的实证指标是基尼系数，该系数越大说明收入分配越不均等，贫富差距越悬殊。一般国际上将基尼系数 0.4 作为监控贫富差距的警戒线。尽管目前我国城镇内部和农村内部的居民收入分配差距都还处于比较合理的范围之内，但应当看到，20 年里这个差距的扩大速度是相当快的：城镇居民基尼系数由 0.177 提高到了 0.245，增长了 38.4%；农村居民基尼系数由 0.245 提高到了 0.314，增长了 28.2%。如果对这种势头不及时加以遏制，基尼系数就可能快速地达到甚至超越警戒线，从而造成严重的两极分化和剧烈的社会动荡。同时，大部分居民的收入不足和消费不足将对宏观经济带来极大的负面效应，影响宏观经济效率的实现。

---

① 袁志刚、何樟勇：《20 世纪 90 年代以来中国经济的动态效率》，《经济研究》2003 年第 7 期，第 18—26 页。

综上所述，在这一轮经济增长的背后，各类矛盾也在进一步发展，需要我们重视，当前中国经济的波动已经不是简单一句过热或者过冷所能够概括的。

三、如何分析当时的增长与矛盾

从上述经济增长的动力和增长背后的矛盾展开来看，这一轮中国经济增长和波动确实有别于中国以前的经济增长轨迹，也有别于世界上其他国家经济增长和波动的轨迹。

首先，从短期经济周期波动的角度来看，这一轮经济增长是在 1997 年我国经济由资源约束型转向需求约束型之后出现的，除少数中间产品之外，整个经济处于总供给大于总需求的状态。因此，这一轮的经济增长只是将有效需求不足的经济推回到潜在经济增长的位置上，增长是可持续的。但是，从长期来看，由于经济增长所带来的土地减少加剧、能源消耗加大、环境污染严重，中国最终还是没有摆脱资源约束的困境，承受不了过快的增长速度。其次，由于中国的经济体制改革还没有完成，投资主体中的地方政府投资和国有企业投资还带有明显的非理性色彩，民营经济的投资由于信息的非充分性而带有一定的盲目性和投机性。这样的投资行为就可能导致生产的重复建设，如不加以调控可能会出现进一步因总供给能力过剩而产生的通货紧缩。

除了上述对当前的宏观经济波动做出的一般性回答之外，我们认为，中国这一轮经济增长的问题根源在于上面给出的深刻的内在矛盾。

中国这一轮经济增长是在国内已经过二十余年的改革开放、国际上经济全球化进程不断加快的条件下实现的，因此中国在 21 世纪融工业化和城市化于一体的发展要求和全球经济资源在比较优势原则下进行合理配置要求之下的产业大转移，是我们理解中国这一轮经济波动的关键所在。中国的改革开放的成就、中国劳动力的比较优势、中国巨大的市场容量和前景与寻求产业（主要是制造业）转移的国际资本一拍即合，而工业化和城市化无疑是我们这个人口大国 21 世纪最大的发展主题。但是，劳动力的比较优势背后的潜台词是以全体劳动要素的低收入为代价，尤其是大量的农村转移劳动力，由于缺乏社会保障和其他福利，虽然其竞争优势明显，但其收入增长有限所带来的后果（比如影响全体居民收入的增长和消费的增长）最后必然会导致宏观经济上的矛盾现象。

在推动中国工业化和城市化进程中起着至关重要作用的各地政府在追求政绩的动机下，以更低的商务成本吸引外资，扭曲要素价格信号，尤其是劳动要素的价格信号，重复建设，产业同构，过度竞争，其结果一方面是居民收入提高有限；另一方面是居民最终消费品的供给过剩，后续的经济增长只能靠进一步的投资来推动。没有本地或本国居民消费作为支撑点的经济增长，其结果必然要导致通货紧缩压力的增大。

在消费增长缓慢、通货紧缩持续的情况下，为刺激消费需求和投资需求，宏观金融方面的政策又是不断地降息，尤其是居民的存款利率，但是居民的存款利率的不断下降，加之证券市场的疲软，居民在财富收入方面损失十分巨大。我们的另外一项研究表明，1997 年以来中国居民财富收入的增长为负数，这进一步加剧经济增长和消费增长之间的矛盾。过低的利率（尤其是通货紧缩结束之后利率变成负利率）和经济体制改革没有到位的银行的非理性行为一起导致了 2002 年以来贷款的波动，使投资进一步扩张，使宏观经济中消费增长和投资增长的比例进一步严重失调。

自中国加入 WTO 以来，中国的经济发展进一步融入全球经济发展，资源配置在更大的范围内优化，这是中国经济持续增长的强劲动力之一，是必须肯定的。但是，随着中国经济对外部世界依赖的增大，由于我们在资本市场方面对外开放的滞后，由于人民币汇率形成机制方面的问题，由于我们的企业在出口方面的非理性竞争，由于我们的出口产品缺乏知识含量、文化含量，企业缺乏质量改进的动力，以低价竞争为主的出口的增大，未必带来收入的增加，反而背着"倾销"和通货紧缩输出的罪名。同时，一方面，净出口增长所带来的低收益的外汇储备的增长，又意味着我们将经济资源低回报地输出国外；另一方面，每年大量的国外直接投资又将中国经济高速增长带来的收益或以利润的形式或以知识产权报酬的形式转移到国外。由此我们面对一幅矛盾的景象：从当前的发展阶段来看，我们必须扩大开放，充分利用我国劳动力低成本的比较优势，加速成为世界制造业中心。但是，如果我国经济一直依靠劳动力低成本的优势，我们就会将大量的经济利益转移到国外，随着对世界经济依赖度的提高，我们没有办法充分享受经济增长所带来的福利。

由此我们可以清楚地看到，为什么这一轮经济增长和波动以工业增长为主，以投资拉动为主，以城市建设为主，以中间产品价格上涨为主，最终产品需求的增长跟不上投资的增长和中间产品需求的增长，第三产业的增长跟不上制造业的增长。

因此，我们必须转变经济增长的方式，不能完全依赖于外部世界，而应该立足于本国。我们要尽量使 GDP 的增长与居民收入的增长保持一致，与本国居民消费的增长保持一致，区域间的增长保持一致，短期增长与可持续增长保持一致，内需的增长与出口的增长保持一致，资源的流入和流出以及它们的收益保持一致，经济增长和社会全面发展保持一致。而所有这些一致的关键，从短期看，就是要进一步加大经济体制改革的力度，完善市场经济体系，改变政府职能，有效实行宏观经济调控政策，尽量提高经济增长的质量，同时建立较完备的社会公平机制，如不断完善社会保障体系并扩大社会保障体系覆盖面，完善个人所得税和转移支付机制，减少经济增长与社会发展不相协调的矛盾。从长期看，就是要坚持科教兴国战略，尤其是加强人力资本投资战略。只有当中国劳动力的人力资本含量大幅度提高后，我们才有可能在全球经济竞争中放弃劳动力低价优势，我们的产品才有可能提高科技含量和文化含量，我们才有可能形成一个不断扩大的中产阶级群体，居民的收入提高才能与 GDP 的增长保持一致，在全球经济竞争中我们才有可能占据有利的地位，从而保证社会经济的协调发展。

作者说明

2003 年开始中国经济进入一个快速增长的阶段，增长的动力源来自居民消费中汽车和住房的拉动，城市化进程的加快，工业化朝着重化工方向的高速发展和中国进入 WTO 之后的出口大幅增长。本文与何樟勇合作，发表于《经济研究》2004 年第 7 期，这次入选时做了删节。经济增长是有物质基础的，后来一直持续到 2007 年。但是，经济高速增长的背后潜伏着危机，由于经济结构的扭曲，经济主体的非理性行为，尤其是地方政府的投资冲动，居民收入增长的低迷和收入差距的扩大，金融体系改革的滞后，资源、环境和能源的制约越来越严重，中国深层次的矛盾是：经济增长越来越依赖于外部世界，经济的进一步增长缺乏内在的创新驱动和内需驱动。中国经济的发展方式必须转型。

新的历史起点：中国经济的非均衡表现与走势

　　2008 年，中国经济在改革开放三十周年之后，取得了举世瞩目的增长绩效。但是，中国过去的经济改革采取了渐进推进的方式，中国经济中的三次产业结构，宏观总需求结构，金融结构，中、东、西地区结构，各阶层收入结构以及内外经济结构的非均衡现象日益突出。中国经济中的金融部门、垄断部门、改革滞后的公共服务产品供应部门的低效率阻碍了增长效率的进一步提高。以美国为代表的虚拟经济与实体经济非均衡最终导致全球金融危机的爆发，中国金融体系的低效使得其抵御当前全球金融风险的能力大大降低，与金融危机相伴随的全球需求的下降，又使得高度依赖外需推动的中国经济增长面临挑战。中国经济又一次处在十字路口：我们如何在前三十年改革和开放的基础上，推进金融领域、政府领域、第三产业和公共服务产品供应领域的改革和开放，在这些领域培植多元经济主体，增强竞争，均衡结构，增加内需，增进效率。其中，继续通过大规模的劳动力转移，改变二元经济现象，提高全体人民的人力资本投资，在改变劳动力结构的基础上，通过融全球化、工业化、城市化为一体的高速增长，实现生产要素在各产业和各地区间的动态优化配置，是未来三十年中国经济的基本趋势。

一、2008 年：新的历史起点

　　2008 年，这是一个具有特殊意义的年份：中国迎来改革开放三十周年。自 1978 年以来，中国坚持对内经济体制改革和对外全面开放，在体制效率不断释放和生产要素在全球范围内得到优化配置的前提下，经济出现持续高速增长的局面，令世人瞩目。2007 年，中国的 GDP 总量达到 246 619 亿元（按 2007 年加权汇率 7.607 1 折合美元为 32 419 亿美元），由于 2007 年人民币对欧元累计贬值 3.64%，中国的经济总量暂时还不会超过德国。但如果按购买力平价计算(美元与人民币按 1∶3 计算)，中国已成为仅次于美国的第二经济大国。2007 年，中国人均 GDP 已达到 2 460 美元，农村居民人均纯收入 4 140 元，扣除价格上涨因素，比上年实际增长 9.5%；城镇居民人均可支配收入 13 786 元，实际增长 12.2%。中国经济在 1978—2007 年间，年均增长率近 10%，这是世界经济史上很少出现过的奇迹。尤其是进入 2002 年下半年以来，中国经济增长的投资主导型特点更加突出，伴随着基础设施的不断改进和产业集聚效应的显现，全要素生产率(TFP)和技术进步大幅度提升，生产可能性前沿大幅扩张，在居民消费热点出现、投资活动进一步活跃、工业化和城市化进程加速、加入世贸组织后全面快速融入全球经济的新情况下，宏观经济在总需求与总供给同步快速增长的进程中，获得了连续五年(2002—2006 年)"高增长、低通胀"的成就。

但是，由于中国经济是在原来高度集中的计划经济向市场经济转轨的过程中实现这样的高增长，这必然会要求经济制度改革采取存量改进、增量推进的方式，至今仍有许多领域的改革并没有得到实质性的推进：在商品市场体系得到全面推进的情况下，要素市场推进缓慢。这样的改革方式势必会绕过传统体制中难以改革的硬核，某些领域的低效率状态依旧。更有甚者，20 世纪末以来，随着工业化朝重化工业方向演进，资本深化程度不断提高，市场中的竞争因素有所下降，垄断因素上升，尤其是国有部门的垄断程度提高引起资源错配所导致的效应，阻碍了中国经济整体效率的进一步提升。深层次的经济体制改革的迟缓和滞后，使得中国经济在新的历史时期面临着更多结构性的矛盾，如产业结构不平衡发展的矛盾，城乡发展差距拉大的矛盾，收入分配不公的矛盾，经济与社会、自然难以协调发展的矛盾，内外经济摩擦加大的矛盾，实体经济与虚拟经济逐步相背离的矛盾，区域经济非均衡发展的矛盾，等等。同时，2008 年随美国次贷危机的爆发世界经济正面临着自 1973 年以来最大的下降波动，中国经济在 2008 年也受到太多的外部冲击：美国经济疲软和人民币升值之下的出口下降；能源、原材料和粮食价格的上升；新劳动法实施之后的劳动力成本上升；雪灾和地震的影响；宏观经济政策的调控；等等。这些外部冲击使得快速增长的中国经济突然遇到巨大阻力。

回顾三十年历程，中国经济发展的成就是巨大的，中国的改革开放是成功的。但是，中国经济经过三十年的高速增长之后，在新的历史起点上仍旧面临一些十分尖锐的矛盾，同时也面临世界性波动和金融危机的系统性风险。经过三十年发展，中国经济又一次来到十字路口：如何分析蕴涵的发展契机和整体风险？如何判断进一步改革和开放的方向？简单一句话，中国经济将何去何从？如果选择的发展战略正确、道路正确和决策正确，那么，我们完全有理由相信，中国经济再继续增长三十年是可能的，我们将看到中华民族的伟大复兴。

二、2008 年中国经济：问题何在

中国经济在取得三十年高速增长和巨大成就的同时，近年来，在外部经济不平衡、流动性过剩以及金融深化等多重力量的作用下，金融层面和实体层面进一步分离，资产价格自我发展机制已经形成，宏观经济政策的传导机制和资产价格形成机制已经发生了明显的变化。目前，所面临的非均衡现象也越来越集中和突出，具体表现在以下几个方面。

（一）三次产业结构与增长速度的非均衡

刘易斯提出的二元结构理论揭示：如果一国具有二元结构性质，那么该国经济是不发达经济，在二元结构向一元结构的转变过程中必然会伴随着产业结构的升级和经济的高速增长。中国经济的二元结构现象依然十分明显，并且在新的全球化和工业化的背景下，演变成了严峻的"三农"问题。改革开放以来，中国经济的增长速度同部门结构之间存在着明显的反向关系，两者的负相关系数为 0.517 4，也就是说，中国经济的高速增长是以各产业间的非平衡增长为前提的。首先，1980—2007 年中国的农业比重年均只下降了 6%不到（图 1），对经济增长的平均贡献率为 13.4%。许多研究表明，由于受户籍和土地制度的束缚，劳动力的进一步转移受到阻碍，土地要素也难以得到优化配置，中国的农业生产率难以提高，年增长率不会超过 4%。没有一个高效的农业，中国经济的现代化是不可能的。其次，第二产业增长呈稳定上升状态，近十年来占 GDP 的比重基本上都稳定在 50%，对经济增长的贡献率为 57.1%。"世界工厂"趋势明显，但却承受着能源消耗和环境破坏的巨大压力。

2006 年，中国 GDP 占全球总量的 5.5%，但却消耗了全世界 15% 的能源、30% 的钢材、54% 的水资源。① 最后，第三产业增长乏力，1980—2007 年近三十年的年均增长率只有 4%，对经济增长的平均贡献率为 29.5%，直到 2004 年以后才呈现出较为快速的增长势头。配第—克拉克定理揭示：伴随着经济发展而产生的劳动力和产业结构的演变规律表明，劳动力先从农业流向制造业，再从制造业流向服务业，相应的，三次产业比重也逐步向第三产业集中。服务业的增长速度不快，势必压缩了就业增加和经济进一步增长的空间。许多发达国家工业化的完成、现代化的实现，重要标志就是第二产业向第三产业逐渐推进。多数发达国家第三产业的增加值占 GDP 的比重是 70%—80%，就业比重是 50%—75%。根据第一次全国经济普查结果修正后的数据显示，中国的第三产业增加值从 1980 年的 966.4 亿元增长到 2004 年的 65 018 亿元，按可比价格计算，24 年间增长了 12.1 倍，年均增长率超过 10%，但第三产业占 GDP 的比重仍徘徊在 40% 左右。2007 年第三产业占 GDP 的比重是 39.1%，远远低于发达国家的 70%—80% 的比重，与亚洲国家 45% 的平均水平也有很大差距。

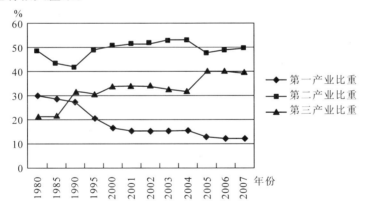

图 1 改革开放以来中国三次产业比重的变化

资料来源：历年国民经济和社会发展统计公报。

---

① 国家统计局：《2007 年国民经济和社会发展统计公报》，2008 年 2 月 28 日。

（二）人民收入增长水平与GDP增长速度的非均衡

改革开放三十年来，中国的GDP基本维持了年均10%的高位增长速度，但是城乡居民的收入增长却长期落后于GDP的增长，劳动收入在GDP中的比重不断下降。2000－2006年居民总收入平均增速为11.2%，工资平均增速为11.6%，但同期财政的平均增速达到了19.1%，规模以上工业企业利润的平均增速达到25.5%。中共十七大报告提出，要"逐步提高居民收入在国民收入分配中的比重"。但目前在中国的国民收入分配格局中，居民收入所占比重明显偏低，而政府和企业收入所占比重明显偏高，特别是政府收入所占比重过高。经济增长的好处过多地分配给了政府和企业，尤其是垄断企业。在1998－2007年的十年间，中国税收收入的弹性系数均在1.5以上，即税收收入的增长速度是GDP增长速度的1.5倍，2007年更高达1.8倍。税收收入的长期超常增长，再加上非税收入的增长，必然使得政府在国民收入分配中所占份额不断提高，自1998年以来，平均每年提高近1个百分点。在2002－2007年这五年中，政府收入占国民可支配收入的比重上升了4.1个百分点，而居民收入所占的比重则下降了近6个百分点。这同发达国家劳动收入所占比重长期稳定在2/3的情况差异较大。从国际上比较看，以发达国家美国为例，其国民收入的分配格局自20世纪90年代以来一直较为稳定，其中，居民收入占GDP的份额平均为73.5%（其他国家和地区普遍在54%—65%），政府和企业收入占GDP的份额均为13%。据统计，2001—2006年间在中国的国民收入初次分配中，劳动者报酬占GDP的比重从51.5%下降到40.6%，下降了10.9个百分点。同时，营业盈余及固定资产折旧和生产税净额占比的上升幅度分别为10.3个百分点和0.5个百分点（图2）。

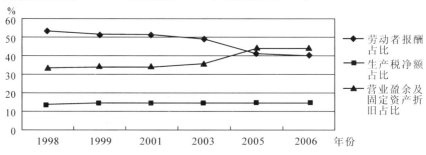

图2　中国国民收入初次分配格局

资料来源：《中国统计年鉴》（1998—2006年）。

　　除了总体的国民收入分配格局，居民可支配收入的来源结构和分布结构的变化也是居民整体收入水平提高的制约因素。城乡居民的收入差距和居民各阶层之间的收入差距不断扩大，个人收入差距的基尼系数从 20 世纪 80 年代的 0.3 上升到目前的 0.46 左右，其中城镇居民内部和农村居民内部的基尼系数分别为 0.35 和 0.40(图 3)。从有关专家研究的结果看，1998 年之后中国的收入流动性下降，城乡之间的收入差距呈逐年扩大的趋势。[①] 20 世纪 80 年代中期，中国的城乡收入差距为 1.86 倍左右。2006 年，城乡收入差距扩大到 3.3 倍左右，如果把各种福利因素计算在内，中国城乡的实际收入差距在 5—6 倍。这从一个侧面说明中国经济中竞争因素在减少。2007 年与 1978 年相比，城镇居民可支配收入在居民可支配收入中所占的比重从 35.7% 上升到 76.9%，上升了 41.2%。同期，农民收入的比重则由 64.3% 下降到 23.1%。占全国 41.8% 的城镇人口占有全部居民可支配收入的 69.2%，而占全国 58.2% 的农村人口仅占有 30.8%，收入分配明显向城镇居民倾斜。[②]

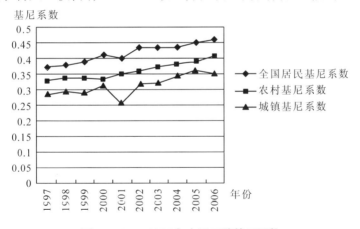

图 3　1997—2006 年中国三种基尼系数

资料来源：《中国统计年鉴》(1997—2006 年)，《中国农村统计年鉴》(1997—2006)。

　　[①]　尹恒、李实、邓曲恒：《中国居民家庭的收入变动及其对长期平等的影响》，《经济研究》2006 年第 10 期，第 30—43 页。
　　[②]　收入的概念不具有可比性——城市居民统计的是可支配收入，而农村居民统计的是纯收入；同时，城镇居民所享受的福利待遇如医疗、教育等非货币收入都是不计算在收入之内的。

(三)公共服务需求增长与基本公共产品短缺的非均衡

公共部门的改革，或者滞后，或者偏离方向，使得公共部门与民营部门的发展处于一种非均衡的状态。在工业领域，随着国有企业的"抓大放小"，国有企业的垄断利润近年来快速上升。规模以上工业企业的利润增长速度2001年出现大幅度上升，2007年前11个月的增幅达36.7%，近十年来的增速基本维持在30%—40%之间的高位。

与此形成鲜明对比的是，居民消费支出占GDP的比重从2000年的46.6%下降到2006年的36.3%。但医疗保健、教育以及居住支出占居民消费的比重却大幅度上升，2000—2007年期间平均达到了32%，且呈逐年提高的趋势。尤其是中国居民投资支出占总收入的比重从1998年的2.96%迅速上升到2006年的11.2%，极大地挤压了消费支出增长的空间。这些基本服务性支出都具有一定的公共福利特征，原来主要应该由国家财政来承担，公共服务部门对义务教育、公共卫生以及基本社会保障的投入不足，在构建公益性医疗、教育体系以及进行房屋改革等方面都存在着不同程度的投入不足、效率不高的问题。公共产品(教育和医疗)供应的公平性及效率性问题引起全民关注和讨论，一些国有企业的低效和垄断收费的不合理性被频繁曝光于媒体。垄断行业利润过高导致行业收入差距在加速扩大，从1978年到2006年，全国职工的平均工资从615元增加到18 364元，增长了28.86倍。同期，行业最高工资与最低工资的差距从458元扩大到32 249元，扩大了69.41倍。在行业收入差距扩大的同时，垄断行业始终位于收入水平前列，同时也是增长最快的行业。按20多个大行业来分，2005—2007年全国平均工资最高与最低的差距超过6倍。

(四)外贸结构与外汇储备的非均衡导致金融非均衡

目前，中国在内外经济关系上处于一种严重的非均衡状态。这种非均衡并不仅仅是许多人认为的简单的"国内非均衡决定国外非均衡，内部投资储蓄差决定了外部的贸易资本双顺差"。内部投资增长过快导致产能过剩，跟外部经济的不平衡带来宏观流动性过剩，这两者是相互作用的过程。在全球化的背景下，我们必然承认主要是世界的大格局(发达国家的技术创新、金融深化、产业转型等)决定了中国经济融入全球化的方式和程度，而不是由中国经济来决定世界全球化的进程。自中国加入世贸组织以来，中国的经济发展进一步融入全球经济发展，外贸进出口有 30% 左右的增长，取得的成就是必须肯定的。但是，由于居民收入增长缓慢，1998—2006 年工资总额占 GDP 的比重从 11.2% 下降到 10.98%，加上居民收入分配分布结构情况的进一步恶化（基尼系数的逐年上升），使得全体社会的边际储蓄倾向很高，内需不足，中国经济增长对外部世界的依赖增大。每年净出口增长带来外汇储备的增加，从 1991—2006 年平均每年按照 37.5% 的速度增长，2007 年累积外汇储备突破 1.5 万亿美元。其结果，一是人民币升值预期明显，外资涌入；二是大规模的外汇储备足以对中国的资产结构带来根本性的冲击，2002—2007 年外汇储备增加了近 12 000 亿美元，占流通中现金的 51%，是 M2 的 18.5%，导致人民币发行过多。1991—2007 年广义货币（M2）的年均增长率几乎达到 22%，是 GDP 年增长率的 2 倍。流动性过剩推动国内物价上涨、资产价格和房地产价格波动异常。实体经济的非均衡引发金融领域的非均衡，金融资产的相互抵押和相互转化，加速了金融资源的流动和货币乘数的巨大变化。金融部门与实体经济的分离使中国经济的金融风险遽然上升，如不设法加以避免，30 年的经济成就有可能会毁于一旦。

（五）国有经济和民营经济发展的非均衡

改革开放三十年，经济中的增量改革部分和目前民营经济占主要比重的部门，通过市场的竞争机制，已具有很高的效率和国际竞争力，近十年来，民营经济年均 10% 以上的增长速度，对中国整个国民经济增长的贡献率超过 60%。工业增加值和出口分别保持了 20% 和 40% 左右的增长速度，每年吸纳 1 000 万左右的新增从业人员，扣除国有和国有控股经济，民营经济的税收贡献率在 70% 以上。但受意识形态和利益分配的影响，民营企业在金融资源和市场准入等方面受到许多限制性的规定。比如，在间接融资方面，民营经济解决了 75% 的就业问题，但是银行贷款资金不到 15%，85% 的金融资源配给国有经济了。直接融资方面，只有 400 多家（万分之一）的民营企业靠收购上市这种间接方式进行融资活动。另外，民企的投资只能局限在一些过度竞争、缺乏技术创新的行业，主要集中在第二产业（79%）和第三产业（20%）。诸如石化、电信、电力、证券、保险等产业部门，基本上由国有企业垄断，使得这些公共服务部门仍旧相对封闭和低效率。在此背景下，政府如何进行治理制度创新，真正做到不同所有制之间的"法律平等"、"经济平等"，如何进行金融、土地资源在国有经济和民营经济之间的有效配给，成为我们必须考虑的问题之一。第二个问题是：面对"大政府小社会"的特征在中国有不断被强化的趋势，我们必须从世界经济发展经验的角度来考虑合理的政府规模和社会的发育问题，与高度发达的市场经济相适应的应该是"大政府小社会"的模式还是"小政府大社会"的模式？从全球范围来讲，政府规模的变化轨迹有一定的特征和趋势，经济发展水平和不同市场经济模式等都会决定政府规模的扩张程度。中国经济近30年的高速增长以及政府管理、投资导向型的市场经济模式必然会带来政府规模的快速扩张，但也由此带来了一系列负面问题：政府财政收入过高(接近GDP的1/3)、支出结构不合理(庞大的行政管理支出和相对偏低的社会性支出)以及政府管制程度加大等诸多需要政府自身的改革才能解决的问题。

(六)地区经济与社会发展的非均衡

改革开放以来，中国经济增长的成果并没有在各地区间均匀分布。受政府的地区发展政策和特定区域结构的影响，地区经济发展差异大，东部沿海地区的经济发展呈加速态势，但中西部地区的经济增长长期落后于东部地区，构成区域发展矛盾。目前通过西部开发和中部崛起战略，中西部经济发展开始加速，这是一个良好的势头。在2002—2007年这5年中的高增长—高投资过程中，投资的区域结构有了优化的趋势，在本轮经济周期中改变了中国东部偏向型的经济增长模式，中部地区占GDP的比重提高了近3个百分点。同时，投资比重也出现了中西部地区比重上升的现象，分地区看，东部地区投资72 314亿元，比上年增长19.9%；中部地区34 283亿元，增长33.3%；西部地区28 194亿元，增长28.2%。环渤海经济圈、中原经济圈、成渝经济圈以及闽东南经济圈正在成为投资增长和经济增长的热点区域，中国经济增长的区域格局逐步呈现长三角、珠三角以及中西部几个经济圈多极参与拉动的特点。但是，东部地区毕竟是中国经济发展基础最好、效率最高的地区，市场经济体制已基本形成，并在世贸组织规则下迅速与国际市场接轨，经济以年均10%—11%的速度增长，超过全国平均2个以上百分点，经济总量占全国经济总量的 65％以上。多数产业已具有现代产业特征，新兴产业的壮大和产业链条的完善，结构优化与经济转型的基础健全，可持续发展的空间大，具有相对优势。如何进一步加快该地区的经济腾飞，扩大经济总量，吸纳更多的劳动力就业，对全国作出更多的贡献，从"又快又好阶段"逐步过渡到"好中求优"也是至关重要的。也就是说，我们通过什么方式和什么手段来缩小地区差异，一方面保持东部地区的继续快速发展的势头；另一方面又能够使中西部达到跨越式发展，在长期的动态中缩小与东部地区的差距。这就要求我们在未来 30 年的发展新阶段中，积极探索建立与这些差异性相适应的差异化发展模式。

（七）2008 年，在全球经济急剧波动的风险中和经济增长条件发生变化的情况下，中国经济增长面临前所未有的阻力

首先，2008 年上半年的国内生产总值为 130 619 亿元，按可比价格计算，同比增长 10.4％，比上年同期回落 1.8 个百分点。工业生产的增速继续减缓，上半年，全国规模以上工业增加值同比增长 16.3％，比上年同期回落 2.2 个百分点。固定资产投资和出口一直是拉动中国经济增长的主要力量，2005—2007 年，两者对 GDP 增长的贡献分别在 40％和 20％左右，但是 2008 年受国内外宏观环境的影响双双疲软。其次，通货膨胀走高。2007 年伊始，CPI 率先开始上升，其后 PPI 和原材料、燃料、动力购进价格指数逐步跟进。2008上半年，CPI 涨幅有所回落，但是 PPI 和原材料、燃料、动力购进价格涨幅扩大。PPI 和原材料、燃料、动力购进价格的持续攀升提醒大家，未来消费品价格仍存在较大的反弹压力。

这一次的世界经济波动，问题主要出在美国和中国这两大经济体内部的矛盾上。当前，外部冲击形成的主要原因概括起来就是：美国国内居民的长期高消费和低储蓄倾向导致他们向全世界举债过度，在货币政策上长期宽松；中国的问题是经济增长过程中内需不足，居民储蓄过度，要素市场发育滞后，使得不合理的经济结构难以转变，当中国经济面临外部冲击时，由于要素价格的僵化使得经济的自然反应和调整受阻，结构问题愈加严重。因此，全球经济的不平衡和由此产生的外部冲击的主要策源地是美国，其中美联储的货币政策发挥了关键作用。但是，在这一系列的外部冲击形成并发挥作用的过

程中，中国经济的非均衡因素同样不可忽视。随着中国经济总量的不断增大，对外开放程度的逐渐提高，中国的变化对世界经济的影响越来越大，中国经济的结构改革尤其是要素市场改革却没有跟上。这两个因素相互交织，不但对中国经济本身，而且对世界经济产生了重大影响。只有美国和中国把问题解决了，世界经济才能迎来新的繁荣。

非均衡是中国经济高速增长的主要特征之一，主要原因在于改革不到位所形成和积累的体制性矛盾。正如中共十七大报告指出的，"社会主义市场经济体制初步建立，同时影响发展的体制机制障碍依然存在，改革攻坚面临深层次矛盾和问题"。非均衡发展必然会对传统的结构带来剧烈的冲击，内外经济非均衡发展带来的流动性过剩的冲击在传统视野中是过热的根源，但却蕴涵着结构调整的契机，是解决中国结构性问题的基础，特别是二元经济结构的转化、城乡结构的调整和产业结构的升级所必须要面对的基础。经济均衡增长有赖于改革深入推进，在新的历史起点上，我们必须认真探索上述问题，找到解决上述问题的思路。

三、中国经济未来之路：融全球化、工业化、城市化为一体

中国三十年来经济增长的动力主要来自于改革和开放。进入新阶段，市场化改革方式和途径的实质性突破，解决可持续发展面临的体制性矛盾和问题，其重要性比以往任何时候都要突出。无论是资源环境问题，还是统筹城乡、区域协调发展问题，都有赖于市场化改革的进一步推进，从制度上更好地发挥市场在资源配置中的基础性作用。从制度改革的角度来讲，最初发轫于农村土地制度的改革和农村微观经济组织的再造以及农产品市场的发育和价格体系的确立。农业改革的初步成功，一方面极大地提高了农村的劳动生产率，解决了中国发展的农业基础问题；另一方面劳动生产率的提高又为大量的农村剩余劳动力转移到工业提供了可能。在农村改革成功的基础上，城市改革以国有企业改革为核心、以吸收和发展非国有企业为推动力全面展开，市场发育从产品市场到要素市场逐步推进，其中最为重要的成就是劳动力市场的形成与发育，使中国劳动力资源的比较优势得以充分展现，从而为中国 7

亿多劳动力参与全球分工体系奠定了基础。第三次全球化进程就其实质来讲，最大的特点是中国 7 亿多劳动力参与全球分工体系但以劳动力不出国门为前提，其结果是全球的资本、技术、制度和管理等要素向中国东部沿海流动，国内的劳动力要素从中西部向东部流动，从而达到全球生产要素的优化配置。在这个要素在全球范围内的优化配置的过程中，中国的劳动力资源得到了充分的利用，中国经济得以快速增长，世界财富得以快速增加。中国正是在为世界财富集聚作出重大贡献的基础上发展了自己的经济，提高了人民的生活水平。进入 2003 年以来的中国经济的快速增长，是中国经济进一步融入全球经济，加快完成工业化和城市化的过程。随着投资和资本的深化加速，工业化正朝着重化工业阶段挺进。随着中国成为世界制造业中心趋势的凸显，国际产业的转移，出口的增加，国内因汽车、住房和通信等消费需求的推动，进一步拉动了对中间产品的需求。同时，世界银行对全球 133 个国家的统计资料表明，当人均国内生产总值从 700 美元提高到 1 000—1 500 美元、经济步入中等发展中国家行列时，城镇化进程加快，城镇人口占总人口的比重将达到 40％—60％。随着城市化的发展，城市居民对住房需求的加大，住房建设、土地拍卖、城市交通和环境的改善在市场机制下互动，既满足了人民群众对住房和环境的更高档次的需求，又通过土地拍卖筹集到城市建设的资金，构成住房建设、城市交通建设和环境建设的投资高潮，对 GDP 的高速增长起到了极其重要的推动作用。中国经济未来的发展和增长同样将朝着这个方向前进。在全球化大潮中进一步提升工业化的水平，在扩大制造业份额的基础上继续扩大中国的就业，推进城市化，在城市化和工业化的基础上促进第三产业的发展。这是我们最大的比较优势所在。改革开放三十年来商品市场的发育程度比较高，但土地、资本等要素的市场化及资源价格形成机制、环境成本形成机制严重滞后。最近国外有学者运用中国 1998—2005 年的制造企业的数据来研究了制造行业中存在的资源非效率配置情况，比较了不同所有制企业中的劳动与资本的边际报酬，认为当中国的劳动和资本能够达到像美国一样的边际配置效率的话，中国制造业的全要素生产率(TFP)还可以再提高25％—40％。

需要提醒的是，未来中国经济的结构性问题并不与高增长存在必然冲突，未来的结构性调整必须以高增长为基础，经济增长的放缓和停滞不仅无法解决结构性问题，反而会激化各种利益矛盾，使结构性问题更加突出和恶化。我们要十分注重改变第一产业和第三产业长期落后的情况，而第一产业和第三产业的发展又必须借助于中国经济在全球化过程中进一步的工业化和城市化。到 21 世纪中叶，为了支撑中国完成现代化的总体进程，中国的城市化率将提高到 75% 左右。就第一产业来讲，家庭联产承包责任制之下的小农生产尽管可以解决中国人口的吃饭问题，但是它们不是高效农业和现代农业的组织形式。农业现代化的基本前提是农村劳动力向非农产业的进一步转移，土地资源的进一步集约利用，农业生产组织的创新，农业劳动生产率的大幅度提高。

因此，中国经济的未来走势，首先是中国东部地区的三大区域(珠江三角洲、长江三角洲和环渤海湾地区)，进一步转移劳动力，吸纳人口，中国的农业人口将大幅度下降，随着农业劳动力的减少，现代农业和高效农业的时代就可能到来。因此，全球化背景下的工业化和城市化的发展，人口的转移和在城市中的集聚，是农业现代化的必由之路。同时，人口的集聚也是服务业兴起和发展的前提。在过去三十年中，我国的城市化进程一直慢于工业化进程，以 2005 年 1% 人口抽样调查推断，全国流动人口为 1.47 亿。其间我们至少转移了 1.5 亿的农村劳动力，但是这些劳动力大多只是从农业转移到出口导向的制造业、城市的基本建设和城市消费服务业等领域，并没有成为真正意义上的城里人。而完成农民身份的转变，既是中国经济和社会现代化的主要内容，同时也是中国经济进一步增长的空间所在。目前，我们已经看得很清楚，制约农村劳动力转移的主要因素来自于户籍制度、土地制度、教育制度和社会保障制度方面的改革滞后。如果我们在未来的经济发展中，逐步改革户籍制度，代之以就业和稳定居住地为基础的居住证制度；"有恒产者有恒心，无恒产者无恒心"，让农民自由地支配土地，实现稀缺土地资源高效率配置；如果农业的土地使用权界定到家庭或个人，并让它们充分流转，或一次性处置换取社会保障基金，或入股享受土地的收益权；如果城乡的教育差距能够缩小，政府公共服务品的覆盖率能够提高，那么，高效和现代的农业就可能出现，更多的农民就可以转移到城市，土地资源就可以在更大范围内得到有效配置。从这个角度来讲，农民进城总体上看是节约土地资源的，全国 18 亿亩的耕地从动态上来看是可以保持的。因此，我们在大规模农业人口转移到城市的时代，可以更有效地调控城市的土地供应。从可操作的角度看，可以采取将一个城市的土地指标与该城市的新增就业和新增移民相挂钩的方式进行审批。否则过紧的城市土地控制与金融流动性过剩联系在一起，有可能会加快城市房地产价格的上涨，增加农民进城的成本，阻碍中国的城市化进程。

让我们设想一下，如果未来经济发展中工业化和城市化的进程都能够加快，服务业以快于工业的速度增长，我们以 2007 年最新的 GDP 总量和构成为基础进行推算，2007 年 GDP 为 24.66 万亿元人民币，其中第一产业 2.89 万亿元，第二产业 12.14 万亿元，第三产业 9.63 万亿元，比重分别为 11.7%、49.2% 和 39.1%。到 2020 年的 13 年时间里，根据目前年均增长 10% 的情况，GDP 总量可达 80 万亿元左右。第一产业年均增长 5%，翻一番，在 GDP 总量中降 6 个百分点，达到 5 万亿元左右。第二产业翻两番，达到 41 万亿元。第三产业如果能够略微加速发展，也达到翻两番，则为 33 万亿元，比重为 41%。如果第二产业发展速度降低，第三产业加快发展，比重达到 45% 甚至更高，三产的产值就可以达到 36 万亿元之上。这样到 2020 年，中国人均 GDP 就有望突破 8 000 美元，为中国小康社会的建设奠定坚实的物质基础。2020 年之后，由于中国人口红利开始消失，工业化基本完成，城市化速度也放慢，第三产业的增长速度继续加快，在 GDP 中的比重不断上升，第三产业占 GDP 的 70%，经济增长的空间主要在第三产业的发展上。当然这是比较乐观的推算，如果考虑到中国的土地、能源和环境的制约，速度降为年均 8% 的增长，这样的经济水平要推迟到 2025 年才能实现。

四、金融、政府与公共服务领域：坚持改革与开放

进入 21 世纪以来，由于实体经济的非均衡，中国每年 GDP 中的储蓄部分都有扩大的趋势，从宏观经济的总供求角度看，是一个总供给大于总需求的国家，而世界上最大的发达国家——美国却是一个总需求大于总供给的国家，中国的连年贸易顺差只好与美国的连年贸易逆差相对应。这个现象说明，中国高速增长的 GDP 中有相当一部分需要美国这样的国家通过发行货币来埋单。其结果是，人民币的升值压力越来越大，而美元贬值的压力也越来越大。

与此同时，中国金融领域的非均衡现象也日益明显：一方面由于全球经济的非均衡；另一方面由于人民币汇率的控制，连年贸易顺差导致外汇储备过多和流动性过剩，金融部门的低效导致本国优质资产供应的短缺，最后流动性过剩或者使房地产价格过度上升，或者使资本市场的价格过度波动，并对物价构成通货膨胀压力。在人民币升值预期和美元贬值预期之下，国际投机资本通过各种渠道进入中国，进一步对中国的资产、地产和物价造成压力。在这种情况下，实体经济所取得的成就有可能被某一次重大的金融危机所摧毁。蒙代尔开放经济模型中关于固定汇率、国际资本流动控制和有效的国内货币政策三者不可兼得的结论，即蒙代尔不可能三角形原理，在中国当前可以得到很好的验证。因此，尽管中国经济内外非均衡有其实体经济的原因，但是人民币的汇率改革必须进一步加快，充当起均衡经济的角色。否则，第一，国内的通货膨胀趋势将进一步加剧，通过真实汇率上升的办法来均衡内外经济；第二，对国际资本流动的控制将会十分困难；第三，国内货币政策往往是被动的和难以奏效的。人民币名义汇率升值和国内加速通货膨胀虽然都可以起到真实汇率升值的目的，从而均衡内外经济，但是，不同的经济主体所受到的影响是不同的，对中国经济运行的影响也是不同的。

其次，在中国经济面临对外金融风险上升的情况下，金融领域的改革和开放变得更为重要。一方面，中国的资产财富积累到一定规模后需要提供更多的金融工具来分散资产风险；另一方面提高跨期资源配置的效率，资产结构多元化需求日渐强烈。中国金融深化和金融创新为中国资产结构的大规模调整提供了供给空间。但是，由于中国资本市场发展的初衷是政府或者为了解决国有企业的困境而筹资，或者为了解决金融问题变间接融资为直接融资，强调筹资功能，没有将资本有效配置的功能提到重要的高度，也没有将对广大中小投资者的利益保护提到重要的高度，资本市场的治理结构还存在较大的问题，难以充当起产业调整的重任。从 1978 年开始，中国平均 GDP 增长率接近 10%，加上 40% 的积累率决定了中国财富的快速积累。企业固定资产存量每年增长 5%，居民金融财富近 5 年以 17.4% 的速度增长。包括股票、各种债券、基金的金融资产规模迅速攀升膨胀，2007 年年底的股票市值达到 32.71 万亿，各种债券规模达 8.27 万亿，基金总规模已超过 3 万亿。这些物质财富和金融财富的快速积累，直接导致了近 5 年来中国财富年均复合增长率超过20％。另一方面，国际资本看好中国，千方百计进入中国市场，其实质是由于中国实体经济取得巨大成就，要分享中国经济增长的收益。目前，中国要利用国际资本看好中国的机会，通过金融体系的改革和开放，如金融微观组织的重造、金融领域的开放、竞争机制的引进和金融产品创新，利用美国金融危机的机会，参与或运作国际资本，掌控全世界的优质生产资源和要素，推进实体经济的发展，通过实体经济的回报稳住国际资本。可以这样讲，全世界的金融资产流向中国，对于中国来说，既是挑战，潜伏着深刻的危机，同时又是从来没有过的巨大机遇，如果我们的金融体系更加健康，这样的机遇完全可以为我所用，如同我们已经享受了前30年的"人口红利"一般，未来30年经济的发展需要"金融红利"的支撑作用。

由于中国经济的体制特征和转轨特征，政府尤其是地方政府始终是极其重要的经济主体，其作为对中国经济未来的走势同样至关重要。中共十七大报告提出要转变政府职能，变"经济建设型"政府为"社会服务型"政府。以2007年为例，全年用于与民生有关的农业、教育、医疗卫生、社会保障、就业、科技等方面的支出，约占当年财政支出的30％多一点。根据目前的财力，政府首先在教育上要有进一步的作为，如加大对基础教育的投入，实行城乡基础教育的标准化，即校舍的标准化、教学内容的标准化和师资的标准化。人口的流动、工业化、城市化、产业结构的转变、节能减排、经济增长方式转变，所有这一切，其背后的根本问题是中国劳动力的人力资本含量问题。中国总体的经济增长的就业弹性在1999年以来的工业化作用下一直处于下滑趋势，单位GDP增长所吸纳的就业数量降低了60％多，到2007年中国总体经济增长的就业弹性仅为0.053。如果未来中国的劳动力尤其是从农村转移出来的劳动力不具备一定的素质，以加工工业为基础的工业结构和制造业一枝独秀的状态难以改变。为了解决低档次劳动力的就业，中国就业的压力要求维持较高的经济增长，这意味着，在维持目前的城镇失业率不超过4.5％的前提下，要解决每年约0.97‰的经济人口增长率，每年的经济增长速度应当不低于9.5％，一定的能耗与环境污染则是不可避免的。同时，劳动收入的提高，从短期看，可以通过劳动立法等方式增加劳动者的收入，但是，从长期来看，劳动者收入提高的基础是人力资本含量的提高与劳动生产率的提高，这也是一个国家中产阶层得以壮大的基本前提之一。劳动力市场的改革，没有高的劳动生产率和相对高的企业利润作为缓冲，工资形成机制的规范化将直接带来成本推动型的通胀和劳资之间的激烈冲突。

政府的另一项基本职能是对资本市场的有效监管，使家庭通过将未消费的收入投资于资本市场，获取来自实体经济的稳定的资本收益，分享经济增长的好处。这些工作的推进可以大大加快中国的人口转移和城市化的进程，并为经济发展方式的转变做好准备。从宏观调控的角度来看，关键是要调整好消费、投资与出口在 GDP 形成中的比重。2004—2007 年，中国最终消费和资本形成占 GDP 的比重分别下降了 2 个百分点和 1.2 个百分点，但净出口却上升了 5.5 个百分点。出口增长的大幅度上升是全球化与全球国际分工调整所导致的中国比较优势的产物。消费调整的渐进性，也决定了必须维持一定的投资增长速度，通过调整收入分配结构以及调整相对价格，才能实现经济增长的消费推进型经济增长方式的转变。另外，中国投资的宏观效率在近 10 年来快速提升，1999—2007 年用来衡量增加 GDP 所需要的新增长资本投入量的指标(增量资本产出比率)出现大幅度下降，从 1999 年的 6.82 下降到 2007 年的 3.73(图 4)。在微观效率上，规模以上工业企业的利润增长速度从 2000 年开始一直维持在 30%—40% 之间的高位。政府宏观调控应当从投资规模、投资速度等范畴转移到结构与质量相统一、结构与速度相协调之上来，削减低水平的重复建设投资，着力于高效农业、先进制造业和现代服务业的技术和人力资源投资。

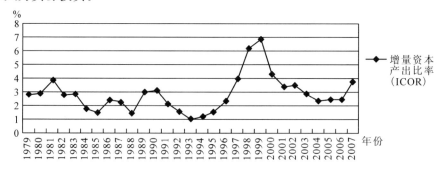

图 4　中国投资的宏观效率——增量资本产出比

资料来源：中国人民大学经济研究所《宏观经济分析与预测：2007—2008》。

最后一块就是部分第三产业与公共服务领域的市场化改革，前面已经提到，当前中国经济中的竞争性行业，包括一般制造业和生活性服务业，改革已经到位，效率已经很高，具有很强的国际竞争力。但是，涉及国有或国家控制的行业，如金融、保险、电信、邮政、城市供电、铁路、民航、港口、广播电视等领域，由于这些部门的垄断难以打破，政府的管制又不够有效，服务产品的生产和供应效率低下。与此同时，教育、医疗、文化艺术和公共服务领域是第三产业发展的重要部门，但是由于这些部门改革的滞后，它们的发展远远适应不了中国经济发展和人民群众对它们的需要。因此，上述这些部门的改革与开放是中国能否再继续高速增长 30 年的关键所在。中共十七届二中全会通过的大部制改革方案开启了政府进一步放松对微观经济活动的干预，提高社会管理和公共服务水平等新一轮的政府行政和公共服务领域的改革进程，我们应当站在改革发展的历史新起点，进一步突破制约经济发展、社会进步的体制性障碍，积极引入市场竞争性力量，把垄断部门的市场化改革方向与公共服务领域的市场化改革方式高度有机地统一起来，让更多的人民公平地享受到经济增长所带来的福利成果。

作者说明

本文成文于本次金融海啸全面爆发之际，此时，中国经济可谓是走到了十字路口：是危机，也是机遇，如何认清自身存在的问题，找到发展的出路，成为中国经济学家们近几年皓首穷经想要解决的问题。本文发表于《学术月刊》2008 年第 11 期，也被《新华文摘》2009 年第 3 期转载。我认为，非均衡作为中国发展的主要特征，同样既是压力，也是动力，如同水电站利用水位差发电，中国事实上一直在用非均衡中间的缺口营造动力。城乡二元结构、人口年龄结构、地区差异、三个产业的发展差异，要求经济资源必须朝更正确的方向配置。中国的经济走势，可以说是决定于非均衡本身，但对非均衡也会产生强大的拉拢力量，以消除这个动力来源。在此期间，如何保持中国经济发展，让其稳定和谐，是我们的共同任务。

中国经济波动与宏观经济政策

中国经济在 1978—2007 年，年均增长率近 10%，这是世界经济史上很少出现过的奇迹。尤其是进入 2002 年下半年以来，中国经济增长的投资主导型特点更加突出，伴随着全要素生产率（TFP）和技术水平的大幅度提升，生产可能性前沿面大幅扩张，为改革以后所罕见（图 1）。但是，从 2007 年开始，尤其是进入 2008 年，受国际和国内各种因素影响，中国经济接连遇到许多困难，经济运行出现较大波动，中央的宏观调控思路也随之出现较大调整。

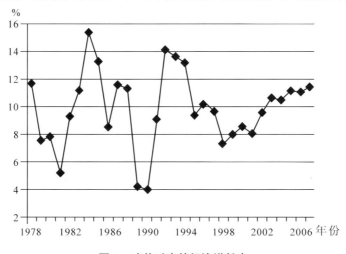

图 1　改革以来的经济增长率

资料来源：国家统计局：《中国统计年鉴》（2007 年），中国统计出版社 2007 年版。

一、宏观经济政策的转变

2007 年年底中央经济工作会议确定宏观调控的首要任务是"双防"，即防止经济增长由偏快转为过热、防止价格由结构性上涨转变为明显通货膨胀，并且实施稳健的财政政策和从紧的货币政策。而 2008 年 7 月，中共中央政治局会议为下半年的宏观调控定下了"一保一控"的政策基调，即把保持经济平稳较快发展、控制物价过快上涨作为宏观调控的首要任务，把抑制通货膨胀放在突出位置。近期又转变为实施积极的财政政策和适度宽松的货币政策，并出台了十项扩大内需的措施和四万亿的经济刺激计划。从政策思路的变化可以看出，一年之内政府调控的重心已从"反过热"全面转向"保增长"。

政策基调改变是因为宏观经济环境在这一年中发生了根本的变化。

2007 年中国的经济增长率为 11.4%，比 2006 年还要快 0.3 个百分点，与此同时通货膨胀率也快速攀升，连续创出近年来新高，年初还是 2.2%，第四季度中的三个月的通胀率则分别达到 6.5%、6.9%、6.5%；资产市场和房地产市场接连出现泡沫；并且美国的次贷危机对全球经济的影响在当时看来并不是很大，大家担心影响出口的主要因素还是人民币升值。因此，去年年底的中央经济工作会议把防过热、防通胀作为首要任务，实施稳健的财政政策和从紧的货币政策。

政府之所以采取"一稳一紧"的宏观政策稳定经济，原因是，在当时看来，引起过热的因素主要是固定资产投资增长过快、货币投放过多、外贸顺差过大。从 2002 年开始，随着工业化、城市化的进一步推进，经济增长持续升温，固定资产投资迅猛增长(图 2)。2003 年，固定资产投资增长率为 27.7%，高出 2002 年 10.8 个百分点，此后直到 2007 年增速一直维持在 25% 左右，成为拉动经济增长的主要力量，而近几年对经济增长的贡献率则在 40% 左右。固定资产投资的增加，使得煤、电、油等资源性产品开始吃紧，对下游产品价格的上升构成了压力。与此同时，广义货币供给(M2)和贷款投放的增长率也始终在高位运行(图 3)。至 2007 年年底，M2 和贷款余额分别为 40 万亿元和 26 万亿元，是 2002 年年底的 2 倍多。通货膨胀不是一朝一夕形成的。过去几年过剩流动性的持续积累，不但是过去两年资产市场和房地产市场泡沫形成的基础，也为通货膨胀埋下了伏笔。在增加的货币供给中，外汇占款是很大一部分。随着进一步融入全球，中国的劳动力比较优势得到更好的发挥，外贸顺差迅速增长，外汇储备从 2002 年的不到 3 000 亿美元增长至 2007 年的超过 15 000 亿美元，5 年增长了 4 倍(图 4)。央行为了维持人民币汇率的稳定，实行结售汇制度，光外汇占款一项，就将近 5 年来货币供给增量的 50%。

外汇储备的迅猛增加，大大增加了国内的通胀压力，削弱了货币政策在控制价格水平方面的有效性。

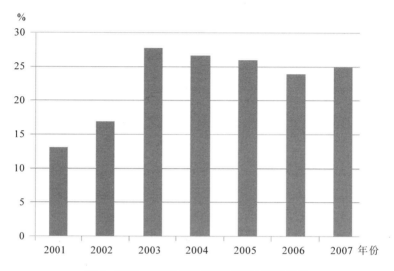

图 2　2001—2007 年的固定资产投资增长率

资料来源：国家统计局：《中国统计年鉴》(2007 年)，中国统计出版社 2007 年版。

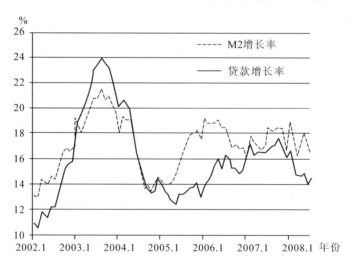

图 3　2002—2008 年的国内货币供给增长(月度同比)

资料来源：WIND 资讯。

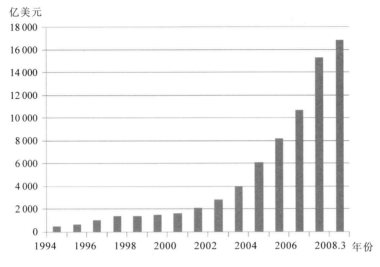

图 4　外汇储备的变化

资料来源：WIND 资讯。

　　针对上述情况，中央采取的主要手段对内是控制"银根"、"土根"，严把信贷和土地闸门，对外则是加快人民币升值。从 2007 年年底开始，央行连续上调存款准备金率，从 13% 升至 17.5%，同时严格控制各商业银行信贷额度，加强产业政策和信贷政策的协调配合，控制某些行业如房地产业等的信贷风险。从 2007 年年底开始，广义货币供给(M2)的增长率和金融机构贷款的增长率双双出现下降(图 3)。与此同时，中央政府开始严把土地闸门，加强建设用地管理，严守 18 亿亩耕地红线，这对于各地的投资项目来说，无异于釜底抽薪。此外，又出台了对部分行业投资的行政限制，加强了对产能过剩行业的结构调整，重点调控行业包括钢铁、电解铝、水泥、煤炭、焦炭、电力等高耗能、高污染行业。在追求外部平衡方面，上半年人民币继续坚持升值，累计升值幅度约为 7%；同时深化外汇管理体制改革，拓展外汇储备使用渠道和方式；综合使用出口退税政策、关税政策、加工贸易政策来控制进出口，以缓解外贸顺差过大的问题。

　　反通胀的政策在短期内必然会引起产出的下降。2008 年上半年一系列紧缩政策的实施，在有效控制经济过热和通货膨胀的同时，在宏观和微观层面也产生了一系列负面影响，主要表现为投资和出口的减速以及中小企业生产困难。除了这些可以预期的产出下降，中国经济在上半年还遭受了很多其他外部冲击：美国经济疲软和人民币升值之下的出口下降；能源、原材料和粮食价格的上升；新劳动法实施之后的劳动力成本上升；雪灾和地震的影响，等等。其中，始于 2007 年的美国次贷危机愈演愈烈，演变成为一场席卷全球的金融风暴，并开始严重影响实体经济，成为中国面临的最大的外部冲击。

受次贷危机影响，从 2007 年 10 月到 2008 年 10 月，道琼斯指数最大跌幅超过 40%；欧洲主要股市和日本股市跌幅也超过了 30%，创下了近几十年以来的最高纪录；新兴市场经济国家如俄罗斯的 RTSI 指数近三个月以来就下降了 60% 多，印度的 SENSEX 也下降了 30% 左右。据日本《每日新闻》发表的一篇文章估计，自美国次贷危机以来，全球股市已经蒸发掉了 27 万亿美元的资产，相当于 2007 年美国、日本、德国、中国和英国五个大国 GDP 的总量，将近 2007 年世界各国 60 万亿 GDP 总量的一半。IMF 最新的估计是，仅美国不良资产损失将超过 1.4 万亿美元。以上仅是直接损失，次贷危机对世界经济的间接影响更为严重。随着次贷危机从金融领域向实体经济领域蔓延，全球经济衰退的迹象越来越明显。欧盟经济第二季度即出现了负增长，美国经济第三季度负增长 0.5%，虽然好于预期，但是第四季度出现更大负增长几乎已成定局。世界经济正面临着自 1973 年以来的最大的下降波动。

"内紧"和"外紧"的各种因素叠加在一起，使得快速发展的中国经济突然遇到持续增长的巨大阻力。2008 年前三季度，中国经济的增长率分别为 10.6%、10.1%、9.0%，下降趋势明显；规模以上工业增加值同比增长 15.2%，比 2007 年同期回落 3.3 个百分点，低于 2008 年上半年的增速（16.3%）。1—5 月，全国规模以上工业企业实现利润 10 944 亿元，同比增长 20.9%，比上年同期回落 21.2 个百分点。固定资产投资和出口一直是拉动中国经济增长的主要力量，2005 年至 2007 年，二者对 GDP 增长的贡献分别在 40% 和 20% 左右，但是 2008 年受国内外宏观环境的影响双双疲软。上半年，全社会固定资产投资 68 402 亿元，同比增长 26.3%，虽然比上年同期加快 0.4 个百分点，但是考虑到通货膨胀因素，实际增速是下降的。净出口则出现了绝对减少：前三个季度贸易顺差 1 810 亿美元，同比减少 47 亿美元。珠三角和长三角的许多加工制造企业已经倒闭或停产，并有进一步蔓延的趋势。世界经济疲软对中国实体经济的影响已经非常显著。而房地产市场和资本市场的下跌造成的负的财富效应，随着价格水平的稳定，对居民消费的影响也将逐渐显现。此外，上半年资本流入同比减少 20％以及近来的人民币汇率期货下跌也说明，热钱加速外流有可能导致中国从流动性过剩转向流动性紧缩。同时，金融危机又导致中国居民的心理变化、预期变化以及对未来宏观经济信心的丧失，这些因素进一步构成对中国资本市场和房地产市场的向下的压力。因此，尽管中国由于金融市场的相对独立和封闭，受到这次金融危机的直接影响不是十分强烈，但是中国经济所受到的间接影响却不能被忽视，并且随着时间的推移，还有可能继续深化。

与此同时，受前一段宏观调控和全球经济疲软的影响，通胀压力逐渐消除。2007 年伊始，CPI 率先开始上升，其后 PPI 和原材料、燃料、动力购进价格指数逐步跟进。从 2008 年 3 月份开始，CPI 涨幅逐月回落，10 月份降为 4％。上半年 PPI 和原材料、燃料、动力购进价格的涨幅虽然进一步增大，但是从 9 月份也开始下降，9 月份 PPI 的同比涨幅降为 9.1％，10 月份进一步下降为 6.6％。

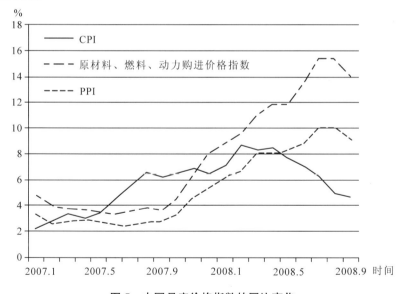

图 5　中国月度价格指数的同比变化

资料来源：WIND 资讯。

可见，在"内紧"和"外紧"的双重夹击下，当前中国经济走向过热的风险已经不存在了,但是下行的风险却在不断积累。那么,为什么半年之内中国宏观经济运行出现了如此大的转向?主要有两个方面的原因。第一,周期性因素。经济的增长并不是平稳的,既有波峰,也有波谷,这就是周期。在经济上升的时期,居民愿意消费,厂商愿意投资,经济活动欣欣向荣,但是在这个阶段,各种非均衡的问题也在积累,当积累到一定程度后,问题就会爆发,经济也会掉头向下,不过下降的过程也是解决问题的过程,只有当这些问题得到基本解决,经济才会触底。如果从上一个周期的谷底1998年算起,中国经济保持上升态势已达9年之久,以美国为代表的世界主要经济体也经历了5年左右的繁荣,在这个过程中,很多结构性的问题都被快速的经济增长所掩盖,如流动性过剩、资产市场和商品市场泡沫、经济结构失调、要素市场缺陷等,这些问题导致经济体在面临冲击时更加脆弱。而这些结构性问题迟早都会被引爆,引信就是突发性因素。第二,突发性因素。对整个世界经济来说,最大的突发性因素就是美国的次贷危机。当次贷危机在去年年底爆发时,大部分人都认为这并不是美国金融体系的系统性风险的反映,只是个别公司或个别产品出了问题,但随着上半年次贷危机逐渐演化为席卷全球的金融风暴,欧盟、日本等主要经济体出现衰退迹象,尤其是9月份华尔街大投行集中出问题,全世界终于认识到这一次金融危机的严重性,投资者终于也尝到了格林斯潘时期放松金融管制、长期维持低利率的恶果。由于美国为整个世界提供了大部分的金融资产,因此,全球都要为这一次金融危机买单。而对中国来说,突发性因素还包括雪灾、地震、新劳动法的实施,等等。

所以,在周期性因素和突发性因素的共同作用下,中国经济在半年内出现了重大转向。因此,在2008年年中的政治局会议上,中央的宏观调控思路从"双防"转到"一保一控",强调的重点也从"防经济过热"变成了"保经济增长"。前期政府已经采取的手段主要包括提高部分劳动密集型产品如纺织品、服装的出口退税率,同时取消部分高耗能、高污染、资源性产品的出口退税;调增商业银行信贷规模,对全国性商业银行在原有信贷规模基础上调增5%,对地方性商业银行调增10%,以缓解中小企业融资难的压力;降低基准利率和存款准备金率。可以看出,上述政策都是对前一阶段紧缩政策的回调。近期则是宣布财政政策从"稳健"向"积极"转变、货币政策从"从紧"向"适度宽松"转变,并推出了四万亿的经济刺激计划。

二、理解本轮经济波动

一年之内宏观调控思路出现大转向也提出了一个问题，即如何理解这一次的世界经济波动。这对抓住问题的主要矛盾至关重要，有利于我们认清应该从哪个方向入手解决当前中国经济面临的问题，提高宏观调控的科学性和预见性，这不但对熨平目前暂时的宏观经济波动有益，而且对中国经济未来的长期稳定增长有益。

（一）中国当前面临的最大冲击：全球金融危机

中国当前出现的经济波动是由一系列外部冲击引起的，其中最主要的冲击是由美国次贷危机引发的席卷全球的金融危机。次贷危机形成的直接原因是美国宽松的货币政策和放松的金融管制。其中，美联储长期宽松的货币政策发挥了关键作用，它导致美国的联邦基金利率长期低于通货膨胀率。

2000 年网络泡沫的破灭和 2001 年"9·11"事件，使得美国的经济增长在 2000 年和 2001 年明显放缓，刺激美联储连续大幅减息，从 2000 年年底开始，1 年之内从 6.5% 降至 1.75%，并于 2003 年 6 月进一步减至 1%，并保持至 2004 年 6 月，其后才开始逐步上调。其实，美国经济 2002 年即恢复增长，2003 年和 2004 年的经济增长率分别达到 2.5% 和 3.6%，但是美联储在这一阶段仍保持 1% 的超低利率达 1 年之久，而在 2002 年至 2005 年 3 年的时间里，联邦基金利率明显低于通货膨胀率。利率是资金的价格，负的实际利率刺激了居民的借贷消费，虽然由于新兴市场国家尤其是中国逐渐融入全球经济，为美国消费者提供了大量便宜的产品，使得 CPI 保持温和上涨态势，但是资产价格尤其是房地产价格开始不断攀升，从 2003 年 5 月至 2007 年 10 月，道琼斯指数上升了 70%，房价从 2003 年至 2006 年也上升了 30%。虽然美联储从 2004 年 8 月开始逐步上调利率，但是步伐相对缓慢，直到 2005 年 10 月联邦基金利率才开始高于通货膨胀率，但显然为时已晚。由于资本市场和房地产市场持续高涨，加上美联储在对金融创新放松管制的过程中监管措施没有跟上，导致以次贷证券为代表的衍生品受到市场追捧，风险却被忽视。此时问题已经逐步形成。由于货币政策的时滞，直到 2007 年第二季度，美国房地产市场才开始冷却，房价的下跌终于引起了投资者对次贷证券风险的重视，次贷证券及其衍生品被抛售，大量持有此类金融产品的机构不断出现问题甚至倒闭，资本市场随之发生动荡，并逐步扩展到信贷市场和实体经济。道琼斯指数从 2007 年 10 月份的 14 000 多点跌至 2008 年 11 月份的 8 000 多点，跌幅超过 30%。随着股票价格和房地产价格的不断下跌，美国家庭的财产性收入也大大缩水，加上消费者对未来不确定性预期的增强，消费者必然会紧缩开支，减少消费需求，企业也会因此削减投资。消费需求是推动美国经济增长的主要力量，对经济增长率的贡献约为 70%，消费和投资的乏力将大大拖累美国经济。

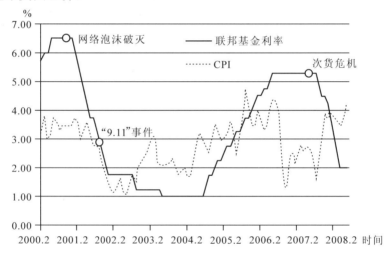

图 6　美国联邦基金利率的变化

资料来源：美国联邦储备银行网站。

　　美国是世界经济增长的"火车头"，美国经济疲软会首先传导至与其有密切经济关系的国家，尤其是受次贷危机影响较大的国家。一方面，这些国家的居民的财产性收入受到影响，因此会紧缩消费，国内需求因此减少；另一方面，作为全世界最大的净进口国，美国消费支出的缩减以及美元的贬值将会降低其对其他国家产品的进口需求，这些国家的外部需求也会因此减少。全球化使所有国家的经济都相互影响。当美国经济疲软的效应不断地传播到其他国家后，全球经济都将陷入增速放缓的境地，始于 20 世纪初的这一次全球经济繁荣也将告一段落。2008 年上半年，中国对美出口增速只有 8.9%，对加拿大出口增长8.0%，对于传统的转口贸易地中国香港，出口增速也只有7.8%。美国经济疲软的扩散效应已经出现。

美联储长期推行的低利率政策还促成了以石油为代表的大宗商品价格的不断走高。美元是最主要的国际结算货币，大宗商品也以美元定价。一方面，美联储低利率政策导致的全球流动性过剩不但推高了资产价格，而且支撑了2002年开始的大宗商品牛市；另一方面，低利率导致的美元不断贬值直接提高了以美元计价的商品的价格。在2007年3月次贷危机初露端倪之后，大宗商品俨然成了过剩流动性的避风港，而美联储为了保持金融市场稳定，开始不断降低利率，进一步向市场注入流动性，两者相结合，使得石油等大宗商品的价格伴随美联储降息的节奏一路上扬。石油价格的飙升也刺激了粮食价格的上涨。石油价格不断上涨刺激了对其替代品生物能源的需求，使得发达国家尤其是美国把越来越多的玉米和大豆用于提炼燃料，并扩大它们的种植面积，减少其他农作物的生产，导致粮食出口减少和国际市场上供给量减少。但是，新兴市场国家的粮食需求却在不断增加。在全球流动性过剩的条件下，粮食供求层面发生的变化进一步刺激了投机，这种局面在次贷危机发生之后更为明显，投机资金纷纷从资本市场和房地产市场逃离，进入相对安全的国际市场，所以我们可以观察到，从2007年下半年开始，粮食价格暴涨。通货膨胀说到底是一种货币现象，都是货币数量的增长快于产量的增长造成的。大国流动性扩张速度的提高，会给整个世界带来通胀压力。并且过剩的流动性总会找到栖身之处，当一个泡沫破灭后，其他的泡沫就会出现，前一段的表现就是石油、粮食等大宗商品的价格暴涨。

美联储在2000年以后之所以能够长期推行低利率政策，关键原因是美国的通胀率基本保持稳定。美联储将其主要归功于技术革新带来的劳动生产率上升，但显然美联储高估了美国的劳动生产率上升。长期来看，20世纪90年代开始的"新经济"并未明显提升美国的劳动生产率，劳动生产率的增长仍在正常区间内波动(图7)。不过，货币供给(M2)的增长却大大超过了劳动生产率的增长，尤其在2002年之后，劳动生产率的增长率不断下降，货币供给增长率却始终在高位运行(图8)。虽然由于像中国这样的新兴经济体逐渐融入全球经济，使得美国消费者能够买到便宜的消费品，从而可以保持通胀率的基本稳定，但是，逐渐积累的过剩流动性开始不断流入资本市场、房地产市场

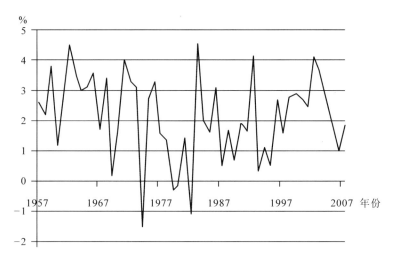

图 7　美国 50 年来的劳动生产率增长率

资料来源：美国劳工部网站。

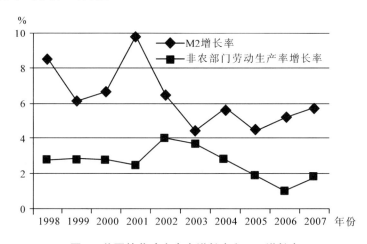

图 8　美国的劳动生产率增长率和 M2 增长率

资料来源：美国劳工部网站。

和商品市场。也正是从 2002 年开始，美元汇率开始走低，石油等大宗商品的价格不断上涨，美国的资本市场也开始走出低谷逐渐攀升。外部冲击的种子就此种下，并不断成长。

　　当新兴经济体的劳动力成本不断上升，或者劳动生产率的提高不能弥补生产成本的上升时，作为消费品进口大国的美国的通货膨胀率就会抬头，这会迫使美联储把利率提高至超过通货膨胀率的水平，于是市场上的流动性开始减少，资产泡沫就此破灭：从房地产市场到资本市场，资产价格开始不断下跌，外部冲击就此形成，这是从 2006 年年初至 2007 年年中所发生的情况。资产泡沫破灭的初期并不会引起市场的剧烈反应，因为大部分投资者对市场仍抱有信心，他们把次贷危机当做个别金融产品或个别公司的问题，而没有把它视为金融市场的系统性风险，进而低估了资产价格的调整幅度。

其后，随着坏消息的不断出现，投资者逐渐认识到次贷危机是一场严重的系统性风险，大量公司被卷入到次贷证券及其衍生品的风险链条上，一个环节出现的问题会被其他环节放大，金融市场开始剧烈波动。美联储为了保持金融市场稳定，开始不断调低利率并向市场注入流动性，这会暂时降低市场的波动程度，但不会阻止资产价格的调整，它只是延长了资产价格调整的时间。同时，市场上过剩的流动性又会找到新的暂时栖身之处：大宗商品。于是石油、粮食等大宗商品的价格在资本市场泡沫破灭时反而进一步上升，导致新兴经济体的生产成本继续增加，加上美元的不断贬值，美国消费者不得不支付更高的价格购买进口商品，因此物价水平出现反弹。此时美国面临着两难选择：一方面是金融市场的动荡以及由此可能引发的衰退；另一方面是逐渐抬头的通货膨胀率。这是从 2007 年年中到 2008 年年中所发生的情况。

最后，随着"次贷危机"的影响从资本市场扩散到信贷市场和实体经济，"次贷危机"发展成席卷全球的金融危机，流动性出现短缺，实体经济开始衰退，受这两个因素影响，大宗商品价格的泡沫也开始破灭，通胀压力随之减小，取而代之的是消费和投资活动的进一步减少、失业的增加以及可能出现的通货紧缩。这就是我们当前所面临的情况。在这一阶段，全球经济面临的主要威胁是衰退。

（二）金融危机的深层原因

这次金融危机的深层原因是全球实体经济板块的非均衡，主要是美国的过度消费和亚洲新兴市场经济国家的过度储蓄。

长期以来，美国国内储蓄一直处于低位，对外经济关系上表现为大量的贸易逆差。美国的国内储蓄从 1985 年占 GDP 的 18％下降至 1995 年的 16％，2004 年又继续降至不足 14％。储蓄小于投资的部分就是美国的经常项目赤字，等于美国人从国际市场上借入的资金。从 20 世纪 90 年代中后期开始，美国的贸易收支状况进一步恶化，经常项目赤字占国内产出的比重快速上升，

2006年占GDP的比重达到创纪录的5.7％(图9)。在当前的国际货币体系下，由于美元是主要的储备货币，因此美国可以通过"印刷"美元，来弥补经常项目的逆差，这等同于向全世界借债来维持高消费，最后导致美国的对外负债不断增加。2004年美国成为全球最大净债务国，净债务约占其国内生产总值的20％(图10)。美国的主要债权国是日本、部分欧洲国家、中国等亚洲新兴经济体以及石油出口国。

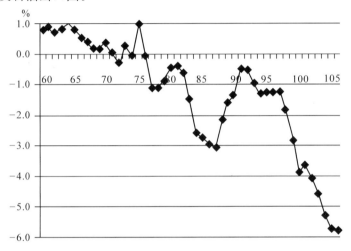

图9　美国经常账户余额占GDP的比重

资料来源：BEA。

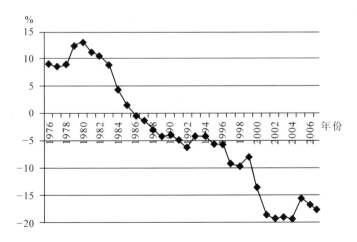

图10　美国国际投资净头寸占GDP的比重

资料来源：BEA。

　　与此同时，近年来亚洲新兴市场经济国家和石油生产国居民又储蓄过度，对外经济关系上表现为贸易顺差迅速增加，积累起大量的美元储备。20 世纪 90 年代以来，欧洲和日本的经常项目余额占世界 GDP 的比重保持基本稳定，而亚洲新兴市场经济国家和石油生产国的贸易顺差从 20 世纪 90 年代中后期则开始快速上升，与之对应的则是美国贸易逆差的不断扩大，两者呈现镜像关系(图 11)。从表 1 可以看出，2003 年美国的经常账户赤字比 1996 年增加了约 4 100 亿美元。世界经济是一个整体，美国贸易赤字的增加对应的是其他国家贸易盈余的上升。而在此期间，包括美国在内的工业化国家整体的经常账户赤字上升了 3 880 亿美元，这说明，美国增加的赤字中仅有约 220 亿美元被其他工业化国家增加的盈余所抵消。扣除统计误差，剩余的部分来自其他国家，主要是亚洲新兴经济体和石油输出国：与 1996 年相比，2003 年发展中国家的经常账户余额上升了 2 930 亿美元，其中亚洲新兴经济体和石油出口国分别增加了约 1 890 亿美元和 530 亿美元。储蓄减去投资就是一个国家的净

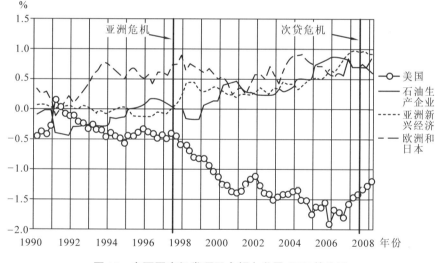

图 11　主要国家经常项目余额占世界 GDP 的比重

资料来源：引自 Caballero et al.（2008a）。[1]

---

[1]　Caballero Ricardo J., Emmanuel Farhi, Pierre-Olivier Gourinchas., An Equilibrium Model of "Global Imbalances" and Low Interest Rates, *American Economic Review*，2008(1)，pp. 358—393.

出口。20 世纪 90 年代中后期之后新兴经济体过高的储蓄受以下几个因素影响：首先，转轨国家尤其是中国在市场化改革的过程中，养老、医疗、教育等社会保障功能的弱化，导致居民的预防性储蓄增加，同时不断扩大的收入差距又进一步降低了消费在国民收入中的比重；其次，20 世纪 90 年代中后期新兴市场经济国家出现的几次金融危机(墨西哥，1994；东南亚，1997；俄罗斯，1998；巴西，1999；阿根廷，2002)，迫使这些国家从资本净流入国变为净流出国，即通过贸易顺差大量积累外汇储备，来抵御资本大规模外流对本国经济造成的冲击；此外，石油价格的不断上涨，使得近年来中东、俄罗斯、拉美、非洲等石油生产地的出口收入剧增。高储蓄并不一定带来贸易盈余，只要储蓄能够转化为投资，进出口就会保持平衡。但是，新兴经济体的金融市场的配置效率较低，导致资金无法流入回报率最高的部门；产权保护的不够完善，导致私人投资的热情降低；对投资领域的行政限制，导致部分行业处于垄断地位，私人资本无法进入。这些原因使得新兴市场经济国家的储蓄无法在国内转化为有效投资。储蓄高于投资的部分，就表现为净出口。

这些美国经济体外的美元储备需要寻找对应的金融资产来投资，这就为华尔街金融衍生品的创造、美国本土资产价格的泡沫化提供了基础。研究表明，外国持有的美元资产收益低于美国持有的外国资产收益。但是，全世界投资者仍然偏好美元资产，资金仍源源不断地流向美国，20 世纪 90 年代中后期，美元资产在世界财富中的比重大幅上升(图 12)：2004 年，美元资产占世界其他所有国家金融财富的比重增加至 18%，相当于当年世界总产出的 44%。与此相应，从 20 世纪 90 年代中后期开始，外国持有的美元资产占美国 GDP 的比重快速上升，2004 年突破 100%，2007 年达到 145%。全世界投资者之所以偏好美元资产，主要有三方面原因：第一，新兴市场经济国家的高储蓄导致对资产的需求大幅增加；第二，日本资产泡沫的破灭、欧洲经济不振、新兴市场的几次金融危机，使得世界其他国家的资产供给能力降低；第三，美国自身的优势造就了其较强的资产供给能力，包括美元在国际货币体系中的特殊地位、完善的经济体制及发达的金融市场、富有活力的经济及活跃的技术创新等。[①] 外国资本的大规模涌入，使得美国的高消费低储蓄的状况得以长期维持。

---

① Caballero Ricardo J., *On the Macroeconomics of Asset Shortages*, Working Paper, MIT & NBER, 2006.

表 1　1996 年和 2003 年世界各国和地区的经常账户余额

单位：十亿美元

工业化国家			发展中国家和地区		
年份	1996	2003	年份	1996	2003
合计	46.2	−342.3	合计	−87.5	205
美国	−120.2	−530.7	亚洲国家和地区	−40.8	148.3
日本	65.4	138.2	中国内地	7.2	45.9
欧洲国家	88.5	24.9	中国香港	−2.6	17
法　国	20.8	4.5	韩　国	−23.1	11.9
德　国	−13.4	55.1	中国台湾	10.9	29.3
意大利	39.6	−20.7	泰　国	−14.4	8
西班牙	0.4	−23.6	拉丁美洲国家	−39.1	3.8
其他国家	12.5	25.3	阿根廷	−6.8	7.4
澳大利亚	−15.8	−30.4	巴　西	−23.2	4
加拿大	3.4	17.1	墨西哥	−2.5	−8.7
瑞　典	21.3	42.2	中东和非洲	5.9	47.8
英　国	−10.9	−30.5	东欧和苏联国家	−13.5	5.1

资料来源：BEA。

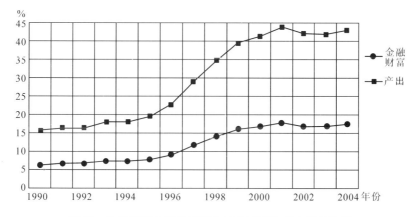

图 12　美元资产占其他国家金融总财富和总产出的比重

资料来源：引自 Caballero et al.（2008b）。

　　20 世纪 90 年代中后期，随着信息产业的高速发展以及全球资金的大量涌入，美国高科技企业的股票首先受到世界投资者追捧，并带动了美国资本市场的走高。虽然 2000 年网络泡沫的破灭减少了对相关产业的投资，导致资产价格出现了一定幅度的调整，但是全球对资产的需求并未减弱，剩余资金也没有离开美国。由于流入美国的资金无法找到有效的投资出路，资金供给大于投资需求，导致长期利率持续走低(图 13)。不过这却促成了房地产市场的繁荣，随着按揭利率的降低，美国的新房开工和房价指数持续加速上升。房地产市场的持续高涨，导致银行对房地产价格的预期过于乐观，放款条件不断放松，没有任何信用记录或信用记录很差的居民也可以申请房贷，或者贷款金额和利率明显脱离贷款人的还款条件，于是，形成了大量的"次级抵押贷款"。"次级抵押贷款"通过资产证券化等金融创新，在资本市场上进行分拆、打包、定价和交易，为广大投资者所持有，这就是"次贷证券"；与"次贷证券"相关的金融衍生品不断出现，由于结构过于复杂，销售链条过长，导致风险控制越发困难，加之越来越多的金融机构纯粹为了高额利润而参加到相关金融衍生品的创设、交易和投机中来，使得这些业务变成了纯粹的金钱游戏，金融衍生品交易与其分散金融市场风险的初衷不断背离，金融创新远远脱离了实体经济。在这个过程中，金融业在美国的发展越来越旺盛，金融产业演变成了一个大产业，吸纳大量的就业，创造大量的产值。据有关统计数据显

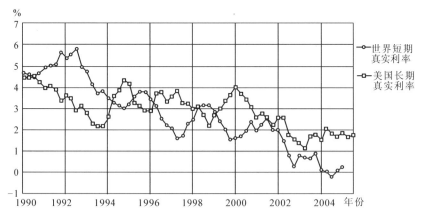

图 13　美国长期利率 2000 年后不断走低

资料来源：引自 Caballero et al. (2008b)。

示，2007 年美国金融产业所创造的增加值占 GDP 的 21%，金融业创造的利润占所有行业总利润的 33%，华尔街的从业人员因此可以获得天文数字的薪酬和奖金。

但是，虚拟经济一旦脱离实体经济必定演变成一种虚幻经济（fiction economy）。如果将华尔街的金融产业视作一台巨大的昼夜不停运转的"机器"，那么它一方面将全球金融资源吸纳进来；另一方面通过其"生产"变成全球各地的一个个投、融资项目，促进全球实体经济的发展。如果华尔街用资本在生产中获得的收益来回报全球投资者，那么华尔街的金融产业是没有问题的。或者，这些金融产品的创造是以美国本土的实体经济发展为土壤，如果这些全球性金融资产投资能促使美国实体经济发展和劳动生产率提高，那么危机出现的概率也可以大大下降。然而，由于美国经济和世界经济周期已经进入信息产业长周期波段的末尾，并且美国已经将大量的制造业转移到国外，使得通过制造业信息化来提升劳动生产率的机会也失去了，因此近期已经不可能再有大量的科技创新项目需要大规模融资。在这种情况下，那些华尔街金融资产的供应实际上是没有坚实的实体经济发展作为支撑的。近年来美国房地产投资的发展虽然应该算是实体经济的一部分，但是这些房地产的销售对象主要是美国人口中的中低收入阶层。在美国制造业等实体经济部门没有很好发展的情况下，中低阶层提高收入是困难的，他们不得不依赖房地产价格上涨带来的财富收入来偿还按揭贷款；而在全球充裕资金的推动下，房地产价格近年来确实在不断上涨，同时 2003 年美国资本市场也开始回暖，使得美国家庭的财富收入比进一步增加，2004 年达到 5.4，高于 1963—2003 年的均值 4.8。在发达的金融体系下，增加的财富又可以通过各种渠道变为现期收入，于是进一步刺激了这部分美国居民的消费。也就是说，这部分美国居民的消费不是建立在收入增加的基础上，而是建立在资产价格不断上升的基础上。在 2006 年中期房地产市场的巅峰时刻，出自住宅房产的净房产抵押提取现金量飞涨至个人可支配收入的 9%，达到 5 年前的 3 倍。[1] 这使收入并不丰厚的美国消费者，不仅可以挥霍以收入为基础的储蓄，还把 2007 年的消费推高至当年 GDP 的 72%，创下历史纪录。因此，其他国家过多的储蓄进入到美

---

[1]　[美]史蒂芬·罗奇：《后泡沫世界的陷阱》，《财经》2008 年第 20 期，第 26—27 页。

国金融市场后，并未真正转化为能够促进长期经济增长的投资，而是转了一圈，变成了美国中低收入阶层的现期消费。不过，任何泡沫都是不可持续的。此后美联储为了对抗逐渐抬头的通胀，从 2005 年开始上调利率，利率的上升导致房地产价格大规模逆转，最终把这些美国人逼到破产的地步，"次贷危机"也随之被引爆。金融衍生品的发展使得房地产市场、信贷市场和衍生品市场形成相互依存的风险链条，加上金融衍生品的高杠杆性，使得次贷危机在短时间内发展成为全面的金融危机。

因此，从这个角度来看，这次危机与 20 世纪 80 年代至 90 年代的发展中国家的债务危机具有同样的性质。当时美国境外的大量美元(如欧洲美元和石油美元)通过银行系统贷给南美等发展中经济，由于投资效率低下导致债务危机。而这一次全球剩余金融资源是贷给美国境内的"发展中经济"，不过是又一次世界性债务危机。因此，这一次金融危机从其本质来看，是"次贷"引发了金融危机，金融衍生产品的创新只是放大了"次贷危机"，将美国"次贷危机"这样一种局部危机演变成全球性金融风暴。

(三)中国在危机形成中发挥的作用

对中国来说，金融危机初看起来似乎是外生的，但是，通过仔细考察我们可以发现，某些冲击的根源与中国经济的增长和发展模式有关，因此，这一外部冲击从某种意义上讲部分又是内生的，使得这一轮的中国经济波动的趋势具有更为复杂的内容。

随着中国经济总量的不断增大，对外开放程度的逐渐提高，中国对世界经济的影响越来越大。2002 年以前，大量的农村剩余劳动力源源不断地涌入城市的非农产业，劳动力供给充裕，加上这一阶段中国主要以劳动密集型的加工工业为主，使得中国制造的价格长期维持低水平，与中国有密切贸易关系的发达国家受此影响，国内通货膨胀率也得以保持较低水平，因此这一阶段中国被指向发达国家输出通货紧缩。

2002 年以后，中国经济出现了四个方面的重大结构转变。

第一，进一步融入全球经济，外贸依存度逐年增加，净出口连年攀升，对经济增长的带动作用更加明显。随着 2001 年年底加入世界贸易组织，中国的对外开放迈上了新的台阶，劳动力要素的比较优势得以进一步发挥，中国制造涌向世界市场，净出口从 2002 年的 354 亿美元增长至 2007 年的 3 718 亿美元，成为拉动中国经济增长的重要力量，近几年对经济增长的贡献率约为 20%。

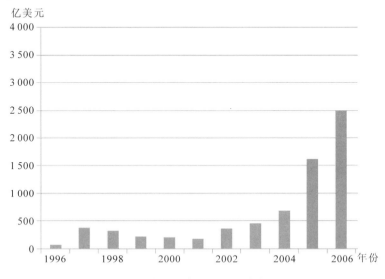

图 14　中国经常项目顺差的变化

资料来源：国家统计局：《中国统计摘要》(2008)，中国统计出版社 2008 年版。

第二，产业结构逐渐升级，从轻工业向重化工业转变，重化工业在国民经济中发挥的作用不断增强。产业结构的调整升级，既是经济发展到一定程度的表现，也是经济进一步发展的必要条件。改革之前，中国片面强调发展重工业，轻重工业比例严重失调，这一状况在 1978 年之后有了很大转变，在市场力量的作用下，以一般消费品为主的轻工业迅速发展，重工业比重不断下降。但是随着中国经济的发展，产业结构的调整升级不可避免。2002 年之前，重化工业增加值占 GDP 的比重基本在 15% 左右；2002 年之后，这一比重迅速增加，2006 年已经达到 27.7%。

第三，消费结构不断提升，从一般消费品向住房、汽车等耐用消费品转变。随着经济的快速发展，人民群众的生活水平不断提高，恩格尔系数不断下降，消费热点不断转换。当前，城市家庭的消费热点已从家用电器向住房、汽车等耐用消费品转变，农村家庭的消费结构也开始逐渐升级。消费结构的升级会带动产业结构的升级，进而加快中国的重化工业进程。

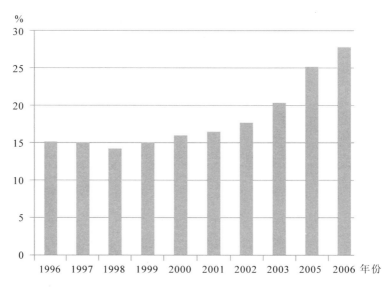

图 15　重化工业增加值占 GDP 的比重

资料来源：《中国统计年鉴》(1997—2007 年)。

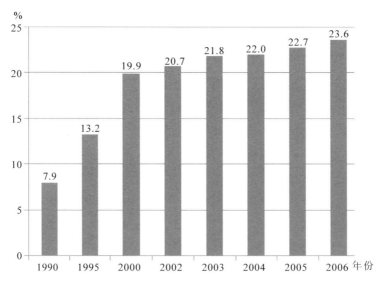

图 16　城镇居民用于交通通信和居住的支出占总消费支出的比重(％)

资料来源：《中国统计年鉴》(2004—2007 年)。

第四，劳动力无弹性供给的局面出现变化，劳动力成本不断上升。从
2003 年开始，沿海发达地区出现了严重的用工短缺问题，其中以珠三角地区

为甚，有近 200 万用人缺口，缺工率达到 10%。① 而和谐社会和科学发展的方针又进一步推动了对劳动者权益的关注。在这些因素的作用下，中国的劳动力成本不断上升。

表 2　制造业雇员平均工资变化(2000 年为 100)

国家	2000 年	2002 年	2003 年	2004 年	2005 年	2006 年
中国内地	100	126	143	160	180	205
印　度	100	90	84	135	—	—
日　本	100	101	101	100	100	102
美　国	100	107	110	113	116	—

资料来源：国家统计局网站。

上述四个方面的结构转变对全球经济产生了重大影响。主要表现为以下三个方面。

第一，中国的外汇储备不断上升，持有巨额美元资产，为美国市场注入了大量流动性，助推了美国货币供给和资产价格的快速增长。从 2002 年开始，中国的经常项目顺差和外汇储备连年大幅增加。目前，中国是世界第一大外汇储备国，截至 2008 年 6 月，已超过 1.8 万亿美元，其中的大部分用来购买了美元资产。根据美国财政部公布的数据，截至 2007 年 6 月 30 日，外国投资者在美国拥有 16 万亿美元金融资产，其中，证券类资产 9.77 万亿美元，占比 61%；日本是第一大美国证券资产持有国，持有美国证券资产 11 970 亿美元，中国仅次之，为 9 220 亿美元(表 3)。在中国持有的这些证券资产中，包括 3 760 亿美元房利美、房地美发行的房贷担保债券，是第一大外资持有国。即使是在次贷危机爆发后，在美元不断贬值的情况下，中国仍在不断增持美国国债。截至 2008 年 4 月 30 日，海外投资者持有的美国国债余额为 26 018 亿美元，其中，日本是美国国债的最大持有者，持有美国国债 5 922 亿美元，中国是其第二大持有国，持有美国国债 5 020 亿美元。以中国外汇储备增加的速度计算，中国很快便能超越日本，成为美国第一大证券资产和国债持有国。

----

① 　劳动和社会保障部课题组：《关于民工短缺的调查报告》，《中国劳动保障》2004 年第 11 期，第 1—5 页。

表3 持有美国证券资产最多的国家和地区（截至 2007 年 6 月 30 日）

单位：10 亿美元

国家和地区	合计	股票	长期国债	长期机构债券		长期公司债券		短期债券
				资产支持债券	其他	资产支持债券	其他	
日　本	1 197	220	553	103	126	30	89	76
中国内地	992	29	467	206	170	11	17	23
英　国	921	421	43	18	10	142	263	24
中东石油输出国	308	139	79	12	18	7	10	44

注：机构债券中的资产支持债券主要是以房屋按揭贷款为基础发行的债券；公司债券中的资产支持债券主要是以汽车贷款、信用卡贷款、房屋按揭贷款、学生贷款为基础发行的债券；中东石油输出国包括巴林、伊朗、伊拉克、科威特、阿曼、卡塔尔、沙特、阿联酋。

资料来源：Report on Foreign Portfolio Holdings of U. S. Securities，美国财政部网站。

第二，能源、原材料、粮食的需求大幅上升，但由于国内供给提高缓慢，上升的需求主要通过进口满足，增加了国际市场上大宗商品价格上涨的压力。从 2000 年到 2004 年，中国人均能源消费量增长了 39.7%，大大超过了高收入国家和中等收入国家的平均值，同期美国、日本、印度的人均能源消费量增长率分别为−3%、0.1%、5.4%（表4）。从 20 世纪 90 年代中期开始，中国的能源生产就不能满足经济快速增长的需要了。进入 2000 年以后，缺口越来越大，不足部分主要通过进口国内相对稀缺的石油来弥补。从 2002 年到 2007 年，中国的原油进口量增加了 130%，直接推动了世界石油需求的强劲增长。原材料的需求和进口在 2000 年以后也出现了大幅增加。以铁矿石为例，随着钢铁产量的增加，中国新增铁矿石需求占世界新增需求的 50%；从 2002 年至 2007 年，中国的铁矿石进口量增加了 250%，2007 年达到 3.8 亿吨，国际铁矿石价格在这个阶段也上升了将近 2 倍。粮食的供求呈现出类似特点。随着生活水平的提高，中国居民的食品消费结构出现了重大转变，从 20 世纪 90 年代至 2004 年，蛋白质和脂肪的消费量增加了 1 倍多，已接近发达国家平均水平，大大高于同期发展中国家的平均增速（表5）。中国约占世界人口数量的 1/5，食品消费结构的转变需要更多的粮食尤其是饲料粮的支撑，但是近十年来国内粮食生产却没有显著增加（图17）。这无疑会刺激中国的食品进口。同时，由于能源价格上涨刺激了对生物能源的需求，使得发达国家尤其是最大的粮食出口国美国减少了出口，导致国际市场上粮食的供给量出现下降。供求力量的相对变化，构成了国际粮食价格上涨的基本面。

表4　中国人均能源消费的国际比较　　单位：千克标准油

国家和地区	2000 年	2004 年	增长率(%)
高收入国家	5 420	5 502	1.5
中等收入国家	1 234	1 437	16.5
低收入国家	484	510	5.4
美　国	8 164	7 920	−3.0
日　本	4 169	4 173	0.1
印　度	504	531	5.4
中国内地	889	1 242	39.7

资料来源：国家统计局网站。

表5　中国人均每天食物消费构成的变化

国家和地区	蛋白质含量(克)			脂肪含量(克)		
	1989—1991 年	1994—1996 年	2004 年	1989—1991 年	1994—1996 年	2004 年
发达国家	102.9	97.8	100.4	121.9	115.2	122.7
发展中国家	61.7	66.6	68.5	51.2	57.6	65.2
美　国	98.2	107	169.9	128.4	139.2	120.7
日　本	86.8	94.6	122.5	68.9	79.7	80.1
中国内地	53.9	63.9	109.4	31.5	50.5	87.7
印　度	50.8	56.8	74.2	32.7	39.7	49.1

资料来源：国家统计局网站。

第三，劳动力和能源原材料的价格上涨，导致中国制造的成本不断增加，当劳动生产率的提高不能弥补生产成本的增加时，产品价格的上升就会不可避免。对劳动者权益和自然环境保护的加强，则进一步加速了这一过程。作为全世界最大的商品出口国之一，中国产品价格水平的上升，对与中国存在

万吨

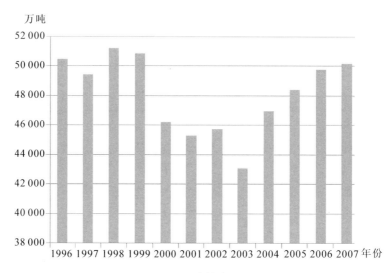

图17 国内粮食产量

资料来源：WIND资讯。

百万蒲式耳

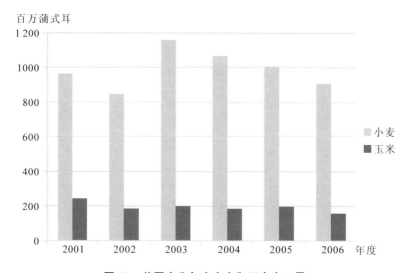

小麦
玉米

图18 美国农业年度小麦和玉米出口量

资料来源：美国农业部网站。

密切贸易关系的国家的物价水平会产生重要影响，在人民币开始升值之后，效应更加明显。1997年至2003年，中国的工业品出厂价格指数基本呈现负增长，从2003年开始，增速开始提高，并维持在3%以上。同样是在2003年之

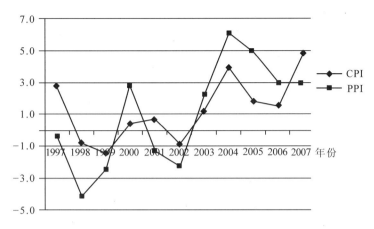

图 19 中国 PPI 和 CPI 的变化

资料来源：《中国统计年鉴》(1997—2007 年)。

后，美国的通胀率开始抬头，并在此后引发美联储上调利率。

三、中国宏观经济的困境与巨大发展潜力

(一)中国宏观经济运行的基本面判断

从要素禀赋的角度来讲，中国宏观经济的最大比较优势是劳动力要素的充裕，自然要素、资本要素和技术要素相对稀缺，因此，任何时候充分就业问题始终是其面临的最大挑战。在具备如此要素禀赋的经济中，除非受到结构性要素制约，总供给只要有总需求的拉动，一定能够高速增长。

改革开放之前 30 年，中国经济的主要制约是二元经济之下的资本缺乏，它严重制约了中国的工业化进程。为了提高国民储蓄，我们采用了计划经济制度和模式，尽管当时每年的积累率很高，工业化的速度也不慢，但是经济效率非常低下。自 1978 年以来，中国坚持对内进行经济体制改革和对外实行全面开放，在体制效率不断释放和生产要素在全球范围内得到优化配置的前提下，经济出现持续高速增长的局面，成就令世人瞩目。从制度改革的角度来讲，最初发轫于农村土地承包制和农村微观经济组织的再造以及农产品市场的发育和价格体系的确立，这一方面极大地解放了农村的劳动生产力，解决了中国发展中的农业基础问题，同时劳动生产率的提高又为大量的农村剩

余劳动力转移到工业提供了可能。在农村改革成功的基础上，城市以改革国有企业为核心，20 世纪 90 年代我们通过"抓大放小"、"国退民进"，使民营企业获得迅速发展，成为制造业的经济主体。市场发育从产品市场到要素市场逐步推进，其中最为重要的成就是劳动力市场的形成与发育，使中国劳动力资源的比较优势得以充分展现，从而为中国众多劳动力参与全球分工体系奠定了基础。这一次全球化就其实质来讲，最大的特点是中国 7 亿多劳动力以劳动力不出国门为前提参与国际分工，其结果是全球的资本、技术、制度和管理等要素向中国东部沿海流动，国内的劳动力要素从中西部向东部流动，从而达到全球生产要素的优化配置。在这个要素在全球范围内的优化配置过程中，中国的劳动力资源得到充分的利用，中国经济得以快速增长，世界财富得以快速增加。中国经济在 1978—2007 年，年均增长率近 10%，这是世界经济史上很少出现过的奇迹。尤其是进入 2002 年下半年以来，中国经济增长的投资主导型特点更加突出，伴随着基础设施的不断改进和产业集聚效应的显现，全要素生产率(TFP)和技术进步提升明显，生产可能性前沿大幅扩张。2003 年以来，汽车和住房消费热点出现，投资活动进一步活跃，工业化朝着重化工方向发展，城市化进程加速，再加上后 WTO 时代到来，出口大幅增长，宏观经济在总需求与总供给同步增长的基础上获得了连续五年(2002—2006 年)"高增长、低通胀"的成就。与此同时，财政收入快速增长，国民储蓄率高升，外汇储备不断积累，GDP 总量 2007 年达到 246 619 亿元人民币的水平，成为世界第四大经济体，如果按照人民币购买力平价计算，中国的经济实力是仅次于美国的第二经济体。

从经济发展的前景来看，中国的人口红利期还没有过去，工业化和城市化正处于如火如荼的发展势头上，目前正在开展的农业现代化可以使经济效率得到进一步的挖掘，农业劳动力还可以进一步转移。农业和工业等物质生产部门的水平达到一定高度后，第三产业随着城市化的继续发展而空间无限。中国拥有 13 亿人口的市场，无论是从供给还是从需求角度来讲，未来 10—20年里中国经济继续年均增长 10%的可能性都完全存在。

(二)中国经济的问题何在

经济结构转变是经济发展过程中的必经阶段和必然表现。由于中国经济总体规模较大，结构的变化必然会对全球经济产生深远影响。如果考虑全球经济的一般均衡，那么一个大国的崛起必然会改变世界经济格局，导致资源在全球范围内的重新配置。如果这个国家拥有灵活的价格体系，那么其崛起对世界经济的影响就会相对平稳，世界经济也会更快地向新的均衡过渡，最终全球范围内的资源配置也将更有效率。

由于中国经济是在原来高度集中的计划经济向市场经济转轨的过程中实现这样的高增长，这必然会要求经济制度改革采取存量改进、增量推进的方式，至今仍有许多领域的改革并没有得到实质性的推进：在商品市场体系得到全面推进的情况下，要素市场推进缓慢。这样的改革方式势必绕过了传统体制中难以改革的硬核，导致某些领域的低效率状态依旧。更有甚者，20世纪末以来，随着工业化朝重化工业方向迈进，资本深化程度不断提高，市场中的竞争因素有所下降，垄断因素上升，尤其是国有部门的垄断程度提高而引起的资源错配所导致的效应，阻碍了中国经济整体效率的进一步提升。改革开放30年，经济中增量改革部分和目前民营经济占主要比重的部门，通过市场的竞争机制，已具有很高的效率和国际竞争力。近十年来，民营经济年均10%以上的增长速度，对我国整个国民经济增长的贡献率超过60%。工业增加值和出口分别保持了20%和40%左右的增长速度，每年吸纳1 000万左右的新增从业人员，扣除国有经济和国有控股经济，民营经济的税收贡献率在70%以上。但民营企业在金融资源和市场准入等方面受到许多限制性的规定。比如，在间接融资方面，民营经济解决了75%的就业问题，但是银行贷款资金不到15%，85%的金融资源分配给国有经济了。直接融资方面，只有400多家(万分之一)的民营企业靠收购上市这种间接方式进行融资活动。另外，民营企业的投资只能局限在一些过度竞争、缺乏技术创新的行业，主要集中在第二产业(79%)和第三产业(20%)。而诸如石化、电信、电力、金融、证券、保险等产业部门，基本上由国有企业垄断，使得这些公共服务部门仍旧相对封闭和低效率。这种经济结构导致的基本问题是，中国经济中最有效率、最具有生命力和国际竞争力的经济主体无法实现向国民经济中其他产业的有效转移和扩张，它们的主要扩张方向和投资领域被限制在低端制造业、房地产业和部分资源消耗严重的重化工业，而且这些部门的投资过度必然带来以下四大结果。

第一，经济结构和产业结构发展极其不平衡。中国经济高速增长 30 年仍然无法改变二元经济结构现象，农业发展落后，"三农"问题严重。第二产业增长呈快速上升状态，近十年来占 GDP 的比重基本上都稳定在 50%，对经济增长的平均贡献率为 57.1%。第三产业增长乏力，1980 年到 2007 年近 30 年的年均增长率只有 4%，对经济增长的平均贡献率为 29.5%。配第—克拉克定理揭示：伴随着经济发展而产生的劳动力和产业结构演变规律，劳动力先从农业流向制造业，再从制造业流向服务业，相应的，三次产业比重也逐步向第三产业集中。服务业增长速度不快势必压缩就业增加和经济进一步增长的空间。许多发达国家工业化的完成和现代化的实现的重要标志就是第二产业向第三产业逐渐推进。多数发达国家第三产业的增加值占 GDP 的比重是 70%—80%，就业比重占 50%—75%。

第二，中国经济中的结构性瓶颈制约越来越严重，自然环境、资源和能源要素极其缺乏，难以承受单一方向的工业和重工业的高速增长。2006 年中国 GDP 占全球总量的 5.5%，但却消耗了全世界 15% 的能源、30% 的钢材、54% 的水资源，另外还有大量土地资源的消耗。由于土地、资源要素和能源生产，或被政府和国有部门控制，或需要进口，因此制造业和房地产业的高速发展必然拉动资源、土地、原材料等稀缺资源价格的上涨，中国经济高速增长的利益也就通过资源价格上涨输送到政府、国有部门和外国资源生产者手里了。

第三，资源和能源生产等垄断部门处于产业的前端，制造业处于产业的末端，由于制造业的过度投资，这一领域势必出现产能过剩，进入过度竞争的状态，使得它们的产品无法消化不断上涨的资源和能源价格，只能靠降低工人的工资或保持人民币汇率的低估来维持其竞争力。其结果是制造业中的大量民工的收入增长速度无法与经济增长的速度同步，居民消费低迷。同时，在我国国民收入总的分配格局中，居民收入所占比重明显偏低，而政府和企业的收入所占比重明显偏高。税收收入的长期超常增长，再加上非税收入的增长，必然使得政府在国民收入分配中所占的份额不断提高。在 2002—2007 年 5 年中，政府收入占国民可支配收入的比重上升了 4.1 个百分点，而居民收入所占的比重则下降了近 6 个百分点。据统计，2001—2006 年在我国的国民收入初次分配中，劳动者报酬占 GDP 的比重从 51.5% 下降到 40.6%，下降了10.9个百分点。

第四，由于占劳动力绝大多数的农业劳动者和竞争性制造业劳动者收入低下，收入差距不断扩大，居民收入在国民经济中的比重过低，市场化改革使个人风险和系统性风险加大，因此居民的谨慎性储蓄倾向非常强。广大居民的低收入和高储蓄倾向使得国内居民消费十分低迷，内需严重不足，庞大的制造业中所形成的生产能力只有通过国外市场来实现，中国的经济增长对外部世界的依赖增大。每年的净出口增长带来外汇储备的增加，从1991—2006年平均每年按照37.5%的速度增长，目前累积外汇储备近2万亿美元。

（三）全球金融危机加重了中国经济调整的困难

面对上述中国非均衡运行的矛盾，自2007年年初起，经济的调整已经展开，中国企业面临前所未有的冲击：人民币汇率持续升值；原材料和能源价格持续上升；节能减排约束不断强化；两税合一和取消退税；"土根"紧缩导致东部企业往中西部转移，旧的产业集聚效应逐步消失，新的集聚效应尚未建立；"银根"紧缩导致企业流动资金紧张；劳动力成本快速上升。在这样的外部冲击下，企业的经营越来越困难。在这样的背景之下，全球金融危机爆发，中国经济短周期下降期和世界经济长周期下降期的不期而遇，大大地加重了中国的困难。

前面谈到，这次金融危机的深层原因是全球实体经济板块的非均衡，主要是美国的过度消费和亚洲新兴市场经济国家的过度储蓄。全球经济失衡状况之所以能够长期维持，是以美元充当国际货币即硬通货为前提的，储蓄过度的国家和居民将美元当成财富的象征长期积累起来，因此美国得以用印刷货币来平衡全球实体经济中的非均衡。这些美国经济体外的美元储备需要寻找对应的金融资产来投资，这就为华尔街金融衍生品的创造、美国本土资产价格的泡沫化提供了基础。同时危机也表明，世界经济总体来讲处于宏观经济动态无效状态：总需求无法消化不断增长的总供给。从中国的角度来看，主要问题是中国的宏观经济运行动态无效，储蓄过多，金融市场效率低下，造成资金无法流入最有效率的行业和企业，储蓄无法转化为有效投资，储蓄高于投资的部分表现为经常项目顺差和外汇储备的增加，中国的外汇储备从本质上讲是中国居民的储蓄存款在国内找不到好的投资项目造成的。

因此，从这个角度来看，美国经济过去十年的虚拟化和泡沫化发展为消化中国的生产能力提供了基础。由于国际市场是一个规范的市场和竞争十分激烈的市场，中国出口企业的能力锻炼出来了，出口产品的质量越来越好，成本越来越低，企业竞争力得到相当程度的提高，美元又是国际货币，是财富的象征，一定程度的积累对中国经济实力的增强和经济稳定具有十分重要的意义。但是，金融危机的爆发，使中国在美国的资产缩水，导致财富损失。更为严重的是，中国企业的出口受到影响，因出口下降而导致的企业停工和破产的数量上升，失业人数增加。由于中国的出口企业是中国经济效率较高的部门，同时又是吸纳就业人数较多的部门，是推动中国经济增长的主要动力，这个部门的衰退将严重影响中国的实体经济。如果实体经济出了问题，那么就会影响长期以来依附于这些最具竞争力的实体经济而生存的金融等其他行业。因此，在美国这次危机的顺序是：先金融，后实体；在中国的顺序则可能是：先实体，后金融。

四、结　论

中国这一轮的宏观经济波动是由一系列的外部冲击引起的，其中金融危机是中国当前面临的最大的外部冲击。这次金融危机的爆发尽管美国是主要责任国：美国的消费过度，储蓄不足，金融衍生产品泛滥，发行货币不负责任；但是危机发生之后，我们必须要加强国际合作，共渡难关，积极参与稳定全球金融市场的行动，救人等于救己，同时大力启动我们的内需，为提升全球总需求作出贡献。尤其是世界经济短期看来处于没有重大科技创新预期的情况下，新能源和生命科学的重大突破还需时日，新兴经济体，尤其是中国和印度这样的人口大国，它们的快速发展可能成为全球经济周期新的繁荣开端，是拯救这一次全球金融危机的关键。

从短期来看，中国当前采取的重要行动是政府进行一揽子投资（数额达四万亿之巨）的财政刺激政策，其主要内容包括中国经济进一步发展所需要的交通等基础设施建设、自然生态环境的保护、解决民生问题所需要的廉租房和经济型住房的建设、提高人力资本水平所需要的教育、卫生投入和社会保障投入。从投资的时机来看，目前受危机影响，世界大宗商品价格大幅下调，国内失业率上升，正好是利用全球闲置资源和国内劳动力资源的好时机。从发展战略角度看，这些基础设施的投资与建设也必须在中国人口红利期消失前完成，错过这样的机遇，10 年或 20 年之后我们可能就没有如此充裕的劳动力来完成这一使命。与此同时，在财政政策上我们还需要财政减税政策的配合，如企业所得税的减免和个人所得税起征点的提高，这对发挥乘数效应、启动内需也是十分重要的。

从长期来看，上述措施对提高中国经济增长的质量和容量是远远不够的。我们还必须加快我们的经济体制改革步伐，通过改革加快对经济结构的调整。但是，能否成功调整是需要具备一定前提条件的，调整的方式也是大有讲究的。第一，要素市场体系的改革必须深入，要素价格要充分反映其稀缺程度，以市场机制推动产业调整，以价格机制指导产业调整的方向，优于行政手段的强制型调整；第二，金融体系反应灵敏，金融产业高度发达，金融工具丰富，金融运行高效，产业重组、产业兼并和产业融合能够迅速得到金融的有力支持；第三，我们的科技和知识创新与应用体系已经建立，并为企业的转型做好了充分的准备，我们的教育体系要为继续流向城市的民工和城市职工打下人力资本的基础；第四，所有的产业部门和领域对所有的企业都是一视同仁，不存在垄断，也不存在行政性限制；第五，行政力量的适当引导和扶持。

在前一段的紧缩宏观调控中，沿海发达地区和中小企业受到了较大影响。为了实现保增长的目标，根据当前国内外经济形势的变化，结合前一段经济运行中反映出来的问题，未来下面两个问题尤其值得注意。

第一，保持东部地区的发展势头。2008 年上半年，东部地区的经济增速下降幅度超过全国平均水平，上海、浙江、广东的增长率分别为 10.3％、11.4％、10.7％，增幅比去年同期分别下降 2.7、3.3、3.6 个百分点；前 5 个月，西部、东北部、中部和东部四个地区规模以上工业的增加值分别增长 19.3％、18.8％、20.8％和 15.7％，与上年同期相比，除东北地区增幅提高 0.2 个百分点外，其他三个地区分别回落 1.8、1.2 和 3.1 个百分点；四个地区的进出口总额同比分别增长 49.1％、26.7％、42.5％和 24.8％，出口额同比分别增长 49.6％、21.0％、40.9％和 21.2％，而全国第一外贸大省广东 1—5 月的进出口增幅只有 15.1％，低于全国 11.1 个百分点，其中出口增幅 15.6％，低于全国 7.3 个百分点；四个地区的城镇固定资产投资同比分别增长 25.3％、33.5％、34.6％和 20.7％。

长三角、珠三角、环渤海地区的生产总值约占中国 GDP 的 60％，改革以来的经济增长速度也快于全国其他地区，因此东部已经成为中国经济的增长极，在可以预见的将来，中国经济发展的速度和质量仍主要取决于东部地区的表现。但是由于东部地区大都是出口导向的发展模式，主要从事低附加值的生产环节，利润空间极为有限，因此受外部冲击的影响更为明显。随着美国经济放慢的效应逐渐传导至其他国家，外部需求将继续减弱，外部需求紧缩在一定程度上可以代替内部紧缩政策。同样的宏观紧缩政策，东部企业会面临更大的压力，这不仅影响东部地区的发展势头，而且不利于全国经济的平稳较快发展。因此，下一步的宏观调控应尽量维护东部地区的发展，为东部地区的企业适应经济环境变化、推动技术升级创造条件。

第二，维护中小企业的发展势头。在外部冲击和宏观调控的影响下，相当一部分中小企业的生产经营状况不容乐观。根据国家发改委的统计，2008年上半年全国有 6.7 万家规模以上的中小企业倒闭，其中，纺织行业倒闭的中小企业超过 1 万多家，有 2/3 的纺织企业面临重整。对中小企业来说，当前的突出问题是融资难。据银监会统计，今年一季度各大商业银行贷款额超过 2.2 万亿元，其中只有约 3 000 亿元贷款落实到中小企业，仅占全部商业贷款的 15％，比去年同期减少 300 亿元。

改革开放以来，尤其是随着"抓大放小"的国企改革的推进，中小企业蓬勃发展。目前，中小企业约占企业总数的 99％，国内生产总值的 58％，出口的 68％，中小企业创造了 75％的城镇就业机会，是保持经济增长和社会稳定的重要力量。但是，由于中小企业规模较小，生产链较短，技术水平较差，因此抗冲击能力不强，加上融资渠道缺乏，导致融资成本高，因此部分中小企业的生产经营陷入困境。所以，下一步的货币政策和财政政策应切实考虑中小企业的实际情况，对中小企业予以适当倾斜，以保护中小企业的发展势头。

作者说明

本文是对我近几年来关于全球经济和中国经济内在关系思考的一个综合回顾，也包含对未来的一种展望。本文与张若雪合作。全球经济和中国影响经济运行的变量非常之多，但本文想要做的就是通过寻找一些可获得的数据，将世界经济正在演出的一幕大戏勾勒出来。近年来，次贷危机带来的金融海啸已经波及了全世界，其影响还在持续，如何化危为机，将中国的经济运行融入合理的世界分工，并以此为机会调整中国内部的非均衡状态，是中国在今后数年中需要解决的最重要问题。在本文中我们发现中国外部的经济失衡是内部结构问题带来的必然结果，而由此带来的经济波动则需要我们用合适的宏观工具来解决它。因此，在产业、劳动力双转移的过程中，解决劳动力、土地、金融等生产要素的配置效率、提高投资效率等一系列综合问题，是中国在此次危机中能做的最佳选择。

中国经济转型与世界经济再平衡

一、金融危机与世界经济失衡

(一)全球化背景下的世界经济增长动力

人类历史上一共经历了三次大的全球化浪潮，第一次是 16 世纪葡萄牙和西班牙，依靠新航线和殖民掠夺建立起了庞大的殖民帝国。随后在荷兰、英国和法国等国相继发生了工业革命，最终确立了资本主义的生产方式。第二次的全球化浪潮是完成了工业化革命后的欧洲发达国家将资本、技术、制度和劳动力向北美大规模转移，大西洋两岸的生产要素得以优化配置，并最终造就了美国这样的超级大国。20 世纪中叶开始的这一轮全球化以资本全球化配置为核心，以贸易、金融、生产全球化为主要内容，更多国家参与到了全球化的国际大分工体系中去，发达经济体把大量资源投入到研发领域，促进技术创新速度的加快，新兴经济体则充分利用比较优势进行专业化生产，不管是在高端技术领域还是低层次的制造业领域，都大大拓展了全球生产可能性边界，最大限度地降低了生产成本，提高了资本和生产的效率，整体的劳动生产率也有了大幅提高。资本要素在全球化中寻找最优配置结构，带动包括知识、技术、管理的转移，极大拓展了全球劳动生产率提高的空间和市场容量。在 1998—2008 年这 20 年里，全球 GDP 的年均增长率是 3.5%，国际贸易的年增长率是 7%，国际流动资本的年增长率是 14%(World Bank，2009)。

在全球化进程中，发达国家和新兴经济体都利用各自的禀赋结构得到了迅速的发展，共同分享全球化的红利。一方面，发达国家在跨国公司产业链重组的背景下，主动积极的产业高端化变动开始，高科技产业发展，第三产业进一步拓展深化，劳动生产率提高，产业链中的附加值提高；同时，其金融创新进一步发展，在服务于全球资本的配置过程中，本国的金融增加值和金融利润均得到大幅提高。另一方面，新兴经济体利用低成本优势和巨大的市场容量，迅速获得了经济增长的空间。这些都为全球化背景下的世界经济增长提供了动力。

（二）金融危机的内在逻辑和根本原因

全球经济失衡导致金融危机的内在逻辑，就是发达经济体以创新活动为主，新兴经济体以模仿、"干中学"为主，绝大多数的跨国公司、高科技产业和金融业都被发达经济体所拥有。通过跨国公司、FDI 等形式，资本在全球范围内得到了最优的配置，一方面提高了新兴经济体的劳动生产率和劳动报酬，大部分科技和人力资本含量低的制造业就从发达国家向新兴经济体不断转移；另一方面也给发达国家的金融市场注入了大量的流动性，来自新兴经济体的大量贸易顺差以持有发达经济体各类债券、股票、金融衍生品的形式重新回流到发达经济体的金融体系中去，进一步推动了各类金融衍生品的创新和发展(图 1)。这里我们需要辩证地看待发达经济体中金融体系的作用，不能以这次金融危机的爆发就简单地否认它的作用。作为一个全球金融体系，它必须要服务于全球的实体经济，提高实体经济的要素配置效率，跨国公司、高科技企业还有来自新兴经济体的优秀企业就是支撑发达经济体中金融体系健康发展的实体基础。如果这个金融体系可以为这三大块实体经济服务，承担起配置全球金融资源的作用，那么我们就可以说这个金融体系是有效率的，是可持续的，或者各类金融机构高额的回报率是以提高实体经济的劳动生产率为前提的，是有保障的。不可否认的是，在第三次全球化进程中，发达经济体的金融市场在培育高新技术产业、壮大跨国公司和改善新兴经济体中优秀企业的融资环境和治理结构等方面起到了很重要的作用，可以说是大大推动了全球化的进程。

但同时，由于发达经济体的金融体系吸纳了全球大多数的流动资金，加上各发达国家为刺激本国消费而实施的长期低利率政策，大量金融衍生品、期权、期货类产品的推出，金融杠杆化的程度大大提高，信用的过度创造和杠杆的过度运用使发达经济体负债率快速提高，包括个人信贷、企业债券和政府债券在内的借贷规模越来越大。次贷危机、金融危机以及目前的政府债务危机都暴露了一个共同的问题，就是长期以来发达经济体中的个人、企业和国家这三个层面的资产负债关系没有得到根本的调整，为刺激经济尽早走出危机的凯恩斯主义的实施，不是缩减而是进一步扩大了各类债务的规模和风险。另外，各类金融机构把大量的资金用于大宗商品的投机活动。这些都使金融体系的发展脱离了前面所说的三大块实体经济，虚拟程度的上升必然导致爆发金融危机。因此，以政府债务增长为代价的对经济的刺激和反危机的治理将无助于问题的解决。

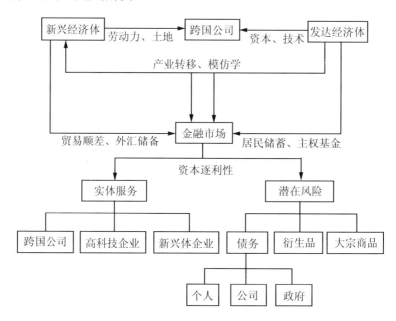

图1　全球经济运行示意图

归纳一下，经济全球化推进过程中的收入分配格局，或者说全球红利的不均等分享等导致了全球经济总供给与总需求的非均衡，并最终酿成了经济危机的爆发。在危机前的全球收入分配格局中，美国利用美元本位的国际货币体系，在全球范围内获取巨大的收入转移利益；发达经济体通过自身的金融发展和金融垄断，获取特殊利益，而新兴经济体的金融落后导致了金融资产的转移和收入转移，在金融创新不足的情况下，甚至出现了金融泡沫化；同时，发展经济体要素价格的扭曲，即垄断要素（知识、专利、品牌）的高价和竞争要素(土地、劳动力和环境)的低价，都导致了收入从新兴经济体到发达经济体的转移。于是，全球收入差距扩大，全球化的红利基本被发达国家收获，全球资本要素获利高，全球劳动要素获利低，全球总需求最后难以消化全球的总供给，这是本次金融危机爆发的深层次原因。

二、金融危机后的世界与中国经济运行

2009年的全球经济经历了一个由深度衰退到艰难复苏的转变。在超常规的政策干预和应对下，国际金融危机最坏的时期已经过去，全球经济急剧下滑态势得到遏制并且趋稳好转。在经历了2009年的大调整后，2010年全球经济有望实现适度增长，但也不能忽视经济持续增长所面临的诸多困境和挑战，尤其是美联储在2010年11月重新启动了第二轮量化宽松货币政策之后，各国政策制定者不仅面临着如何适时适度退出经济刺激计划的艰难选择，而且也面临着寻找新的经济增长点和创造就业机会的巨大考验。这一节我们要介绍一下发达经济体和新兴经济体在后危机时代的经济运行情况以及中国宏观经济的运行态势。

(一)发达经济体与新兴经济体的复苏

世界经济在2009年开始逐渐复苏，但是各国的表现不一。在这场金融危机和经济衰退中，发达国家经济全面陷入衰退。2009年发达国家经济整体收缩4.6%，美国、日本及欧元区三大经济体经济均为负增长，其中日本跌幅最大(5.3%)，欧元区跌幅(4.9%)超过美国(3.7%)。随着各国大规模经济刺激政策的落实和宽松货币政策释放大量流动性，日本经济在2009年第二季度、美国和欧元区经济在第三季度先后触底后，出现了由收缩向缓慢复苏的转变。目前，三大经济体经济继续处于恢复性增长中。2010年发达国家经济将普遍继续复苏，但增长依然乏力。IMF预测，2010年发达国家经济将实现1.3%的小幅增长。从复苏力度的次序看，主要国际经济组织做出了不同预测。OECD(2009)认为，美国有可能最快(增长2.5%)，日本次之(增长1.8%)，欧元区最后(增长0.9%)；IMF(2010)认为，日本有可能最快，美国次之，欧元区最后，因为亚洲地区经济高增长将为日本经济提供良好的外部环境。但无论怎样，2010年发达国家的经济复苏将是低速的、平缓的。

另外，由于发达国家的复苏主要依赖金融复苏，实体经济复苏不明显，因此复苏是一种无就业的复苏，主要发达国家失业率居高不下（表1），房地产、金融等在危机中受到重创的支柱产业，短期内还难以形成新的经济增长点。同时，由于各国都在危机后相继实施了"凯恩斯"扩张性政策，虽然这对经济复苏起到了良好作用，但也进一步加剧了居民、企业、政府和央行的资产负债关系的恶化，并从家庭债务危机、企业债务危机向政府债务危机蔓延，一些国家政府负债过高，财政收支矛盾突出。应该说，公共债务水平的上升，是凯恩斯政策的直接后果。目前有研究人员估计，主权债务占全球GDP的比重从2007年的62%上升至85%，20国集团①的平均财政赤字占GDP的比例也上升了1%，达到了7.9%（Uri Dadush，2010）。由图2可知，世界上的主要发达国家其债务比重都在50%以上，在2007—2009年该比重平均提高了20个百分点。经济衰退时期由于税收的下降和社会保障支出的增加，20国集团的经济刺激措施的费用消耗在2008年和2009年分别占到了GDP的0.5%和2%（IMF，2009）。在美国，总费用的支出增加从占GDP的20.7%上升到2009年24.7%的历史最高水平，税收收入则从占GDP 18.1%下降到2009年的14.8%。欧盟税收收入从2008年占GDP的30.9%下降到2009年的29.2%。

表1　2009—2011年发达经济体失业率情况　　　　　单位:%

年份	2009	2010	2011
发达国家	8.0	8.3	8.2
美国	9.3	9.7	9.6
欧元区	9.4	10.1	10.0
日本	5.1	5.1	5.0

注：2010年和2011年是预测值。

资料来源：IMF:《世界经济展望》，2010年10月。

全球经济自谷底反弹之后，对很多在此次金融危机后增长缺乏明显经济

---

① 20国集团的成员包括：美国、日本、德国、法国、英国、意大利、加拿大、俄罗斯、欧盟、澳大利亚、南非、中国、阿根廷、巴西、印度、印度尼西亚、墨西哥、沙特阿拉伯、韩国和土耳其。

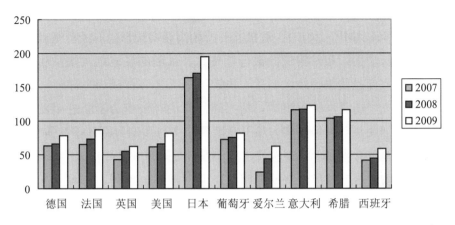

图2　各国公共债务占 GDP 的比重(2007—2009)　　　单位：%

注：GDP 以当前价格计算。

资料来源：数据来源于 IMF 世界经济展望数据库，2010 年 4 月。

驱动力的国家而言，竞争性汇率条件下的出口对持续的经济复苏已经越来越重要。因此，几乎所有国家都想贬值，配合扩大出口的战略，推行产业回归和制造业再造。以美国为例，在未来一段时间内，由于美国持续居高不下的失业率(2010 年 10 月是 9.6%)，美联储的量化宽松货币政策是目前巨额财政赤字背景下的唯一宏观经济政策选择，但这样做很有可能会导致新一轮的全球货币战争，美元汇率的长期走低趋势会带来大宗商品价格走高和全球通货膨胀压力上升，结果无助于美国结构性问题的改变。与此同时，金融监管法、巴塞尔Ⅲ等金融法规的相继出台，加大了对金融业进行监督的力度，导致发达经济体的金融业发展面临许多不确定性，与处理国家债务危机的政策一起对实体经济的复苏产生负面影响，全球经济仍然面临二次探底的可能性。对发达经济体来说，经济走出衰退、持久复苏的根本之道在于科技和知识的创新，而不是重新"捡回制造业"和大量释放全球流动性，其发达的金融等服务业还需要继续为新兴经济体的发展作出贡献，只有这样才能实现其金融体系的全球资源配置作用。

　　在全球经济复苏中，新兴经济体尤其是以中国和印度引领的亚洲经济体表现出强劲复苏态势，发挥了拉动全球经济回暖的火车头作用。IMF 预计，中国和印度经济 2010 年将分别增长 8.5% 和 6.5%；俄罗斯经济在 2009 年收

缩 6.5％后，2010 年有望增长 1.5％；巴西经济在 2009 年下滑 1.3％，2010
年将增长 2.5％(IMF，2010)。危机前的持续高速增长形成的经济基础、较强
劲的内生增长动力、相对较低的银行存贷比、果断的经济刺激政策和危机发
生后国际大宗商品价格的较大回落，决定了新兴经济体成为全球经济复苏的
重要动力。在经历了本轮危机后，新兴经济体的经济实力不断赶超发达国家
的趋势将更加明显，其经济实力和引领世界经济的影响力将日益加强和深入，
并将在重构全球金融和经济架构的过程中发挥更加重要的作用。

　　总体上看，当前世界经济反弹明显，但基础还较脆弱，全面复苏动力不
足，各国经济好转主要是依靠政策刺激和政府投入所推动，整体经济活动依
然远低于危机前水平。2010 年，世界经济持续增长面临的主要风险有：金融
市场仍存隐患、失业率居高不下、消费和投资需求不足、贸易保护压力还在、
全球资本流动尚不稳定、通货膨胀风险增大以及财政赤字增加等，这些因素
的存在将增加世界经济发展的不确定性，而未来国际金融体系和各国经济结
构的调整也将会带来一些新的动荡。因此，需要密切关注上述各因素对各国
实体经济可能产生的影响以及对各国政府政策调控带来的挑战。

(二)中国宏观经济运行态势

　　危机爆发后，中国政府采取了一系列积极的应对措施。以 4 万亿投资计
划为代表的巨额财政刺激政策组合，及时且目标明确地针对住房、农村基建、
交通、医疗、教育和环保等领域，得到了迅速实施；同时配合适度宽松的货
币政策，通过低利率和减少信贷限制，为市场提供了充足的流动性。在这样
的政策组合下，消费和投资的好转带动了整个经济的快速复苏。在全球经济
低迷的大背景下，中国经济在 2009 年和 2010 年上半年仍然保持了 10％以上
的增长速度，消费增长表现强劲，2010 年 2 月以来社会消费品零售总额当月
同比增速保持在 18％以上，累计年同比保持在 18％左右，而且伴随着第二季
度以来各地最低工资及平均工资水平的上涨，都形成了对今后消费保持平稳
高速增长的有力支撑。同时，投资拉动成为中国经济走出危机的最主要推力。
2009 年固定资产投资增速保持快速增长趋势，在 2009 年 9 月达到 33.3％的
最高点。从 2010 年年初开始，伴随政府控制新建项目、收紧信贷及对地方投
融资平台风险的关注，投资逐渐回落，然而城镇固定资产投资累计同比仍然

高达 25.5%。随着"十二五"规划的出台，除了前期形成的中长期投资项目需要追加投资量以外，大量新的投资项目可以继续支撑投资拉动对经济增长的关键作用。

同时，这些刺激性的宏观政策也给中国经济的可持续发展带来许多新的挑战。首先，大量的信贷投放将加大通胀压力和资产价格泡沫化程度，2009年中国信贷增速为 31.27%，M2 增速为 27.6%。2010 年 1—10 月累计投放信贷 6.87 万亿元，预计全年信贷增速为 18.5%，M2 增速为 18%。两年平均来看，信贷增速为 24.5%，M2 增速为 22.7%，超过 2005—2008 年间平均 14.2% 和 18.2% 的增速。宽松的货币政策在很大程度上催生了房地产泡沫，恶化了通胀预期。2010 年 11 月，CPI 同比上涨 5.1%，创造了 25 个月以来的新高。加上美国最近启动了第二轮量化宽松货币政策，会进一步提高国际大宗商品的价格，对中国形成"输入型通胀"。另外，与经济转型相一致，中国在"十二五"期间会加快资源品价格和资源税改革，会进一步推高物价。因此，从长期来看，通胀压力会伴随中国经济的整个转型期，成为政府制定宏观经济政策的重要约束力量。

其次，四万亿的财政刺激计划下，地方政府陆续配套了近 20 万亿元的资金，地方政府融资平台的债务风险加大。据银监会透露，截至 2009 年 6 月末，全国各级地方政府设立的融资平台公司达 8 221 家，其中县级政府平台公司 4 907 家，银行的授信金额达 8.8 万亿元，贷款余额超过 5.56 万亿元，几乎相当于中央政府的国债余额。地方政府的"土地财政"正是因为缺乏合法的融资制度框架，所以除了变相搞融资平台和隐性负债之外，不得已依赖于土地一级市场批租，这对贯彻执行中央政府的房地产调控政策形成了一定的阻力，也加大了银行信贷风险。在"十二五"期间，如果不能很好地清理地方政府的融资平台债务，不仅财政和货币政策的实施会面临更大的约束，而且对房地产市场的健康发展带来很大的挑战。

最后，全球流动性的泛滥给中国经济的软着陆带来很大的困难。随着美联储第二轮量化宽松货币政策的出台，美元长期贬值的趋势日益明显。中国经济的率先复苏并强劲增长，不断吸引着大量热线流入国内，会进一步推高通胀水平和资产价格。未来很长一段时间内，我国的宏观经济政策都会面临加息和升值的双重困境，为抑制国内通胀水平和资产价格，需要采取加息的手段，但又会带来更多热钱的流入。加上美元的进一步贬值，会增大人民币升值的国际压力，目前不仅是发达国家，连一些新兴经济体（如巴西）也加入了要求人民币升值的行列中。如果不掌握好升值的频率和幅度，在没有出现新的行业增长点和就业机会前，就可能导致出口的大幅减少和失业率的上升，不利于巩固前期经济复苏性增长的成果。

这些都表明，在面对金融危机的时候，中国采取的"凯恩斯"式的刺激政策对扩大内需是积极的，对全球经济的复苏是有帮助的。但同时也暴露了中国经济发展中存在的许多问题，例如资本流动和人民币国际化、基础设施投资的效率不高、地方融资平台的债务问题、"国进民退"和改革难以推进、经济结构的进一步扭曲以及资源与环境约束等。这都要求我们必须进一步深化改革和经济转型，才能保持中国经济的长期健康发展。

三、中国经济的改革与转型

（一）中国经济的非均衡问题

首先，产业结构升级缓慢，第三产业增长乏力。世界银行 2008 年的统计数据显示，中国第三产业的比重（40％）远低于高收入国家（73％）和世界平均水平（69％），甚至低于中低收入国家（53％）和低收入国家的平均水平（46％）。发达国家第三产业所占国内生产总值比重平均为 65％。2009 年美国以现代服务业为主的第三产业占国内生产总值的比例达 76.9％，欧盟服务业的平均占比亦在 70％左右；而中国目前服务业只占 40％，仅相当于美国 1820—1870 年的水平，并且知识密集型服务业比重很低。从三次产业层面来看，还是要多发展服务业，提高第三产业的比重，无论是传统服务业还是现代服务业。从第二产业的结构看，由于传统行业和高耗能、高污染行业比重过高，因此还需要第二产业内部的升级。民营企业是推动中国技术进步和产业升级的决定性力量，在市场环境比较公平、透明的行业，比如大多数的制造业，民营企业可以充分发挥他们的企业家精神，但在市场环境还处在比较严格管制状态的现代服务业，比如金融服务、交通、通讯、医疗、卫生等部门，民营企业还面临着很大的进入门槛，这是导致第三产业的升级和生产率提高不快的重要原因。

其次，我国目前的收入分配格局严重扭曲。从社会和政府角度看，财富不断向政府集中。按照 IMF《政府财政统计手册》标准，我国政府的财政收入可以定义为一般预算收入、政府性基金收入、预算外收入、土地有偿使用收入、社保基金收入，这构成全口径的政府收入。以此计算，中国全口径政府收入已经从 1998 年的 1.73 万亿元，上升到 2009 年的 10.8 万亿元，占当年 GDP 的比重也从 1998 年的 20.4% 上升到 32.2%，上升了约 12 个百分点(社科院，2010)。这一比重不算高，但是它们的支出主要集中在投资上，而不是社会保障等转移支付上。① 从劳动和资本角度看，劳动报酬占比持续下降。1996—2007 年，我国劳动报酬总额占 GDP 的比重从 53.4% 下降到 39.7%；从普通行业和垄断行业的角度看，财富不断向垄断行业集中。某些垄断行业职工的平均收入高达全国职工平均工资水平的数十倍。② 根据国家统计局发布的我国各行业 2003 年到 2008 年的平均工资水平和增速数据，以 2003 年的初始工资作为划分依据，低收入组的平均年工资增速为 14.7%，低于平均水平 15.4%，而高收入组的平均工资年增速则为 15.9%，高于平均水平 15.4%，证明了行业间工资差距的扩大；而且，金融、电力煤气及水的生产与供应等国有企业占主导的行业平均工资增速明显高于平均水平。

最后，城乡和区域之间发展不平衡。城乡发展不平衡主要体现在城乡收入水平、社会保障、教育卫生等方面的差异。以农民人均纯收入和城镇居民可支配收入为例，2009 年城镇居民人均可支配收入达到 17 175 元，农村居民人均纯收入只有 5 153 元，城乡收入差距达 3.33 倍，收入差距扩大的趋势没有扭转。城乡消费水平对比从 1978 年的 2.9 上升到了 2007 年的 3.6，不同地

---

① 以丹麦为例，2007 年政府支出的社会性支出(含教育、社会保障、公共医疗卫生、住房支出)占国家财政支出的比重高达 71.6%。另外一些发达国家，比如德国、法国、意大利、日本、美国也分别高达 70.8%、68.5%、61.9%、66%、58.4%。而我国这一比重非常低，我国社会保障支出、医疗卫生支出、教育支出近年的平均水平分别为 17.3%、8.6%、2.9%，累计不足 30%。2009 年中国居民的自费卫生支出平均比率为 38%，为世界最高。其中，各基本人群的医疗自费比率分别为：城镇职工 30%，城镇居民 50%，农村人口 62%。与此相较，美国居民的自费卫生支出比率仅为 14.3%。

② 以上资料摘自中国(海南)改革发展研究院在 2010 年 2 月 28 日以"调整国民收入分配格局与转变发展方式"为主题的改革形势分析会。

区的居民年收入和消费性支出仍存在较大差距，工资性收入在整个国民收入中的比重从 1980 年的 17.1% 下降到了 2009 年的 8%，居民最终消费率从 1978 年的 62.1% 下降到了 2009 年的 52.5%。区域发展不平衡主要体现在区域间差距加大和低水平竞争严重以及同层次产业竞争激烈。从经济增长率来看，近年来中西部地区在国家政策和沿海产业转移等有利因素的带动下，与东部地区之间的差距有所减少。2006 年东部、中部和西部地区在全国 GDP 中所占的比重分别为 55.7%、18.7% 和 17.1%，2009 年东部、中部和西部地区 GDP 占全国 GDP 的比重分别为 53.7%、19.4% 和 18.5%。中部和西部地区比重分别提高了 0.7 个和 1.4 个百分点，东部地区下降了 2 个百分点。但从人均 GDP 水平来看，东部地区的增长水平要显著快于中西部地区，区域间的收入差距是在不断扩大。2006 年东部人均 GDP 为 27 567 元，中部和西部地区分别只有 12 269 元和 9 702 元。2009 年东部人均 GDP 为 40 186 元，中部和西部地区分别为 18 816 元和 17 537 元，与东部地区的人均 GDP 差距进一步扩大。

上面几个因素共同作用，再加上户籍、土地制度的约束对劳动力在城乡和区域间自由流动的限制和社会保障制度建设的落后，这些都导致了收入分配结构的不合理，国内居民的消费需求也难以在短期内得到很快的提升，国内消化储蓄的能力很低；与此同时，以国有体系为主的金融市场的资源配置效率低下进一步导致储蓄过度和无法有效转化为国内投资。

如上所述，中国经济内部的诸多非均衡问题导致了国内消费的不足和大量储蓄的积累，也造成了过度依赖出口、外汇顺差过大、人民币升值压力上升等外部失衡现象。但是，倘若这些储蓄能够通过金融部门的资源配置功能转化为高效的国内投资，同时使居民通过对金融产品的投资分享到实体经济发展的红利，那么国内内需不足和其他多种非均衡问题都可以得到改善。但是，中国金融体制改革的滞后严重阻碍了金融部门有效资源配置功能的实现。一方面，在当前特殊的二元金融结构下，严格的金融控制政策造成了宏观的流动性过剩与企业的融资约束并存，非国有企业面临不对称的融资环境，催生了国内民间借贷的繁荣；另一方面，金融部门的垄断低效率也导致了国内优质资产供应的短缺，在金融投资渠道相对狭窄、制造业利润相对下降的宏观环境下，国内企业和居民纷纷把自有资金投入到利润率高的房地产市场和股票市场上去，带动了各类资产价格的快速上涨；而在对外关系上，就表现为中国国内的大量流动性以巨额外汇储备的形式流向国际市场，截至 2010 年第三季度，国家外汇储备余额已达到 26 483 亿美元，其中 80% 左右是以美元形式持有的，而美国的国债券又占到了整个外汇储备的 40% 左右。长期来讲，虽然这次金融危机中美国执行的一系列量化宽松货币政策，美元长期贬值的趋势明显。但受美国政治经济综合实力以及规模效应的惯性作用，美元在相当长的时期内（十年、二十年）还是主要的国际货币，欧元、日元、人民币等其他币种还无法挑战美元的全球货币地位。短期来看，在当前的国际环境下，虽然美元有进一步贬值的趋势，但欧元、日元等主要币种同样受到经济复苏缓慢的拖累，短时期内以投资美元资产为主的外汇储备格局不会有太大的变化（袁志刚、邵挺，2010）。

与此同时，金融危机爆发后，随着我国经济强劲的 V 型复苏，资本市场和房地产市场回暖，加上存在本外币正利率差和人民币升值预期等因素，对境外资本有较强的吸引力。由于外汇资金持续流入，推高了国内股市和楼市价格，强化了人民币升值预期，反过来进一步刺激外汇资金流入，一定程度上容易形成外汇资金持续流入的正反馈机制。最近随着美国开始启动第二轮量化宽松的货币政策，也就是超量发行货币，新兴市场国家都面临着热钱流入的严峻态势，我国也不例外。国际资本千方百计进入中国市场，一部分是要分享中国实体经济发展取得的巨大成就，但也有一部分是要在中国快速的体制变革中投机获利。例如，2005 年人民币汇率机制改革就伴随着之后两年股市和房市的大涨，这其中就有汇率改革带来的全球热钱涌入中国进行投机的问题。在这样对内资源配置效率低下和对外金融风险上升的情况下，如果中国不把握时机进行金融微观组织的重造、金融领域的开放和竞争机制的引进、金融产品的创新等工作，就有可能重蹈当年日本的覆辙：20 世纪 80 年代末 90 年代初，国际资本在美元与日元之比约为 1∶200 时进入日本，一方面享受日元升值的好处；另一方面投资于日本的资本市场或房地产市场，并在资本和房地产泡沫破灭之前带着巨额收益离开日本，留给日本一个失去了的十年。但是，如果我们能够把握机会进行体制改革，像美国一样通过发达的金融体系、金融组织和金融创新产品，运作国际资本，掌控全世界的优质生产资源和要素，推进实体经济的发展，通过实体经济的回报稳住国际资本尤其是长期国际资本，那么，挑战就会变成机遇。

（二）中国经济未来的改革方向

在"十二五"期间，伴随着数量型刺激政策的逐渐退出和结构性调整的加快实施，进一步深化制度改革和提高城市化程度是促进就业和增长的基本措施，而劳动生产率的提高是我国经济增长的最终源泉。只有通过进一步的制度改革和经济转型，坚持正确的改革方向，才能真正实现中国经济的长期健康发展。

第一，城市化中要加快农民的市民化速度，拉动内需。

这次国际金融危机拖累外部市场需求萎缩，表明中国作为一个大国，不可能长期把可持续发展的基础主要奠定在外部需求上。在"十二五"阶段，我们必须适时对出口导向型经济结构改革，逐步降低经济增长对外部市场的过度依赖。要想拉动内需最根本的措施是在快速的城市化进程中加快农民的市民化速度，中国未来的内需增长空间一定是在农村城市化、农民市民化的过程中去实现的。目前以"常住的流动人口"为主要推动力的城市化模式，只能算"半城市化"，农民工虽然已经在城市就业与生活，但在劳动报酬、子女教育、社会保障、住房等许多方面并不能与城市居民享有同等的待遇，并没有真正融入城市社会。基于 2000 年普查和 2005 年的 1% 人口抽样调查数据的计算，这五年城镇人口增量中的 71.8% 是持农业户籍进城打工的外地农民工和郊区的农业人口。人口的城市化率（城市常住人口比重）与人口的非农化率（非农业户籍人口比重）产生了较大差距且不断扩大，2007 年两者相差 12 个百分点。因此，在"十二五"阶段我们可以考虑建立"人地"挂钩机制，就是根据各城市吸纳农民为市民的数量，每年增加相应的用地指标给接收方城市来解决农民市民化后的社保、就业培训等问题，这些用地指标可以来自农民自身的宅基地复垦、耕地上交集体等途径。同时，做好农民工的社会保障、技能培训、廉租房和公租房等各项准备工作，来不断加快农民的市民化速度。

第二，收入分配结构需要作出重大调整。

收入分配结构调整是我国未来经济转型中的重要主题，一个合理的收入分配结构对拉动内需、优化产业结构、保持经济社会可持续发展等都具有重大意义，即将出台的"十二五"规划也会把它列为最重要的内容。但是造成我国目前收入分配结构不合理的原因有很多，既有改革前遗留下来的制度制约，比如城乡二元结构，又有经济转轨过程中其他制度建设滞后的因素，比如国有企业、垄断行业的改革，还有政治体制改革、教育体制改革等基础制度改革的缓慢和滞后。针对这些不同的形成原因，未来一段时期内我们可以采取的措施包括以下方面。首先，提高国企分红比例，充实社保资金。2010 年1—8 月国有企业累计实现利润 12 644.7 亿元，同比增长 46.7%。但一直以来国企红利基本不进入社保，2010 年中央国有资本经营预算支出中，只有 15 亿元和社会保障类支出相关。在"十二五"期间，假设每年国企有 2 万亿元的收入，对其征收 20% 的红利，那么在未来五年内投入社保的资金将达到 2 万亿元。这会极大地改善我国目前社保资金入不敷出的困境，加大对农村和低收入人群的医疗、卫生等社保投入水平。其次，在金融市场切实保护中小投资者利益，结合要素市场改革推进，杜绝"大吃小、权力为重"现象。提高居民存款利率，防止财富缩水。2010 年 2 月以来，我国 CPI 再次超过 1 年期存款利率，进入了负利率时代。负利率的出现，使居民的存款蒙受损失，被转移到国有企业和国有银行。由于通胀对中低收入居民真实收入的打击更大，因此在"十二五"期间，在适时的时机应该选择非对称加息，提高居民存款利率，不能低于当时的物价水平。再次，推进垄断行业改革，缩小行业间差距。目前，行业间差距已经成为收入差距中的重要组成部分，这里面既有各行业的市场竞争能力所导致的差距，但也有一部分是利用行业的行政垄断地位而获取的。对这类垄断性行业的收入就需要加以调控，不仅要在一个符合市场竞争法则的框架内去重新制定相关的法律准则来规范收入，更重要的是要在不断深化国企改革和政治体制改革的过程中去打破这种行政垄断地位。最后，加快税收体制改革，政府对劳动密集型企业、出口企业等考虑减税，改善其经营环境。提高个人所得税的起征点，提升中产阶级的消费对内需扩大的促进作用。此外，还要加快从建设型政府向提供公共服务品为主的服务型政府的转型，政府的财政支出要更多地用于教育、社保等民生领域，实现基本公共服务品的均等化，并加大二次分配的力度，营造一个公平的市场竞争环境和公正的社会分配体系。

第三，要素市场改革尤其是土地市场改革的步伐需要加快。

改革开放以来，在我国绝大多数产品市场已经进入市场竞争阶段的同时，我国的要素市场(劳动力、土地、金融市场)改革却进展缓慢，且越来越受到日益庞大的地方政府和金融资本等利益主体的阻碍。一个市场化的经济体制必须要有竞争性的要素市场形成作为重要的标志，一个残缺的充满地方利益和资本垄断的要素市场是我国在经济结构调整、增长方式转变等重大制度转型过程中最大的障碍。以土地市场为例，目前这种城乡分割的二元土地制度一方面加剧了土地供需的空间失衡，城市土地供不应求，但农村大量的宅基地和耕地却处在无效利用的状态，众多小城镇的粗放型土地利用模式消耗了大量土地资源；另一方面不利于具有国际竞争力的特大城市群的形成，要形成一个都市圈式的城市空间结构，必须要有大量人口的集聚与高度发达的基础设施建设，但土地制度改革的滞后导致农民缺乏进入城市的初始资本，不能分享城市化进展中的土地红利，这会阻碍劳动力进一步向大城市流动。另外，在耕地保护的红线下，农村土地指标又不能通过市场化机制置换到城市中来，制约了大都市的功能和辐射力大幅优化和提升的空间。在"十二五"发展阶段中，我们必须通过推进要素市场的改革，尤其是劳动力市场、土地市场和金融市场的改革，扭转城乡、区域和产业发展的不平衡，最终带来劳动收入和居民要素收入的提高，增加内需；通过推进金融体系改革，放松融资管制，提高金融资源配置效率，从而使国内储蓄能够通过金融部门的资源配置功能转化为高效的国内投资，同时使居民通过对金融产品的投资分享到实体经济发展的红利；通过社会保障制度和公共产品领域的改革，取消户籍制度，全面推进城市化的发展。

第四，进一步解放民营企业的生产力。

民营企业的发展和壮大是我国改革开放以来经济社会发展能够得到迅速进步的最重要力量，也是市场经济体制得到不断完善和健全的标志。民营企业在社会财富创造、产业结构优化和就业人口吸纳等方面都发挥了重要的作用，已占到我国GDP总量的55%以上，吸纳城镇就业的80%以上。但民营企业的发展始终受到进入行业障碍、金融体系歧视等诸多体制政策方面的制约，以垄断行业进入为例，改革开放以来，虽然有一些垄断行业(比如汽车、钢铁等)已经对民营企业开放，但由于行政性垄断还没有完全破除，国有企业可以享受在电力、电信、铁路、航空、石油等垄断行业中的高额垄断利润，民营企业却难以进入这些行业。经过30年的发展，民营企业一直都愿意扩展投资范围，希望进入医疗、教育、金融、通讯、能源、交通等一系列在他们看来利润丰厚的部门，但关键的问题是进不去，进去了也不能获得公平的竞争机会。"十二五"规划会带来大量新的投资项目，但目前地方融资平台和土地收入增长面临瓶颈，地方政府有积极性吸引私人投资，民营企业在传统制造业部门投资动力不足，也有积极性进入其他领域的投资。如果我们能够很好地引导民营企业进入这些垄断行业和金融服务部门，建立一个有效竞争的市场环境，避免民营企业在制造部门的过度竞争和在非实体部门的泡沫式投资，不断释放民营企业的生产力，这对未来的产业结构优化、增长方式转变、收入分配调整等都有不可估量的作用。因此，在"十二五"发展阶段，除个别产业领域外，所有产业都应向民营企业全面开放，国有资本从一般竞争性领域适当退出，同时包括政府改革在内的政治体制改革要真正形成服务型的政府，更多专注于公共服务、完善社会保障，并大幅增加人力资本投资。

第五，人民币国际化速度可以适当加快。

这场全球性的经济危机充分暴露了以美元为主导的国际货币体系和金融监管制度的重大缺陷，在复苏阶段中，美国从刺激本国经济的角度出发多次实施量化宽松的货币政策，给全球经济注入了过多的流动性，对其他国家尤其是新兴市场国家的持续复苏造成了很大的困难。在全球治理结构短期内难以改变而美元在长期来看又存在贬值趋势的情况下，我国的巨额外汇储备会蒙受很大损失，① 也会造成人民币的被动升值。因此，在未来一段时期内，可以适当加快人民币的国际化速度，一方面可以降低外汇储备的规模，减少储备货币波动的风险；另一方面可以缓解人民币升值压力，通过加大与主要贸易国家和资源国家的人民币结算力度，减少贸易企业的汇率风险。当然，人民币的国际化还会大大增强中国在国际经济和金融领域的话语权，为构建一个合理的国际货币体系做好必要的准备。事实上，人民币国际化的速度从2009 年下半年以来就已经开始加快，主要步骤包括人民币贸易结算、人民币债券发行、允许清算行和代理行在银行内债券市场购买中国债券、允许香港银行发行人民币产品、拟批准合格境外机构投资者等。如果有一天当更具市

---

① 截至 2010 年 9 月底，中国的外汇储备已达 2.648 万亿美元，2010 年 3 季度增加1 940亿美元。

场导向性的利率和汇率逐步在人民币离岸市场（如中国香港地区）确定之后，就可以反过来推进内地利率和汇率形成机制的改革，只有建立了以市场为导向的利率和汇率形成机制，人民币的国际化速度才可以更大幅度地加快，并努力成为一种新的全球储备货币，与美元、欧元、日元等一起构成更富弹性和竞争力的国际货币体系。

这场金融危机的爆发告诉了我们，以中国为代表的新兴经济体和以美国为代表的发达经济体的经济非均衡是导致全球经济不平衡的主要原因。倘若双方都能通过进一步的调整和改革实现经济转型，倘若中国能够通过进一步的制度改革实现劳动力的自由流动、金融资源配置的高效率和快速的城市化，倘若美国能够解决其国内的储蓄不足问题，能在世界产业大转移的背景下做大做强高科技产业和高端第三产业，实现产业升级，那么，在这些结构性问题得到解决的过程中，世界经济就有望走向再平衡。

作者说明

这场金融危机暴露了全球经济结构不合理、治理结构不健全、监管机制不到位等深层次问题，从本质上讲，全球经济失衡的根本原因是各国内部的结构性问题，加上缺乏一个有弹性可竞争的国际货币体系，就造成了全球经济的总需求无法及时消化总供给，表现为全球贸易和资本失衡的同步进行。总需求能力的减弱与全球分配法则的演变规律有关，而引发总供给结构性失衡的一个重要因素是发达国家的跨国公司在发展中国家获取的高额利润。本文与邵挺合作，将发表于《学术月刊》。长远来讲，各国只有立足于解决自身的结构性问题才能积极促进世界经济的再平衡，当前中国经济转型最重要的任务就是结构性调整，需要深入推进包括劳动力市场、土地市场和金融市场等在内的要素市场改革。同时，还需要启动经济社会领域中许多深层次的改革，从经济体制到政治体制的全方位的改革，在收入分配结构、国有企业垄断、民间资本进入等重大经济社会领域中加大改革力度，不断释放促进增长的制度潜力和改革动力，并以此为契机参与到世界经济的再平衡过程中去。

全球化进程中的基本矛盾与协调机制

"全球化"已经成为当今世界面临的最大问题。全球化经济的强大已经加剧了很多国家之间的不平等。面对全球化的挑战，应当准确把握第三次全球化给我们带来的福祉和隐患；揭示全球化过程中的资本和劳动、单一经济效率和多元政治与多元文化诉求的矛盾，深刻理解全球化给我们带来的"得"与"失"；从全球视角中去寻找出一种协调机制，在享受全球化带给世界的巨大效率改进和财富增长的同时，通过政策选择，更有效地利用市场体制，进一步实现经济增长与社会发展的同步，更妥善地解决国与国之间和各国内部的不平等程度上升以及各种政治体制、文化模式的冲突和融合的问题，从而使所有国家特别是发展中国家能够更有效、更和谐地参与到全球化的进程中去。

一、全球化的"得"与"失"

全球化有狭义和广义之分，狭义的全球化是指商品、劳动力和资本的自由流动以及各种技术转移壁垒的减少。[1] 广义的全球化是指经济和社会在全球范围内的日渐融合，不仅是指商品、服务和金融资产的自由流动，更是指各种观点、准则、信息的自由流动，还有各民族习俗的融合。[2] 但一般来说，我们都把全球化理解成资本主义生产方式的全球扩张以及资本和金融资产在全球范围内联合逐利的过程。单就经济效率而言，全球化的最根本内容，就

---

　① 　Dani Rodrik，How Far Will International Economic Integration Go? *Jounrnal of Economic Perspectives*，2000(1)，pp. 177—186.

　② 　Nancy Birdsall，*Asymmetric Globalization*：*Global Markets Require Good Politics Center for Global Development*，Working Paper，2002.

是生产要素配置的全球化，资本要素所有者在市场经济条件下将全球生产要素按比较优势原则进行优化配置，不断追求资本的效率，在这一过程中达到所有生产要素的优化使用，从而使全球的经济效率达到最高。第一次全球化中的葡萄牙、西班牙崛起于 16 世纪，依靠新航线和殖民掠夺建立起了势力遍布全球的殖民帝国。但是，由于以"贸易立国"的葡萄牙和西班牙当时只拥有海上贸易优势，没有自己发达的生产体系而逐渐衰落。世界市场拓展所带来的好处滋养了有发达生产体系的荷兰、英国和法国等国，并催生了那里的工业革命，最终确立了资本主义的生产方式，产生了作为"世界工厂"的英国这样的超级大国。第二次全球化高潮是完成了工业化革命以后的欧洲发达国家将资本、技术、制度和劳动力向北美国家的大规模转移，有多达 6 000 万的欧洲人移民到了北美。大西洋两岸的生产要素得以优化配置，世界财富总量得以急剧膨胀，最终以产生美国这样的世界超级大国为标志。两次世界大战被认为是全球化的暂时中断。在这次全球化过程中，英国这个当时最大的资本输出国把北美当做最大的资本输出地，结果使欧洲和美国的人均收入水平持续上升，尤其是美国的上升速度非常快。这用经典的赫克歇尔—俄林（Heckscher，1919①，Ohlin 1933②，简称 HO）模型就可以加以解释。要素禀赋的差异造成了贸易国之间的比较优势，北美丰富的土地资源以及大量资本和劳动力的涌入，加上美国内部自由的竞争环境和健全的法制体系，使得美国成为"一战"前经济增长最快的一个国家。20 世纪中叶开始的这一轮全球化以贸易全球化、金融全球化、资本全球化和生产全球化为标志，使更多国家参与到了全球化的国际大分工体系中，发达国家把大量资源投入到 R&D 领域，促进技术创新速度的加快以及发展中国家充分利用比较优势进行专业化生产，不管在高端技术领域还是低层次的制造业领域，都大大拓展了全球生产可能性边界，最大限度地降低了生产成本，提高了资本和生产的效率。20 世纪中叶以来的全球化使全球 GDP 总量增长了 6 倍，但是全球人口只增长了 2.5

---

①　Heckscher，E.，The Effects of Foreign Trade on the Distribution of Income，*Ekonomisk Tidskrift*，1919(21)，pp. 497—512.

②　Ohlin，B.，*Interregional and International Trade*，Harvard University Press，Cambridge，1933，pp. 235—267.

倍，说明了全球劳动生产率的大幅度提高。随着世界范围内劳动生产率的普遍提高，特别是中国和印度的经济的高速增长，20世纪80年代和90年代，世界范围内的贫困人口从1980年的14亿降到1998年的12亿①，整个发展中国家贫困率在1981—2001年里有了显著的下降（见图1）。

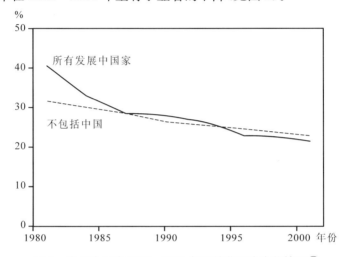

图1 发展中国家1981—2001年间的贫困率变化情况②

注：纵轴表示发展中国家中日收入低于1美元的人口比例。

资料来源：Chen和Ravallion(2004)。

但是，任何事物都具有两面性。全球化在不断促进全球生产效率提高、减少贫穷人口的同时，发达国家本身具有的资本和技术优势以及各类代表它们自身利益的国际政治、金融等组织和国际法则的建立和运作，就会不可避免地带来许多负面效应，从而增加穷国参与全球化后获得的不平等。一般来说，全球经济会通过以下三种途径来增加这些不平等的机会。

第一，在市场机制起作用的时候，在全球市场中，那些缺乏稳定的社会和政治结构的穷国和那些缺乏正规教育培训的穷人将受伤害。就是说进入全球市场前的"家底"很重要，其中最人的家底就是各种完善的制度和社会结构。

第二，在市场机制失效的时候（比如金融危机的时候），在全球经济中，

① 详见国际货币基金组织《世界经济展望：2002年4月》。

② Shaohua Chen, Martin Ravallion, How Have the World's Poorest Fared Since the Early 1980s? *World Bank Research Observer*, 2004(2), pp. 141—169.

这些强烈的负外部性对那些金融体制不完善、政府宏观管理水平低下的国家造成伤害，从而加大了它们参与全球市场机制的风险。

第三，在全球游戏规则的制定和执行中，那些发达国家就可以让全球规则的制定和执行有利于它们的发展。比如，WTO中各种各样的反倾销法案以及允许发达国家巨额的农业补贴等，这些规则对发展中国家的产业升级、扩大出口以及提高国内非熟练劳动力（包括农业人口）的工资水平都会产生阻碍作用。

事实上，自16世纪以来，工业革命之后世界范围内的不平等程度持续上升，但各个发达国家内部的收入差距可能存在先上升后下降的"库茨涅茨曲线"（见图2）。

特别是在第二次和第三次全球化过程中，发达国家与发展中国家之间的贫富差距不断扩大，世界上大多数的地区间的内部收入差距也在不断扩大，Francois Bourguignon 和 Christian Morrisson（1999），利用 1820—1992 年的人口数据、真实人均 GDP 来估算第二次全球化进程中的世界范围内的不平等程度（见图3）。从 1820 年到 1910 年，正是经济快速增长和全球化的时候，基尼系数从 0.533 上升到 0.799，上升了大约 50%。在 1910—1960 年，不平等程度保持平稳。1960—1992 年，基尼系数增加了 0.093，增加了 12%。总的不平等基本上都是由国家间的不平等所引起的。从 Bourguignon 教授等的研究结果中我们可以发现，全球经济一体化倾向于扩大不同俱乐部国家之间的收入差距，同一俱乐部国家之间的收入差距将会缩小（即经济增长中的俱乐部收敛现象），对单一国家内部收入分配的影响则取决于该国特定的经济结构（工业与农业、贸易与非贸易等）、经济制度和所处的发展阶段。

被全球化排斥在外的国家和全球最贫困的人口越来越贫穷，虽然发展中国家的绝对贫困人口比重从 1990 年的 28% 减少到 2002 年的 19%，但同时贫困人口数量却增加了 20%，达到了 50 多亿，其中有 10 亿人处于绝对贫困线以下（每天一美元的收入标准）。预计到 2015 年，仍然会有高达 6 亿人口处于贫困状况，大多数是集中在撒哈拉以南的非洲和南亚，由于国内政局动乱引起的各种争端和冲突，加上缺乏良好的健康卫生等公共事业建设而逐渐被隔离于全球化进程之外。金融全球化的迅速发展使很多发展中国家面临前所未有的金融风险。

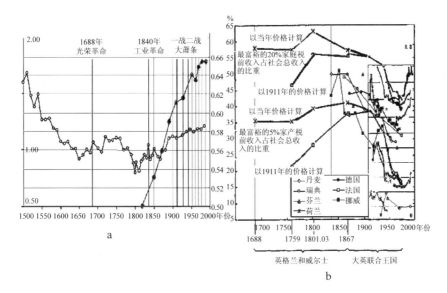

图2 16世纪到21世纪初世界范围内的不平等状况与发达国家内部的不平等状况

注：a是Hoffman(2002)用1500—1986年的英国最富裕的20％家庭的生活费用占最底层的40％家庭的生活费用的比重来表示收入不平等程度。b是Bourgiugnon. et.al(2002)用基尼系数表示的全世界范围内人均收入水平的差异。

资料来源：a图综合了Hoffman et.al[1]和Bourguignon, F. et.al[2]的研究成果，b图综合了来自Lindert[3]和Morrisson[4]的研究成果。

至此，我们似乎可以得到全球范围内收入不平等的几个"特征事实"：从短期的国别比较来看，各国特定的制度因素发挥主导的影响，基本社会制度和再分配政策对收入不平等程度有决定性的影响；从长期的和一个国家历史发展的维度来看，市场力量发挥主导的影响。在一定程度上，市场的扩展倾

[1] Hoffman, P. T., D. Jacks, P. A. Levin, P. H. Lindert, Real Inequality in Europe since 1500, *Journal of Economic History*, 2002(2), pp.322—355.

[2] Bourguignon, F., C. Morrisson, Inequality among World Citizens：1820—1992, *American Economic Review*, 2000(4), pp.727—744.

[3] Lindert P. H., Three Centuries of Inequality in Britain and America, in A. B. Atkinson, F. Bourgignon, eds., *Handbook of Income Distribution*, Elsevier-North Holland Publishers, 2000, pp.167—216.

[4] Morrisson, C., Historical Perspectives on Income Distribution：the Case of Europe, in A. B. Atkinson, F. Bourgignon, eds., *Handbook of Income Distribution*, Elsevier-North Holland Publishers, 2000, pp.217—260.

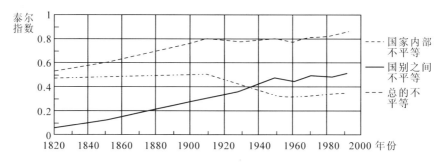

图3 世界各国的收入不平等程度（1820—2000 年）

资料来源：Francois Bourguignon 和 Christian Morrisson。

向于加剧收入不平等，制度变革和重大历史事件表现为巨大的冲击，可能会加快、中断或逆转收入不平等的变动趋势。从现有的实证文献来看，"全球范围的市场化进程"从整体上倾向于扩大一个国家内部和不同俱乐部国家之间的收入不平等；现有的理论文献对这一现象背后的经济机制已经有了全面、深入的分析和总结——也就是说，单纯地发展市场经济、促进经济增长并不能把我们带入一个和谐社会或一个和平的世界，在市场化改革之外，必须有其他配套的制度变革和创新。

作为导致各国收入不平等的主导力量——市场机制，则主要是通过以下四种途径来影响各国收入不平等状况的。

第一，人力资本边际报酬递增。劳动力市场方面，一个有效的市场中广泛存在各种致使人力资本边际报酬递增的因素和机制（即其他情况不变，教育水平越高、工作经历越长，人力资本的边际收益越高）。因此，随着劳动人口受教育水平的提高和预期寿命、工作年限的延长，将出现劳动收入差距扩大的现象。

第二，有偏的技术进步。商品市场方面，信息革命和技术进步促使企业增加对技术工人的需求，同时缩减对非技术工人的需求，导致技术工人与非技术工人的劳动收入差距扩大。

第三，国际经济一体化。国际经济一体化在降低各国缺乏比较优势的部门的人均收入的同时，将提高具有比较优势的部门的人均收入，从而在缩小国家间收入差距的同时扩大各国内部的收入差距。

第四，要素市场不完善。劳动力市场和资本市场中的各种不完善因素（如垄断、歧视、市场分割和信息不完全等因素），都将造成市场力量的不平等，导致价格信号扭曲，利益分配向强势一方倾斜，扩大收入不平等。

二、资本原则与劳动原则的矛盾

新古典理论认为，在规模报酬不变和完全竞争的假设条件下，劳动和资本这两种生产要素在生产过程中是处于同等地位的。在边际生产力分配理论中，各种不同要素的报酬之和等于总产品的价值。这就是说在新古典理论中，这种生产方式是公平且有效率的，不管是资本雇用劳动还是劳动雇用资本都是等价的。但在现实中，我们却发现几乎都是用资本来雇用劳动的生产方式。新古典理论对此也有不少的解释，比如，认为资本相对于劳动具有稀缺性。在封建社会中，土地相对于劳动是稀缺的生产要素，因此，地主就掌握了生产方式的支配权；在资本主义社会中，资本是稀缺的要素，生产方式的支配权就转移到了资本所有者手中。更重要的是，由于现实经济中的信息不对称性，资本可以成为企业家能力的信号甄别标志，加上资本拥有经济过程的剩余索取的权利和承担经营风险的义务，而劳动必须依附于劳动者而不能成为抵押品，等等。这些因素就导致了在市场经济条件下，对各种生产要素进行有效激励的产权安排，就是让资本雇用其他要素。全球化的最大好处是全球生产要素配置效率的提高，而这种要素配置效率的提高首先是通过资本要素收益的提高而体现出来的。现代经济理论可以证明，资本追逐利润最大化的过程，也是其他生产要素最优配置的过程。但是，全球化的资本行为，或者说资本原则的全球化，将导致局部地区劳动者利益的损失，造成资本原则与劳动原则相矛盾。这种矛盾主要是体现在经济上的不平等（贫富差距）以及更复杂的历史地理、国际准则、政治利益等各种博弈力量交叉作用的结果。

现代宏观经济学一般认为，有两种机制可能解释开放经济中的贸易和要素流动对各国的生产要素的相对价格、要素积累以及 GDP 增长的影响。一种是基于 HO 模型的根据要素禀赋差异的比较优势学说（又称新古典学说），另一种是基于相对生产率差异考虑的新贸易理论。这两种机制可以用来解释全球化进程中由于各种要素流动而出现的国家之间和国家内部的收入差距。新古典模型认为，贸易和要素流动所引起的各国人均资本比率的变化，会使得发达国家的非熟练工人的工资下降，而使得发展中国家的非熟练工人的工资上升，发达国家的贫富差距是扩大的，但是发展中国家的贫富差距状况应该是改善的。另外，新古典理论还预测，国家之间初始的人均收入差异会引发大规模的资本流动。如果我们按资本占收入份额的 1/3、穷国初始的人均收入占富国的 0.8、资本边际报酬率是 0.15 来计算的话，从富国流向穷国的资本流量要占到穷国稳态中的 GDP 的 108%。但新古典理论中有两个非常强的假设，一个是规模报酬不变，另一个是国家之间的技术水平相同。很显然，这两个假定在现实世界中是不切实际的，难以成立的。尤其是发达国家在劳动和资本密集型产业中都拥有绝对的生产率优势，这种由相对生产率差异引起的贸易和要素流动的结果，就会出现"角点解"，即所有的生产要素都会倾向于流向发达国家。这是由于自由贸易使得各国的有效劳动的工资相同，但由于发达国家的技术要远远领先于落后国家，这使得发达国家的实际工资要远远高于落后国家，这时如果允许劳动力自由流动的话，落后国家的劳动力（一般是年轻的熟练工人，他们对自己能够适应发达国家的高生产率生产方式有一个良好的预期）会大量流向发达国家，同时为了保持人均资本比率的平衡，大量资本也从落后国家流到发达国家。当然，这一过程会受到资本市场的不完善、发达国家对移民数量的控制等因素的制约。另外，由于土地和自然资源的不可流动性，使得土地价格作为阻碍因素留住相应的资本和劳动，以防止所有的生产要素都流向发达国家。另外，土地资源丰富的国家在一定程度上可以抵消由于生产率低下而引起的要素外流现象，反过来也可以吸引资本和劳动力的流入，这一点在第二次全球化过程中大量资本和劳动力从欧洲流向北美（主要是美国）时更加明显，因为，当时北美的生产率是要低于欧洲各国的。

但不管哪种机制，它们的理论预测都表明：只要允许资本和劳动力自由流动，那么各国的人均收入水平是要趋于一致的。这种思想早在 Samelson 的要素价格均等化以及 Stolper-Samuelson 预测的要素价格存在着同一方向变动趋势的理论中就已体现出来。差异之处只在于，之前的理论都是假设所有国家的技术都是相同的，或者说他们认为技术转移可以通过跨国公司在国家之间流动。而现实中发达国家的技术跟落后国家是完全不在同一个层次的，有相对生产率优势或者丰富的土地和其他自然资源的国家将能吸引到更多的资本和劳动力，但开放国家的资本收益率趋于一致，由于人力资本的不可流动性，使得各国的工资水平不一样。

因此，面对全球各地区工资的差异，资本的逐利性和劳动力的不可流动性，资本在全球范围内获得最优的要求使得某些地区的劳动力或者非充分利用，或者劳动力面临工资下降的压力，进一步加大发达国家内部的收入差距。全球化对于发达国家来说，生产要素的配置尤其是资本要素的配置具有更大的效率，消费者面临更多的选择和更大的利益，但同时发达国家在全球化过程中必须承受经济结构调整的痛苦，目前高收入国家从所有发展中国家的进口已经从 1970 年的低于 15％增加到 40％多，它们的份额预计在 2030 年将超过 65％。这使得发达国家的普通劳动者面临着低工资国家劳动者的竞争，非技能劳动者因本国低端产业转移出去而面临失业和收入下降的结果。对于发展中国家来说，通过全球化其产品可以进入发达国家的市场，可以获得发达国家的资本、技术、管理和知识，国内生产要素的配置可以更加合理和有效。但是，发展中国家同样面临收入差距不断扩大的结果，同时还面临更大的外部经济周期的冲击和金融风险的冲击。实证研究表明，各国在向市场经济转轨的过程中，一般都会出现收入不平等的扩大趋势。比如，欧洲国家在工业革命之后的经济起飞是从"传统经济"向市场经济的转轨，苏联和东欧国家则是从"计划经济"向市场经济的转轨，虽然起点不同，但在转轨过程中都曾出现迅速扩大的收入不平等和严重的社会问题。这是应该引起我们警惕的，同时也可以进一步分析和借鉴韩国等东南亚 NIES 国家和地区的做法和经验，在对外开放、发展经济的同时，保证社会和谐与稳定。

2007 年 2 月 24 日《文汇报》一篇发自巴黎的报道《法国企业遭遇红利困境》的内容非常发人深省。2006 年是法国股民大收红利的一年，法国 CAC40 指数(法国上市公司中前 40 位的最大企业)利润和红利大幅增长，增幅分别达到 9.5％和 23.5％。法国股民将得到高达 316 亿欧元的现金分红。然而，法国经济专家同时指出，在企业利润和红利上升的背后是资本对劳动力施加的压力越来越大，不惜一切代价降低生产成本，其后果是严重的：一方面劳动力越来越不值钱，另一方面企业向低成本国家转移进一步恶化了法国的失业状况。更有甚者，在金融全球化的情况下，因为金融资产可以在全球高度流动，股民对投资企业的红利期望越来越高，如果红利达不到 15％—20％，一个国家的证券市场就会失去资金，企业就会融不到资本。同时，这种现象一旦出现，将进一步导致该国金融市场的委靡不振，在全球金融高度竞争的背景下，会导致金融服务业的萧条和失业的增加。因此，法国的案例说明：第一，从一个国家的内部来看，资本利益与劳动利益存在尖锐的矛盾；第二，全球化使得一个国家的资本所有者和劳动所有者的收入差距不断扩大；第三，全球化下的发达国家企业高额利润的获得表明发展中国家的劳动受到较大程度的剥削；第四，金融的全球化进一步强化了这种趋势。

卡尔·马克思曾经呼吁："全世界无产者联合起来！"但是在以资本为主要推动力量的全球化之下，资产者得到了前所未有的联合，资产者与无产者之间、发达国家的劳动者和发展中国家的劳动者之间却存在一定的矛盾。全球化的必然趋势就是导致技术劳动力的回报与非技术劳动力相比将以更快的速度增加，发达国家的劳动力回报比发展中国家增长更快。对世界各国来说，都需要有伴随着劳动力需求的快速变动和劳动力市场非自愿重构而进行成本调整的政策，工资波动性和不平等的扩大一起要求以保护工人而非保护工作为焦点的劳动力市场政策，强调支持处在低端的工人的公共政策的重要性。"无产阶级只有解放全人类才能最后解放自己"这句名言，在新的历史背景下具有新的含义，即可能需要寻找新的全球范围的协调机制来实现。

三、单一的经济效率原则与多元政治和文化诉求的矛盾

从经济角度来看，全球化的最大好处是经济效率的提高。在这里经济效率标准是单一的，是全世界都可以统一认同的，并可以测量和比较的。即便像前面提到的收入差距扩大的问题，如果我们有一个比较好的收入再分配机制，将全球化进程中的获利者的收入中的一部分转移到这个过程中的受损者的手里，如果整个经济还有剩余的话，可以证明全球化是可取的。但是，经济全球化必将带来政治的全球化、文化的全球化和生活方式的全球化，而政治、文化和生活方式必须是多元的，它们不像经济的效率标准那样可以单一地加以衡量和比较。第二次世界大战以来的这一次全球化基本上可以说是以美国为主导的：全球化推进过程中的某些公共产品都是美国提供的；全球化的许多准则是在"美国共识"的基础上产生的；金融全球化是以美元为基础货

币展开的，等等。因此，这一轮经济全球化无不打上美国的烙印，美国的意识形态、美国的政治标准、美国的文化以及美国消费主义之上的生活方式，并与美国的经济标准一起对其他意识形态、其他政治标准、其他文化和其他民族的生活方式具有侵略性。Suart Hall[①] 就曾说过：当今文化的全球化其实就是美国化，当代全球文化领域是"由视觉形象艺术、电视和电影、大众广告的形象和时尚形式所主宰"。例如，在全球大众品牌面前，许多流传多年的民族品牌消失得无影无踪；美国的快餐文化压倒一切，俘虏全球一代年轻人；美国的影视作品充斥欧洲、亚洲、南美洲和非洲的影视市场；生活中可口可乐等软饮料的广告随处可见；人们对互联网和英语的依赖达到前所未有的地步。如果说经济效率可以有高低之分，但是意识形态、政治、文化和生活方式很难有优劣之分。自然之美，在于生物的多样性；人类社会之美，在于民族和文化的多元性。政治利益从来都是多元的，有时是矛盾的，甚至是针锋相对的，历来没有统一的说法。西方的"议会"（parliament）一词就是来自拉丁语中的"说话的场所"，政治需要辩论，需要倾听多方的意见，而且在无法统一的情况下只能少数服从多数。如果哪一天全球化在统一的经济效率追求之下，消灭了人类文化的多元、生活方式的多元，使各民族不能和谐相处，将是一件十分不幸的事情。正是出于对全球化这一后果的不安和反思，一个不同于"美国模式"的"欧洲模式"似乎正在慢慢地形成。所谓欧洲模式，就是要对人类无限制的物质生产和消费、资源的消耗和环境的破坏进行节制，保持民族和文化的多元性，更多地从精神层面而不是从物质层面去提高生活的享受和满足度。由此可见，全球化背景下的单一经济效率标准与多元政治、文化和生活方式的矛盾，是当今世界发展过程中基本矛盾的又一表现。

---

① Suart Hall，The Local and the Global：Globalization and Ethnicities，in A. D. King，ed. *Culture*，*Globalization and the World System*，London，the university of Macmillan Press，2000，pp. 19—40.

四、全球化需要公共产品的提供和政治、
文化与经济利益的协调机制

经济全球化在带来效率提高的同时，的确面临着单一的经济效率原则与多元的政治、文化和经济利益的矛盾。对于这些矛盾，不同的利益主体有不同的答案。比较消极的回答是全球贸易保护主义的重新抬头和各种形式的反对全球化进程的言论和运动，显然这些是不合时宜的。全球化是人类社会发展的必然趋势。全球化不是造成不平等和贫穷的原因，但也不能自动消除人类的不平等和贫穷。市场是竞争的场所，多元政治和文化则是合作和协调的场所。根据马克思主义生产关系需要适合生产力发展的观点，重要的是全球化需要某些公共产品的提供，需要一定的协调机制来解决单一的效率原则与多元的政治、文化和经济利益的矛盾。我们将面临如下的一些问题。

第一，谁来提供全球化进程中的公共产品？全球化意味着生产要素的配置是跨越国界的，跨国公司的活动不受某个单一国家法律的制约，公共产品的供应是必要的，并且对穷国来说全球公共品的提供回报率是相当高的。比如说农业研究、公共健康研究和疾病控制以及保护区域和全球环境资源的努力。这些全球项目都需要由类似于国内的税收分配制度一样让全世界来共同融资。IMF 正在尝试提供一种所谓国家破产机制的提议，把一国当做公司来管理，一旦受到金融冲击后，可以向 IMF 申请"破产"。另外，像制定破产程序、减少温室气体排放、保护生物多样性和海洋资源、加大食品安全体系投入、监督公共健康体系等，这些措施都会减少全球的负外溢性对穷国造成的风险和损失，同时增加正外溢性对穷国的潜在的益处。但是，从目前来看，能够为全球化提供公共产品的要么是全球化进程中获益最多、实力最强的国家，如美国；要么是各类国际机构，如联合国、世贸组织等。西方有学者认为，第二次世界大战以后，对于整个西方世界来说，美国提供了全球化和国别经济发展的公共产品，其中获益最明显的是日本和德国。但是，美国毕竟是一个具有自己经济和政治利益的国家，它不可能作为全球各民族和国家的公共利益的代理人。事实也是如此，作为受国内各经济利益和政治利益集团左右的美国政府首先必须保护它们的利益。这也就是为什么有时美国在全球

公共产品供应上做得越多，所招致的其他国家和民族的反对越多。以宣称自由竞争的经济制度、美国式的分权民主政治体制的"华盛顿共识"为代表，美国开始把这套经济、政治制度在全世界进行推销，进而督促世界各国在经济上加快开放国内的商品、资本金融市场，在政治上采取民主政治体制。结果那些华盛顿体系最忠实的跟随者，如印尼和阿根廷，遭受到了重大的社会经济打击。拉美的"改革的十年"的增长仅为 20 世纪六七十年代的一半。过早开放金融市场的后果就是接二连三地爆发金融危机，墨西哥危机、东亚危机、俄罗斯危机，然后再是阿根廷危机。反倒是两个最不依从"华盛顿共识"的国家——中国和印度却经历了高速的经济增长。现在越来越多的国家认识到，所谓的"华盛顿共识"中的那些政策建议只是在特定国家的特定时期才会起作用。正是在这个意义上，才会有"后华盛顿共识"和"北京共识"，后面两个共识都认为：各个国家可以自己试验，自己判断，去探索最适合自己的发展战略，在国际事务上则需要以重要的和实质性的方式吸纳发展中国家参与发展战略的制定和讨论。这或许就是未来全球公共品提供的模式。

　　第二，国际标准和准则如何形成？国际机构在全球化的国际标准和准则形成方面无疑起了非常重要的作用，因为许多国际标准和准则是多国谈判的结果。这些国际标准和准则对全球化的推进和维护各国利益作出了重要的贡献。目前，无论是在贸易全球化、金融全球化还是跨国公司生产全球化方面，国际机构的国际准则认证都有非常多的领域和非常多的空间可以有所作为。比如，生产的环境标准、资源的消耗标准、劳动标准（一般认为，要保护和协调发达国家的劳动者与发展中国家的劳动者之间的利益，发达国家必须使劳动力市场更加富有弹性，而对发展中国家则应增加企业的社会责任条款，如 SA8000 认证）、金融企业和金融行为标准、知识产权保护标准等。这些标准和准则对解决经济效率与公平的矛盾、经济增长和社会可持续发展等方面的矛盾具有重要的意义和作用。当然，这些标准的形成本身也无不充满各国之间的政治和经济博弈，由于发达国家实力强大，这些准则往往体现了它们的意志。对于这些标准的理解和执行力度也往往充满着国家经济利益的博弈。如知识产权保护问题，由于知识是一种没有排他性的商品，所以通过知识产权法案来对由此产生的市场失灵进行补偿是应该的。目前这类法案是由世贸组织来制定并执行的，叫 TRIPs 条款。这类条款的版权期限应该兼顾对创新的激励所带来的社会收益与允许更多国家和人民享受到这类公共品带来的社会福利这两方面。如果保护期限过长，其实质是创新的垄断权维持和超额利润的获取，发达国家对发展中国家的继续剥削，不利于知识的传播；但如果保护期限过短，则不利于对创新的激励，对全球的技术进步不利。因此，在知识产权保护问题上，"度"的掌握是十分重要的。目前这种最低20年的版权期限，意味着许多产品生产的高成本。最典型的例子就是治疗艾滋病(AIDS)的抗病毒新药就不太可能允许在本地进行生产，这直接导致了最落后国家的人力资源数量和质量的下降。在2005年，撒哈拉以南的非洲国家青壮年的艾滋病病毒(HIV)感染率已接近3.5%，因艾滋病死亡的人数超过240万人。同样地，SA8000认证问题本来是一个协调和保护劳动者利益的企业责任问题，但是，如果过度地不恰当地引用这一标准，它有可能被发达国家的贸易保护主义所利用，从而限制发展中国家企业正常的贸易出口。虽然近年来发达国家对发展中国家的纺织品进口配额在逐步取消，但发达国家对发展中国家的服装、农产品和纺织品等重要出口商品的税率还是相当高的。

　　第三，市场机制在协调全球多元经济主体利用方面将无能为力吗？这一点引起的争议应该说是最大的。"华盛顿共识"的失败就在于它太迷信市场的力量，而在理论上福利经济学基本定理就指出，"看不见的手"自动实现效率的条件必须有：没有公共品，没有学习效应，信息结构是不变的，信息是完全且对称的，市场不是自发产生效率的。另外，市场在造成经济高效率增长的同时不可避免地会引起社会的贫富差距和不平等，而后者正是那些反全球化主义者最重要的信念和理由。不过，市场机制本身在协调全球化多元利益方面继续可以发挥功能。诺贝尔经济学奖得主阿马蒂亚·森认为，应该给予发展中国家最贫困的民族以进入全球化的平等机会，对于他们来讲，重要的是利用市场机制进入全球化过程。同时，发达国家产业转移，服务业进一步兴起，服务市场更加快速地整合。服务业领域的劳动者通过该行业收入的提高来分享全球化所带来的效率。这些都需要通过市场机制来解决。另外，目前全球化过程中所出现的不平等是因为市场对不同的国家还没有充分地开放，或者说开放还不是相互的、多方位的。当然一个国家采取的市场机制要与本国的实际发展阶段相适应，比如说当一国还没有形成独立的工业体系的时候，对发达国家的工业品进口施加限制(通过阻止性的高税率而实施)，短时期内会有明显的福利损失(用国内低效率的高成本的工业品来替代进口)。但如果国内工业体系有了一定程度的发展，在一定的贴现率下未来收益的现值会大于现在付出的成本，另外这些产业的发展不论在技术上还是在知识传播上都有溢出效应(spillover effect)，这样有可能使得国民收入以更快的速度增长，这时就需要加快引进市场机制。

第四，各国政府的国内政策在促进全球化进程、保证全球化效率提高的同时，在协调多元利益和保持多元文化共存等方面大有可为。我们需要考虑的是，在何种情况下何种政府干预是合适的？为进行有效干预，政府的制度建设和执政能力建设的意义又何在？真正值得争论的就不仅仅是政府的规模，而更应是政府的角色——它应采取哪些行动以实现政府与市场之间的平衡。无论是发达国家还是发展中国家，都需要通过税收和收入再分配政策，缩小因全球化而带来的收入差距的扩大。发达国家要在劳动力的技能培训、教育等方面增加投入，使劳动力能够适应因全球化而导致的产业结构调整。发展中国家的政府除了在教育方面提供公共产品之外，特别应该在劳动力、社会保障等方面增加投入，提高劳动者的福利，让他们分享全球化的利益。教育和技术是成功应对全球化挑战的关键。要想改变发展中国家的低工资率状况，唯一的途径就是进行技能培训和提升生产效率以及更快更有效地满足消费者的需求。发达国家根据它们国家人口的现实，应考虑尽可能接受移民的问题。须知，将来劳动力的全球流动才是全球化的最高目标。由于流出去的劳动力可以享受到富国更高的工资水平，在移民问题上，还可以考虑把那些有技术的移民给本国带来的税收分一部分给移民国，这样就可以减少寄回本国的各种捐赠的交易成本，这有助于抵消由于人力资本外流对穷国造成的损失，从长期来看，如果穷国国内的制度能够完善的话，就可以吸引这些海外人才回国贡献自己的才能，通过提升落后国家的劳动生产率和产业重组、升级，对消除全球的不平等和减少贫穷起到作用。逐步建立全球公正，树立全球长期目标，在全球公正和全球长期共同目标的基础上，发达国家需要对发展中国家进行适当的援助，目前发达国家的国外援助部分还不到本国GDP总和的0.5%，原先承诺的要把各自的国民收入的0.7%拿出来，但实际上平均只有0.26%不到。另外，除了传统的资本援助，更重要的是要进行知识和技术上的传播，目前发展中国家的信息通信技术利用率有了明显的提高，但在研发投入、科技创新方面与发达国家还相差甚远，需要发达国家加大技术特别是应用技术的转移力度。为了促进全球化的健康发展，还需要有一个"全球社会契约"的概念，更重要的是，需要形成那些管理全球社会契约的机制和组织（全球或区域组织），国际货币基金组织和世界银行等一些国际组织需要引入"voice"和"vote"机制，多倾听发展中国家的意见和尊重它们本国的实际国情，必须超越项目和政策，关注制度，包括公共机构的制度及其治理制度，让这些国际组织真正成为让全世界人民共享全球化带来的丰硕成果的桥梁。

作者说明

"全球化"是当今世界最为重要的主题，是全球经济增长的动力之源，但是，全球化同样是全球矛盾的集中之所在，全球化为不同的国家和不同国家内部不同阶层带来不同的利益分配，其中劳动和资本的矛盾展开就更为复杂。全球化在为世界各国带来多赢的同时，也带来了不平等的发展。同时，全球化呼唤建立全球治理结构的重要性，需要为全球经济的发展提供新的标准和新的协调机制。本文与邵挺合作，发表于《学术月刊》2007 年第 11 期。本文通过分析全球化的得与失，给出在全球化背景下世界各国应有的对策与选择，也为中国在这世界浪潮中的地位找到合理的定位。

1978 年以来中国的工业化进程
及其地区差异分析

一、引　言

众所周知，改革初期由于受计划体制影响，我国的产业结构极其扭曲，占总劳动力数量 20％弱的城镇劳动力却生产了 72％的国内生产总值，大量农民享受不到由计划指令强行推进的工业化果实。中国的改革实践是从农村开始的，农村率先实行联产承包责任制，然后发展以乡镇企业为代表的农村工业。这从根本上改变了中国制造业、服务业集中在城市的状况。据统计，乡镇企业已经创造了 1/3 强的国内生产总值，吸收了 1.4 亿的农村剩余劳动力。经过 20 多年的发展，许多乡村由于快速的工业化而发展成为常住人口为 2万—5 万的小城镇，甚至成为中型城市。这是带有中国特色的传统型工业化道路，这种工业化由于乡镇企业布局分散而难以产生聚集效应，导致由传统工业向现代化工业的转化速度较慢。但是，随着中国经济日益融入世界经济，大量外资的涌入直接带来了先进的技术、管理经验与雄厚的资本，并将资本接受地的制造业跳跃式地提升到资本、技术密集型阶段，如部分沿海开放型城市上海、苏州、东莞、深圳等。这是与以乡镇企业为代表的中国特色传统型工业化完全不同的新型工业化模式。因此，由于中国各地区工业化的方式、资源禀赋不同，各地区工业化进程也迥然不同，有的省、直辖市已进入工业化中期或后期阶段，而有的却还没迈入工业化的门槛，如少数自然条件恶劣的边远自治区。

基于上述宏观背景，本文的目的是描述处于全球经济一体化、信息化、知识化条件下中国各地区目前的工业化进程及其可能趋势。我们以产业间的就业分布为媒介，详细分析改革以来中国各地区产业间的动态变化及其分布。①

在相关的研究中，范剑勇、朱国林②通过基尼系数将地区差距与产业结构联系起来，发现对地区差距的主要贡献是制造业的高份额和非农产业一起在地区间的不平衡分布，而且最明显的趋势是自 1995 年以后制造业开始向东部沿海地区聚集，即存在东部地区成为制造业中心的可能性。③ 这一趋势自然使人联想到 19 世纪下半叶到 20 世纪上半叶美国制造业集中在东北地区、大西洋中部沿海与以五大湖为中心的中西部地区这一历史现象。④ 这种制造业集中主要体现为该地区非农产业的就业份额急剧提高和制造业地区的工资收入明显高于农业地区的农民收入。那么，东部沿海地区快速的工业化肯定也体现为农业剩余劳动力迅速向非农产业转移和东部沿海地区的人均收入高于中西部地区。本文分析了东部沿海地区相对于其他地区的工业化领先程度，并试图从工业化角度解释东西部地区间的差距。

本文的结构作如下安排：第二部分是用国际上通行的偏离份额法来横向比较各地区产业间就业结构的变化情况；第三部分在第二部分粗线条结论基础上，更加详细地分析各地区的就业份额，以判断各地区的工业化所处的阶段；第四部分从第二产业内部进一步举证东部地区（包括直辖市）存在成为制造业中心可能性的证据；第五部分为结论。

---

① 考察一个处于快速工业化进程中的国家的产业结构状况，一般来说有以下衡量指标：霍夫曼消费品与资本品比率、库兹涅茨与钱纳里的按各生产部门产值份额与劳动力份额划分的工业化不同阶段。由于中国的工业化不是一个自然的生成过程，而是走了一条先重工业后轻工业的道路，应用霍夫曼消费品与资本品比率来衡量中国各时期所对应的工业化阶段，显然是与中国特殊的国情不相符合的。同理，应用各部门的产值份额来判断我国的工业化进程，特别是制造业的产值份额，往往会得出超前的工业化阶段的结论；虽然劳动力结构转变与城乡间的移民有一定关系，但我们仍然认为劳动力份额变化是客观衡量一国经济快速发展时结构迅速转换的一个较为可信的指标。

② 范剑勇、朱国林：《中国地区差距演变及其结构分解》，《管理世界》2002 年第 7 期，第 37—44 页。

③ 直接支持本结论的还有 Wei and Wu（2001），Wen Mei（文玫，2001，2002），Hu Dapeng（2002）所取得的经验证据。

④ 范剑勇、杨丙见：《美国时期制造业中心的转变及其对中国西部开发的启示》，《经济研究》2002 年第 8 期，第 66—73 页。

在具体展开分析前，我们先作以下说明。由于中国各地区资源禀赋条件、体制条件迥然不同，经济发展水平相当不平衡，本文主要观察地区产业的不平衡分布，这种不平衡分布尤其是第二产业的不平衡分布具有明显的地域特点和受旧体制影响的痕迹。根据各地区工业化阶段和体制条件不同，本处应用类聚方法把中国分为六大区域：原来的三大直辖市、东部沿海各省、东北三省、中部地区、西北地区和西南地区。①

二、各地区产业间就业分布的总体变化

（一）偏离份额法（shift-share analysis）

偏离份额分析方法在许多文献中经常被广泛用来分析产业的空间分布、地区就业结构变化、经济增长的地区差异和劳动力迁移的空间去向等现象。这种方法曾经在Stillwell②，Fothergill 和 Gudgin③，Casler④，Hoppes⑤ 等人

---

① 除直辖市（未包括重庆，将重庆纳入四川省分析）外，剩余5个地区包括：其一，东北三省：黑龙江、吉林、辽宁。在计划经济时代因受苏联工业化影响其产业结构有严重的重工业化倾向，改革初期其城市化水平比其他省份高。其二，东部沿海各省：河北、山东、江苏、浙江、福建、广东、海南。在计划经济年代由于受国际环境和毛泽东的地区平衡发展思想的影响，地区工业发展受到严重抑制。其三，中部省份：山西、河南、安徽、湖北、湖南、江西，主要位于黄河的北部至长江的南端。适宜的温度和充足的降雨量使得这一地区成为全国农业生产中心。其四，西北地区：内蒙古、陕西、宁夏、甘肃、青海、新疆、西藏。这一地区相对于其他地区来说，气候干燥，地形陡峭，其西部、北部边界都与沙漠接壤，坡度在5％以上的土地超过10％，且只有8％的土地是可耕地。其五，西南地区：四川、云南、贵州、广西（将重庆纳入四川省分析）。该地区也具有充足的降雨量和适宜于农作物生产的温度，但是太多的山脉导致土地坡度超过10％和较少的可耕地面积。

② Stillwell，F. J. B. ，Further Thoughts on the Shift and Share Approach，*Urban Studies*，1970(4)，pp. 451—458.

③ Fothergill，S. ，Gudgin G. ，In Defendence of Shift-share Analysis，*Regional and Urban Economics*，1979(3)，pp. 249—255.

④ Casler，S. D. ，A Theoretical Context for Shift and Share Analysis，*Journal of Regional Science*，1989(1)，pp. 463—469.

⑤ Hoppes，R. S. ，Rejoinder：Industry-Level Shift-share Analysis，*Economic Development Quarterly*，1994(8)，pp. 214—217.

的研究文献中被详细讨论和应用。最近应用此方法研究中国经济问题的有 Liu Zinan 和 Liu Guy[①]、Aying Liu，Shujie Yao 和 Zongyi Zhang[②] 等人。

本文用这种方法分析中国各地区三次产业的就业变化。我们以 ΔE_{ij} 代表第 j 省的第 i 产业的劳动力数量变化，E_{ij0} 代表基期第 j 省的第 i 产业的劳动力数量，R_{ij} 代表考察期间的第 j 省的第 i 产业的劳动力数量增长率。它们具有以下关系：

$$\Delta E_{ij} = E_{ij0} R_{ij} \tag{1}$$

进一步，我们设 R_{ik}、R_k 分别代表第 i 产业的全国劳动力数量增长率、三次产业的全国平均劳动力数量增长率，则式（1）可以分解为下式：

$$\Delta E_{ij} = E_{ij0} R_k + E_{ij0} (R_{ik} - R_k) + E_{ij0} (R_{ij} - R_{ik}) \tag{2}$$

把式（2）右边第一项移到左边，得到下式：

$$\Delta E_{ij} - E_{ij0} R_k = E_{ij0} (R_{ik} - R_k) + E_{ij0} (R_{ij} - R_{ik}) \tag{3}$$

我们把式（3）左边称为就业增长的相对净变化量（net relative change，下面以 NRC 表示），它直接表示第 j 省第 i 产业的就业增长量与全国平均各产业就业增加的差异，它是由右边两项组成：右边第一项劳动力就业的增长称为第 j 省第 i 产业的劳动力的结构转移，当它除以式（3）左边的相对净变化量，就是表示以全国各产业的平均就业增长速度差异来度量的对相对净变化量的贡献份额，即表 1 中的 STR，表示以全国该产业的平均增长率与全国平均总增长率之差的速度来度量的第 j 省第 i 产业的劳动力增长情况；右边第二项为第 j 省的第 i 产业的劳动力差异转移，当它除以相对净变化量（NRC）后就是其对相对净变化量的贡献份额（differential component，表 1 中以 DIF 表示），它表示除结构转移以外，该省该产业就业增长率与全国该产业就业增长率的差异所引起的就业增长情况，直接代表该省该产业竞争力水平所引起的劳动力转移部分。

（二）分析结果

按照上述方法分析了我国 1980—2001 年各主要地区三次产业就业增长的

---

① Liu，Zinan，Liu Guy，The Efficiency Impact of the Chinese Industrial Reform in the 1980s，*Journal of Comparative Economics*，1996(3)，pp. 237—255.

② Aying Liu，Shujie Yao，Zongyi Zhang，Economic Growth and Structural Changes in Employment and Investments in China 1985—1994，*Economic of Planning*，1999(3)，pp. 171—190.

分布变化。

1. 三次产业的总体就业增长情况

就全国各产业的平均就业实际增长率来看，2001 年比 1980 年有 49.4%的增长，各地区除了直辖市外，差异较小。从增长率的地区差异（NRC）比较看，直辖市、东北三省、西北地区都在全国平均增长率之下，其中东北三省（39.6%）略低于全国平均水平（49.4%）；中部地区三次产业的就业增长率在所有地区中是最高的，比全国平均就业增长率高出 6 个百分点。从产业的就业增长情况看，劳动力增长率从高到低依次是第三产业、第二产业、第一产业，其实际增长率在 1980—2001 年期间分别是 259.7%、78.9%、8.8%，直接表明改革以来第三产业在原来受扭曲和压抑的状态下获得快速发展。

2. 第一产业的就业增长情况

绝对数量的增长与相对净变化量。在第一产业中，直辖市、东部沿海地区就业的绝对数量呈负增长状态，其中东部沿海地区在改革初期第一产业就业份额与其他非直辖市地区并无二致（见表 2），经过飞速的工业化过程却迅速地、绝对地减少了农村剩余劳动力。① 相应的，这两个地区第一产业的相对净变化量在所有地区中最大，分别为 −93.6%和 −57.4%。另外，令人惊奇的是，东北三省的第一产业就业绝对数量增长速度仅次于西南地区，因为我们预先知道，东北三省在改革初期的城市化水平仅次于直辖市，达到 35%以上；但经过 20 多年的改革，该地区农村剩余劳动力转移到非农产业的数量实际上是微乎其微的，第一产业就业的相对净变化量仅为 −8.0%。第一产业就业的绝对数量与相对净变化量数据表明，各地农村剩余劳动力转移的速度截然不同，这也直接昭示了各地工业化速度的差异，其中，直辖市与东部沿海地区遥遥领先于其他地区，而西南、西北和中部地区在工业化进程方面落后于全国的平均水平。

---

① 本文数据直接取自于《中国统计年鉴》，而年鉴数据是按照户籍制度统计计算的，排除了在农村的制造业从业人员，实际上东部沿海地区第一产业的从业人员要大大低于统计年鉴数，这与东部沿海地区农村劳动力短缺的感性认识相一致。

表1 1980—2001年各地区产业变化的偏离份额分析

	就业增长(%)		第一产业(%)				第二产业(%)				第三产业(%)			
	ACT	NRC	ACT	NRC	STR	DIF	ACT	NRC	STR	DIF	ACT	NRC	STR	DIF
直辖市	3.7	-45.7	-44.2	-93.6	43.3	56.7	-16.3	-65.7	-44.9	144.9	84.3	34.9	601.9	-501.9
东部沿海	50.4	1.0	-8.0	-57.4	70.7	29.3	151.9	102.5	28.8	71.2	302.7	253.3	83.0	17.0
东北三省	39.6	-9.8	41.4	-8.0	509.2	-409.2	-13.0	-62.4	-47.3	147.3	126.8	77.4	271.7	-171.7
中部	55.4	6.0	15.9	-33.5	121.2	-21.2	100.0	50.6	58.3	41.7	302.9	253.5	82.9	17.1
西北	49.2	-0.2	18.5	-30.9	131.2	-31.2	41.3	-8.1	-362.7	462.7	237.2	187.8	112.0	-12.0
西南	52.3	2.9	16.7	-32.7	124.1	-24.1	91.3	41.9	70.4	29.6	350.0	300.6	70.0	30.0
全国	49.4	0.0	8.8	-40.6	100.0	0.0	78.9	29.5	100.0	0.0	259.7	210.3	100.0	0.0

注:ACT 表示绝对增长率,NRC 代表相对净变化量(即相对于全国平均水平而言的净增长),STR 代表结构转移,DIF 代表差异转移。每栏的 NRC 表示该产业就业增长与全国平均水平的相对差异,而 STR 与 DIF 两者之和构成对 NRC 的贡献。如果 STR 或 DIF 的符号为正表示促进 NRC 的作用方向,STR 或 DIF 符号为负则表示阻碍 NRC 的作用方向,如 DIF 与 NRC 为负,表示差异转移促成相对净减少的结构。例如,直辖市的第一产业就业减少。直辖市第一产业就业增长相对于全国平均水平更低(-93.6%),其中代表全国第一产业就业减少部分的结构转移对直辖市第一产业就业减少部分的贡献达到 56.7%。而代表直辖市第一产业竞争力上升的差异转移对相对净变化量的贡献占据了主导作用,达到 509.2%,而代表东北三省的第一产业的 NRC 中,代表全国第一产业就业减少量的结构转移对相对净变化量的贡献为 -409.2%,说明东北三省的第一产业的竞争力弱到阻碍农业剩余劳动力转移的程度。这在中部、西北地区、西南地区同样得到体现。

资料来源:《中国统计年鉴》(1980—2001年)。

表 2　1980—2001 年各地区产业的劳动力份额比较　　　　单位：%

	第一产业		第二产业		第三产业	
	1980 年	2001 年	1980 年	2001 年	1980 年	2001 年
直辖市	25.7	13.8	47.3	38.1	27.0	48.0
东部沿海	73.4	44.9	16.1	26.9	10.5	28.2
东北三省	44.2	44.8	35.3	22.0	20.4	33.2
中部	76.8	57.3	13.3	17.1	9.8	25.5
西北	71.7	56.9	15.9	15.1	12.4	28.0
西南	81.9	62.7	9.6	12.0	8.5	25.3
全国平均	71.8	52.3	16.7	20.0	11.5	27.7

资料来源：国家统计局：《改革开放十七年的中国地区经济》，中国统计出版社 1996 年版。国家统计局：《中国统计年鉴》(2002)，中国统计出版社 2002 年版。

　　结构转移与差异转移。由于结构转移与差异转移是解释相对净变化量的组成成分，两者之和等于 100。本文着重比较结构转移与差异转移孰大孰小（比较两者的相对额大小）。从定义看出，差异转移直接表明该产业在全国竞争力的大小，从各地区第一产业的差异转移对相对净变化量的贡献份额看，东部沿海地区、直辖市的差异转移远远大于其他地区，且明显推动农业剩余劳动力向非农产业转移，分别为 56.7% 和 29.3%。[①] 相应的，其余地区的差异转移的符号均为负值，表明这些地区的第一产业是促进农业剩余劳动力留在农业内部的负转移。这其中蕴涵着深刻的政策含义，由于东部沿海地区和直辖市的农村剩余劳动力顺利转移，提升了该地区第一产业的竞争力，也就是说，这两个地区的第一产业竞争力也领先于其他地区，但如果按照比较优势，中部地区、西北地区、西南地区、东北三省只有发展农业生产才能促进整个经济的福利最大化，而这些落后地区由于农业剩余劳动力没有充分转移出来，其农业竞争力非常之弱，比较优势原理在这里是难以解释该地区的发展的。

---

　　① 这一点还可以从下例中得到旁证：在 20 世纪 90 年代后期，浙江等部分沿海省份的农村甚至出现了农业的规模化经营，显著地提高了农业劳动生产率。参见罗鉴宇、黄祖辉《土地适度规模经营——浙江的实践与启示》。

3. 第二产业的就业增长情况

绝对数量的增长与相对净变化量。第二产业就业绝对数量总体上出现了快速增长的势头，但各地区差异极大。其中东部沿海地区增长最快，达到151.9％，而其余地区除直辖市、东北三省以外均呈现出快速的工业化进程。相应的，类似的规律可以在相对净变化量中得到体现。我们主要的关注点是直辖市与东北三省。在整个考察期间，直辖市和东北三省均出现了负增长，分别为－16.3％与－13％，这是由于这两个地区正在步入工业化后期阶段的缘故还是由于体制转型不顺引起的呢？问题的答案不能在该表中直接找出，但是东北三省第一产业就业数量没有如工业化后期那样迅速下降昭示着可能是由于体制转型不顺所导致的。这一推测可以从下面的事例中得到证实：在黑龙江，近年来国有企业不断出现大量职工下岗分流现象，省政府不得不提出"亏损企业职工1/3经营主业、1/3转向农业、1/3向多种经营方向转移"的新三三制方针。① 而在直辖市有大量的外资涌入，推动了第二产业向资本、技术密集型方向演化，如在上海，仅在2001年就引进4个超百亿元的制造业投资项目，其中3个位于上海金山石化区，一个世界级的化工产品制造中心已现雏形。因此，直辖市走的是不同于以乡镇企业为代表的传统工业化道路，而是信息化、全球化时代的新型工业化道路，它直接携所在地迈入工业化后期阶段或后工业化社会。

结构转移与差异转移。如前所述，东部沿海地区的第二产业相对净变化量在所有地区中增加幅度最大，达到102.5％，而其余中部、西北、西南地区的工业化所带来的相对净变化量均在50％或50％以下，其中西北地区仅为－8.1％。在这些构成成分中，由结构转移与差异转移产生的贡献也有显著的地区差异，如东部沿海地区第二产业的竞争力产生的差异转移贡献度远远高于中部、西南地区，达到71.2％的贡献份额，也就是说，东部沿海地区生产的制造业产品在全国的份额远远高于其他地区相应的份额，直接表明该地区的制造业产品有向其他地区输出的可能，或者说，东部沿海地区有进一步形成中国制造业中心的可能。同时我们也看到，直辖市、东北三省的第二产业总体的产值份额下降（即竞争力减弱、差异转移为正）竟然促进了第二产业就业

---

① 陆大道、薛凤旋：《1997年中国区域发展报告》，商务印书馆1997年版，第10页。

的负增长，如这两个地区的差异转移与相对净变化量均分别为正和负，分别达到144.9％和－65.7％、147.3％和－62.4％。这两个地区表面上相同的变化，实质代表了迥然不同的工业化阶段和进程。在直辖市，工业化进程已步入后期阶段，制造业的就业份额、产值份额持续出现大幅下降（见表2），第二产业朝资本、技术密集型方向前进；而在东北三省，第二产业主要是由重工业构成，而这种重工业主要由采掘业和原料型工业组成，按照钱纳里的工业化划分阶段，煤炭、石油和其他矿产品采掘占主导的经济应归入一国经济发展阶段的初级产品阶段，而没有进入工业化阶段①，因此，东北三省第二产业的竞争力下降可以理解为经济发展阶段向初级化阶段回归，重新回到一个较低的起跑线上开始起步。

4. 第三产业的就业增长情况

绝对数量的增长与相对净变化量。总体上说，第三产业就业绝对数增长在所有产业中最快，考察期间增长率达到259.7％。除直辖市和东北三省以外，其余地区均在250％以上，这其中的原因可能是这些地区在改革以前城市化率低、第三产业起点低，在考察期间呈现出爆发式增长；而直辖市、东北三省则相反，在期初城市化水平就比较高，第三产业就业增长出现稳定增长。从相对净变化量来看也可以得到类似的规律。

结构转移与差异转移。这里有几个比较明显的特征。首先是直辖市、东北三省的结构转移贡献度远远高于其他地区，而它们的差异转移却阻碍了第三产业就业增加，如东北三省结构转移与差异转移对相对净变化量的贡献度分别为271.7％和－171.7％。也就是说，这两个地区从横向比较来看，它们在已有的较好的基础上，并没有得到更快的发展。其次是东部沿海地区、中部、西北、西南地区第三产业的就业增长没有太大差异，都是由结构转移与差异转移共同推动了第三产业的急速发展，而结构转移对相对净变化量的贡献度（60％—70％）大于差异转移（25％—40％）。因此，各地区的第三产业就业增长差异转移（DIF）不甚明显，即第三产业的地区竞争力差异不甚明显，唯一的区别仅仅是东部沿海地区与中部地区的第三产业发展稍快于其他地区。这种现象背

---

① ［美］钱纳里、H·鲁宾逊、赛尔奎因：《工业化和经济增长的比较研究》，吴奇等译，上海三联书店、上海人民出版社1995年版，第64页。

后隐含着钱纳里等人所言的第三产业具有"不可交易性"的含义。①

三、各地区产业间就业分布的变化情况

前面我们对各地区产业结构的分析也许过于概括，在这一部分我们取两个时间截面（1980 年、2001 年）描述全国地区各产业的就业结构状况（见表 2）。本部分的目的是进一步描述全国各地区工业化进程的差异，同时明确制造业中心在东部沿海地区正在逐渐形成。

纵观在考察期内全国各产业的产业结构变化，总的趋势是第一产业的就业份额呈不断下降趋势，这是典型的工业化特点。另外，由于新中国成立以来经历了特殊的工业化历程而呈现出以下几个典型特点。首先，中国特殊的工业化进程使第二产业的产值份额保持在较高的水平上，1978 年第二产业的产值份额就高达 48.5%，而其劳动力份额只有 18.3%。其次，受计划体制的影响，期初除直辖市和东北三省的劳动力份额较高外，其余各地区的第三产业劳动力份额处于极低的水平，均在 10%左右微幅振荡。最后，在工业化进程中，从第一产业转移出来的劳动力并没有均匀地向第二产业和第三产业转移，而是大部分向第三产业转移，第二产业的劳动力份额提高的幅度（3.3%）小于第三产业的劳动力份额提高的幅度（16.2%），这一情况与库兹涅茨所揭示的第一产业的劳动力向第二、第三产业均匀转移的规律不符，但符合钱纳里等人揭示的"在工业化阶段劳动力转移主要发生在农业与服务业之间"②的规律。

就第一产业而言，各地区有以下几个特点。其一，在考察期期初，东部沿海各省、中部地区、西北地区与西南地区的第一产业劳动力份额都处于76%左右，由于改革以来各地区的工业化速度差异显著，东部沿海各省的第

---

① 第三产业的不可交易性是指绝大多数第三产业的生产、消费是在当地进行的，不能进行远距离运输，因此，一般不可能形成制造业的规模经济，并由此导致第三产业的发展在各地区的差异不会太大。

② ［美］钱纳里、H·鲁宾逊、赛尔奎因：《工业化和经济增长的比较研究》，吴奇等译，上海三联书店、上海人民出版社 1995 年版，第 64 页。

一产业劳动力份额下降幅度明显快于中部地区和西部地区，2001 年已降至 44.9%，接近于初始城市化水平较高的东北三省的劳动力份额，而中部地区、西北地区和西南地区的第一产业劳动力份额还处于 60% 左右的较高水平。也就是说，东部沿海地区大量的农村剩余劳动力已转移至非农产业，促进了该地区制造业的快速发展。其二，东北三省的第一产业就业人数年均 1.66% 的增长率远远高于其他各地区，对于一个总体上处于快速工业化进程的国家来说，这是与工业化常理相悖的，反映了该地区因不能顺利调整以资源型重工业为主的扭曲的产业结构而导致第二产业劳动力向第一产业回流，如辽宁、黑龙江两省的第一产业劳动力数量年均增长率在这一期间分别达到 0.63%、2.3%，而其第二产业的劳动力年均增长率却分别为 −0.96%、−2.7%。综上所述，从劳动力份额来看，第一产业剩余劳动力的转移速度差异很大，东部沿海地区第一产业劳动力份额下降幅度最大，反映了各地区的工业化进程的巨大差异，并且导致了在局部地区可能率先形成全国的制造业中心。

就第二产业而言，随着一国经济的发展进入工业化阶段后，第二产业的劳动力份额和产值份额总体上是逐渐提高的。由于中国各地区情况的复杂性，这一规律存在以下一些显著特征。其一，各地区的第二产业劳动力份额呈现出明显的梯度性，1980 年第二产业劳动力份额从高到低的排序是直辖市、东北三省、东部沿海各省、西北地区、中部地区和西南地区，其中后 4 个地区的份额都处于 9%—17% 的范围内，远远低于直辖市 47.3% 和东北三省的 35.3% 的水平；2001 年东部沿海各省的第二产业劳动力份额达到 26.9%，超过东北三省 4 个百分点，而中部地区、西北地区、西南地区第二产业劳动力份额仍在 10%—17% 的低水平范围内徘徊。① 其二，从各个地区第二产业劳动力份额的纵向比较来看，除直辖市和东北三省、西北地区以外，其余地区的劳动力份额均有不同程度的提高，其中东部沿海各省提高 11 个百分点，中、西部地区仅提高 2—4 个百分点不等，这表明制造业在东部沿海地区快速

---

① 必须说明的是，东部沿海地区人口总数远远高于其他地区，因此，第二产业就业绝对数也大大高于其他地区，如 2000 年东部沿海地区人口总数达到 40 838 万人，而西北地区、西南地区则分别只有 11 548 万人和 23 721 万人。

发展，并相对于内地来说已成为一定程度的制造业中心。如果结合全国各地区的工业内部行业分布情况（见本文第四部分），则可以发现东部沿海各省在竞争中居领先地位的是以非农产品为原料的轻工业，而东北三省、中部地区、西部地区则是以原料工业、采掘业为主的重工业占主导地位。按照库兹涅茨按各部门劳动力份额划分的工业化阶段①，我们的基本判断是，直辖市已进入工业化的后期阶段，而东部沿海地区与东北三省则居工业化中期阶段，其余地区位于工业化的中前期阶段。因此，从第二产业劳动力份额来看，各地区经济发展的不平衡性是显而易见的，直辖市的工业化进程已领先于其他地区，而东部沿海省份则领先于其余内陆省份和自治区。

就第三产业而言，第三产业就业的地区差异虽然没有第二产业明显，但是我们还是观察到在考察期期末，各地区第三产业的就业份额还是呈现出较明显的梯度性，除去直辖市以外，东北三省、东部沿海各省、西北地区、中部地区、西南地区的第三产业劳动力份额分别为 33.2%、28.2%、28%、25.5% 和 25.3%，其中东部沿海地区的提高幅度在各地区中最大，表明东部沿海地区制造业的快速发展推动了第三产业发展。

四、进一步的证据：制造业产值构成的地区特征

上面，我们从产业间就业分布的地区差异角度论证了各地区工业化进程的显著差异，并论证了存在整个大东部（包括直辖市与东部沿海各省）地区成为制造业中心的可能性。在本部分，我们进一步求证这一结论的正确性。我们从制造业的内部结构入手，把工业分为轻工业和重工业两部分，着重分析轻工业、重工业在地区间的差别。

表3报告了1997年轻工业、重工业在各地区的分布情况。② 我们发现，

---

① [美]库兹涅茨：《各国的经济增长》，常勋等译，商务印书馆1999年版，第222页。

② 本处东部、中部、西部地区就是传统的三分法，其中东部地区包括：三大直辖市、辽宁、山东、江苏、浙江、福建、广东、广西、海南；中部地区包括：山西、河南、安徽、湖北、湖南、江西、黑龙江、吉林、内蒙古；西部地区包括：陕西、宁夏、甘肃、青海、新疆、四川、云南、贵州、西藏。

东部地区在轻工业上领先于中西部地区的是以非农产品为原料的制造业产品，1997 年东部地区该类型的轻工业产品份额为 17.9％，而相应的中部地区、西部地区分别只有 8.8％和 9.9％。相反，中部地区、西部地区却在重工业中的采掘业方面大大超过东部地区，1997 年在中部地区、西部地区该产品分别以 12.4％和 11.2％遥遥领先于东部地区 4％的水平。按照专业化分工原理，制造业中以非农产品为原料的行业分工程度大大高于以农产品为原料的分工程度。因此，东部地区制造业很有可能形成门类众多的专业化制造体系，从而提高整个生产效率和经济收入水平，进而形成制造业中心。

表 3　1997 年独立核算企业工业总产值构成的地区特征　　　　　单位：％

	轻工业			重工业			
	合计	以农产品为原料	以非农产品为原料	合计	采掘业	原料工业	加工工业
全国	42.7	27.9	14.8	57.3	6.9	22.0	28.4
东部	46.2	28.3	17.9	53.8	4.0	20.6	29.1
中部	36.2	27.4	8.8	63.8	12.4	24.2	27.2
西部	36.8	26.9	9.9	63.2	11.2	25.3	26.7

资料来源：魏后凯：《21 世纪中西部工业发展战略》，河南人民出版社 2000 年版，第 211 页。

上面我们已经阐述，东部地区制造业区别于其他地区是由于其以非农产品为原料的轻工业发展遥遥领先于其他地区，同时轻工业占工业的比重在东部、西部地区也有明显的区别。我们分 5 个地区、3 个时间截面分析了表 4 轻工业产值份额、第二产业就业份额的地区差别。从表 4 中可以看出，东部沿海地区一直稳定领先的仍然是轻工业。另外，我们对表 4 中更感兴趣的是 3 个时间截面的第二产业就业份额的变化，因为它是直接与东部沿海地区形成制造业中心这一问题相关。我们发现，唯有东部沿海地区第二产业就业份额在 20 世纪 90 年代是增加的，从 1990 年的 22.61％增加到 2001 年的 26.9％，而其他地区均出现不同程度的下降，联系到我国总体上处于工业化的初期至中期水平的情况，整个制造业中心也就越发可能在东部沿海地区形成。

表4 各地区第二产业就业份额、轻工业产值份额差异比较 单位:%

	第二产业就业份额			轻工业产值占工业比重		
	1980 年	1990 年	2001 年	1980 年	1990 年	2001 年
东北三省	34.60	34.94	22.0	33.8	25.8	25.9
东部沿海	14.91	22.61	26.9	59.2	54.1	50.5
中部地区	14.43	20.00	17.1	49.3	38.0	36.9
西北地区	17.00	18.35	15.1	36.4	32.4	28.7
西南地区	9.25	10.92	12.0	48.0	41.3	44.3

注:此处没有包括直辖市。

资料来源:《中国统计年鉴》(1980—2001 年)。

五、结　论

经过 20 多年的改革开放,中国呈现出快速的工业化进程。同时,尽管快速的工业化体现为第一产业劳动力份额较大幅度的下降,但各地区的工业化所处阶段十分不同。东部沿海各省、直辖市的第一产业劳动力转移速度远远快于其他地区,甚至多数东部沿海各省第一产业的劳动力绝对数量出现下降。第二产业劳动力份额总体上都表现为上升的趋势,但东部沿海各省的第二产业劳动力份额提升幅度远远高于中部、西北、西南地区,表明这一地区的工业化进程快于其他内陆地区,直辖市的第二产业就业份额远远高于其余地区,但表现出缓慢下降的趋势。上述证据无不说明,我国的直辖市已经进入经济发展的工业化后期阶段,而东部沿海地区和东北三省则在工业化中期阶段,其余内陆地区还处于工业化的中前期阶段。同时,我们还发现,东部沿海地区制造业内部领先的是以非农产品为原料的轻工业。这一发现昭示着东部沿海地区已经形成门类众多、分工齐全、迂回生产的制造业体系,而这正是制造业在一个地区聚集的前提条件。因此,整个内地地区的制造业已经开始向大东部地区（包括东部沿海各省与直辖市）聚集，这与文玫等的发现相一致。[①]同时，也正是这一情况才造成了改革以来东西部地区差距的持续扩大。[②] 根据这些情况，我们可以预期中国的进一步工业化是一种世界历史上从未出现过的新型工业化，因为中国的工业化是在经济全球化步伐不断加快、中国融入世界经济一体化的进程不断加快和中国各地区经济发展水平具有差异的情况下展开的，中国的工业化将是融工业化、后工业化、信息化和知识经济化为一体的工业化。

作者说明

中国的工业化进程是充满挑战与奇迹的，它伴随着大量的产业集聚、劳动力转移。首先大量农村劳动力从农村转移到城市，从西部转移到东部，伴随着产业升级，全世界最伟大的人口迁徙也在静水流深地发生着。本文与范剑勇合作，发表在《管理世界》2003 年第 7 期上。本文关注的主要内容便是1978 年以来在中国的工业化进程中，劳动力转移与区域差异并存与互动的状态，并有所发现。东部已经产生了门类众多、分工齐全、迂回生产的制造业体系，这正是地区经济制造业集聚的基础之一，也使得集聚地区不同产业的劳动力数量发生了根本变化。这种变化将是深远的，它预示着中国的工业化进程将不可避免地伴随着剧烈的地区差异变动。如何应对这种变动，并因势利导，将是我们所面临的挑战之一。

[①]　直接支持本结论的还有 Wei and Wu(2001)，Wen Mei(文玫，2001，2002)，Hu Dapeng(2002)所取得的经验证据。

[②]　范剑勇、朱国林：《中国地区差距演变及其结构分解》，《管理世界》2002 年第 7 期，第 37—44 页。

土地制度与中国城市结构、产业结构选择

一、引 言

一个国家的城市结构体系的形成与其地理特征、制度演变(包括土地制度、产业组织演变)、全球化水平和人口迁移特征都密切相关。发达国家的城市化进程一般要持续百年以上,主要是依靠市场的自发力量推动的。但我国城市化水平的迅速提高,是市场和政府共同推动的,政府在其中起了很大的作用。2008年,全国城镇人口达到6.066亿,城镇化水平是45.68%。按照每年提高1个百分点来计算的话,到2020年可以达到60%左右的城市化水平。按照估算,城市化水平只要提高1个百分点,就会有1 000万—1 200万农村剩余劳动力从农村转移到城市(顾朝林,2010)。麦肯锡全球研究所(MGI)2008年的研究报告认为,到2025年我国将有大约10亿人居住在城市,城市化水平达到73%,将出现219座百万人口大城市;24座500万人口的特大城市;15个平均人口规模达到2 500万的超级城市,或是11个平均覆盖人口超过6 000万相互之间紧密联系的"城市群"或"都市圈"。

在推动这一城市化进程中,以东部三大经济带(长三角、珠三角和环渤海)为代表的都市圈将会起到重要作用。这里有深刻的制度性因素在起作用,其中就包括我国的土地制度、产业结构以及政府的偏向行为在内。所谓经济增长的空间结构概念,要回答的是以下这些问题:城市化过程中需要多大的空间集聚水平,有多少增长份额是需要集中在特大城市或者大都市圈中去实现?城市结构变动如何跟国家产业结构的变动联系起来?在大都市圈中基础设施建设、土地利用规划要采取哪些最优的空间布局?这些都需要我们基于效率和公平的原则进行科学的评估,从而确定一个国家在经济增长和发展过

程中的最优城市结构和产业结构体系。

二、世界城市结构与产业结构演变的模式

这里我们以美国、日本、"四小龙"的经济发展为例，结合历史上全球产业的四次重大转移过程，来梳理一下世界城市结构与产业结构的演变历程。

(一)美国的"分工结构"模式

美国采取的是全国城市分布较为均匀的结构，就是从空间结构角度来看，东中西城市都有相应的功能布局，都市圈分布也较为均匀，没有出现单一的具有绝对经济比重、功能覆盖全国的特大都市圈。这是由于美国有着平原面积广阔的地形，国土面积的 70% 以上都是平原，人均平原面积约为 1.5 万平方米。美国在 1870—1940 年工业化水平快速提高的过程中，大西洋沿岸和其他交通沿线的大城市迅速发展壮大。1950—1980 年，以大城市为中心的大都市圈由 169 个增加到 318 个，人口由 8 485 万增加到 16 943 万，在全国总人口中的比重由 56.1% 上升到 74.8%，其中 18 个巨大都市圈分别占全部大都市圈人口和全国总人口的 45.6% 和 34.7%。20 世纪 70 年代初，美国制造业和第三产业就业人数的 3/4 聚集在大都市圈内。

(二)日本的特大"都市圈"模式

日本土地资源结构与中国相似，比较易于利用的土地面积(平原)只有国土面积的 20%，人均平原面积只有 830 平方米左右，只有美国的 3%。在农业生产方面，水稻的密集种植以及粮食尽可能依赖本国(日本长期将水稻作为战略性资源)，这都需要大量的耕地资源作保障，加剧了城市化用地的紧张程度。跟美国不同，日本的城市结构是特大都市圈模式，大城市比美国要多。伴随着 20 世纪 50 年代欧美产业的第一次转移，日本走上了工业化与城市化道路，其三大都市圈的形成背后有深刻的原因，在 80 年代以来全球化的快速推进，随着日本的许多产业向"四小龙"转移，"雁形效应"日益凸显，日本产业结构的高度化、资本运营中心和技术中心形成。1950—1980 年，日本的城市人口增加了 3 000 万，其中 70% 集中在三大城市圈(东京、名古屋、大阪)，30% 集中在地方城市。只占全部国土面积 10.4% 的三大城市圈在 1970 年集中

了占人口总数 43.5％的人口。东京大都市圈是世界上最大的城市聚集体，以 8.51％的国土面积集中了全国 31.6％的人口（2000 年）。每个都市圈都有一套相对完整的产业体系，三大都市圈之间的经济贸易活动不多，都市圈内部的人口需求基本上可以吸纳掉都市圈内制造业的产品，1980 年日本全部货物的平均运距只有 73 公里，全部货运周转量只有 5 000 万吨/公里，这样一方面大大提高土地使用的集约化程度；另一方面可以减少对交通、进而对能源的依赖。

(三)"四小龙"城市与产业发展模式

20 世纪 60 年代日本产业向"四小龙"的第二次转移，70 年代后期"四小龙"产业开始向亚洲"四小虎"和大陆沿海的第三次转移，由于金融、经济和政治制度（包括与大陆的关系）以及要素禀赋的不同，亚洲"四小龙"在这个产业转移过程中出现"两两分离"的现象。"四小龙"中的韩国和中国台湾地区向制造产业链的前端发展，提高它们整个产业链中的附加值份额，逐步发展成为制造业的研发中心、产业创新和产业质量推进中心、中间产品和零部件中心；中国香港地区和新加坡向三次产业的后端发展，尤其是加快发展制造业服务的现代和高端服务业。这里面的基本背景就是制造业向中国大陆转移，大陆在成为重要的制造业基地后，"四小龙"才有了产业提升和城市功能提升的机会。从城市空间布局来看，亚洲"四小龙"中的韩国和中国台湾地区的地理特征与日本相仿，而中国香港地区和新加坡更是城市经济，它们的城市空间布局也进一步朝着强化特大都市圈的方向发展。目前，亚洲内部的第四次产业大转移正在进行，制造产业由中国东部地区向中西部地区和亚洲发展中国家（如越南等）转移，这一转移必将对我国的城市化进程造成重大影响。

三、中国城市体系的演变过程及当前的城市结构

中国地势西高东低，各类地形占全国陆地面积的比例是：山地 33.3％、高原 26％、盆地 18.8％、平原 12％、丘陵 9.9％。虽然幅员辽阔，但适合人类居住和耕作的土地不多。根据《全国城镇体系规划（2005—2010）》，我国不适合人类生存和居住的地区占 52％，较不适宜地区占 29％，适宜地区仅占

19％，主要分布在东部平原、四川盆地等地势较为平坦的地区，大规模的城市化建设和都市圈形成需要的平原地区基本上都在东部。这些地区恰恰也是耕地分布最集中、城镇用地与耕地矛盾最突出的地区。由于历史、地理和社会经济发展多种因素的影响，我国的城市空间布局从近代以来就一直呈现自东向西、由密到疏的鲜明特征，新中国成立后虽然国家加强了中、西部地区城市和工业的建设，但整体的城市空间布局并没有根本的改变。目前我国城市的空间分布集中在沿海，尤其集中分布于长江三角洲、珠江三角洲、京津唐和辽中南城市经济圈。以 2007 年为例，东部地区占全国 9.5％的土地面积，分布了 43.99％的城市人口，是我国城市分布最密集的地带；中部地区占全国 10.7％的国土面积分布了 23.21％的城市人口；东北地区占全国 8.2％的土地面积分布了 10.41％的城市人口；西部地区占全国 71.5％的国土面积，仅分布了 22.38％的城市人口。

　　新中国成立以来我国的城市体系演变过程主要可分为以下两大阶段。第一，在 1949—1978 年的前 30 年，城市化的动力主要来自中央政府的工业化和现代化主导的行政命令，市场起到的作用很小。20 世纪 80 年代以来，全球化进程发展迅猛，全球生产要素的自由流动，世界产业结构发生重构与转移形成新的产业布局。全球经济发展的这种格局是与我国大城市的发展相辅相成，全球化正在重塑我国的城市体系。第二，在 1978—2008 年的后 30 年，珠江三角洲和沿海开放地区利用跨国公司为载体的全球生产要素重组和第四次产业转移的发展机遇，通过吸收 FDI 和先进技术、管理经验，与国内廉价的土地和劳动力结合，尤其是加入 WTO 后，经济全球化的推进使珠江三角洲和东部沿海地区迅速发展成为我国重要的城市化空间。

　　目前中国城市化过程中存在的种种不合理，集中体现则是城市结构不合理以及由此带来的产业结构失衡等相关问题。以城市体系为例，从城市数量的分布看，2007 年我国特大城市占 8.85％，大城市占 12.52％，中等城市和小城市各占 35.42％和 43.21％。从城市人口分布看，特大城市和中等城市约各占 1/3，大城市和小城市共占 1/3(表 1)，"大城市数量不足、中小城市发展过多"是我国城市结构的典型特征。

表 1　我国城市体系的分布情况(2007)

规模	城市数量		城镇人口		城镇非农业人口		
	个数	比重(%)	规模(万人)	比重(%)	规模(万人)	比重(%)	平均规模(万人)
>100 万	58	8.85	19 090.59	30.82	14 830.12	46.93	255.69
50 万—100 万	82	12.52	8 581.62	13.85	5 601.53	17.73	68.31
20 万—50 万	232	35.42	19 270.43	31.12	7 410.09	23.45	31.94
<20 万	283	43.21	14 983.02	24.19	3 760.12	11.90	13.29
合计	655	100	61 925.66	100	31 601.86	100.00	48.25

资料来源:《2007 年全国设市城市及其人口统计资料》。

四、"扁平化"城市结构形成的内在原因

许多国内外研究都表明,城市结构体系的"扁平化"特征会降低城市的集聚能力和规模效应,并会引发产业结构失衡、经济增长方式转型困难以及制造业产能过剩等诸多问题(王小鲁、夏小林,1999;世行报告,2006;Au,Henderson,2006;王建,2008;吉尔、卡拉斯,2008)。第一,对产业结构失衡、制造业产能过剩起了推波助澜的作用,现阶段产业结构失衡主要体现在第三产业发展不足、第二产业发展过度,而大型城市的差异化产品发展不足,恰恰体现在服务业特别是生产者服务业发展不足,中小型城市更多地专注于第二产业的发展,由此加剧了产业结构失衡状态与产能过剩的紧张局面。第二,各中小型城市爆发式、群体性增长,主要是以制造业的差异化产品为主,由于地方政府过度追求 GDP 总量而采取粗放式的增长,地方经济发展多以环境污染、蚕食子孙后代利益为代价取得的。

接下来我们就要回答,现阶段为什么会形成城市结构体系的"扁平化"特征?原因可能是如下这些。

第一,工业化和城市化不同步,我国的城市化进程远远落后工业化。

2008 年,全国的城镇化水平是 45.68%,还不到 50%。这就导致大量候鸟式的流动人口,由于受户籍制度、土地制度等约束,其中的大部分人不能

拥有城市户籍，最终还是回到农村去。尤其从 2003 年开始，东部地区的劳动力成本上升很快，加上中央政策对中西部地区发展的各类政策倾斜，中西部人口向东部转移的速度和数量均快速下降，造成了我国大城市尤其是特大城市的人口集聚不足、城市发育不健全，加上农民没法变成市民，第三产业发展所需的人口规模和消费需求也得到很大的抑制。

第二，我国的大城市经过三十年的发展，城市功能的提升受到阻力，集中体现在政治、金融、科技、教育等制度改革的滞后上。

东部地区在 20 世纪八九十年代，在经济社会领域进行了许多制度上的创新，比如土地批租制、兴办外资企业等，这些制度创新给城市的扩容和功能的提升注入了强大的发展动力。从目前来看，东部沿海地区的三大都市圈在金融、贸易、科教文卫等方面的制度创新严重不足，民营企业在投资门槛、融资渠道和产业进入等方面还面临着许多政策上的歧视，土地、户籍、资本等重大制度的变革缺乏在新的政治体制下各阶层利益重组中获得支持的动力，仍然受到严重的束缚和阻碍。因此，在今后一段时期内如果不能在诸多制度层面做出创新和突破的话，从城市结构上就必然体现为东部沿海的大城市难以再发展，中等城市继续变成大城市，中西部城市赶超东部大城市。

第三，东中西城市之间缺乏内在的由跨国公司活动作为主要纽带的联系，要素流动和优化配置因体制和要素市场发育不全而无法实施，大城市服务功能半径不够长。

从日本和亚洲"四小龙"的发展经验看，它们的城市空间结构演变和城市功能的提升是在全球的产业转移、产业链重组的过程中实现的，这给我们正在经历的产业转移与东部地区特人都市圈的发展提供了重要启示：东部特大都市本身在这次产业转移中扮演了何种角色？它们在这个过程是否走向了产业链的高端？以上海为例，它必须既向中国台湾地区和韩国那样，做制造业的研发中心和中间产品中心以及零部件中心、资本经营中心，又向中国香港地区和新加坡学习，做现代服务业中心。简而言之，东部特大都市只有在为产业的中西部转移服务的过程中，才能扩大自身的服务功能半径，在东中西城市群加强内在联系的过程才能做到城市功能的提升。

第四，在全球化中，欧美、日本、"四小龙"的大城市保持垄断，东部城市发展空间受压。

　　近年来东部地区的要素成本不断上升，尤其是土地、工资、各类能源使用成本和环境治理成本迅速提高，使一些高度依赖资源消耗和劳动力低成本的企业面临生存困境。2008 年的全球经济危机进一步加剧了外向型、劳动密集型产业结构的瓦解和转移。在创新机制尚未形成，新的主导产业还没有占据一定比重，东部地区可能会因为传统产业的大量转移而陷入失去新的经济增长点的威胁。在制度创新和产业结构提升上难有作为的情况下，东部沿海大城市的大量制造业向中国中西部地区和越南等转移，导致经济发展速度放慢，产业结构与内地重构。进一步地，由于各项制度改革的滞后，在产业结构同构以及较低的人口集聚规模下，现代服务业尤其是金融、资本、科技、教育等需要人口和产业高度集聚的行业不可能兴起，城市功能也只能维持在既有的水平上，难以成为全国性甚至全球的研发、运营以及销售中心。在城市功能难以提升的情况下，城市的扩展也将面临很大困难。结果就是东部的城市和产业结构跟中西部高度相似，都是以制造业为主导、以中小城市为主，出现城市结构和产业结构的"扁平化"分布格局。

　　第五，目前的中央政府和地方政府的行为，尤其是 1994 年分税制以来的地方政府间的激烈竞争，这种"GDP 锦标赛"式的地区间竞争在促进地区经济快速发展的同时，也带来了"地方保护主义"、"重复建设"等弊端，各中小城市都在尽量扩充自己的城市容量和产业规模，造成了产品市场和要素市场在区域间的封锁和严重分割。

　　同时，中央政府出于对区域平衡和新农村建设的考虑，尤其在 2003 年以后更加偏向发展中西部地区的城市、全国的县城和在建制的重点镇，并从财政、金融、税收和公共品投入等方面为小城镇发展创造条件，加上农民利益在城市中无人代表，导致农民与城市居民间的政治经济学博弈结果只能是农民享受不到城市的各类基本公共服务，最终选择回到农村或者小城镇。中央政府和地方政策的这些行为集中在一起，就会极大地延缓甚至阻碍劳动力、资本向大城市的进一步流动，把人口和产业分散在许多中小城市当中，无法形成跟欧美、日本、"四小龙"等可以媲美的特大城市圈。

　　从历史来看，当前我国"中小城市数量过多"的现象还跟 20 世纪 60 年代大搞"三线工程"和 80 年代乡镇企业的"异军突起"等原因有关，1952—1978 年的城市化率只提高了 5 个百分点，而我国在 1988 年又实行了"严格控制大城市规模，合理发展中小城市，积极发展小城镇"（"小城镇、大战略"）的城市发展目标，1978—1996 年，我国的城市化水平由 17.92％提高到 30.48％，仅提高了 12.56 个百分点，年均增长 0.7 个百分点。从未来发展趋势来看，如果不能在土地制度、户籍制度、产业区域布局以及城市功能等方面有重大突破的话，这种"大城市太少、中小城市过多"的城市结构失衡状态将会更加严重。

五、政府和市场的选择对城市结构体系形成的影响

市场机制对城市结构体系的影响，主要体现在城市发展需要的各类资源配置上，包括劳动力、土地、资本等生产要素按照效率原则在各城市中进行最优配置，同时根据本国的地理禀赋条件去选择不同的城市空间模式。政府对城市结构体系的影响要稍微复杂一些，必须区分开中央政府和地方政府。中央政府在土地产权界定、户籍制度、就业与社会保障、建设用地指标的分配与交易、教育投入等方面来影响城市结构体系的选择模式，地方政府则可以在促进要素自由流动、基本公共品提供和要素集聚等方面有所作为。这一部分，我们在粮食和能源安全的硬约束条件下，来分析在政府和市场配合不当的情况下会出现"大城市太少、中小城市过多"的失衡结构，并就中央政府和地方政府将来做什么、怎么样才能改变这一状况提出一些建议。

（一）粮食和能源安全的背景

"十五"期间，我国耕地面积净减少 9 240 万亩，其中各种非农建设用地占用耕地 2 798 万亩，占耕地面积减少约 30％。《国家粮食安全中长期规划纲要》中提出，到 2020 年我国人口将达到 14.5 亿，2030 年达 15 亿，按小康生活标准，需要粮食 6.5 亿—6.7 亿吨，按可预见的粮食产出水平，基本农田面积保有量至少需要 16 亿亩以上。目前我国人均耕地面积只有 1.38 亩，约为世界平均水平的 40％，质量较差的中低产田约占 2/3，随着城市化和工业化进程的加快，耕地仍将持续减少，扩大粮食播种面积的空间极为有限。

近年来，我国能源消费量逐年上升，2008 年达到 28.5 亿吨标准煤，是世界第二大能源消费国。2020 年前，我国仍将处于工业化和城市化的快速发展时期，能源需求还会持续增加。江冰（2010）提到，预计 2015 年，我国能源需

求总量将达到 38 亿吨左右标准煤,有可能超过美国成为世界第一大能源消费国,2020 年能源需求总量将达到 42 亿—45 亿吨,2030 年有望突破 55 亿吨。预计到 2015 年,我国能源对外依存度将由 2008 年的 8.8% 上升到 15%,石油和天然气对外依存度将由 2008 年的 51.2% 和 5.8% 分别上升到 60% 和 30% 左右,到 2030 年,我国能源、石油、天然气的对外依存度将进一步上升到 25%、70% 和 50% 以上。

(二)政府与市场选择相结合出现的结果

日本在"二战"后到 20 世纪 70 年代以前,曾经进行过四次国土整治规划,政府的选择是想人口和产业向其他地方分散,反对人口向三大都市圈集聚,但市场的选择是基于日本人均平原面积少、长期将水稻作为战略性资源来储备的条件,作出了让人口和产业高度集聚的大都市圈选择。从这个角度来讲,政府的选择必须要以尊重市场机制为前提,否则只能延缓却不能阻碍合理城市结构的最终建立。

目前我国的中央政府把粮食安全和能源安全看做是最重要的战略目标,如果要强调粮食安全战略,在平原面积小(只占 12%)、绝大多数分布在东部沿海地区的情况下,还必须保证 18 亿亩耕地的红线不被突破,那就只有更高效地利用不多的城市化用地,不能继续搞土地利用效率低下的"小城镇战略"。另外,我国不仅城市化和工业化所需的平地资源少,人均平地资源更少,只有尽可能地把人口都高度集中在平原地区,只有在平原高度集中的东部沿海地区搞大都市圈战略,通过土地的集约化利用才能保障城市化所需的大量基础设施建设和工商业用地,才能不断地降低城市中的人均占地面积、大幅减少道路占地的面积,以腾出更多的土地用于农田保护。同样,如果认为能源安全是我国未来面临着的一个重大挑战,大都市圈式的城市空间结构是最有利于能源节约的,因为它的公共基础设施的外部性最强。即使像美国这样一个平原面积辽阔、资源丰富的国家,如果各类能源价格上升,出于能源安全的考虑,许多大城市(如纽约)的人口集聚也会快速提高。更何况在我国这样一个人均资源非常贫瘠的国家,更需要利用大都市圈的战略来节约各类能源消耗。我们的城市结构就应该更多地考虑城市布局与交通的节能问题,即形成都市圈内部交通为主的模式。只有这样才能有效缩短城市间的贸易运输距离，节省交通运输的能源消耗量。

从市场选择的角度来看，我国的平原面积占全部国土面积的比重小，只有12%，且90%集中在东部沿海地区（主要是在长三角地区），全国115万平方公里的平原面积中长三角地区就占了65万多平方公里。另外，人均平原面积少，不到900平方米，与日本相似，但还不到美国的6%，人地矛盾很大。改革开放的沿海发展战略，已经基本建立了珠三角、长三角和环渤海三大经济带的集聚和辐射功能，具备了进一步城市扩容的空间基础和大都市圈形成的条件。从市场效率的角度来看，人口和产业不断向大城市集中，可以产生巨大的城市集聚效应，进而带来运输成本（能源消耗）节约、土地高效利用、产业配套能力的增强、基础设施和公共服务设施的完善，以及技术、知识、信息传递、人力资本提升等诸多溢出效应。王小鲁和夏小林（1999）使用全国666个城市在1989年、1991年、1992年、1993年、1994年和1996年的数据，实证地发现了，城市规模跟净集聚效应成典型的倒U型关系，规模在100万—400万人口的大城市，净规模收益最高，达到城市GDP的17%—19%；在超过这个规模区间后逐渐递减，而规模小于10万人的城市没有净集聚效应。Au and Henderson（2006）和 Henderson（2007）也发现了城市规模跟净集聚效应间的这种倒U型关系，认为我国城市的最优人口规模应该在250万—380万人之间，如果将我国地级市的平均规模提高一倍，能够使其单位劳动力的实际产出增长20%—35%。就我国来说，就是在东部沿海地区应该建立起更加完善的产业结构，形成一个产业体系完整、贸易物流便捷的都市圈内大循环，都市圈内的产出基本可以由内部的需求来消化，不需要太多的运输距离。只有这样我们的能源消耗量尤其是交通运输消耗量才能大幅降低。另外，推动土地、户籍等制度的改革，让人口更多地向东部沿海地区流动和集聚，尤其是建立全国性的土地指标交易市场，允许以"地票交易"等市场行为来把大量的农业用地置换到中西部地区，让东部地区更密集地使用城市用地。在市场机制的作用下，这些政策措施会不断提高劳动、资本、土地等各类生产要素的回报率，实现资源的优化配置，以大城市或特大城市为核心的城市圈，将成为经济发展的核心力量和产业集聚的中心地区。

需要注意的是，如果我们仅从中央政府和市场的选择来看，积极发展大城市、形成东部沿海地区三大都市圈就是我国城市结构的最优选择。但以上的分析我们忽视了地方政府在城市结构和产业结构的空间模式选择上的作用，现实中地方政府在城市结构体系形成的过程中扮演着一个十分重要的角色，前面的分析告诉我们，地方政府在"GDP 锦标赛"的晋升激励下，有足够的动力去分割产品和要素市场以及分享"土地财政"带来的巨额收入，不愿意形成全国统一的要素市场，这就形成了"各自为政"、"自成一体"的城市结构和产业结构。如果我们不能改变地方政府的激励机制，目前这种"扁平化"的城市结构是难以改变的，加上在目前大量的产业从东部向中西部转移，如果东部地区的制度创新能力和水平受到政治体制改革等方面的阻碍，产业不能顺利升级，经济转型不能完成，就很容易造成中西部的大小城市进一步发展、东部的大城市发展受阻的局面，进一步加剧城市结构和产业结构的"扁平化"趋势。

　　总结一下，我国的地理禀赋条件和粮食、能源安全等共同决定了我们的城市结构必须采取都市圈的模式，并且只有在东部沿海地区才能建立特大的都市圈，就是集聚全国大多数的人口（至少一半），在东部三大都市圈内建立起完整的产业结构体系，生产贸易活动基本上在圈内进行，生产出来的大多数产品也是由圈内的需求来消化。中央政府的选择应该在市场选择的前提下，通过科学的城市规划和资源配置，在土地制度、户籍制度、就业与社会保障、基础教育等方面进行更大的改革力度，让更多的农民可以进入城市变成市民，融入到城市化的浪潮中来。同时，应该尽早改变地方政府"GDP 锦标赛"式的晋升激励机制，一方面要打破产品和要素市场的地区间分割，尤其是中小城市必须转变发展思路，从依靠自身城市扩容带来的土地财政、产业增多等收益转变成利用周边大城市的辐射能力和协作互补功能，使各类要素可以顺利集聚到大城市中去；另一方面大城市也需要在基本公共品提供、金融科技创新、城市基础设施建设等方面为吸纳更多的人口和产业做好准备。但如果中央政府和地方政府的选择都违背了市场的运行规律，忽视了我国的地理禀赋条件和制度创新力量，极有可能出现的负面情况就是：在土地、劳动力等成本不断上涨的压力下，大量产业从东部向中西部转移，在没有政治、金融、科教、文化等体制创新的情况下，东部产业升级困难，全国产业结构高度重构。另外，要想在不改变目前城乡二元土地制度和户籍制度的基础上做到东中西地区间的发展平衡，就只能继续扭曲土地、劳动力、资本等要素价格，增加要素市场进一步改革的刚性。最后，在人口和产业都不能顺利聚集到大城市的情况下，我国的城市结构继续呈现"扁平化分布"，"大城市太少、中小城市偏多"的城市结构将会造成对各类土地和资源的浪费，对我国未来的粮食安全和能源安全构成重大威胁。

六、大都市圈的城市发展战略：走向新的选择与均衡

王建(2008)提出，我国可以建 20 个大都市圈，每个都市圈可容纳 5 000 万城市人口，每个都市圈以 120 公里为半径，覆盖 4 万—5 万平方公里。麦肯锡全球研究院(2008)的报告显示，2025 年中国将产生 15 个平均人口规模达到 2 500 万的超级城市，或是 11 个平均覆盖人口超过 6 000 万、相互之间经济联系紧密的"城市群"。

大都市圈的形成是由我国的地理禀赋决定的，未来的几大都市圈必须分布在东部和中部的广大平原地带，就是学日本模式，把大多数人口和产业都集中在长三角、珠三角和环渤海这三大都市圈内。不能搞小城镇的发展模式，也就是美国模式，因为我们没有像美国一样全国各地都有着广阔的平原面积，小城镇的土地利用率很低，容积率很小，根本不能形成规模经济和集聚效应。一般来说，越大的城市土地利用越集约，土地占用就少一些。另外，还要严格控制都市圈内部的空间布局，目前我国城市建筑物的容积率平均只有 0.75，东亚地区普遍在 1—2 之间，我国可供城市化使用的土地比当年的日本还稀缺，容积率应该更高。同时，我国的人均平原面积虽略高于日本，但由于面临粮食安全的问题，在城市化中对土地的使用必须要比日本更集约。1992 年日本的人均城市和道路占地面积分别是 115 平方米和 90 平方米，我国在 2008 年的人均城市和道路占地面积分别是 158 平方米和 42 平方米，考虑到我国跟 1992 年的日本还存在着 31％的城市化水平差异，在将来必须采取更集中的都市圈分工格局，努力降低人均城市和道路占地面积。

从经济集聚的角度来讲，大城市可以将人才、资本、技术、管理等要素进行最优的组合配置，达到最高的经济效率。我国的平原面积只占全部国土面积的 12％，要想在保障粮食安全和能源安全的前提下，去完成一个 13 亿人口的城市化过程，目前的土地利用效率需要有一个极大的提高，这只有采取

都市圈的城市空间结构，才可以在节省各类用地面积（比如交通占地等）的前提下集聚起巨大的人口容量和产业发展空间。从土地利用上来看，1996—2003 年，我国人均道路占地的增速是 5.6%，比人均城市占地的增速高一倍。小城镇和小城市的人均占地水平要远高出大城市，大城市可以通过提高容积率、构建中央商务区（CBD）等途径集约化地使用土地，提高单位土地的产出水平。我国城市目前的容积率普遍较小，东部沿海地区的毛容积率（整个城市建设面积和整个城市建成区的比值）大概只有 0.8，而日本东京是 2，中国台北是 1.2，中国香港是 1.6。以上海市为例，1.7 平方公里的小陆家嘴的毛容积率刚到 2，但整个浦东连 0.8 都不到（上海发展研究基金会"中国经济的未来"的内部研讨实录，2010）。从能源、资源使用上看，通过构建以若干大城市为中心的都市圈可以有效降低流通费用，节约能源。我国目前的流通费用比重高于发达国家十多个百分点，都处在 1.4 万亿美元 GDP 的时候，日本的全部货运量为中国的 38%，货运周转量还不到中国的 9%。中国的铁路货运量中，1994 年省间交流量占 61.2%，2000 年为 65.5%，2002 年为 67.3%（王建，2008）。据麦肯锡全球研究院（2008）的报告显示，如果中国的城市结构朝都市圈这种"集中式分布"的格局发展，中国每年还将减少公共支出 1.5 万亿元，占 GDP 的 2.5%，减少高达 35% 的 SO_2 和 No_x 排放，并将水污染降低一半。

如果从地理位置和天然禀赋出发，在中国有条件建立起大都市圈的地方只有东部沿海地区，东部地区占有 90% 以上的平原面积，改革开放后又积累了丰富的制度创新经验和成果，已经具备了构建都市圈的地理和制度基础。只要我们能够打破城乡二元土地市场、户籍、社保等重大制度障碍，大量的农民凭借土地资本化的收益进入到城市，东部地区就能够吸引更多的人口迁移，加上政治、金融、科技、文化等方面的制度创新，把城市集聚效应发挥到最高水平。未来的东部沿海地区如果能够成功吸引目前我国的一半人口（约 6.5 亿），大幅提高土地的利用效率和城市住房的容积率，形成长三角、珠三角、环渤海这三大都市圈，绝大多数的经济活动都集中在城市圈内进行，我国的城市结构和产业结构将会得到根本的改善，粮食安全和能源安全的战略目标也会得到更好的保障。

这里，我们要清醒地认识到：要想达到大都市圈式的城市结构，土地制度改革是突破口。土地的空间配置结构和分布格局是决定城市结构和产业结构的最重要因素，一个合理的城市结构必须对土地进行高效率的集约化使用，提高每单位土地面积的产出效率和人口容量，最大限度地发挥人口、金融、科技、教育文化等方面的集聚效应。按照这样的标准来审视我国当前的土地制度，会发现存在以下几大弊病：其一，农民的宅基地等集体建设用地不能直接入市，只能通过征地的方法来获取城市建设用地；其二，农民不能跟城市居民一样分享土地（住房）资本化的巨大收益，没有土地抵押后形成的流动性注入，农民就缺乏流入城市的初始资本，无法完成从农民到市民的身份转换；其三，不允许建设用地指标的跨省间配置，导致全国范围内土地利用效率的巨大损失，也给东部地区的城市扩容和产业集聚构成了极大的困难。

Leman（2005）指出了我国大都市圈的战略实施过程中面临着的几大挑战，其中包括创新能力的培育和发展、增长成果的全民分享、政府规划和管理机制的转变等，结合城市化推进过程中还要面临粮食、能源等重大战略挑战，这些都需要土地制度的重大改革作为配合，在形成大都市圈、减少东中西居民的收入差距、提高产业集聚水平以及减少能源消耗等方面都需要土地制度有一个新的选择与均衡。

第一，我国目前东中西居民的收入差距很大，造成的原因有很多，但最主要的还是由于东部沿海地区较早地融入到全球化的浪潮中，利用第三次产业转移的机遇，在参与国际竞争的过程中各类产业得以迅速的发展，受益于城市规模扩大、产业集聚增强，居民的人力资本含量才不断得到提高，这才是构成东部居民的收入上升幅度远远高于中西部居民的最重要原因。世界银行（2006）的研究报告指出，户籍制度和对劳动力流动的限制使得中国城市的规模没有达到最优水平，集聚效应没有充分发挥，导致很大的经济福利方面的损失。如果让一个实际规模比最优规模低50%的城市达到其有效规模，那么会使单位劳动力的产出提高40%，这显示集中效应和集聚效应的净效益是很大的。在新一轮的城市化浪潮中，要想解决东中西居民收入的均衡化问题，根本之道还是在于把更多的中西部人口往东部地区转移，更重要的是要利用土地制度的变革来赋予中西部人口尤其是农村人口的土地抵押、转让等权力，让他们有进城的资本和教育培训的投入，在融入到城市化过程中最终依靠城市中的经济集聚效应和人力资本含量的上升来提高收入水平，让中西部居民跟东部居民一样分享到城市化红利，这才是真正意义上的均衡化。

第二，我国目前东中西部地区的产业结构中均是以制造业为主导，但大部分制造企业普遍缺乏"本地效应"（local effect），就是由于本地市场规模不够大，大部分制造业产品并不是为当地的消费者进行生产的，主要是给其他地区或国家的消费者生产的，这在国内各地区和全球低成本国家的"竞次式"（race to bottom）竞争模式下，容易出现生产区位的剧烈变动。当前大量的制造产业从东部地区向中西部甚至越南等地转移，但由于中西部地区的市场规模偏小，最终还是要靠远距离的交通运输给东部地区和国外的消费者提供产品，这一方面造成了制造业的"扁平化"空间分布，产业集聚能力不断弱化；另一方面需要建造大量的交通基础设施，不仅挤压了宝贵的建设用地资源，而且还要付出额外的交通运输费用，加大了对各类能源的消耗。

需要注意的是，目前我国的土地制度和户籍制度，已经对人口向东部地区的继续转移构成了越来越大的阻碍作用。在东部地区的人口容量和市场规模达不到一定水平的时候，产业的转型和升级（服务业的兴起）是不可能的。服务业跟制造业最大的区别就在于生产的"本地效应"，服务业的产品作为典型的非贸易产品，不同于制造产品的可贸易性，主要是需要本地区的消费者来支撑的，因而没有一个庞大的人口集聚和城市容量，东部产业的转型也就是从制造业向服务业转变的目标是难以完成的。

从以上两点来看，如果土地制度和户籍制度的重大变革，可以让大量的中西部人口继续向东部地区流动，并正式成为城市居民，在东部大平原上形成长三角、珠三角和环渤海这三大都市圈。随着人口规模和市场容量的迅速扩大，三大都市圈内的产业集聚能力显著增强，就能较快地完成从制造业为主导向服务业为主导的产业结构转型。

那么，在特大都市圈的形成过程中，中央政府和地方政府都应该做些什么才能促进而不是阻碍城市结构的优化呢？概括说来，中央政府应该给出并利用好各类指标性计划，比如土地指标。这一是为了限制城市化进程中各地区对土地的粗放型利用和浪费；二是可以允许各地的土地指标进行交易，把土地配置给利用效率更高的地区，同时让指标转出地分享到指标转入地的土地级差收益，达到土地利用效率提高和区域公平的双重目标；三是可以考虑将户籍、社保等公共福利与土地指标相挂钩，就是指标转入地在获取土地指标的同时，还必须吸纳指标转出地的一定数量的居民，并给予基本的社保和就业机会。地方政府更多的是要转变职能，从全能型政府逐渐向服务型政府转变，主要用来提供基本公共产品。在政府作出这些选择下，城市结构和产业结构的选择由市场机制来完成，就会出现前面描述过的那样，劳动力、资本、产业会在东部沿海地区进行更加密集的集中和吸纳，城市规模的扩大和功能的扩展就能加快城市结构从目前的"扁平化"分布转变为特大都市圈式的集中分布。

作者说明

我国目前的城市结构呈现"大城市太少、中小城市过多"的失衡状况，城市空间结构呈现全国内在分工协作不够，城市功能层次不明显，加上产业结构同构，功能建设重复，资源集中和配置效率低下，无法形成大都市圈的空间结构，最终导致全国产业结构的国际竞争力低下。这样的空间结构载体既不符合我国平原面积少且集中分布在东部沿海地区的地理特点，也不利于粮食安全和能源安全等国家战略目标的实现。因此，尽快启动土地制度、户籍制度以及金融制度等一些重大制度变革，让更多的人口和要素顺利集聚到东部沿海地区，在都市圈内发挥最高的人口和市场规模的集聚效应，是决定我国未来城市竞争力和粮食、能源安全保障的根本途径。本文与邵挺合作，是教育部重大攻关项目"城乡统筹就业问题研究"(07JZD0023)的成果之一。

20 世纪 90 年代以来中国经济的动态效率

所谓经济的动态效率(dynamic efficiency)，是指从一个国家的经济长期增长的动态角度看，其储蓄是否与经济最优增长所要求的储蓄水平相一致，而这里判断最优增长的标准是由西方宏观经济理论中的黄金定律(golden rule)给出的，即要求一个国家的长期消费给家庭所带来的效用总和最大。经济运行的动态效率判断从宏观层面来看是非常重要的，因为当实际经济运行处于由黄金定律所要求的路径上可以给行为人带来最大的效用。因此，如果实际经济运行偏离了最优增长路径，政府应该通过适当的干预措施，使经济运行重新走上最优增长轨道。问题是，当前我国的实体经济运行状态怎样呢？我们根据什么来判断中国经济运行的动态效率？如果实体经济运行处于动态无效状态，那么，造成中国经济出现动态无效的原因又是什么？我们又如何来摆脱这一动态无效的困境？所有这些问题，目前的理论界还未能进行清楚的探讨，本文的写作目的就是为了回答这些问题。

一、考察经济动态效率的基本理论模型

经济增长的黄金定律最早是由费尔普斯①根据索洛的经济增长模型提出的。我们知道，在索洛的经济增长模型中，当经济实现长期均衡后，增长率等于人口增长率和技术进步率二者之和，而与储蓄的多寡无关。也就是说，储蓄只具有水平效应而不具备增长效应，只会影响均衡时的人均消费水平。既然如此，一个社会的储蓄显然不是越多越好。那么，一个社会的最优储蓄

---

① Phelps, E., The Golden Rule of Accumulation: A Fable for Growthmen, *American Economic Review*, 1961(3), pp. 638—642.

应该为多少呢？以人均消费量最大作为长期经济效率的最优的标准，费尔普斯根据索洛的经济增长模型推导出著名的经济增长的黄金定律：当一个经济的资本存量达到这样一个水平，使得资本的边际生产率恰好等于人口增长率加上劳动生产率的增长率时，经济就处于最优的增长路径上。用公式①可表示为：

$$f'(k_1)＝n+g \qquad (1)$$

式(1)就是经济实现黄金定律增长所需要满足的条件。显然，在均衡时，资本的边际产出就是利率，我们也把这一利率称为长期动态的最优利率，而人口增长率与劳动生产率的增长率之和则正是实际的经济增长率。黄金定律为我们判断实际经济运行的效率提供了一个依据：我们只要观察实际经济的利率是大于、等于还是小于经济增长率，就可以对现实的经济运行状态作出一个客观的判断。② 一般的，把实际利率大于等于经济增长率时的经济运行状态称为动态有效状态，把实际利率小于经济增长率时的经济运行状态称为动态无效状态，当实际利率恰好等于经济增长率时，称经济处于最优的增长路径上。

索洛经济增长模型的缺陷是缺乏微观基础，因而由此模型推导出的黄金定律只能保证实现人均消费最大化，而不能保证实现行为人的效用最大化。为了克服索洛模型的这一缺陷，卡斯③和库普曼斯(Koopmans，1965)在拉姆

———————————

① ［美］罗伯特·丁·巴罗、哈维尔·萨拉伊马丁：《经济增长》，何晖、刘明兴译，中国社会科学出版社 2000 年版，第 6 页。

② 这里要特别引起注意的是，在有微观基础的拉姆齐—卡斯—库普曼斯模型(Ramsey-Cass-Koopmans model)中，因为有行为人是"长生不老的"这一假设，因而可以证明，无论是在分散经济中还是在统制经济中，经济均会自动收敛到长期的最优增长路径上去，也即，该模型所实现的均衡是一个瓦尔拉斯一般均衡。而在索洛的新古典增长模型中，由于缺乏微观基础，也即由于储蓄率是外生任意给定的，因而经济的均衡并不会自动收敛到长期的最优增长路径上去。在我们所介绍的代际交叠模型中，由于行为人的寿命是有限的，在分散经济的状态下，均衡也不会自动收敛到长期的最优增长路径上去。但不管经济是否会自动收敛到长期的最优增长路径上去，有一点是可以肯定的，即三个模型在均衡时所实现的经济增长率是相同的，因为储蓄在均衡时只具有水平效应，而不具有增长效应。正是基于此，我们可以通过对比经济实现均衡时的利率与经济增长率的大小来判断经济是否处于最佳状态。

③ Cass，D.，Optimum Growth in an Aggregative Model of Capital Accumulation，*Review of Economic Studies*，1965(32)，pp. 233—240.

齐(Ramsey，1928)的研究基础上，建立了把经济总量的动态学构筑于微观决策主体之上的拉姆齐—卡斯—库普曼斯模型。根据这一模型我们可以得到被称为"经济增长的修正黄金定律"的定律，用公式①可表示为：

$$f'(k_1)=\theta+n+g \tag{2}$$

式(2)是在考虑了微观行为主体的决策之后，要实现行为人的效用最大所内在要求的经济增长必须满足的条件(其中，θ 表示主观贴现率)。这一条件也被称为"经济增长的修正黄金律条件"。

这里需要注意的是，与没有微观基础的索洛经济增长模型相比，在有微观基础的拉姆齐—卡斯—库普曼斯模型中，无论是在分散经济中还是在统制经济中，经济均会自动收敛到长期的最优增长路径上去，也即该模型所实现的均衡是一个瓦尔拉斯一般均衡。如果是这样，经济似乎不会出现动态无效。当然，之所以得出这一结论是与该模型对行为人作出了"长生不老"这样一个强假设有关。因此，我们要从理论上探讨经济出现动态无效的可能性，就必须放弃拉姆齐—卡斯—库普曼斯模型而求助于更现实的、把行为人的生命期引入模型的代际交叠模型。

代际交叠模型最先由萨缪尔森②提出并经戴蒙德③扩展而日趋成熟。在代际交叠模型中，假设市场经济由个人和企业组成，个人生存两期：青年期和老年期，第 t 期的青年人将在 $t+1$ 期变为老年人。每期存在一代青年人和一代老年人。个人在青年时期从事生产并获得收入而在老年期只消费不生产。在时期 t 的年轻人的储蓄产生资本存量，此资本存量与 $t+1$ 期的年轻人提供的劳动相结合，生产 $t+1$ 期的产出。在时期 t 出生，并在时期 t 工作的人数为 N_t，人口以速率 n 增长，所以 $N_t=N_0(1+n)^t$。企业行为是竞争性的，采用新古典生产函数：$Y_t=F(K_t, N_t)$，其中，Y_t 为 t 期产量，K_t 为 t 期资本存量，N_t 为 t 期的有效劳动数量，并假定生产函数满足稻田条件。

① ［美］布兰查德、费希尔：《宏观经济学》，刘树成等译，经济科学出版社 1998 年版，第 44—51 页。

② Samuelson, P. A., An Exact Consumption-Loan Model of Interest with or without the Social Contrivance of Money, *Journal of Political Economy*，1958(6)，pp. 467—482.

③ Diamond, P., National Debt in a Neoclassical Growth Model, *American Economic Review*，1965(5)，pp. 1126—1150.

根据这些假设，通过一系列数学处理①，我们不仅可以求出分散经济中行为人在各期的消费和储蓄的最优解，而且当我们对生产函数和效用函数以及模型的参数进行某些设定后，就可以得到稳定的资本存量解 k^*。一旦求得 k^*，利用生产函数，就可以确定均衡时的真实利率 r^*。例如，如果我们假设社会的生产函数是 Cobb-Douglass 型生产函数，即 $Y_t = K_t^a N_t^{1-a}$，$0 < \alpha < 1$，就可以最终求得均衡时的真实利率，为：

$$r^* = \frac{(1+n)(2+\theta)}{\alpha(1+\alpha)} \qquad (3)$$

根据经济增长的黄金定律规则，我们可以发现自由竞争并不必然会使经济收敛到经济增长的最优路径上来（具体原因我们将在第三部分进行详细论述）。因为根据式(3)，我们可以发现，随着参数的不同取值，r^* 既可能大于或小于 $\theta + n$，也可能恰好等于 $\theta + n$（这里我们没有考虑技术进步）。至此，我们已经从理论上阐明了自由竞争经济存在动态无效的可能性，当然，这种可能性是否在现实的经济中已存在，则必须依赖于对现实经济运行的实际考察来进行判断，这就是我们在下一部分所要做的工作。

二、中国经济动态效率的实证考察

经济增长的黄金定律为我们考察一个经济的动态效率提供了一个非常便捷的方法：只要简单比较一下增长率和利率就知道了。问题是，我们应当选择怎样的利率。从企业的利润率到股票收益率，再到国债利率，资产存在着广泛的收益率范围。尽管在理论模型中，我们可以抽象掉它们的区别，但在现实中，它们在数据上是有很大差别的。

考虑到中国的实际情况，一方面，利率一直没有市场化，它很难反映资金的真实供求关系；另一方面，股市从诞生的第一天起，其主要功能就定位于帮助国有企业解困，股市发展整体来说也非常不完善，股票收益率也很难代表投资收益率。为此，我们选择企业的资金利润率作为衡量经济动态效率

---

① ［美］罗伯特·丁·巴罗、哈维尔·萨拉伊马丁：《经济增长》，何晖、刘明兴译，中国社会科学出版社 2000 年版，第 113—118 页。

的指标，借助它与经济增长率之间的关系来反映现实中经济动态效率的变动情况。

表1　1978—2001年中国企业资金利润率与经济增长率数据　　单位：%

年　份	1978	1979	1980	1981	1982	1983	1984	1985	1986	1987	1988	1989
资金利润率	24.2	24.8	24.8	23.8	23.5	23.2	24.2	24.02	20.43	19.95	20.53	16.79
经济增长率	11.7	7.6	7.8	5.2	9.1	10.9	15.2	13.5	8.8	11.6	11.3	4.1
年　份	1990	1991	1992	1993	1994	1995	1996	1997	1998	1999	2000	2001
资金利润率	12.20	11.88	9.89	10.33	10.21	8.29	7.11	6.92	7.12	7.45	9	8.91
经济增长率	3.8	9.2	14.2	13.5	12.6	10.5	9.6	8.8	7.8	7.1	8	7.3

注：资金利润率＝[报告期累计实现利税总额/（固定资产净值平均余额＋流动资产平均余额）]×100%，总资产贡献率＝[（利润总额＋税金总额＋利息支出）/平均资产总额]×100%。该表中1978—1983年的数据系各年份全民所有制独立核算工业企业的资金利润率，1984—1997年的数据系各年份全部独立核算工业企业的资金利润率，1998—2001年的数据系各年份全部国有及规模以上非国有工业企业的总资产贡献率。1978—1983年的数据来源于《1984年中国统计年鉴》，1984—2001年数据来源于各年份的《中国统计年鉴》。

从图1可以看出，以1992年为分界点，在这之前资金利润率一直大于经济增长率，说明实际经济运行处于动态有效状态；在这之后到1998年经济增长率大于资金利润率，说明实际经济运行处于动态无效状态；1999年到2001年资金利润率又略微超过经济增长率，说明实际经济运行状态有所好转，但不明显。为了进一步考察1998年以后的情况，我们需要克服因利率的选取问题所带来的缺陷。下面我们再用埃布尔[①]等人提出的一种更为一般化的方法对中国经济的动态效率进行考察，以便与上面的结果相对照。

根据经济增长的黄金定律，我们知道，在不考虑技术进步时，经济运行动态有效的条件是资本的边际产出 r 超过人口增长率 n。而在稳态条件下，人口增长率等于资本存量的增长率。此时，rK 为资本存量 K 的总收益，nK 为新增加的投资，公司现金流的净流出为 $rK-nK$。在这里，黄金定律可以概

---

① Abel, A., N. G. Mankiw, L. H. Summers, R. Zeckhauser, Assessing Dynamic Efficiency：Theory and Evidence, *Review of Economic Studies*, 1989(1), pp. 1—20.

括为"劳动者吃掉其劳动所得，资本所有者投资其资本所得"。埃布尔等人正是抓住这一原理，认为可以通过比较一个国家经济中生产部门的现金流是净流入还是净流出来判断实际经济运行的动态效率。如果我们考虑技术进步的情况，那么一个动态有效的经济 rK 更应该大于 nK。

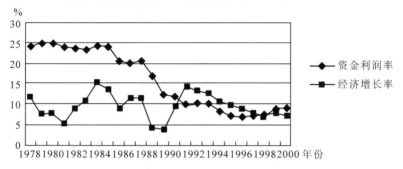

图1　资金利润率与经济增长率的对比

埃布尔等人把不确定性引入模型后，经过推导得到了一个较易操作的判断经济运行动态效率的方法，即如果对于所有时期 t，$R_t/V_t > 0$ 成立，则均衡经济是动态有效的；如果对于所有时期 t，$R_t/V_t < 0$ 成立，则均衡经济是动态无效的。其中，V_t 是经济在 t 期有形资产的总价值（由于 V_t 的值难以得到，在下面的实际计算中，我们用 GDP 值作为替代，因为两者都是正的，对我们的分析结果不会产生影响），R_t 是 t 期总资本的净收益，即总资本收益减去总投资。

下面我们就用埃布尔等人所提供的方法来考察中国实际经济运行的动态效率。由于数据的限制，我们仅考察 1996—2001 年的情况，在这期间的国内生产总值、总资本收益、总投资和净收益等如表 2 所示。其中，总资本收益和净收益按如下方式计算：总资本收益等于国内生产总值减去间接税减去企业补贴再减去劳动者报酬；总投资等于固定资产投资加上存货投资；总资本收益与总投资的差即为净收益。

从表 2 可以看出，1996—2001 年，中国资本的总收益小于总投资，净收益为负，其绝对值在最大年份均超过了 GDP 的 6%，在最小年份占 GDP 的比重不足 1%。这表明中国经济不仅在 1992—1998 年间处于动态无效状态，1998 年以来也基本上处于动态无效状态，而且在有些年份还较为严重。

表 2　中国经济总收益和总投资(1996—2001 年)　　　　单位：亿元

年份	GDP	总资本收益	总投资	净收益	总收益/GDP (%)	总投资/GDP (%)	净收益/GDP (%)
1996	67 884.6	25 987.55	26 505.1	−517.55	38.3	39.0	−0.76
1997	74 462.6	27 859.49	28 244.5	−385.01	37.4	37.9	−0.52
1998	78 345.2	27 691.25	30 321.3	−2 630.05	35.3	38.7	−3.36
1999	82 067.5	28 917.72	31 080.8	−2 163.08	35.2	37.9	−2.64
2000	89 442.2	30 824.64	32 793.7	−1 969.66	34.5	36.7	−2.20
2001①	95 933.3	31 506.88	37 861	−6 354.12	32.8	39.5	−6.62

注：总收益＝GDP－间接税－企业补贴－劳动者报酬；总投资＝固定资产投资＋存货投资；净收益＝总收益－总投资。由于统计口径的变动，各年份公布的数据可能会不一致，这里，GDP 和总投资都是以 2002 年的《中国统计年鉴》公布的数据为准。其他则以当年的《中国统计年鉴》公布的数据为准。另外，在计算间接税时，我们以流转税和关税作为代表，可能会有一点偏差，但只会放大净收益而不会缩小净收益。

资料来源：《中国统计年鉴》(1996—2001 年)。

　　上面我们以经济增长的黄金定律为依据对中国经济实际运行的动态效率进行了考察。事实上，从更现实的角度看，当经济运行处于动态无效状态时，资本的边际报酬会很低，这必然会抑制追求利润最大的民营企业对投资的需求。因此，如果一国经济处于投资小于储蓄的状态时，可以从一个侧面反映出现实经济正处于动态无效状态。为此，我们在表 3 中给出了 20 世纪 90 年代以来中国金融机构历年的存款余额、贷款余额和存贷差额。从表 3 可以看出，1994 年以前，中国的贷款余额大于存款余额。但从 1994 年开始，随着存款余额的迅速上升，存贷差额变成了正数。截至 2001 年，中国的存贷差额已经高

　　①　2001 年的数值显得有点异常，主要原因是在实施西部大开发战略的推动下，固定资产投资发生大幅度增加(2000 年固定资产投资比上年增加 913%，2001 年则增加 1 211%)。并且，西部地区投资保持较快增长。根据国家统计局《2001 年国民经济和社会发展统计公报》公布的数据：全年东部地区投资 15 883 亿元，比上年增长 1 313%；中部地区投资 6 316 亿元，增长 1 613%；西部地区投资 4 704 亿元，增长 1913%，明显高于东、中部地区的投资增长。而在西部的投资大都是以基础设施等形式出现的长期投资，因为西部经济发展水平相对较低，这些投资并不能马上见到效益，因而会引起该数值的突然放大。

达 30 000 多亿元。由此也可以从一个侧面更有力地证明中国当前经济正处于动态无效状态。

表 3　中国全部金融机构的存贷情况　　　　　　　　　单位：亿元

年份	存款余额	贷款余额	存贷差额
1990	11 644.83	15 166.36	−3 521.53
1991	14 864.08	18 043.95	−3 179.87
1992	18 891.05	21 615.53	−2 724.48
1993	23 230.33	26 461.14	−3 230.81
1994	40 502.50	39 976.00	525.60
1995	53 882.10	50 544.10	3 338.00
1996	68 595.60	61 156.60	7 439.00
1997	82 390.30	74 914.10	7 476.20
1998	95 697.90	86 524.10	9 173.80
1999	108 778.90	93 734.30	15 044.60
2000	123 804.40	99 371.10	24 433.30
2001	143 617.20	112 314.70	31 302.50

资料来源：《中国统计年鉴》(1990—2001 年)。

　　综合上述分析，我们基本上可以得出这样的结论：进入 20 世纪 90 年代以来，至少在大多数年份中，中国的实际经济运行处于动态无效状态。

三、中国经济动态无效的原因探析

　　根据上面的分析，我们知道 20 世纪 90 年代初期至今，中国的实际经济运行居然处于动态无效状态，这多少有点令人难以置信。在中国这样一个劳动力异常丰富的国家，怎么会出现资本的过度积累呢？要回答这一问题，我们需要从理论和现实两个角度来进行阐述。

(一)自由竞争经济出现动态无效的纯理论解释

　　从理论上看，自由竞争经济产生动态无效并不难理解。在式(3)中我们已经求得了完全竞争市场中的稳态均衡利率 r^*，显然，该值随参数的不同取值，既可以大于 n，也可以小于 n。一旦小于 n，经济的动态无效就会出现。

从数学推导中我们已经得出自由竞争经济存在动态无效的可能性这一结论。现在，我们再透过数学模型，从隐含在数学公式背后的行为含义角度来更直观地解释一下为什么自由竞争经济会出现动态无效。代际交叠模型的一个关键假设是行为人仅生活两期，且在第二期只消费，不生产。这样，在完全竞争市场中，行为人为了确保在第二期有消费，在第一期，不管利率高低，都必须进行一定程度的储蓄，因而就有可能出现 $f'(k^*)<n$ 的情况。相反，在有中央计划的情况下，计划者可以通过计划的方式来调整行为人在年轻时的储蓄。当 $f'(k^*)>n$ 时，计划者可以有意识地减少行为人在第一期的消费，从而增加储蓄，最终使均衡时的资本存量增加，直到使 $f'(k^*)=n$ 时为止；当 $f'(k^*)<n$ 时，计划者可以有意识地增加行为人在第一期的消费，从而减少储蓄，最终使均衡时的资本存量减少，直到使 $f'(k^*)=n$ 时为止。总之，计划者总能通过调整行为人的储蓄而使得经济收敛到最优的经济增长路径上去。而在市场经济中，个人只有通过市场进行消费转移这一种途径，当实际经济出现 $f'(k^*)<n$ 时，竞争市场就会出现动态无效。

从上面由纯理论模型给出的自由竞争经济可能出现动态无效的解释中，我们可以得到一点启示：自由竞争出现动态无效的一个根本原因在于不管利率高低，行为人都必须为自己在第二期的消费作储蓄。由此推知，在一个行为人对未来的预期越不稳定的社会中，越有可能增加第一期的储蓄，因而也就越有可能造成经济运行的动态无效。中国经济在 20 世纪 90 年代以后出现经济运行的动态无效状态，显然在一定程度上与这一时期的各项制度改革（住房、医疗与社会保障的社会化）的推行有关。

（二）中国经济出现动态无效的现实解释

从纯理论的角度解释经济出现动态无效的原因虽然具有一般性，但在这个过程中也舍弃了许多经济的实际特征。运用理论模型来具体解释一国的实际经济运行，首先就得问这些在做理论模型时被假设具有一般性的东西在现实中是否成立。上述的代际交叠模型在具体解释中国实际经济运行时，有两方面会与现实有出入。第一，上述分析是一般均衡分析，着眼点是观察经济实现长期均衡以后的行为，作为一个成长中的经济，中国经济显然还没有达到长期均衡点，是一个正向均衡点迈进的经济实体；第二，上述模型是在一个一元经济背景下提炼出的模型，反映的是相对成熟的经济实体的运行规律，在我国这样一个仍处于二元经济背景下的经济实体，其运行规律会有所不同。为此，我们在解释中国经济运行出现动态无效的原因时，应具体考虑本国的特殊情况。

　　但是，在考虑了上述两方面的实际情况以后，按常理，在劳动力如此丰裕的成长型经济中是不应该出现动态无效的。这一点我们可以借助图 2 来解释。图 2 是一幅在任何一本宏观经济学教科书中都会出现的反映索洛经济增长模型均衡时的产量、投资和消费的示意图。当实际投资[由 $sf(k)$ 表示]等于持平投资[由$(n+g)k$ 表示]时，经济达到均衡状态。在均衡状态时，随着 $f(k)$ 的形状不同，$f'(k^*)$ 可以大于、等于或小于 $n+g$，在图中，我们给出了 $f'(k^*)$ 小于 $n+g$ 的示意图。从图中我们可以看出，即使经济在最终均衡时会出现动态无效，但当经济正处于向均衡状态迈进的时候，在很长一段时期内，经济都会处于 $f'(k^*)$ 大于 $n+g$ 的动态有效状态，而且这一状态维持的时间长短会与经济的整体容量有关，经济的容量越大，也即劳动力越丰富，这一状态会维持越长的时间。从这一点来判断，中国经济作为一个成长型的经济显然是不应该如此快地步入动态无效状态的。

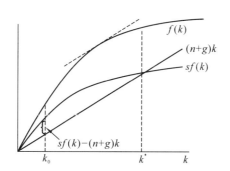

图 2　平衡增长路径中的产量、投资和消费

　　那么，究竟是什么原因导致了实际的中国经济出现动态无效状态呢？要回答这一问题，还须结合中国的二元经济状态来加以说明。在二元经济中，整个经济被划分为现代部门和传统部门。现代部门的均衡情况可以由图 2 来表示，而我们假设传统部门存在剩余劳动力。当现代部门处于由 k_0 表示的初始状态时，经济的发展可以按两种不同的方式来展开：一种是把现代部门中实际投资大于持平投资的那一部分资本，即 $sf(k)-(n+g)k$ 部分，用于吸纳传统部门的剩余劳动力，此时，现代部门的人均资本会保持不变，从而资本的边际产出 $f'(k)$ 也会保持不变，直至传统部门的剩余劳动力完全转移完毕，经济再逐渐向均衡点迈进；另一种是把现代部门中实际投资大于持平投资的那一部分资本，即 $sf(k)-(n+g)k$ 部分，用于增加现代部门已有的劳动力，此时，现代部门的人均资本会迅速上升，从而资本的边际产出 $f'(k)$ 也会迅速下降，经济会迅速趋于均衡状态。

那么，现实中的中国经济运行究竟是按照哪一种方式展开的呢？要回答这一问题必须观察实际经济中的资本—劳动比率的变化情况。如果实际经济活动中的资本—劳动比率是不断上升的，显然实际的经济运行就是按照后一种方式展开的。张军博士在最近的研究中发现造成中国经济增长下降的长期因素中的一个最为主要的原因就是中国的资本—劳动比率上升过快。① 在表 4，我们列出了根据张军估算的改革开放以来各年份的中国实际资本—劳动比率。

表 4　中国工业部门的实际资本—劳动比率(1980—1996 年)

单位：亿元/万人

年份	SOE	COE	LME	年份	SOE	COE	LME
1980	0.778	0.151 7	1.01	1989	1.185	0.309 9	1.472
1981	0.791	0.159 7	1.014	1990	1.265	0.341 6	1.538
1982	0.81	0.174 9	1.031	1991	1.341	0.363 3	1.601
1983	0.85	0.192 6	1.155	1992	1.433	0.389 6	1.651
1984	0.882	0.200 6	1.236	1993	1.539	0.435 5	1.671
1985	0.931	0.210 6	1.245	1994	1.747	0.519 5	1.892
1986	0.99	0.227 1	1.287	1995	2.042	0.530 5	2.097
1987	1.044	0.247 2	1.336	1996	2.359	0.601	2.316
1988	1.113	0.275 4	1.41				

注：SOE 为国有企业部门；COE 为集体企业部门；LME 为大中型企业部门。

资料来源：张军：《资本形成、工业化与经济增长：中国的转轨特征》，《经济研究》2002 年第 6 期，第 3—13 页。

从表 4 所提供的数据中可以发现，改革开放以来中国的实际资本—劳动

---

① 张军：《资本形成、工业化与经济增长：中国的转轨特征》，《经济研究》2002 年第 6 期，第 3—13 页。

比率一直在稳步上升，而且越到后期上升的速度越快。根据张军的估算，从1981 年到 1996 年实际资本—劳动比率的平均增长率，国有企业部门、集体企业部门和大中型企业部门分别为 7.25％、9.06％和 5.39％；而从 1988 年到1996 年三部门的平均值各自提高到 9.55％、10.47％和 6.37％。本文在此不想详细探讨是什么原因造成中国的实际资本—劳动比率如此迅速地上升，但作为一个结果，当实际的资本—劳动比率迅速上升后，必然会引起资本的边际报酬迅速下降，而资本边际报酬的迅速下降正是造成我国这样一个成长型经济过快步入动态无效状态的一个主要原因。

　　上面我们已经从理论和现实两个角度详细探讨了造成中国实际经济运行出现动态无效的深层原因，在此还有一点疑惑是：在当前经济运行处于动态无效状态时，为什么中国的经济增长却仍表现尚可，即如何来解释这种经济动态无效与经济稳步增长共存的局面。其实，稍加思考，就会发现这实际上也并不矛盾。改革开放以来，特别是进入 20 世纪 90 年代中期以来，中国经济的增长在很大程度上依赖于外资的注入。而外国资本进入的一个很大特征是带着技术进步进来的，这会极大地提高劳动生产率，推动经济增长。

　　按常理来说，当一国已经处于资本过剩时，外国资本是没有再进入的道理的，但时下“内资外逃与外资压境”这一有悖常理的景观却又确确实实在中国的土地上上演着。这一现象的存在只能说明一点，那就是中国的资本过剩实际上是一种相对的过剩，即相对于创新不足的过剩。因为国内企业缺乏创新的动力，所以就找不到投资的热点，缺乏投资热点而手头又有资金，就只能进行重复投资，并且这种重复投资行为又通过地方政府单纯追求本地的GDP 而不断得到强化，最终导致生产能力过剩，造成投资回报率的低下和“资本过剩”的假象。相反，国外投资者由于有技术创新，能找到合适的投资项目，借助于中国巨大的市场容量，能够获取比在他们自己国家投资更高的投资回报率，因而就有积极性到中国来投资。外资的不断涌入和内资的不断重复建设，其结果就必然是出现上述我们所说的有悖常理的经济运行动态无效现象。

四、对中国经济摆脱动态无效的一些思考

到现在为止，我们已经借助经济增长的黄金定律标准，通过对中国经济实际运行的考察而得出中国经济处于动态无效状态的结论，并在此基础上深入分析了造成中国经济出现动态无效的深层原因。下面我们想就中国经济如何摆脱动态无效从而纳入良性的增长轨道作进一步的经济学探讨。

在前面的分析中我们已经指出，中国经济的动态无效实际上是一种因企业缺乏创新能力而导致的相对资本过剩，因而，从长远来看，解决中国经济动态无效的根本出路是增强企业的创新能力。但是，企业创新能力的提高不是一朝一夕可以做到的，它是一种系统工程，受到一国的知识积累水平、文化传统、经济制度和法律体系等多方面因素的影响，需要长时间的努力才能看到结果。我们在此并不想针对如何提高企业创新能力这一问题展开探讨，而是就针对如何摆脱中国经济动态无效这一状况提供一些切实可行的政策建议。

第一，坚持对外开放政策，继续增大引进外资的力度。虽然正如我们在上文所指出的那样，单纯从资本的角度看，相对于国内目前的创新能力，国内资本已经处于一种相对过剩的状态。但这并不妨碍国内市场对外资的需求。外国资本进入的一个很大特征是在这些资本背后都拥有较强技术创新能力、现代管理能力、市场营销能力和全球市场的开拓能力。因此外资和内资不是同一水平上的资本项目，不存在相互替代的问题。相反，如果制度安排恰当，这两者却可能是互补的。当外国资本进入以后，国内资本通过与外资的结合，可以吸收它们的先进技术和经营理念，不仅可以提高国内资本的报酬率，而且对国内企业自身的创新能力提高也是极有帮助的。

第二，开放资本账户的人民币自由兑换。经济运行的动态无效说到底是由于资本积累过多造成其边际产出迅速下降直到小于经济的增长率而产生的。但是，在一个开放经济中，当国内的资本边际产出较低时，如果资本账户是对外开放的，国内居民就可以通过把资本转移到国际资本市场上去，以提高其收益率，并降低投资风险。只要国际市场的利率高于本国的资本边际收益率，通过这种转移是可以避免本国经济运行的动态无效状态的。当然，在目

前国内金融体制还不是很完善的情况下，开放资本项目有很大风险，当国际资本市场有风吹草动时，以国内目前的金融体制状况，要应付金融危机还是很有难度的。但资本账户的开放从长期来说，是势在必行的选择。

第三，发展本国的跨国公司。大力扶持跨国公司的发展，通过直接投资的方式，鼓励企业到海外投资，让中国相对过剩的资本到国外市场去寻求出路，这是短期内为国内的庞大储蓄寻求出路的一种行之有效的途径。发展跨国公司一方面可以避开因开放资本账户而引起的金融风险，另一方面又可以把国内相对过剩的资本输出到国外市场上去，提高资本的投资回报率。目前，国内市场投资回报率低下不外乎两方面的原因：一方面是因为企业技术水平低下，不断在同一水平上进行重复投资；另一方面的原因是，企业所掌握的技术并不落后，但由于受市场容量的约束，重复投资的产品处于供过于求的状态，企业不得不借助价格战来占领市场，最终导致投资回报率下降。对于上述第一方面的原因，通过发展跨国公司到技术相对来说更落后的国家和地区去，还是能提高投资回报率的；而对于上述第二方面的原因，通过发展跨国公司到别的国家去寻找市场，不仅可以提高投资回报率，也能进一步促进自身技术的发展和创新能力的提高，并最终为国内相对过剩的资本找到较为合适的投资渠道。

第四，建立现收现付制养老保险制度。动态无效的出现虽然最终是以资本的过度积累为其表现形式，但资本的积累是要以储蓄为基础的，所以适当减少储蓄无疑是避免经济运行动态无效最为有效的方法。现收现付制因是通过征收收入税的方式为养老金进行融资，并以当前在职工人的缴费支付当前退休工人的养老金，因而在一定程度上对储蓄具有"挤出"效应。[1] 同时，养老保险体制的建立与完善也增强了人们对未来的稳定预期，这本身也会刺激人们增加消费。因此，现收现付制养老保险制度的实行会通过减少行为人的储蓄来摆脱经济运行的动态无效状态。

---

[1] Feldstein, M., Social Security, Induced Retirement, and Aggregate Capital Accumulation, *Journal of Political Economy*, 1974(5), pp. 905—926.

作者说明

中国的储蓄率为何如此之高，在最近十年来始终是经济学家们感兴趣的话题，传统文化说、对未来的不确定说、赠遗动机说等不一而足。但事实上中国储蓄率居高不下的一个主要贡献来自企业储蓄。本文由此获得启发，研究自 20 世纪 90 年代以来中国的资金利润率与经济增长率之间的关系，发现自 1992 年以来的大部分年份，中国资本的总收益小于总投资，从而处于动态无效状态中。本文与何樟勇合作，发表于《经济研究》2003 年第 7 期。本文提出了一个可能的解释：企业的创新能力较低，投资欲望找不到出口，与 GDP 至上的政策一道，造成了大量的重复投资与低水平投资，从而使得资本收益长时间处于低水平。在文章的最后，我提出了使用现收现付的养老金给付模式来挤出储蓄的方法，中国的社会保障建立与宏观经济运行也应当是相辅相成的。

融资合同、信号机制与中国金融结构改革

源自不对称信息的验证成本提高了外部融资的成本，而健全的信号机制有效弱化了验证成本，促进资源良性配置；股权与债权合同各有优劣，验证成本和信号机制的健全与否成为我们评价融资合同的主要因素。金融结构调整的路径是摆脱行政干预模式，寻找存在市场调节机制的融资方式。金融改革中亟待加强信号机制的建设与发展中国的企业债券市场。

一、融资结构改革的理论研究

金融发展是促进经济增长的一个关键因素。[1] 在整个 20 世纪 90 年代，中国和亚洲地区的经济模式主要是依靠银行融资动员储蓄，促进经济增长（见图1 和图 2）。诸多研究表明，银行融资体系的滥用成为亚洲金融危机的重要原因。中国尽管免于金融危机的冲击，目前保持较为平稳的经济发展态势，但是通过财政、银行贷款的主渠道融资方式，风险日益集中，是否"过度"颇受争议。[2] 无论是理论研究还是政策导向，都日益强调直接融资的主要作用。但是，从 20 世纪 90 年代初期开始，我国做出诸多努力转变融资方式，至今仍然没有实质性改观。现实使得我们重新审视我国的融资结构改革路径以及不同融资方式在我国的效率和适用程度。

关于融资结构改革的问题，从理论研究来看，国外主要是就不同融资结

---

①　Levine Ross，Financial Development and Economic Growth：Views and Agenda，*Journal of Economic Literature*，1997（2），pp. 688—726.

②　林山：《国债发行要适度》，《国际金融报》2002 年 5 月 28 日。胡舒立：《金融改革不容迟疑》，《财经》2003 年第 13 期，第 8—10 页。

构的效率进行比较①，而立足点是信息不对称理论。法马将银行贷款称为"内部"债务，即建立在银行获取公众得不到的内部信息之上的贷款合同；而企业债务为"外部"债务，公众投资者的投资决策建立在公共信息基础上。② 夏普和戴蒙德认为，银行存在的合理性在于它能够减少代理人问题，可以通过与借款者进行重复的交易来获得更多的信息。③ 银行可以通过成为借款企业的主要贷款人而解决"搭便车"问题，从而减少重复收集和处理数据带来的浪费。列加建立了一个模型，其中借款企业对银行贷款和企业债的选择来自于银行相对于公众投资者占有企业内部信息的优势。知情的银行将能够控制企业的投资行为，如只有在投资项目的净现值大于零的条件下才能继续投资。④ 同时，斯蒂格利茨和韦斯认为银行可以与企业谈判，通过降低利率来阻止企业投资于风险项目。因为这些交易没有明确地写进贷款合同，这些承诺就被看做是银行给予客户的潜在"保险"。⑤ 列加和任基认为缺少竞争并不一定会降低融资的效率。一个处于垄断地位的银行可以选择利率水平和信贷配给，或者和借款者形成长期的联系，从而对不同类型的借款者进行甄别。⑥

① 融资结构是指以股市融资为代表的直接融资型和以银行融资为代表的间接融资型的金融结构，融资结构的效率从宏观上是指不同金融结构对社会资源的配置速度和配置能力，微观上就是探讨不同融资合同的谈判成本、验证成本、投资收益、潜在损失，等等，假设投资者是能够理性预期的，那么判断融资合同效率可以用投资者对其更加偏好的程度来衡量。

② Eugene Fama，What's Different about Banks? *Journal of Monetary Economics*，1985(1)，pp. 29—39.

③ Sharpe Steven，Asymmetric Information，Bank Lending and Implicit Contracts：A Stylized Model of Customer Relationships，*Journal of Finance*，1990(4)，pp. 1069—1087。Diamond Douglas，Monitoring and Reputation：The Choice Between Bank Loans and Directly Placed Debt，*Journal of Political Economy*，1991(4)，pp. 689—721.

④ Rajan Raghuram，Insiders and Outsiders：the Choice Between Informed and Arm's Length Debt，*Journal of Finance*，1992(4)，pp. 1367—1400.

⑤ Stiglitz Joseph，Andrew Weiss，Credit Rationing in Market with Imperfect Information，*American Economic Review*，1981(3)，pp. 393—410.

⑥ Rajan Raghuram，Luigi Zingales，Which Capitalism? Lessons from the East Asian Crisis，*Journal of Applied Corporate Finance*，1998(2)，pp. 635—672.

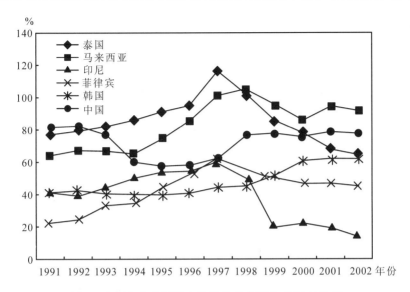

图 1　中国与东南亚国家银行贷款余额占 GDP 的比例

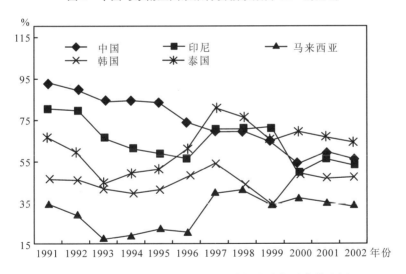

图 2　中国与东南亚国家银行贷款余额占外部融资的比例

数据来源：贷款数来自 IFS Online Database，GDP 和融资额来自 2003 年《国际经济统计年鉴》第 46、56 页。

从理论上看，如果存在代理人问题，人们有理由认为间接金融优于直接金融，因为金融中介可以"复制"市场的功能，同时还能签订长期激励合约，减少代理成本。可是与事实不符的是，为什么亚洲和中国的银行体系监督低效，面临巨大的不良贷款，近年来选择重点发展直接金融的道路（见图1和图2）？更近的研究或许可以对此提供支持，威斯丁等的结论是由于垄断的银行结构会减少资本积累，更容易导致信贷配给，后果比竞争性银行结构下的信贷配给更加严重，因此较高的银行集中度不利于经济增长。① 布特和安加建立了一个模型，认为如果"资产替代"道德风险严重②，则市场倾向于选择银行贷款来增加监督；当道德风险很低时，企业会更多地从直接金融中利用价格信息优势。③ 列加和任基认为单纯的银行体系下没有市场价格信号，融资的实际成本可能大大偏离风险调整后的成本，使风险高的项目贷款获得相对低的利率。而直接金融比银行贷款包含了更多的价格信号，能真实反映市场资金配置。在全球范围内，金融结构的演变虽具有某些共性，但存在显著差别的金融结构模式可以被清晰地界定，如德日银行主导型和英美市场主导型的金融结构模式。金融结构模式选择的多样性，结合中国正在推进金融结构调整的现实，向我们提出了两个问题：第一，中国的银行监督体系为什么会低效？第二，中国应该如何进行金融结构的调整？

许多学者对中国的金融结构调整问题进行研究。林毅夫等认为，和产业规模、结构相匹配的金融结构会对制造业的增长起重要的作用。深圳证券交易所的研究报告认为，在间接金融发展已经相对成熟且自身功能有限的条件下，金融结构调整所依靠的主要手段是发展直接金融。其调整有两条主线：一是稳步推进金融主体的多元化，二是尽快形成金融市场的分层化；除了对直接融资和间接融资的效率进行比较，直接融资内部的股权融资和债权融资的效率问题也引起人们的关注，黄少安等认为中国上市公司存在着强烈的股权融资偏好。在特定制度环境下，股权融资成本低于债务融资是前者受到公

---

① Weinstein David, Yishay Yafeh, On the Costs of a Bank Centered Financial System: Evidence from the Changing Main Bank Relations in Japan, *Journal of Finance*, 1998(53), pp. 516—532.

② 投资风险项目失败带来的股权损失可以被投资成功所带来的超额收益所抵消，但却是在牺牲债权人利益的条件下实现的，这种现象被称为"资产替代效应"。

③ Boot Arnound, Anjan Thakor, Financial System Architecture, *The Review of Financial Studies*, 1997(3), pp. 693—733.

司偏好的直接动因。① 而汪辉的实证结果认为，债务融资对上市公司治理与市场价值的关系有着正向作用，债务融资具有传递公司业绩的信号作用。②

　　上述论文对研究不同融资方式的优劣是有益的，但是缺乏从效率角度、整体层面的对融资结构调整的思考。本文将金融结构抽象化为两个层面：其一是直接金融和间接金融层面；其二是直接金融内部的债权合同和股权合同层面。本文将其统一在相同的逻辑框架里面进行效率比较，寻求金融结构调整的改革路径。本文的特点之一是在于指出融资合同中验证成本的重要性，并在不对称信息理论基础上进行研究；特点之二是用亚洲地区的金融改革路径的经验数据为中国的金融改革寻求支持。

二、融资合同的效率比较

　　我们先假设几个条件。

　　第一，市场中存在着银行金融中介、厂商和外部投资者三个主体。三种制度框架构成本文的金融结构的分层体系③：公开市场的股权融资方式；公开市场的债权融资方式；通过银行中介的贷款方式。投资者是同质的，且呈风险中性。

　　第二，风险项目的投资总额是1，厂商的原始资本为 M，$M < 1$，$1-M$ 表示投资资金。项目预期收益为 R，预期收入在 $[0, 2R]$ 上服从均匀分布。

　　第三，厂商能够观测 R，R 事先并不为投资者和银行中介所知，但是事后可以验证，验证成本为 c。验证成本(Validating Cost)是指由于存在代理关系，投资者对企业生产收入 R 的真实性进行检验，证实所产生的成本。在均衡情况下的投资者的投资条件为：$(1-M)(1+r_1) - c > (1-M)(1+r)$，$c \geqslant 0$。$r$ 为市场必要投资回报率，r_1 为投资者所需要的风险报酬率，$(1-M)(1+r)$

---

　　①　黄少安、张岗：《中国上市公司股权融资偏好分析》，《经济研究》2001年第11期，第12—20页。

　　②　汪辉：《上市企业债务融资、公司治理与市场价值》，《经济研究》2003年第8期，第28—35页。

　　③　本文是从投资者角度考察问题，没有从企业角度考虑不同融资方式对企业资本结构的影响。

反映机会成本；厂商的生产条件是：$R-[(1-M)(1+r_1)]>M(1+r)$。验证成本决定了融资结构的微观效率。①

第四，一个先验的假设是：在中国，融资合同验证成本满足 $c_{bk}>c_s>c_{bd}$，c_s 是股权验证成本，c_{bd} 是公开市场债权融资验证成本，c_{bk} 是银行贷款验证成本，验证成本 $c=c(g,\cdots)$，且 $c'(g)>0$，g 是行政干预程度。② c 反映了制度差异下的信息不对称程度：在债权融资条件下，企业达到预期收入，不会发生说谎行为，债权人获得承诺收益；但是若企业没有达到预期收入，债权人不能获得承诺收益，必将会进行验证。收益函数为 $P=R-c_b$；对股权投资者而言，由于缺乏对收入分配的硬性约束，无论企业达到预期收入与否都会进行验证。表示收益函数为 $P=R\times(1-M)-c_s$，当期红利分配为 $(1-M)r_1$。

我们按照对称与不对称信息条件，分别比较合同的融资效率，分三种情况讨论如下。

(一)对称信息条件下的债权—股权合同比较

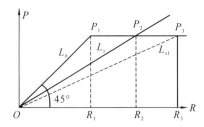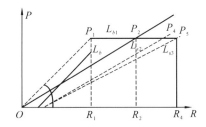

图 3　对称信息条件下的情况　　　图 4　不对称信息条件下的情况

在对称信息条件下，c 将不会发生，如图 3 所示。OP_1 为 45°转换线。当

---

①　S. D. Williamson, Costly Monitoring, Loan Contracts, and Equilibrium Credit Rationing, *Quarterly Journal of Economics*, 1987(1), pp. 135—145.

②　$c_{bk}>c_s$ 假设的依据是：公开市场的股权融资存在公司管理层对投资者代理这一层关系，而且公开信息减少了验证成本。银行贷款存在两层代理关系，其一是公司管理层对信贷资金使用的代理。其二是银行对投资者资金使用的代理。在我国现行的银行体系和企业治理结构下，由于行政干预、企业道德风险和银行贷款的暗箱操作等现象普遍存在，导致投资者要付出更大的 c_{bk}；$c_s>c_{bd}$ 的依据是：在中国，公开市场债权融资避开股权问题，属于硬性约束。由于股权分置和政府通过国有股权进行干预，外部投资者股权合同面对更多的道德风险和逆向选择，导致投资者要付出更大的 c_s。

$R \geq R_1$ 时，投资者收益函数为 $P = P_1 = R_1 = (1-M)(1+r_1)$；当 $R \leq R_1$ 时，收益函数为 $P = R$，债权投资者不能获得预期收益，但是可以获得全部收益，厂商一无所获。表示为债权投资线 L_b。

股权投资者总收益函数为：$R \times (1-M)$，年收益函数表示为股权投资线 L_s，L_s 的斜率必然小于 OP_1。在这里制度设计的框架是——投资者如果看好企业的盈利前景，预期收入能够超过 R_2，那么股权合同是有利于投资者的；如果不能够超过 R_2，那么企业债权合同是不利于投资者的。

但是，如果面临下列制度界定，将会增加债权合同的偏好。

如果股份比例中，投资者股权被人为低置，股权投资线将会发生下移动，$L_s \rightarrow L_{s1}$，那么该股份投资的收益 $(1-M)R$ 将会由于比例的降低而降低。从图 4 看出，$P_2 \rightarrow P_3$，这毫无疑问增强了债权合同的偏好。

如果厂商股权不流通并且占绝对地位，即 $M > 1-M$，那么外来投资者将无法获得收益分配的决定权，对风险报酬率 r_1 多少缺乏实质性的约束力，也就是说股权合同面临更多的当期收益 $(1-M)r_1$ 分配的不确定性，L_s 的斜率存在降低的倾向。这同样增强债权合同的偏好。

（二）不对称信息条件下的债权—股权合同比较

在不对称条件下，验证成本将会视情况产生。在图 4 中看到，当 $R \geq R_1 = (1-M)(1+r_1)$ 时，收益函数为 $P = P_1 = R_1$，债权投资者获得预期收益，厂商获得剩余收益，验证成本 $c_b = 0$；当 $R < R_1$ 时，$P < P_1$，债权投资者 $P = R - c_b$，在付出 c_b 基础上得到全部收入，厂商一无所获，表示为债权投资线 L_{b1}，L_{b1} 和 L_b 的右上部分发生折断，表示不对称条件下的债权投资合同收益曲线。

股权投资者收益函数为：$R \times (1-M) - c_s$，表示为股权投资线 L_s 向下位移 c_s 到 L_{s2}。在不对称信息条件下，我们可以看出，在不同制度安排下会有不同的结果。现在比较融资合同，若选择债权合同，则：

在 $R < R_1$ 时，则 $MR > c_b - c_s$，令 $f = MR - c_b + c_s$，则投资者债权偏好满足：

$$f = f(M, R, c_b, c_s), \quad f_M > 0, \quad f_R > 0, \quad f_{c_b} < 0, \quad f_{c_s} > 0 \tag{1}$$

在 $R \geq R_1$ 时，$R_1 > R \times (1-M) - c_s$，令 $f = R_1 - R \times (1-M) - c_s$，则投资

者债权偏好满足：

$$f=f(R，M，R_1，c_s)，f_M>0，f_{R_1}>0，f_R<0，f_{c_s}>0 \qquad (2)$$

若选择股权合同，上述正反关系将会逆向。投资者将会根据对上述变量变化的预期，选择合适的融资合同。$f=f(M，R，R_1，c_b，c_s)$反映了一种信号机制。

如果从事项目的厂商原始投资比较大（或者提供较好的资产保证方式），根据$f=f(M，R，R_1，c_b，c_s)$，$f_M>0$，那么无疑向投资者提供了一种信号，这增强了债权合同偏好；而对股权投资者来说，厂商原始资本规模M较大意味着股权比例的下降和控制力的降低，所以也就弱化了股权合同偏好；而提供给债权投资者的风险收益率R_1的增加说明项目的盈利能力，增强了债权合同偏好。在$R<R_1$时，同样增强了债权合同偏好；在$R \geqslant R_1$时，由于债权收益被锁定，随着R的增加，将会增强股权合同偏好，但是根据假设，由于c_s的存在，影响了投资者对企业R的判断以及投资行为，减少了股权合同吸引力。

难道股权合同就是劣势合同吗？根据$f=f(M，R，R_1，c_b，c_s)$，$f_{c_b}<0$，$f_{c_s}>0$，当$c_{bk}>c_s$时，和验证成本较大的银行监督制度相比较而言，投资者将会偏好公开市场的股权合同；当$c_s>c_{bd}$时，和面对更多的道德风险的股权合同相比较而言，投资者将会偏好公开市场的债权合同。

把图3和图4进行比较可以看出，其一，在面临验证成本的情况下，$P_2 \rightarrow P_4$，这增强了债权合同的偏好；其二，如果股权$1-M$同样被低置，那么我们嫁接图3中的股权投资线$L_{s1} \rightarrow L_{s3}$，从图上可以看出，$P_4 \rightarrow P_5$，因此，只要债权约束是硬化的，那么在特定的制度框架下，会更加增强投资者的债权合同偏好。

（三）不对称信息条件下的债权合同比较

本文的债权合同分为公开市场债权融资与银行贷款。根据前面的假设，预期收入在$[0，2R]$上服从均匀分布，分两种情况讨论。

首先，假设$P \leqslant 2R$，若$R \geqslant P$，投资者不用支付c_b，事情发生的概率是$(2R-P)/2R$；若$R<P$，那么投资者支付验证成本而收到所有的R，事情发生的概率是$P/2R$，且以此为条件的平均收益为P/R。

其次，如果 $P>2R$，则 $R<P$。投资者支付 c_b 并收到所有的 R，则收益函数为 $P=R-c_b$。由此得到：

$$R(P)=\left\{\frac{(2R-P)}{2R}\cdot P+\frac{P}{2R}\left[\frac{P}{2}-c_b\right]\right\}，若 P\leqslant 2R \tag{3}$$

$$R(P)=R-c_b，若 P>2R \tag{4}$$

将上式表达在图 5 上。上式对 P 进行微分，那么当 $P\leqslant 2R$ 时，$R'(P)=\left[1-\frac{c_b}{2R}\right]-\frac{P}{2R}$，$R''(P)<0$。$P=2R-c_b$ 处取得极大值。相应求得的 $\max R=\frac{\left[R-\frac{c_b}{2}\right]^2}{R}$，极大值在 $c_b=0$ 时等于预期收益 R，在 $c_b>0$ 时低于预期收益 R，最后 R 在 $P=2R$ 时降至 $R-c_b$，此后 P 的进一步增加不影响 $R(P)$，如图 5 所示。

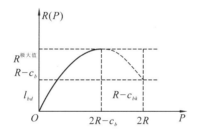

图 5　项目预期收益与投资者收益

竞争性均衡将是在 $[0, 2R-c_b]$ 之间，P 均衡值将是 $R(P)=(1+r_1)(1-M)$ 的较小解。根据式（3），我们求得均衡解：

$$P^*=2R-c_b-\sqrt{(2R-c_b)^2-4R(1+r_1)(1-M)},$$
$$对于 (1-M)(1+r_1)\leqslant\max R \tag{5}$$

从图 5 可以看出，无论预期收益临界值如何变动，$P\leqslant 2R$ 还是 $P>2R$，其最优解都是 $c_b=0$，投资者只有在验证成本为 0 的状态下才能取得预期收益最大值。

可是投资者和厂商将会根据什么信号选择这些项目呢？当 $R<P^*$ 时，投资者将会验证事情发生的概率为 $P^*/2R$，因此预期验证成本为：

$$f=\frac{P^*}{2R}c_b=\left\{\frac{2R-c_b}{2R}-\sqrt{\left[\frac{2R-c_b}{2R}\right]^2-\frac{(1+r_1)(1-M)}{R}}\right\}c_b \tag{6}$$

对 c_b，R，M 分别求偏微分，得到：

$$f=f(c_b,\ R,\ M),\ f_{c_b}>0,\ f_M<0,\ f_R<0 \tag{7}$$

那么改写投资者的预期投资条件为：$(1-M)(1+r_1)>(1+r)(1-M)+f$ $(c_b,\ R,\ M)$，投资者是否投资和验证成本成反比，和厂商的资本投资额、企业预期收入成正比。由此，根据厂商生产条件 $R-[(1-M)(1+r_1)]>M(1+r)$，如果 $(1-M)(1+r_1)\leqslant \max R$，可以推出 $R-(1-M)(1+r)-f(c_b,\ R,\ M)>M(1+r)$，在此条件下厂商会从事该项目。$f=f(c_b,\ R,\ M)$，$f_{c_b}>0,f_M<0,f_R<0$，同样反映一种信号机制，现分述如下。

根据 $R-(1-M)(1+r)-f(c_b,\ R,\ M)>M(1+r)$，较大的验证成本将会提高对 R 的要求，增加企业融资成本，降低企业投资；根据 $(1-M)(1+r_1)>(1+r)(1-M)+f(c_b,\ R,\ M)$，较大的验证成本将会缩减投资者盈利，也减少投资机会，或者说金融体制处理和监督债务的效率是投资的重要因素。

$f=f(c_b,\ R,\ M)$，$f_{c_b}>0,\ f_M<0,\ f_R<0$，$f_R<0$ 说明良好预期收益的项目将会有效地降低验证成本；$f_M<0$ 意味着在不对称信息下，如果厂商原始投资比较大（或者提供较好的资产保证方式），那就无疑是向投资者提供了一种信号，有利于降低验证成本。

从 $f_{c_b}>0$ 看出，假设 $c_{bk}>c_{bd}$，那么 $R'(P)=\left[1-\dfrac{c_b}{2R}\right]-\dfrac{P}{2R}$，银行贷款合同的收益曲线 l_{bk} 将会低于公开市场债权合同的收益曲线 l_{bd}。公开市场债权融资成为最优合同(见图 6)。

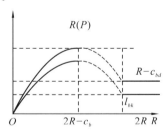

图 6 项目预期收益与投资者收益
(公开市场债权融资成为最优合同)

我们探讨了不同融资合同的效率，在局部均衡条件下对 c 的考察，结论是：行政干预加大了某项融资合同的验证成本，会降低该合同的效率；而在一般均衡条件下投资者根据信号进行合同选择，对资源配置起着重要作用，因此信号机制健全与否是关键因素。这和威廉姆森关于代理成本的论述是一致的，不同之处在于本文是通过验证成本的比较力图说明融资结构的微观效率。

三、融资结构和效率：亚洲地区的视角

关于不同融资方式的效率比较，如上论证提供了一种思维框架，我们用亚洲地区金融改革路径的经验数据为如上论证提供经验支持，并为中国现在的金融改革提供借鉴。

（一）金融危机发生前亚洲地区的融资结构

20世纪90年代以来，亚洲地区结构发展的主要模式是采取直接干预金融市场体系的办法，来影响信贷资源的分配，以促进经济增长和发展，从图1可以看出，泰国、马来西亚、印尼和菲律宾的银行系统贷款余额在1997年前不断增长，尤其是泰国和马来西亚，贷款余额占GDP的比重从1990年的76.16%和62.01%分别上升到1997年的120.21%和102.82%，贷款余额超过了GDP总量。从危机时期东南亚国家银行信贷、债券市场和股票市场的比重来看，融资方式主要集中在银行贷款模式上（见图7）。

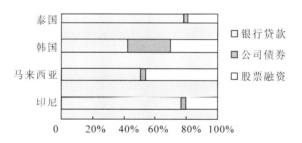

图7 危机时期东南亚国家的银行信贷、债券市场和股票市场的比重
（统计时间为1998年10月31日）
资料来源：International Federation of Stock Exchange。

如果说资本的收益率超过成本，并能保证按期借贷，那么经济和金融体制的运转是没有问题的。但是政府介入却使得这一切发生了变化。从模型 $f=f(c_b, R, M), f_{c_b}>0, f_M<0, f_R<0$ 来看，首先，$f_{c_b}>0$，根据前面的

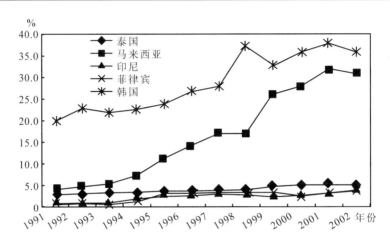

图 8 亚洲危机时各国企业债券余额占 GDP 比重的增长率

注：按照 2001 年年底比重统计，见《中国金融年鉴》，2002。

资料来源：国家统计局：《中国统计年鉴》(2002 年)，中国统计出版社 2002 年版。

假设，并有 $c=c(g，\cdots)$，$c'(g)>0$。行政干预银行信贷增加了金融机构的不确定性和 c_{bk}，也就增大了企业的验证成本，导致银行贷款坏账累积。从表 1 可以看出，由于不良贷款率的滞后反应，1999 年的数据反映 1998 年、1997 年以前的银行坏账情况，如此高的验证成本损失并没有减少对低收益企业的投资，反而由于行政干预而日益累积；从 $f_M<0$ 来看，银行更倾向于通过与政府进行交易的办法获得政府的保护，因为贷款给这些行政干预下的企业意味着政府的保证，这也是为什么发展中国家的银行都有国有成分的主要原因；从 $f_R<0$ 来看，根据假设，行政干预银行贷款，c_{bk} 影响了投资者和银行对企业 R 的判断以及投资行为，干扰了银行按照 $f_R<0$ 进行投资取舍，致使东南亚一些国家大量的资金投入低收益的企业。根据 $R-f(c_b，R，M)>M(1+r)$，较大的验证成本缩减投资者盈利，也减少了投资机会。这些企业随着清偿能力降低和利率提高而债台高筑，不得不反复通过银行资金维持运转。尽管经济在增长，但是企业效益未见提高，这就导致本区域银行的坏账日益增加。从总体来看，信贷资源的良性配置与信号系统是否健全密切相关，但是由于行政干预银行存款，增大了验证成本，引起 f_{c_b}，f_M，f_R 信号机制偏离，这些造成金融体系缺乏效率，使金融机构的不良资产不可避免地膨胀起来。这种膨胀一旦引起投资者的信任危机，金融危机就会不可避免地爆发。

表 1　亚洲银行系统不良贷款比例比较 *　　　　　　　　　单位：%

国别	1997 年	1998 年	1999 年	2000 年	2001 年	2002 年
泰国	32.5	36.7	41.1	38.9	17.9	22.1
马来西亚	12.6	17.8	24.0	15.0	10.6	10.7
印度尼西亚	31.7	43.6	31.4	49.2	56.3	49.8
中国	N/A	N/A	25.0	N/A	N/A	25.4
菲律宾	12.8	14.2	10.4	12.3	15.1	16.9
韩国	N/A	N/A	17.9	N/A	13.9	N/A

注：* 除中国外包括了商业银行和资产管理公司管理的不良贷款。

资料来源：Asia Recovery Report，ADB，p. 197；1999 年数据来自 Claessens，Dajankov and Klinge-biel，World Bank Data，1999，p. 45.

　　但是，在亚洲地区经济高速发展的时候，亚洲各国和地区也认识到融资结构单一的缺陷以及通过贷款促进经济增长的巨大风险。包括韩国、中国台湾、马来西亚、菲律宾等地于 20 世纪 80 年代进行的金融改革，其目的很明确：一是通过利率市场化、银行商业化和降低金融业的国有成分等措施，逐步降低行政干预程度；二是以建立资本市场体系为目标，重构金融体系，提高信用资源配置和利用的效率。改革方式无非是围绕"摆脱行政干预模式、寻找存在市场调节机制的融资方式"展开。从外部融资来看（图 2），1990—1997年，危机中各国的银行贷款是外部融资来源的最主要形式。危机中各国的银行贷款比例在危机前的 4—5 年间还是保持下降态势，说明亚洲地区资本市场的作用还是在加强。表 2 是亚洲地区的股票发展轨迹，可以看出整个 20 世纪 90 年代，亚洲地区的股票市场得到较大的发展。

　　根据模型 $f = f(M，R，R_1，c_b，c_s)$，首先，从验证成本 c_s 与 c_b 的比较来看，股权融资方式属于市场调节机制的融资方式，从银行贷款方式向股权融资方式转移有利于降低验证成本；其次，从 M 来看，股票市场改变了银行贷款歧视小企业的政策，有效地促进了一些中小企业上市融资；再次，从 R、R_1 来看，根据假设，比 c_{bk} 减弱的 c_s 能够减少行政干预，促进市场按照 R、R_1 进行资源配置。和缺乏透明度的银行贷款相比而言，公开市场股权融资方式增强了信号系统，应该说有效改进了投资效率，确实是一种帕累托改进。但是其总体信息的不透明程度也相当高，行政干预的阴影仍然可见。从表2的股票市场总市值在不同年份占GDP的比例的变化可以看出，1996年市场泡沫充斥，1997年金融危机对股票市场的冲击十分严重，泰国、菲律宾、马来西亚等许多东南亚国家1996年的股票市场总市值与占GDP的比例非常高，印度尼西亚等国家甚至超过正常发展的2000年。这与股票市场的泡沫化发展是分不开的。

现在的问题是：难道间接融资走向直接融资就意味着金融体系的好转和缓和？在发展金融体系的过程中，这些国家仍然遭受到不同程度的金融危机。还没有研究表明，什么样的金融体系是一个最优的金融体系，在本文中，孰优孰劣由验证成本和信号机制的健全与否决定。尽管东南亚国家走向直接融资的道路，属于一种帕累托改进，但是如果一个经济的融资方式或多或少都带有行政干预的烙印，就仍会潜藏金融市场的危机。

表2　亚洲地区股票市场发展轨迹

国别	上市公司（家数）		总市值（亿美元）			占 GDP 比例（%）				
	1990年	2000年	1990年	1996年	1997年	2000年	1990年	1996年	1997年	2000年
中国	14	1 086	2.1	1 236	2 129	5 809	0.5	13.9	22.9	53.8
印度尼西亚	125	290	8.0	91	29	26.8	7.1	40	13.5	57.5
马来西亚	282	795	48	307	94	116.9	110.4	309.4	95.1	130.4
巴基斯坦	487	762	2.8	11	11	6.5	7.1	16.4	17.8	1.07
菲律宾	153	230	5.9	81	31	51.5	13.4	97.3	38.2	69.0
韩国	669	704	110.5	N/A	N/A	148.6	43.8	N/A	N/A	75.8
新加坡	150	355	34.3	150	106	198.4	93.6	162.0	110.4	165.7
泰国	214	381	23.9	27	24	29.4	28.0	55	15.3	24.1

资料来源：World development indicators，International World Corporation，World Bank，2001。

（二）金融危机后亚洲地区的融资结构

亚洲金融危机暴露了危机国银行体系的脆弱性。危机发生后银行系统的作用在这四国普遍下降，尤其是印度尼西亚和泰国的下降比例较大，1999年的比例比1997年下降了30—40个百分点，这反映了危机后银行系统的整顿

（见图 1）。从外部融资来看，银行贷款占外部融资的比例在危机后有更大幅度的下降，这说明在银行系统遭遇危机后，资本市场快速发展。经历了金融危机的亚洲地区逐步走出以前的阴影，直接融资渠道成为金融市场发展的重点（见图 2）。这是在行政干预依然存在的前提下，金融市场所做出的一种另类选择。

首先，亚洲的股票市场继续发展。表 2 中，通过将亚洲地区 2000 年总市值、占 GDP 的比例和 1997 年的数据进行比较，可以看出危机之后亚洲的资本市场得到了快速的发展。

其次，在银行体系低效的情况下，企业对银行贷款和企业债的选择是通过利用市场信号来解决信息不对称问题，企业债的发行将是一种较佳的选择。① 根据前面的论述，如果 $c_{lk} > c_{bd}$，根据 $f = f(c_b, R, M)$，$f_{c_b} > 0$，$f_M < 0$，$f_R < 0$，对不透明的银行监督制度而言，投资者将会偏好公开市场的债权合同。

图 8 是亚洲危机国家 1990—2001 年企业债余额占 GDP 比重的变化趋势。亚洲爆发金融危机以来，除印度尼西亚、菲律宾的企业债余额仍然维持在 GDP 5% 的水平之下外，企业债余额在韩国、马来西亚和泰国都有较大幅度的增长。韩国是亚洲国家中企业债发展最快的，余额占 GDP 的比重从 1997 年的 29.50% 上升到 1998 年的 38.66%，上升近 10 个百分点，随后虽然有所回调，但 2001 年仍稳定在 38.20% 的高水平。马来西亚的企业债券市场从 1990 年占 GDP 的 2.5% 稳步发展，1997 年为 16.53%，危机后的 1999 年上升近 10 个百分点，在 2001 年达到 31.74% 的水平，危机后 4 年的增长速度超过了危机前 7 年的总和。在泰国，企业债券市场于 1999 年突破 20 世纪 90 年

---

① 实际上，企业债券市场的存在是有前提条件的：企业债券定价包含了比银行贷款更能够反映市场的信号机制，从均衡的市场价格反馈回来的信息能够帮助企业做出正确的投资决定，通过提供市场价格信号来优化金融资源配置，使资金以最小的成本流向最需要的企业。一个具有足够深度、广度和弹性的债券市场中，公司风险债券与无风险国债之间的收益差反映了一定信用等级的风险升水，这一市场信号反映了企业融资的机会成本。企业债券市场的中介组织的费用较低。投资银行在企业债发行过程中充当市场中介的角色，承担着包销商、经纪人和交易商的责任。它们设计企业债券的条款，将公司信息传播给公众投资者，增加了市场的有效性。而银行直接承担了贷款风险，所以要花大量精力和财力处理信息和监管企业，因此其成本比投资银行要高。

代以来在 2%—3%徘徊不前的水平，增加到 4.53%，2001 年达到 5.29%。这正是亚洲国家在经历了金融危机的洗礼后开辟的"第二战场"。

四、中国的改革路径选择

在中国的融资体系里面，和亚洲一样，更多的是采取银行贷款的融资方式。首先，用银行贷款余额占 GDP 的比例来比较中国银行体系与东南亚危机国银行体系的垄断程度（见图 1）。2000 年中国这一指标为 70.22%，从 1990—1997 年亚洲地区的平均水平看，排在泰国和马来西亚之后，远远高于印尼、菲律宾、韩国的水平，同时也高于五国的平均水平。值得注意的是，各国在 1997 年危机后银行系统融资普遍收缩，该比例出现大幅下降，但中国的情况正好相反，贷款融资仍在增长，到 2001 年年末该比例为 77.19%，紧随马来西亚之后，远远超过其他各国。其次，以银行不良贷款的比例来衡量，亚洲危机后各国银行的不良贷款比例大幅增长，在 2001 年有所回落。中国虽然没有发生银行危机，但是不良贷款比例在 2001 年仍比危机国高得多（除了印尼）。至于中国的贷款余额占外部融资的比例，从 1990—1997 年的平均水平看（见图 2），中国的银行系统在金融系统所占比重为 84.72%，间接融资所占比重远远高于图中其他亚洲国家危机前的水平。再次，从 20 世纪 90 年代的趋势看，中国间接融资比重持续下降，直接融资的比重一直在稳步提高。间接融资比例已经从 20 世纪 90 年代初 94.54%的最高水平下降到 2001 年的 59.03%，低于泰国同期的 66.22%。危机后中国的这一比例同样在继续降低，但是由于期初的基数最高，到 2001 年仍然高于其他四国的水平。总体来看，与亚洲危机国家一样，中国的银行系统在金融体系中处于绝对垄断地位。但是这并不是事情的根源，根源在于行政干预增大了验证成本，使得中国银行体系处于一定的低效状态。如表 1 所示，中国的不良资产比例仅仅次于印尼，根据信号系统 $f=f(c_b, R, M)$，$f_{c_b}>0$，$f_M<0$，$f_R<0$，信贷资源是否为良性配置与信号系统是否健全密切相关，但是由于行政干预银行存款，使得上述信号系统失真，资源按照政府意志配置，而不是按照市场因素进行配置，从而使金融机构的不良资产被累积起来。

银行体系的单一化和风险性使得中国开始考虑直接融资的渠道。从表 3

来看，中国金融中的直接融资还是得到了较快发展。20 世纪 90 年代初，直接融资额不足所有金融工具发行额的 10％，到 2000 年，这一比例迅速提高到 46.87％的水平。但是中国的直接融资工具主要依靠政府控制下的国债、金融债券的发行方式（见表 3），其次才是股票市场发展。对中国而言，由于努力实现经济增长是优先目标，即更为主要的是行政式的储蓄动员，促进经济增长，而不是调节社会金融资产结构。

表3　企业债券与国债、金融债券、股票筹资额、金融机构新增贷款对照表

单位：亿元

年份	1991	1992	1993	1994	1995	1996	1997	1998	1999	2000	2001	2002
金融债券	—	—				1 070	1 462	1 950	1 801	1 645	2 590	3 075
国债	—	461	381	1 138	1 511	1 848	2 412	3 809	4 013	4 657	4 884	5 934
企业债券 A	250	684	236	162	301	269	255	148	158	83	147	325
股票 B	5	94	375	327	150	425	1 294	842	945	2 103	1 250	926
金融机构新增贷款 C	3 697	4 985	6 620	7 867	9 728	11 015	13 761	11 610	7 210	12 900	12 945	18 475
A/B(％)	5 000	728	63	50	201	63	20	18	17	4	12	35.1
A/C(％)	7	14	3.6	2.1	3.1	2.4	1.8	1.3	2.2	0.6	1.1	1.8

资料来源：《中国金融年鉴(2003)》，第 113—114 页；《中国统计年鉴》(2003)，第 245 页。

　　那么，合理的选择是什么呢？通过金融控制，特别是股权市场来获得改革、发展所需要的资源。20 世纪 90 年代中期股权市场规模的迅速扩大也使其在扮演金融控制角色上的作用凸显。20 世纪 80 年代以来居民收益的迅速增长则为股权市场的运作提供了资金来源。对国有企业而言，只要不破产清算，股票就是一种无限期债务凭证，可把股权市场作为企业长期资金的来源。同时，通过让居民参与股票市场来分散金融风险，有利于风险社会化，有利于宏观经济稳定。从另外一个层面来看，也可以达到控制目的，比如，国有股、流通股的划分，对民营企业上市的限制，等等。和整个业洲市场一样，行政干预思路继续在股市中加以扩展。① 从中国上市行业的融资分布来看，2002

---

　　① 我们已经论证，当 $f = f(R, M, R_1, c_s)$，$f_R < 0$，企业上市的时候，通过财务手段增加投资者资本收益率 $R = (1-M)r1$ 的预期，将会增加投资者对其偏好程度。在中国，只有部分国有企业得到这种优惠，我们称其为"上市配给"制度。

年国有企业占工业总产值的比例是 37.68％，股票融资比例是 74.20％；民营企业占工业总产值的比例是 35.32％，股票融资比例是 14.82％；外资性质占工业总产值比例是 27％，股票融资比例是 0.56％。[1] 股权融资带有较强的倾向性，整个证券市场的发展并没有改变其行政干预的道路。

问题的关键是：股市的信息公开披露程度优于银行配置制度。根据模型 $f=f(M，R，R_1，c_b，c_s)$，从对验证成本 c_s 与 c_b 的比较来看，股权融资方式属于公开市场融资方式；从 M 来看，有效地促进了一些中小企业上市融资，改变了银行贷款偏好国有企业的局面；从 R、R_1 来看，比 c_{bk} 减弱的 c_s 能够促进市场按照 R、R_1 进行资源配置。在银行验证成本比较高的情况下，对缺乏透明度的银行贷款而言，直接融资使得信号机制的缺失到信号机制的建立给居民提供了一个进行选择的机会，通过公开市场减少了验证成本。从图 2 来看，中国的资本市场得到了快速的发展，但是其总体信息的不透明程度也相当高，行政干预的阴影随处可见，市场呼唤新的投资工具。根据以上论述，对目前中国的金融改革而言，以下两点尤为必要。

其一，从信号机制的扭曲来看，无论是直接融资还是间接融资，建立和健全信号机制、促使资源合理配置是十分重要的。融资结构的转变可以有效地转化风险，但是并不能促进银行机制的改革，中国的金融改革不只是融资结构的转换，因此，减少政府对银行信贷资源的干预、保证信贷资源根据市场信号进行投资取舍十分关键。

其二，由于企业债券在传递市场信号、减少验证成本方面的优势，有必要成为发展的重点。表 3 反映我国企业债券市场的发展。可以看出，无论是和我国的股票市场发展还是和新增银行贷款相比较，我国的企业债券市场弱化的局面十分严重，亟须大力发展。

五、结论与展望

由于来自不对称信息的验证成本提高了外部融资的成本，因此验证成本

---

[1] 按照 2003 年年底的比重统计，见《中国金融年鉴》(2004)，第 103—105 页；《中国统计年鉴》(2004)，第 76 页。

和信号机制的健全与否成为我们比较融资合同优劣的主要因素，融资方式在处理和监督融资方面的能力是我们判断融资效率的根本标准。我们形成如下认识。第一，整个亚洲和中国的银行监督体系低效的原因在于行政干预扭曲了信号机制，行政干预加大了某种融资合同的验证成本，降低了该合同的效率。金融结构调整的路径选择是摆脱行政干预模式，寻找存在市场调节机制的融资方式。第二，在中国目前的银行融资方式占主导的状况下，中国的金融改革不只是融资结构的转换。间接融资体系必须能够有效地减少验证成本，增强信号机制。第三，有必要建立多层次的资本市场体系，解决信息不对称必须用制度创新和金融工具创新来完成，中国的企业债券市场亟待大力发展。

作者说明

中国金融市场的发展并非一帆风顺，时至今日，金融市场在整个经济运行中的定位仍然不甚清楚。本文与冯俊合作，发表于《中国社会科学》2005 年第 6 期。本文通过对亚洲金融危机的主受灾区——东南亚的分析，来观察金融结构中银行贷款与政府行为之间的关系，并厘清了融资合同对外界产生的信号机制。信号的传导在中国金融结构改革中是十分重要的一环，能够传导信号的可观测信息有许多，本文主要研究如何从融资合同中的股权债券结构那里得到有效信号，并使得银行可以以此为依据观察出企业的还款风险，这对于金融环境的健康运行是十分重要的。

均衡与非均衡

第四篇

宏观经济研究专题二：
消费、储蓄与房地产市场

消费理论中的收入分配与总消费：
对中国消费不振的分析

　　要探讨收入分配与总消费的关系，必须在消费理论的框架内进行。但现有的各种消费理论，却并未给出关于二者之间关系的明确结论。这种关系隐藏在消费函数逻辑推理的后面。因此，尽管直觉到收入分配对总消费确有影响，但这种看法并未得到足够的理论支持。该命题的支持者往往在凯恩斯消费理论中寻求论据，而反对者则更多地引用标准生命周期理论来反驳。而这是远远不够的，因为消费理论在近 20 年来取得的进展使之早已超出了以上两种理论的范畴。消费理论本身的发展，意味着收入分配和总消费关系的变化。

　　根据消费理论的三个发展阶段，本文以下内容相应分为五部分。第一部分概述在凯恩斯消费理论下收入分配与消费之间的关系；第二部分说明在生命周期假说和理性预期—生命周期假说下上述命题的不同情况；第三部分论述消费理论的最新发展对生命周期理论的冲击以及由此产生的"λ"假说下收入分配与总消费的关系；第四部分简要介绍一些计量研究结果；第五部分是结论和对中国情况的分析。

一、凯恩斯消费函数中收入分配和总消费的关系

　　凯恩斯的绝对收入假说（Absolute Income Hypothesis，AIH）可简单地用下式来表示：

$$C = C_0 + \alpha \cdot Y_D \tag{1}$$

　　其中，C 是消费，$C_0 > 0$ 是一常数，$0 < \alpha < 1$ 为边际消费倾向（MPC），Y_D 是即期可支配收入。

　　凯恩斯认为，边际消费倾向 α 是递减的：收入（Y_D）越高，则 α 值越小。

这一点符合我们的日常观察，但凯恩斯认为这一关系的存在是先验的人性使然。

将式(1)两端同除以 Y_D，就得到平均消费倾向：

$$APC = \frac{C}{Y_D} = \frac{C_0}{Y_D} + \alpha \tag{2}$$

$\alpha > 0$ 使得平均消费倾向（APC）大于边际消费倾向（MPC）。由于 C_0 是常数，α 是递减的，所以 APC 也随着 Y_D 的增加而减小。这表明一个人的收入越高，消费在其收入中的比重越小，储蓄所占的比重越大。这也意味着如果采取"劫富济贫"式的收入再分配政策，整个社会的 APC 就会提高；但如果相反，极端的收入分配不均就会使社会整体的 APC 降低，产生消费需求不足。由于市场机制本身并不能保证收入均等化，因此为了避免消费需求不足，政府干预必不可少。这是西欧各国 19 世纪后期开始大力推进社会保障措施的原因和 20 世纪 30 年代大萧条的深刻启示。①

在我国当前关于收入分配和消费需求关系的讨论中，这是最有力的观点。然而，式(1)存在着严重的理论缺陷。

首先，当 $Y_D = 0$ 时，$C = C_0 > 0$，这说明即使可支配收入为零时，消费依然大于零。显而易见，这种情况只可能发生在短期内。其次，这一假说的建立完全没有利用消费者的效用函数和效用最大化原理，也就是说，根据式(1)推断消费能否达到效用最大化是不确定的。式(1)缺乏充分的微观主体行为的逻辑基础。

二、生命周期假说中的收入分配和总消费

莫迪利阿尼等人提出的生命周期假说（Life Cycle Hypothesis，LCH）②及

① 丁建定：《从济贫到社会保险：英国现代社会保障制度的建立》，中国社会科学出版社 2000 年版，第 38 页。袁志刚、朱国林：《技术创新、收入分配和二元经济转型》，《天津社会科学》2001 年第 6 期，第 61—67 页。

② 弗里德曼提出的持久收入假说（Permanent Income Hypothesis，PIH），在本质上与 LCH 相同，二者的结论也大同小异。因此，这里以 LCH 为代表来论述，而在理性预期下，则以 PIH 为代表。

其在理性预期假设下的 RE-PIH(Rational Expectation-Permanent Income Hypothesis)假说，都明确指出，微观主体消费的目的是为了增加其效用，因此消费函数必须建立在消费者效用最大化的基础上。理性的消费者不仅会根据当前收入[即式(1)中的 Y_D]，而且会根据预期的未来收入等信息来选择一生的消费路径。只有这样，消费者才能达到长期效用最大化。这是消费理论的第二阶段。

(一)标准(Standard)LCH 中的收入分配与总消费[①]

在标准的 LCH 假说下，消费者会选择一个消费的(时间)路径 $C(t)$，以使其一生的效用 U 最大化。其效用函数可写为：

$$U = \int_0^T \frac{C(t)^{1-\delta}}{1-\delta} e^{-\rho t} \mathrm{d}t, \ \delta > 0 \tag{3}$$

其中，t 是该消费者的年龄，T 是其生命周期(长度)，$C(t)$ 是第 t 时期的消费，ρ 是时间贴现率，δ 是一个常数。将(3)式对消费 $C(\cdot)$ 求导，可得消费的边际效用：

$$MU_C = \frac{\mathrm{d}U}{\mathrm{d}C(\cdot)} = \int_0^T C(\cdot)^{-\delta} \cdot e^{-\rho t} \mathrm{d}t \tag{4}$$

我们可以进一步来求消费的边际效用 MU_C 对于消费的弹性(绝对值)，即：

$$
\begin{aligned}
e &= \left| \frac{\mathrm{d}MU_C}{MU_C} \Big/ \frac{\mathrm{d}C(\cdot)}{C(\cdot)} \right| = \left| \frac{\mathrm{d}MU_C}{\mathrm{d}C(\cdot)} \cdot \frac{C(\cdot)}{MU_C} \right| \\
&= \left| -\delta \cdot \int_0^T C(\cdot)^{-\delta-1} e^{-\rho t} \mathrm{d}t \cdot \frac{C(\cdot)}{\int_0^T C(\cdot)^{-\delta} e^{-\rho t} \mathrm{d}t} \right| \\
&= \delta
\end{aligned}
\tag{5}
$$

所以，δ 实际上是消费边际效用的弹性。

消费者的预算约束可以写为：

$$\int_0^T C(t) e^{-rt} + K_T e^{-rt} = W, \ K_T \geqslant 0 \tag{6}$$

---

①　本部分和第二部分的论述参见 Alan S. Blinder, A Model of Inherited Wealth, *Quarterly Journal of Economics*，1973(4)，pp. 608—626.

其中，$\int_0^T C(t)e^{-rt}$ 为消费者一生(从 0 到 T)总消费的贴现值，r 为市场利率(客观贴现率)，K_T 为消费者在期末的资产存量，$K_T e^{-rt}$ 为其贴现值，W 为该消费者一生总的可支配收入。现在的问题是要求消费者在(6)式的预算约束下的最优消费轨迹 $C(t)$，以使其一生效用最大化。

注意到消费者的效用只取决于消费 $C(t)$，而与 K_T 无关，所以 K_T 必等于零。在这种情况下，应用贝尔曼方程或欧拉方程，可以解得在最优状态下有：

$$C(t) = C_0 \cdot e^{gt} , g = (r - p)/\delta \qquad (7)$$

$$C_0 = \phi(r, \rho, \delta, T) \cdot W \qquad (8)$$

$\phi(\cdot)$ 是一个关于 r，ρ，δ 和 T 的可解出的函数[1]。

由(7)、(8)两式可得：

$$C(t) = C_0 \cdot e^{gt} = \phi \cdot e^{gt} \cdot W \qquad (9)$$

因此，$\mathrm{MPC} = \dfrac{\mathrm{d}C(\cdot)}{\mathrm{d}W} W = \phi \cdot e^{gt}$ ，是与 W 无关的常数。[2] 这表明无论 W (一生总收入)是大是小，MPC 都不改变。富人并不比穷人相对消费得更少。在这种情况下，收入分配显然并不影响总消费。由于在标准 LCH 模型下只存在生命周期储蓄，这意味着收入分配不影响生命周期储蓄。这与凯恩斯消费函数下的结论完全不同。

标准 LCH 模型有很强的内在逻辑，但仍然存在一些问题。比如，由标准的 LCH 可以推出人们会在生命周期临近结束时发生负储蓄。但根据布朗宁和卢萨迪，1982 年，美国 65 岁以上人的平均储蓄率是 11.5%，高于25—54 岁间各年龄段的储蓄率，仅次于 55—64 岁年龄段的储蓄率。负储蓄并不显著，而且实际上，人们总会留下很多遗产。[3]

理论与实际存在矛盾的原因在于：人们的效用不仅取决于自己的总消费，也部分地取决于自己子孙后代的福利，因此，人们都有把部分财产留给子孙

---

① 函数的具体解与本文结论无关，此处略去。

② MPC 与 W 无关，但仍然与 t 有关，而这完全是由于考虑时间贴现所致。如设 $r = \rho = 0$，即不考虑贴现，那么 $C(t) = C_0$，$\mathrm{MPC} = \phi$ 为不随时间 t 变化的常数。

③ Martin Browning, Annamaria Lusardi, Household Saving, Micro Theories, and Micro Facts, *Journal of Economic Literature*, 1996(4), pp. 1797—1855.

后代的遗赠动机。这就是王朝效用函数。① 因此，标准的 LCH 模型对消费行为的描述是不完整的，有必要加以修改。这就是广义 LCH。

(二)广义 LCH 中的收入分配和总消费

当考虑遗赠动机时，消费者的效用函数必须修改，以反映其后代的福利程度对自己效用的影响。因此，(3)式应改为：

$$U = \int_0^T \frac{C(t)^{1-\delta}}{1-\delta} e^{-\rho t} \, dt + \frac{bK_T^{1-\beta}}{1-\beta}, \ \delta, \beta > 0, \ b \geqslant 0 \tag{10}$$

其中，b 为常数，反映遗赠对消费者效用的重要程度。根据对 δ 的同样推导，可以证明 β 为遗赠边际效用的弹性。其余意同前。显然，这时消费者不仅有生命周期储蓄动机，还有遗赠储蓄动机。

消费者预算约束(6)式并未改变，但现在 K_T 不一定为零。其中的道理是显然的。根据勃兰德给出的方法，在式(6)约束下可以解得：

$$C(t) = C_0 \cdot e^{gt}, \ g = (r-p)/\delta \tag{11}$$

$$C_0 = \emptyset(W - K_T e^{-rT}) \tag{12}$$

$$K_T = (be^{rT})^{1/\beta} C_0^{\delta/\beta} \tag{13}$$

所有参数意义同前。注意当 $b=0$ 时，即当没有遗赠动机时，就又得到了标准 LCH 情况下的解。

而当 $\delta = \beta$，即消费边际效用的弹性等于遗赠边际效用的弹性时，有：

$$K_T = (be^{rT})^{1/\beta} C_0 \tag{14}$$

则：
$$C(t) = \left(\frac{\emptyset e g t}{1 + \emptyset b^{1/\delta} e^{rT(1-\delta)/\delta}} \right) \cdot W \tag{15}$$

由(15)式可知，$\text{MPC} = \dfrac{dc(\cdot)}{dw}$，也是与 W 无关的常量。同标准 LCH 下的情况一样，这时收入分配也与总消费无关。但若 $\beta \neq \delta$，那么 MPC 就不再是与 W 无关的常量。实际上这时：

$$\text{MPC}^* = \frac{dC^*}{dW} = \left(1 + \frac{\delta}{\beta} b^{1/\beta} e^{rT(1-\beta)/\beta} \phi^{\delta/\beta} C^{*(\delta/\beta)-1} \right)^{-1} \tag{16}$$

---

① 从基因的角度看，这样做是理性的(理性的基因)。

其中 $C^* = \int_0^T C(t)e^{-rt}\mathrm{d}t$ 是一生总消费。① 简单的观察和计算表明，只要 $b>0$，就有 MPC* ；而且若 $\delta>\beta$, MPC* 是 W 的减函数；若 $\delta<\beta$, MPC* 是 W 的增函数。②

由以上推理可得，若考虑王朝效用函数和人们的遗赠储蓄，并且 $\beta\neq\delta$③，那么 MPC^* 将是人们一生可支配收入的函数；当 $\delta>\beta$ 时，是减函数，当 $\delta<\beta$ 时，是增函数。这与标准 LCH 下的结论不同：现在收入分配确实会影响总消费。影响的方向取决于 δ 与 β 的相对大小；影响的程度取决于 b 及其他常数的绝对大小。

(三)RE-PIH 下的收入分配和总消费

霍尔④提出了理性预期下的持久收入假说(RE-PIH)，大大推进了传统 LCH/PIH 理论(采用适应性预期)对消费的认识。同样，RE-PIH 也分为标准和广义两种。

尽管霍尔假说是消费理论的一大进步，但并没有改变在传统 LCH/PIH 下得到的收入分配和总消费的关系。相应的 LCH/PIH 和 RE-PIH 下的结果是一致的，也就是说，虽然不确定性可能会使人们的消费行为发生某些变化，但这些变化并不影响收入分配与总消费的关系。人们的遗赠动机仍然是起决定作用的因素。⑤

这并不是偶然的，因为 PIH 与 RE-PIH 的内在逻辑完全一致。区别仅在于：后者把前者的逻辑推广到更一般的不确定情况，并且采用理性预期，而不是适应性预期。

---

① （16）式通过对(11)、(12)、(13)式分别求隐函数的微分并整理得到。这样处理是因为此时很难直接求得 $C(t)$ 与 W 的函数关系式。

② 注意到(16)式中除 b 外皆为正数，所以若 $b>0$，就一定有 $MPC^*<1$；进一步由(11)、(12)、(13)式可以得到 C_0、$C(t)$ 与 W 的关系式(通过消去 K_T)，并且可知 C_0、$C(t)$ 是 W 的增函数，所以 C^* 也是 W 的增函数。若 $\delta>\beta$，就必定有 $C^*\delta/\beta-1$ 是 W 的增函数，而这会使 MPC^* 是 W 的减函数。

③ 没有理由认为 δ 会等于 β。

④ R. Hall, The Stochastic Implications of the Life Cycle-permanent Income Hypothesis：Theory and Evidence，*Journal of Political Economy*，1978(5), pp. 312—336.

⑤ 由于推导过程同第一部分、第二部分几乎完全相同，此处略去。

理性预期是一个很强的、用于处理不确定性的思维方式。在本质上，如果使用理性预期，很多不确定性都可消除，直到只剩下与已有信息完全无关的白噪声式的外来冲击。而这种白噪声的预期值为零。也就是说，当人们具有如此强大的理性，可以对未来做如此精确的预期时，不确定性实际上已经基本被"化解"了，因为现在人们思考问题的出发点是某个变量（如一生总收入 W）的预期值（E_0W），而不是该变量的实际值。但由于外来冲击的预期值为零，因此，在预期值的意义上，外来冲击对决策毫无影响。[①] 所以在 PIH 与 RE-PIH 下出现相似的结果就不足为奇了。

(四)对广义 LCH 结论的进一步讨论

1. 对 δ 与 β 大小的讨论

收入分配与总消费关系的方向取决于 δ 与 β 的相对大小。但 δ 与 β 的相对大小不是理论问题，而是计量估计问题。勃兰德并没有给出对 δ 及 β 的估计，他只是直觉猜测 δ 会大于 β，也就是说 MPC* 是 W 的减函数，即收入（财富）越多，则平均消费（APC*）越少。这与凯恩斯和广义 LCH 的看法一致，而与标准 LCH 的观点相反。

尽管没有进行估计，但他指出了估计的思路。首先，很难对 δ、β 进行直接估计；其次，只需要知道 δ 与 β 的相对大小，而不是其精确数值；最后，回忆前文中讨论到的 δ、β 的意义：它们分别是消费及遗赠的边际效用的弹性。根据微观经济学中的原理，在只有消费和遗赠这两种可用"收入 W"购买的商品的情况下，如果 $\delta > \beta$，就意味着遗赠是奢侈品，其收入弹性必然大于 1；而若 $\delta < \beta$，那么消费成为奢侈品，消费的收入弹性将大于 1，而遗赠成为必需品，收入弹性小于 1。因此，可以通过检验遗赠的收入弹性，来判断 δ 与 β 的关系。

有一系列文献对此进行了估计。科特利克夫[②]应用美国社会保险署关于退休的历史调查数据，倾向于认为遗赠不具有弹性，也就是说随着收入上升，

---

① 注意，在理论上确实如此，然而白噪声的存在对计量所用的方法和计量结果却很有影响。当然，这是计量经济学，而不是理论经济学的问题。

② 该文未发表，此处转引自 P. L. Menchik, M. David, Income Distribution, Lifetime Savings and Bequests, *American Economic Review*，1983(4)，pp. 672—690.

收入中用于遗赠的比例会降低。然而，由于他使用的数据主要来自于问卷调查，因此较富有的人会少报收入和财产，这将导致得到的弹性明显偏低。[①]亚当斯[②]和汤姆斯[③]使用了另外的数据对此进行了估计，并认为遗赠是奢侈品。但他们的计量方法由于使用了不够好的代理变量而不够精确。

最新的检验是由曼奇克和戴维德[④]做出的。他们收集了美国威斯康星（Wisconsin）州从 1946 年到 1964 年间居民缴纳个人所得税的税收记录（可据此建立收入数据），并从社会保险署获知此期间居民的死亡情况，最后他们还从法院获得了遗产税的缴纳记录（可算出遗赠数量）。毫无疑问，这一过程相当复杂。其最后结论是：该州收入最高的 20% 的居民的遗赠弹性显著大于 1，但收入较低的另外 80% 的居民的遗赠弹性近似等于 0（无弹性）。这说明遗赠确实是 W 的增函数：收入越高者，遗赠越大；相应的，MPC^* 则是 W 的减函数。

因此，如果接受这些计量结果，则收入再分配提高总消费的观点是正确的。

2. 收入再分配的重要性

虽然理论上可以证明收入再分配会提高总消费，但我们还不知道这种措施的效果如何。解决这个问题的一个思路是：如果由于遗赠动机而进行的储蓄占总储蓄的比重较大，生命周期储蓄的比重较小，那么由于收入再分配政策主要影响遗赠储蓄，其对增加总消费的作用也较大。

科特利克夫和萨默斯[⑤]用两种不同的方法估计了遗赠在总储蓄中的比例。其中一种估计方法的结果是超过 50%，而另一种方法估计的比重更高，达到

① James Davies, On the Size Distribution of Wealth in Canada, *Review of Income and Wealth*, 1979(3), pp. 237—259.

② James D. Adams, Personal Wealth Transfers, *Quarterly Journal of Economics*, 1980(1), pp. 159—179.

③ Nigel Tomes, The Family, Inheritance and Intergenerational Transmission of Inequality, *Journal of Political Economy*, 1981(5), pp. 928—958.

④ P. L. Menchik, M. David, Income Distribution, Lifetime Savings and Bequests, *American Economic Review*, 1983(4), pp. 672—690.

⑤ L. J. Kotlikoff, L. Summers, The Role of Intergenerational Transfers in Aggregate Capital Accumulation, *Journal of Political Economy*, 1981(4), pp. 706—732.

80%，这意味着收入再分配的作用很大。

然而莫迪利阿尼[1]指出，由于双方定义的不同以及科特克利夫和萨默斯文章中个别明显的疏漏，这一比例被高估了——他本人的估计是不超过 25%。

根据布朗宁和卢萨迪，实际上美国绝大部分储蓄都集中在社会上不超过 20%的人的手中。而且，1985 年的数据表明，储蓄率最高的年龄段，分别是 55—64 岁(15.8%的储蓄率)和 65 岁以上(11.5%的储蓄率)。曼奇克和戴维德的计量结果也表明，在 65 岁以前，遗赠动机储蓄大约每年增加 5%，65 岁以后大约每年增加 3.5%，遗赠储蓄一直是增长的。

我们认为，较合理的看法是，生命周期储蓄是必需品，而遗赠储蓄是奢侈品。高收入者进行储蓄的动机，更多是出于遗赠目的(因为他们的收入很高，不必担心退休后因消费水平会降低而进行大量的生命周期储蓄。同时他们有能力进行遗赠储蓄)，所以其遗赠储蓄的比重很高；而低收入者则更多地出于生命周期动机而储蓄(为保证退休后消费水平不致降低，同时也没有能力考虑过多遗赠)，所以其生命周期储蓄的比重较大。由于美国社会中 80%的储蓄是由 20%的高收入者拥有的，可以推断，总储蓄中遗赠储蓄的比重一定比较高，遗赠储蓄占总储蓄的比例不会只有 25%。假设 20%的高收入者的储蓄有一半是出于遗赠(这一估计仍然保守)，那么其比重也在 40%以上，我们认为 50%可能是一个合理的下限。

如果遗赠储蓄的比重很大，则收入再分配对提高总消费的作用也不容忽视。

三、对 RE-PIH 理论的进一步探讨

无论标准 LCH、广义 LCH，还是 RE-PIH，都有许多严格的假定。缺乏任何一个，其结论都必须修正。随着 20 世纪七八十年代对消费的进一步深入研究，人们发现有很多计量事实不能由 RE-PIH 解释，比如消费的过度敏感性和过度平滑性。这表明在现实中，RE-PIH 的前提假设不一定都成立，比

① Franco Modigliani, Life Cycle, Individual Thrift, and the Wealth of Nations, *American Economic Review*，1986(3)，pp. 297—313.

如不存在风险以及信贷市场完善。风险的存在，促使人们（风险回避者）更多地储蓄，以抵御可能的收入风险，这就是预防性储蓄假说（Precautionary Savings，PS）。进一步，信贷市场也是不完善的，通常，人们在银行贷款所付的利息要高于在银行储蓄所得的利息，而且要获得贷款的交易成本也比较高。这意味着消费在各个时点之间的"熨平"是有成本的，这种成本的存在使人们必须更多地储蓄。这就是流动性约束假说（Liquidity Constraints，LC）。这是消费理论发展的第三阶段，也是最新发展阶段。

（一）根据 PS 与 LC 对 RE-PIH 的修正

一种处理 PS 与 LC 的方法是根据二者对 RE-PIH 进行修正。这会改变消费函数的某些特征，如出现过度敏感性和过度平滑性等。然而，这同样没有改变 RE-PIH 的基本逻辑，因为我们仍然是在 PIH（LCH）的框架中对 PS 和 LC 加以考察。前文中由于遗赠动机的存在所得出的收入分配与总消费的密切关系也不会受到影响。实际上，前面两节的推导中所使用的效用函数，都是所谓的常相对风险回避函数（CRRA）。CRRA 函数本身已考虑到风险的存在，而 CRRA 函数则是一种使用非常广泛的考虑风险存在的效用函数。[①] 因此前面两节的结论已经充分考虑到风险的存在。如果进一步假设不同收入阶层面对同样的风险，即风险与收入水平无关，这样，考虑 PS 时收入分配仍然会影响总消费。

可能更重要的问题是，在预防性储蓄存在时，收入分配与总消费的关系的方向如何。具体而言，就是预防性储蓄是否会改变 δ 与 β 的关系。因为 δ 与 β 的相对大小决定了收入分配和总消费具有何种关系。CRRA 函数假设消费者的相对风险回避系数为常数，也就是说，无论消费者的收入水平如何，消费者都会愿意拿出其收入的固定比例（例如 10%）用于赌博。这是一种较为合理的假设。

而这个常相对风险回避系数，也等于消费边际效用弹性，即 δ。布兰查德

---

① ［美］奥利维尔·琼·布兰查德、斯坦利·费希尔：《宏观经济学（高级教程）》，刘树成等译，经济科学出版社 1998 年版，第 138 页。

和费希尔①曾引用了一些对 δ 的经验估计研究结果，认为 δ 在实际上是变化的（这可以理解），但通常围绕或稍低于 1。近似地，可以认为 δ 是常数，所以风险因素基本上不会影响到 δ 的大小。

风险和预防性储蓄的存在可能会影响遗赠边际效用的弹性 β。遗憾的是，在理论和计量上并没有对这种影响的推理和估计，我们可以直觉地推理如下。首先，前两节的计量结果已经证明，δ>β，即相对于消费来说，遗赠是收入弹性大于 1 的奢侈品。而 δ/β 的比率越大，其收入弹性也越大，"奢侈"成分也越大。当存在预防性储蓄时，显然，在预期总收入一定时，遗赠会变得越来越奢侈，因为只有收入相当高的阶层才能在预防性储蓄之外，还有能力做遗赠性储蓄。而这说明 δ/β 的比率将会更大。若 δ 不变，则意味着 β 会变小。因此，风险的存在同样不会改变 δ>β 的事实。

进一步分析，如果把 LC 理解为一种风险，那么对 PS 的研究就已经包含了对 LC 的考察。因此，我们不再更多地研究 LC 的影响。

除此之外，还有一种处理 PS 与 LC 的方式，这就是下面要介绍的 λ 假说。

(二)λ 假说

由于 RE-PIH 不能很好地解释在考虑风险和信贷市场不完善情况下的消费行为，坎贝尔和曼丘②在一系列论文中直接从总消费函数入手，建立了所谓的 λ 假说。这样做的原因是：如果同时考虑风险和流动性约束，则微观消费模型会变得极其复杂难解，也会遇到更多加总的问题。③

他们假设经济中存在两类不同的消费者④，　类消费者按照 LCII 来选择

---

① 布兰查德和费希尔认为，风险行为和消费在不同时点的替代程度，在概念上是两个不同的问题，虽然在 CRRA 函数下用同一个参数 δ 代表。但若假设冯·诺伊曼和摩根斯特恩效用积分是加性可分的，则二者都仅仅取决于瞬时效用函数的曲率，从而是直接相关的。

② J. Y. Campbell, N. G. Mankiw, The Response of Consumption to Income, a Cross-section Investigation, *European Economic Review*，1991(4)，pp. 723—757.

③ 大多数这类研究都被迫采用数值方法来模拟，这也是我们分别考虑遗赠储蓄影响和预防性储蓄影响的原因。

④ 具体详见袁志刚、宋铮《高级宏观经济学》。

各期消费路径，另一类消费者由于其他各种原因，按照即期收入决定即期消费。假设第二类消费者的比重为 λ，则该经济体的总消费为：

$$\sum C_t = (1-\lambda)E_t Y^p + \lambda Y_t \tag{17}$$

其中，$\sum C_t$ 表示 t 期总消费，$E_t Y^p$ 为第一类消费者第 t 期对持久收入 Y^p 的期望值（因为有风险），Y_t 为第二类消费者的当前收入。如果在社会整体上 LCH 成立，那么 λ 应等于零。如果计量检验发现 λ 显著不为零（使用 t 检验），那么就表明 LCH 至少无法完全说明社会整体的消费行为。检验结果表明，很多国家的 λ 值都显著不为零。比如，美国的 λ 值为 0.5 左右，加拿大为 0.1，而法国接近 1。这表明社会中有相当一部分人是根据即时收入来决定其消费的。

根据库兹涅茨的计算[1]，按当前收入来决定的短期消费行为无论在截面还是在时间序列中都表现出 MPC 小于 APC 的特征。这与凯恩斯消费理论一致。因此，对第二类消费者进行收入再分配有助于提高总消费[2]。同时，根据前文的讨论，对于第一类消费者来说也有同样的结果。

因此，在 λ 假说的框架内，收入再分配会提高总消费的说法也是成立的。

四、收入分配与总消费关系的计量研究

虽然在理论上已经证明，收入再分配确实有助于提高总消费，但这还需要进行计量检验。

勃兰德不仅在理论上提出了收入再分配会提高总消费的观点，还分别用两种方法做了计量检验。他的结果表明，要么收入分配对总消费没有影响，

---

[1] 转引自 William H. Branson, *Macroeconomic Theory and Policy*, Haper &Row Publishers, 1979, p. 233.

[2] 必须注意到，这一点并非明确无疑。例如，虽然凯恩斯式的消费者确实存在，但根据(17)式，其消费函数并不像(1)式那样含有常数项。因此，如果消费函数是线性的，则 MPC 与 APC 相等，APC 并不随着收入上升而下降。但这与库兹涅茨的计量结果不符。一个解释是：实际上凯恩斯消费函数并不是线性的（此时常数项对凯恩斯的结论至关重要），而是类似于对数函数（此时虽然没有常数项，但凯恩斯的结论依然成立）。下文斯多克（Stoker）的结论可以支持此点。无论如何，这是一个值得继续研究的课题。

要么收入再分配会减少总消费。这颇令人感到吃惊。在他给出的三个解释中，他认为最有可能的是由于纯理论所设想的收入再分配与实际所发生的收入再分配的统计口径不一致。特别是如果考虑到大量年轻妇女由不参加就业转变为低收入就业者(这实际上降低了基尼系数，但根据目前对基尼系数的计算方法，这反而会使其变大)，收入再分配还是有助于提高总消费的。

与勃兰德采用时序(Time series)数据不同，德拉瓦勒和奥古奇运用截面数据(cross-section)对此重新进行了检验。[①] 他们考察了 37 个国家的 GDP 数据，结果发现，如果同时使用收入水平和基尼系数作解释变量，则基尼系数的影响很小(通不过 t 检验)，但在只使用基尼系数作解释变量时则可通过 t 检验。进一步，如果只使用 10 个 OECD 国家的个人可支配收入数据(舍弃其余 27 个发展中国家)，那么收入水平和基尼系数同时都显著。他们把出现这种差异性结果的原因归结为 OECD 国家的统计数据更可信以及个人可支配收入是比 GDP 更好的解释变量。

穆斯格雷夫使用更多国家的可支配收入数据重新对此进行了检验。[②] 他首先把人们的收入分为基本维持生活收入(Subsistence Income, SI, 大约为每月 300 美元/人，1980 年价格指数)以及在此之上的超额收入。显然，对于 SI 来说，任何人都必须将之全部用于维持基本生理需要，所以收入分配对其消费不存在影响；收入分配效应实际上是对在 SI 之上的超额收入的影响。他发现，当把所有这些国家的数据放在一起时，没有证据表明存在强烈的收入分配对总消费的效应；但如果把这些国家以人均年收入 500 美元为标准分为两组，那么高收入组显示出收入分配效应存在的强烈信号，而低收入组则否。

穆斯格雷夫提出了两种可能的解释。首先，由于在计量过程中要做出很多对于数据和函数形式的人为假设以使之能够被处理，而这种处理可能会使计量结果失真。其次，由于收入分配效应只对应于高出 SI 的超额部分消费，所以在低收入组别和整体上，收入分配效应不显著，因为此时 SI 占了总收入

① Philip A. Della Valle, Noriyoshi Oguchi, Distribution, Aggregate Consumption Function, and Level of Economic Development: Some Cross-country Results, *Journal of Political Economy*, 1976(6), pp. 1325—1334.

② Philips Musgrove, Income Distribution, and the Aggregate Consumption Function. *Journal of Political Economy*, 1980(4), pp. 504—525.

的较大比重；但由于高收入组别中 SI 只占总收入的很小份额，因此在计量上收入分配效应就变得显著。

斯多克认为，在把微观变量加总为宏观变量时会遇到所谓的"分配效应"①问题，而这一问题，是与微观主体行为的非线性相联系的。如果微观行为（比如消费与收入的关系）是非线性的，那么加总的宏观消费函数的系数就必然与微观消费函数的系数不同，除非所有消费者具有相同的收入。因此，宏观消费函数的函数形式和系数不仅取决于微观消费函数的函数形式和系数，还取决于社会的收入分配特征。为了方便起见而使用的"代表性消费者"的处理方法是有问题的。他的计量结果证实了这一点。这种说法可被认为是从另一方面对收入分配效应存在的支持。

虽然以上这些计量结果都是有条件的，但总的看来，到目前为止，计量结果更倾向于支持收入分配效应存在，而不是相反的观点。这与理论的结论是一致的。尽管如此，更精确的计量和进一步的检验仍是必要的。

五、结论及对中国情况的思考

以上通过对有关文献的考察，从理论和计量两方面表明，收入分配确实会影响总消费，合理的转移支付和收入再分配政策有助于提高总消费。当然，这种关系并不像凯恩斯在《通论》中描述的那样简单。其中，遗赠储蓄可能是影响这种关系的决定性因素，而生命周期储蓄则与此无关。

正如曼奇克和戴维德指出的，并不是所有形式的收入再分配政策都会提高总消费。由于收入最高的 20% 的人的遗赠动机更强（也就是说，只有对于这部分人，遗赠才是可以考虑并有购买能力的奢侈品；对于其余 80% 中低收入的人群来说，遗赠可能也是奢侈品，但他们都没有购买能力），因此，只有把收入从这 20% 的人手中转移到另外 80% 的人手中才会增加总消费；收入在其余 80% 的中低收入者手中转移是不会显著增加总消费的。而且，一个绝大多数人处于中间收入水平的社会会比一个贫富两极分化的社会（假设两个社会的

---

① Thomas S. Stoker, Simple Tests of Distributional Effects on Macroeconomic Equations, *Journal of Political Economy*, 1986(4), pp. 763—795.

平均人均收入相等）具有更高的总消费。

关于对中国经济现状的思考，首先要考虑的问题是，以上这些主要根据西方国家消费特征进行的讨论是否适用于中国。在这方面，已经有了一些更多考虑中国消费特征的研究。余永定、李军[1]最早指出，由于收入水平还不太高以及转轨时期较高的收入风险和严重的 LC 存在，中国消费者不太可能进行一生的消费规划，因此标准的 LCH 可能并不适用；人们更可能将一生分为几个短期来分别进行消费规划。他们据此建立了一种"短视"（Myopia）消费模型。进一步，叶海云[2]对此进行了拓展并建立了某种消费函数，解释了一些消费现象。

事实上，布朗宁和卢萨迪已经指出，必须考虑人们结婚、生子及退休等"重大事件"对消费的影响；这种影响使得消费规划可能是分期进行的。这将是消费研究新的发展方向。然而，就收入分配与消费的关系而言，至少在目前的研究阶段，这种理论的发展对我们已得出的结论影响不大。因为如前所述，这种分期规划更适合于中低收入的消费者，因为分期规划正是由于收入不高、LC 限制与风险储蓄动机更强等原因导致的；分期的消费规划对少数高收入者来说是不必要的。[3]由于全社会 80％的储蓄集中在 20％的人手中，分期规划对他们意义不大；事实上，他们可以不做任何规划。进一步，收入分配对总消费的影响主要取决于这 20％消费者的行为，所以消费理论的这种进步不会影响我们的结论。

对于中国的消费，一般可以认为，中国人具有更强的遗赠动机。这一方面要归功于传统观念，中国人更多地考虑子女的幸福，省吃俭用的老人比比皆是；另一方面是由于我国至今尚未开征遗产税，这使得遗赠没有任何成本。在这种情况下，中国居民的遗赠更可能是奢侈品。

---

① 余永定、李军：《中国居民消费函数的理论与验证》，《中国社会科学》2000 年第 1 期，第 123—133 页。

② 叶海云：《试论流动性约束、短视行为与我国消费疲软的关系》，《经济研究》2000 年第 11 期，第 39—44 页。

③ 可以把这种分期规划理解为消费者为自己保留了一种对不确定的未来进行重新选择的期权。"买入"这种期权的代价是目前的阶段性消费决策可能不是"一生最优"的，但收益则是能更好地适应未来的不确定性。

　　根据赵人伟等①的研究，改革前我国城镇基尼系数大约为 0.16，到 1995
年上升到 0.28，1997 年上升到 0.38；农村基尼系数则从 1978 年的 0.22，上
升到 1995 年的 0.34。而根据其住户调查数据估计，1988 年和 1995 年全国的
基尼系数分别达到 0.382 和 0.452。1999 年，全国农村居民的平均消费水平
是 1 918 元，而城市居民则达到 6 750 元，是前者的 3.5 倍。这种巨大的收入
差距使高达 6 万多亿人民币的总储蓄主要集中在少数富裕阶层手中。

　　有多种对于我国总储蓄分布的估计。根据王珏的估计②，目前我国 80%
左右的储蓄同样集中在大约 20% 的人手中。吴涌汶③认为，1996 年，不到
20% 的高收入者拥有储蓄总额的 88% 以上。宋晓梧、高书生引用的数据④表
明，1997 年我国占总户数 1.3% 的最高收入家庭拥有 31.5% 的总储蓄，而
43.7% 的最低收入家庭则只拥有 3% 的总储蓄。总体上大约 20% 的家庭衣食
无忧，既不需要为防范风险而储蓄，也不需要考虑流动性约束，消费的分期
规划也是不必要的；其储蓄中的很大一部分，是出于遗赠动机。而另外 80%
的中低收入者，则必须出于 LCH 动机、PS 动机及 LC 动机来储蓄；他们基
本上无力承担遗赠这样的奢侈品。

　　在这种情况下，造成我国目前总消费不足以及同时存在 6 万亿元高额储
蓄的重要原因，不在于 80% 的中低收入者进行 LCH、PS 及 LC 式的储蓄⑤，
而在于 20% 左右高收入者的遗赠储蓄。要提高总消费水平，就必须降低高收
入者的储蓄率。

----

　　①　赵人伟、李实、卡尔·李思勤：《中国居民收入分配再研究》，中国财政经济出版社
1999 年版，第 261 页。

　　②　王珏：《内需不足的原因及扩大内需的途径》，《商业经济研究》1999 年第 5 期，
第 4—6 页。

　　③　吴涌汶：《改革收入分配制度，缩小居民收入差距》，《重庆商学院学报》2000 年第 1 期，
第 27—29 页。

　　④　宋晓梧、高书生：《对当前城镇居民贫富状况的思考》，《经济学家》2000 年第 3 期，第
53—59 页。

　　⑤　在改革开放前及 20 世纪 90 年代中期以前这些动机也不强烈，因为养老、失业、医
疗等社会保险几乎全部由国家承担。这方面的体制改革促使居民在这方面增加储蓄，减少消
费。但与其说这种行为导致了目前的消费不振、经济增长滑坡，还不如说是以前的高经济增
长和高消费水平是提前"透支"风险及生命周期动机储蓄的结果。

为此，以下一些政策对促进中国的平均消费可能是合适的：①开征遗产税、赠予税、高消费税；②提高目前个人月收入 800 元的所得税限额，但提高其累进程度。这样做的目的是把收入再分配的目标集中于极少数（20％）最高收入者。根据曼奇克和戴维德的看法，这样对提高总消费有"四两拨千斤"之效；③进一步建立健全社会保障制度，加大转移支付力度，提高农民收入水平；④增加对教育的投入，特别是对义务教育和农村教育的投入。对经济不发达国家来说，这比对高等教育的投入于促进收入公平和经济增长有更大的作用；⑤鼓励民间资本投资，开放投资渠道，放开垄断行业的国有控制，使更多的民间储蓄能转化为投资（投资也是总需求的一部分）。这样可以使巨额财富拥有者的财富有合适的"出路"，保证以上促进公平的措施不会损害效率。通过以上措施，可以达到公平与效率的双赢。必须指出，以上这些政策建议还是很粗糙的，进一步的工作是在深入了解我国不同收入阶层的储蓄动机和消费倾向的基础上，研究不同的收入再分配对总消费的不同影响①，以制定更有针对性的政策。

作者说明

中国的高储蓄、低消费现象可以说是伴生于经济发展，越来越多的经济学家正在关注为何中国总是内需不足，消费不振。本文与朱国林合作，发表于《中国社会科学》2002 年第 2 期。本文想要关注的重点则是总消费与收入分配之间的关系。一些经济学家发现，在异质性人口中进行收入的再分配能够增加总消费水平，一个较为平均的社会将会比一个基尼系数更大的社会具有更高的平均消费倾向，但在中国，其中的原因是由于遗赠动机而非人们常认为的生命周期消费。文章的最后我们对中国提高总消费提出了几点建议，其中包括：开征遗产税、赠予税、高消费税；提高所得税限额；加大转移支付水平；增加教育投入；鼓励民间资本投资等。

---

① 　这可以建立在消费的分期规划的基础上。

中国转轨经济中家庭消费函数的变化

一、中国传统体制下家庭收入决定和消费函数的形成机理

与市场经济中的情形不同，在计划经济体制下，生产、消费、积累和投资等变量，都是计划者所安排和控制的变量，但要在理论上讨论如何决定消费和积累的比率，则是一个较为复杂的问题。首先，计划者的目标函数是一个不易被观察和定义的概念，因为在不同时期，计划者可能有不同的目标函数。其次，一国国民经济的计划者的理性计划所要求的信息远比家庭计划要复杂得多。在理论上，英国经济学家波茨（Portes R.）曾经把计划者的目标函数定义为追求一个国家的投资和居民消费最大，同时假定消费本身又是吸引家庭劳动力出售的前提，因为较低的消费品生产安排将影响总供给能力，从而也影响到投资的扩大。这样就把消费品供给的扩大作为投资得以扩大的一个间接前提约束条件。但是，过高的消费水平又将直接影响投资，因为在国民收入既定的情况下，投资和消费毕竟是两个此消彼长的变量。因此从理论上讲，我们可以根据这些因素之间的相互关系，建立起数理经济模型，用来描述计划者如何在诸多因素的约束之下，求得上述目标函数的最大。这是一个数学上的最优规划，最优规划的解确定了消费和投资的比率。计划经济是一种实物经济，消费品的实物生产计划决定以后，计划者就可以决定消费基金（即全社会的工资总额）和消费品的价格水平，以保持消费品的供给和需求的平衡，如果消费品价格不作为一个调节变量（如在中国传统经济体制下价格曾固定不变），那么我们也可以通过其他的配额方式（如发票证和排队等）使两者平衡。波茨的这种把消费品供给作为劳动供给的前提约束条件的分析，对于劳动力供给曾处于短缺状态的苏联和东欧国家可能不失为一种有效的解释，

但是对于劳动力处于无限供给弹性的中国经济却未必有效。在中国传统的经济体制下，影响消费和投资的计划比率确定的因素是相当复杂的，但是我们仍然能够从这些复杂的因素中，归纳出主要的因素。新中国成立以后，中国面临的首要经济问题就是如何在一个相当落后的农业经济基础上实现民族经济的工业化，因此计划经济的手段无疑首先要服从调动一切可能调动的资源来实行高积累从而高投放的目标。在这样的计划者偏好之下，长期以来中国所实行的是一种低消费高积累的政策，即在维持人民基本生活水平的基础上，尽量提高积累率，然后把积累资金投入到工业化建设中。具体说来，在原来的体制下，计划者通过计划方式，一是规定农业生产的产品种类；二是对农民提供的农产品价格实行计划销售和计划低价。这一做法可以带来两方面的效应，一是农民的收入可以被压低到维持一定生活水准的水平；二是提供给城市居民的农业产品可以实行低价，这样就有可能降低工业中的工资成本，提高工业部门的利润。在生产资料公有制的前提下，计划者就可以把这些人为增大的工业利润转化为投资基金。因此这实际上是一种通过硬性计划配置资源的方式，是牺牲农业来支持工业优先发展的政策。

在这样的经济体制和政策下，宏观经济中的消费这一变量的形成过程就完全不同于市场经济条件下的消费函数的形成过程，即首先是由计划者确定国民经济中的消费和积累的比率，根据这个比率来安排消费品的生产，然后再根据消费品的可供量确定消费基金总额，国民收入的这一部分就以各种工资的形式（农民的收入由自己生产的实物和出售给城市居民的农产品的货币收入两部分构成）成为家庭的收入。由于这部分收入一方面只能满足基本生活的需要；另一方面已事先有计划消费品与其相对应，因此家庭收入中基本上不包含积累和投资所需要的储蓄，家庭所作出的某些储蓄行为，其主要目的不是为了获得利息收入，其目的一是为了预防不测（出于谨慎动机），二是为了积累一定的数额，以购买高档商品和耐用消费品。在短缺时期，这一类家庭储蓄还带有强迫储蓄的意义，即当家庭愿望购买的消费品在市场上发生短缺时，家庭只能暂时把货币存在银行里，等待市场上出现这种商品时再购买。另外，中国人民传统的节俭习惯在其中也起了相当大的作用，即家庭从必需的消费中节省出一块来进行储蓄。因此，根据这个消费基金确定和消费品生产安排的机制，我们可以归纳出传统体制下中国宏观经济中消费变量的如下一些特征。

第一，平均消费倾向（APC）提高。由于平均储蓄倾向（APS）等于（1－APC），因此这一特征的同一推论是平均储蓄倾向很低。根据有关统计数字，1978年之前中国居民的平均消费倾向都在百分之九十几以上，如1978年全国居民的收入为1544亿元，而消费支出则有1515亿元，高达98％。这一状态一直维持到20世纪80年代初，1983年以后平均消费倾向才降低到百分之九十以下。

第二，与第一点相联系的是，在很低的储蓄倾向下，家庭所拥有的资产不仅数量极少，而且品种极其有限。1978年之前，城市居民资产持有的主要形式是银行的储蓄存款和手持现金，而实物资产的数量极少。农村居民的资产持有除了很少一部分的储蓄存款和现金以外，主要是建房投资积累等实物资产。20世纪70年代末，全国居民人均资产（包括金融资产和实物资产）只占其货币收入的百分之五十几。

第三，收入的低水平决定了消费的低水平。根据著名的恩格尔定律，一个家庭的收入越少，家庭收入或家庭总支出中用于购买食物的支出所占的比重就越大；一个国家越穷，每个国民的平均收入中或平均支出中用于购买食物的费用所占的比重就越大。随着家庭收入或家庭支出的增加，家庭收入或支出中用于购买食物的支出将会下降。恩格尔系数的计算方法如下：

$$恩格尔系数 = \frac{家庭食物支出}{家庭的总收入}$$

根据有关统计数字，1978年以前中国城市居民消费的恩格尔系数近60％，农村居民消费的恩格尔系数达66％左右。联合国把这些恩格系数在40％—60％范围内的国家定为不发达国家。

第四，市场配置消费品和计划配置消费品的并重。在市场经济国家中，家庭可支配收入中的支出包括家庭所必需的物质性消费（衣、食、住、行）、服务性消费（劳务、教育、医疗、娱乐等）和社会保障性消费（保险、退休），但是在我们传统体制下的家庭支出中，消费支出主要是第一项的物质性消费和少量的服务性（劳务和娱乐）消费支出，而教育、医疗等服务性消费和社会保障性消费则以国家财政支出的方式通过补贴或社会福利渠道分配给居民。因此，中国居民，尤其是城市居民，其收入实际上包含两部分：一部分是包含在消费基金中的以工资形式出现的货币收入；另一部分是由政府支配、以财政补贴方式（如计划价格与市场价格存在差异，由政府财政补贴这部分差价这一方式）或通过企业办社会的方式分配给家庭的收入。与此相应的，消费品也存在两种形式：一种是对所有家庭都一视同仁的、只认货币的商品形式的消费品；另一种是由各级财政补贴的、非完全商品形式的消费品（认货币，也认票证或其他规定的消费品）和非商品形式的消费品（不认货币，只根据有关规定享受的消费品和服务）。为了分析方便，我们把第一类消费品称为市场配置的消费品，第二类消费品称为计划配置的消费品。

第五，与前一点相联系的是，社会集团消费支出的数额较大，而社会集团消费又具有非全民性的特点，根据不同家庭所属的社会集团的不同，他们所能享受的计划配置的消费品的种类和数量也不同。一般说来，城市居民所享受的计划配置消费品多于农村居民；城市企业中的职工所享受的计划配置消费品多于一般城市居民；一定级别的干部所享受的计划配置消费品多于普通干部和普通职工。

综上所述，在传统体制下的消费函数，其内容应包括两部分：市场配置的消费品和计划配置的消费品。决定两者的因素是不同的，即两种消费的变化具有不同的规律性，当然这两者之间也不是相互分割的，而是处于联系之中。具体说来，对于计划配置的消费品，家庭的需求受制于供应的数量和配额数量，不是家庭能够选择的一个变量；对于市场配置的消费品来说，决定市场消费需求的，不仅有传统意义上的收入和消费品的价格水平，还有计划配置消费品的数量和计划价格水平，因为这两部分数字实际上体现了一种收入转移或隐性收入，即计划价格越是低于市场价格，计划配置的消费品数量越大，隐性收入就越大，对市场消费品的需求就会产生一种收入效应。但是，当计划消费品和市场消费品是完全替代的商品关系时，除了收入效应以外，还有一种替代效应，其净效应则需要比较两者的大小。

这样一种消费函数形成的状况，对于宏观经济运行来说，会产生哪些重要的效应呢？

第一，首先，对于这种消费主要取决于当期收入和当期计划配置的消费品数额的消费函数，西方宏观经济学中的持久性收入假定和生命周期收入假定等理论在这里就没有多少意义。其次，很低的储蓄率与单一的资产形式决定了财富对消费的效应很小。

第二，在传统体制下，消费基金是不能突破的，家庭又不能通过消费贷款进行消费，也很少存在把财富转变成消费基金的情况，因此消费基金膨胀的问题是不存在的。在这种体制下，对于消费基金的控制权是紧紧掌握在政府手中的，既不存在失控的问题，也不存在消费需求不足的问题。

第三，在计划配置的消费品中，虽然计划低价总是存在超额需求，但由于计划消费品的价格是固定的，因而不会出现公开通货膨胀现象，超额需求最多成为一种抑制性通货膨胀的形成因素。但是，这种抑制性通货膨胀却给今天转轨时期的经济留下了历史包袱。一旦计划价格放开，这种抑制性通货膨胀就会转换成公开的通货膨胀。

第四，在这样的体制下，全民各阶层的货币收入的差距不大，收入差异主要体现在非商品性的计划消费品配置。在各阶层货币收入无很大差异的情况下，产品供求的结构性矛盾比较突出。每一种产品从其被开发导入到衰退消亡，都有其本身的生命周期。当一种商品刚刚被开发时，它还不可能被大批量地生产，因此生产成本较高，在收入差异较大的经济里，只有高收入阶层才能购买得起这种新导入的产品。随着该产品的成熟，生产规模才能扩大，成本才能下降，于是才可以有更多的家庭进入该产品的消费行列。因此，消费的逐步增加和产品的生命周期变化体现了需求结构和产品供应结构的一种有序性。但是在收入无很大差异的经济中，当一种产品刚刚导入，要么由于其价格太高，几乎所有家庭都无能力消费，要么所有的家庭都能购买得起。因此，在传统的体制下，消费的攀比心理具有其现实的收入上的可能性。但是这种相互攀比的消费风尚却给生产带来很大的问题，它往往导致众多的企业一下子过多地转移到某一新产品生产领域，待到消费需求饱和时，它们又往往来不及转移，导致生产的过剩。

二、中国转轨时期的家庭收入决定和消费函数的形成机理

目前我们正处于经济体制从计划经济向市场经济的转轨时期，在这个转轨时期，不仅宏观、微观经济体制发生了重要变化，而且像家庭收入和消费函数这样一些宏观经济变量的形成机理也发生了重要变化。但是，从市场经

济运行所要求的条件来看，当前家庭收入和消费函数的形成机理又带有计划经济时期的特点。因此，对于转轨时期的家庭收入和消费函数的形成机理，一方面，我们要把它作为计划经济中消费函数形成机制的某种延续来看待；另一方面，我们又要把它作为市场过渡中新生长的机制来看待。只有这样，我们才能正确把握转轨时期的家庭收入和消费函数的形成特征以及这些特征对宏观经济运行的效应。

第一，消费基金决定的方式发生了变化。

首先，让我们来看国有企事业单位中职工的收入决定过程的变化。与传统的计划体制下全民所有制单位职工的工资总额由国家计划制定的做法不同的是，在转轨时期，尽管这些部门还存在着由国家规定的工资计划，但是工资（一般被称为基本工资）在职工收入总额中所占的比重逐渐下降，而由奖励工资等所组成的非基本工资在收入总额中所占的比重不断上升，对大多数单位来说已超过基本工资的比重。虽然从理论上讲，非基本工资的增长幅度是与企业的经济效益挂钩的，但是，在目前国有企业的产权安排下，企业经营人员和职工之间并不存在一种有效的制衡机制。因此，一旦当国家计划对这部分的消费基金的控制放松时，就难免发生消费基金膨胀的情况。

其次，在非国有经济中，无论是以利润形式存在的家庭收入，还是以工资形式存在的家庭收入，都有了很大幅度的增长，其中非国有经济的利润收入中有一部分被用来继续投资，另外一部分则形成非国有企业所有者或经营者的消费基金。对这些非国有企业的收入形成过程要根据具体情况进行具体分析。如果非国有企业是确实有经济效率的企业，那么它们收入的增长与产品和服务供给的增长是一致的，因此这部分收入是有供给作为基础的，换句话说，也就是不会对物价的上涨造成压力的。但是，如果这些企业的收入中有一部分是通过与国有企业发生不规则的经济联系，从国有企业的资源或收入中转化而来，那么这部分的收入增长就可能没有供给作为基础，这部分收入的增长就可能对物价的上涨产生影响。

最后，从农民的收入形成来看，随着农产品价格的放开，国家计划已经很难再对农民的收入进行控制。也就是说，在农产品价格放开以后，农产品的价格主要取决于其他部门对农产品的需求强度和农产品本身的供给弹性。农产品计划价格的提高，一方面使原来的农产品的供求矛盾有所缓和；另一方面也极大地鼓励了农民的生产积极性，使农产品的供给迅速增长，在这个基础上农民的收入得到了很大的增加，这不仅大大拓宽了农村的消费品市场，同时农民的储蓄也大幅度增加。但是，中国农产品的供给弹性毕竟受到了土地资源的限制，受到了农村劳动力难以转移出去从而农业生产难以发挥规模经济效率的限制。因此，在 20 世纪 90 年代，随着城市经济的高度发展，对农产品的需求不断增加，农产品的供给却难以迅速增加，结果导致了农产品价格的大幅度上升。这一现象从表面上看起来是由农产品的短缺所致，而实际上反映了农民收入形成中的一种攀比机制，当农民认为从事农业生产（没有规模效率的低水平生产）的收益不如从事其他行业（如乡镇企业、进城当民工等）时，他们就会让土地荒废，减少农产品的供给。由于土地占有带有垄断性，因此其他愿意进行规模生产的个人目前也难以顺利地进入这一行业，这就造成了当前农产品生产难以发展的困境。

第二，在转轨时期，计划配置的消费品种类和数量都不断减少，如粮食、食油、棉布等商品的计划配置已被基本取消（尽管在短缺时期，为了平抑物价可能出现短期的计划配置）。因此，就消费者的自愿选择这一点来讲，中国宏观经济中的消费函数开始与市场经济中的消费函数接近起来。但是，对大多数家庭来说，消费选择中有一项目前还是计划配置的，容不得家庭自由选择，那就是住房的配置。就房租来说，计划内配置的房子的租金与市场配置的租金，其差别是巨大的。以上海为例，一套 50 平方米的房屋的市场月租金大约为 1 000 元人民币，但同一地段同样质量的房子，对国家职工优惠的房租则只要几十元，相差数十倍之多。计划价格和市场价格的巨大差异，将使相当一部分的家庭的住房消费处于受计划配置制约的状态，一方面他们对计划配置的住房的需求没有得到满足，另一方面，他们又没有能力进入市场去按照市场价格来作出住房面积的选择，因而这种配置是低效的。它不仅影响住房消费选择本身，而且还将影响到家庭对其他商品的消费，如当家庭能够根据房子的计划配置享受计划低房租时，家庭就不会特意为购买住房而进行储蓄，从而把大量的收入用到其他消费品上，给这些商品的供给带来一定的压力。因此，房租和住房分配制度的改革是当前消费领域中经济改革的一项重要内容，也是计划配置消费品的最后一个堡垒，但是这一改革的难度是很大的。因为长期以来，我们采取的是一种低计划房租的政策，现在一下子要根据市场租金，放开房租水平，势必影响到国有企事业单位职工的工资水平。工资水平的提高，一方面会给国家财政造成巨大压力，另一方面将大大提高工业产品的成本，而目前中国工业中许多产品的价格已接近或超过世界价格水平，如果工资成本再上升，我们的产品在世界市场上将无任何竞争优势。因此，在住房制度改革上，我们似乎处于一个进退两难的境地。

第三，经济改革以来，随着经济的增长和家庭收入决定方式的变化，家庭的收入水平大幅度提高，这使得家庭在收入支出的结构上发生了重要变化。首先，家庭消费函数中的平均消费倾向开始下降，与此相应，家庭的平均储蓄倾向有了很大提高，1979 年中国居民的平均储蓄倾向为 7.3%，到了 1985 年平均储蓄倾向就达到了 17.3%，此后几年家庭的平均储蓄倾向就在这一比率上徘徊。随着储蓄的增加，家庭的资产积累增加，资产种类呈现多样化的趋势。据某些研究显示，20 世纪 80 年代以后人均资产存量数已超过人均收入数，其中金融资产占人均收入的一半。金融资产中，除了储蓄存款和手持现金外，还有各种有价证券，同时实物资产(农村居民所建造的房屋、城市居民购买的房屋以及各种耐用消费品)的比重也有了很大的提高。

第四，社会集团消费在转轨时期又有了新的发展。经济体制改革以来，国有企业改革所走的一条道路是通过放权让利来调动企业经营者和工人的积极性，即容许企业在完成利税指标以后，由企业的经营者支配企业的留利。但是在放权让利的同时，我们并没有找到一种对经营者实施有效激励和约束的产权安排，即国有资产的人格化代表是缺位的。这种改革方式的一个直接的后果是国家放松了对国有企业收入的有效监管，企业的经营者成了企业的实际控制者(在理论界这被称为内部人控制)，当然，限于财政制度的约束，企业的经营者只能通过以下一系列方式对企业留利做有利于他们的分配，即建造豪华办公楼宇、购买高级办公用品、成立企业小金库用于企业集团消费。因此，20 世纪 80 年代以来，公费消费的种类日益增多，公费用于消费的开支日益增加，已经成为影响宏观经济运行的一个重要变量。

第五，随着经济特区试点的进行，随着非国有经济那部分就业人数的增加和他们收入的提高，家庭之间的收入差距拉开了，虽然绝大多数人的收入水平还处于相对平均的状态，但是差距开始明显起来。首先，地区之间的收入差距拉大，东部沿海地区的家庭收入在改革以后迅速提高，但是大量的中西部地区的家庭收入提高不多。其次，私营企业的老板的收入大大高于在各类企事业单位中就业的职工的收入。再次，在非国有部门（如三资企业）中就业的职工的收入一般高于国有企业中就业的职工的收入。最后，随着经济体制的转变和经济的高速发展，中国开始出现失业者阶层，他们成了需要救济的人员。

转轨时期的这种家庭收入决定过程的特殊性和消费函数的特征对中国当前宏观经济的运行也会带来若干效应。

第一，在国有企业中职工的收入形成过程已脱离了计划控制，尤其是由于国有资产的所有者缺位，随着放权让利改革的推行，国有企业的分配朝着有利于职工收入增加的角度倾斜。在这样的体制下，一旦国家放松监督，消费基金膨胀的趋势就难以避免，在消费品价格放开的情况下，其直接后果就是通货膨胀。

第二，随着家庭储蓄的增加，家庭所拥有的金融资产和实物资产的数量也随之增加，因此家庭的当期收入对当期消费的预算约束已不是十分严格，当期预算约束变成了跨预算约束时，家庭消费就可以突破其当期收入。随着社会保障制度的改革，家庭开始从一个更长的时期来安排消费和储蓄，以使其在整个生命周期中的效用函数达到最大。因此，在转轨时期，宏观经济学有关消费函数的持久收入假定和生命周期假定的分析也可以应用到中国的消费函数分析中来。这一变化预示着中国家庭的消费和储蓄模式的重大变化，对宏观经济运行的影响将是深远的。

第三，随着家庭储蓄的增加和金融资产的多元化，家庭所持有的有价证券也随之增加，家庭储蓄成了中国经济中积累和投资的一项重要来源，利率和证券价格的波动对调节宏观经济的效果也开始明显起来。

第四，由于在某些特殊的消费领域（住房消费）还存在着计划配置的情况，而且计划价格和市场价格的差距很大，这就导致了消费供给结构上的不协调，即供给曲线将不是一条平滑连续的曲线，而是一条在某一价格段不连续的曲线，如市场供给的住房租金极为昂贵，计划供应的住房租金极为低廉，但介于这两种价格之间的住房供给却不存在。在这种情况下，消费需求也难以连续。如果有一条连续的供给曲线，家庭收入中将有相当一部分被配置在住房上，但现在家庭一方面在计划配置的住房需求上没有得到满足，另一方面却因为市场价格太高而无法进入，家庭只能把这部分原来可能用在住房上的支出储蓄起来或者投向其他消费品市场，从而出现一种消费上的怪现象，在人均住房面积上，中国居民的消费是与低收入水平的国家相对应的，而在其他耐用消费品的消费方面，却是与高收入国家的水平相对应的，出现消费早熟的现象。这种消费早熟对中国宏观经济的运行也会带来一定的效应。

第五，改革开放以来，社会集团消费无论是在规模上还是在数量上都有了很大发展，这部分消费有着自身的许多特点。一是消费内容比较单一，除了办公设施外，主要是用在三产服务业方面，如公费请客等；二是集团消费者对价格的反应比较迟钝。这两方面的特点决定了在公费消费涉足的领域中出现供给与需求曲线不连续的情况，如在餐饮业中，要么是供公费消费的豪华酒店，要么是简陋的饭店，而介于这两者之间的中档餐馆的发展就比较缓慢。同时那些专为公费消费而发展起来的三产服务业带有很大的波动性，即随着国家政策对公费消费监督的宽严而发生波动。由公费消费拉动的三产的过分波动就不利于经济的健康发展。

作者说明

随着改革开放的进程以及中国的转轨，中国家庭的消费函数也发生了相当大的变化。在计划经济时期，消费被政策性地压低，大部分消费品为配置供给，同时收入也相对固定，人们并没有一条变化的曲线可以形成消费"函数"，宏观经济的发展主要是低消费高积累，同时配合二元经济的剪刀差，在中国经济发展的前期为高投资的经济增长提供了基础。但在经济逐渐转轨的20世纪90年代中期，家庭收入的来源逐渐多元化，计划经济逐渐退出市场，双轨制使得商品的体制内外价格差别显著，从而在消费函数上留下间断点，家庭消费的平均消费倾向也经历了先扬后抑的过程。本文就消费函数发生变化的原因以及其对宏观经济发展的反作用，提出一些初步的意见。本文成文在时间上要比前面一篇论文要早，发表于《学术月刊》1996年第9期。为了避免重复，选入时将消费理论的一般介绍做了删节。

城镇居民消费行为变异与中国经济增长

一、引　言

　　在计划经济体制下，中国城镇居民具有很高的消费倾向。根据臧旭恒的计算，从 1952 年到 1978 年，城镇居民的平均消费倾向始终保持在 0.95 以上。[①] 与此相对应的是，城镇居民在计划经济体制下的储蓄动机不强，拥有的金融资产数量也少。1978 年中国城镇居民储蓄年末余额为 154.9 亿元，仅仅是当年城镇居民货币收入的1/5。在计划经济向市场经济的转轨过程中，尤其是从 20 世纪 80 年代后期以来，城镇居民的平均消费倾向出现了较大幅度的下降(见图 1)。根据中国国家统计局公布的城镇居民家庭收支调查数据，1997 年城镇居民的平均消费倾向为 0.807，比 1987 年下降了近 7 个百分点。随着消费倾向的降低，近年来城镇居民消费水平的增长速度也出现了较大幅度的下降。1996 年和 1997 年城镇居民消费水平的增长速度仅为 2.8% 和 1.3%。

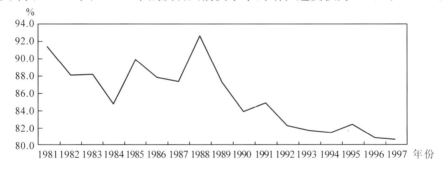

图 1　中国城镇居民平均消费倾向

---

　　①　臧旭恒：《中国消费函数分析》，上海三联书店、上海人民出版社 1994 年版，第 235 页。

　　以消费倾向的大幅下降为标志，中国城镇居民的消费行为在近十年来的转轨过程中发生了较大的变异。这一变异导致目前中国消费需求疲软。城镇居民最终消费占中国GDP的1/4左右，消费需求的疲软严重影响到中国经济的增长速度。作为推动中国经济增长重要部门的出口贸易，1998年仅增长了0.6％。在总需求普遍疲软的情况下，尽管政府采取了一系列的扩张性财政政策和货币政策，由于未能很好地启动包括城镇居民消费需求在内的国内需求，经济增长速度仍然在逐渐放慢。为了确保中国经济一定速度的增长，如何启动城镇居民的消费需求已经成为当前经济工作者面临的重要问题。在本文中，我们将在一个统一的经济学逻辑框架下对计划经济和转轨时期中国城镇居民的消费行为进行全面分析，从生命周期假说、永久收入假说、预防性储蓄假说和流动性约束假说等消费理论出发，研究城镇居民消费行为发生变异的原因。在此基础上，我们试图找到用于启动城镇居民消费需求的方法。

　　在内需不足的经济中，启动消费需求可以加快短期经济增长。但是，消费倾向的上升可能会降低投资率，从而对中国经济的长期增长产生负面影响。我们认为，在目前情况下启动消费需求并不一定意味着投资率的下降，即使投资率出现了适度的下调也不会影响中国的长期经济增长。相反，启动消费需求可以吸引投资，激发企业的创新，教育消费的上升还具有增加人力资本的作用。这些因素都能促进中国经济的长期增长。

二、计划经济体制下的中国城镇居民消费行为

　　为了更好地理解转轨时期中国城镇居民消费行为的变异，我们有必要对计划经济体制下的居民消费行为作一个简单的分析。新中国成立以后，中国政府选择了以优先发展重工业为目标的发展战略。[①]　在资源禀赋不利于重工业发展的情况下，为了保证国有工业部门的利润率和积累率，政府采取了压低生产要素投入成本的方法。其中一个重要的措施就是将工业部门的工资率

---

　　①　林毅夫、蔡昉、李周：《中国经济奇迹：发展战略与经济改革》，上海三联书店、上海人民出版社1994年版，第178—235页。

控制在较低的水平上。根据胡和卡恩的估计①，在 1952 年到 1978 年的 20 多年间，劳动收入占中国国民收入的份额在大多数年份中都低于 40%，远远低于国际平均水平。我们关于中国国有工业企业隐性失业率的一项研究的结果也表明，1984 年以前，中国国有工业部门的职工实际工资被压制在低于劳动边际生产率的水平上。由于受到低收入的制约，改革开放以前中国城镇居民食品消费支出占消费支出总和的比重约为 60%，城镇居民不得不把大部分收入用于生活必需品的消费，而可能用于储蓄的收入部分非常有限。这是导致计划经济年代城镇居民消费倾向很高的一个基本原因。

在莫迪里亚尼等人②的生命周期假说和弗里德曼③的永久收入假说中，居民一生效用总和的最大化要求各期消费服从一条比较平稳的最优消费路径。因此，储蓄的作用表现为平滑各期消费。由于各期收入变化所引起的财富波动，中国自从 1956 年实行统一的国家机关和企事业单位工资标准以后，职工工资水平一直比较稳定。在 1978 年以前的绝大多数年份中，职工年平均工资都在 500 元至 600 元之间小幅波动。职工退休收入主要由工作期间的标准工资决定。1978 年，中国职工标准工资占工资总额为 97.21%。因此，计划经济时代职工退休收入与工作期间的收入相差无几。稳定的劳动工资和退休收入决定了计划经济年代城镇居民的收入路径具有较高的平稳性，储蓄平滑收入变动的功能被削弱了。因此，较为平稳的收入路径可以部分地解释计划经济年代中国城镇居民储蓄动机不强的原因。

里兰德发现，当效用函数的一阶导数为凸函数时，未来收入不确定程度的上升会提高未来消费的预期边际效用，从而吸引居民进行更多的储蓄。④里兰德的发现被人们称为预防性储蓄假说。根据预防性储蓄假说，与确定情

---

① Hu, Z. F., Khan, M. S., Why Is China Growing So Fast? *IMF Staff Papers*, 1997(44), pp. 103—131.

② Modigliani, F., Brumberg, R., *Utility Analysis and the Consumption Function: An Interpretation of Cross-Section Data*, in Post-Keynesian Economics, Rutgers University Press, 1954, pp. 388—436.

③ Friedman, M., *A Theory of the Consumption Function*, Princeton University Press, 1957, pp. 137—139.

④ Leland, H. E., Saving and Uncertainty: The Precautionary Demand for Saving, *Quarterly Journal of Economics*, 1968(3), pp. 465—473.

况相比，居民在未来收入不确定的情况下一般都会增加储蓄，居民所增加的这部分储蓄被称为预防性储蓄。未来收入的不确定既可以来自未来个人情况的不确定，也可以来自未来整个经济环境的不确定。我们把前者称为个人风险，把后者称为系统风险。在计划经济年代，工资标准由国家统一决定，收入按平均分配制度分配，企业担负着职工养老、医疗和意外事故等方面的费用，对绝大多数城镇居民来讲，基本上不存在个人风险。与此同时，政府通过指令性计划对国民经济的运作进行了严格控制，虽然整个经济的运行效率很低，但经济环境却比较稳定，城镇居民面临的系统风险也比较小。因此，在计划经济体制下，只要中国城镇居民的跨期替代弹性处于正常范围，由未来收入的不确定所引起的预防性储蓄的数量必定有限。

储蓄除了具有平滑各期消费和预防未来不测之作用外，其本身是一种金融资产，还具有一定的投资性。特别是当居民具有利他主义倾向时，储蓄的投资作用被增强了，因为储蓄作为遗产可以提高居民的效用。① 在优先发展重工业的战略指导下，政府压低了用于衡量资金投入成本的利率水平。② 偏低的收益率降低了居民通过储蓄进行金融资产投资的愿望。麦金农指出，当金融市场受到抑制时，居民会选择"内部投资"。根据叶文振所列的数据③，如果假设年贴现率为 5％，在改革开放刚刚起步的 1979 年，在中国城市培养一个年满 16 岁的劳动力的单位成本现值仅为 2 148.08 元，每年的平均支出尚不足 200 元。按照 1979 年中国职工 670 元的年平均工资计算，如果子女年满16 岁后从业 40 年，子女培养的单位收益现值可达 5 266.72 元。只要中国城镇居民对子女的利他主义系数比较显著，子女培养的收益率就将大于储蓄的收益率。因此，在金融市场受到抑制和政府鼓励生育的环境下，中国城镇居民"内部投资"的一个自然选择就是培养更多的子女。从全国人口普查数据看，1953 年中国 14 岁以下的儿童占总人口的比重为 35.33％。到了 1964 年，这

---

① 这里的利他主义主要是指居民的效用函数中包含着子女的效用。关于利他主义的详细论述可见 Becker, G. S. Caballero, R. J. 的相关文献。

② 以一年期定期存款为例，在 1958 年到 1978 年间的大多数年份中，名义利率尚不足5％。

③ 叶文振：《孩子需求论：中国孩子的成本和效用》，复旦大学出版社 1998 年版，第45—67 页。

一比重迅速上升到 40.61%。由此可见，中国城镇居民利用子女培养这一"内部投资"方式，部分地代替了储蓄作为投资的功能，从而削弱了居民进行储蓄的动机，使居民的储蓄倾向进一步降低。

三、转轨时期的中国城镇居民消费行为

1978 年以来，中国政府对优先发展重工业的战略进行了调整，逐步放开包括工资在内的生产要素价格并过渡到由市场决定。随着企业改革的深入，灵活的收入分配制度作为调动企业职工积极性的重要方法被广泛接受。在这种情况下，过去被压低的劳动收入得到了大幅度的提高。扣除物价因素，1997 年中国职工年平均工资比 1978 年提高了 195.43%。根据胡和卡恩的估计，1994 年劳动收入占中国国民收入的份额为 53%，比 1978 年上升了 16 个百分点。[①] 我们的研究表明，从 1980 年到 1995 年，中国国有工业企业职工实际工资的年平均增长率达到 7%。在劳动收入迅速增长的作用下，城镇居民的收入也得到了大幅提高。根据中国统计局的调查数据，扣除物价因素，1997 年城镇家庭人均收入比 1981 年提高了 201.41%。从消费结构上看，城镇居民用于食品消费的支出占消费支出总和的比重从改革前的 60% 左右下降到 1997 年的 46.41%，彩电、冰箱等耐用品的百户拥有量从改革前的几乎为零，分别上升到 1997 年的 100.48 台和 72.98 台。消费结构的变化说明中国城镇居民已经摆脱了低收入的制约，储蓄空间相对计划经济年代而言有了很大的扩展，这是转轨时期中国城镇居民储蓄倾向上升的必要条件。

转轨时期城镇居民的收入路径发生了较大的变化。这种变化首先表现为，与工作期间快速增长的收入相比，职工退休收入出现了相对下降，其中主要有以下两点原因。第一，为了更好地调动职工的积极性，奖金、计件超额工资和各种津贴、补贴占工资总额的比重不断上升。到 1997 年，这一比重已经上升到 37.93%，远远高于 1978 年的 2.79%。职工退休收入主要由标准工资决定，标准工资占工资总额比重的大幅下降严重影响了职工退休以后的相对

---

① Hu, Z. F., Khan, M. S., Why Is China Growing So Fast? *IMF Staff Papers*, 1997(1), pp. 103—131.

收入水平。第二，随着医疗保障制度改革的深入，城镇居民承担的医疗费用越来越高。相对于年轻人而言，老年人在医药用品和卫生服务等方面的消费支出必然更高。因此，医疗保障制度改革对职工退休收入所产生的负面影响更大，这也是造成职工退休收入出现相对下降的一个原因。转轨时期城镇居民收入路径发生的另一个变化是处于低收入阶段的退休期被延长了。退休期的延长源于以下两个原因。第一，卫生事业的发展延长了中国居民的平均寿命。据预测，2000 年中国 60 岁女性和男性的期望寿命分别为 78 岁和 82 岁，比 1980 年分别上升 3 岁和 4 岁。到 2025 年，中国 60 岁女性和男性的期望寿命将分别达到 85 岁和 83 岁。[1] 在退休年龄不变的情况下，寿命的延长等同于退休期的延长。第二，由于国有和集体部门的隐性失业规模非常庞大[2]，为了提高经济效益，越来越多的企业职工被迫提前退休或者处于停工待岗状态。1996 年，中国有 892 万名下岗职工。[3] 根据袁志刚和陆铭所列的关于上海停工待岗职工的调查数据，45 岁以下的停工待岗职工占总数的 84.4％。[4] 如果这些职工不能找到其他的工作，在寿命不变的情况下，提前退休和停工待岗实际上就意味着退休期的延长。由于收入路径发生的上述变化，储蓄用于平滑收入路径的功能一下子被凸显出来。由此可见，退休以后收入水平的相对下降和退休期的延长是转轨时期中国城镇居民储蓄倾向上升的一个重要原因。最近一项关于上海家庭储蓄目的的调查有力地支持了这一判断。在家庭储蓄目的排序中，把养老排在前三位的家庭占到总数的 69.6％。此外，根据生命周期假说，从业人员应当在工作期间进行储蓄，积累一定数量的财富，使其在退休以后收入减少的情况下得以保持一定的消费水平。因此，当一个经济的从业人员占总人口的比重较高时，这个经济的储蓄倾向也会较高。改革以来，中国从业人员占总人口的比重大幅上升，1997 年达到了 56.9％，比 1978 年提高了 15 个百分点。根据生命周期假说，这一比重的上升将提高居民总体的储蓄倾向。从 1982 年和 1990 年进行的两次人口普查结果看，改革以来中

　　① 徐文虎：《中国人口老龄化趋势与养老保险制度的完善》，1998 年社会保障与养老保险国际研讨会论文。

　　② 同上书。

　　③ 数据源于 1997 年《中国劳动统计年鉴》。

　　④ 袁志刚、陆铭：《隐性失业论》，立信会计出版社 1998 年版，第 53 页。

国从业人员比重增加的一个主要原因是中国劳动年龄人口占总人口的比重有
所上升，分别为 54.87％和 60.06％，明显超过 1953 年和 1964 年的 51.46％
和 49.4％。由此可见，劳动年龄人口比重的上升也是造成转轨时期城镇居民
储蓄倾向升高的一个原因。

　　与计划经济相比，未来收入在市场经济中的不确定程度大大上升。在市
场经济中，个人风险表现为身体健康状况、雇主满意程度和企业运行情况等，
诸多影响个人未来收入的因素都是不确定的。经济波动以及利率、汇率、失
业率和通货膨胀率的变化则构成了市场经济中的系统风险。以典型的市场经
济国家美国为例，许多研究结果都表明美国居民的收入具有较高的不确定性
（如 Macurdy，1982[①]；Hall，Mishkin，1982[②] 等）。中国目前正处于转轨时
期，原有的收入分配制度被逐渐打破，城镇居民的个人风险迅速上升。由于
个人风险是造成收入分配差距的一个重要原因，因此基尼系数可以用于衡量
个人风险。根据赵人伟和李实的计算[③]，1978 年中国城镇居民的基尼系数为
0.16。到 1995 年，基尼系数上升到 0.28，已经接近发达市场经济国家的水
平。除了个人风险以外，随着政府逐渐放宽对国民经济运行的控制，相对计
划经济而言，中国城镇居民在转轨时期所面对的系统风险也在上升。目前，
国内需求的疲软、出口增长速度的放慢和下岗人数的增加都是造成系统风险
上升的因素。上述分析表明，转轨时期城镇居民的未来收入存在着较强的不
确定性。根据预防性储蓄假说，只要城镇居民的跨期替代弹性不是很大，较
强的不确定性将吸引居民进行相当数量的预防性储蓄。[④] 由此可见，收入不

---

　　①　Macurdy，T. E.，The Use of Time Series Processes to Model the Error Structure of
Earnings in a Longitudinal Data Analysis，*Journal of Econometrics*，1982(1)，pp. 83—114.

　　②　Hall，R. E.，Mishkin，F. S.，The Sensitivity of Consumption to Transitory In-
come：Estimates from Panel Data on Households，*Econometrica*，1982(2)，pp. 461—481.

　　③　赵人伟、李实：《中国居民收入差距的扩大及其原因》，《经济研究》1997 年第 9 期，
第 19—28 页。

　　④　斯金纳和卡贝里罗的研究表明，预防性储蓄是美国居民储蓄的重要组成部分。
Skinner，J.，Risky Income，Life Cycle Consumption，and Precautionary Saving，*Journal of
Monetary Economics*，1988(2)，pp. 237—255. Caballero，R. J.，*Earnings Uncertainty*，*Pre-
cautionary Savings And Aggregate Wealth Accumulation*，Discussion Papers，Columbia Uni-
versity，Department of Economics，1990.

确定性的增强也是导致转轨时期中国城镇居民储蓄倾向上升的一个重要原因。前文中关于上海家庭储蓄目的的调查结果同样也是支持上述论断的一个证据，因为养老储蓄不仅是居民在高收入阶段为低收入阶段保持一定的消费水平所进行的储蓄，而且也是收入不确定情况下预防性储蓄动机的一种表现。

　　凯恩斯提出过一个著名的心理定律，即边际消费倾向会随着收入的增加而下降。① 扎德斯的数值模拟结果②支持了这一心理定律。卡罗尔和金贝尔③则证明，如果效用函数属于双曲线绝对风险厌恶型，在绝大多数情况下消费函数都是严格凹的。④ 这些学者的研究成果表明，高收入居民的消费倾向低于低收入居民，居民的消费倾向会随着收入的增长而降低，这符合中国的实际情况。我们在前面已经提到，转轨过程中中国城镇居民的基尼系数迅速上升。从收入变化的角度看，造成中国城镇居民收入分配差距扩大的主要原因是高收入居民的收入增长速度远远高于低收入居民。从中国统计局公布的调查数据看，1985 年中国城镇最低收入户的年平均收入为 482.76 元，最高收入户为 1 383.72 元。到了 1997 年，最低收入户的年平均收入为 2 456.11 元，扣除物价因素实际增长了 71.07%，而最高收入户的年平均收入为 10 297.45 元，扣除物价因素后的实际增幅达到 150.23%。如果消费函数确实是严格凹的，这种在"馅饼"不断做大的基础上发生的收入分配差距扩大将导致整个社会消费倾向的下降。在 1985 年，中国城镇最低收入户的平均消费倾向为 0.94，最高收入户的平均消费倾向为 0.84。在之后的 13 年间，中国城镇高收入居民的消费倾向出现了显著下降，高收入居民消费倾向与低收入居民消费倾向之间的差距更加明显。1997 年中国城镇最高收入户的平均消费倾向下降到 0.71。高收入户、中等偏上收入户和中等收入户平均消费倾向的下降幅度也很可观。最低收入户和低收入户的平均消费倾向则几乎没有发生变化。因

　　① Keynes, J. M., *The General Theory of Employment Interest and Money*, Macmillan, 1936, p. 130.

　　② Zeldes, S. P., Optimal Consumption with Stochastic Income: Deviations from Certainty Equivalencete, *Quarterly Journal of Economics*, 1989(2), pp. 275—298.

　　③ Carroll, C. D., Kimball, M. S., On the Concavity of the Consumption Function, *Econometrica*, 1996(4), pp. 981—992.

　　④ 双曲线绝对风险厌恶型效用函数几乎包括了所有宏观经济学中常用的效用函数。

此，转轨时期发生的收入分配差距的扩大也是中国城镇居民消费倾向下降的一个重要原因。

表1 中国城镇居民平均每百户年末部分耐用消费品拥有量   单位：台

消费品 年份	电风扇	洗衣机	电冰箱	彩电	录音机
1981	42.62	6.34	0.22	0.59	12.97
1997	165.74	89.12	72.98	100.48	57.2

改革开放 21 年来，食品的极大丰富和家用电器等耐用消费品全面进入城镇居民家庭构成了中国 GDP 高速增长的物质内容。在消费支出进一步增长的情况下，家用电器在居民家庭中逐渐饱和(表1)预示着中国城镇居民的消费结构将面临重大调整，未来住房和汽车可能成为居民消费的重要组成部分。[①]如果说汽车消费在中国涉及较高的道路成本和环境污染成本，难以一下子推广，那么推动城镇居民的住房消费将是启动中国消费需求的一个有效途径。从目前情况看，中国城镇居民的住房消费还处于起步阶段。1997 年城镇居民家庭人均住房消费为 148.66 元，仅占消费支出的 3.55%。除了住房分配制度改革没有彻底到位以及由此产生的观念转变尚未形成等因素以外，阻碍住房消费发展的另一个重要原因还在于中国城镇居民在住房消费方面面临着较强的流动性约束。[②] 与不受流动性约束相比，流动性约束下的消费水平较低，因为面临流动性约束的居民只能消费当期的财富。而当居民一旦预测未来将面临流动性约束时，他就会增加储蓄，减少当期消费。这是因为流动性约束实际上创造了一个影子价格，这个影子价格在居民决策中所起的作用类似于利率，它使受到流动性约束影响的居民在确定消费水平时就好像面临着一个更高的利率水平。随着改革开放以来财富的逐步积累，1997 年年底中国城镇

---

① 袁志刚：《对中国宏观经济运行状态的经济学分析》，《复旦学报》1998 年第 4 期，第 10—16 页。

② 时至 2010 年，中国的房地产市场制度仍远没有完善，住房制度改革陷入迅速市场化的误区，使得住房消费和储蓄占去城镇居民的很大部分收入。虽然金融市场改革放宽了流动性约束，但房价高企带来的不确定性增加了预防性储蓄倾向，此外房地产市场的制度缺失成为约束中国城镇消费的最大瓶颈。

居民的储蓄年末余额已经达到了 37 147.6 亿元，各类消费信贷也开始起步，中国城镇居民面临的流动性约束得到了一定程度的放松。但是，对于财富积累较少的居民来说，流动性约束依然影响他们的消费行为。[①] 特别是对于住房这种耐用消费品而言，普通收入的城镇居民可能要花费一生积累的财富才能购买。虽然住房公积金贷款制度和按揭贷款制度正在逐步完善之中，但如果居民无法获得足额的消费信贷，为了购买住房他只能进行更多的储蓄，积累起足够的财富。前文所引的一项关于上海家庭储蓄目的的调查显示，有 19.2% 的家庭把买房作为储蓄的首要目的，把买房排在储蓄目的前三位的家庭比重达到 55%。此外，随着教育体制的改革和教育产业化呼声的日益高涨，子女教育费用可能成为中国城镇居民未来的主要支出项目之一。事实上，近年来中国子女教育费用已经在快速上涨。根据叶文振所列的数据，即使处于义务教育阶段，在厦门抚养一个 16 岁孩子所需的教育费用也要达到 17 573.3 元。[②] 如果子女接受高等教育，所需的费用无疑更加惊人。在未来子女教育费用预期迅速上升以及贷学金制度尚未建立的情况下，具有利他主义倾向的父母必然会选择进行更多的储蓄，以备子女教育之需。以前文关于上海家庭储蓄目的的调查为例，有 39.4% 的家庭把子女教育作为储蓄的首要目的。把子女教育排在储蓄目的前三位的家庭比重则高达 84.4%。由此我们可以看出，至少在购买住房和子女教育方面，大多数城镇居民的消费行为都受到流动性约束的影响。因此，流动性约束的存在也是造成转轨时期中国城镇居民消费倾向下降的一个重要原因。

四、启动中国城镇居民消费需求的政策建议

上述分析表明，收入的上升、生命周期中收入的大幅度变动、未来收入不确定性的增强、收入分配差距的扩大、流动性约束的存在等因素是造成中

[①]　即使是在消费信贷非常发达的美国，也有相当数量的居民受到流动性约束的影响。Zeldes, S. P., Consumption and Liquidity Constraint: An Empirical Investigation, *Journal of Political Economy*, 1989(97), pp. 305—346.

[②]　叶文振：《孩子需求论：中国孩子的成本和效用》，复旦大学出版社 1998 年版，第 105 页。

国城镇居民消费行为在转轨时期发生变异的主要原因。消费行为的变异导致目前中国消费需求疲软，严重制约了中国经济的增长。为了确保中国经济一定速度的增长，我们在前文的基础上提出以下四点旨在启动国内消费需求的政策建议。

第一，尽快完善社会保障制度，并经广泛的宣传和论证，确立广大居民对未来社会保障制度的信心，从而降低预防性储蓄需求。此外，采取积极措施鼓励保险行业的发展，吸引更多的中国城镇居民参加保险也具有类似的作用。政府既可以通过发行国债也可以通过增加税收筹集建立社会保障制度所需的资金。

第二，在计划经济向市场经济转轨的过程中，住房、养老、医疗、就业和教育方面的改革（简称五大改革）应在确保社会稳定的前提下力争尽快到位。五大改革关系到居民的切身利益。由于改革意味着利益的重新分配，因此随着改革进程的展开，中国城镇居民会提高对未来收入不确定程度的预期。改革拖得越长，居民的风险预期就越高，这将促使居民增加预防性储蓄，降低消费倾向。反之，在确保社会稳定的前提下，改革进行得越是彻底，居民对于未来收入的风险预期就会越低，预防性储蓄就会随之减少。

第三，采取积极有效的措施缩小中国城镇居民的收入分配差距。如果消费函数是一个凹函数，在收入总额不变的情况下缩小收入分配差距可以提高居民总体的消费水平。转轨时期中国城镇居民的消费倾向随着收入的上升而下降，这符合凯恩斯的心理定律。因此，只要缩小收入分配差距，中国城镇居民的总体消费水平可望有所提高。就目前情况而言，利用累进税征集完善社会保障制度所需的资金既可以降低城镇居民未来收入的风险，也可以缩小城镇居民的收入分配差距，这是一项促进消费需求的有力措施。

第四，建立、健全消费信贷制度，扩大消费信贷规模。就目前情况来看，许多中国城镇居民都受到流动性约束的影响。建立、健全消费信贷制度可以放宽流动性约束，提高当期消费水平。

五、启动消费需求与长期经济增长

启动消费需求会降低国民储蓄率。由于国民储蓄率是决定投资率的主要因素，中国城镇居民消费倾向的上升也可能导致投资率的下降。从索洛①的新古典增长理论到以罗默②和卢卡斯③为代表的新增长理论都认为投资率是决定长期经济增长的重要因素，这一结论已被大量的经验研究所证实（比如 Barro，1991④；Mankiw，etal，1992⑤；Levine，Renelt，1992⑥ 等）。因此，一个自然的问题就是启动消费需求是否会对中国经济的长期增长产生负面影响。改革开放以来，中国在大多数年份中保持了 35％以上的投资率。作为一个劳动力资源非常丰富的国家，资本的高速积累为中国经济增长做出了重大贡献。同时，随着计划生育的普及，中国人口的年龄结构正在发生重大变化。在未来几十年中，劳动年龄人口比重将出现大幅下降。为了经济的持续增长，劳动生产率应当得到相应的提高，这就使得单位劳动力必须配备更多的资本。城镇居民的巨额储蓄为资本扩张提供了充足的物质基础，这是中国经济实现长期快速增长的必要条件。但是，由于消费需求的疲软，企业的投资意愿不强，规模庞大的储蓄无法全部转化为资本，相当部分的储蓄成为闲置资金。因此，在目前情况下，国民储蓄率的上升不一定意味着投资率的上升。相反，启动消费需求可以吸引企业投资，促成闲置资金向资本的转化，从而可能引起投资率的上升。此外，投资效率的高低也是决定长期经济增长的重要因素。根据萨默斯和汉斯顿编制的数据表，⑦ 在 1960 年至 1985 年间实现年均增长速

---

① Solow，R.，Technical Change and the Aggregate Production Function，*Review of Economic Studies*，1957(39)，pp. 312—320.

② Romer，P. M.，Increasing Returns and long-Run Growth，*Journal of Political Economics*，1986(94)，pp. 1002—1037.

③ Lucas，R. E.，On the Mechanics of Economic Development，*Journal of Monetary Economics*，1988(22)，pp. 3—42.

④ Barro，R. J.，Economic Growth in a Cross Section of Countries，*Quarterly Journal of Economics*，1992(106)，pp. 407—444.

⑤ Mankiw，N. G.，Romer，D.，Weil，D.，A Contribution to the Empirics of Economic Growth，*Quarterly Journal of Economics*，1992(7)，pp. 407—437.

⑥ Levine，R.，Renelt，D.，A Sensitivity Analysis of Cross-Country Growth Regressions，*American Economic Review*，1992(82)，pp. 942—963.

⑦ Summers，R.，Heston，A.，A New Set of International Comparisons of Real Product and Price Levels Estimates for 130 countries，1950—1985，*Review of Income and Wealth*，1988(34)，pp. 1—26.

度 6%以上的所有 15 个国家和地区中，平均投资率仅为 2.9%。这些国家和地区的资本积累速度远远低于中国，但因为投资效率比较高，也实现了经济的腾飞。众所周知，中国的投资效率是比较低下的，观察固定资产投资在不同经济类型中所占的比重就可以证明这一点。1997 年国有经济在工业总产出中的比重只有 25.5%，在固定资产投资总额中的比重却达到了 52.5%。由此可见，启动消费需求不仅不意味着投资率的下降，而且，只要致力于投资效率的提高，即使投资率出现了适度的下调，也不会影响中国经济的长期增长。

应当指出，只要资本边际收益递减规律成立，高水平的投资率并不能保证经济的长期快速增长。只有在人力资本和技术水平实现同步增长以后，资本的快速积累才能转化为经济的长期快速增长。舒尔茨很早就认识到了人力资本对于经济增长的重要性。[1] 人力资本积累可以提高劳动者的生产技能，[2] 也可以为研究开发提供充足的人力资源。[3] 接受教育是提高人力资本的主要途径。中国居民对于子女教育的需求很高。就短期而言，通过建立、健全贷学金制度可以利用这部分需求提高居民的教育消费支出。启动教育消费可以直接拉动内需。同时，教育消费的上升还可以吸引更多的资金从事教育投资，扩大教育规模，改善教育设施和教育环境，具有一定的乘数效应。自索洛[4] 以来，技术进步已经被公认为当代经济增长的主要推动力。技术进步的源泉在于创新，这也是以罗默[5]、格罗斯曼和赫尔普曼[6]为代表的创新增长理论的核心命题。在创新增长理论中，创新是企业为追求利润最大化而进行研究开

---

[1] Schultz, T. W., Investment in Human Capital, *American Economic Review*, 1961 (51), pp. 1—171.

[2] Lucas, R. E., On the Mechanics of Economic Development, *Journal of Monetary Economics*, 1988(22), pp. 3—42.

[3] Romer, P. M., Endogenous Technological Change, *Journal of Political Economy*, 1990(98), pp. 71—102.

[4] Solow, R., Technical Change and the Aggregate Production Function, *Review of Economic Studies*, 1957(39), pp. 312—320.

[5] Romer, P. M., Endogenous Technological Change, *Journal of Political Economy*, 1990(98), pp. 71—102.

[6] Grossman, G. M., Helpman, E., *Innovation and Growth in the Global Economy*, MIT Press, 1991, pp. 223—240.

发的产物。单就研究开发的投入而言，中国在创新方面所做的努力还很不够。更加值得注意的是，在市场经济中，企业是创新的主体。但是，有限的研究开发经费和科研人员大都集中在政府部门和高校部门，企业创新能力的发展严重滞后，这势必影响中国的长期经济增长。计划经济体制的长久影响以及缺乏对于知识产权的足够保护都是造成中国企业创新不足的原因。但是，我们也应当看到，目前中国政府和企业已经意识到创新的重要意义并且开始加大研究开发力度的同时，由于担心无法收回研究开发成本，消费需求的疲软在一定程度上影响了企业进行创新的积极性。启动消费需求可以为中国企业的创新提供一个有利环境，提高创新的预期收益，吸引企业加大研究开发投入。在全球经济一体化的背景下，企业创新能力的上升可以提高中国产品的国际竞争力，这也将有助于中国实现经济的长期增长。

作者说明

自改革开放以来，居民消费的变动轨迹便与我国经济增长的模式联系在了一起。无论是通胀时期的加速消费，缺乏社保时期的存钱养老，还是如今房价高涨时期的存钱买房，居民的消费、储蓄行为都如实地反映了当时的经济运行状况，并且对经济的发展有反作用力。本文与宋铮合作，发表于《经济研究》1999 年第 11 期。本文从改革开放之初开始，分年份分析当时的经济情况是如何影响到居民的消费行为的，并为如今如何拉动国内居民消费提出了几点建议，它们分别是：完善社会保障制度，五大改革尽快到位，缩小中国城镇居民的收入分配差距，建立、健全消费信贷制度，扩大消费信贷规模。

收入风险对居民耐用品消费的影响

本部分首次采用大型微观家庭面板数据对我国城乡居民的耐用品消费进行深入研究，主要结论包括：第一，改革进程方面，20 世纪 90 年代中后期国企转制和员工下岗等就业体制方面的重大变革，使居民"收入风险"显著上升，进而明显抑制了城乡家庭的耐用品消费；第二，城乡对比方面，农村家庭面临更高的收入风险，其消费决策对风险因素也更为敏感，因此在当前的"新农村"建设中，建立健全农业保险和农村就业保障体系，对于提高农民消费和福利水平意义重大；第三，本部分的研究结果完全支持$(S，s)$理论模型；同时在收入风险的度量和代理变量选取方面，文章中的一些分析方法也可以应用于汽车、住房等相关领域的研究和政策评价。

一、引　言

消费是宏观经济学中的一个核心问题，按研究对象的不同可以分为"非耐用品"消费和"耐用品"消费，按数据性质的不同则可以分为"宏观"加总的统计数据和"微观"家庭的调查数据两大类。本文首次利用大型的"微观家庭数据"对我国城乡居民的"耐用品消费"进行深入研究，我们重点关注 20 世纪 90 年代中后期集中推行的各项重大改革对城乡居民的"收入风险"进而对家庭耐用品消费的影响。之所以把研究的重心放在"耐用品"消费上，并选取了"收入风险"的视角，是基于对以下几个现实问题的观察和思考。

20 世纪 90 年代中后期我国的改革进程明显加快，就业体制改革可能导致居民收入风险上升，而医疗、教育、住房体制的变化可能使家庭支出风险增加。此前有很多学者指出，1997—2000 年间的"通货紧缩"在很大程度上就是由于家庭收入和支出风险上升，导致"预防性储蓄"上升，进而造成消费不振、增长乏力。这种解释很有道理，也有很多实证方面的支持，① 但图1中还是有两个现象令人不解：其一，在消除了物价变动因素后，实际居民消费增长率在1997—2000年间是持续上升的，与实际GDP增长率反向变动，这说明增长乏力不能简单地用消费不振来解释；其二，从图1的中间部分可以看到，城镇居民实际总量消费和耐用品消费的增长率在1997—2000年间都显著高于农村居民，我们知道，这段时间包括国有企业职工下岗在内的各项改革主要在城市推行，那么按道理"政策冲击"应该对城市居民消费的影响更大，而不是相反。这两个现象提醒我们，有必要进一步深入研究各种风险因素对人们消费行为的影响，尤其应该把"城市"和"农村"区分开来，这样才能深入细致地分析各项改革的具体影响和福利效应，为今后的改革提供支持和借鉴。

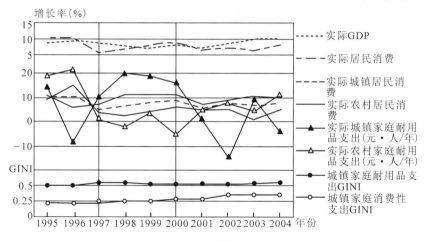

图1　中国城乡居民消费情况(1995—2004年)

注：城镇和农村居民消费的实际值根据《中国统计年鉴》(2005)"支出法国内生产总值结构"和"各种价格定基指数"计算；城镇和农村家庭耐用品支出实际值根据《中国物价(或价格)及城镇居民家庭收支调查统计年鉴》(1996—2005年)相关指标计算，其中基尼系数基于"收入七等分组家庭"的各项支出进行计算；耐用消费品包括家具和家庭设备，如各种家用电器。

　　众所周知，我国城乡居民消费一直存在巨大的差距。② 图1显示，1997年以来我国农村居民的总量消费增长率就一直低于城市居民，1997—2000年

---

①　这方面的理论和实证研究参见第二部分"文献综述"。
②　刘建国：《我国农户消费倾向偏低的原因分析》，《经济研究》1999年第3期，第52—58页。

间，农村家庭的年人均实际耐用品消费增长率也远远低于城市。那么，导致这种局面的深层次原因是什么？是收入水平和基础设施的差距？还是农村社会保障体系欠缺导致人们面临更大的风险，从而抑制了消费？或者根本就是城乡之间消费习惯和文化风俗的差异？我们的研究发现"收入风险"的因素非常重要，这说明当前我们在推行"新农村建设"时，有必要在提高农民收入水平、加强农村基础设施建设的同时，优先关注农村家庭的收入风险问题，通过建立健全农业保险体系、进城务工人员就业保障体系和农村社会保障体系，来化解和降低农民的收入风险，促进消费，提高福利。

选择研究"耐用品"消费问题，还基于宏观经济中的两个重要事实。第一，在经济周期中，"耐用品"消费的波动幅度远远大于"非耐用品"消费(图1中间部分)，因此耐用品消费的不稳定性是我们研究经济周期、实施调控政策时必须考虑的一个重要因素。第二，社会福利方面，从图1下方可以看到耐用品消费的基尼系数一般在0.5以上，不平等程度远远高于总量消费，而且在1997年、1998年宏观经济增长速度放慢的时候，耐用品消费的基尼系数都有所上升，这说明深入分析耐用品消费有着重要的福利政策意义。对大型家电等家庭耐用品的研究，可以很容易地推广到对汽车、住房等其他耐用品的分析上，可以为将来的学术研究和政策制定提供一些借鉴。

二、文献综述

主流文献中对消费的研究一般分为"非耐用品"(non-durables)和"耐用品"(durables)两大类，前者包括居民日常衣食住行等一般商品和服务，后者则主要指家具、家电、汽车、住房等商品。对非耐用品消费的研究起源很早，莫迪里亚尼的生命周期假说(LCH)和弗里德曼的永久收入假说(PIH)奠定了这一领域的基础，此后 Kimball[1]、Carroll & Kimball(1996)、Carroll[2] 和

---

[1] Kimball, M. S., Precautionary Saving in the Small & in the Large, *Econometrica*, 1990(1), pp. 53—73.

[2] Carroll, C. D., Bufferstock Saving and the Life Cycle/Permanent Income Hypothesis, *Quarterly Journal of Economics*, 1997(1), pp. 1—55.

Deaton(1991)等人先后引入了流动性约束和风险因素，提出了"预防性储蓄"假说。20 世纪 90 年代以来有大量的实证研究都在检验风险因素对消费的削减作用是否足够大、是否造成了显著的福利损失。大多数实证研究的结果表明风险的影响是存在的，但由此导致的"预防性储蓄"的总量以及对总量消费的削减程度还没有形成统一的结论。① 由于受到数据来源和理论基础两方面的限制，国外早期的消费方面的实证研究主要集中于非耐用品，直到 Grossman & Laroque②、Caballero③ 和 Caballero & Engel④ 等创造性地提出和发展了(S，s)模型，这种局面才大为改观。(S，s)模型为人们在不确定情况下的决策行为提供了很好的分析范式，目前已成为耐用品消费方面的基准模型，并被广泛应用到厂商的投资决策、雇员决策上，甚至在金融和资产定价领域也得到了广泛应用。下面我们分国内和国外两个方面对现有文献进行综述。

（一）近年来我国消费研究领域的代表性文献

较早提出"收入不确定性"影响我国居民消费的一篇文献是袁志刚、宋铮写的，作者认为转轨过程中人们收入不确定性的增加可能是造成 20 世纪 90 年代以来我国居民边际消费倾向持续下降的原因，文章也讨论了居民收入提高和耐用品升级在消费方面的影响。⑤ 这篇文献侧重于从理论上对不同影响因素的作用机制进行梳理和探讨，为后续的实证研究提供了一定的借鉴。

对消费的实证研究按数据性质的不同可以分为两大类。第一类是用统计

---

① Carroll，C. D.，A. A. Samwick，How Important Is Precautionary Saving？ *Review of Economics and Statistics*，1998(3)，pp. 410—419. Kennickell，A. B.，A. Lusardi，*Disentangling the Importance of the Precautionary Saving Motive*，NBER Working Paper，No. 10888，2004.

② Grossman，S. J.，G. Laroque，Asset Pricing and Optimal Portfolio Choice in the Presence of Illiquid Durable Consumption Goods，*Econometrica*，1990(1)，pp. 25—51.

③ Caballero，R. J.，Durable Goods：An Explanation for Their Slow Adjustment，*Journal of Political Economy*，1993(2)，pp. 351—384.

④ Caballero，R. J.，J. C. Engel，Explaining Investment Dynamics in U. S. Manufacturing：A Generalized (S，s) Approach，*Econometrica*，1999(4)，pp. 783—826.

⑤ 袁志刚、宋铮：《城镇居民消费行为变异与我国经济增长》，《经济研究》1999 年第 11 期，第 20—28 页。

年鉴中公开的宏观加总时间序列数据进行的研究，如申朴和刘康兵①，杭斌和申春兰②以及万广华等③。这些研究一般以收入的方差表示"收入不确定性"，用医疗、教育等服务价格或支出额作为"支出不确定性"的代理指标，基本的结论是流动性约束和不确定性对我国居民消费有显著的负面影响，抑制了消费，降低了福利。利用宏观加总时序数据所做的实证研究存在几个共同的问题。④ Meng(2003)对此做了全面的综述，他指出，近年来出现的大型"微观家庭调查数据"在样本总量、指标类别尤其是在揭示家庭消费决策的微观机制方面，有着宏观加总数据不可比拟的优势。目前国外主流的实证研究已逐渐把研究的重心转向了大型微观数据，近年来我国也出现了几项有代表性的研究(表1)。比较这些研究，可以发现下面一些特点。第一，除荣昭等⑤的文献以外，其他绝大多数研究都以"非耐用品"消费为主，直接采用国外主流耐用品消费(S, s)模型的实证研究还基本处于空白状态，本文将在这一方面努力有所突破。第二，受数据的限制，目前的研究对象要么是城镇居民家庭，要么是农村，没有一项研究可以同时涵盖城乡，尤其是直接进行城乡消费的对比研究。在这一点上，我们所使用的"中国健康与营养调查"(CHNS)数据有很大的优势，由于该数据在网上完全公开，目前已成为研究我国医疗、健康和劳动经济学问题的重要数据资源。⑥ 本文首次利用CHNS的耐用品消费数据，是对这一珍贵的微观家庭调查数据的深度开发和拓展性应用。第三，表1中的不少研究都涉及体制变革所带来的"收入风险"和"支出风险"对居民

---

① 申朴、刘康兵：《中国城镇居民消费行为过度敏感性的经验分析：兼论不确定性、流动性约束与利率》，《世界经济》2003年第1期，第61—66页。

② 杭斌、申春兰：《潜在流动性约束与预防性储蓄行为——理论框架及实证研究》，《管理世界》2005年第9期，第39—47页。

③ 万广华、张茵、牛建高：《流动性约束、不确定性与中国居民消费》，《经济研究》2001年第11期，第35—44页。

④ 如时间序列的样本量较少从而降低了估计结果的可信性，代理指标选取较为任意、缺乏严格的论证和理论支持，以及某些计量结果存在自相矛盾、含义模糊不清的问题等。

⑤ 荣昭、盛来运、姚洋：《中国农村耐用消费品需求研究》，《经济学季刊》2002年第1期，第589—602页。

⑥ 王曲、刘民权：《健康的价值及若干决定因素：文献综述》，《经济学季刊》2005年第5期，第1—52页。

消费的影响，我们在借鉴国内外研究文献的基础上，将通过工具变量和代理指标的选取对回归结果做进一步的分析和检验，以提高本文的实证结论的稳健性和可信性。

表 1　代表性的研究

代表性文献	研究对象	影响因素	数据性质	数据来源
李实和 Knight (2002)	城镇低收入家庭消费，未说明是否包括耐用品消费	失业风险，医药、教育和住房支出等	1999 年截面数据	中国社会科学院经济研究所"城市家庭收入支出就业调查"(UHIEE)
Meng(2003)	城镇家庭全部消费支出以及食品和教育的分类支出	失业和收入风险	1995 年、1999 年截面数据	
罗楚亮 (2004)	非耐用品和耐用品存量消费	失业和收入风险、医疗和教育支出	1995 年、1999 年、2002 年分年做截面数据回归	
万广华等 (2003)	农村家庭储蓄	流动性约束、预防性储蓄动机	1995—2000 年面板数据 Kmenta 极大似然估计	中国农业部农户调查(RCRE)
Giles and Yoo(2006)	农村家庭"非耐用品"消费及耐用品所提供的"服务流"消费	人口流动、收入风险	1986—1991 年和 1995—2000 年，分时段做混合截面回归	
荣昭等 (2002)	农村家庭耐用品(家电)需求	基础设施情况	1999 年截面数据	国家统计局农户家计调查数据

(二)(S，s)模型简述和国外相关实证研究文献

最早对(S，s)模型进行系统论证的是 Grossman & Laroque(1990)，此后 Caballero(1993)和 Caballero & Engel(1999)进行了相应的拓展和完善。他们证明，[①] 对某类具有"投资不可逆性"和"线性调整成本"的商品(如耐用消费品)而言，消费者的购买和调整决策将遵循(S，s)规则，即家庭在时刻拥有的耐用品存量与其"目标存量"之比的对数 $z_{it} = \log(K_{it}/K_{it}^*)$ 是一个随机过程，存在 z_{it} 的上界 U 和下界 L，当 $z_{it} \in [L，U]$ 时不做调整，一旦达到下界(或上

[①]　受篇幅所限，这里仅对实证检验方程做简要说明，具体的证明和推导过程参见相应文献。

界)消费者即做出购买（或变卖）的决策，将存量调整到目标值 $z^* = \ln(K_{it}^*/K_{it}^*) = 0$ 。一个直观的描述参见图 2。

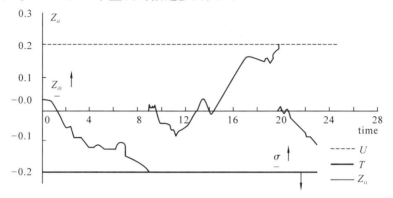

图 2　家庭耐用品存量的调整

注：基于 Caballero(1993)Fig11 绘制。

(S，s)模型表明家庭对耐用品的调整与非耐用品有很大不同，我们对非耐用品的购买和消费每天都在进行，其调整是连续的，而对耐用品的购买决策却是离散的，遵循一种"有上下界的触发机制"(consists of lower and upper trigger points)。(S，s)模型不仅可以准确地刻画耐用品消费的微观决策机制，而且模型中的诸多参数经济含义明确，为实证研究提供了丰富的、可供检验的理论假说。下面仅以购买决策为例，说明各种参数变化对耐用品"购买概率"的影响。

$$\text{prob} \{Buy = 1 \,|\, \bullet\} = \text{prob} \{z_{it} \leqslant L \,|\, \bullet\} = \Phi(z_{it}) = f(z_{i0}, \sigma : Z) \qquad (1)$$

$f(\bullet)$ 中各参数依次为期初家庭耐用品存量、财富增长率和标准差、耐用品几何折旧率、调整成本系数以及时间贴现率、常相对风险规避系数和无风险利率。其他条件不变，(S，s)模型告诉我们：第一，耐用品的初始存量越高，"触底"的可能性越小，家庭的购买概率将下降；第二，家庭永久收入的风险和调整成本系数上升，将使调整下界向下移动，使家庭耐用品消费的等待空间扩大，降低购买概率；第三，此外，还有很多因素 Z(如耐用品折旧率、风险规避参数以及消费偏好等)也将影响家庭的耐用品购买概率，但受数据指标所限，我们在本文中不做直接检验，而只用家庭和户主特征控制这些不可观测因素的作用。总之，(S，s)模型的理论假说清晰明确，符合人们的经济直觉，现有的各项实证研究也为(S，s)模型提供了全面的数据支持(表2)。

表 2　支持(S，s)模型的实证研究

代表性文献	研究对象	检验假说和估计参数	使用数据	研究方法
Lam (1991)		检验(S，s)规则，估计出 U、L 等重要参数	1966 年、1967 年、1969 年每年 1 434 户家庭共 4 302 户家庭调查数据	ML 估计
Eberly (1994)	美国家庭汽车消费	检验 μ、σ、λ 等参数对等待区间的影响，并检验(S，s)模型对总量数据的解释力	1983 年、1986 年 SCF 每年 2 822 户家庭调查数据	OLS 回归、数值模拟
Attanasio (2000)		检验 z_{i0}、σ 和家庭特征变量对 y^* 和 U、L 的影响，并检验(S，s)模型对总量数据的解释力	1984—1988 年 CES 对 21 628 户家庭的调查数据	Probit 模型、ML 估计和数值模拟
Bertola et. (2005)	意大利家庭汽车、家具、珠宝消费	检验 z_{i0}、μ、σ、λ 和家庭特征变量等因素对家庭耐用品购买概率和消费支出的影响，用(S，s)模型估计宏观消费总量	意大利银行 1995 年 SHIW 调查中 1 873 户家庭样本	Probit 模型、Heckman selection 模型和数值模拟

　　表2中所列的国外文献有两个特点。第一，它们都已普遍使用大型家计调查的"微观数据"，这一方面保证了回归估计的大样本要求；同时通过深入分析家庭特征对消费决策的影响，可以更好地探寻宏观现象背后的"微观机制"，加强宏观理论的"微观基础"。第二，它们普遍采用非线性的 Probit 模型和 ML 估计以及大量的数值模拟技术，而这些研究方法在我国目前对消费和其他宏观经济学课题的研究中还并不多见。因此数据来源和技术工具应该是我们今后提高研究质量和水准的重要的努力方向。

三、数据描述①

本部分使用的数据来自"中国健康与营养调查"(CHNS)，该数据库是由美国北卡罗来纳大学和中国预防科学医学院联合创建的。它涵盖了辽宁、黑龙江、江苏、山东、河南、湖北、湖南、广西和贵州 9 个省份以及 1989 年、1991 年、1993 年、1997 年、2000 年和 2004 年 6 次调查，每次调查大约访问 200 个城乡社区(包括城市的街道居委会和农村的村委会)，每个社区大约访问 20 个家庭，共 4 000 户左右的家庭，城乡比为 1∶2。目前该数据库主要用于对我国城乡居民的医疗、健康、劳动等方面的研究，但由于其中包含了对大量家庭耐用消费品特别是彩电、冰箱、空调、电脑等家电的数量、价值和新近购买情况的调查，因此我们完全可以用它进行很好的耐用品消费实证研究。

本部分主要使用了 1991—2000 年的 4 次调查数据，② 并将每次调查中都包括的 2 316 个家庭整理成面板数据(matched panel data)，最终选取 1993 年、1997 年、2000 年 3 年的面板数据进行重点分析。我们的主要目的有两个：一个是用时间跨度较长的数据构造家庭"永久收入"指标；另一个可以用面板数据回归控制家庭不可观察的特征因素(omitted variables)对计量结果的影响。最终选取 3 年的面板数据是因为 1993—1997 年和 1997—2000 年是两个具有很强对比性的改革时段，而且它们的时间跨度差不多，可以做很好的政策对比分析。表 3 是全部样本中个人就业的基本情况，表 4 是全部家庭和面板数据家庭的耐用品情况和家庭、户主特征描述，表 5 中列出了我们测算的几个重要指标。

---

① 各项指标的具体解释参见附录。

② CHNS 没有提供 2004 年家庭实际收入数据，1989 年的问卷中没有"去年是否购买某种家电"的问题，因而不用。

表3　全部样本中个人就业的基本情况

各种类别的个人所占比重		城　　市			农　　村		
（单位：%）		1993 年	1997 年	2000 年	1993 年	1997 年	2000 年
就业状态	工作	42.62	41.57	38.76	52.76	51.12	50.64
	退休	4.32	4.22	4.63	0.58	0.74	1.13
就业性质	待业	2.29	2.71	3.42	0.74	1.05	1.83
	待业及非退休原因未就业	6.72	7.77	10.78	4.08	5.19	7.05
	有稳定性职业*	9.37	10.65	11.26	2.98	2.79	3.15
	就业于国有集体企业	36.63	29.32	24.69	13.04	9.65	8.46
	合同性质为长期工或合同工	37.65	29.80	26.17	14.57	11.05	10.78
	工作单位规模 100 人以上	18.29	17.85	14.80	5.43	6.26	6.12
全部个人样本量		4 374	4 621	4 796	10 599	11 009	11 980

注：按照国家职业分类标准，这里的"稳定性职业"包括高级专业技术工作者、一般专业技术工作者、管理者 P 行政官员 P 经理三类。

观察表 3 可以发现：第一，从就业状态来看，城市和农村的工作比重、退休人员比重都显著不同，这是由农业劳动的生产方式所决定的。但在 1991—2000 年的 10 年间，城市和农村中处于待业或非退休原因未就业的人员的比重都在持续、大幅度地上升，这说明城乡的就业压力都在上升，可能导致居民的就业稳定性下降、收入风险上升。第二，表中所列的四种就业性质都从某个侧面反映了人们的职业稳定性和收入风险，比如一般而言高级专业技术工作者等有"稳定职业"的人失业的风险较低、收入比较有保障，其他指标也有类似的含义。数据显示，城市居民的职业稳定性普遍高于农村，同时 1997 年之后城市和农村的国有集体企业就业比重明显下降，城市中人们的就业合同性质和单位规模也有显著变化，这都在一定程度上反映了国有企业转制、城市企业用工制度改革等政策的影响。总之，CHNS 数据对我国居民的就业状态和就业性质的反映是合理的、可信的。

表4　全部家庭和面板数据家庭的耐用品情况与家庭、户主特征描述

家庭比例（单位：%）	全部家庭			面板家庭		
与家庭、户主特征的均值	1993 年	1997 年	2000 年	1993 年	1997 年	2000 年
家庭样本量	3 434	3 803	4 300	2 316×3＝6 948		
拥有彩电家庭比例	31.92	48.75	65.72	26.42	42.40	57.64

续表

家庭比例(单位:%)	全部家庭			面板家庭		
与家庭、户主特征的均值	1993 年	1997 年	2000 年	1993 年	1997 年	2000 年
拥有冰箱家庭比例	20.36	29.92	37.40	16.84	25.09	31.91
拥有空调家庭比例	1.54	4.97	8.47	1.73	4.71	7.90
拥有电脑家庭比例	0.00	1.81	4.05	0.00	1.73	3.97
去年购买四种大型家电	6.73	8.57	11.26	6.09	8.46	12.44
家庭比例(标准差)	(25.01)	(28.00)	(31.61)	(23.92)	(27.84)	(33.01)
去年家庭实际年收入(元)*	5 356.73	5 706.31	5 008.54	5 196.49	5 648.50	4 985.59
家庭平均在校大学生人数	0.010	0.020	0.029	0.008	0.019	0.027
家庭平均过去 4 周中生病人数	0.22	0.24	0.15	0.21	0.23	0.19

注:CHNS 在调查问卷中询问的是家庭成员"去年"的收入状况,因此最后测算出的也是"去年"的家庭实际收入。

表 4 显示:第一,每次调查中"拥有"和"购买"大件家电的家庭比例都在持续上升,这从一个侧面说明 20 世纪 90 年代以来我国城乡居民的生活水平在不断提高。第二,我们非常关心"去年是否购买四种大型家电"这个指标在面板数据和总样本中的分布是否一致。直接观察均值和标准差,两者相差无几,Kolmogorov-Smirnov 同分布检验的结果,也说明我们面板数据的抽样可

表 5　几个重要指标

	城　市			农　村		
	1993 年	1997 年	2000 年	1993 年	1997 年	2000 年
社区公共设施指标	3.93	3.96	4.16	2.66	3.12	3.47
去年家庭永久收入	5 876.89	6 388.09	5 638.37	4 970.77	5 403.14	4 769.02
家庭收入风险(综合)指标	0.24	0.30	0.33	0.34	0.37	0.39
	户主 从事稳定性职业		户主受教育年限 大于等于 9 年		户主的工作单位 属于国有集体性质	
不同类别家庭	是	否	是	否	是	否
收入风险(单项)指标比较	0.34	0.74	0.56	0.84	0.33	0.83
2000 年与 1993 年相比户主具有 上述特征的家庭所占比重变化	上升 0.16%		上升 11.51%		下降 6.76%	

以代表全体样本。第三，三项家庭特征数据指标在两个样本中的均值也非常相近，这样我们就可以用面板数据中的"家庭年收入"构造"家庭永久收入"和"家庭收入风险指标"，用"家庭平均在校大学生人数"和"家庭平均过去4周中生病人数"两项指标作为家庭"教育和医疗负担"的代理指标。

　　表5中列出了我们根据原始数据测算的三项重要指标，[1] 其中"社区公共设施指标"和"去年家庭永久收入"，城市都显著高于农村，这与现实情况完全相符。在家庭收入风险方面，农村显著高于城市，这与农业生产的性质和农村缺乏完善的失业保障体制有着直接的关系。同时我们发现，20世纪90年代中后期城市和农村家庭的收入风险都在持续上升，这与人们的直觉完全相符，但我们需要继续追问的是，导致"收入风险上升"的主要原因是什么？能不能把这一现象和某些具体的"改革进程和政策冲击"联系起来？根据 Carroll & Samwick(1997)，参照罗楚亮[2]的做法，本文从户主的职业、教育程度和工作单位所有制性质三个维度测算出"家庭收入风险"，比较每个维度的单项指标我们发现，户主从事稳定性职业、具有初中以上文化程度、工作于国有集体单位的家庭，收入风险相对较低。进一步分析样本中不同类别的家庭所占比重的变化，我们可以发现一个很有意思的现象：2000年与1993年相比，户主职业和教育特征的变化都倾向于降低样本整体的家庭收入风险，只有户主工作单位所有制从"国有集体"向"非国有集体"的变化可能导致样本平均家庭收入风险的上升。也就是说，人们从现实生活中感觉到的20世纪90年代中后期包括国企"关停并转"、"减员增效"等在内的一系列重大改革所导致的收入风险的上升，在我们所构造的指标中完全可以反映出来。本文所测算的"家庭收入风险"指标可以捕捉到20世纪90年代中后期国企转制和就业体制变革这一重大政策冲击的影响，这是对现有风险研究文献的一个贡献，也可以为今后的政策分析和评价提供借鉴。此外，各项指标的城乡差异和变化趋势提醒我们，城乡之间在收入风险、收入水平、公共设施等方面的差异可能为研究耐用品消费的城乡差距提供一个很好的视角。

---

　　① 具体测算依据和方法参见附录。

　　② 罗楚亮：《经济转轨、不确定性与城镇居民消费行为》，《经济研究》2004年第4期，第100—106页。

四、计量回归

下面我们就通过计量回归(S，s)模型的基本方程，分析改革中的收入风险、城乡差异和收入差距对我国居民耐用品消费的影响。根据 CHNS 数据的具体情况，我们的基本回归方程设为(2)式。其中 X 为体现(S，s)模型主要假说的变量，包括期初耐用品存量与家庭永久收入之比、家庭永久收入水平和收入风险指标[①]；S 是我们所关心的各种体现政策冲击和城乡差异的指标，包括时间和城市家庭哑变量，医疗、教育、住房政策和社区公共设施的代理变量以及各种解释变量的交互项等；Z 是我们需要控制的省份、家庭和户主特征。

$$\text{prob}\ \{Buy = 1 \mid \cdot\} = \alpha + \beta \cdot X + \gamma \cdot S + \eta \cdot Z + \varepsilon \tag{2}$$

我们一共回归了 4 个方程，从最简单的情况开始，依次扩展到对"不同改革时段的对比"、"城乡对比"以及最终各种变量的综合回归(表 6)。

表 6　回归结果(一)

	(1)	(2)	(3)	(4)
期初存量/永久收入	0.072 0(0.072 0)	0.074 9(0.068 7)	0.034 6(0.073 4)	0.044 8(0.074 5)
家庭永久收入(PI)	0.557 1(0.055 0)	0.570 8(0.088 9)	0.533 7(0.061 3)	0.417 4(0.055 8)
PI* 1993 年哑变量		0.250 7(0.134 6)		0.359 2(0.113 5)
PI* 2000 年哑变量		−0.170 2(0.112 0)		
PI* 城市家庭哑变量			−0.123 0(0.099 7)	
家庭收入风险(IR)	−0.114 6(0.038 1)	−0.188 5(0.047 7)	−0.146 2(0.043 4)	−0.185 8(0.047 7)
IR* 1993 年哑变量		0.159 6(0.067 0)		0.124 2(0.059 1)
IR* 2000 年哑变量		0.075 0(0.058 6)		
IR* 城市家庭哑变量			0.086 7(0.052 6)	0.093 0(0.048 1)
1997 年哑变量	0.136 4(0.060 5)	2.106 6(1.154 6)	0.118 0(0.064 5)	3.084 6(0.966 4)
2000 年哑变量	0.488 7(0.058 7)	4.009 6(1.203 9)	0.435 8(0.065 7)	3.390 4(0.963 4)

　　[①]　这里我们的购买概率实际上是 prob $\{k_{it} \leqslant k_i^t \mid \cdot\}$，而不是(1)式中的 prob$\{z_{it} \leqslant L \mid \cdot\}$，因为我们非常关注收入水平对购买概率的影响，因而参考 Lam(1993)将被解释变量由 $z_{it} = K_{it} \leqslant K_i^* = K_{it} / (\theta \cdot PI_i)$ 变为 K_{it}。在第五小节做稳健性检验时我们再采用(1)式标准的计量方程，结果表明没有大的差异，仍支持(S，s)模型的各项假说。

续表

	(1)	(2)	(3)	(4)
城市家庭哑变量	0.110 0(0.060 2)	0.115 1(0.055 4)	1.567 1(0.874 0)	0.213 3(0.084 8)
社区公共设施指标 (Commpub)			0.123 8(0.029 1)	0.107 2(0.022 7)
Commpub * 城市家庭哑变量			−0.075 8(0.054 8)	
家庭在校大学生人数	0.003 1(0.131 8)	0.005 9(0.137 4)	−0.051 9(0.139 0)	−0.069 2(0.134 3)
家庭过去4周生病人数	−0.018 6(0.044 3)	−0.017 6(0.038 6)	−0.010 1(0.041 3)	−0.007 6(0.483 9)
家庭从上次调查以来是否迁入新房或翻建住房	0.187 5(0.058 7)	0.180 5(0.061 3)	0.179 8(0.060 2)	0.179 7(0.062 2)
户主年龄	−0.010 8(0.013 5)	−0.013 2(0.014 7)	−0.004 4(0.013 6)	−0.008 1(0.013 7)
户主年龄平方	0.000 1(0.000 1)	0.000 2(0.000 1)	0.000 1(0.000 1)	0.000 1(0.000 1)
家庭人口	0.045 2(0.016 4)	0.045 0(0.015 7)	0.051 8(0.016 5)	0.049 8(0.016 4)
家庭平均教育年限	0.020 1(0.007 5)	0.019 8(0.007 4)	0.024 5(0.007 9)	0.022 9(0.008 0)
家庭去年是否有嫁娶 (Marry)	0.417 1(0.075 6)	0.432 1(0.082 1)	0.510 8(0.092 3)	0.522 0(0.087 4)
Marry * 城市家庭哑变量			−0.360 4(0.172 6)	−0.350 3(0.172 6)
常数项	−6.961 9(0.533 2)	−8.949 7(0.966 0)	−7.382 2(0.598 7)	−9.217 5(0.902 2)
Obs./Pseudo R^2	6 860/0.109 1	6 860/0.113 7	6 740/0.116 5	6 740/0.118 9
Log likelihood	−1 841.961	−1 832.414 8	−1 787.960 1	−1 783.158 2
Wald test	Chi2(23)=533.89	Chi2(27)=460.06	Chi2(28)=458.85	Chi2(28)=439.77

　　注：其他控制变量包括省份哑变量以及户主性别、婚姻状况、是否为行政干部等，省略不报；根据 Norton(2004)[1]和张爽(2006)[2]，当方程中有很多交互项时，计算 marginal effect 的 dprobit 命令结果有偏，因此采用 Fuchs-Schundeln and Schundeln(2005)[3]的做法直接报告回归系数；参照 Bertola et. (2005)[4]括号中为基于 bootstrap 迭代 500 次报告的标准差，有下划线的估计值至少在 10% 的水平上显著。

　　[1]　Norton，E. C. ，H. Wang，C. Ai，Computing Interaction Effects and Standard Errors in Logit and Probit Models，*Stata Journal*，2004(2)，pp. 154—167.

　　[2]　张爽：《非线性模型中多个交互项的估计》，《世界经济文汇》2006 年第 3 期，第 52—55 页。

　　[3]　Fuchs-Schundeln，N. ，M. Schundeln，Precautionary Savings and Self-selection Evidence from the German Reunification "Experiment"，*Quarterly Journal of Economics*，2005 (3)，pp. 1085—1120.

　　[4]　Bertola G. ，L. Guiso，L. Pistaferri，Uncertainty and Consumer Durables Adjustment，*Review of Economic Studies*，2005(4)，pp. 973—1007.

表中第 1 列为最简单的模型回归结果，我们逐一来看。第一，是三个体现(S，s)模型基本假说的变量，结果表明永久收入的上升将显著提高家庭购买耐用品的概率，而收入风险的上升将对家庭耐用品的消费有显著的抑制作用，这都与理论模型完全一致。"期初存量 P 永久收入"的系数虽然为负但不显著，[1] 不过该变量因缺乏足够的政策含义，并不是我们关心的重点，后面我们将对永久收入和收入风险做重点分析。第二，时间哑变量表明与 1993 年相比，1997 年和 2000 年人们的购买概率明显提高，同时城市家庭的消费概率显著高于农村家庭。第三，需要说明的是，在户主和家庭特征变量方面，我们没有发现耐用品消费的年龄效应(age effect)，[2] 而在非耐用品的研究中，随着户主年龄的上升消费将呈现先升后降的倒 U 形曲线，耐用品与非耐用品消费模式的这种差异在国外房产消费的研究中也得到了证实。[3] 此外，户主为男性、人口较多、平均受教育水平更高的家庭都将有更高的大型家电购买概率，均与人们的直觉相符。

现在进一步考察不同改革时期耐用品消费的变化，我们以 1997 年为基准，对各项重要变量用 1993 年和 2000 年的时间哑变量做交互项，并引进各项重要改革政策的代理变量，考察它们的作用和影响，结果如表 6 第 2 列所示。第一，基本变量方面，我们发现 1997 年与 1993 年相比，耐用品消费概率的"收入弹性"[4]显著下降，而"风险弹性"显著上升，2000 年与 1997 年没有显著差异。与前面表 5 的数据相结合，我们可以认为：20 世纪 90 年代中后期，家庭永久收入上升对耐用品消费的拉动作用显著下降，而各项改革带来的收入风险上升却显著地抑制了城乡家庭的耐用品消费。第

---

[1] 很可能是由于统计误差的影响，我们用两种方法测算 Z_0（参见附录说明）结果均不显著。

[2] 受篇幅限制，表 6 中没有报告户主年龄和户主年龄平方项的结果，它们在各项回归中均不显著。

[3] Yang, F., *Consumption along the Life Cycle: How Different Is Housing?* University of Minnesota, Job Market Paper, 2006.

[4] 在回归方程中，被解释变量是"购买耐用品的概率"，解释变量中永久收入和收入风险均取对数，因而其系数的含义是收入（或风险）水平上升百分之一，将使购买概率提高多少百分点，为表述方便起见，这些系数均称为"弹性"。

二，在分离了收入水平和风险的影响之后，时间哑变量仍显著为正，这可能是 20 世纪 90 年代中后期我国大型家电普遍降价、更新换代和品质提升的结果，由于我们无法准确度量这些指标，因此它们的作用都归在时间哑变量中了。第三，我们用"家庭在校大学生人数"和"家庭过去 4 周生病人数"作为教育和医疗负担的代理变量，它们的符号均不显著，改用家庭所有在校学生和家庭自报健康状况"很差"的人数作代理变量，结果也是一样。这很可能是由于 CHNS 中没有详细的家庭教育支出和长期医疗支出的数据，因此无法准确度量教育、医疗改革对人们支出负担的影响，致使回归结果不显著。目前我们只能用这些代理指标"控制"相应改革的作用，对支出风险的准确度量和深入分析还有待于进一步的数据支持。第四，人们迁入新居或翻建住房之后，会倾向于购置新的家电，这与现实情况完全相符，即住房改革的作用显著为正。总结这些政策影响，我们认为 20 世纪 90 年代中后期国有企业和就业体制改革所导致的居民"收入风险"上升对家庭耐用品消费有显著的负面影响，因此完善城乡收入和就业保障体系、降低居民收入风险，将是提高消费、改善福利的一项重要政策。

对城乡差异的分析结果参见表 6 第 3 列。第一，基本变量方面，城乡的永久收入弹性没有显著差异，但农村家庭有更大的风险弹性，也就是说收入风险上升同样的幅度，由于抗风险能力较低，农村家庭将更大幅度地削减耐用品消费，从而遭受更大的福利损失。第二，改善社区公共设施状况将有助于提高耐用品消费，而且这一效应在城市和农村都普遍存在，没有显著差异。第三，按照中国的传统，"家中是否有人结婚"是考虑是否购买家电的一个重要因素，CHNS 提供的指标可以对这一影响进行控制。计量结果表明我国居民在"家有婚事"的时候将集中购买家电，而且这种消费习惯在农村比在城市更为显著和普遍。这表面上看是一种城乡之间"婚庆习俗"的差异，但实际上恰好从另一个侧面反映出农村家庭面临更高的"收入风险"和不确定性。因为根据 (S，s) 模型，对两个具有同样目标 z^* 的家庭，高风险意味着耐用品调整的底线 L 更低，同时一旦购买，调整的幅度 $z^* - L$ 更大。也就是说更高的收入风险使农村家庭"推迟"耐用品的购买，同时提高每次的购买量，出现更显著的"集中"购买的现象。至此我们的结论是，"收入风险"是理解城乡耐用品消费差异的重要因素，当前我们在推行"新农村建设"时，有必要在提高农民收入水平、加强农村基础设施建设的同时，优先关注农村家庭的收入风险问题，通过建立健全农业保险体系、进城务工人员就业保障体系和农村社会保障体系，来化解和降低农民的收入风险，这对启动农村消费，提高农民福利，促进社会公平和创建和谐社会都有非常重要的现实意义。[①] 最后，我们总结上述 3 个方程的回归结果，分析方程4。我们看到，所有重要变量的回归系数均显著，且符号稳定、含义明确。图 3 很直观地展现了方程 4 所预测的"耐用品购买概率"在各组之间的差异：首先在时间维度上，随着时间的推移耐用品的整体购买概率上升，但同时20 世纪 90 年代中期之后（1997 年、2000 年两次调查中）城乡家庭的耐用品消费对"收入风险"更加敏感，向下倾斜的拟合线变得更为陡峭。同样，在城乡对比方面，"收入风险"对农村家庭的影响更大，农村的拟合线更陡峭；同时样本多集中于城乡两条拟合线交点的右侧，这说明整体来看城市消费高于农村消费。这些结果都非常直观、有力，可以为今后的重大改革和城乡发展政策提供参考和借鉴。

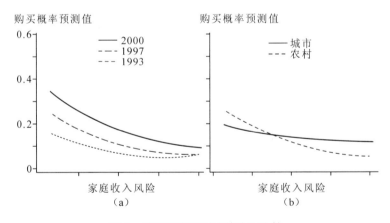

图 3　购买概率预测值的分组比较

① 在本文的写作和讨论过程中，宋军博士指出美国政府是如何帮助农场主规避农业生产过程中的风险和农产品价格风险的。由于 WTO 贸易规则不允许政府对农产品进行各种现金和税收的明补，美国政府为了规避这一规则，采取了大力发展农产品期货市场、鼓励农业商业保险，甚至对期货交易和保险进行补贴的形式，达到在促进农业生产、保障农场主收益的同时，避免国际贸易争端的目的。这种通过发展金融保险市场来降低农民收入风险的做法是值得我们借鉴和学习的。

五、稳健性检验

现在我们从三个大的方面用 4 个方程对前一小节的计量结果进行稳健性检验。前两项比较简单，首先是改变回归方程的设定，采用（1）式检验 prob $\{z_{it} \leqslant L \mid \cdot\} = f(z_{i0}, \sigma: others)$；然后把分析的范围从彩电、冰箱、空调、电脑四种大型家电扩展到有调查数据的 16 种家用电器，分析所有家电的"购买概率"。这两项检验的重点是(S，s)模型的基本假说是否成立，因此回归时仅考察重要变量(参见表 7 前两列)。显然，主要回归结果对方程设定和家电类别都非常稳健，这说明(S，s)模型对家庭的耐用品消费决策有很强的解释力，我们的模型选取适当。

第三类稳健性检验涉及"内生性"问题。根据 Wooldridge[1]，不可观测的遗漏变量、统计误差和相随相生(simultaneity)都可以带来内生性问题，我们分别从以下三个角度入手进行分析和检验。第一，遗漏变量问题可以通过面板数据的回归方法进行控制，表 7 的第 3 列是 Stata 中 xtprobit 命令的结果，下方有对 $H0$：$\rho = 0$ 的检验，没有拒绝零假设，这说明我们可以忽略"不可观测的变量"的影响，直接使用前面的 probit 模型就可以。第二，对于"家庭永久收入"测算中可能存在统计误差进而导致内生性的问题，我们采用工具变量法进行检验和控制。借鉴经典文献中对"家庭永久收入"工具变量(Ⅳ)的选取，表 7 的第 4 列报告了 ivprobit 的结果，最下方的"外生性检验"没有拒绝零假设，这说明我们构造的"家庭永久收入"指标不存在严重的统计误差，也不会进而导致内生性的问题，前面 probit 的结果是无偏的、可信的。第三，为了检验和控制"收入风险"的内生性，我们根据 Browning & Lusardi[2] 综述中的方法和 Fuchs-Schundeln & Schundeln(2005)的研究策略，用"家庭工作人口中稳定性职业人数占比"作为"家庭收入风险"的代理指标。从直觉上讲，从事

---

① Wooldridge，J. M.，*Econometric Analysis of Cross Section and Panel Data*，MIT Press，2001，p. 235.

② Browning，M.，A. Lusardi，Household Saving：Micro Theories and Micro Facts，*Journal of Economic Literature*，1996(4)，pp. 1797—1855.

表7 回归结果(二)

	(1)改变回归方程	(2)扩展至16类家电	针对内生性问题		
			(3)考虑不可观测的家庭特征变量(xtprobit)	(4)考虑家庭永久收入的内生性(ivprobit)	(5)考虑家庭收入风险的内生性(proxy index)
期初存量/永久收入	0.111 5	0.005 5	0.072 0	−0.558 4	0.056 7
	(0.071 2)	(0.060 4)	(0.078 2)	(3.576 1)	(0.078 4)
家庭永久收入	—	0.387 1	0.557 1	1.947 9	0.423 1
		(0.036 6)	(0.051 5)	(1.780 0)	(0.061 7)
家庭收入风险	−0.161 2	−0.059 5	−0.114 6	0.004 7	1.021 3
	(0.031 5)	(0.028 7)	(0.034 3)	(0.107 1)	(0.243 0)
1997 年哑变量	0.161 8	−0.219 2	0.136 4	0.0471	3.311 1
	(0.054 8)	(0.040 3)	(0.060 4)	(0.106 9)	(0.900 9)
2000 年哑变量	0.438 6	0.129 6	0.488 7	0.598 0	3.615 7
	(0.056 0)	(0.040 1)	(0.061 4)	(0.638 2)	(0.902 0)
城市家庭哑变量	0.173 6	0.100 5	0.101 0	−0.001 4	0.154 9
	(0.055 4)	(0.038 1)	(0.057 0)	(0.548 9)	(0.063 7)
Obs.	686 0	6860	686 0	686 0	674 0
Pseudo R2	0.079 3	0.067 1			0.118 7
Log likelihood	−1 903.611	−3 631.364 2	−1 841.961 1	—	−1 783.622 4
Wald test	Chi2(22)=398.46	Chi2(23)=615.33	Chi2(23)=389.01	Chi2(23)=290.05	Chi2(28)=433.66
Likelihood-ratio test of rho=0	—	—	Chibar2(01)=0.000 (p-v. =1.000)	—	—
Wald 外生性检验	—	—	—	Chi2(2)=1.79 (p-v. =0.410)	—

注：方程(1)—方程(4)中其他未报变量的设定参照表6方程(1)，方程(5)中其他变量的设定参照表6方程(4)；第4列方程选取"户主的年龄、年龄的平方、性别、受教育年限，家庭工作人口的平均年龄和平均受教育年限以及城市家庭哑变量"作为家庭永久收入的工具变量；标准差和下划线说明同表6。

稳定性职业的工作人口比例越高，家庭面临的收入风险就越小，从而应该有更高的耐用品购买概率，因此代理指标的系数应显著为正。表7第5列方程中的所有解释变量完全参照第四小节方程(4)，受篇幅所限我们只列出主要结果，可以看到所有变量的系数的符号都符合理论假说，没有报告的估计结果也很理想，显著且符号正确。总之，我们用"家庭工作人口中稳定性职业人数占比"作为收入风险的代理指标，经济含义明确，回归结果理想，可以为今后相关领域的研究提供借鉴。

六、结　论

　　本部分首次用大型的微观家庭面板数据对我国城乡居民的耐用品消费进行了深入研究，主要结论如下。第一，改革进程方面，20世纪90年代中后期包括国企转制、减员增效、加快城乡劳动力流动和劳动力市场建设等在内的一系列重大变革，使城乡居民"收入的不确定性和风险"显著上升，进而对家庭耐用品消费产生了明显的抑制作用，因此加强各项就业和社会保障体系建设对建设和谐社会、提高全民福利有着重要的政策意义。第二，城乡对比方面，受农业生产方式和社会保障体系建设滞后的影响，农村家庭面临的收入风险更高，同时其耐用品消费也表现出更大的"风险弹性"。也就是说收入风险上升同样的幅度，农村家庭会表现得更为敏感，他们将更大幅度地削减耐用品消费以保证其他日常支出。这说明除了提高农民收入、改善基础设施等政策之外，在当前的"新农村"建设中建立健全农村就业和社会保障体系也是提高农民消费水平和福利水平的一项重要工作。第三，在文献的贡献方面，我们的实证研究完全支持耐用品消费的(S，s)模型，文章中的一些分析方法也可以应用于其他相关领域，尤其是收入风险和政策评价的研究。

附录 重要指标测算方法说明

1. 家庭永久收入

根据 Browning & Lusardi（1996）和 Fuchs-Schundeln & Schundeln（2005），每个家庭的永久收入排名在整个社会中应当是非常稳定的，因此可以用相对稳定的"经济地位"来推算家庭的永久收入。本文的测算方法是：先计算出 1991—2000 年历次调查中每个家庭的年收入与当年所有家庭年收入均值的比值，然后取四个比值的加权平均，再乘以每年家庭年收入均值，即 $PI_{i,t} = \overline{I_t} \cdot \sum_t (I_{i,t}/\overline{I_t})/T$。Meng（2003）等很多研究也将家庭"过去 5 年收入水平的加权平均"作为 PI，但 CHNS 数据中没有提供足够长的收入时间序列，因而我们无法这样计算。在第五节我们采用传统的"收入决定因素"作工具变量，检验上述计算指标的合理性和结果的稳健性。

2. 家庭收入风险

Carroll & Samwick（1997）指出，根据户主的文化程度、职业类型和从事行业等指标把家庭进行分组，计算各组家庭"对数收入"的方差，然后再取对数，这一指标是家庭收入风险的很好的代理指标。我们参照罗楚亮（2004）的做法，按户主的受教育年限（0—18 年，共 19 类）、从事职业（13 类）、工作单位的所有制性质（8 类）三项指标把所有的家庭分为 40 个组，计算 1991—2000 年四次调查家庭收入对数值的组内方差，然后连乘得到表 5 中的"家庭收入风险指标"。比如受教育年限为 i 年、从事第 j 种职业、工作单位所有制性质为 k 的家庭，其收入风险为 $risk_{ijk} = \prod [\mathrm{Var}(\log{(inc)}_{ijk})]$，数据描述时为直观起见直接用方差值，表 5 中综合风险指标为三项方差联乘均值，单项风险指标为 Var（·）均值。在计量回归时取对数值 $\log(risk)$。

3. 家庭耐用品存量

根据 CHNS 中"家庭某种电器价值多少元"的数据，四类耐用品加总后即得到"家庭自报耐用品存量"。考虑到误差因素，我们又构造了家庭耐用品存量的"调整价值"。方法是先计算家庭 i 在调查期 t 某种耐用品 j 的价格，然后求出该调查期所有家庭耐用品 j 的平均价格，再乘以家庭的拥有数量即得到耐

用品 j 的调整价值。四类耐用品加总后得到总的调整价值，即 $Value\_ad_{i,t} = \sum_{j=1}^{4} Number_{i,t,j} \left[\sum (Value_{i,t,j}/Number_{i,t,j})/N \right]$。

4. 社区公共设施指标

CHNS 的"社区调查问卷"中涉及公共设施情况的问题包括：(1)社区附近的道路是：土路、碎石路、铺过的路；(2)—(5)的问题依次为"是否通公共汽车(或长途汽车)"、"是否有便利的电话服务"、"能否收到当日的日报"、"是否通电"，回答是为 1；(6)平均一周内有几天断电。该指标计算公式为：$commpub = (1)/3 + (2) + (3) + (4) + (5) - (6)/7$。

作者说明

本文首次采用大型微观家庭面板数据对我国城乡居民的耐用品消费进行深入研究，主要结论包括：第一，改革进程方面，20 世纪 90 年代中后期国企转制和员工下岗等就业体制方面的重大变革，使居民"收入风险"显著上升，进而明显抑制了城乡家庭的耐用品消费。第二，城乡对比方面，农村家庭面临更高的收入风险，其消费决策对风险因素也更为敏感，因此在当前的"新农村"建设中，建立健全农业保险和农村就业保障体系，对于提高农民消费和福利水平意义重大。第三，本文的研究结果完全支持(S，s)理论模型；同时在收入风险的度量和代理变量选取方面，文章中的一些分析方法也可以应用于汽车、住房等相关领域的研究和政策评价。本文与樊潇彦、万广华合作，发表于《经济研究》2007 年第 4 期。

对 20 世纪 90 年代中国商品
住宅市场需求的分析

　　房地产业是 20 世纪 90 年代以来发展较快的新兴产业，其中的商品住宅开发投资增长尤为明显，1992 年全国商品住宅总投资比上年增长 97.80%。1993 年增长 124.9%，商品住宅的销售增长率分别为 43.3% 和 48%。这种发展势头虽然带有一哄而上的无序性，但在某种程度上也反映了我国对商品住宅需求的巨大潜力。然而，1994 年以来，商品住宅市场却进入萧条期，到 1994 年年底，全国累计空置商品住宅 2 512 万平方米。这种状态固然与 1993 年下半年以来的宏观调控有关，但也在很大程度上暴露了我国目前存在的某些制度问题，这些制度问题使得我国居民户对商品住宅的巨大的潜在需求难以实现，换句话说，就是居民户对商品住宅的现实的有效需求很低，它低于潜在需求。我国经济发展的必然性要求房地产业的进一步开发，但是当前的房地产市场，尤其是商品住宅市场的萧条严重影响了这一进程，目前有许多人都在期待着靠宏观经济调控的松动来拉动房地产市场，但是随着现代市场经济体制的完善，宏观经济形势的大起大落的波动将成为历史，依靠投机获得暴利也不正常。房地产业的健康发展应该建立在市场需求本身发展的基础上。因此，在本文我们将对商品住宅的需求形成进行详细的分析。为了揭示问题的实质，我们把居民户对商品住宅的潜在需求和有效需求加以区分，分析影响居民户有效需求的制度因素以及如何改革这些制度，提高居民户对商品住宅的需求。另外，住房是一种特殊商品，除了消费功能以外，还有一个随着时间的推移能够保值甚至增值的功能，因此对住房的需求又是一种投资需求，这一类需求的变化有其自身的规律性，我们也将在本文的最后一部分论述这一问题。

一、对商品住宅的潜在需求和有效需求的差异分析

在下面的分析中，我们把居民户对商品住宅的潜在需求定义为：在一个市场(包括金融市场)体系完善的经济里，居民户在对任何消费品的需求不受任何形式的数量制约的情况下所形成的对商品住宅的需求，这时，居民户对各类商品(包括投资品)的需求是以各类商品的相对价格为信号，根据效用极大化原则而形成的。我们把居民户对商品住宅的有效需求定义为：居民户在一个市场体系不完备和某些市场存在供求非均衡的情况下所形成的对商品住宅的需求。在我们当前的经济转轨时期，由于计划体制所遗留的制度性因素，造成某些市场体系的缺陷和市场运行的非均衡状态，使得居民户对商品住宅的潜在需求远远大于有效需求。

我们对商品住宅市场的基本判断是居民户对商品住宅的潜在需求很大，而且将越来越大，这个判断有以下几个根据。第一，随着市场经济的发展，通过计划方式分配的福利性住房的比重正在缩小，居民户对住房的需求已逐渐通过市场来解决，因此市场化改革的进程是居民户对商品住宅的潜在需求逐渐得以实现的条件之一。第二，我国人口众多，随着经济的发展和人民生活水平的提高，就算每五年人均居住面积增加一平方米，全国每年就需要开发 2 亿—3 亿平方米的住宅。按城镇人口占 25％计，商品住宅开发也在 5 千万平方米左右。据联合国预测，2040 年，我国人口将增至 17 亿—20 亿，为安置新增人口需要增加的住宅数量也是十分可观的。第三，近年来我国经济高速增长，今后几年我国经济也将继续保持 10 个百分点左右的增长速度，随着经济的增长，居民的储蓄存款不断增长。就我国的大中城市居民的消费模式来看，居民生活已基本上解决了温饱问题，居民的消费模式正朝着追求生活质量的方向发展，对基本耐用消费品(除电脑等少数新产品以外)的需求也已经饱和，因此不断增长的储蓄存款已不是依靠家用电器等耐用消费品所能够吸收的，在轿车由于我国特殊的国情问题尚不能普及时，商品住宅的购买应该是我国居民储蓄资金投向的重要领域。第四，随着我国经济现代化进程的加快，农村剩余劳动力不断被转移出来，城市规模的扩展和农村城市化的速度将不断加快。民政部《中国城市预测和规划》的数据表明，到 2000 年和

2010年，中国的城市化水平将分别达到34％和42％—45％，其中城市人口占总人口的比重将达24.48％和31.50％，城市的发展和城市人口的增加无疑意味着对商品住宅的巨大需求。上述几点已经可以通过近几年的发展情况加以佐证。1978年以前，我国的商品住宅投资占住宅投资的比重几乎为零，到1993年已增加到55％，人均居住面积由3.6平方米增至7.5平方米，到1994年全国人均居住面积达7.8平方米。[1]

但是，由于居民户购买商品住宅的融资市场在我国尚未形成，具体表现在国外居民购买住房时的一些基本的金融性服务如住房按揭等在我国还是凤毛麟角，因此居民对商品住宅的潜在需求就不可能实现。其次，更为主要的是，由于居民住房分配目前还存在双轨配置的方式，即一部分住房是由国家或居民就业的单位根据非市场的方式分配，而另一部分住房则已经是通过市场进行分配了。住房配置的双轨制使得很大一部分居民处于消费选择的非均衡状态之中：他们对非市场分配的住房的需求还没有得到满足，但是对市场配置的住房，他们又没有能力消费，因为后者的价格大大高于前者，这里缺少一条价格连续的供给曲线。于是我们就发现一些居民户在住房消费上的一种奇怪现象：投在住房装修上的费用越来越高，有的家庭在获得非市场配置的面积不大的新公有住房时，投入的装修费竟高达10万元，远远超过其购买非市场配置的住房的价格，但同时该类居民户却不能通过节省装修费用来扩大哪怕是1平方米的住房。因此，这种情况下居民户对住房装修的需求是一种非均衡状态下的需求，我们称它为有效需求。如果各类市场能够均衡，那么该居民户对住房面积的需求就可能增加，而对住房装修的需求就可能降低，我们称这样形成的需求为均衡的需求。在我们上面所介绍的情况下，居民户对商品住宅的有效需求低于潜在需求，因此如何提高他们的有效需求，使有效需求逐渐向潜在需求靠近就成为我们着重要研究的问题。

二、潜在需求和有效需求差异的纯经济学分析

根据我们在本文开头的定义，对商品住宅的潜在需求是居民户在无任何

---

[1]　数据来源于国家统计局《中国统计年鉴》(1995年)。

数量约束(即所有市场都处于均衡)时所形成的对商品住宅的需求。现在我们根据这个定义来构造一个简单的数学模型。

我们假定一个居民在一定时期(假如一年)的收入为 Y，为简化模型，上期的储蓄也可以包括在 Y 之中。居民户在期内需要做出选择的商品有两类：普通商品消费 C 和住房消费 H，因此该居民户的效用函数为：

$$U(C, H)$$

括号中两个变量互为替代商品，其一阶偏导数为正，二阶偏导数为负，即每种商品的边际效用递减，为了数学推理的需要，我们假定上述函数为严格凹函数。在各类市场都均衡的条件下，消费者可以根据商品的市场价格做出对各类商品需求的决定，假定普通商品的价格为 P，住房价格为 W(住房价格可以理解为房租，也可以理解为购房价格，具体与所考察的时期长短有关，其经济学推理都是一样的)，那么，居民户的预算约束为：

$$Y = PC + WH$$

居民户对普通商品和住房的需求是在上述预算约束下使效用极大化来做出的。使 $U(C, H)$ 为极大，受下列条件约束：

$$Y - PC - WH = 0$$

对此，我们可以构造拉格朗日函数：

$$V = U(C, H) + (Y - PC - WH)$$

效用极大时的一阶条件为：

$$\frac{\delta V}{\delta C} = \frac{\delta U}{\delta C} - \lambda P = 0 \ ① \tag{1}$$

$$\frac{\delta V}{\delta H} = \frac{\delta U}{\delta H} - \lambda W = 0 \tag{2}$$

$$\frac{\delta V}{\delta \lambda} = Y - PC - WH = 0 \tag{3}$$

效用函数的严格凹函数假定保证效用极大化的二阶条件得到满足。我们称 $\frac{\delta U}{\delta C} / \lambda$ 和 $\frac{\delta U}{\delta H} / \lambda$ 为对该居民户来说的普通商品和住房商品的"影子价格"，在效用极大的均衡状态时，我们有：

---

① 式中"δ"是偏导数的符号，也可以用"∂"来表示。

$$\frac{\delta U}{\delta C}/\lambda = P \ , \ \frac{\delta U}{\delta H}/\lambda = W \ \text{并且} \ \frac{\delta U/\delta C}{\delta U/\delta H} = \frac{P}{W}$$

这就是说，在效用达到极大的均衡状态时，消费者愿意支付的价格正好等于各种商品的均衡价格。因此在均衡时，普通商品和住房商品给消费者带来的边际效用比率等于它们的价格比率，如果这两个比率不相等，那么消费者可以通过两种商品需求量的变化，最终使两者相等。

下面我们来看第二种情况：消费者对普通商品的需求不受市场供给的约束，该市场的价格是可以自由浮动的，这反映了我国通过 17 年的市场化改革，在普通商品市场，供求已达到均衡。但是，对大多数居民户来讲，住房是由单位或国家配给的，住房价格大大低于均衡水平。因此在住房分配上我们存在需求大于供给的非均衡情况。这时，我们就要修正上述居民户的效用极大化规划，现在我们把计划配置的住房供求用 H_1 来表示，价格用 W_1 来表示，我们有下述最优规划。使 $U(C, H)$ 为极大，受下列约束：

$$Y - PC - W_1 H_1 \geqslant 0$$
$$H_1^d \leqslant H_1^s$$

构造拉格朗日函数：

$$V = U(C, H_1) + \lambda(Y - PC - W_1 H_1) + \mu(H_1^s + H_1^d)$$

居民户达到效用极大时的库恩—塔克条件为：

$$\frac{\delta V}{\delta C} = \frac{\delta U}{\delta C} - \lambda P \leqslant 0 \ , \ C \cdot \frac{\delta V}{\delta C} = 0 \tag{4}$$

$$\frac{\delta V}{\delta H_1} = \frac{\delta U}{\delta H_1} - \lambda W_1 - \mu \leqslant 0 \ , \ H_1 \cdot \frac{\delta U}{\delta H_1} = 0 \tag{5}$$

$$\frac{\delta V}{\delta \lambda} = Y - PC - W_1 H_1 \geqslant 0 \ , \ \lambda \geqslant 0 \ , \ \lambda \cdot \frac{\delta V}{\delta \lambda} = 0 \tag{6}$$

$$\frac{\delta V}{\delta \mu} = H_1^s - H_1^d \geqslant 0 \ , \ \mu \geqslant 0 \ , \ \mu \cdot \frac{\delta V}{\delta \mu} = 0 \tag{7}$$

上述方程右边的式子为完备性条件。

根据上述方程，我们获得下列关系：

$$\frac{\delta U}{\delta C}/\frac{\delta U}{\delta H_1} < \frac{P}{W_1} \ \text{和} \ \frac{\delta U}{\delta H_1}/\lambda = W_1 + \mu$$

即：

$$\frac{\delta U}{\delta H_1}/\lambda > W$$

　　这两个结论的经济含义是很有意思的，由于住房消费受计划配给的限制，在现行住房价格水平上，消费者对住房的需求没有得到满足，因此均衡时普通商品的边际效用对住房商品的边际效用的比率小于它们的价格比率。在正常的情况下，消费者可以通过减少普通消费品的消费，提高住房的消费，使自己的总效用增加，这个调整过程直到上述等式成立时为止。但是，在住房消费受计划配给的制约下，消费者只好把原来可以用在住房消费上的钱花在普通商品上了。这种状态就很好地解释了我国居民消费中存在的某些畸形现象：在耐用消费品的消费上，我们出现消费"早熟"现象，即居民户拥有的家用电器量已超过世界各国居民在同一收入水平时的拥有量（在其他普通消费品的消费上也存在类似的情况），但是在人均住房面积上却处于一个较低的水平。其次，从 $\frac{\delta U}{\delta H_1}/\lambda > W$ 来看，说明在计划配置住房的情况下，居民户对住房愿意支付的价格（影子价格）远远高于计划价格。经济体制改革以来，尤其是进入 20 世纪 90 年代以来，我国的住房制度开始发生变化，原来由单位或国家配给的住房开始向个人出售，但考虑到居民户的购买力水平，价格分别有标准价和成本价之分，前者只是后者的 1/3 左右。因此这是一种计划价格，对于这部分住房的购买需求是受到供给制约的。因此上述第二个模型分析的结论完全适用这部分需求。但与此同时，商品住宅市场迅速发展，对商品住宅的需求来自两类居民户。第一，有部分居民户不享受单位或国家配置住房的待遇，个体户以及受聘于各类非国有企业的居民往往属于这一类人。他们的住房需要直接通过市场租用或购买得到满足。对于这一类居民户的住房需求，上述第一个模型分析的结论完全适用。第二，有部分居民户虽然享受单位或国家配置的住房，但如上所述，他们对这部分计划配置的住房并没有满足。因此他们中有一部分人就根据市场价格再从市场购买或租用一部分住房面积，以补充不足。于是我们就有了第三个模型，居民户的住房消费可能由两部分组成：计划配置的部分 H_1 和从市场上根据市场价格 W_2 购买的部分 H_2，总住房面积为 H，等于 H_1 和 H_2 之和。居民户一旦从市场购入（或租用）住房，问题的性质就完全转变了，对住宅的需求已不受计划分配的限制，计划分配的住房只起到一种对居民户的收入进行补贴的作用，居民户享受的补贴的具体数额取决于计划配置的住房面积和市场价与计划价的差价。如果我们把它看成一种租金，并用字母 R 表示，那么就有：

$$R = H_1(W_2 - W_1)$$

因此，我们必须重新改写居民户的预算约束：

$$Y + H_1(W_2 - W_1) - PC - W_2 H = 0$$

居民户的最优化规划就变成：

使 $U(C，H)$ 为极大，受下列约束：

$$Y + H_1(W_2 - W_1) - PC - W_2 H \geqslant 0$$

$$H - H_1 \geqslant 0$$

构造拉格朗日函数：

$$V = U(C,H) + \lambda[Y + H_1(W_2 - W_1) - PC - W_2 H] + v(H - H_1)$$

居民户处于均衡时的一阶条件为：

$$\frac{\delta V}{\delta C} = \frac{\delta U}{\delta C} - \lambda P \leqslant 0 , C \cdot \frac{\delta V}{\delta C} = 0 \tag{8}$$

$$\frac{\delta V}{\delta H} = \frac{\delta U}{\delta H} - \lambda W_2 + V \leqslant 0 , H \cdot \frac{\delta V}{\delta H} = 0 \tag{9}$$

$$\frac{\delta V}{\delta \lambda} = Y + H_1(W_2 - W_1) - PC - W_2 H \geqslant 0 , \lambda \geqslant 0 , \lambda \cdot \frac{\delta V}{\delta \lambda} = 0 \tag{10}$$

$$\frac{\delta V}{\delta v} = H - H_1 \geqslant 0 , v \geqslant 0 , v \cdot \frac{\delta V}{\delta v} = 0 \tag{11}$$

从上述方程我们获得：

$$\frac{\delta U}{\delta C} \Big/ \frac{\delta U}{\delta H} = \frac{P}{W_2} - v , \frac{\delta U}{\delta H} \Big/ \lambda = W_2 - \frac{v}{\lambda}$$

如果居民户在计划配置住房之外，再从市场购买一部分住房，那么就意味着 $H - H_1 > 0$，上述方程中，$v = 0$，$\frac{\delta V}{\delta v} > 0$，即居民户的住房需求已突破计划配置的制约，居民户最后一个单位的住房面积享受是根据市场相对价格比率(P/W_2)作出的。但是，如果 $v > 0$，$\frac{\delta V}{\delta v} = 0$ 即 $H - H_1 = 0$，表明居民户对住房愿意支付的"影子价格"小于市场价格：$\frac{\delta U}{\delta H} \Big/ \lambda < W_2$，① 这时，居民

---

① James M. , Henderson, Richard E. Quandt, *Microeconomic Theory*, Mc Graw Book Company, 1980, pp. 167—189.

户处于这样的状态：一方面对计划低价配置的住房的需求没有得到满足；另一方面对市场配置的住房又因为其价格高于其所能承受的水平而没有购买，因此该居民户实际消费的住房还是计划低价配置的住房。目前，住房的计划配置价格和市场配置价格的差距十分大，因此可以推断，大多数享受计划配置住房的居民户是处于这种情况。另外，住房是一种成套购买的商品，几平方米的小面积交易是很困难的。因此，当居民户的潜在需求的影子价格处于上述价格之间时，即它大于计划配置住房的价格，又小于市场配置住房的价格时，市场上实际无这类价格住房的供给。因此，我们说在住房配置双轨体制下，住房的供给在某一价格段是不连续的。这种供给曲线不连续情况的存在，使得居民户的许多潜在需求无法得到实现。因此住房的双轨配置制度是造成目前对商品住宅需求不足的一个重要原因。

三、如何提高商品住宅的成交量

根据上一部分我们对住房消费的纯经济学分析所提供的思路，结合我国当前商品住宅的实际情况，我们可以推断出，我国城市居民户中大部分处于这样的状态：对于计划分配的住房，因房价过低，他们的需求没有得到满足，而对市场配置的商品住宅，又因为价格太高，没有能力购买，因而他们的潜在需求没有得到满足。从商品住宅的供给数量来讲，相对于实际需求是大量过剩的，这种状态的持续存在，不利于房地产业在我国的正常发展，因此如何提高商品住宅的成交量是本文要着重研究的问题。根据上一部分的分析，提高商品住宅成交量着重要解决的问题，是市场如何达到均衡，居民户的需求不再受到制约，我们下面的政策建议就根据这一思路来展开的。

第一，根据上一部分得出的结论，对居民户既受计划配置的制约，又受市场价格太高的制约的情况，可以用数学式子概括如下：

$$\frac{\delta V}{\delta H_1}/\lambda = W_1 + \frac{\mu}{\lambda} < \frac{\delta U}{\delta H}/\lambda = W_2 - \frac{v}{\lambda}$$

μ 和 v 是一个主要取决于计划配置住房数量的变量，如果分配给居民户的计划住房数量是既定的，那么要使上述不等式两边相等的措施，或者是提高计划配置住房的价格 W_1，或者是降低市场配置住房的价格 W_2，两者的差距缩小到一定程度，居民户对住宅的消费就不受计划配置的制约①，可以根据市场价格来作出最后增加 1 平方米住宅面积是否必要的选择。

就提高计划配置住房的价格来说，目前执行起来困难颇多，因为计划住房价格提高的实质问题是要求国有企业和事业单位职工工资的提高，否则他们是无法承受的。比如说，我们把计划住房价格提高到市场价的 1/2，再以月房租价格应占有家庭月收入的 1/3 或 1/4 推算，或者，按住房购买价格与一般家庭年收入之比应保持在 3∶1 至 4∶1 之间来推算，职工工资需要上升的幅度就相当可观了，这种工资上升的结果一是增加国有企业的成本，使国有企业的竞争力下降；二是国家财政支出的增加，这是国家财力所不允许的。但不提高计划住房的价格，问题难以得到解决，而且要维持计划住房低价，国家还需要不断投入资金。所以，对于这个问题我们是处于一种两难境地之中：不改不行，改又不能一步到位，唯一能采取的办法就是逐步改革，以渐进的方式解决这个问题。

另一种办法就是降低市场配置住房的价格，以缩小计划价与市场价的差距，提高居民户对住房的需求。对于这一办法大家已经认识到其重要性，这就是大家目前在讨论的如何增加微利房供给的问题。目前有关增加微利房的政策措施正在不断出台，如降低土地批租价格、减免税费和其他各项费用，如城市基础配套费、商业网点费、教育费和投资方向调节税等，对降低市场配置的住宅的价格都是切实可行的。可以预见，这一努力的结果，可以使我国商品住宅的成交量大大提高，商品住宅市场可以向均衡的状态逼近。

第二，根据上面的理论分析，使计划配置住房与市场配置住房相互联系，使住宅供给在不同的价格水平上能够连续以及提高居民户对商品住宅的需求，从而使商品住宅市场的成交量大幅提高的另一种政策建议就是把计划配置的住房推向市场，大力发展商品住宅的二级市场。如果那些需求受到计划配置住房严重制约的居民户可以把计划配置的住房在二级市场出售，然后用出售计划配置住房的收入，再加上自己的储蓄存款，在商品住宅市场购买一套适合自己需要的住宅，就不仅是可能的，也是合理的。这一措施的结果是：一

---

① 袁志刚：《非瓦尔拉均衡理论及其在中国经济中的应用》，上海三联书店 1994 年版，第 76—93 页。

方面，这些居民户对住房需求的选择可以突破计划配置的制约，其选择是市场价格导向的，因而也是理性的和均衡的，最终使居民的消费结构变得合理起来；另一方面，计划配置的住房一旦上市，就可以使商品住宅市场大大活跃起来，本来不可能实现的购买现在变得切实可行了，潜在的需求变成了现实的需求。但是，计划配置住房产权上市尚有问题待解决，如居民户购买这部分住房时会出的价格是标准价，居民再以市场价出售以后收益如何与原来分配住房的单位进行分割，是一个政策性很强的问题。目前规定，"职工以标准价购买的住房，一般住用 5 年后可依法进入市场……销售、租房收入在补缴土地使用权出让金或所含土地收益和规定缴纳的有关税费后，单位和个人按各自的产权比例进行分配"。另外，由于职工在原单位的工龄不一、贡献不一、今后去向不一，任何统一的政策对不同的职工来讲就不可能都是合理的，这些问题需要认真对待和解决。这些问题如能妥善解决，可以预见在不久的将来，一旦计划配置的住宅进入市场，我国的商品住宅市场就会相当活跃，很多资金就会被吸引到这个市场上来。

第三，商品住宅市场是一个需要金融支持的市场，因此金融制度的完善对商品住宅需求的形成也至关重要。即使在西方高收入国家，住房价格也是居民年收入的 3 倍至 6 倍，购买住房大都需要在银行做按揭，没有金融支持是难以形成对商品住宅的需求的。我们在过去几年中，金融过多地参与房地产的投资过程，投入大量资金，以至于难以自拔，而对商品住宅的消费市场资金投入过少、按揭业务极少，商品住宅价格又是居民年收入的 10 倍、20 倍乃至 30 倍，按揭融资对商品住宅需求的形成就更为重要。因此，我们目前特别要强调金融业对房地产的参与和支持要从投资领域转到消费领域。这样不仅可以使房地产市场繁荣起来，而且可以通过解决目前商品房供给结构畸形的问题，使中、低档商品住宅市场优先发展起来。

四、商品住宅需求也是一种投资需求

上面我们从商品住宅需求作为居民消费需求的角度，对居民户在经济转轨时期对商品住宅的潜在需求和有效需求进行详细的剖析，并在此基础上提出了提高商品住宅需求的一些政策建议，但是，住房不是一种普通消费品，由于它的保值增值特点，决定了居民户对商品住宅的需求不仅仅是一种消费需求，而且还是一种投资需求，但作为投资需求的商品住宅需求的变化又有其自身的规律。对此我们在这里作一些简单的分析，以使我们对商品住宅的需求分析得以完整。

商品住宅是一种不动产，投资商品住宅的特点是风险比较小，在一个人口众多、经济发展速度较快的国家里，其升值的可能性比较大，即使住房本身因式样过时、功能落后等原因折旧加快时，其附带的土地价值也可能上升很快。正是由于商品住宅的这一资产特性，才能够吸引很大一部分的投资资金。对商品住宅的投资需求来自于两方面，一方面是经营性企业的投资，另一方面是居民户的投资。后者主要取决于居民户的财富拥有量，在我国居民收入水平还比较低的情况下，这部分投资需求不会很大。当前，我国居民收入正处于低水平向中等水平过渡的时期，居民对房产的投资需求将不断上升。根据统计资料，1994 年，全国城市储蓄存款余额达 2 万多亿元，其中城镇居民 1 万 6 千多亿元，上海市居民更是突破人均存款万元的水平。由于我国目前的股票市场风险太高，还吸引不了多少居民投资，房地产投资将会形成一种很大的潜在需求，尤其是当一些金融中介机构介入以后，这些潜在需求就会变成现实需求。

无论来自哪方面的投资需求，决定商品住宅投资需求的因素是资金机会成本和住宅投资预期收益之间的比较。如果我们用 RRn 表示住宅的房租价格，W_t 表示商品住宅的当前购买价格，W_{t+1} 表示房产的未来价格，d 表示住宅的折旧率，那么，投资商品的回报率可以由下式表示：

$$回报率 = \frac{RRn + W_{t+1}(1-d)}{W_t}$$

商品住宅投资的回报率越高，投资需求就越大，而回报率本身取决于住宅的租金水平和升值能力，在当前住宅价格既定时，它主要取决于对住宅将来销售价格的预期，后者又取决于人们对将来宏观经济形势的预期和经济增长、人口增长情况的预期。因此，当总的商品住宅销售形势不佳时，那些处于特殊地理环境——如城市中心、交通环线(地铁等)延伸段——的住宅，由于其升值潜力大，投资需求就特别旺盛。上面是从收益的角度分析。就投资房产的成本来看，我们可以引进一个利率概念，假定该项投资是居民户向银行做抵押贷款后进行的，那么，我们就可以建立下述关系式：

$$(1+r) = \frac{RRn + W_{t+1}(1-d)}{W_t}$$

即投资住宅的回报率必须大于或等于银行利率。因此，银行抵押贷款利率的降低就有可能刺激居民对住宅的投资需求。

　　从上面的分析中我们可以看出，虽然作为投资需求的商品住宅需求在市场上发挥着重要的作用，但是这一类需求主要取决于房租价格、房产价格以及这些价格在将来的变化趋势，而决定价格变化的主要变量还是作为消费需求的因素和决定供给函数的因素，这些因素是基本因素。因此，居民生活水平的提高、人口的增长、城市化进程的加快、商品住宅从计划配置模式向市场配置模式的转换，将是决定商品住宅需求的主要因素。

作者说明

　　这是我涉及房地产市场经济学分析的较早的一篇文章。是时，福利分房正在逐渐退场，商品房开始进入人们的视线。但是由于居民手中的福利房不能上市交易，很多家庭的住房需求处于一种分割状态：要么享受福利房，要么进入市场。同时，宏观调控与中国经济"软着陆"又使得商品房"犹抱琵琶半遮面"，处于半萧条的状态。如何启动商品房市场是当时的主要任务，购房可以减免个人所得税就是其中的一个做法。本文发表于《世界经济文汇》1997年第2期，详尽分析了住房供给双轨的情况下，居民对住房的消费曲线是如何间断的，以及如何通过二手房市场交易的发展，可以扩大商品住宅市场的需求量。后来房地产市场的发展情况与我的理论分析完全一致。时至今日，福利分房已经几乎完全退出了市场，商品住宅市场的需求不仅成为了"刚需"，而且房子作为投资品被大家追捧，导致了房地产泡沫，短短十余年间，变化如此之大，让人感叹！

房地产市场理性泡沫分析

一、引　言

　　宏观经济数据①显示，我国还未走出通货紧缩的阴影，2002 年第三季度末消费品价格较上年末仍下降了 2.2%，较上年同期下降了 2.9%。居民总体消费平淡，而居民储蓄仍保持高速增长。2002 年 9 月末居民储蓄余额达到了 8.41 万亿元，同比增长 18.1%，增幅比上年同期高出 5.4 个百分点。就居民投资方面的情况来看，中国的老百姓面对的是利率一降再降的银行存款和大盘一跌再跌的股票市场，大多数居民找不到其他安全、有效的投资渠道。在这样的背景下，作为兼具消费价值和投资价值的一种特殊商品，房地产受到人们的关注也就很自然了。统计数据显示，自 1998 年全国各地陆续出台房改政策以来，1998—2000 年相应出现了一个购房高峰期。总体来看，随着公积金政策、银行住房抵押贷款及二手房市场配套措施的完善，我国居民住房市场近年来出现了良好的增长态势。商品房施工和销售面积自 2001 年以来一直维持了同比 20% 左右的平稳增长；而同期的全国土地交易价格指数、房屋销售价格指数以及房屋租赁价格指数则基本稳定在同比增长 3% 的范围内。可以说近两年来我国房地产市场基本保持了"购销两旺、价格稳中有升"的格局。在总体向好的情况下，我们也注意到房地产市场最近有升温过快的迹象：2002 年 1 月至 8 月全国房地产开发投资完成额同比增长高达 30%，而我国主要的经济区之一华东六省一市（包括上海、江苏、浙江、安徽、福建、江西、山东）除福建省外，同比增长均在 33.6% 以上，全国更有个别省份的同比增长在 50% 以上。这不能不引起我们的关注和警觉，房地产的

---

　　①　数据来源于国家统计局《中国经济景气月报》。

进一步升温会不会引起房地产泡沫？什么是房地产价格的合理增长范围？"房地产泡沫"该如何定义？其产生、存在和增长的机理是什么？调节和控制"房地产泡沫"的渠道和措施又有哪些？这些问题都需要经济理论界做出分析和回答。

二、有关"泡沫"的基本经济学理论

"泡沫"一词最早用来形容如 1636—1637 年发生在荷兰的郁金香狂热、18 世纪巴黎出现的"密西西比泡沫"及伦敦出现的"南海泡沫"等事件。所有这些现象都如《帕尔格雷夫经济学大辞典》对"泡沫"所做的描述："一种或一系列资产在一个连续过程中陡然涨价……使人们产生还要涨价的预期，于是又吸引了新的买主，……随着涨价而来的常常是预期的逆转，接着就是价格暴跌，最后以金融危机告终。"严格来讲，这只是对"泡沫"的产生、膨胀和破灭过程的一个描述，不能算是真正的定义。对泡沫现象进行的系统而富有成果的研究是始于 20 世纪 70 年代左右对所谓"理性泡沫"的研究。

布兰查德和费舍尔①给出了一个理性泡沫的明确定义。根据理性预期假说，如果人们对某商品的价格预期满足如下理性预期方程：

$$P_t = \alpha \cdot E_t P_{t+1} + cx_t \tag{1}$$

式(1)求解可得：$P_t = c\sum_{i=0}^{T} \alpha^i E_t x_{t+i} + \alpha^{T+1} E_t P_{t+T+1}$。当 $|\alpha|<1$ 且当 x 预期值的增长率不大于 $(1/\alpha)-1$ 时，等式右边第一项收敛，我们记 $c\sum_{i=0}^{T} \alpha^i E_t x_{t+i} \equiv P^*$，如果 $\lim_{T\to\infty} \alpha^{T+1} E_t P_{t+T+1}=0$，那么 $P_t=P^*$ 就是解，我们称 P^* 为方程的基本解。同时我们发现，如果有一个鞅过程②，b_t 满足 $b_t = \alpha \cdot E_t b_{t+1}$，那么 $P_t = P^* + b_t$ 也是理性预期方程(1)的解，也就是说商品价格可以表示为基本解和 b_t 两部分。由于 $|\alpha|<1$，$\lim_{i\to\infty} E_t b_{t+i} = \alpha^{-i} b_t$，在 $b_t>0$ 时趋于正无穷，而

---

① ［美］奥利维尔·布兰查德、斯坦利·费舍尔：《宏观经济学（高级教程）》，钟笑寒等译，清华大学出版社 1998 年版，第 79 页。

② 随机过程 $\{x_n, n\geqslant 1\}$ 为鞅（Martingale），如果对一切 n，有 $E(|x_n|)<\infty$ 且 $E(x_{n+1}|x_1, x_2, \cdots, x_n)=x_n$。

在 $b_t < 0$ 时趋于负无穷，因此 b_t 可以形象地表现引起商品价格暴涨暴跌的泡沫成分。由此，定义满足理性预期方程的鞅过程 b_t 为"理性泡沫"，$b_t = P_t - P^*$ 表示商品的市场价格超过其基本价值的部分。

理论研究的成果主要集中在两个方面。首先，局部均衡条件下并不存在可排除泡沫的一般结论。布兰查德和费舍尔提供了一个简单的综述，并指出，对于以下三类资产，基本可以排除正的确定性理性泡沫：具有无限供给弹性的资产，或有易得的替代品的资产；在未来某时刻存在价格终端条件约束的资产；基本价值确定的资产（如蓝筹股股票等）。显然，房地产不属于上述三类资产（房地产的供给弹性有限，不存在易得的替代品；房地产没有终极价格；基本价值也很难确定），我们不能排除其市场存在泡沫的可能性。在一般均衡框架下，关于理性泡沫的讨论主要来自 Tirole[1]（1982、1985）和 Weil[2]。Tirole(1982)证明，在计划期无限、市场参加者有限的情况下不可能存在泡沫。Tirole(1985) 和 Weil(1987)利用戴蒙德代际交替模型（Diamond OLG Model）证明了在有限期、市场参与者无限的情况下，当经济动态有效时不可能存在泡沫；而当经济动态无效[3]时，不仅稳定的泡沫可以存在，而且引入泡沫对经济整体是一种帕累托改进。

寻找泡沫（尤其是股票市场中的泡沫）的实证研究源自著名的希勒检验[4]。希勒的思想是，如果泡沫存在，那么资产价格在其基本价值变化不大时也可能有大幅的波动，于是引出所谓资产价格的超常易变性检验。希勒的研究结果拒绝了股票价格具有超常易变性的假设，这个发现在经济学界触发了强烈

---

① Tirole，Jean，On the Possibility of Speculation under Rational Expectations，*Econometrica*，1982(50)，pp. 1163—1181. Tirole，Jean，Asset Bubbles and Over lapping Generations，*Econometrica*，1985(53)，pp. 1499—1528.

② Weil，Philippe，Confidence and the Real Value of Money in Overlapping Generation Models，*Quarterly Journal of Economics*，1987(102)，pp. 1—22.

③ 经济的动态有效和动态无效是宏观经济学中的重要概念，Romer (2000) 说明，如果经济中资本存量的积累超过了黄金律水平，即稳态时资本收益率低于经济增长率，经济就处于资本过度积累的"动态无效"状况。此时如果减少资本积累，增加人均消费，对社会整体福利是一种帕累托改进。

④ Shiller，Robert，Do Stock Prices Move too Much to Be Justified by Subsequent Changes in Dividends? *American Economic Review*，1981(71)，pp. 421—436.

的反应和随后的研究。Flavin[1] 及 Marsh 和 Merton[2] 从变量的平稳性方面对希勒的方法提出质疑；Merton[3] 则认为希勒拒绝的是"资本市场有效性"和"理性泡沫存在性"的联合假设，而这两者应当分别予以检验。由此 West[4] 构造了两步检验方法，结果同样拒绝了资产价格超常易变性的存在。有意思的是，Flood 和 Garber[5] 以德国的恶性通货膨胀为研究对象试图寻找泡沫的存在，结果表明，泡沫在恶性通胀中似乎也不存在！

可以看出，早期的理论和实证研究都是对泡沫进行一般意义上的分析和讨论，并不涉及具体的市场结构（如市场不完全、信息不对称等）；同时，早期的研究也没有得到一致的一般性理论结果，而实证分析的结论又与人们对现实的直觉相差甚远，因此 20 世纪 80 年代末以来，关于泡沫的分析更多地结合了现实具体的市场结构。Campbell 和 Kyle[6] 创建了股票市场的"噪声交易"模型；DeLong[7] 发展了一个基于行为人的正反馈行为的资产定价模型；Allen 和 Gorton[8] 证明，即使所有的参与者都是理性的，投资者和资产组合

---

①　Flavin, Marjorie, Excess Volatility in the Financial Markets: a Reassessment of the Empirical Evidence, *Journal of Political Economy*, 1983(91), pp. 929—956.

②　Marsh, T., Merton, R., Dividend Variability and Variance Bounds Tests for the Rationality of Stock Market Prices, *American Economic Review*, 1986(76), pp. 483—498.

③　Merton, Robert, On the Current Sate of the Stock Market Rationality Hypothesis, in: Rudiger Dornbusch et al, *Macroeconomics and Finance : Essays in Honor of Franco Modigliani* , MIT Press, 1987.

④　West, Kenneth, A Specification Test for Speculative Bubbles, *Quarterly Journal of Economics*, 1987(102), pp. 553—580.

⑤　Flood, R., Garber, P., Market Fundamentals versus Price Level Bubbles: The First Tests, *Journal of Political Economy* , 1980(88), pp. 747—770.

⑥　Campbell, J. Y., Kyle, A. S., *Smart Money, Noise Trading, and Stock Price Behavior*, NBER Technical Working Paper, 1988.

⑦　DeLong, J. B., Shleifer, A., Summers, L. H., Waldmann, R. J., Positive Feedback Investment Strategies and Destabilizing Rational Speculation, *The Journal of Finance*, 1990(45), pp. 379—395.

⑧　Allen, F., Gorton, G., *Rational Finite Bubbles*, NBER Working Paper, 1991, 3707.

管理者之间的代理问题也会产生泡沫；Allen 等①的模型还指出，资产市场的信息不对称使价格操纵成为可能，并最终导致资产的价格泡沫，等等。但是这些研究都主要针对股票市场，直接针对房地产市场的研究并不多见。

Wong②以泰国房地产泡沫为背景发展了一个动态模型，展示了在经济过热、国际资本大量流入的情况下，房地产商对市场过度乐观的预期，以及人们的预期间的相互作用所产生的"羊群效应"（Herding Effect）在房地产泡沫产生和膨胀过程中的作用机制。Krugman③认为，在房地产市场中"所有泡沫都有一个共同点，即都是由银行融资的，其中最著名的例子是美国的储蓄和贷款协会。"④Allen 等人⑤发展了一些模型，说明银行等金融中介的代理问题如何导致资产泡沫的存在。谢经荣等⑥发展了 Allen 等人的研究，通过一个包括房地产商和银行两方的资本市场局部均衡模型，说明资产价格与信贷数量相关，资产回报的不确定性将导致资产泡沫的产生，而人们对未来信贷扩张的预期以及信贷扩张程度的不确定性将提高泡沫的严重程度。

根据上述有关"泡沫"的基本理论以及"金融中介在房地产泡沫的发生发展中起到关键作用"的思想，我们在下一节构造了一个房地产市场的局部均衡模型，通过分析具有理性预期的购房者和房地产商在引入银行信贷之前和之后不同的最优选择，讨论房地产市场的均衡价格中是否有理性泡沫存在的可能；如果有，泡沫的规模及存在的概率有多大；最后，给出相应的政策建议。

---

① Allen, F., Morris, S., Postlewaite, A., Finite Bubbles with Short Sale Constraints and Asymmetric Information, *Journal of Economic Theory*, 1993(61), pp. 206—229.

② Wong Karjiu, *Housing Market Bubbles and Currency Crisis: The Case of Thailand*, Presented at the International Conference on "The Asian Crisis: The Economics Front"Held in Seattle, 1998(12), pp. 29—30.

③ ［美］保罗·克鲁格曼：《萧条经济学的回归》，朱文晖、王玉清译，中国人民大学出版社 1999 年版，第 167—189 页。

④ 美国 1980—1992 年储蓄和贷款协会在房地产泡沫破灭时发生大规模倒闭，对此我们将在第四节中做进一步分析。

⑤ Allen, F., Gale, D., *Bubbles, Crises*, Working Paper, The Wharton School, University of Pennsylvania, 1998, p. 375.

⑥ 谢经荣、朱勇等：《地产泡沫与金融危机》，经济管理出版社 2002 年版，第 57 页。

三、局部均衡框架下房地产市场理性泡沫的分析

我们建模的思路是：考虑两种情况，第一种是购房者只靠自己的可支配收入购房，房地产商只靠自有资金运转；第二种是购房者和房地产商都可以取得银行贷款。这两种情况下行为人预期的价格和最后的市场均衡价格是不同的，对比两种均衡价格是我们分析房地产泡沫的关键。具体地分四步进行：首先确定房地产的基本价值 P^*，在此基础上分析房地产泡沫的存在，计算泡沫的规模，最后给出泡沫破灭的条件。

第一步：自有资金条件下确定房地产的基本价值 P^*。

购房者仅靠其可支配收入 YD 购房，我们假定：①一般商品 G 和以总价值体现的房产 PH 都能提供效用，且效用函数为对数型，加法可分；②购房者对各期效用的贴现率为 1，因此总期望效用即为各期效用的简单加总。① 购房者在其可支配收入约束下选择购房数量以最大化期望效用：

$$\max_{H_{ri}} E_t U^s = \sum_{i=0}^{\infty} \left[\ln G_{t+i} + \ln(E_t P_{t+i} \cdot H_{t+i}) \right], \text{ s. t. } G_{t+i} + E_t P_{t+i} \cdot H_{t+i} = YD$$

上述最优规划的一阶条件为： $\quad (E_t P_{t+i} \cdot H_{t+i})^s = \dfrac{YD}{2} \qquad (2)$

此即代表性购房者的需求函数，加总得到房地产的总需求曲线 DD^s（见图1）。

房地产商在只靠自有资金 B 提供住房的情况下，各期利润为售房收入减建房成本再减自有资金的机会成本。在此我们做了两个简化假设：首先，房地产商投入一部分（$0 \leqslant \delta \leqslant 1$）自有资金，其机会成本为按社会平均资本收益率 r 取得的收益（简化地假定银行利率也是 r，忽略掉存贷款利差和信贷配给等问题，并只将银行视为金融中介）；其次，假设房地产商对各期利润的贴现率为 1，总期望利润为各期利润的简单加总。另外，我们设建房成本是建房数量的二次函数，体现了边际

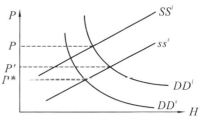

图1　需求曲线与供给曲线
移动使均衡价格上升

---

① 如果我们设贴现率 $\beta < 1$，结论基本一致，因此我们采用上面更为简洁的模型。

成本递增的概念。其中 c 表示房地产商建房的单位成本(反映政府的土地政策、房地产宏观调控政策和通货膨胀等多种外生因素的影响)。房地产商决定建房数量以最大化期望利润:

$$\max\nolimits_{H_{t+i}} E_t \prod{}^s = \sum_{i=0}^{\infty} \left(E_t P_{t+i} \cdot H_{t+i} - \frac{cH_{t+i}^2}{2} - r\delta B \right), \text{ s. t. } \frac{cH_{t+i}^2}{2} = \delta B$$

由上述规划得到一阶条件: $(E_t P_{t+i})^s = cH_{t+i}(1+r)$ (3)

显然,此即代表性房地产商的供给函数,加总得到房地产的总供给曲线 SS_t(见图 1)。① 联立方程(2)、(3)我们可以得到一个均衡价格 $(E_t P_{t+i})^s = p^s$。此时对购房者来说,一般商品的边际效用和房地产的边际效用之比 $\frac{u'_G}{u'_{PH}}$

$= \frac{PH}{G} = 1$;房地产商的各期利润为 $\pi^s = B(1+r)$,即房地产商的自有资金投入刚好取得了社会平均利润。此时房地产市场与其他商品市场达到了一般均衡,我们可以认为这时的均衡价格反映了房地产的基本价值②:

$$P^* = \sqrt{\frac{c(1+r) \cdot YD}{2}}$$ (4)

第二步:贷款条件下分析房地产泡沫的存在条件。

假设购房者和房地产商都可以以利率 r 取得银行贷款(L)。对购房者而言,效用函数的第一项代表对一般商品的消费,为总消费基金扣除需要归还的上期贷款本息后的"净消费"③,购房者归还前期贷款本息的概率为 $Ps \leqslant 1$(Ps 的经济含义非常重要,下文中我们会给出详细分析);第二项仍为房产的效用。贷款额表示为房产价值的一定百分比($0 < \theta < 1$)。对购房者求解下述规划:

$$\max_{H_{t+i}} E_t U^l = \sum_{i=0}^{\infty} \left\{ \ln \left[G_{t+i} - (1+r)L_{t+i-1} \cdot Ps \right] + \ln(E_t P_{t+i} \cdot H_{t+i}) \right\}$$
$$\text{s. t. } G_{t+i} + E_t P_{t+i} \cdot H_{t+i} = YD + L_{t+i}, \ L_{t+i} = \theta \cdot (E_t P_{t+i} \cdot H_{t+i})$$

---

① 在此住房的总供给数量是无数个代表性房地产商供给的加总,因此不受单个房地产商自有资金 B 的限制。

② 不同的学者定义基本价值的角度和方法不尽相同,这里我们将引入金融中介之前的、一般竞争均衡状态下的房地产价格作为其"基本价值",提供一个理论分析的参照系。

③ 我们也可以假定进入效用函数的是"净房产价值",即 $U = \ln G + \ln[PH - (1+r)L \cdot Ps]$ 的形式,但最终结论是一致的。

将约束条件代入目标函数，得到稳态时 $(L_{t+i-1} = L_{t+i} = L)$ 相应的一阶条件：

$$(E_t P_{t+i} \cdot H_{t+i})^l = \frac{YD}{2} \cdot \frac{1}{1-\theta+(1+r)\theta \cdot Ps} \qquad (5)$$

与(2)式比较，当 $1-\theta+(1+r)\theta \cdot Ps < 1$，即 $0<\theta<1$ 和 $Ps < \dfrac{1}{1+r}$ 时，有 $(E_t P_{t+i} \cdot H_{t+i})^l > (E_t P_{t+i} \cdot H_{t+i})^s$，购房者需求增加，总需求曲线由 DD^s 上升至 DD^l（见图1）。现在我们来深入分析一下 $Ps < \dfrac{1}{1+r}$ 的经济学含义。Ps 是购房者归还贷款本息的概率，可以认为购房者对房产有一个心理底价 P_{max}，当市价高于他可接受的最高价 P_{max} 时将无法达成交易，市场不能出清，因此 Ps 也可以看作市场价格 $P \leqslant P_{max}$ 的概率，即：$Ps = \text{Pro}\{P \leqslant P_{max}\} = \int_0^P \max h(P) \mathrm{d}P$［其中 $h(P)$ 为人们预期的房地产市场均衡价格的概率密度函数，在此简化地假定购房者与房地产商预期的价格分布是相同的］。另外我们将(5)式整理可得：

$$(E_t P_{t+i} \cdot H_{t+i})^l = \frac{YD}{2} + \theta (E_t P_{t+i} \cdot H_{t+i})[1-(1+r) \cdot Ps]$$

$$= \frac{YD}{2} + L_{t+i}[1-(1+r)Ps]$$

代入约束条件得到 $G_{t+i} = \dfrac{YD}{2} + (1+r)Ps \cdot L_{t+i}$，所以稳态时目标函数第一项的"净一般商品消费"为 $NG = G-(1+r)Ps \cdot L = \dfrac{YD}{2}$。也就是说当满足条件 $Ps < \dfrac{1}{1+r}$ 时，购房者在对其他商品消费不变的时候可以通过获取贷款增加对房产商品的消费，提高总效用水平。反之，如果 $Ps \geqslant \dfrac{1}{1+r}$，消费者将不会选择贷款，需求也不会增加。

图1中我们看到均衡价格由 P^* 上升到 P'，由于此时的价格是沿 SS^s 曲线变动的，(3)式仍然成立，房地产商方面仍取得社会平均利润，那么 P' 高于 P^* 的部分是不是泡沫呢？从购房者的"净一般商品消费"边际效用与"净房产消费"边际效用之比来看，$\dfrac{u'_{NG}}{u'_{NPH}} = \dfrac{YD/2 + [1-(1+r) \cdot Ps]L}{YD/2} > 1$，较前

面的均衡发生了变化，房地产市场的"景气程度"开始提高；而且此时购房者的总效用也提高了，这是因为引入贷款给购房者提供了某种"超额效用"（与后面将要分析的房地产商在贷款条件下获得的"超额利润"非常相似），因此我们可以认为 P' 包含了泡沫的成分。但同时我们想要说明的是购房者通过贷款，可以突破原来"流动性约束"的限制，在理性选择的基础上提高总效用水平，因此这种由于需求的合理增加而推动的房地产市场的繁荣是可取的，这中间的泡沫也具有一定的合理性。

房地产商现在可以用自有资金和贷款来开发项目，但计算利润时必须扣除需要归还的前期贷款本息，设房地产商归还贷款的概率为 $Pr \leqslant 1$。可以认为代表性房地产商有一个可接受的最低价格 $P_{\min}$，市场价格 $P \geqslant P_{\min}$ 时市场才可能出清，房地产商才会归还贷款。所以有 $Pr = Pro\{P \geqslant P_{\min}\} = \int_{P_{\min}}^{+\infty} h(P)\mathrm{d}P$。能取得贷款时房地产商的规划变为[1]：

$$\max_{H_{ri}} E_t \prod{}^l = \sum_{i=0}^{\infty} \left\{ E_t P_{t+i} \cdot H_{t+i} - \frac{cH_{t+i}^2}{2} - rB - (1+r)L_{t+i} \cdot Pr \right\} \ \text{s. t.}$$

$$\frac{cH_{t+i}^2}{2} = B + L_{t+i}$$

一阶条件为：$\quad (E_t P_{t+i})^l = cH_{t+i} \cdot [1 + (1+r)Pr]$ (6)

与(3)式比较，当 $(1+r)Pr > r$，即 $Pr > \dfrac{r}{1+r}$ 时，房地产商供给的期望价格上升，最终总供给曲线将移动至 SS^l（图1）。为了说明 $Pr > \dfrac{r}{1+r}$ 的经济含义，考察房地产商此时的各期利润：

$$\begin{aligned} \pi^l &= cH^2 \cdot [1+(1+r)Pr] - cH^2/2 - rB - (1+r)Pr \cdot L \\ &= 2(B+L)[1+(1+r)Pr] - (1+r)B - [1+(1+r)Pr]L \\ &= B[1-r+2|(1+r)Pr] + L[1+(1+r)Pr] \end{aligned}$$

取得贷款后房地产商可以运用的资金量是 $B+L$，从机会成本的角度看至少应取得社会平均回报 $\pi_{\min}^l = (B+L)(1+r)$，显然，当 $Pr > \dfrac{r}{1+r}$ 时不等式

---

① Blanchard 和 Fischer 采用了 $E(\pi) = Pr \cdot [R - (1+r)L]$ 的形式，含义为企业收入 R 大于贷款本息时归还贷款，剩余为利润；收入不足以还贷时所有的 R 都归银行，企业所得为零。我们也试用过这种利润函数，基本结论没有大的差别。

$\pi^l > \pi^l_{\min}$ 成立。根据前面的定义，$Pr = Pro\{P \geqslant P_{\min}\} = \int_{P_{\min}}^{+\infty} h(P)\mathrm{d}P$，也就是说，只要房地产商"预期"市价高于底价 $P_{\min}$ 的概率足够大，他就会去银行贷款，并在市场最终出清时获得超出社会平均利润的"超额利润"。我们看到，在取得贷款的条件下房地产商预期的供给价格提高了，而最终市场出清时，需求曲线与供给曲线的移动使均衡价格上升至 P（图 1），更高的预期价格"自我实现"了——而这也正是"理性预期"的基本含义。

总结上述分析，我们得到如下命题。命题 1（泡沫产生和存在的充分条件）①：当房地产商和购房者可以取得银行贷款，且满足条件 $0 < \theta < 1$、$Ps < \dfrac{r}{1+r}$ 及 $Pr > \dfrac{r}{1+r}$ 时，房地产市场的均衡价格 P 将高于代表基本价值的 P^*，市场中将产生和存在泡沫，即 $P = P^* + b$；且泡沫 b 满足 $b_t = E_t b_{t+i}$，为稳定的确定性理性泡沫。

第三步：计算泡沫的规模和分析影响泡沫规模的因素。

我们用 b/P^* 表示泡沫的相对规模，将(5)式与(6)式联立得到含泡沫的均衡价格：$P = \sqrt{\dfrac{c\left[1+(1+r)Pr\right] \cdot YD}{2\left[1-\theta+(1+r)\theta \cdot Ps\right]}}$，与(4)式 $P^* = \sqrt{\dfrac{c(1+r) \cdot YD}{2}}$ 比较得到泡沫相对规模的表达式：$\dfrac{b}{P^*} = \dfrac{P-P^*}{P^*} = \sqrt{\left(\dfrac{1}{1+r}+Pr\right) \cdot \dfrac{1}{1-\theta+(1+r)\theta \cdot Ps}} - 1$。当命题 1 的条件得到满足时，显然有 $\dfrac{\mathrm{d}(b/P^*)}{\mathrm{d}r} < 0$，$\dfrac{\mathrm{d}(b/P^*)}{\mathrm{d}\theta} > 0$，这意味着较低的平均资本收益率对应着较高程度的泡沫，而较高的抵押贷款比例（表示贷款的易得性）将导致泡沫规模的膨胀。同理可证泡沫的绝对规模 b 与单位建筑成本 c 和居民可支配收入 YD

---

① 在初稿讨论的过程中，有意见认为银行在还款概率肯定小于 1 时，如 $Ps < 1/(1+r)$，不可能长期提供贷款。我们的解释如下。首先，根据前面的假设，我们将银行的存贷款利率都记为 r。实际上贷款利率 $R > r$，命题 1 的条件相应为 $Ps < 1/(1+R)$ 和 $Pr > r/(1+R)$，并不改变我们的基本结论，所以当两者差别很小时我们做了近似处理。其次，还款概率小于 1 对银行来说是正常的。例如，若 r 等于 5%，从银行角度看还款概率可能小于 95.2%，即不良贷款率大概在 4.8% 的水平，这基本属于正常情况。因此我们在此可以不考虑银行不提供贷款的问题，而只考虑购房者和房地产商在怎样的条件下"愿意"取得贷款，即命题 1 中的条件。

正相关，也与银行抵押贷款比例 θ 正相关，但与平均资本回报率的关系不明确。

需要特别指出的是，我们前面为了分析的方便而假定居民各期的收入水平 YD 是不变的，但从实际来看，随着经济的增长居民收入水平也将大幅度提高，因此从长期来看，房地产的基本价值也有上升的趋势。要判断一个地区的房地产价格是否合理，其居民的收入水平和有效需求是一个非常重要的基准，我们认为相对规模比绝对规模更为可取，动态分析比静态分析更为有效。

第四步：泡沫破灭的条件以及泡沫破灭的因素分析。

从命题 1 可以推出，如果条件 $Ps < \dfrac{r}{1+r}$ 和 $Pr > \dfrac{r}{1+r}$ 不满足，泡沫将会破灭。由前面的定义 $Ps = \mathrm{Pro}\,\{P \leqslant P_{\max}\} = \displaystyle\int_0^{P_{\max}} h(P)\,\mathrm{d}P$，我们记 $\hat{P}$ 为满足 $\displaystyle\int_0^{P} h(P)\,\mathrm{d}P = \dfrac{1}{1+r}$ 的价格（图 2），于是 $Ps < \dfrac{1}{1+r}$ 等价于 $P_{\max} < \hat{P}$。同理可推 $Pr = \mathrm{Pro}\,\{P \geqslant P_{\min}\} = \displaystyle\int_{P_{\min}}^{+\infty} h(P)\,\mathrm{d}P > \dfrac{1}{1+r}$ 等价于 $P_{\min} < \hat{P}$。从而市场出清意味着 $P_{\min} \leqslant P \leqslant P_{\max}$。

命题 2（泡沫破灭的条件）：当房地产市场达到局部均衡时，$P_{\min} \leqslant P \leqslant P_{\max}$，如果 $P_{\max} < \hat{P}$ 条件得不到满足，购房者退出住房信贷市场，房地产泡沫将部分破灭；如果违反了 $P_{\min} < \hat{P}$ 条件，房地产泡沫将完全破灭。

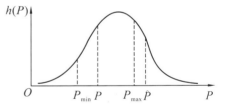

图 2　购买者分析的泡沫存在可能性

我们从图 2 中很直观地看到 $P \leqslant P_{\max} \leqslant \hat{P}$ 的概率为从购房者角度分析的泡沫存在的可能性，$P_{\min} \leqslant P \leqslant \hat{P}$ 为从房地产商角度分析的泡沫存在的空间，因此我们很自然地想到，调控房地产泡沫其实就是调控三个重要价格 $P_{\min}$、$P_{\max}$ 及 $\hat{P}$。

在购房者方面，r 的增加将降低 $\hat{P}$，从而破坏不等式 $P_{\max} \leqslant \hat{P}$，导致泡沫破灭；另由（5）式可知，$P_{\max}$ 与居民可支配收入 YD、抵押贷款比例 θ 同向变动，与利率 r 反向变动，所以 YD 和 θ 的下降以及 r 的上升将导致 $P_{\max}$ 下降，从而破坏不等式 $P \leqslant P_{\max}$。经济意义是明显的，人们收入的下降和紧缩的货币信贷政策将大幅度降低房地产需求，使房地产市场不能出清而挤出泡沫。在房地产商方面，分析(6)式可知房地产商的最低可接受价格是单位建筑成本 c 和资金的机会成本 r（也即资本的社会平均收益率和银行贷款利率）的递增函数，而 c 又受到政府的土地政策、房地产宏观调控政策和通货膨胀率的影响。因此如果政府采取紧缩性政策，如紧缩性的土地供给和财政税收政策，将提高房地产商的单位建筑成本 c；而紧缩性的货币政策将提高利率 r，两者都导致 P_{min} 上升，$P_{min} \rightarrow \hat{P}$ 缩小了泡沫的存在空间，将促使泡沫破灭。

最后将我们在本节中得到的主要结论总结在下表中。

表1　本节的主要结论

		单位建筑成本(c)		居民可支配收入(YD)	平均资本收益率（或银行利率）(r)	银行抵押贷款比例(θ)
		政府土地政策和房地产调控政策	通货膨胀率			
泡沫程度	相对规模大	/	/	/	低利率	高抵押比例
	绝对规模大	紧缩性土地政策和税收政策	高通胀率	高收入	/	高抵押比例
泡沫破灭	(1)不满足 $p_{max} \leqslant P$	/	/	/	利率上升	/
	(2)不满足 $p \leqslant P_{max}$	/	/	收入下降	利率上升	θ下降，紧缩性信贷政策
	(3)不满足 $P_{min} \leqslant P \leqslant p$	紧缩性土地政策和税收政策	通胀上升		利率上升	θ下降，紧缩性信贷政策

注：讨论泡沫程度时假定命题1的条件得到满足，讨论导致泡沫破灭的因素时以命题2为基础。

四、房地产泡沫实例回顾及对中国房地产市场调控的几点建议

谢经荣、朱勇等整理的资料显示，1980年以来发生在12个国家和地区的16次比较严重的金融危机中，有12次都存在着不同程度的房地产泡沫。其中学界对1980—1992年美国、1983—1990年日本及1997—1998年东南亚的房

地产泡沫和金融危机已经进行了深入而广泛的研究，对照表 2 中对以往研究资料的简要综述和上面表 1 中的基本结论可以看出，我们所构造的模型对这些危机中房地产泡沫的产生、发展和破灭都有着较强的解释力。

表 2　以往研究资料的简要综述

	房地产泡沫及危机的表现	促使房地产泡沫发展的因素	导致房地产泡沫崩溃的因素	评　注
美国 1980—1992 年的地产泡沫及金融危机①	1980—1992 年间美国共有 1 142 家储贷机构②和 1 395 家银行倒闭；1988 年 FSLIC（联邦储备贷款保险公司）加盟银行的倒闭率达 6.95％，甚至超过了大萧条时 1930 年 5.7％的水平。——"S&L 危机无非就是不动产的危机"（宫崎义一，2000）。	Krugman③ 认为在房地产市场中"所有泡沫都有一个共同点，即都是由银行融资的，其中最著名的例子是美国的"储蓄和贷款协会"。——美国商业银行不动产贷款占总贷款的比例从 1983 年的 30.6％增加到 1990 年的 41.5％，1985 年到 1989 年间的贷款净增加额中 71.2％为不动产贷款。	其一，1986 年初石油价格猛跌首先使西南部石油生产州遭受了打击，经济衰退，人们收入下降，不能偿还住宅抵押贷款的情形大量出现，随后能源萧条和储蓄机构危机波及全国；其二，1986 年《税制改革法》对不动产投资加强了税收管制，废除了资本收益优惠政策，致使房地产投资急剧减少。	银行资金大量涌入房地产市场、政府优惠的税收政策以及经济繁荣期人们收入的增加对房地产泡沫的产生起了巨大的推动作用；一旦这些促进因素不复存在，地产泡沫也将随之破灭。

　　①　详见[美]劳伦斯·J·怀特《美国储蓄贷款机构的倒闭——金融机构规管的一些教训》；[美]艾伦·加特《管制、放松与重新管制》；[日]宫崎义一《泡沫经济的经济对策——复合萧条论》。
　　②　在美国，储蓄贷款机构是对吸收短期存款而提供长期住宅抵押贷款的金融机构的总称。
　　③　[美]保罗·克鲁格曼：《萧条经济学的回归》，朱文晖、王玉清译，中国人民大学出版社 1999 年版，第 274 页。

	房地产泡沫及危机的表现	促使房地产泡沫发展的因素	导致房地产泡沫崩溃的因素	评　注
1983—1990年日本严重的房地产泡沫（Krugman, 1998；宫崎义一，2000；吉田和男，1999；罗清，2000；谢经荣等，2002；孙执中，2001）	日本地价与物价指数之比1986年为25.2，1990年涨到68.2，短短四年上涨了近三倍。房地产泡沫最高峰时，日本土地价值约为当时美国地价总额的4倍多。1990年起日本房地产泡沫全面崩溃，到1999年地价已连续九年下跌，甚至跌破了20世纪80年代初泡沫经济前的水平，与此相应的是银行、企业和个人的大量破产。泡沫经济崩溃后日本经济陷入了长达十余年的严重衰退。	其一，为对抗20世纪80年代中期以来日元大幅升值所引起的"高日元萧条"，日本政府采取了"长期保持超低贴现率"和"超额的货币供应"等积极的货币政策；其二，"（银行的）信用创造……是形成泡沫经济的主要因素"（宫崎义一，2000）；地产泡沫膨胀中银行与企业、个人之间形成了一个"正反馈"：银行发放大量的抵押贷款，企业和个人以此进行房地产投机，并以他们持有的或购买的土地为担保再次获得贷款。如此循环，反复贷款，1986—1989年日本银行的不动产抵押贷款的年增长率都在20%以上，随着银行土地抵押贷款的急剧膨胀，房地产泡沫也越吹越大；其三，日元升值、股市泡沫所带来的巨大的财富效应极大地刺激了日本国民对房地产的需求。	其一，日本银行从1989年5月开始5次大幅度提高贴现率，从3.25%提高到1990年8月的6%；其二，1990年3月日本大藏省发出"抑制与土地有关的融资"的通知，对建筑业、不动产及非银行金融机构的融资总量实行严格的窗口管制；其三，1991年制定"地价税"，规定从1992年起不管地价涨跌，凡持有者都必须向国库缴纳土地持有税，从而彻底打击了对土地的投机。	泡沫膨胀过程中的关键因素包括：低利率、超额货币供应、大量银行贷款以及巨大的财富效应；另一方面，提高利率，执行紧缩性货币政策、严格的信贷管制以及紧缩的财政税收政策都将挤出泡沫。

续表

房地产泡沫及危机的表现	促使房地产泡沫发展的因素	导致房地产泡沫崩溃的因素	评　注
1997 年、1998 年东南亚金融危机中的房地产泡沫（谢经荣，1998；Krugman，1998；于宗先、徐滇庆，2001；谢经荣等，2002）	以泰国为例，从 1992 年至 1997 年 7 月泰国的地价以每年 40% 的速度上涨，某些地段甚至在 1 年内上涨了 14 倍之多。	其一，20 世纪 80 年代末以来东南亚地区经历了由高投入带来的高增长，投资扩张和信用扩张等经济过热迹象十分明显；其二，国内贷款和国外投资大量流向房地产业——1989—1996 年泰国银行发放的住房贷款总额在 7 年间增加了 5 倍多，1996 年房地产投资额占其外国直接投资额的一半；印度尼西亚在 1994—1997 年房地产贷款每年增长 35%，高于整个银行业 23%—24% 的贷款增长率；新加坡在 1995—1997 年进入房地产业的贷款占银行总贷款的 30%—40%；在危机爆发前，马来西亚金融机构贷给房地产业的资金也占到其贷款总额的 30%。	严重的泡沫经济削弱了东南亚各国出口产品的竞争力。到 1995 年和 1996 年，东南亚各国的经常项目赤字加速上升。1997 年 7 月 2 日，泰国迫于贸易赤字和经济衰退带来的货币贬值的压力，宣布放弃泰铢对美元的固定汇率，由此引发了东南亚金融危机，随后各国都经历了一连串的货币贬值、金融紧缩以及房地产市场泡沫和泡沫经济的全面崩溃。	在东南亚的房地产泡沫和金融危机中，我们也同样可以看到信用膨胀（包括银行贷款和外来资本的大量涌入）对产生房地产泡沫的推动作用。东南亚房地产泡沫的破灭则是由于汇率冲击引发的资本外逃、利率上升、金融紧缩等原因。

　　正如我们所看到的，房地产泡沫的问题可能不仅是房地产市场本身的问题，它可以是信用（其来源包括内资和外资）的过度膨胀造成的，可以是政府的财政、货币政策失误造成的，也可以是经济结构、人们预期的问题使实体

经济和虚拟经济严重脱节造成的。在上述理论和实例分析的基础上，我们在此对我国房地产市场的宏观调控给出几点建议。

第一，从目前宏观经济的基本形势来看，自 1997 年以来我国的宏观经济一直处于通货紧缩的运行态势，高增长与低利率、低通胀并存。有研究表明我国目前的宏观经济很可能是动态无效的（史永东、杜两省，2001[①]；袁志刚、宋铮，2000[②]），也就是资本收益率低于经济增长率。根据 Tirole(1982, 1985)和 Weil(1987)的分析，动态无效的经济不能排除泡沫的存在，而且引入泡沫对经济整体是一种帕累托改进。从中我们可以得到两个推论：一是，目前我们具备产生泡沫的基本前提条件，而且适当的确定性（即非爆炸性）泡沫可以降低资本的过度积累，对整体福利是一种改进，因此一定程度的理性房地产泡沫目前来看也有可取的一面；二是，从逻辑上看，过度的储蓄资金要寻找更高的回报，很自然地就流向股票和房地产市场，形成泡沫。这是日本和东南亚的情况所证实的，也是前一阶段我国股票市场产生严重泡沫的根本原因之一。因此从长远来看，我们应当通过各项配套改革提高资本（尤其是民间资本而不仅是国有资本）的回报率，以消除泡沫产生和膨胀的基础性诱因。

第二，在房地产市场方面，有很多学者提出需要关注一些预警指标（梁运斌，1995[③]；袁贤祯，1998[④]；谢经荣等，2002），如房地产贷款和住房抵押贷款余额占银行总贷款余额的比重、房地产商利润率与社会平均利润率之比等。这些实际操作指标在我们的模型中都可以找到相应的理论依据。除此以外，模型提示我们还可以检验行为人的"预期指标"，即通过市场调查和预测得到 Pr 与 Ps 的数据，分别与模型中的理论值进行比对，来衡量房地产泡沫的严重程度。

[①]　史永东、杜两省：《资产定价泡沫对经济的影响》，《经济研究》2001 年第 10 期，第 52—59 页。

[②]　袁志刚、宋铮：《人口年龄结构、养老保险制度与最优储蓄率》，《经济研究》2000 年第 11 期，第 24—32 页。

[③]　梁运斌：《我国房地产业景气指标设置与预警预报系统建设的基本构想》，《北京房地产》1995 年第 11 期，第 18—20 页。

[④]　袁贤祯：《房地产业监测预警系统的构想》，《中国房地产》1998 年第 4 期，第 16—19 页。

第三，在房地产政策和金融环境方面，我们的分析指出，宽松的货币政策、优惠的土地和财政税收政策可能会刺激房地产泡沫的产生。考虑到我国的具体情况，某些地方政府往往在"投资冲动"和"增长冲动"的驱使下可能采取过激的房地产政策。比如1992—1993年海南和北海的房地产泡沫就与当地政府"以地生财、点土成金"的错误指导思想以及"土地成片批租、成片开发"的错误房地产政策有着直接的关系。要防止严重的房地产泡沫，各地政府首先不能头脑发热，应严防土地投机和某些政府实权部门的寻租行为。银行信贷方面，对房地产抵押贷款比例的限制以及对房地产商和购房者资信的严格审查也都是压缩房地产泡沫、降低银行风险的重要保障。尤其是在房地产热刚刚抬头的时候，银行部门绝不能一味追求高回报，盲目对房地产部门扩张信用，我们的理论分析和现实教训都清楚地说明了其中的危险性。在目前我国银行整体不良贷款率高、资产质量不好的情况下更应当提高警惕，如果房地产业再有什么问题，对我们银行体系的打击也许就是致命的。

作者说明

当时我国居民消费平淡、投资渠道有限的情况下，发展房地产业，拉动内需，带动经济整体增长显然有着重要的意义，但促进房地产市场健康发展的同时也要防止房地产过热，尤其是要防止出现严重的房地产泡沫。本文与樊潇彦合作，发表于《经济研究》2003年第3期。本文以这一迫切的现实问题为导向，在回顾和借鉴有关经济"泡沫"的基本理论的基础上，构造了一个房地产市场的局部均衡模型，给出了房地产均衡价格中理性泡沫产生和存在的条件，以及导致泡沫破灭的相应条件。在理论上我们的模型为行为人预期、银行信贷以及政府政策在地产泡沫形成中的重要作用提供了一个简明、统一的分析框架。模型的基本结论对历史上几次著名的房地产泡沫也有较强的解释力。在理论和实例分析的基础上，我们给出了当时我国房地产市场是否存在泡沫的基本判断，以及如何进行宏观调控的几点建议。

均衡与非均衡

第五篇

就业理论研究

失业的成因及其治理

一、失业概论

失业是就业的对称，即指有劳动能力并愿意就业的劳动者找不到工作这一社会现象，其实质是劳动者不能与生产资料相结合进行社会财富的创造，是一种经济资源的浪费。根据这个失业定义，失业主体必须具备三个条件：其一，有劳动能力；其二，愿意就业；其三，没有工作。我们一般把有劳动能力的人口等同于劳动年龄人口（世界上大多数国家都把年龄在 16—65 周岁之间的人口定义为劳动年龄人口），用劳动年龄人口减去不愿就业的人口，余额称作劳动力人口（labor force），而把不愿就业的人口称为不在劳动人口（not in labor force）。明确这几个概念以后，我们就可以来讨论就业率、失业率等衡量就业和失业水平的重要比率。就业率是相对于总劳动年龄人口的一个比率，即把总就业人口除以总劳动年龄人口后得到的一个比率。失业率是相对于劳动力人口（劳动年龄人口中愿意就业的人口）的一个比率，通过失业人口除以劳动力人口而得到。失业人口加上不愿就业的人口构成一个社会不工作的人口，总劳动年龄人口减去不工作人口就是就业人口。失业人口、就业人口、劳动力人口以及劳动年龄人口都是从某一时点上测算的存量概念，在某一时期内又有各自相对应的流量概念（如新增劳动力人口、新增就业人口、新增失业人口、退出劳动年龄人口和退休人口等）。

世界各国由于对就业、失业、不在劳动人口等概念的定义不同以及测算的方法不同，从而对失业状态的测算并不是完全一致的。但是不管怎样，当今世界各国面临的一个共同问题是失业人口的不断增长，其中长期失业人口在失业人口中所占的比重不断加大，表明失业问题的严重性、复杂性和长期性。20 世纪 90 年代以来，美国的失业率在 6％左右，西欧各国的失业率在 10％—15％。苏联、东欧国家在经济转轨过程中也面临着日益上升的失业率。我国随着经济体制改革的深入，失业问题也越来越引起人们的注意。因此，失业问题已成为当今世界一个重要的经济、社会问题，需要我们在理论上重新重视这一社会现象，并给出合理的解释和提出合理的对策。

二、失业是特定的劳动与生产资料相结合的方式的产物

西方学者讨论失业问题往往是把现存的社会形态——资本主义的市场经济——作为既定的前提，因此他们的讨论割断了失业的历史起源。按照马克思主义的观点，大规模的失业人口（即相对过剩人口）的存在，是由资本主义社会形态下劳动者与生产资料相结合的特有方式即雇用劳动关系所决定的。在劳动者与生产资料自然结合的社会形态里，如小农经济里，是不可能出现失业问题的。因此，市场经济的高度发达和劳动者与生产资料相分离是失业的前提条件。在奴隶制和封建制的社会形态里，虽然也存在劳动者被剥夺生产资料的情况，但却不存在劳动者失业的现象。原因是，第一，从生产力发展的角度来看，机器代替劳动的时代还没有到来，劳动人口相对于土地等生产资料来讲还是稀缺的。第二，从生产关系来看，失去生产资料的劳动者的人身依附于主人，他不可能出卖劳动力，因此也不存在工资概念。在这种情况下，劳动者生活资料的消费水平只有非负界限，也就是说，主人可以任意地压低劳动者的生活资料消费，这种降低甚至可以影响到奴隶的生存条件。因此这部分劳动者创造的物质财富数量总是大于他的生活资料的消耗，由于后者可以任意压低，使得这个差额总是正数。只要这个差额是正数，就意味着劳动力永远不会过剩，因而也就不可能出现失业。因此，劳动者与生产资料相分离只是失业存在的前提条件，但不是充分条件。

在马克思主义产生的时代，资本主义市场经济已经得到长足的发展，一方面生产力高度发展，大规模的生产使得资本有机构成提高，出现机器代替人、劳动力在生产过程中的使用比重下降的现象，同时也使劳动变得越来越专业化和单一化。劳动的单一化使得童工和妇女加入生产过程成为可能，而童工与妇女的加入，使劳动人口大量增加。另一方面从生产关系看，工人是其劳动力的所有者，其人

身是完全独立的，劳动者与生产资料的结合需要通过劳动力市场上的买卖关系才能进入生产过程。因此，劳动者与生产资料的结合是资本雇用劳动的关系时。而资本的本性是追逐最大利润，当雇用的劳动不能给它带来利润的增加时，资本就会停止雇用劳动，未被雇用的劳动者，就成了失业人口。因此生产力发展到机器大规模替代劳动，生产关系发展到资本与劳动的雇用关系时，资本追逐最大利润，劳动者作为一个独立的生产要素所有者要求一定的工资水平等才构成了失业产生的历史条件。上述条件如果不是一起具备，普遍的失业就不可能出现。

但是，在社会主义制度下，即全体劳动人民成为一个国家国有土地和国有资产的共同所有者的经济里，是否还存在失业问题呢？这是一个十分棘手的理论难题，需要我们做出回答。

先从社会主义的计划经济体制说起。虽然我国是世界上人口最多的国家，劳动力相对于其他生产资源来说，是个相对过剩的生产资料①，但是我们在计划经济体制下还是基本上实现了充分就业的目标，只是这种充分就业目标是以牺牲经济效率为代价的。首先我们是通过户籍制度隔离城乡劳动力的流动，把广大农村劳动力束缚在土地上。当时在农村，由于人口基数大，劳动力增长快，单位土地上的劳动力配置已经大量过剩，达到刘易斯所描述的劳动的边际生产率等于零的程度，即如果我们从土地上分离出一部分农村劳动力来，农产品数量将保持不变，此时这部分劳动力就是过剩人口，即相对于生产同样农产品数量的角度来讲是过剩的，但不是绝对过剩人口。在农村的人民公社制度下，人人都有饭吃，可分得一份平均产品，劳动力的增加会减少平均产品的数量，但平均产品不同于边际产品，永远不会等于零。因此，在土地公有、生产资料公有的情况下，没有哪部分人成为过剩的失业者。在城市，劳动者不是某一企业生产资料的所有者，因此还不能像农村劳动那样与生产资料直接结合，还需要通过就业安置来进行。由于大量的农村劳动力被限制进城，尽管城市人口增长也很快，就业压力较大，但那时各级政府还是基本上保持了充分就业水平，其中的手段就是计划配置劳动力。即使在计划经济条件下，企业也还是一个追求某项经济目标的微观组织，如果我们把

---

① 我们假定劳动要素与其他生产要素不是完全可替代的，在很多情况下是一种互补关系。

计划经济条件下的企业定义为追求产量指标或者为了完成计划指标的微观单位，那么企业对劳动力的需求应是产量变量和资本存量的函数，即根据固定资本装备计算出生产计划产量所需要的劳动力。但是上级计划部分可以要求企业超过这一客观需求量而雇用更多的工人，前提是企业的工资总额由计划者制定，企业不必为利润问题担忧。因此，在不讲究经济效率的情况下，企业雇用多余的工人是不违背理性原则的，在计划经济体制下，我们就是这样依靠计划手段，迫使企业多接受工人。这样操作的结果是，企业隐性失业情况严重，企业的经济效率低下。可见，在生产资料公有制的情况下，虽然可以消除失业现象，但是劳动要素和其他生产要素在一定生产条件下的一个合理比例关系还是存在的，劳动力优化配置的要求也是存在的，计划经济的做法只是把公开的失业转化为隐蔽的失业而已。

由计划经济体制转向市场经济体制以来，首先是农村劳动力开始流动，出现了大量过剩劳动力。其次是随着国有企业改革的深入，企业面临着一个隐性失业公开化的问题，再加上就业人口的增长，失业问题在我们这里也被提出来了。我们的社会主义制度没有变化，为何会出现失业问题呢？在现代市场经济里，经济资源是市场配置的，因此从计划经济向市场经济的转轨必将带来两大变化：其一，微观生产单位追求经济效率，以经济效率最大为目标函数；其二，所有生产要素（包括劳动力）的价格是由市场供求决定的。这两大变化就改变了劳动力资源的配置方式。我们以实行农村土地承包制以后的农户家庭为例来说明问题。

1979年实行家庭责任承包制以后，土地由国家占有的原则没有变化，但每个农户都拥有一块（土地）的使用权，劳动与生产资料（土地）可以直接结合，收入扣除上缴的承包基数以后在每个家庭成员之间平均分配。在这样的劳动与生产资料相结合的方式下，按理是不存在失业问题的。但是改革以后，首先，农村微观生产组织发生了变化，农户不同于生产队和人民公社，其经济活动的首要目标是追求家庭经济效益最大。其次，在市场经济条件下，任何产品和要素的价格由市场供求决定，农产品如此，农村劳动力亦是如此。在这两个条件下，农户作为基本生产单位（微观组织），其经济理性就是优化配置其所掌握的生产要素，使其经济收入最大。因此，当家庭承包的土地上没有必要容纳那么多劳动力时，换句话说，当家庭成员中部分人的边际产出等于零时，即某几个成员离开土地并不影响家庭承包土地上的产出时，这部分人实际就处于隐性失业状态。当其他机会出现时，如可以进乡镇企业工作或进入城市当民工时，这部分人就会离开土地。但当他们找不到工作时，滞留在城镇就成为实际上（公开）的失业人口。由此可见，即使是拥有生产资料（土地）的农户，只要这个农户是追求经济效益最大的，整个经济的资源配置是由市场完成的，农户内部也存在失业人口，这部分失业人口当然也是相对的，即相对于按市场给定的产品价格和要素价格计算的经济收益极大化来说的相对过剩劳动力。①

农村家庭作为微观生产单位所存在的失业机理说清楚了以后，城市的失业机理也就容易说清楚了。从生产力发展及生产过程中各种生产要素的合理配置的角度来讲，我国劳动力是相对过剩的。前面已经提到，在传统的计划经济体制下，隐性失业问题是严重的。这里的过剩主要是就企业的经济效益来讲，如果企业不追求经济效益，则不存在劳动力过剩的问题，企业中劳动力配置多了，工人的闲暇时间多了，工作量再少，大家轮着做。改革以后，所有企业包括国有企业都必须把利润最大化作为企业生产经营活动的目标，保证企业国有资产的保值增值。企业的目标一旦明确以后，企业经营者在配置劳动力时，就要按照增加劳动力能否增加企业利润这一标准来决策，因此当最后增加的劳动力的产出低于其工资时，不雇用这个工人就是经营者的一种经济理性行为。按照这一标准，现有企业中存在的隐性失业都必须转化为公开失业。不然的话我们既要求企业追求利润最大，又要求企业继续为无效益的工人发放工资，侵蚀利润，这是两个完全矛盾的目标，混淆在一起的结果是国有企业难以适应市场的激烈竞争。

但是这里碰到的一个理论问题是工人阶级作为国家的主人，是生产资料的所有者，照理讲他们的劳动是能够与生产资料相结合的。但这里要区分几

---

① 但接踵而来的一个问题是，在一个有三四个兄弟的农户里，大家都平等地拥有土地使用权，谁应该留下，谁应该出来谋生甚至于农户中谁先成为失业者？这是一个复杂的问题。有些家庭是家长（父亲）配置劳动力，因此他决定谁留在家中，谁出去谋生；有些家庭则是愿冒风险（风险偏好）和素质较好的成员离开土地，出去谋生。当然，出去谋生者如果在外面遇到了问题，如生病、找不到工作等，他还是可以在家庭中得到帮助，这时的家庭互助就相当于一份社会保障。

个概念。首先，工人阶级是作为一个整体占有生产资料，其目前的实现形式是国有制，即由国家代表全体人民行使对生产资料的所有权，而每一个具体的工人在市场经济条件下是作为生产要素进入一个具体的企业的。其次，市场经济是经济资源配置的一种方式，这种配置方式一是要求企业只能以追求利润为唯一的目标，二是所有生产要素的供求由其市场价格决定，供给之间、需求之间存在完全的市场竞争。因此，市场经济是一种资源配置机制，机制是不能改变的。工人阶级总体作为生产资料的所有者可以体现在国有资产收益的分配上，即在国有资产收益的分配上充分保障工人的利益。从就业方面来讲，部分工人的失业是市场经济条件下经济资源优化配置的必然结果，因此对这部分工人国家应该给予充分的失业保障。其次，国家应该从国有资产收益中拿出一块来建立和完善失业工人的再就业机制，如提供就业信息，开创新的就业渠道，对失业者进行职业培训，等等。总之，在社会主义制度下，失业保障和再就业保障应该得到社会制度的保障。

综上所述，失业一方面是生产力发展的产物，随着生产力的高度发展，生产过程中对劳动力的需求不断降低。但是生产力的发展并不必然带来失业，因为生产过程对劳动力需求的降低可以通过减少每一个劳动者的劳动时间来解决。因此，构成劳动力失业的另外一个条件是市场经济这一资源配置方式的要求。当微观经济单位追求经济效益时，它就要比较各种生产要素的成本和收益，当使用要素的收益低于其使用成本时，该项要素将不被使用，这是资源优化配置的一条基本原则，其他生产要素配置如此，劳动力要素配置也是如此。上述这两个条件是所有失业的共性。资本主义制度下的失业和社会主义制度下的失业的根本区别，在于前者是由资本追逐剩余价值的本能所造成的，后者是代表人民行使国有资产支配权的国家对经济资源配置方式的一种选择，这种选择得到全体人民的共同认可，反过来，这种选择的后果之一——失业，一方面，能够得到人们的普遍理解；另一方面，对失业的保障和再就业的保障应该得到根本制度的保证。

三、西方失业理论的最新发展

前面我们已经提到，西方经济理论是把资本主义生产方式作为一种既定的体制并在此前提之下考察失业问题，因此难以揭示资本主义失业的实质。但是西方失业理论在探讨具体的失业生成原因及其治理政策方面，有着相当深入的研究，对我们治理当前的失业现象不无借鉴意义。

在凯恩斯的宏观经济理论（实际上称失业理论更为合适）出现之前，西方古典经济理论是否认大规模的失业存在的。因为根据古典微观经济学原理，劳动市场上的供求曲线是随实际工资的变化而发生反方向变化的，因此，失业就意味着劳动供给大于劳动需求。同一般商品市场一样，劳动供给大于劳动需求就会迫使实际工资水平的下降，直到供求均衡时为止。所以，只要实际工资变化是无下界的，那么失业人口是可以通过工资向下的充分运动而得到消除的。因此除非工资调整遇到不可下降的下界时，才可能出现失业。西方理论界把这种情况下的失业称为古典失业，即可以用古典理论来解释的失业现象。20 世纪 30 年代的大危机彻底动摇了上述由市场自动调节而达到均衡的信条，凯恩斯认为失业的增加是因为商品市场上的总需求下降而引起的，商品市场的过度供给导致了劳动市场的供给过度。这时，工资调整对于消除失业已无济于事。因此，在凯恩斯的理论框架里，引起失业的根本原因是周期性的经济萧条，而不是因为劳动的实际工资高于劳动市场出清的均衡水平。由此人们把这一类失业称为凯恩斯失业或周期性失业。对这一类失业的治理就不是通过实际工资水平的调整所能解决的，而是要通过政府的反周期的扩张性宏观政策才能消除。20 世纪 60 年代中期以来在西方出现的以克洛尔、巴罗和格罗斯曼、马兰沃德和贝纳西等人为代表的非瓦尔拉斯均衡理论对这一理论的发展又做出了较大的贡献。

但是，失业现象的复杂性在于，经济周期过去之后，每个经济中总是存在一定比例的失业人口，近年来这一比例的失业人口有所增加，并且每个失业者的持续失业时间也拉长了，即使在经济繁荣时期，这部分失业也难以消除。动态地看，尽管有部分失业人口经过一段时期以后能找到工作，但同时又会从就业人口中不断游离出新的失业人口。这一类失业往往是由经济发展过程中的产业结构变动所引起，产业结构的变动要求劳动力在不同部门之间转移，但是在现代经济中，随着生产技术的高度发展，劳动力的专业化程度提高，使这种转移不能一下子完成。因此，这种转移一方面需要信息的畅达，另一方面需要对转移出来的失业者进行培训，使之适应新的岗位。因此，在信息不十分完备、部门之间的劳动力供求结构性较强、培训劳动力又需要较高成本的情况下，任何经济都会存在一部分结构性的、摩擦性的失业。货币主义的代表人物弗里德曼把这一类失业称为自然失业，其对总劳动力的比率被称为自然失业率。弗里德曼在《货币政策的作用》一文中，把自然失业率描述为：在一个给定的一般均衡的经济结构中，经济动态系统不断重复呈现出具有收敛点的失业率，这种失业率的存在与劳动市场和商品市场的实际结构性特征有关，也与市场信息不完全性、寻找工作的成本和劳动力的转移成本有关。自然失业是周期性失业的对称，是难以通过反周期的宏观政策而消除的。

根据菲利浦斯曲线，较高的通货膨胀率与较低的失业率相联系，而较低的通货膨胀率与较高的失业率相联系。这一理论似乎给宏观经济政策的制定者提供一种政策选择的可能性：一个国家是否可以用通货膨胀作为代价来降低失业率？或者，反过来以失业的增加为代价来抑制通货膨胀？实践中，确实不乏这样的例子。但是，近年来西方经济学家，尤其是理性预期学派的经济学家，否认这种观点。他们认为，用凯恩斯式的政策治理失业，直接导致通胀结果，而用通胀来使实际失业率跌到自然失业率之下只是一种短期观察到的现象，从长期来讲，任何政府策动的扩张性政策以及由此导致的通货膨胀都是能够被人们正确预期到的，因而最终失业率会回到自然失业率的水平。

由此可见，近年来在西方失业理论文献中，自然失业率是一个更为重要的概念。正因为如此，近年来人们更多地探索这样的问题：自然失业率是由什么因素决定的？为什么自然失业率有上升的趋势？生产力的发展、技术进步以及劳动就业方面的制度性因素是决定自然失业率以及引起自然失业率提高的重要因素。例如，随着不同产业中的技术创新和技术进步，不同部门对劳动力技能和素质的要求差异很大，劳动力跨部门转移的成本不断上升，这些都可能使自然失业率上升。其次，工会力量的存在，各个国家法定最低工资的存在，都有可能使实际工资高于市场出清的水平，即在法定的最低工资水平上，劳动市场上的供给大于需求，由于工资水平不能再下降，劳动市场就无法出清。另外，失业保障的水平高低都可能影响失业者寻找工作的积极性：在失业救济金较高、失业保障时间较长的国家，甚至出现不愿就业的假失业者；相反，如果失业保障水平较低，寻找工作时间越长，他所受的损失就越多，他就会加快寻找工作的步伐。

　　上述推理都是循着劳动市场以外的技术因素和制度因素来考虑问题的。现实中还存在这样的现象：企业主本身并不想通过降低工资去用更多的工人。在劳动市场中，一方面，已经就业的工人工资居高不下；另一方面，失业者愿意接受更低的工资以求得就业，但劳动的需求者和供给者并不能达成一项劳动合同。这些矛盾现象说明，劳动市场发挥作用的功能受到某种阻碍。近年来对这种现象进行探索并得到重要结论的理论模型是"效率工资模型"(G. Akerlof，J. Yellen，1986)、"内部人和外部人模型"(A. Lindbeck，D. J. Snower，1988)和"失业回滞理论"(hysteresis in unemployment)。

　　所谓"效率工资模型"主要解释当前西方某些企业主动(不是因为工会力量所迫或最低工资所限)把本企业职工工资定在高于劳动市场出清的均衡水平的行为。该理论模型假定，每个已经就业的工人在生产中所发挥的效率是一条与工资有关的曲线。如果把工资定在市场出清的水平(较低的水平)上，企业内的工人可能不提供最佳效率。因此，企业为了提高工人的劳动效率，愿意把工资定在较高的水平。但是，在这一工资水平上，劳动市场上愿意就业的人数大于需求，存在失业。相类似地，"内部人与外部人模型"也是解释劳动市场存在供过于求引发的失业。企业并不降低工资来雇用更多的工人。因为一方面工会是保护已经就业的内部人，并代表内部人与雇主签订合同，因此他们要求较高的工资，而不管失业的存在。另一方面，由于劳动合同的存在，企业解雇内部人需要支付一定的成本，而雇用外部人又需要花费一笔培训成本才能使得他们与内部人一样进入生产过程。因此，在这两方面因素的作用下，劳动工资就可能维持在高于劳动市场出清的水平，内部人作为一种既得利益者，享受高工资的好处，而失业者继续失业。"失业回滞理论"试图解释近年来自然失业率上升的现象。这一理论认为，在实际失业率很高的情况下，实际失业率(周期性失业加上自然失业)会使自然失业率上升。这是因为：第一，实际失业率很高，会使上述的外部人增加，内部人减少，工会只为内部人利益着想，使工资高于市场出清水平；第二，很多人一旦失业并持续较长时间以后，失去工作的信心、能力以及再培训的可能性，将成为不能再就业的长期失业人口。因此，实际失业率的居高不下，有可能使自然失业率上升。

　　基于自然失业率难以降低以及"失业回滞"等理论观点，20 世纪 80 年代以来一批新古典学派否定凯恩斯政策的有效性，凯恩斯扩张性财政政策和货币政策短期内有可能使失业率暂时降低到自然失业率以下，但很快会回到自然失业率水平，并且政府的宏观扩张性政策会带来持续的高通货膨胀，为了治理通货膨胀，又会使实际失业率上升，而实际失业率的上升，通过"回滞"机制，又使自然失业率提高。因此，在新古典学派看来，治理失业最重要的是要降低自然失业率。要降低自然失业率，一方面要保护好劳动市场的调节功能，改革失业保障制度，取消最低工资并使工资更容易变动，等等；另一方面加强对失业工人的培训，提供劳动力供求信息，加速劳动力流动，从而使自然失业率下降。

四、中国 20 世纪 90 年代失业的生成原因及其治理

如前所述，我国是世界上人口最多的国家，同其他经济资源相比较，劳动力是相对过剩的，因此，无论是在何种资源配置方式下，过大的劳动供给和相对不足的劳动需求一直是一对重要的矛盾，只是在计划经济下这种矛盾处于隐蔽的状态，现在在市场经济条件下暴露了。

劳动力的相对过剩，首先体现在我国的农村地区。我国是一个农村劳动力比重相当高的二元结构的发展中国家，按照发展经济学家刘易斯的描述，农业部门的边际劳动生产率接近于零，即根据既有的土地资源，劳动力配置已大量过剩，如果从农业中转移出去一部分劳动力，农产品产量将保持不变。20 世纪 90 年代，从 4 亿多农村劳动力中已转移到乡镇工业 1 亿 2 千多万人，流向城市成为民工的人数大约为 5 千多万，据有关部门估计，农业生产大约需要 1 亿 5 千万的劳动力，因此当时农村还存在相当数量的失业人口，由于家庭还保留着一块土地，因此这部分失业人口往往处于隐蔽状态。对于农村失业，我们要采取多重措施进行治理。首先，还是要在农业生产上进一步发展，提倡高产优质农业，拉长农业的产业链条，提高附加值，进一步增强农业吸收劳动力的能力。其次，鼓励农村劳动力合理流向城市，也要鼓励在城市学到技能、掌握信息和资金的民工返回家乡，创办各类产业，增加就业机会。

就城市失业来讲，其具体生成原因较农村失业更为复杂，但归纳起来，

大约有以下一些原因。第一，在人口基数很大的情况下，劳动力增长较快，使劳动力供给增长大于劳动力需求的增长，失业人数增加。第二，随着城市国有企业的改制，原来靠牺牲效率而处于隐蔽状态的企业内部失业必须转化为公开的失业。第三，经济高速增长的时期，也是产业结构快速调整的时期，新的支柱产业不断涌现，老的产业不断被淘汰，由此产生一种特有的现象：一方面，新兴的产业由于其突然崛起，社会缺乏必要的准备，这些产业部门找不到合适的劳动者；另一方面，老产业由于资本存量的调整，劳动需求逐步下降，因此我们有岗位空缺和失业的并存，后者便是结构性调整所带来的失业。第四，在宏观经济紧缩时期，政府为了制止通货膨胀的加剧，对宏观总需求进行调控，随之投资需求和其他需求降低，随着经济周期性波动，经济活动水平下降，企业的隐性和非隐性失业也就随之增加。

由于城市失业原因的多元化和复杂化，我们在讨论失业治理问题时，也要从多种角度着手，把治理失业看成是一个社会的综合治理工程。同时，我们不仅要探讨一些短期的治理措施，而且要探讨一些长期的、带有战略意义的治理措施。

国有企业中隐性失业的公开化是我国经济转轨过程中的必然趋势，对于这部分失业人口，当务之急是要加快社会保障体系的建设。首先，考虑到国有企业职工以前应该用作失业保障和养老保障的收入部分已通过利润形式转化为国有资产，因此在失业保障体系建立时可考虑从国有资产中拿出一部分来弥补失业保障基金的不足。其次，政府劳动部门和其他有关部门要大力实行促进就业的政策。一是积极培育和发展劳动力市场和各类人才市场，提供就业信息，为劳动力的供需双方牵线搭桥，加速劳动力流动。二是举办各种劳动力技术培训机构，适应产业结构调整的需要，使那些下岗职工得到新的劳动技能，在新兴产业部门重新就业。三是要大力扶植就业创新行为，如第三产业中提供社区服务的行业是今后就业潜力很大的行业，要通过税收优惠等政策对其大加鼓励，增加就业渠道。这些是政府部门要着重实施的治理措施。就国有企业来讲，目前它们对职工的社会保障的职能还不可能一下子去掉，因此企业也应该采取相应的措施，积极减少失业人口。从目前的实践情况看，企业可以通过以下一些措施减少失业：第一，通过生产基地的置换，利用企业的一部分资产和具有地理优势的位置，兴办第三产业，分流企业的富余人员；第二，企业本身也可以自己兴办职工培训中心，对本企业存在的富余人员进行培训，这些通过培训的人员有些可以在本企业多种经营后新创办的行业中就业，有些则可以推向其他企业；第三，企业给每个下岗的职工每月发放一笔生活费用，让他们到社会上自谋出路。这些措施对缓解和减少失业、保持社会稳定是有效的，但是这些做法毕竟只是一些短期措施。

从长期来讲，治理失业问题的关键是我们要把考虑问题的视野放远放大。所谓放远，就是要从现在起考虑较长期的失业治理问题，因而考虑的内容不仅要包括如何控制人口增长的问题，又要包括劳动力如何培养的问题。所谓放大，就是要从世界市场的范围内考虑我国劳动力资源如何配置的问题。从这两个角度来看，除了继续控制人口的进一步增长以外，解决我国失业问题的最为有效的长期战略性措施是加大在科技方面和教育方面的投入，在生产过程中不断采用新技术，并普遍提高全体劳动者的素质，使我国的劳动生产率不断得到提高，进一步降低生产成本，使我国产品在世界市场上具有竞争力。

作者说明

本文成文时，亚洲金融危机正在酝酿中，中国经过了"软着陆"及初现的通货紧缩之后，失业问题又一次被摆上了台面，成为必须重视的问题。本文发表于《复旦学报》1997 年第 4 期。本文是一篇综述与政策建议并重的文章，首先，文章介绍了西方经济学中关于失业的最新理论，尤其介绍了凯恩斯理论对于失业理论的贡献。其次，从历史的角度讨论了不同生产方式与失业之间的关系。最后，文章从中国自身情况出发，提出了中国失业情况的独特成因以及治理方式，包括城乡二元经济、城镇经济转轨等中国特殊背景下的失业治理模式。

失业理论与中国失业问题

　　失业是当今市场经济国家普遍存在的一种经济现象，把失业降到最低水平成了各国政府宏观经济调控的主要目标之一。在我国，一方面，由于人口基数大，近年来劳动力增长快，待业人数增加；另一方面，随着市场经济体制的导入，原来靠牺牲效率而处于隐蔽状态的失业，在市场化过程中成为公开的失业。因此，在目前的经济问题研究中失业问题日益重要。本文试图：对现有的失业理论作一系统的回顾；在此基础上，分析中国当前失业的各种原因；针对上述各种失业问题，探讨某些对策和思路。

一、几种主要的失业理论与失业对策

　　根据失业产生的原因，可以把它分成几种类型：第一种就是弗里德曼所定义的自然失业；第二种是古典失业，即由于实际工资太高而导致的失业，也称为自愿失业；第三种是凯恩斯提出的有效需求不足而导致的失业，也称为非自愿失业；第四种是刘易斯在有关发展中国家的二元模型中所提出的失业，这是发展中国家由于资本要素不足而造成的失业。

　　第一种，自然失业。这种失业是任何一种经济在动态的变动中所必然出现的现象。这一类失业主要有三种情况。第一，由于就业生命周期变化所导致的劳动力的流动。例如，某些行业由于劳动强度的关系所需求的劳动力是劳动年龄段中的某一阶段，过了这一阶段这些劳动力需要寻找新的职业。如女性职业中对年龄、容貌有特殊要求的行业，这些行业会经常流出一批尚有劳动能力但失去工作岗位的失业人员。第二，在寻找工作需要成本的情况下，每一个经济社会都不可避免地产生一种摩擦性失业，从整个社会的劳动资源配置来讲，这部分失业人员是能得到充分利用的，但是由于就业信息不完全和获得这些信息需要成本，社会中总有一定比例的失业人员处于寻找工作的处境中。第三，国民经济各部门在经济发展过程中产生重新组合的变化，要求劳动力随之进行跨部门的流动，但在这种流动需要成本的情况下，便产生了结构性调整所带来的失业。对这一类失业的比率，弗里德曼在1968年《货币政策的作用》一文中称之为自然失业率①，即在一个给定的一般均衡的经济结构中，经济的动态系统不断重复呈现具有收敛点的失业率，这种失业率考虑了劳动市场和商品市场实际的结构性特征，包括市场信息的不完全性、寻找工作的成本和劳动力转移的成本等因素。自然失业一般被认为是一个社会难以减少的失业。自然失业是周期性失业的对称，后者是经济危机时期出现的失业，危机过后可以慢慢消失，但自然失业是难以通过反周期的办法消除的。

第二种，古典失业。在古典理论中，就业数量的确定是通过劳动市场的供求力量所决定的。劳动的供给曲线反映的是收入（即实际工资）与劳动供给之间的关系，当劳动者感到现行的实际工资大于提供这一劳动时间所带来的负效用时，该劳动者就愿意在这个工资水平上供给劳动。劳动的需求曲线取决于劳动的边际生产率，根据要素边际生产率递减规律，随着劳动就业的增加，其边际生产率下降。因此，要求一个企业增加对就业的需求，实际工资必须下降，劳动的需求随实际工资的下降而增加。劳动市场的供求曲线相交的交点决定了均衡就业量和均衡工资。当一个社会的实际工资高于均衡工资时，劳动市场就会出现供给大于需求的失业，由于劳动者不愿意降低实际工资，因此这种因工资要求太高而造成的失业称为自愿失业。因为只要工人愿意接受更低的实际工资，这部分失业是可以消失的。

第三种，凯恩斯式的失业，也即非自愿失业。非自愿失业这一概念是凯恩斯在1936年的《通论》中提出来的，非均衡的经济理论创始人之一帕廷金，在他1956年的《货币、利息和价格》一书中有一段对非自愿失业的精辟分析。② 他认为，给非自愿失业下定义时所使用的参考标准就是劳动的供给曲

---

① Frideman. M. , The Role of Monetary Policy, *American Economic Review*，1968(58)，pp. 1—17.

② Patinkin. D. , *Money*，*Interest and Price*，Haeper and Row，1956，pp. 224—235.

线，只要工人处于他们的劳动供给曲线上，即他们能够按照通行的实际价格率成功地出售其想要出售的全部劳动，这时候只可能出现自愿失业，而不可能存在非自愿失业。所谓非自愿失业，就是工人被强制离开他们的供给曲线，失业不是因为在现有的工资水平他们不愿意就业，相反，是因为商品市场萧条，企业通过解雇工人来对付产品的滞销。因此，凯恩斯失业是有效需求不足的失业。在凯恩斯失业状态，不是通过实际工资的变动就能使失业减少的，要恢复到充分就业，必须提高总的有效需求，只有商品市场供大于求的状态消失，才有可能使劳动市场重新实现充分就业。因此，凯恩斯的失业理论是建立在一种非均衡概念之上的，在一个信息不对称和未来不确定的社会里，价格向量（包括实际工资）是呈刚性的，得到调整的是就业与收入等数量变量。凯恩斯的失业理论为政府的需求管理政策提供了理论基础。

对凯恩斯失业理论的另一种新古典的解释强调了凯恩斯模型的货币工资刚性，因此，通过物价水平的上升，可起到实际工资下降的作用，从而使劳动市场减少失业。著名的菲利浦斯曲线反映了这种关系。① 这种解释受到了后来的理性预期学派的批评，他们认为工人在实际工资下降的情况下愿意就业，是因为他们没有正确预期到通货膨胀率。因此，只有政策上的非预期变化才能影响失业，但是，从长期来看，如果工人能够对货币政策的变化和通货膨胀率有理性的预期，这时货币政策就无助于失业的减少。

第四种，刘易斯二元结构模型中的失业。刘易斯在1954年的《劳动无限供给下的经济发展》一文中提出了一个二元经济模型②，用来描述发展中国家现代工业部门和传统农业部门发展不对称的问题。在市场经济发达的国家里，工资是由劳动的边际产品价值决定的，并且在一个要素有效配置的经济里，劳动在每个行业中的边际产品价值应该相等，否则就会引起劳动力在各部门之间的转移。但是，在一个二元经济结构的社会里，只有现代工业部门是按照资本主义方式经营的，即经营者的目的是为了获取最大利润，在这个目标

---

① Phillips. A. W. , The Relation Between Unemployment and the Rate of Change in Money Wage Rates in the United Kingdom 1861—1957, *Economica*，1958(11)，pp. 283—299.

② Lewis. W. A. , Economic Development with Unlimited Supplies of Labour, Manchester, *School of Economics and Social Studies*，1954(2)，pp. 139—191.

函数下，其雇用工人的标准是看劳动的边际产品价值是否大于通行的工资水平。然而二元结构中的农业部门是按照传统的家庭农业方式经营的，农民的收入是按平均产品原则分配，在一个劳动无限供给的社会里，按平均产品分配的农民的收入要低于现代工业部门的工资水平。因此在一个二元经济结构里就会出现一种特有的失业现象：如果劳动力在两部门之间的流动是自由的，低收入的农民一定会向现代工业部门转移，但由于劳动力供给是无限的，从农业中转移出来的劳动力的边际生产率可能接近于零，因此在城市中会出现大量的失业人口；如果考虑到大城市的失业风险，或其他制度性的限制，农民留在传统部门不向城市流动，那么在农村实际存在大量的隐蔽失业，因为在传统部门减少一部分劳动力，并不会使农业总产品减少，相反，每人的平均产品却可以增加。因此，要解决二元经济模型中的失业问题，关键是要加速现代部门的资本积累，从而提高该部门中劳动的边际生产率，使现代部门可以不断吸收传统部门中游离出来的劳动力，最终消除二元结构现象。

二、中国改革开放初期失业现象的诸原因剖析

我国是一个劳动力资源相对于其他经济资源大大过剩的国家，因此从宏观经济资源的结构性角度来看，劳动力过剩是一大特征。在传统的自给自足经营的方式下，或者在计划经济体制下，过剩的劳动力可以通过牺牲效率的办法在生产单位内部隐藏起来，其结果是劳动要素的非有效配置。在市场经济条件下，各生产单位的目标函数是追求利润最大，在劳动力配置时，就必须进行劳动成本和其边际生产率之间的比较。因此，随着市场经济体制的确立，失业就成了一个不可避免的现象。减少失业现象是宏观经济调控的目标之一，为了达到这一目标，我们就要对造成失业或加重失业的各种原因进行详细剖析，只有在这个基础上，我们才能开出有效的政策处方。

(一)二元经济中的农村失业问题

我国是农业人口占总人口80%以上的发展中国家，农业部门的劳动生产率不仅低于工业部门，而且其边际生产率接近于零，换句话说，如果在农业中转移出去一部分劳动力，农业产值将保持不变。因此，在这样一种二元结

构的经济里，对工业部门来说，劳动供给是无限的，只要工业部门投资和生产扩大，农村就可以源源不断地输送劳动力。在传统的计划体制下，人民公社制度给予每个农村劳动力一个就业机会，并且每个劳动者都可以从集体劳动产品中分得一份几乎平均的收入。尽管存在工农收入上的差异，但是农村劳动力向城市的转移由于户籍制度的限制，几乎是停滞的。因此，在这样的体制下，即使农村劳动边际生产率等于零，也不会有农民失业问题，因为那时没有劳动资源合理配置的要求。改革以后，随着家庭承包责任制的实施，虽然每个劳动者仍分配有一份生产资料——土地，但是，劳动资料的合理配置问题就提出来了，当从事农业的劳动并不需要那么多时，以家庭作为一个追求经济效益最大的生产单位，就要把土地上多余的劳动力分离出来，从事其他可能获得收入的非农产业，如去乡镇企业做工、进城当民工等。然而，一旦当那些非农产业的容纳能力竭尽时，进一步分离出来的农民便成了失业人口。这部分失业人口由于还保留着一块土地，因此有时处于隐蔽状态，有时则成为汹涌的民工潮。

（二）转制过程中企业的隐蔽失业转化为公开的失业

在前述的当代西方失业理论综述中我们看到，市场经济体制下，以盈利为目标的企业，其对劳动的需求取决于劳动成本（工资）和劳动边际生产率之间的比较。如果劳动市场处于供过于求的状态，且劳动工资呈刚性，那么，根据市场非均衡时的短边原则，最后实现的就业量（L^*）由需求一方决定，即当 $L^s > L^d$ 时，$L^* = L^d$。

在传统的计划经济体制下，考核企业经营好坏的是 系列计划指标，除产量和利润等指标外，还有计划就业指标，即企业必须接受计划部门配给的就业数量。我们假定企业对劳动的实际需求（L^d）取决于固定资产（K）给定前提下完成计划产量（Q_p）所必需的劳动量：$L^d = f(Q_p, K)$。按短边原则，当 $L^s > L^d$ 时，就业量 $L^* = L^d$，但在计划经济里，计划者可以强制企业接受超过企业实际需要的就业量，因此，一种非自愿交换的就业配置机制就出现了，即当 $L^s > L^d$ 时，计划者给出：$L^* = \text{Max}(L^d, L_p)$。其中 L_p 是计划就业量，它小于或等于 L^s。在企业自愿的劳动需求小于计划就业量时，企业必须按计划完成就业指标。这种就业配置的结果，就是企业中隐蔽失业的出现。这种隐蔽失业的实质，是计划者要求企业担负起某些本该由政府负担的社会目标：失业救济。其代价是企业效益的牺牲。在计划体制向市场经济体制的转换过程中，重要的一环就是改革微观经济组织的行为，把企业的经营目标转到追求盈利上面来，企业承担的社会目标交给政府去完成。随着社会保障体系的建立和完善，企业中大量的隐蔽性失业就必须转化成公开的失业，这既是企业转换经营机制的结果，也是现代企业制度得以建立的基本前提之一。

(三)经济发展过程中结构性调整所带来的失业

如果说上面两种失业情况与我国的国情和体制有关，那么，现在我们要讨论的这种失业与上述两因素无关，而是经济发展过程中的一种普遍现象，即当经济高速发展时，一定会出现产业结构的快速调整，新的支柱产业不断涌现，老的产业不断被淘汰。在这个产业结构重新组合的过程中，对就业来讲，我们就会发现一种特有的现象：一方面，社会中新兴的产业由于其突然崛起，出现适合该产业的劳动短缺；另一方面，老产业由于资本存量的调整，劳动需求逐步下降，出现失业。因此，这时我们就有岗位空缺和失业并存的现象。这种现象在上海就特别突出。

(四)城市中的自愿失业和农村劳动力的转移

长期以来，尽管城乡收入差距较大，但由于户籍制度的存在，农村劳动力流向城市的行动几乎被禁止。这种状况的实质是城市劳动力与农村劳动力之间的竞争被取消，城市劳动者在劳动供给上处于某种垄断地位，因此他们的收入便是一种垄断收入。这是对劳动力实行歧视价格的结果。劳动者的垄断地位是不利于激励劳动者提高效率的。而且，对于某些脏、累、苦的岗位，城市劳动者不愿意就业。在农村劳动者被禁止进城劳动的年代，我们可以通过提高这些岗位的工资或就业的计划配置机制来解决问题。但是，在改革以后的今天，在民工可以进城劳动的情况下，农村劳动者就自愿填补这些岗位，而在现有工资水平上不愿意在这些岗位就业的城市工人就成了自愿失业者。

(五)由于乡镇企业、私人企业和三资企业的发展而导致的失业

上面我们看到，旧的计划体制把农民束缚在农村，本来可以促进劳动力之间的竞争，从而提高劳动效率的劳动力的合理流动被抑制了。但是城乡劳

动力竞争的根源没有被消除，农村劳动力无时不在寻找突破口，以弥补城乡收入上的差距。20 世纪 70 年代后期农村乡镇企业的崛起就是这种努力的结果，它说明了一条简单的道理：劳动要素的合理流动。城乡劳动力在劳动市场上的竞争虽然被限制了，但农村劳动力可以通过在农村办工业，最后以农村生产的工业产品的流动与城市工业产品竞争，达到劳动要素的优化配置。因此，原来应该是城乡劳动力在劳动市场上的平等竞争，现在变成了商品市场上的城乡物化劳动的竞争。由于农村劳动力成本较低，效率较高，在乡镇企业产品大量进军的情况下，城市中的不少企业在竞争中处于劣势，结果是产品滞销，开工不足，劳动力处于失业状态。与乡镇企业对城市企业的进逼相类似，在改革开放的年代里，还有私人企业、三资企业的兴起，它们对国有企业中劳动力的失业带来同样的影响。由于私人企业和三资企业等非国有企业的经营机制比较灵活，劳动雇用都采取合同形式，对劳动者的压力较大，在这些企业中劳动效率比较容易提高，相反，国有企业的经营机制由于种种原因转换得还不快，而企业的劳动就业制度改革又是最难以推进的一个环节，国有企业在与非国有企业的竞争中处于一种不公平的地位上，结果往往是非国有企业的产品挤垮国有企业的产品，导致国有企业中失业的增加。当然，这类失业的增加同时伴随着农村和城市失业的减少，因此，从整个国家看，失业人数并不会增加。

(六)宏观经济的周期性波动所带来的失业

1978 年经济体制改革以来，我国的宏观经济已经经历数次周期性波动。在这个经济中，由于宏观经济资源构成中劳动力相对于固定资本比例人高，加之投资主体缺乏风险机制的约束，以投资膨胀为起点，结构性瓶颈为信号，国家采取主动的宏观紧缩政策为结局的宏观经济周期波动即为这个经济的常态。因此，在经济扩张阶段，中国的就业问题可以得到一定程度的缓解，由于投资的带动，市场需求旺盛，企业生产任务充足，不仅企业隐蔽失业减少，而且往往还可以扩招一些正式和临时的工人。同时随着投资增长，建筑业从农村招收大量的建筑工人，因此，就会出现农村劳动力向城市转移的高潮。但是，在经济紧缩阶段，由于金融紧缩，投资下降，市场需求疲软，导致企业产品积压，正式工人下岗，大量从农村招来的临时工和建筑工人又纷纷回到农村。在这个阶段，隐性和显性的失业都会增加。这类失业主要是由宏观经济的周期性波动所引起。因此在经济资源许可的情况下，可以通过凯恩斯式的需求管理来减少这类失业。

三、失业问题的几种对策和思路

根据上面对中国目前失业的原因分析，我们将从四个方面提出治理失业的对策性思路：农村剩余劳动力转移问题；国有企业中的隐性失业转化为显性失业问题；结构性失业问题；周期性失业问题。

中国的失业问题首先是农村劳动力的大量过剩问题，因此，我们首先要广开门路，稳定和发展目前广大农村流行的三元就业结构：第一"不离土不离乡"，开发"二高一优"农业，充分利用农业资源，增加农村劳动力投入；第二"离土不离乡"①，继续大力发展乡镇企业，调整乡镇企业的产品结构，增加乡镇企业吸纳劳动力的能力；第三"离土又离乡"，组织农村劳动力有序地向城市转移。同时随着城市经济的发展，大城市的地价和工资都会不断上涨，这时效益较差的边际企业就会不堪重负，把企业向郊区甚至中小城市转移，因此，解决农村剩余劳动力的最好办法，是在市场机制的作用下，做到双向流动。农村剩余劳动力根据各自的素质、技能流向不同层次的城市，各类城市中经济效益处于边际地位的企业在经济发展过程中不断地向下一层次的城市转移，逐步地吸纳农村中的剩余劳动力。

在治理城市失业时，我们要区分两类失业，一类是由企业中的隐性失业转化而来的显性失业；另一类是经济发展过程中由于结构性调整而形成的失业。

对于前一类失业，变企业隐性失业为显性失业是经济体制改革的必然产物，我们必须正视这个现实。就企业来讲，我们不可能再强制要求它实行"低

① 中国的乡镇企业在当时曾经吸纳了大量的劳动力，出现过蓬勃发展的景象。但随着中国经济的进一步发展，乡镇企业逐步演变成民营企业，根据企业经营的需要来选择是否离开农村的问题。目前，"离土不离乡"不再成为一种主流现象。

工资，广就业"，靠牺牲效率来吸纳就业，此路不通。因为企业经营的唯一目标是盈利目标，而不是社会福利目标。在实行现代企业制度的过程中，企业面临的一大问题是如何抛掉企业剩余劳动力这一历史包袱，轻装上阵。对企业职工来说，要彻底抛弃传统的铁饭碗观念，树立市场意识、流动意识，增强对失业的心理承受能力。对国家来说，要乘国有企业改制这股东风，盘活国有资产，对企业的富余劳动力进行新的生产性安置，但这种安置是建立在劳动合同的基础上，而不是新的铁饭碗；同时也可以在国有资产转让的收益中，拿出一部分来，对富余劳动力进行适当的其他类型的安置，如生活型安置、开发型安置和福利型安置等。从长远来看，我们必须完善社会保障体系，把企业从社会福利目标中彻底解脱出来，由社会来承担失业救济与失业安置。在此基础上，我们就可以大力促进全国劳动力市场的形成，劳动力资源可以在流动中、市场竞争中得到优化配置。

对于由产业结构调整而形成的失业，一方面，我们要鼓励企业不断地实行科技创新，开发新产品，在企业内部对职工进行培训，提高职工素质和技能；另一方面，要建立社会性的劳动信息服务机构和职工再就业培训机构，使那些从夕阳产业中淘汰出来的职工既能顺利地获得再就业的信息，又可以按各自的技能和兴趣选择再就业培训，尽可能缩短职工再次待业时间，加速劳动力在各部门之间的流动。在当前的结构转换中，第三产业是一个很有发展前途的产业，也是一个"投资小，吸纳力大"的就业领域，我们应该大力发展第三产业，尤其是地处市中心的企业，应该把生产基地转移到郊区，或者下一规模层次的城市，用置换出来的土地搞二产，安置旧产业游离出来的职工。

最后，对于由经济周期性波动而形成的失业，在经济因紧缩而呈萧条状态时，我们可以适当运用凯恩斯的需求管理方法来治理，这里的关键问题是要处理好失业与通货膨胀之间的相互关系。在我国，宏观经济中通胀与失业的替代关系也是存在的，根据经济发展在不同时期的不同特点，我们要正确处理好这一矛盾，找到通胀率与失业率的均衡点。

作者说明

本文是我涉及失业问题较早的一篇文章,发表于《经济研究》1994 年第 9 期。在这篇文章中,我首先做了一个文献综述的工作,将国外关于失业的理论简略、典型地介绍到中国经济学界来。是时,国内经济学界对于西方失业理论的系统介绍还不多见。其次,本文在对西方失业理论做一个介绍性整理之后,将这些理论应用到中国问题上,分析中国失业的各种原因。最后在结合中国实际情况的基础上,给出了一些失业问题的对策和思路。

隐性就业的理论分析

在 20 世纪 90 年代后半叶的中国经济改革过程中，失业与失业的治理已成为非常重要的一个问题。围绕着失业的治理，政府正致力于建设社会保障体系(尤其是失业保障制度)，并对失业(下岗)者实施再就业工程。在这一过程中，一种新的"隐性就业"现象已经引起了经济学家和政府部门的关注。可以说，隐性就业现象是我国在经济体制转轨时期出现的一种特有现象，有待于我们从理论上对其做出分析。

一、隐性就业的界定

在本部分中，我们所讨论的隐性就业主要指的是某些劳动者实际上处于就业状态并拥有相应的收入来源，但同时却被作为失业(下岗)者对待，享受失业救济和政府再就业工程的帮助。这一定义包括了两方面的含义。

首先，隐性就业者被政府和企业作为失业者来对待。从经济学的定义来说，失业者必须是劳动年龄人口中的一组人，他们必须同时符合三个基本的条件，即一定考察期内无工作(不被雇用，也不自我雇用)，准备工作，并正在积极寻找工作。符合这三个条件的劳动力被作为失业者，有资格领取失业救济金，并成为政府再就业政策的实施对象。在我国，国有企业内的下岗是一种特殊的失业，下岗是国家为了缓解社会的显性失业压力而采取的一种就业政策。下岗者虽然没有与企业完全脱离关系，也不计入显性失业统计的范围，但实际上下岗本身意味着下岗者已无工作可做，如果下岗者在考察期内准备工作，并正在积极寻找其他工作的话，实际上就符合了我们对失业的经济学定义，只不过这种特殊的失业被隐藏在了企业内部。在本文中，我们所指的失业者同时包括在政府部门登记失业并领取失业救济的人员和企业内下岗者。① 相应的，我们可以把企业支付给下岗者的工资也看做一种"失业救济"，因为这种工资从经济学意义上来看与政府发放的失业救济并无本质的区别。在西方市场经济国家，再就业工作是完全由政府承担的，私人企业只以缴纳失业保险金的形式承担自己的社会责任。而在我国经济体制过渡时期，国有企业实际上仍然承担了一部分政府责任，表现在劳动就业方面企业还不能根据经营目标解雇多余的劳动力，而只能是以下岗的方式分离一部分冗员以提高在岗劳动力的工作效率。除了仍然要为下岗者支付工资外，企业还对下岗者实施了再就业工程，并承担相应费用。所以，我们在本文所说的失业者实际上就包括了社会显性失业者和企业内部的下岗者。

其次，隐性就业者实际上处于就业的状态。就业状态既可能是受人雇用，又可能是自我雇用（self-employment）。就业的形式既可能是正式稳定的工作，也可能是非全日制、钟点工、临时工、弹性工时等形式。西方国家对于就业和失业的区分主要有两条标准，一是工作时间，二是工作收入水平，只要每周工作时间达到一定标准，工作收入达到一定水平即被作为就业看待。在我国，目前对就业与失业之间的界线并没有非常明确的划分，首先并没有明确规定每周工作多少时间、收入达到多少即被作为就业看待，此外往往对一些"非正规"的工作形式也不作为就业看待。但从经济学角度看，失业者如果正从事一些合法的经济活动，获得的相应收入达到一定标准则应被作为就业者看待。由于目前我国缺少对最低就业时间和就业收入的规定，我们可以将法定最低工资作为衡量一个失业者是否已经再就业的标准。

在对隐性就业作出经济学角度的定义之后，有必要对隐性就业与地下经济（underground economy）活动、自愿失业这两个概念作一下区分。

西方经济学家认为有一部分失业者正在从事一些地下经济活动，并获得了相应收入，这些失业者实际上已经实现了再就业。但地下经济活动概念与隐性就业概念并不是完全相同的。正如我们前面提到的那样，隐性就业概念具有鲜明的过渡时期的色彩，并且仅包括一些失业（下岗）者所从事的合法经

---

① 下岗是一种隐性失业（disguised unemployment）现象，这是相对于显性失业而言的。从理论上来说，市场经济下企业的隐性失业者不仅包括下岗者，还应包括这个企业中所有的边际产品低于其工资率的就业量。

济活动。而地下经济活动则是现代市场经济国家难以消除的一种经济现象。
从事地下经济活动的人既可能是失业者，也有可能是已就业者，还可能是不
在劳动力人口即不想参加正规就业的那部分人口。具体说来，地下经济活动
指的是一些没有计入国内生产总值（GDP）的产品和劳务的交易活动。从事这
些活动的人一方面出于逃避缴税的动机，另一方面出于害怕失去领取政府失
业救济的机会的动机，因而向有关劳动就业机构隐瞒自己的经济活动，例如
从事第二职业的活动和一些在市场上销售家庭生产的产品的活动等。地下经
济还包括一些非法的经济活动，如非法的赌博、贩毒、走私等经济活动，这
些非法活动从原则上来说并不计入 GDP 之中，哪怕从技术上来说这些活动是
可统计的。① 当我们对隐性就业者的收入来源作出考察时，我们应排除那些
具有非法性质的地下经济活动。在其余的从事地下经济活动的人员中，只有
失业者才是我们考察隐性就业的对象，而一些从事地下经济活动却不登记为
失业的人，则不作为我们考察的对象。

　　以上我们已经说明了从事地下经济活动的人中只有一部分属于本文讨论
的隐性就业者。同时，隐性就业者也并不完全从事地下经济活动，如果他是
受雇于正式单位的，那么他所创造的国民收入就可能在统计之列，但只要他
与雇主之间的关系并未申报为就业，则他仍有可能有资格领取失业救济。另
外，一些自我雇用者所从事的活动（如摆摊设点，甚至做职业股民）可能已被
计入国民收入，但由于劳动就业统计的疏漏却仍有可能把他们当作失业者。
隐性就业者和从事地下经济活动者之间的关系可以用图 1 表示：

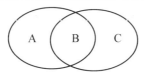

　　A：从事公开正当经济活动的失业者 ⎱
　　　　　　　　　　　　　　　　　　　⎰ 隐性就业者
　　B：从事合法地下经济活动的失业者 ⎰
　　C：地下经济中的非法活动人员　⎱ 地下经济活动
　　　　和不登记为失业的人员　　⎰ 参加者

图 1　隐性就业者与地下经济活动参加者的关系

　　①　关于地下经济概念的讨论可参见 Dornbusch R.，S. Fischer，Macroeconomics，
McGraw-Hill，InC，1994，pp. 332—354.

对地下经济概念作出讨论时，我们已经指出，在从事地下经济活动的人员中有一部分人是不登记为失业人员但又确实没有正式工作的人，这类失业人员实际上具有自愿失业的性质，他们既可以被作为就业者，又可以被作为不在劳动力人口。由于自愿失业人员本身并不作为政府失业救济的对象，因此，即使那些自愿失业人员正在从事一些有收入的经济活动，我们也不把他们作为本文中隐性就业问题的讨论对象。

二、隐性就业的规模估计和产生原因分析

当前，隐性就业现象已引起了政府有关部门的重视。据估计，在上海就存在着一批已在一处或多处打工的隐性就业人员。[①] 但是隐性就业的规模究竟有多大却是很难做出精确测算的，这主要是因为：其一，隐性就业本身隐蔽性太强，隐性就业者的就业状态和收入水平很难被了解。换言之，隐性就业者拥有关于自己的就业状况的"私人信息"，而暴露这种"私人信息"则可能使隐性就业者不再被作为失业者，从而不能再享受政府和企业的救济和再就业帮助，因此他的最佳选择是尽力隐瞒自己的就业情况。其二，关于就业和失业之间的界线缺乏统一的标准，这也会使得在实际调查过程中很难根据被调查对象的就业状况确定其是否属于隐性就业者。几年前的一份有关失业人员的调查报告曾指出，在被调查的3 000名失业者中，23.8%的人在调查前一个月内曾从事过有报酬的短期劳动，处于事实上的就业状态。[②] 但由于存在我们所说的"信息不对称"和指标体系不统一的问题，类似的调查所提供的数据往往只能大致反映隐性就业的状况，而很难将这些数据作为对隐性就业规模的准确估测。尽管如此，隐性就业现象仍然引起了政府部门和经济学家的重视，因为这种现象已经对治理失业的工作产生了多方面的影响。那么，隐性就业现象怎么产生的呢？我们认为这与我国在经济体制的转轨时期市场体系仍然不健全有关，具体说来有这样几方面原因。

---

① 见上海市十届人大五次会议文件《关于再就业工程情况的汇报》。

② 顾逸华：《对上海失业人员现状的思考：3 000名失业人员调查报告》，见符钢战《中国：劳动力市场发育的经济分析——从微观到宏观》，上海人民出版社1992年版，第79页。

第一，社会保障体系不健全。社会保障体系是一个国家的市场机制得以正常运转的必要条件，一个健全的社会保障体系包括养老保险、医疗保险、失业保险等多方面的制度。在我国传统的计划经济体制下，社会保障功能是由国家通过国有企业来实现的，不存在与市场经济体制相配套的社会保障体系。在经济体制转轨时期，国家也同时着力于建立健全社会保障体系。就目前情况来看，我国的养老保险制度建设得比较好，截至1996年一季度，我国国有企业全部实现养老保险统筹、集体企业实行养老保险社会统筹的市、县数为2 219个，外资企业实行养老保险统筹的市、县数为860个。1997年7月国务院已提出"到20世纪末，要建立起适应社会主义市场经济体制要求，适用城镇各类企业职工和个体劳动者，资金来源多渠道、保障方式多层次、社会统筹与个人账户相结合、权利与义务相对应、管理服务社会化的养老保险体系。"①与养老保险制度相比，医疗保险制度改革目前仍处于试点阶段。医疗保险只在极少数地区实现了社会统筹，绝大多数情况下，职工的医疗费仍由企业承担相当大的一部分。职工离开原单位而成为失业者，则意味着他不能再享受原单位提供的公费医疗等服务（还包括由单位提供的住房等福利）。我国的失业保险制度也不尽完善，目前仍存在着失业保险基金总量不足、来源单一、征收费率较低、失业保险覆盖不够宽、失业保险缴纳与个人收入无关等多方面问题，而且失业保险的给付水平也较低。社会保障体系不健全的情况加大了劳动者下岗和失业之间的实际收入差距，这样就更加促使隐性就业的下岗者隐瞒就业。

第二，社会统计监督系统有不完善之处。在隐性就业现象中，有一部分属于地下经济活动，这一块就业隐蔽性强，而且很分散，即使在西方市场经济国家也难以统计清楚，但这也不是说没有改进统计工作的可能性。属于非地下经济的那部分隐性就业更加突出地反映出社会统计监督手段的薄弱。例如，国民收入的统计与劳动就业的统计相分离，造成一些从事非地下经济活动的人也被作为失业者。此外，我国对于就业人口的统计口径也过于狭小，很多的非全日制就业、临时就业、自我雇用等形式并不纳入就业的统计范围，

---

① 参见1997年7月16日发布的《国务院关于建立统一的企业职工基本养老保险制度的决定》。

这与世界各国更加注重就业事实的做法还有一定的差距。

第三，企业对下岗者的就业状况监督不足。在我国当前的改革过程中，为缓解社会显性失业的压力，实行了企业内下岗的制度。如果下岗者再就业之后脱离原来单位，将被终止与原单位的关系，并被停发下岗工资，停止享受原单位的公费医疗等福利。在这种情况下，如果企业能够有效地监督下岗者的经济活动，则可以减少隐性就业问题。隐性就业的减少对于企业而言显然是有利的，但在我国经济体制转轨时期，企业存在着多重目标，企业内部的领导者和劳动就业部门工作人员的目标与企业的利润目标会发生偏离，这样就会造成企业劳动就业工作不力，管理不严，对企业下岗者的就业状况监督不足，为隐性就业的产生创造条件。

第四，劳动立法执法工作尚不完善。我国的《劳动法》已实施近三年了，但总体说来我国的劳动立法执法工作尚有不完善之处。有些企业随意地雇用和解雇职工，甚至利用职工试用期工资较低的状况，以频繁的人员替换来追求额外利润。同时，劳动者利用法律来保护自己利益的观念也比较薄弱，很多人不愿意与企业签订劳动合同，这就更加大了隐性就业者工作的不稳定性，从而加大了他申报就业所面临的风险。另外，有些隐性就业者收入确实较低，在可以向企业或政府机构隐瞒就业的情况下，隐性就业者可以额外地领取失业救济或下岗工资，这显然符合失业（下岗）者的利益最大化目标。

第五，观念的问题。在我国的经济体制转轨时期，劳动力市场刚具雏形，失业和相应的劳动力流动是改革之后出现的"新事物"。在这一过程中，劳动者的就业观念仍然没有发生根本转变。从就业的角度来说，很多人仍然认为在国有企业、集体企业的就业才是"正式的"职业，而对于受雇于其他企业则抱有一定的偏见和不安定感。部分就业、临时就业和自我雇用性质的就业同样不被认为是"正式"的职业。此外，还有一些职业（如保姆）仍然被认为是低人一等的。由此也造成有些隐性就业者不愿意暴露其就业情况。

三、隐性就业现象的影响

从我们以上的分析中可以看出，隐性就业现象很大程度上是我国体制转轨时期的特有现象。这种现象的存在对隐性就业者本人而言显然是有利的，因为这有利于其实际收入的提高。但从全社会的角度来看，隐性就业的影响就比较复杂了，这种影响主要有积极的和消极的两方面。隐性就业的积极影响主要有以下几方面。

第一，降低了社会真实失业率水平，从而减缓了失业对社会经济和社会安定形成的冲击。当前，我国的社会显性失业率正随着经济体制改革的不断深入而有上升的趋势。1996年年末，失业职工人数已达553万人，下岗职工人数达814万人。由于我国长期实行计划就业体制，职工对于失业和下岗的心理承受能力差，极易因此在社会上形成不安定因素。但由于一部分失业（下岗）人员隐性就业了，就使得实际失业（下岗）人数比统计数字要低，这也使得失业（下岗）现象并没有激化社会矛盾，促进了安定的社会环境的形成。

第二，促进了就业机制的市场化。隐性就业者的就业过程就是自觉利用市场机制，实现劳动力资源再配置的过程。失业（下岗）者通过收集各种市场信息自谋职业，并且常常以临时工、钟点工、非全日制、弹性工时等形式就业，在这个过程中，劳动者经历了市场化就业的洗礼，纠正了自身不适应市场经济体制的就业观念，甚至还会以自身经历影响到周围的其他人。同时，隐性就业者多元化的就业形式打破了计划就业体制下单一、稳定而僵化的就业形式，促成了就业体制向市场化方向的转变。此外，隐性就业者所从事的职业往往适应了市场需求，且多集中于第三产业（包括一些社区服务业），这对于改变我国计划经济时期第三产业发展相对不足的状况也起到了积极作用。

第三，隐性就业者的劳动为社会创造了财富，社会的劳动力资源利用水平也得以提高。经济学家们认为失业意味着劳动者不创造社会财富，是一种劳动力资源的浪费。同时，由于劳动者在失业期间没有工作，其知识、技能等人力资本也会发生折旧，这对于失业者实现再就业也是不利的。从这一角度来看，我们说隐性就业者为社会创造着物质财富，提高了社会的劳动力资源利用水平，同时也防止了劳动者的人力资本折旧，对劳动者今后的再就业也是有好处的。

以上我们对隐性就业积极影响的总结都是从其就业角度进行的，如果隐性就业公开化，这些积极的影响并不会随之消失。但是由于隐性就业处于隐蔽的状态，也会产生一些消极的影响。与隐性就业的积极影响相比，其消极影响显得更为重要，它主要表现在这样几个方面。

第一，阻碍劳动力的流动。在目前我国经济体制的转轨时期，政府为了防止失业率急剧上升造成社会的不安定，对失业率和企业内下岗的规模采取了一定的控制措施。由于隐性就业者仍被政府和企业当作失业（下岗）者来看待，因此，社会真实的失业（下岗）规模有被高估的倾向，在企业解雇行为受到控制的情况下，企业内就会有一部分低生产率的劳动者不能按照市场经济的规律流向劳动力市场进行再配置。而对已经下岗的职工来说，他们之所以隐瞒自己的隐性就业情况，或者不去再就业，就是因为他们不想失去与原单位的联系，害怕进入失业者队伍。

第二，阻碍改革的推进。在当前的中国改革中，国有企业的改革成为最重要的一环，而在国有企业的改革过程中，隐性失业的显性化又是一个必要的步骤，只有将隐性失业显性化，才能切实减轻国有企业的负担，促进国有企业与非国有企业之间平等竞争环境的形成，同时提高国有企业的效率。但国有企业的隐性失业显性化速度主要受制于两个因素，一是政府的社会安定目标，二是失业保险基金的承受力。由于隐性就业的存在，实际上社会真实的失业率有被高估的倾向，如果我们能够充分了解隐性就业的情况，就能够获得相应较低的失业率数据，从而为加快国有企业隐性失业显性化的速度创造条件，同时失业救济和再就业的工作也能够有效地针对最困难的失业者，提高其再就业率，这也可以加快隐性失业显性化的速度。

第三，直接费用损失。从理论上说，失业救济或下岗工资应该发放给那些没有工作的失业（下岗）者。如果隐性就业者隐瞒就业情况继续领取失业救济或下岗工资，这笔费用就没有发挥其应有功能，从而给社会和企业造成一笔直接的费用损失。另外，在我国，政府和企业还对失业者开展再就业工程，帮助失业者实现再就业，这些工作包括信息服务、职业培训、职业介绍、资金技术支持、集体劳务输出等。为再就业耗费的费用非常巨大，但对于隐性就业者而言，除非政府和企业帮助他找到的工作比他正在从事的工作更好，否则"新工作"就毫无意义。由于政府或企业常规定领取失业救济或下岗工资者必须响应再就业工程，例如参加培训和应聘，所以隐性就业者还必须被动地参加这些活动，但如果他们继续从事原先的隐性就业，则为他们耗费的再就业工程费用将毫无收效。

第四，再就业工程效率损失。在上海，政府已经注意到失业者中有一部分已经隐性就业，有一部分不愿再工作而成为自愿失业者，另外约三分之一的失业者则属于生活确实较困难的，这部分人对于工作的要求最迫切。用经济学的语言来说，约有三分之一的失业者对再就业工程和工作的"效用评价"要高于其他失业者，因此，如果将再就业工作首先集中在生活最困难的失业者身上，则可以使再就业工程的效率得以提高。但现实情况是，政府和企业往往不能有效地区分隐性就业者和那些生活最困难的失业者，使得再就业工程没有发挥更高的效率，例如有些失业者会多次拒绝为其介绍的工作，其中就包括一些隐性就业者。

四、消除隐性就业现象消极影响的对策思路

消除隐性就业现象的这些消极影响，促进劳动力的合理流动，使政府和企业的失业救济工作和再就业工作更有效率，对于全社会来说将是一件有益的事情，我们的思路主要是使隐性就业公开化，只有这样，我们才能切实地将治理失业工作做到实处。由于隐性就业的积极影响主要在于使失业（下岗）者实现了就业，因此，隐性就业的公开化，不会使社会失去这部分就业所创造的财富，因而对社会不会有负面作用。隐瞒就业状况对隐性就业者来说是一件有利的事，因而隐性就业的公开化将只能依靠政府和企业做一些相应工作。

第一，健全社会保障体系，广泛开展帮困工作。要继续完善养老保险制度，尽快实现医疗保险和失业保险的社会统筹，这几项制度的建设能够有效地降低失业给失业者带来的经济损失，从而减轻劳动者的后顾之忧。社会保障体系的建设还能够有效地缩小企业内下岗和企业外失业的差别，这样就能够较顺利地实现再就业者和原单位间关系的解除，有效减少隐性就业现象。同时，我们还应该看到，有相当一部分隐性就业者从事的工作可能收入较低，他们确实是因为失业（下岗）后生活困难，有后顾之忧，才隐瞒自己的就业状况的。对于这些人员，政府可开展帮困工作，提高他们的收入水平，减轻他们的后顾之忧，这样才能使他们有勇气申报就业，使我们的失业救济和再就业工作能够集中于那些急切需要工作的人身上。

第二，加强社会和企业对于失业者的监督。从社会而言必须加强对劳动

就业的统计监督工作。在对失业和就业的区分上，应该制定统一的工作时间和工作收入标准，对于符合就业的多种就业形式都应算作就业。对企业而言，需要提高劳动就业部门的工作效率，防止其工作人员的目标与企业发生偏离，帮助隐性就业者隐瞒其就业状况。一项更深层的工作是加快国有企业改革，改变经济体制转轨时期企业目标多元化且相互冲突的局面。隐性就业活动中有相当一部分属于地下经济的范畴，因此，加强对地下经济的监控有助于实现隐性就业的公开化。

第三，设计有效制度，促使隐性就业者申报就业。首先要加强对失业保险基金和下岗工资的管理。在西方国家，政府为防止有些人以欺骗的手段隐瞒就业情况，骗取失业救济，纷纷将失业救济的待遇与其参加各种再就业活动的情况挂钩。我国也可以仿效这样的做法，例如，规定如果不参加再就业培训，拒绝为其介绍的工作达一定次数则取消其领取失业救济和下岗工资的资格。另一个可行的思路是加大隐性就业者隐瞒真实就业情况的成本。例如，可以采取措施对有意隐瞒真实就业情况的劳动者进行一定的处罚，同时还可以鼓励劳动者之间相互监督，对隐瞒真实就业情况的劳动者进行举报。

第四，加强劳动就业的立法和监督工作。对于无理由随意解雇职工的企业，一经发现应严厉惩罚，只有这样才能使再就业者的工作稳定性增强，防止有一部分人害怕就业之后随时都可能再失业而不向政府和企业申报就业。同时，应加强劳动者的法制观念和利用法律保护自己权益的意识，防止有些失业者一方面不与再就业的单位签订劳动合同，另一方面又不与原单位脱离关系的现象发生。此外，对于劳动就业的有关执法单位的工作要加强监督，最大限度地保障劳动者的权益，增强失业者再就业后的工作稳定性。

第五，观念上的引导。政府和企业必须宣扬"劳动都是平等的"这一观念，消除劳动者的职业偏见和就业形式偏见，使某些隐性就业者抛弃陈旧观念，勇于申报就业。此外还需通过宣传鼓励隐性就业者将失业救济和再就业机会让给那些最需要帮助的人，以道义上的劝告引导实现再就业的人员尽快向政府或企业申报就业，使最需要失业救济和再就业机会的人能尽早如愿以偿。

作者说明

在 20 世纪 90 年代中期的千万人大下岗之后，国有企业在大量"减员增效"之后，背上了沉重的下岗职工包袱。在社会劳动岗位创造能力不足的情况下，大量的下岗职工会让国有企业的福利负担越发沉重。因此，如何创造新的岗位吸纳下岗职工也就成了一个重要问题。本文与陆铭合作，发表于《浙江社会科学》1998 年第 1 期。但本文所涉及的并不是如何创造岗位，而是如何识别出已经被新岗位所吸纳但仍然"失业"的人群，或称"隐形就业"人群。隐形就业可以说是在福利社会转型时所必然出现的一个现象，同时也是管理失效的一种表现。如何统计隐性就业人口，如何通过制度设计让隐性就业人口成为显性就业人口，使得国家福利的再分配更加公平，这正是本文想要达到的目的。

苏联、东欧国家转轨中的失业问题

一、苏联、东欧国家失业概况

苏联、东欧国家在经济转轨过程中，除捷克和俄罗斯外，失业率普遍较高，基本保持在 10% 以上，而且失业率并没有明显的下降趋势。①

由于苏联、东欧国家转轨的方向是市场经济，而其转轨方式之一是实行私有化，所以各国私有经济普遍增长，国有部门则持续衰退。不同所有制的增长状况不同，伴随着就业所有制结构的变动，其中东欧国有部门的就业减少多而快，俄罗斯相对较慢。但从俄罗斯失业者的构成来看，有超过 2/3 的失业人员是来源于国有企业。

在行业结构方面，在计划经济下集中于工农业的就业结构得到改变，各国一致表现为服务业就业人口增长，而工农业就业人口下降。1994 年服务业劳动力所占比例，捷克、匈牙利、斯洛伐克超过了 50%，波兰、保加利亚超过了 40%。②

苏联、东欧国家在经济转轨过程中，除失业率居高不下外，还出现了如下现象。首先，劳动力参与率下降。由于在计划经济下劳动力参与率非常高，所以当传统的计划就业体制发生改变后，苏联、东欧各国的劳动力参与率普遍下降，尤其是在妇女中该比率下降更大。其次，长期失业人口（失业超过 1

---

① 东欧有关数据取自欧洲委员会《就业展望：中欧和东欧的就业趋势及发展机会》。其失业率采取的是登记失业率。俄罗斯的失业率取自肯曼德和耶姆特索夫《俄罗斯的失业：数据、特征和地区角度》。该国实际失业率被认为要远远高于登记失业率，所以这里采用的是劳动力当局调查的失业率。俄罗斯的 GDP 变化率取自《联合国统计月报》（英文）。

② 数据来源于欧洲委员会《就业展望：中欧和东欧的就业趋势及发展机会》。

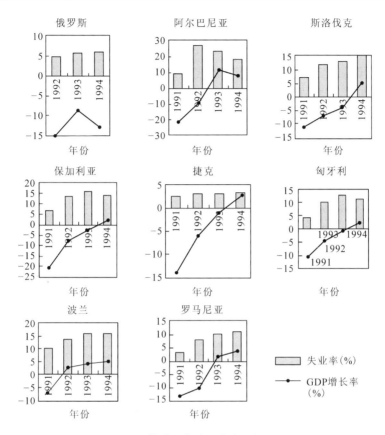

图 1　苏联、东欧国家失业概况

年)增加。1993 年年底至 1994 年年底，斯洛伐克长期失业人口的比例从 32％上升到 48％，匈牙利从 34％上升到 42％，其他东欧国家均上升了 5—6 个百分点。即使在失业人数很少的捷克，这一比例也从 18％上升到了 24％。①

二、苏联、东欧国家高失业率的原因

(一)国内经济滑坡

在苏联、东欧国家的经济转轨过程中，普遍伴随着政治制度的变化。政

---

① 数据来源于欧洲委员会《就业展望：中欧和东欧的就业趋势及发展机会》。

治制度的改变采取了较为激进的方式，其直接后果是政局动荡，经济体制也同时陷入混乱无序的状态。在苏联"八·一九"事变以后各共和国纷纷独立，苏联的统一市场彻底瓦解，各共和国之间的经济合作在1991年锐减30%。同时，苏联的中央宏观调控能力每况愈下，生产、流通等各环节出现紊乱，地下经济膨胀。在东欧各国，政治纷争也相当猛烈，保加利亚、捷克、罗马尼亚、波兰等国出现了党派纷争和左翼力量组织的罢工，导致不能提出有效推进改革的经济纲领，各国国力急剧下降。以1991年为例，当时的东欧各国和独联体的国内生产总值除波兰外均比1990年下降10%以上，下降幅度最大的是阿尔巴尼亚和保加利亚，很多国家的国民经济滑坡到1929—1933年大萧条时期的水平。国内经济滑坡是导致失业的首要原因。

(二)需求水平下降

从国内来看，一方面，通货膨胀率急剧上升。以1991年为例，苏联日用消费品和劳务价格一年内增长了140%，阿尔巴尼亚通货膨胀率达600%，保加利亚为500%，罗马尼亚为280%左右，波兰为71%，捷克为57.9%，匈牙利最低，也达35%。[①] 东欧国家持续的高通货膨胀率到1994年才得以缓解，而苏联的多数加盟共和国仍处于恶性通货膨胀中。另一方面，职工的名义工资增长率远远低于通货膨胀率，有些国家还采取了限制工资增长的收入政策，于是职工的实际工资购买力下降，在东欧国家只有匈牙利1994年度的平均实际工资高于1989年。与此同时，各国贫富差距拉大，贫困线下人口增多，这些因素共同导致国内需求水平的下降。从对外贸易来看，经互会解散，记账贸易和卢布结算体系被取消，各国间原本的贸易关系无以维系。苏联各加盟共和国在独立之后，相互之间也限制本国产品向其他国家外流，使各共和国之间的贸易量急剧下降。同时苏联、东欧各国试图将自己的拳头半成品卖往西欧，以求赚得硬通货和回归欧洲大家庭。但实际上，苏联、东欧各国与西欧原本联系较少，短时期内很难阻止原经互会成员国之间的贸易下降。由于这几种因素的共同作用，苏联、东欧各国的贸易大幅度下降，加剧了失业的恶化。

---

① 《世界经济年鉴》编辑部：《世界经济年鉴》(1992)，经济科学出版社1992年版，第16—17页。

（三）隐性失业公开化

由于苏联、东欧各国长期实行计划经济体制，劳动参与率极高，就业由计划安置，公开失业不存在，失业救济金也不存在。同时，这样的就业体制又造成了大量隐性失业的存在。据估计，1979 年捷克斯洛伐克的隐性失业率为 15％，1987 年波兰的隐性失业率高于 25％。[①] 在转轨时期，随着市场机制的建立和私有化的进展，企业必然开始使隐性失业公开化。同时，劳动力市场的发育不健全，失业的流出率普遍不高（在俄罗斯该比率较高），是造成失业率上升的又一个原因。实际上，由于观念上的原因和调整成本的存在，企业并不倾向于将多余的劳动力立即从企业分离出去。以俄罗斯为例，很多企业的做法是进行工时调整，也就是说并未将全部的隐性失业公开化。另一个值得注意的现象是，劳动参与率降低，部分人在失业后转为非就业人口，减缓了失业率的上升。仍然以俄罗斯为例，就业量减少 2.5％，失业率仅上升 1％，其间的差距便是由于非就业人口增多了。

三、促使就业增长的正面因素

苏联、东欧各国的经济转轨的确在几年间给各国经济发展带来了很多负面影响，但是近年来，各国经济中已开始出现促使就业增长的正面因素，尤其是在东欧各国。

首先，自 1994 年以来东欧各国的经济状况开始好转，该年各国 GDP 均有增长。除斯洛伐克外，其余几国在 1994 年年末失业率均有所下降或无明显上升。这里需指出的是，其中只有阿尔巴尼亚、捷克与波兰三国的就业率开始上升，其他几国失业率的下降（或无明显上升）更多的是因为劳动参与率在下降。除了经济总量开始扩张外，东欧各国的产业结构也有所优化，第三产业的产值在国民生产中所占的比重上升，高新技术部门在制造业中的比重下降。由此带来的结果是，传统计划经济体制下就业过多地集中于工农业部门的状况得到改变，第三产业的就业人数稳步上升。

---

① ［英］巴尔：《中东欧的劳动力市场和社会政策》，牛津大学出版社 1994 年版，第 137—156 页。

　　其次，外资进入对东欧国家经济走出低谷也极其重要。在 1989—1994 年间，东欧各国的国民经济投资额持续下降，中小企业的投资也很有限。而在这几年间以欧洲联盟为主体的西方国家的直接投资却在增长，其中，德国对波兰、匈牙利、捷克、斯洛伐克四国的直接投资由不足 0.5 亿马克直线上升到 100 亿马克以上，法国、英国、奥地利、西班牙等国的投资额也有相当的增长。截至 1994 年，多数东欧国家已建成上千个合资、独资企业，其中匈牙利 2 200 多个，罗马尼亚 3 000 多个。[①] 外资进入使受益国投资大增，同时还推动了各国产业结构的调整和企业现代化技术改造，提高了合资企业的产品质量和国际竞争力，最终扩大了出口创汇，增加了就业机会。

　　另一个增加就业的积极因素是对外经贸关系的调整，这一点在东欧诸国表现得更为明显。东欧国家对外经贸合作的重点由苏联转向西欧，虽然在短期内没有弥合贸易下降的缺口，但从长期来看，这种调整显然是有利的。东欧各国对西欧国家的贸易中尤其以波兰、匈牙利、捷克发展较好，三国于 1992 年与欧共体签订了《欧洲联系协定》，7 月又与欧洲自由贸易联盟签订自由贸易协定。经互会的解体以及国家分裂对各国外贸的影响使苏联、东欧国家很快意识到相互合作的重要性，区域性经济合作的趋势逐渐增强。1991 年 12 月，除波罗的海三国和格鲁吉亚之外苏联各加盟共和国建立了"独立国家联合体"，以期加强各共和国之间的经济合作。后来，格鲁吉亚也加入其中。波兰、捷克、斯洛伐克、匈牙利四国于 1991 年 11 月建立"维谢格拉德自由贸易区"。斯洛文尼亚、克罗地亚、罗马尼亚、波罗的海国家与该集团四国也加强了经贸技术合作。据估算，对外经贸合作关系的调整至少可以使相关国家的国内生产总值增长 0.5%—1%。[②]

　　在苏联、东欧国家转轨过程中，私有经济的成长也成为就业增长的有利因素，但是这一点对就业的影响相对要小，因为私有经济仍然是小规模的，主要集中在贸易和服务部门。

---

　　① 《世界经济年鉴》编辑部：《世界经济年鉴》(1995)，经济科学出版社 1995 年版，第 9 页。

　　② 同上书。

四、苏联、东欧各国对失业的治理

在苏联、东欧各国的转轨过程中，失业率的上升成为最突出的社会问题之一，各国政府为防止由失业而引发的社会矛盾激化，纷纷采取措施对失业进行控制。措施之一是推迟《破产法》的实施，使得一些亏损的国有企业继续生存，在短期内阻止了失业率的过快上升。与此同时，苏联、东欧各国还制定了收入政策。在转轨的头几年中，该政策在保加利亚、捷克、匈牙利、罗马尼亚和苏联等国家得以实施。即使在波兰这个全面实行价格自由化的国家，工资也仍然受到控制，工资增加水平超过允许幅度的企业将被征税。该政策提高了产品的价格竞争力，稳定了就业。因为在传统体制下，公开失业几乎不存在，所以苏联、东欧各国也就没有相应的失业保障体系，也没有健全的实施主动就业政策的机构，更没有私人的信息服务机构，使对失业的治理显得尤为困难，于是各国政府在转轨之初纷纷建立起各自的失业保障体系。各国为治理失业而采取的政策措施基本上可以分为主动的劳动力市场政策和被动的现金救济政策。这两种政策之间的平衡取决于它们相对的成本收益，前者成本较高，但可减少失业时间并增加产出；后者涉及较少的政府干预，但有时会影响到失业者的就业积极性，并很难避免诈骗行为。

(一)主动的劳动力市场政策

各国实施主动政策的力度不同，在捷克，治理失业的花费中有一半以上用于主动政策，而其他几国只有10%左右。在苏联、东欧各国，唯有捷克力图将提供工作和培训的对象扩大到所有的失业者，该政策相当成功，捷克保持了最低的失业率。

苏联、东欧各国采取了一系列建设市场的措施，这些措施在不同国家处于不同的实施阶段，有的还仅是经济学家的建议，总的来说，有这样一些方面。

第一，增加消费者选择。提供劳动者和企业在劳动力市场上做出理性选择所需的足够的信息；为寻找工作者提供空位的劳动力流动服务；为更好地做出选择提供有效的职业评价与咨询。

第二，使劳动力市场上提供的服务多样化。公共就业服务机构的垄断地位已受到挑战，在公共服务不能满足市场需求的情况下，私人中介有效地填补了不足。制定支持私人和公共再培训计划的政策，引入市场机制，这对于增强劳动力的技能，加强质量管理和增加劳动力的流动性很有利。

第三，根据个人、雇主、政府在劳动力转换过程中所起的作用，设计激励结构，制定相应的制度和政策。

第四，提高劳动力的产出。开展就业服务，帮助人们估计他们的能力，并对即将出现的失业做出判断和积极的反应。再培训政策，这一点对于传统计划经济下扭曲的就业结构的改变尤为重要。

由于苏联、东欧各国面临的是大规模的失业，所以对失业的规模进行预测并采取相应措施、减少其影响就显得特别关键。在产业老化和就业集中于单一行业和少数国有企业的地区，更易形成大规模的失业，因而将社会公共基金集中用于解决这些地区的失业问题就显得极为重要。

从长远来看，将经济增长与消除失业相结合的工作创造计划是更为积极的做法。首先，在有些国家，通过失业救济金的筹集，或通过劳动力机构向失业者提供技术帮助，鼓励失业者自己开办小企业。苏联、东欧各国原本就缺乏小企业，因而这种措施显得很有意义。同时，新开办的小企业又集中于服务业，这对于改变各国就业结构扭曲的状况无疑也是有益的。其次，在捷克、匈牙利、波兰等国，政府还利用工资补贴的方式鼓励企业雇用失业人员，并为他们提供在职培训，以期在补贴结束后，企业愿意保留一部分人。但有时这样的补贴可能只鼓励了企业雇用那些有资格享受补贴的人从事已有的工作，而并未创造出新的工作。最后，公共工程和公共服务方面的临时性工作也适用于苏联、东欧各国，这种做法不仅为环境清洁和基础设施建设提供了劳动力，同时也暂时降低了失业率，保持了工人与劳动市场间的联系。从根本上来说，增加劳动力需求还是要依赖经济增长，在传统计划经济体制下，劳动力当局对劳动力的供需信息不敏感的状况在转轨过程中发生了改变，劳动力当局通过信息搜集和提供各种服务使劳动力的供需相吻合，实际上就是参与了经济增长过程。

(二)被动的失业救济措施

在苏联、东欧各国的转轨过程中，大规模失业的产生促使苏联、东欧各国效仿西欧各国的做法，迅速建立起各自的失业保障基金和相应的救济制度体系。之后，由于失业人数的增加和失业时间的延长，各国政府一再审查、重新制定领取救济金的原则、有权领取救济金的时间以及救济数量。

苏联、东欧各国的失业救济制度有一些共同特征。

第一，对领取失业救济的资格设置了条件，即要求在领取失业救济前有一定时间的就业经历，对此各国规定不尽相同。保加利亚、罗马尼亚和波兰规定在前1年必须工作6个月，而捷克、斯洛伐克、匈牙利规定在过去3至4年中必须工作1年以上，俄罗斯则规定在过去1年中至少要工作过3个月，并在积极寻找工作。为防止有人滥用这一制度，有些国家如阿尔巴尼亚和斯洛伐克，还要求受救济者必须是被迫离开工作岗位的。与欧盟国家做法不同的是，接受救济的人可得到一份有偿工作，尽管其偿付的工资一般都低于最低工资水平。

第二，各国为了鼓励人们在享受救济金期限届满之前重新工作，对领取失业救济金的时间也做出限制，这一限制取决于当事人就业时间的长短及年龄。1991年以来，除了罗马尼亚和保加利亚，大多数国家的时限都在缩短。各国对接受救济的时间规定各不相同，匈牙利为3个月，阿尔巴尼亚、匈牙利和波兰为12个月。

第三，在救济金水平方面，除了阿尔巴尼亚和波兰，各国的失业救济金都同当事人原来的收入和就业经历相联系。多数国家的最初救济金为当事人原先工资的50%—75%。在阿尔巴尼亚，失业救济金是固定的；在波兰，救济金被规定为平均工资的某一比例。多数国家有救济金的最高限额，俄罗斯、罗马尼亚、匈牙利、保加利亚则存在最低限额。

第四，对那些无资格领取失业救济金的人，各国政府组织了社会援助计划。援助金额取决于对个人经济状况的调查，其最高额通常与最低工资及养老金相联系，数量很小。但对那些原本工资很低的人来说，最高额援助的水平就可能超过失业救济金，甚至超过原先的工资。

值得注意的是，各国领取救济金的人口比例在缩小，因为各国的长期失业人数在增加，越来越多的人超过了领取救济金的时间限制。

五、启 示

苏联、东欧国家和我国在改革前具有相似的计划就业体制，表现在劳动力的计划安置、劳动参与率高、无公开失业、隐蔽失业率较高和就业结构扭曲等方面。与苏联、东欧国家不同的是，我国在改革过程中至今仍没有产生大规模的失业。但是，随着改革的深入，国有企业内大量冗员的存在造成了企业负担过重、效率低下，企业面临市场竞争不利的局面。所以，寻找有效途径，使国有企业能够逐步裁减冗员从而提高企业效率已成为当务之急。企业裁减冗员的结果在一定阶段内必然表现为失业率上升，因而必须加快完善失业保障制度和建设劳动力市场，增加社会对失业的承受力，避免失业率的上升转化为突出的社会矛盾。苏联和东欧国家治理失业的经验可以给我们提供很多借鉴。

第一，应避免失业率急剧上升。苏联、东欧国家的经验证明，短期内失业剧增不仅会造成劳动力资源的巨大浪费，而且会引起社会矛盾的激化，进而影响社会生产。所以我国在考虑允许国有企业逐步裁减冗员时，必须避免操之过急，应考虑在一定时期内逐年按比例地裁减。同时，针对失业保障金不足的情况，可采取划拨一部分国有资产进行充实的方法。

第二，应对失业者(包括企业内下岗者)实施主动的劳动力市场政策。针对传统体制遗留下来的实施主动政策的机构不足的问题，可以考虑在由政府出资兴办劳动服务企业的同时，允许私人进入市场开办类似企业，提供劳动力市场的信息服务和再培训服务。这样，一方面可以弥补公共服务的不足，增加被服务者的选择；另一方面也可以在其中引入市场竞争机制，通过竞争增进服务效率，使劳动力的需求和供给尽可能吻合起来。

第三，应加快失业保险基金的运作，对失业救济金的发放制定严格的措施，防止出现低效率现象。应严格规定领取失业救济金的资格，可对由于经济转轨造成失业的国有企业人员实行优惠政策。应严格区分失业保险金和社会援助，对失业保险金的发放要强调效率，救济金水平要适当。至于那些确因失业而生活困难的人，政府可以用专项使用的帮困基金给予帮助，并在全社会范围内提倡互助精神，体现社会主义制度的优越性。

第四，应加强政府对于失业的预测，对不同地区之间会出现的差异应加以注意。尤其是那些就业集中于某一行业和少数国有企业的地区，更易形成大规模的失业，治理失业的难度可能更大，国家在财政政策上应对这样的地区给予特殊的倾斜。对失业期也应给予关注，因为长期失业者更难找到工作，因此，应考虑对长期失业者实行特别政策，以免长期失业的增加，加剧社会矛盾。

第五，应将经济增长的目标与失业的治理结合在一起。应对失业者中的私人开办企业者给予资金和技术方面的帮助，并给予税收等方面的优惠。这样的企业多集中于第三产业，将有利于改变传统体制下就业结构扭曲的现象，同时也能顺应经济发展的方向。应继续引进外资，对投资于有利于拓展就业的行业的投资者可给予适当的政策优惠。应继续拓展出口渠道，增加国内产品需求，带动就业增长。如果在短期内出现失业率急剧上升的情况，政府还可加快开展基础设施和公共工程的建设，增加就业，减缓失业率上升给社会带来的冲击。

作者说明

国有企业的"减员增效"与转轨过程中的"国退民进"造成了大量的冗员清退与失业问题，即我们耳熟能详的"下岗"。这个过程伴随着社会经济的一些不稳定情况的发生，更需要引起人们的注意。特别是在20世纪90年代，中国经济起落不定，在"过热"与"着陆"之间往复之时，寻找大量失业问题的对策更是关键。本文与陆铭合作，发表于《世界经济》1997年第4期。本文通过参照苏联、东欧国家转轨过程中所遇到的问题，提出了一些可用的借鉴方案。苏联、东欧国家的经济转轨和失业状况与中国在一定程度上十分相似，但他们留给我们更多的是教训。好在中国吸取了他们的教训，并未重蹈覆辙，大量社保、下岗工人安置、民营企业创造岗位吸收劳动力的政策，让中国渡过了这道险关。

工资上涨、刘易斯拐点与经济结构转型

一、当前农民工短缺与"涨薪潮"是否
表明"刘易斯拐点"的到来

"农民工"是一个具有中国特色的历史现象，是我国工业化和城市化的不同步造成的。从世界经济发展的历史看，市场经济国家的工业化与城市化是同步的，工业化的过程中伴随着城市化，城市化则是工业化的自然结果。无论是英国、美国这些老牌工业化国家，还是韩国、中国台湾地区等新兴市场经济体，工业化的过程就是城乡二元结构向现代社会结构转变的过程，就是劳动力从农村向城市集聚、从农民身份向市民身份变化的过程。

在中国，由于长期以来城市化落后于工业化，1978 年以来经济改革也是以商品市场的发展在先，要素市场（如劳动力市场、资本市场和土地市场）发展滞后为特征，加上社会保障体系建设不足，农民工在我国就成了一群候鸟式流动的人群。2004 年曾经在我国的沿海地区出现过"民工荒"现象，但是，当 2008 年全球金融危机袭来的时候，还是有大批农民工失业，提前返乡过年，滞留农村的劳动力增加，造成隐性失业和劳动力资源的浪费。2010 年，中国经济率先强劲复苏，制造业和出口的增长速度大幅提高，东部沿海地区再现"民工荒"现象。需求大于供给，工资就会上涨，以富士康为代表的企业大幅提高农民工工资，终于引发一轮农民工的涨薪潮。面对这些现象，国内很多学者开始纷纷认为"刘易斯拐点"到来，中国经济即将进入一个劳动力短缺所导致的低速经济增长和经济结构被倒逼调整的阶段。笔者认为这样的判断值得商榷。我们从以下几个基本事实来看问题。

第一，现在我们讨论"刘易斯拐点"都是以目前既定的城乡两分的户籍制

度、土地制度和社会保障制度作为基础的，我们设想一下，如果中国没有户籍制度，或者户籍制度可以取消，土地制度的产权界定和交易也可以做到城乡统一运行，即农民可以根据全国统一的土地市场、住房市场和金融市场的原则处理他们所拥有的农村住房、宅基地和耕地，城乡所有生产要素可以按照提高市场效率的方式进行配置。与此同时，农民还享有全国统一的社会保障制度，住房保障制度和子女平等接受教育的制度，那么农民工向城市的转移还会像现在这样的处于下降状态吗？很显然，现有的户籍、土地、住房、教育制度和社会保障制度是严重约束劳动力进一步转移的制约，尽管近年来农村劳动力的年龄结构已经呈现出很大的变化，但是劳动力供给总量的不足还不是主要原因。我们可以下列图示来表达这一思想。根据中国的改革的现实和劳动力迁移的情况，在真正的刘易斯拐点到来之前，中国还存在一个劳动力迁移的制度拐点。制度拐点到来之前，劳动力在原来的城乡分割的制度空间下进行局部的、不完整的、随着危机的到来可以撤销的迁移。在这个过程中，农村的剩余劳动力得到迅速释放，迁移速度增长比较快；当劳动力迁移进行到拐点附近以后，劳动力进一步迁移所涉及的各项制度内容就变得越发重要，尚未改变的城乡分割制度空间成为劳动力进一步迁移的瓶颈(见图1)。

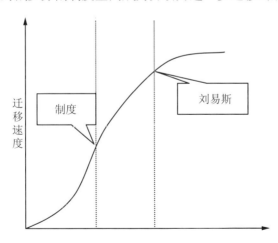

图1　劳动力转移的制度拐点和刘易斯拐点

第二，在中国目前的经济结构中，第一产业的产值占 GDP 的比重为10％，但是第一产业所占的就业比重是39％。从世界经济历史的角度看，第一产业的产值比重和就业比重不断下降是一个国家经济走向现代化的基本规律和趋势，在亚洲国家，如日本和韩国等国，即便是强调土地的精耕细作，还有土地的长子继承等传统文化因素的影响，第一产业比重在没有下降到5%之前，在劳动力就业比重没有下降到10%之前，还是农村劳动力向城市的快速转移时期。

根据上述分析，既然中国还是处于农民工向城市转移的高速时期，除了制度性因素之外，近年来影响农民工转移速度下降的还有其他一些原因。一是由于最近几年国家惠农政策的实施，务农收入提高，上了年纪的农民工，小富即安，出来的动力就少了；二是随着农业水利建设等投资增加，农业劳动生产率有所提高，进城打工工资相比务农收入的优势不明显；三是中西部开发导致那里的劳动力需求上升，根据国家统计局农村调查司《2009年农民工检察调查报告》，2009年东部地区务工民工为9 076万人，比上年下降8.9%，占全国农民工比重62.5%，比上年下降8.5%，而中西部外出民工则分别增长33.2%和5.8%，比较上年上升3.8个百分点和4.8个百分点；四是东部生活成本上升，住房费用上升，导致劳动力再生产费用上升（以深圳为例，每月食品600元，恩格尔系数0.5，个人生活1 200元，加上一定的赡养系数，每月最低工资应在1 800元左右）。由此可见，这次农民工的工资上涨，是多种因素促成的结果，并不能从中得出刘易斯拐点已经到来的结论。

因此，目前的所谓"刘易斯拐点"是一种不真实的拐点，是以目前中国的城乡二元制度维持不变为前提的。这样的"刘易斯拐点"的提出在实践可能导致不恰当的政策。在中国目前的发展阶段，经济结构转型的当务之急是如何千方百计地加快第一产业的劳动力转移，提高第二产业、第三产业的产值比重和就业比重，在这个基础上再来讨论第二产业内部结构和二产与三产之间结构的转变，而不是继续隔离城乡二元状态，维持农民和农业劳动力在经济中的高占比，在封闭的城市系统中讨论经济结构的转型，比如单一地讨论城市的产业结构的提升问题。这样做的结果是，一方面，大量本来可以继续吸纳农民就业的产业在城市中消失了，城市的产业结构在政府的大力作用下可能有所提升，但是提升的速度往往是后继乏力的；另一方面，为了维持农民的收入水平，我们必须做大量的工业到农业、城市到农村的转移支付工作，而农业则失去了劳动力提高和现代化的机会，最后也就是失去了自身造血的机制。

二、如何看待农民工工资上升与产业结构、经济结构和经济增长方式的转型

　　目前国内有很多文章从公平的角度、农民工收入增长与GDP增长是否同步的角度、农民工收入水平与城市生活费用是否匹配的角度讨论农民工增加工资的合理性。这无疑是正确的。但是，实践中如何制定收入分配政策，是一件极为复杂的工作，必须具体情况具体分析。首先，我们应该讨论农民工工资上升的依据何在？我们知道，从经济学的一般原理来讲，农民工工资增长的最重要的物质基础是劳动生产率的增长。根据有关统计，1998—2006年，我国非国有企业劳动生产率年均增长16.27%，全国工业企业职工工资增长12.85%，低4个百分点。又据野村证券研究所估算，1994—2008年，劳动生产率增长20.8%，而同期制造业工资增长13.2%。因此，从整个经济或者从非国有企业的情况来看，劳动生产率的提高要快于劳动收入的提高，在过去数十年里，中国企业一直是通过劳动效率的提高来吸收劳动成本上升的影响，并且总体上讲企业的盈余增长要快于农民工的工资增长。与此同时，多年来政府的财政收入上升速度也非常快。企业盈余和政府收入较快上升的必然结果是劳动收入在GDP中的占比下降。国民收入分配中，劳动收入从1997年的53.4%下降到2007年的39.74%，企业盈余从23%上升到31%，政府收入近30%。在这样的一种收入分配格局下，提高劳动者的收入是合理的，笼统地讲是有微观基础的。从宏观经济的角度讲，也是具有重大意义的。金融危机后，我国宏观经济需求方面的主要拉动力之一——出口正面临巨大挑战，中国经济如何从外需拉动转到内需拉动尤其是居民的消费需求拉动是我们当前经济结构转型的一个重要内容。劳动工资的增长进而劳动收入占比的提升就可以促进总需求结构的改变，从以投资和出口转变为以居民的消费需求拉动。同时，东部地区民工工资的提高，进而各项成本的提高，可以迫使这些城市将低附加值的产业转移到中西部，从而带来我国区域经济结构的改变。东部地区随着低端产业的转移出去，必须考虑如何进行产业和产品的创新，推动经济朝新的方向发展，使得经济增长方式得以转变。

　　上述推理似乎是成立的，实践也是这样演进的。但是，如果我们过分强

调这种调整的重要性，并且试图以政府出面来加快这种调整，那么，实际情况要比这个推理复杂得多。因此，接下去我们需要考虑的问题是，我们是否能够通过政府的干预，使得全国各类企业的工资都来一个普遍的上涨，或者政府提出一个"收入倍增计划"，在若干年内使工资的上涨快于 GDP 的上涨？换句话说，我们是通过政府干预来增加工资，促进经济结构转型，还是利用市场机制来调节工资的增长幅度？回答是劳动力市场过多的政府干预只会适得其反。原因非常简单：我国地区经济的发展水平和阶段千差万别，各类企业的情况千差万别，劳动力的素质或者说劳动力的人力资本含量千差万别。如果我们试图用单一的类似收入倍增计划那样的收入分配政策来对付所有的地区、所有的企业和所有的劳动者，那么一定会危及有些地区的经济发展，有些企业必将倒闭，有些劳动者必将面临失业的下场。尽管我们在前面提到，近十年来工资的上涨是慢于企业盈余和政府收入的增长，就企业内部来讲，剩余价值率是高的，但是，并不是所有企业都如此。我们一般可以把企业分为：具有垄断利润的国有和非国有企业，竞争性的但暂时具有较高利润的企业和竞争性只获得正常的微薄利润的企业。对于垄断性国有企业的具有内部人特征的职工，目前收入是很高的，而且是我国收入差距不断扩大的重要原因，对于他们的收入分配，我们不是鼓励增长职工的工资，而是国有资产的出资人要规制他们的过高收入。对于所有具有不同类型的超正常利润的企业，其职工工资的上升幅度，应该通过集体议价的方式进行，尽可能让劳动者获得其应该获得的收入份额。从目前全国工会参与工资的集体议价来看，2009年年底，全国有工会会员 2.26 亿，新增农民工会员近 800 万人。从调查中获知，有 70% 的职工拥护集体协商和议价。2009 年签订集体合同 124 万份，覆盖企业 211 万，职工 16 196 万人。企业的经营信息透明和工资集体议价的推广是有效提升职工工资的重要办法。

对于大量的与出口相关的制造业企业，产品是国际定价，企业难以将成本上升转嫁到最终产品，短期内工资上涨可能导致企业难以生存。这类企业短期内的应对之策无非是以下四种：其一，转换自动化设备，尽量节约劳动力；其二，向中西部或国外转移工厂和生产基地，如富士康将生产基地从深圳向重庆的转移；其三，产业的自我提升；其四，倒闭。不管哪种情况发生，低技能劳动者的就业问题将面临严峻的挑战。对于这类企业，如果政府一方面想提高劳动者的收入，另一方面又要保全劳动者的就业，政府唯一能做的就是在减税和让利的基础上提高工人的工资。

因此，在收入分配和工资变动过程中，我们还是要坚持一些基本的理念，即国民收入初次分配中坚持市场机制调整优先的理念，宏观调控政策中的就业优先理念，等等。政府只能做市场机制不能做的事情，如社会保障和收入在二次分配中转移支付。另外，对于经济结构和产业结构的高度化问题，有时我们不能好高骛远，也不能操之过急。科技创新、产品创新、产业升级其根本动力在于制度(政治、社会、经济、科技和教育制度)的变革，在于劳动力人力资本的提升。也就是说，若想在经济结构、产业结构、能源结构等方面获得提升和变化，首先必须做到劳动力素质结构的变化。某种意义上讲，有什么样的劳动力结构，就只能有什么样的经济结构。经济转型的前提条件是制度的变革和劳动力人力资本的提高。

三、依靠单一的农民工工资上涨能解决农民工的进城问题，推进中国的城市化过程吗

从前面的分析我们可以看出，中国经济转型的关键问题是工业化和城市化向纵深发展，农业通过劳动力的大规模转移，城市资本和科技进入农业，土地等生产要素获得重新优化配置。但是，在这一过程的推进中，由于城乡收入分配的巨大差异，城乡居民所拥有的金融资产数量上的巨大差异，城市房地产市场房价的大幅上升，使得农民市民化过程的难度大大地增加，城市化过程面临严峻的挑战。农民工工资提高的速度再快都无法解决他们进城安置的问题，目前在城里打工的农民工，岁数大的可能还会选择去出生地养老，但是那些80后与90后的青年农民工，已经具有强烈融入城市的愿望，但是城市对他们来讲几乎天价的住房价格，成为城里人似乎变成一个无法实现的梦想。更何况还有户籍制度、教育制度和社会保障制度的阻拦。

因此，我们必须从改革户籍制度、统一推进要素市场(包括土地市场)建设和要素资本化过程，推进城乡统筹的社会保障制度和教育制度改革。通过改革，我们还是要在中国东部地区(长江三角洲、珠江三角洲和环渤海地区)进一步集聚和进一步转移劳动力，吸纳人口。如果这三个地区能够吸纳中国

的一半人口，即 6.5 亿人口，余下的 6.5 亿中再有一半通过进一步的城市化集聚在中西部的大、中、小城市，中国的农业人口将大幅度下降，随着农业劳动力的减少，现代农业和高效农业的时代就可能到来。因此，全球化背景下的工业化和城市化的发展，人口的转移和在城市中的集聚是农业现代化的必由之路。同时人口的集聚也是服务业兴起和发展的前提。经济在时间和空间两个维度上是可以创造奇迹的，空间上的奇迹就是产业和人口在大都市的集聚所创造出来的就业岗位、经济总量和极其强大的城市竞争力。世界上如纽约、伦敦、巴黎、东京、中国香港和新加坡等城市，无一不是如此。但是在过去三十年中，我国城市化过程一直慢于工业化过程，这期间我们至少转移了 2.3 亿的农村劳动力，但是这些劳动力并没有成为真正意义上的城里人。而完成农民的身份转变既是中国经济和社会现代化的主要内容，同时也是中国经济进一步增长的空间所在。这一次金融危机也再次提醒我们，作为一个崛起中的大国，不能主要依靠外需拉动经济增长，这是不可持续的，迟早要出问题，还是要把重点放在内需上，尤其是消费。而把农民工变成城里人，将会创造巨大的消费和投资空间。

目前，制约农村劳动力转移的主要因素来自于户籍制度、土地制度、教育制度和社会保障制度等。如果我们在未来的经济发展中，逐步改革户籍制度，代之以就业和稳定居住地为基础的居住证制度；如果农业的土地使用权界定到家庭或个人，并让它们充分流转，或一次性处置换取社会保障基金，或入股享受土地的收益权；农民的宅基地和住房如果能像城市居民的住房一样通过使用权界定而获得出售、银行抵押的权利，并且通过土地指标的跨省交易而获得城市土地开发的级差地租的利益；如果城乡的教育差距能够缩小，政府公共服务品的覆盖率能够提高，那么高效和现代的农业就可能出现，更多的农民就可以转移到城市，农民工也就可以成为正式意义的工人。

在所有阻碍农民工身份转变的因素中，户籍制度是最为基本的制度约束。所有在就业、社会保障和公共品供给方面对农民工的歧视性对待，都根源于户籍制度，并通过户籍制度而实施。户籍制度改革的最终目标就是和附着在上面的福利因素彻底剥离。但是，考虑到城市的社会保障和公共品供给体系的承受能力，改革应分步骤地进行。首先应在就业和社会保障方面对他们实行和本地户籍劳动力相统一的政策，然后逐步把他们纳入到城市公共品供给体系中，这其中公共医疗和教育处在优先需要解决的地位。

在现行土地制度和户籍制度下，如果农村转移劳动力获得城市户口，就必须放弃农村土地。由于在大中城市获得户口的门槛较高，小城镇地方政府提供的服务有限而吸引力不大，迁移农民一般不愿意放弃农村土地并切断与乡村的联系，这就使得农村人口难以实现真正迁移。由于农村劳动力的转移受到土地的牵制，如何处理好土地的转让是促进劳动力转移的关键因素之一。

长期以来，由于农村基础教育和公共卫生的薄弱，农村劳动力人力资本水平普遍较低，缺乏必要的职业技能，阻碍了农村劳动力向非农产业的转移和经济结构的升级；由于基础设施和生产服务的落后，农业劳动生产率提高缓慢，阻碍了农村和农业的发展。要解决上述问题，加大对农村地区的公共投资是关键。根据目前的财力，政府首先在教育上要有进一步的作为，如实行城乡基础教育的标准化，即校舍的标准化、教学内容的标准化和师资的标准化。须知，教育的高度化，继而是人力资本投资的高度化，是所有经济结构转型成功的根本条件。

作者说明

全球金融危机之后随着中国宏观经济的复苏与强劲增长，东部地区又出现了农民工短缺的现象，"刘易斯转折点"到来的讨论又成为中国经济中的热点问题。本文发表于《解放日报》2010 年 9 月 12 日，选入时略有修改。本文分析了当前农民工短缺和劳动工资上涨背后的原因，揭示了农民工短缺是因为户籍制度和土地制度等一系列制度改革之后所导致的，因而这个转折点是一个虚假的转折点，我们如何加快户籍制度和土地制度的改革，推进社会保障体系和教育体系的改革，农业还将有大量的劳动力可以转移到工业和服务业。

刘易斯模型与刘易斯拐点的研究

我国经历了 30 多年的改革开放，经济发展进入了新的阶段，出现了很多新问题。我国经济是否达到刘易斯拐点，就是其中一个非常关键的问题，它与我国经济发展推动力、产业政策的实施、收入分配的调节以及城镇化发展等许多重要经济问题相联系。因而，研究我国经济刘易斯拐点是否到来是一个具有重要实践价值的学术问题。

关于我国刘易斯拐点是否到来的研究，是随着 2004 年"民工荒"的出现而逐渐受到国内学者关注的，在 2010 年出现的"民工涨薪"现象使刘易斯拐点是否到来的争论更为激烈。自从蔡昉（2005）[①]提出我国刘易斯拐点已经到来，引发了大量的争论。学者们从不同的视角对我国刘易斯拐点是否到来进行了各方面的实证研究，但是得到的结论却存在着明显的矛盾，目前还很难获得一个让大家都认可的结论。

为了更好地了解我国刘易斯拐点问题，有必要在刘易斯模型和刘易斯拐点概念上达成共识，同时也需对目前的相关研究进行梳理，以说明现有的研究为什么会得出截然相反的结果，为界定我国的刘易斯拐点问题提供帮助。

一、刘易斯模型与刘易斯拐点

（一）刘易斯模型简述

刘易斯模型由 Lewis（1954）[②]提出，是发展经济学中最著名的理论模型之

① 蔡昉：《劳动力短缺：我们是否应该未雨绸缪》，《中国人口科学》2005 年第 6 期，第 11—16 页。

② Lewis，A. W，Economic Development with Unlimited Supplies of Labor，*The Manchester School*，1954(22)，pp. 139—191.

一,主要关注发展中国家经济由不发达状态向成熟状态发展的过程。它采用了二元结构分析方法进行研究,基本思想是,在发展中国家发展初期存在大量效率低下的传统部门和少量效率较高的现代部门。在传统部门存在大量过剩劳动力,他们只获取较低的制度工资或生计工资;现代部门则提供相对较高的劳动力工资,吸引传统部门过剩劳动力到现代部门就业。由于相对于现代部门需求,传统部门的过剩劳动力较多,从而现代部门劳动力工资可以维持在稳定水平,推动现代部门资本积累速度增加,现代部门的扩张最终将全部吸收传统部门的过剩劳动力,此时,经济即达到"刘易斯拐点",传统部门的劳动力也与现代部门一样获得相同的工资,工资水平等于劳动力边际产品水平,从而实现劳动力市场统一。

从刘易斯模型的基本思想可以发现,刘易斯模型的核心假设主要有两个:一是经济分为两个部门即传统部门和现代部门,传统部门的制度工资或生计工资低于现代部门的工资水平;二是传统部门存在大量过剩劳动力。刘易斯模型认为发展中国家经济发展的动力来自于两部门工资水平差异所推动的传统部门劳动力要素的再分配,二元经济结构一元化意味着实现了劳动力要素市场的完全统一。

(二)刘易斯拐点含义与意义

Lewis(1972)认为二元经济一元化过程中存在两个拐点,第一个拐点出现在传统部门平均收入提高,推动现代部门的工资也开始出现上升之时;第二个拐点出现在现代部门与传统部门边际产品相等之时,到达第二个拐点二元经济体就到达了新古典学派的单一经济的状态。他认为决定性的转折点并非第一个,而是第二个。但在实证研究中,常常出现以第一个拐点的标准来确认第二个拐点的到来,这并不符合刘易斯模型的真正含义。

在刘易斯模型中,现代部门是通过不断吸收低成本劳动力要素而获得快速扩张并因此推动经济发展的,在第二个刘易斯拐点到来之时,两部门劳动力要素边际产品相等,由此,刘易斯拐点的到来,就意味着经济发展的原有推动力将不复存在。此时经济发展进入到新的阶段,需要进一步寻求新的推动力。

二、关于中国刘易斯拐点研究的评述

由于"民工荒"和"民工涨薪"现象，使得关于我国刘易斯拐点是否到来的研究成为了国内学者们关注的热点，相关的各类实证研究层出不穷，但结果却存在很大分歧，不论是认为我国刘易斯拐点已经到来，还是认为我国刘易斯拐点还未到来的结论都无法令人完全信服。因此，对近期关于我国刘易斯拐点的研究进行梳理，澄清争议的源头，对于进一步的分析是非常必要的。下面就当前关于我国刘易斯拐点研究思路进行一个必要的归类和说明。

现在的研究一般认为，刘易斯拐点的到来意味着传统部门内的剩余劳动力基本被现代部门吸收完毕，劳动力稀缺使得劳动力报酬即工资随着需求的增加而增加，因此刘易斯拐点就是关于劳动力资源稀缺性变化的一个转折点。一般而言，传统部门是作为剩余劳动力供给方，而现代部门被当作剩余劳动力需求方，为了研究刘易斯拐点就必须揭示劳动力资源供求状况的变化，所以现有研究基本是采取两种不同的方式来进行：一是通过直接考察劳动力供求在数量上的变化情况来推测或说明一个经济体的刘易斯拐点是否到来；二是采取间接的方式，通过对比刘易斯拐点之前与之后由于劳动力稀缺性变化所导致的相关经济变量状态变化的差异来说明刘易斯拐点是否到来。

（一）关于劳动力市场供求变化的相关研究

从劳动力市场变化来直接研究刘易斯拐点问题，主要是研究传统部门内的剩余劳动力数量的变化，即主要是通过揭示农村剩余劳动力数量变化及趋势来说明劳动力市场的劳动力稀缺转折点是否出现即刘易斯拐点是否来临。

具体来说，主要是从以下四个方面来研究劳动力市场的变化。

一是从供给层面来研究劳动力市场存量与结构变化，主要是从人口学的视角研究劳动力资源现状及变化，其中关注的重点是存量变化、剩余劳动力数量变化、剩余劳动比例变化。一般利用人口普查数据或调研数据，直接研究人口存量的变化，估算目前的人口年龄结构说明当前与未来劳动力供给状况，相关的研究包括蔡昉(2007)①、Cai(2008)②、韩俊等(2007)③以及李剑阁和韩俊(2007)④等，不过研究结论分歧很大。

二是从需求层面来研究现代部门不同产业对劳动力的需求状况及变动趋势，Jorgenson(1967)⑤指出在经济发展中工业部门的重要作用就是消除传统部门的失业。刘易斯拐点就是劳动力供给与需求关系变化的一个根本转折点，一般而言，劳动力供给方面的变化相对来说要缓慢，而劳动力需求的变化会随着产业的发展和经济快速增长而较快的发生变化。国内学者从劳动需求层面的专门研究还是比较少见，不过在早期有关日本刘易斯拐点的研究中，Minami(1968)⑥利用刘易斯拐点的概念，认为在刘易斯拐点到来后，劳动力将从传统产业将向资本部门转移，这样就呈现出传统部门的就业下降，资本部门就业增加的特点，通过比较不同产业就业人数和比例的变化，指出日本的刘易斯拐点在1963年左右出现。

三是综合供求两方面的因素来进行研究，有直接考虑劳动力市场供求关系的研究，也有研究者通过城市失业率的变化来间接衡量劳动力市场供求关系，如王诚(2005)⑦将劳动力市场供求关系结合起来研究，认为我国刘易斯拐点还未到来，而Minami和Ma(2008)⑧利用抽样调查的数据，估算了我国

---

① 蔡昉：《中国劳动力市场发育与就业变化》，《经济研究》2007年第7期，第4—14页。

② Fang Cai, *How Far Is China Towards its Lewisian Turning Point*? United Nation University UNU-WIDER research paper, No. 2008/09.

③ 韩俊、崔传义、范皑皑：《农村剩余劳动力微观调查》，见蔡昉主编《中国人口与劳动问题报告(第8期)：刘易斯转折点及其政策挑战》，社会科学文献出版社2007年版，第137页。

④ 李剑阁、韩俊：《新农村建设亟待解决的问题》，《比较》2007年第31期，第71—88页。

⑤ Dale W. Jorgenson, Surplus Agricultural Labour and the Development of a Dual Economy, *Oxford Economic Papers* 19, 1967(3), pp. 288—312.

⑥ Ryoshin Minami, The Turning Point in the Japanese Economy, *Quarerly Journal of Econmics*, 1968(3), pp. 380—402.

⑦ 王诚：《劳动力供求/拐点与我国二元经济转型》，《中国人口科学》2005年第6期，第1—9页。

⑧ Ryoshin Minami, Xinxin Ma, *The Turning Point of Chinese Economy Compared with Japanese Experience*, working paper, 2008.

城市失业率变化，对比日本在刘易斯拐点附近失业率变化规律，指出我国目前还未到刘易斯拐点。

四是从劳动力的转移或迁移状况的变化来研究劳动力市场的变化情况，由于劳动力供给研究仅仅是说明了劳动力的可能利用的资源状况，而实际上的利用是要通过劳动力的迁移来实现的，因此研究劳动力迁移变化规律就可从现实上揭示刘易斯拐点到来的过程，故也可以从刘易斯拐点前后劳动力迁移状态差异的特征来说明刘易斯拐点是否到来。关于迁移规律的研究比较多，如林毅夫等（Lin，et al.，2004）[1]、Zhang 和 Song（2003）[2]、Wu 和 Yao（2003）[3]以及王春超（2005）[4]等。按照经典迁移理论，收入差距是劳动力迁移的最重要的推动力，但是在现有的研究中，关于收入差距究竟是不是导致迁移的主要原因目前还存在争议。

以劳动力市场作为研究对象，揭示劳动力资源供给和需求情况，其研究结论对于判断劳动力市场的劳动力资源是否过剩，是比较可靠的，可是当前学者们相关的研究结果争议却非常大，如蔡昉（2010）[5]指出的很多研究者所采用的我国人口和劳动力统计数据由于各方面的原因存在明显缺陷，因此很多的研究结果并不可靠。

人口和劳动力市场准确可靠数据获取的困难，迫使研究者更多地依据经济学理论及推论作为研究工具，采用间接方式推测劳动力市场是否还存在大量过剩劳动力，以此说明刘易斯拐点是否到来。

---

[1]　Lin，Justin，Gewei Wang，Yaohui Zhao，RegionalInequality and Labor Transfers in China，*Economic Development and Cultural Change*，2004(3)，pp. 587—603.

[2]　Kevin Honglin Zhang，Shunfeng Song，Rural-urban Migration and Urbanization in China：Evidence from Time-series and Cross-section Analyses，*China Economic Review*，2003(14)，pp. 386—400.

[3]　Zhongmin Wu，Shujie Yao，Intermigration and Intramigration in China：A Theoretical and Empirical Analysis，*China Economic Review*，2003(14)，pp. 371—385.

[4]　王春超：《收入差异、流动性与地区就业集聚——基于农村劳动力转移的实证研究》，《中国农村观察》2005 年第 1 期，第 10—17 页。

[5]　蔡昉：《人口转变、人口红利与刘易斯转折点》，《经济研究》2010 年第 4 期，第 4—13 页。

(二)以间接方式来研究刘易斯拐点问题

间接研究思路是以经济学理论作为研究的逻辑基础来验证刘易斯拐点，这种间接研究方式的理论前提是在刘易斯拐点前后各经济变量的状态存在明显差异，通过这些变量状态差异比较说明劳动力市场是否由劳动力资源充裕变成了劳动力资源稀缺，从而说明刘易斯拐点是否到来。基本上，这类研究主要是通过考察劳动力市场价格的变化，来推测劳动力数量的变化，进而借以推测劳动力稀缺性与刘易斯拐点。

关于刘易斯拐点的间接研究方式主要有两条研究思路，一是从工资水平变化出发的研究视角；二是从生产函数出发的研究视角。

1. 以工资为对象的研究

从工资水平视角的研究，实际上就是通过劳动力市场的价格变化来推断劳动力市场供求数量关系。这种价格变化的研究一是关注总量上的变化，二是边际上的变化。因而现有研究主要从两个方向进行的，第一是测算工资水平本身是否发生变化；第二是通过检验劳动力工资水平与劳动边际生产率的差异，还包括比较不同类型工人工资水平比如非熟练工与熟练工工资水平之间差异、不同部门如传统部门和资本部门的工资水平差异是否发生变化等。

第一，工资水平变化或劳动力收入总量变化。

通过测算工资水平的变化来判断刘易斯转折点是否到来，是最一般的研究思路。因为刘易斯模型中假定传统部门内较多过剩劳动力使得资本部门的发展能得到源源不断的劳动力资源支持，而无须为此提高工资水平，在刘易斯拐点到来之前，真实工资水平应该保持不变。当刘易斯拐点到来后，由于劳动力的稀缺性，真实工资水平将持续上升，故通过实际工资水平的变化可以推测刘易斯拐点是否到来。蔡昉(2005，2007，2008)[①]利用五个城市调研数据和官方公布数据研究，发现农民工小时工资上涨速度比本地工快60%，农民工年收入在近几年增长比较明显，而且农民工就业集中行业平均工资有

---

① 蔡昉：《劳动力短缺：我们是否应该未雨绸缪》，《中国人口科学》2005 年第 6 期，第 11—16 页。

加速上涨趋势，故认为刘易斯拐点到来了。吴要武（2007）①利用劳动与社会保障部企业用工需求调查数据，发现 2003 年和 2006 年企业工资支付水平比 2002 年都有明显提高，其中 2006 年提高了约 30%，且发现城市正规就业有所增加，非正规就业减少，也因此认为刘易斯拐点到来了。王德文（2008）②通过对农业部数据的分析，发现农业长期雇工日工资自 2005 年以来大幅度上升，表明拐点已经到来。

另外，因为迁移劳动力是劳动力市场最为活跃的部分，其工资水平变化对劳动力市场稀缺性反应最为灵敏，所以迁移劳动力的工资水平变化或迁移劳动力与未迁移劳动力工资水平之间差异的研究也被研究者所重视。相关的文献也比较多，如 Minami 和 Ma（2008）以及 Cai 和 Wang（2008）③等都从这些视角进行过研究。

利用工资水平与劳动力数量关系的理论逻辑进行实证研究存在一些明显的问题：一是工资水平必须完全由劳动力供需关系决定，上述推论才能成立，但在现实中存在多种决定工资水平的因素，所以工资水平变化和劳动力供求关系变化之间可能不存在直接必然联系；二是关于迁移劳动力工资水平变化视角的研究，会因为现实迁移所存在的空间异质性和劳动力市场不完备，使得劳动力供给状态的变化与工资水平的变化并不完全一致（Knight，2007）④。另外，如果劳动力的迁移不是对工资水平做出反应而是根据就业机会做出迁移与否的决策，那么真实工资水平变化与劳动力过剩之间也同样是没有必然

---

①　吴要武：《刘易斯转折点来临：我国劳动力市场调整的机遇》，《开放导报》2007 年第 6 期，第 50—56 页。

②　王德文：《2008，刘易斯转折点与我国经验》，见蔡昉主编《中国人口与劳动问题报告（第 9 期）：刘易斯转折点如何与库兹涅茨转折点会合》，社会科学文献出版社 2008 年版，第 67 页。

③　Fang Cai，Meiyan Wang，A counterfactual Analysis on unlimited Surplus Labor in Rural China，*China & world Economy*，2008(1)，pp. 51—65.

④　John Knight，*China，South Africa and the Lewis Model*，United Nation University UNU-WIDER research paper，No. 2007/82.

联系的。Ho(1972)[1]在研究中国台湾地区刘易斯拐点时，就发现中国台湾地区过剩劳动力仅仅是根据就业机会进行迁移决策，而不是根据工资水平变化作出迁移决策的。

所以当劳动力市场不是出清的时，是无法根据所观察到的劳动力供给价格变化即工资水平变化来推测出劳动力资源是否处于过剩状态的。意味着这样的研究思路，在利用宏观数据研究的同时，应考察微观机制的真实性。Sen(1966)就说明了工资水平变化与过剩劳动力数量之间不存在必然联系的微观机制。

实际上，Lewis(1954)[2]已经指出在刘易斯拐点到来之前，现代部门的工资水平也可能提高，资本积累大于人口增长、不利于工业的贸易条件、农业生产率的大幅提高以及工会压力都有可能成为以工业为代表的现代部门工资提高的原因，故很难从工资水平提高推测出刘易斯拐点真正到来。

还有一些研究通过计算农民人均真实收入增长率、城市居民人均真实收入增长率以及人均真实 GDP 增长率的差异来说明劳动力的稀缺性。如果劳动力变得稀缺，由于存在农民工的迁移行为，那么农民人均真实收入的增长率就不会与城市居民的人均真实收入相差太多，也不会与人均 GDP 增长率相差很多。Knight(2007)[3]却发现我国的农民人均真实收入增长率远低于城市居民人均收入的增长率以及人均真实 GDP 增长率，而城市居民人均收入增长率与人均真实 GDP 增长率比较接近，由此认为我国非熟练工人的稀缺性并非真实存在。很显然这样的研究结论是比较符合逻辑的，即农民人均真实收入增长率远低于城市居民人均收入增长率体现了中国农村还存在大量需要转移的劳动力。同时，农业部门和工业部门的人均收入差异体现了它们之间劳动生产率存在很大差距，这个事实表明，农业的资本装备和科学技术装备太低，

---

① Yhi-Min Ho，Development with Surplus Population，The Case of Taiwan：A Critique of the Classical Two-Sector Model，à la Lewis，*Economic Development and Cultural Change*，1972(2)，pp. 210—234.

② Leweis，W. A.，Economic Development with Unlimited Supplies of Labor，*The Manchester School of Economic and Social Studies*，1954(5)，pp. 139—191.

③ John Knight，*China，South Africa and the Lewis Model*，United Nation University UNU-WIDER research paper，No. 2007/82.

只要农业中其他生产要素的投入增加，农业对劳动力的需求就会降低，两个部门的劳动生产率才会接近。

第二，劳动力工资水平与劳动边际生产率差异对比。

在刘易斯模型中，刘易斯拐点到来之前，劳动力的工资水平是由传统部门决定的，是平均工资形式，传统部门劳动力工资水平高于劳动边际生产率，而在刘易斯拐点后，传统部门工资水平将等于劳动边际生产率，因此在刘易斯拐点附近劳动边际生产率将会有一个较大的非连续上升，而传统部门工资水平相对稳定，故可利用传统部门劳动力工资水平与劳动边际生产率的差异是否缩小来验证刘易斯拐点是否已经到来。Minami(1968)曾利用这种关系测得日本刘易斯拐点在 1960 年左右。Islam 和 Yokota(2008)[1]利用我国的省级数据也估算了农业工资与劳动边际生产率的动态关系，表明劳动边际生产率一直处于上升状态，且上升得比工资快，故认为我国的刘易斯拐点已经来临。

同样地，有关熟练工和非熟练工工资差异的比较也是研究的重点。其基于的逻辑在于非熟练工的工资水平是由传统部门的劳动力市场决定的，而非熟练工对劳动力资源稀缺的反应较为灵敏，劳动力稀缺将导致非熟练工工资水平上升，而熟练工由于具有稀缺性，工资主要是由其边际产出决定与劳动力市场变化无关，所以当刘易斯拐点到来时，将会使得这两者在工资水平上的差异缩小。Meng 和 Bai(2007)[2]利用 2000—2004 年广东省劳动密集型制造业的七家大型工厂的工资数据进行研究，发现在这五年中，非熟练工平均每年实际工资增长率为负数或零，最后三年的工资增长率为 0.5%—1.5%，所以他们认为我国还没有到达刘易斯拐点。

与上面逻辑相似，由于传统部门的工人工资是由平均工资决定，高于其边际生产率，在刘易斯拐点后将会等于边际生产率，这样若拐点到来就意味着传统部门的工人工资将会与资本部门的工人工资趋于相等，通过比较不同部门工资差异可以发现刘易斯拐点是否到来。Minami 和 Ma(2008)比较了我

---

① Nazrul Islam，Kazuhiko Yokota，Lewis Growth Model and China's Industrialization，*Asian Economic Journal*，2008(4)，pp. 359—396.

② Meng Xin，Bai Nansheng，How much have the wages of the unskilled workers in China increased：Data from seven factories in Guangdong，in R. Garnaut，Song Ligang，China：Lingking Markets for Growth，Asia Pacific Press，2007，pp. 151—175.

国和日本不同部门之间工资差异，发现日本在刘易斯拐点处的农业实际工资与其他部门工资的变化特征与我国目前工资差异特征之间存在较大的不同，在我国未能发现当时日本在刘易斯拐点处的工资增长部门间的变化特征。

从劳动力工资水平与劳动边际生产率之间差异视角进行的研究，基本的理论逻辑是刘易斯拐点的到来使得劳动力稀缺，促使传统部门劳动力工资决定规则发生变化，利用不同变量间关系的变化来发现传统部门劳动力工资与边际生产率的关系是否真实发生了改变。

具体到我国刘易斯拐点问题，这一视角的研究所基于的逻辑假设存在一些问题。当以资本部门工资作为基准时，当前我国政府的政策是偏向于保护城市居民，保护下的劳动力市场会导致市场可能处于非出清状态，城市居民工资水平变化就难以与劳动力稀缺相联系。政府对城市居民的保护政策会使得城市居民的工资水平高于市场出清水平，工资水平对劳动力市场变化并不敏感，而对企业利润变动更为敏感，类似于效率工资，因此使得以此作为基准并不合适，所以两者工资率差异变化与劳动力市场劳动力资源的稀缺性之间不存在内在关系（Knight，2007）。当以农村劳动边际生产率作为基准时，由于基础设施的改善、农村惠农政策的推动或者农业和工业之间贸易条件的改善即可交易食物供给下降或需求上升，都可使得农村的收入与边际生产率处于上升变动的过程中。因而，从这个视角进行研究就会存在一些现实困难，使得研究结论很难令人信服。

2. 从生产函数出发进行的研究

利用生产函数对刘易斯拐点问题进行研究的思路具体包括利用生产函数估算农村劳动力生产率的变化、测算农业技术变化导向、测算劳动产出弹性等。这些思路本质上是通过对具体的生产函数一般为 C—D 生产函数的分解，再对各要素的边际生产率、弹性或收入进行测算，对比分析相关结果，来推测劳动力稀缺变化程度。下面就一些主要研究思路和文献做一简单说明。

第一，农业技术变迁的研究视角。其理论逻辑在于现实生产过程中，只有节约稀缺资源的技术才是有利可图的，如果我国农业倾向于采取节约劳动的技术，就表明劳动力资源在农村相对稀缺，因此刘易斯拐点就到来了。Cai

和 Wang(2008)①运用反事实分析方法检验了我国农业 1978—2005 年技术改进方向，结果显示农业的技术改进偏向于节约劳动力，故他们比较倾向于刘易斯拐点已经到来。但是农业技术进步过程可能并非是完全由市场化过程导致的，所以很难说采取的节约劳动资源的技术就是由于农村劳动力稀缺所致。

第二，从劳动产出弹性视角进行的研究。Minami 和 Ma(2008)分阶段估计了日本在刘易斯拐点附近三个时期的农业生产函数，对比性地估计了中国农业生产函数，对劳动产出弹性、资本产出弹性以及土地的产出弹性进行了分阶段比较分析，发现劳动产出弹性具有上升趋势，与日本农业劳动产出弹性相似，被认为是农业技术进步的结果。在分地区的比较中，发现劳动产出弹性在东部和西部基本相等，但中部地区很小，表明中部地区剩余劳动力还比较充足。这里，影响其研究结论可靠性的关键问题是生产函数设定的合理性和数据的准确性。

显然，通过劳动产出弹性的研究结论比较符合逻辑，农业劳动产出弹性较小表明中国农村还存在大量需要转移的劳动力。

三、发现现有研究的逻辑错误比检验数据和 实证方法的正确性更为重要

目前关于我国刘易斯拐点确定问题上的研究存在着明显对立的结论，这其中有诸如数据来源差异的原因，数据统计方法的缺陷以及数据本身的滞后性等原因(蔡昉，2010)，关于数据问题导致的研究缺陷，讨论较多，在此不把它作为分析重点。如前所述，刘易斯模型和刘易斯拐点本身存在的缺陷应该是导致实证研究结论难以一致的原因。同时，笔者认为现有研究本身也存在很多不足，导致实证研究结果难以一致。

从前面所归纳的关于我国刘易斯拐点问题的研究思路可看出，现有研究的指向都是通过不同方法和数据来确定我国当前劳动力资源是否稀缺，将劳动力资源的稀缺性与否等价于刘易斯拐点到来与否，并进而认为我国经济由

① Fang Cai，Meiyan Wang，A counterfactual Analysis on unlimited Surplus Labor in Rural China，*China &world Economy*，2008(1)，pp. 51—65.

二元经济状态转入到一元经济状态。

(一)证明刘易斯拐点到来的研究存在的问题

在证明刘易斯拐点到来的研究中，不论是从直接角度还是从间接角度的研究，都是通过数据结果来证实刘易斯拐点前后经济变量状态差异的存在性，从而确认我国刘易斯拐点来临。

但是这样的研究思路存在逻辑上的问题，这种逻辑上的困难也是实证研究本身的困难。因为这种证实刘易斯拐点存在的研究思路都是错误地把刘易斯拐点到来的必要条件当作了充分条件，这种简单实证确认的过程和结果缺乏足够的说服力。

具体来说，在确认刘易斯拐点的研究中，都是通过数据证实刘易斯模型对刘易斯拐点到来前后经济变量状态变化的推论结果在现实中的存在性，来判定刘易斯拐点的到来。这些刘易斯拐点到来之后经济系统发生各种变化的经济学推论，是刘易斯拐点到来之后所得到的结果，因此，它们实际上仅仅是刘易斯拐点到来与否的一些必要条件，其存在性的研究并不能作为推断刘易斯拐点是否到来的充分条件。这些推论结果的现实存在性与刘易斯拐点存在性的等价关系，还需要增加其他条件才能成立。通过对前面各种研究思路的评述可发现，这些研究思路都存在着这样或那样的缺陷，很大一部分原因是研究者对刘易斯模型存在误解，从而把刘易斯拐点到来与否的必要条件当作了判定刘易斯拐点到来与否的充分条件。

其实，刘易斯模型的主要意义在于揭示劳动力资源丰富条件下的经济发展过程，重视对经济发展过程本质的理解，但现有研究者普遍缺乏对经济过程机理的揭示，故其研究结论的可靠性是值得推敲的。

(二)否认刘易斯拐点到来的研究存在的问题

证伪刘易斯拐点到来的研究，则是通过数据结果来否认刘易斯模型所阐述的刘易斯拐点前后经济变量状态差异的现实存在性。就一般的证伪结果而言，用一个样本推翻一个命题，理由是充分的，其可靠程度较证实要高得多，但存在着去真风险。而且在社会科学中通过现象来对理论进行证伪时，不应当简单地依据几个现象与理论结果的某种不相合性就立即做出判断。这是因为像经济学这样的社会科学，经济现实发展的复杂性远远超过了模型本身的复杂性，其过程很难利用一个简单的经济理论去套用。所以得出否认刘易斯拐点到来的研究结论，不能仅仅依据现实的部分证据与模型推论的一些结果的不一致性，必须在证伪的过程中，去揭示和说明现象与理论不一致背后的机理。但在否认我国刘易斯拐点到来的研究中，目前还没有研究者去真正关注导致其研究结论的原因，只是简单地依据一些数据结果判断刘易斯拐点还未到来，这与认为刘易斯拐点到来的研究过程是同样的问题。就刘易斯拐点的确认上，因为刘易斯模型背景与我国现实之间存在着较大的差异，有必要对实证结果背后的经济过程给予更多的关注。

综上，研究者仅仅依据少量的劳动力市场数量和价格变化特征作为判断刘易斯拐点到来与否的标准，是存在很大问题的。现有研究以劳动力资源稀缺性作为判断刘易斯拐点到来的依据，实际上这样的判断标准也并不符合刘易斯模型框架下的刘易斯拐点含义。出现这种情况，根源是研究者对刘易斯模型和刘易斯拐点的认识出现了偏差，未能理解刘易斯拐点背后所需揭示的经济过程本质，因而研究思路和研究结论都缺乏足够的可靠性。

四、刘易斯模型的缺陷与刘易斯模型的再认识

从我国刘易斯拐点研究存在的问题来看，有必要明晰刘易斯模型本身所存在的缺陷，并对刘易斯模型的基本假设、研究方法和刘易斯拐点的含义进行正确的再认识，才能提高我国刘易斯拐点研究的科学性和可靠性。

(一)刘易斯模型的缺陷

1. 刘易斯理论模型存在欠缺

首先，其关键假设即较低制度工资(或称生计工资)的存在性证明不充分。Ranis(2004)[①]指出到目前为止还没有发展出一个合理的理论来解释为什么在发展中国家能长期存在较低制度工资，并认为这已成为刘易斯模型中最难解决的理论问题。由于未能将低水平的制度工资内生化，因此其一直以来都受到新古典经济学家的批评，但还是存在着实际证据可以证明低水平制度工资

---

① Gustav Ranis, Arthur Lewis' Contribution to Development Thinking and Policy, *The Manchester School*, 2004(6), pp. 712—723.

在发展中国家具有现实性，如 Ishikawa（1975）①和 Hayami and Kikuchi（1982）。就刘易斯模型本身而言，制度工资或生计工资假设并不会影响模型对发展中国家发展过程的现实解释能力，因为刘易斯模型的现实解释能力建立在两部门间存在差异工资率之上，并不要求生计工资必然存在。但是，如果具有实际经济政策指向的研究将刘易斯模型的这一缺陷放大，以政府调节、经济发展等原因引起的农产品价格上升而导致的农业工资上升作为判断刘易斯拐点到来的依据，就会产生问题。

其次，刘易斯模型的不足之处还表现在模型逻辑简化的特点与所研究问题的现实复杂性之间无法完全匹配，由此也引发了大量争论。如 Lewis（1979）②所言，模型所关注的是利润积累带来的资本部门扩张，由此推动的发展中国家二元经济结构的一元化过程，以说明存在过剩劳动力的发展中国家发展过程的特点。但是模型并未清楚地说明发展中国家形成二元经济结构的现实原因，二元经济结构只是作为一个既定事实而被模型作为分析的起点和前提，也就是说模型把形成二元结构的原因当作外生的。因而，模型采用简化的形式来描述经济发展过程时，必然会忽视这些外生的复杂现实条件对经济发展过程的影响，这样在运用本模型对具体国家进行实证分析时，研究结论的简单化很容易产生矛盾和争议。尤其将这样的拐点应用到具有户籍制度等制度性因素严重制约的中国二元经济的转型问题时，更容易导致误判刘易斯拐点的到来。

最后，刘易斯模型不足之处还在于，所研究问题的动态特征与模型采用概念的静态属性不匹配，使得研究者很难搜集到与模型含义相匹配的经济变量数据进行研究，导致后续研究者在实证研究中容易出现争议。比如模型中所采用的制度工资或生计工资概念，由于它对于模型而言是外生变量，所以当经济发展现实呈现复杂性和动态特征时，在实证研究中就很难通过确定刘易斯模型含义下的制度工资或生计工资变量来进行研究，因而很容易出现由

①　Ishikawa，S.，Peasant Families and the Agrarian Community in the Process of Economic Development，in L. Reynolds（ed. ），*Agriculture in Development Theory*，CT，Yale University Press，1975，pp. 289—305.

②　Lewis，The Dual Economy Eevisted，*The Manchester School*，1979（3），pp. 211—229.

此引致的争议。

2. 刘易斯拐点概念存在问题

刘易斯模型中刘易斯拐点的确定一直是实证研究者的研究重点，但是相关的实证研究却由于模型研究视角的原因使得后续研究者对刘易斯拐点的认识存在误解。刘易斯模型强调低成本劳动力要素的重新配置是资本部门快速扩张的推动力，这导致后来在研究刘易斯拐点时一般仅仅关注经济发展过程中劳动力市场变化的特征，通常采用劳动力市场变动特征来佐证刘易斯拐点的到来，由此却常忽视了刘易斯拐点本质上是说明经济体作为一个整体结构变化的拐点而不仅仅是劳动力市场变化的拐点，即一个二元经济中低效率的传统部门转变为高效率的现代部门是转型的关键所在。

另外，在刘易斯拐点确定上，Lewis(1972)所强调的部门间劳动力边际产品相等标准也过于理想化，未能考虑到现实复杂性。这一标准实际上隐含着很多假设条件，如市场竞争机制完全发挥作用；劳动力市场是完善的，不存在异质劳动力问题等。这样在实证研究中，很难以部门间劳动力边际产品相等标准作为刘易斯拐点真正到来的最终确定标准。

就刘易斯拐点概念本身而言，因为经济发展过程具有连续性特征，导致在实证中很难去证实或发现静态的刘易斯拐点的存在性。因此在实证研究中，需要结合具体的现实，从刘易斯模型逻辑出发来进行研究。

(二)刘易斯模型的再认识

1. 关于资本部门和传统部门分类的再认识

理论争议和实证研究争议很大一部分是由于对两部门分类方法的理解差异所造成的。刘易斯模型的二元特征是通过两部门分类来表现的，体现了发展中国家经济发展过程中市场分割的经济特征。这种两部门分类方式实际上是用以描述发展中国家内部按现代方式进行生产的部门和按传统的非资本方式进行生产的部门间相互作用的过程，它体现了发展中国家如何通过劳动力要素转移使现代资本部门在经济体中逐渐得到扩张，完成生产方式和要素市场的统一，资源完全通过市场机制配置，最终推动传统部门实现现代化，二元经济达到一体化。因此，农业部门的现代化，是一个经济体已经达到刘易斯拐点的最根本特征。像我国这样的转轨经济国家，经济主体差异较大，结构化特征明显，使用部门分类分析方法是比较适合的。

在我国，改革之初上述过程表现为农业工资由人民公社制度下的平均产品决定，过渡到家庭承包制下的边际产品决定。之后，城市经济体制改革带来的现代部门扩张，以及劳动力市场管制的放松使得农业劳动力不断向现代部门转移。但是时至今日，上述过程并未彻底完成，反而由于户籍、土地等制度性因素的阻碍，仍有大量劳动力滞留于农业之中，农业部门的现代化还遥不可期。此时通过所谓工业反哺农业和城市反哺农村的补贴政策，来实现政府支持下的"安居乐业"，这不但阻碍了劳动力进一步转移，与农业现代化的目标也是背道而驰。农业只有解除制度性约束（户籍和土地确权），才能使得市场化配置的劳动要素和土地要素真正获得新生，最终推动农业部门实现现代化，舍此别无他法。

Lewis(1972)[1]特别强调了两部门分类的依据是二者在生产方式与分配方式上的差异。因此在实证研究中，研究者应该在数据分类处理上体现刘易斯模型两部门分类的基本原则，依据其所强调的生产方式差异的部门分类方法处理相应的实证数据；另外，对于中国刘易斯拐点的认定，需要特别注意到两部门的一体化特征，应在考察劳动力市场微观机制的变化基础上对研究结论进行谨慎的判断。

2. 关于无限劳动力供给假设的再认识

刘易斯二元经济模型用劳动力无限供给假设来表征大多数发展中国家劳动力资源相对自然资源和资本都较丰富的特征，我国在改革开放初期的经济特点与这一假设条件很符合。这也是我国研究者比较看重刘易斯二元经济模型的一个重要原因。但也使国内大多数研究者只关注劳动力市场变化，并认为劳动力无限供给是刘易斯二元经济模型的本质特征。在实证研究方面，研究者重点从劳动力供给数量变化或供给弹性变化等方面对我国劳动力供给无限性特征进行检验。而实际上，这样的供给层面的研究，并未能体现刘易斯模型的真正含义。在刘易斯模型中，劳动力的无限供给，是相对于资本部门扩张的需求来说的，这种无限供给是相对意义上的，而不是绝对意义上的。

① 　Lewis，W. A，Reflections on Unlimited Labor，in L. ediMarco(ed.)，*International Economics and Development*，Academic Press，1972，pp. 75—96.

如 Fields(2004)①所说在刘易斯模型中，工资是资本部门雇佣劳动力的函数，而不能把劳动力供给数量当作工资的函数，因为工资的变动是根据资本部门需求来决定的。

劳动力无限供给更本质的含义是发展中国家在发展初期，劳动力资源主要通过传统生产过程进行配置，市场化程度很低，所拥有的丰富劳动力资源相对于其资本配置来说是无限多的，所以，只有通过资本部门扩张以吸收传统部门的过剩劳动力，才能真正消除劳动力资源相对资本部门需求的无限供给状态，并因此实现市场机制主导劳动力资源配置。因此，Lewis(1972)曾特别强调在模型中，无限劳动力供给假设所需的仅是在资本部门，劳动力供给超过需求的状态。

因而，对劳动力无限供给的实证检验必须结合资本部门的需求扩张才有意义。

3. 关于刘易斯拐点的再认识

Lewis(1972)认为以边际产品标准确定的刘易斯拐点才是最为重要的，在理论上刘易斯拐点与经济体由二元状态进入一元状态的时点是同一时点。但这样的认识是存在很多假设前提的，实证研究者却常忽视了这些理论假设前提。采用边际产品相等标准确定刘易斯拐点时，暗含的假定条件是资本部门采取完美市场化机制运作，不存在劳动力迁移空间异质性问题，最重要的暗含假定是劳动力要素从传统部门向资本部门的转移过程会自然地推动传统部门的市场化进程，这样要素市场(劳动力要素市场)的统一就等价于两类部门边际产品相等，此时，传统部门与资本部门都通过市场机制配置要素，从而实现经济一体化。

在我国传统部门(农业部门)的工资变化会受到各种政府政策的影响，而且作为低熟练工代表的农民工工资同样也会受到户籍制度等各种非市场因素的作用，使得以劳动力市场变化特征来研究我国刘易斯拐点到来存在更多的实际困难。因此，在实证研究中，判断刘易斯拐点到来与否必须观察劳动力要素和土地要素配置市场化程度的变化。在现有户籍制度和土地制度约束下，中国经济的完全市场一体化进程不可能实现。

---

① Fields G S., Dulism in the Labor Market: A Perspective on the Lewis Model after Half A Century, *The Manchester School*, 2004(6), pp. 724—735.

五、中国背景下刘易斯拐点的研究

(一)在中国运用刘易斯拐点的现实背景

运用刘易斯模型研究中国经济问题,不仅要注意数据的可得性以及数据与模型概念的相合性,而且要特别考虑中国的现实背景对模型逻辑过程的影响。

Lewis(1954)在构建刘易斯模型时,是以市场经济制度作为模型的理论前提和现实基础的,传统部门过剩劳动力要素被资本部门吸收的过程,就是劳动力要素市场配置机制一体化的过程。在刘易斯模型中假定了市场机制完善发挥作用,因而要素市场的一体化等同于经济结构的一体化。

就现实背景看,我国是计划体制国家,中国经济转轨初期的经济结构从资源配置方式的角度看也是一元化的,是由政府计划决定全社会的资源配置状况,几乎没有市场机制发挥作用。通过改革开放政策的实施,才推动了我国经济主体结构多元化,市场机制逐渐发挥作用。中国作为一个转轨经济国家,市场机制作用是人为培育的结果,而非自发形成的,其作用过程与刘易斯模型所默认的方式是不同的。在经济发展过程中的经济组织结构具有强烈的中国特色,最明显之处在于政府在资源配置上具有强大的影响力。另外,中国户籍制度和土地制度的特殊性,使得市场化导向下的劳动力要素和土地要素的配置也表现出了中国经济的特殊性。

因而在刘易斯拐点确认上需要关注这些现实背景差异对研究结论的影响。仅用工资变化或劳动力的边际产品变化等一般的市场规律来确认我国刘易斯拐点是否到来是存在较大风险的。

(二)关于中国刘易斯拐点的研究

刘易斯拐点的到来,一般意味着传统部门(农村)劳动力逐渐迁移进入资本部门(城市),劳动力在农村和城市通过市场机制完成了有效配置。但在中国,特有的户籍制度和土地制度成为了阻碍劳动力有效迁移很重要的力量(袁志刚，2010)①，极大地提高了劳动力要素重新配置的成本迁移，在刘易斯模型中表现为供给曲线向左大幅移动，导致现实中刘易斯拐点带来的经济效应会比理论模型所预计的更早出现，但一旦放松制度约束，使劳动供给曲线向右移动，刘易斯拐点效应也将随之后推。在考虑刘易斯拐点问题时，不能只关注劳动力工资水平与数量间的关系，而忽视制度约束对我国劳动力市场供给的巨大影响，忽视刘易斯拐点经济效应是通过愿意参与市场机制配置的劳动力资源实现的，而不是经济体内可利用的潜在劳动力资源导致的。

因此，在我国进行刘易斯拐点的研究，不能忽视制度约束对过剩劳动力的影响。如笔者(2010)所指出的，在真正刘易斯拐点到来之前，我国还存在一个劳动力迁移的制度拐点。在这个制度拐点上，由于劳动力市场中通过市场机制配置的劳动力资源数量相对资本需求来说变得稀缺，就会发生劳动力资源稀缺带来的各种新古典经济效应，所以就能观察到刘易斯拐点效应，而一旦我国劳动力市场的制度约束消除，刘易斯拐点效应又会消失。

基于我国经济环境与刘易斯模型现实背景差异的特点，在研究我国刘易斯拐点问题时，应该在劳动力数量标准和劳动力价格或生产率标准的基础上，进一步地说明具体的经济实现过程，考察劳动力市场特征，揭示相应的微观机制，由此才能得出令人信服的结论。而现有研究对此的关注还远远不够。

(三)中国刘易斯拐点研究的实践意义

在中国进行刘易斯拐点问题的研究，一方面可以避免和消除不可靠的关于刘易斯拐点到来的研究结论对政府政策产生的不利影响；另一方面可以帮助理解当前中国经济发展中所出现的重要宏观经济问题，为制定正确的经济发展政策提供坚实的理论基础。

1. 避免错误的研究结论对政策制度的有害影响

基于刘易斯拐点已经到来的研究结论，而提出的某些政策建议将不利于中国经济结构的优化和长期平稳增长，具体包括以下几个方面。

一是认为刘易斯拐点已经到来，东部劳动密集型产业应该通过地区转移减轻劳动成本压力，由此强调通过非市场的力量将劳动密集型产业由东部向

---

① 袁志刚：《三问"刘易斯拐点"》，《解放日报》2010 年 9 月 12 日。

中西部地区转移的意义，无视东部地区在产业集聚上已经达到的功效与水平，无视中国劳动力的丰富性以及差别性，将使得农业部门在还储存大量劳动力的情况下，难以提高剩余劳动力的转移有效性，固化劳动力转移结果。东部地区劳动密集型产业主要是面向国际市场的生产，其向中西部转移必然增加运输成本，同时也不利于其与国际市场间更好的联系，因而劳动密集型产业由东部向中西部的转移对于降低生产成本来说是很难有充分依据的。实际上，当前中国产业转移的当务之急不是让劳动密集型产业从东部向中西部的地区转移(即地理意义上的转移)，而是如何千方百计地加快第一产业的劳动力要素向第二产业和第三产业转移(即劳动力要素产业间的转移)，提高第二产业和第三产业的产值比重与就业比重，推动资本等先进生产要素以市场化途径进入第一产业，实现第一产业部门的现代化。

二是以刘易斯拐点到来的研究结论为逻辑起点，过早地提出淘汰劳动密集型产业的政策建议，试图通过所谓的产业升级来消化劳动力成本提高的压力，这样做是无视当前中国还存在大量非熟练劳动力的事实，将不可避免地加重中国的失业问题。产业升级的根本动力在于制度(政治、社会、经济、科技和教育制度)的变革，在于劳动力人力资本的提升，因而淘汰劳动密集型产业的观点完全忽视了经济结构转型的前提条件。

并且，刘易斯拐点的到来只是表明通过劳动力要素市场效率的提高来推动经济发展过程的阶段结束，经济发展需要寻求新的推动力，并不意味着由于刘易斯拐点的到来，就应放弃劳动密集型产业，而采取资本或技术密集型产业作为新的发展动力。一国的产业发展还是需要从自身要素禀赋出发，选择比较优势要素密集型产业作为经济支柱。不根据市场选择的原则，而通过政府行为强行推行劳动密集产业淘汰，忽视了中国扩大就业和劳动力进一步转移的必要性。

三是以刘易斯拐点到来的研究结论为依据，忽视或拖延户籍、土地制度改革，将使中国工业化进程难以深化，城市化缺乏集聚能力，最终导致工业发展和城市发展都缺乏国际竞争力，也将令农业无法建立起市场化配置劳动要素和土地要素的机制，失去实现现代化的机会。应该看到，当前中国经济发展的关键问题是工业化和城市化向纵深发展，农业部门通过劳动力的大规模转移，使城市资本和科技进入农业，让土地等生产要素获得重新优化配置。

四是以刘易斯拐点到来为论据，不恰当地提出小城镇化道路的政策建议，结果是城市化分散发展，不利于人口和生产要素的集聚，生产性服务业难以得到发展，既不利于产业的升级，也不利于培养强大的城市竞争能力。这样的观点完全忽视了我国当前发展的现实即城市化进程一直落后于工业化进程，小城镇化发展政策可能导致各地区产业同构，生产能力重复建设，对我国有限的土地资源是极大的浪费；必然会导致扁平化、离散型的城市结构，将更加高能耗，不利于第三产业的崛起，不利于人力资本升级等一系列问题。在中国城市化模式选择上，应选择大都市圈发展模式，通过户籍制度、土地制度、教育制度和社会保障制度等改革，推动农民市民化身份的转变，使农民工成为真正意义上的工人，吸引劳动力要素和土地要素等向城市集聚，实现城市产业集聚。

2. 刘易斯拐点对中国宏观经济政策的意义

通过对刘易斯拐点问题的科学界定，可以确定中国经济发展阶段，正确地看待中国经济发展中的问题，正确制定经济发展政策。

第一，刘易斯拐点确定对推动经济增长政策的意义。

如前所述，刘易斯拐点的到来最重要的意义是说明经济发展初期通过推动劳动力要素市场化进程来促进经济发展阶段的结束，经济发展需要寻求新的推动力。由于刘易斯拐点到来前后，经济发展的推动力发生变化，对于政府而言，在拐点前后的经济发展政策必然存在差异。若刘易斯拐点还未到来，那么政府政策重心仍应是改善劳动力要素市场运行效率，通过各类政策措施消除或减少劳动力要素转移和重新配置的成本，以实现资本的进一步积累以获得经济增长的动力；但当拐点到来之后，就意味着将难以通过要素市场效率的提高来获得经济进一步发展的推动力，此时需要采取新的政策以推动经济的进一步增长。

第二，刘易斯拐点确定对收入分配政策的意义。

在刘易斯拐点到来前后，市场决定的收入分配结构存在着不同，在刘易斯拐点到来之前，劳动力要素在收入分配上处于劣势；而在拐点到来之后，劳动力要素主要根据其边际产品获得报酬，因而政府的收入分配调节政策必然存在差异。如在拐点到来之前，政府提高劳动力要素价格市场化程度的政策，并不能减少收入分配差距，因而在改善收入分配差距过大问题上，政策重心应是实施必要的二次分配；但拐点到来之后，由于劳动力要素按边际产出来获取报酬，政策重心应是通过实施改善劳动力市场运行效率的措施来解决收入分配差距过大问题，当然二次分配政策在改善收入分配上也是必要的。因此，确定刘易斯拐点到来与否的研究，有助于我国政府在收入分配问题上采取更具有针对性的政策。

第三，刘易斯拐点确定对优化产业结构政策的意义。

刘易斯模型是二元经济结构分析模型，现代部门和传统部门在刘易斯拐点到来之前对经济发展的贡献是非对称的。在刘易斯拐点到来之前，传统部门的过剩劳动力转移推动了现代部门的快速扩张；在刘易斯拐点到来之后，传统部门的劳动力转移将导致该部门的生产能力下降，不利于经济的平衡发展。

因此，就保持我国经济部门间平衡发展的实践来说，若刘易斯拐点还未到来，推动农业部门过剩劳动力转移仍应是政策的重点；若刘易斯拐点到来，则意味着政策的重心应在于运用市场化手段引导产业间要素合理配置，不应在实践中强行推进偏重某些产业发展的政策，否则必将影响经济协调发展。

第四，刘易斯拐点确定对城镇化政策的意义。

工业化以及农村劳动力的结构转移是推动中国城市化的重要动力机制，当刘易斯制度性拐点来临之时，政府应采取措施放松户籍制度和土地制度等抑制劳动力转移的因素，推动农村劳动力继续向城市转移和城市化进程，促进第三产业快速发展，实现就业结构的顺利转变，使城市倾向于集聚生产，加强城市人口集聚功能，从制度层面改变城市化滞后于工业化发展的状态。

作者说明

"民工荒"和"民工涨薪"现象的出现，引发了我国是否到达刘易斯拐点的争论，使刘易斯模型和刘易斯拐点的研究成为国内研究的热点之一。本文在对刘易斯模型和刘易斯拐点评述的基础上，将中国刘易斯拐点相关研究文献分为两类，一类是直接从劳动力市场视角进行的研究，另一类是根据刘易斯模型推论，从经济变量变化特征来说明刘易斯拐点是否到来。文章认为上述争议除了数据方面的原因外，主要由于现有研究的逻辑推理本身存在一些问题，出现这些问题的原因部分来自刘易斯模型本身的逻辑问题，部分来自于国内学者对刘易斯模型的误解。为此，本文重新阐述了刘易斯模型的假设、部门分类以及刘易斯拐点的内涵，最后就我国刘易斯拐点问题的研究提出了一些建议。本文与余宇新、张平合作。

均衡与非均衡

第六篇

社会保障理论研究

中国养老保险体系选择的经济学分析

一、引 言

中国的养老保险制度起步于 20 世纪 50 年代初国家颁布的《劳动保险条例》和《国家工作人员退休条例》，其保障对象是城镇机关、事业单位和企业职工，主要特征是由国家规定基本统一的养老待遇，各类单位和企业支付养老费用，国有企业的经营由国家统负盈亏。这实际上是一种享受对象经限定的由国家统一管理并保证养老金发放的养老体系。该体系在传统体制下有其存在的合理性和可行性，但是到了 20 世纪 80 年代，随着企业改革的推进，企业成为独立的经济单位，养老包袱的轻重就影响到企业的盈利水平。养老基金向社会统筹方向发展势在必行。1991 年《国务院关于企业职工养老保险制度改革的决定》标志着我国养老保险实行社会统筹的开始，并在此后经历了一个扩大养老保险覆盖面和增加养老保险金来源的过程。改革前的养老保险体系实际上是一种被国际上定义为现收现付制(pay-as-you-go)的养老保险体系，即用当代就业人口的养老保险缴纳金维持已经退休人员的养老金给付。1995 年《国务院关于深化企业职工养老保险制度改革的通知》确定了基本养老实行社会统筹与个人账户相结合(简称"统账结合")的模式，强调建立多层次社会保障体系的必要性。1997 年《国务院关于建立统一的企业职工基本养老保险制度的规定》进一步明确了基本养老保险制度的统一模式。这是一种混合模式，它要求从传统的现收现付制向部分个人积累制过渡。但是，这种养老保险制度在 1997 年以后的实施过程中，出现了很多问题：第一，由现收现付制向部分积累制过渡的隐含债务由谁承担的问题没有解决；第二，中国地区经济发展不平衡，社会统筹后困难企业的养老金缴纳有问题，因此确保养老金的发放成了劳动保障部门的工作重点；第三，由于中国的人口包袱和人口老龄化过程不断加快，目前尚能维持现收现付制养老保险体系均衡的地区，在不远的将来也将面临养老基金收支不平衡的严峻挑战。因此，1997年确定养老体系的目标模式在现实中并没有被实施，现收现付制的养老保险体系继续运行至今。笔者认为，在中国养老保险体系的选择问题上，还有许多理论问题没有理清楚，例如，为什么要从现收现付制向部分积累制过渡？现收现付制和积累制的运行机制究竟如何？两大体系的养老金增长及其均衡运行的基础是什么？人口结构的变动通过什么样的机理影响养老保险基金的均衡？由现收现付制向部分积累制过渡的成本由谁来承担？不同的人承担这一转轨成本对宏观经济的长期运行将产生什么样的影响？如果上述问题都解决了，并且证明过渡是必需的，那么有没有一个过渡的时机选择问题以及过渡的前提条件准备问题？如此等等，都需要一一加以分析。本文将从宏观经济学动态运行的角度，结合中国的实际情况，对上述问题作一较为全面的经济学分析，进而提出关于我国养老保险体系选择的战略性思考。

二、养老保险体系理论分析的简单回顾

自20世纪50年代起，经济学家和社会学家对养老保险体系的兴趣渐浓，出现了一批关于养老保险理论的经典性文献。最近几年，由于欧美等国人口老龄化问题日趋严重，现收现付的养老保险面临支付危机，因此对养老保险问题的讨论非常活跃。从经济学角度来讲，对养老保险的思考主要集中在两个问题上：第一，强制性的公共养老体系存在的合理性；第二，现收现付制和完全积累制养老保险体系的比较，从现收现付制向积累制过渡是否必要以及这种过渡的可行性分析。[①]

强制性公共养老保险体系存在的理由主要有以下几点。第一，利他主义（altruism）和老年福利理论。因为每一个人（或每一代人）的福利还取决于其他人（或其他代人）的福利，有工作能力的年轻人不能漠视失去工作能力的老年

---

① Artus，P.，Legros，F.，Le Choix du Systeme de Retraite，*Economica*，1999(1)，pp. 37—56.

人的福利，给他们以金融支持是必要的。第二，强制性公共养老保险是一种
代际合同，我们给予上辈养老金支付，是因为将来我们老的时候，我们的后
辈给予我们同样的养老金支付。① 第三，在养老保险领域，存在信息非对称
以及信息非对称情况下的逆向选择，因此商业化的保险公司无法为养老进行
保险，政府的强制性公共养老可以纠正市场失灵，将养老风险在代内及代际
进行分散。② 另一方面，强制性公共养老体系还可以纠正家庭在行为选择上
的某种"近视"性，帮助家庭选择最优的消费路径。③

关于现收现付制和个人积累制养老保险体系的比较，经济学界大都借助
于萨缪尔逊引进的叠代模型④来分析和论证。在一定的假定前提下，萨缪尔
逊在一个储蓄型叠代模型中论证了现收现付制公共养老体系的运行机制，并
指出在一个纯粹储蓄型（即不存在生产和投资）经济中，养老基金的增长主要
取决于人口的增长。当人口按 n 速率增长时，每一代人实际上是按 n 比率向
上一代人的储蓄支付利息，因此在一个纯储蓄并通过现收现付的代际转移维
持养老保险的社会里，养老储蓄的利率等于人口增长率，此后艾伦⑤在叠代
模型中引进生产和投资，通过劳动生产率的增长这一因素来修正萨缪尔逊的
模型。在艾伦的叠代模型中，养老金的增长取决于两个因素：人口的增长率
和劳动生产率的增长率。20 世纪 70 年代以来，随着西方国家人口老龄化程度
的不断发展，现收现付制养老体系出现收支难以平衡的问题。经济学界有人
主张逐步放弃现收现付制，建立部分个人积累制，甚至完全的个人积累制

① Fleurbaey, M., Michel, Ph., Quelle Justice pour les Retraites? *Revue d'Economie Financiere*, 1992(23), pp. 47—64.

② Kotlikoff, L. J., Shoven, J. B., Spivak, A., The Effect of Annuity Insurance on Savings and Inequality, *Journal of Labor Economics*, 1986(3), pp. 183—207.

③ Diamond, P. A., A Framework for Social Security Analysis, *Journal of Public Economics*, 1977(3), pp. 275—298.

④ Samuelson, P. A., An Exact Consumption-loan Model of Interest with or without the Social Contrivance of Money, *Journal of Political Economy*, 1958(6), pp. 467—482.

⑤ Aaron, H. J., The Social Insurance Paradox, *Canadian Journal of Economics*, 1966(3), pp. 371—374.

(fully fuded)。以美国哈佛大学弗尔德斯坦①为代表的经济学家认为，现收现付制养老体系的存在会对私人储蓄带来负面的影响。弗尔德斯坦的计量研究结果表明，美国由于公共养老体系的存在，私人储蓄呈下降趋势。很显然，当一个经济的储蓄在现收现付制下不能达到某种最优状态时，引进个人积累制的养老体系将提高私人储蓄，提高经济的效率。但是所有证明公共养老体系具有挤出私人储蓄并使社会最优储蓄下降的模型都假定经济行为人不具有利他主义考虑，如果在模型中考虑经济行为人的利他主义因素，情况就不一样了。巴罗②构造了一个具有利他主义因素的生命周期模型，每一代人都通过他们自己的孩子与下一代人发生关系，这样一来，公共养老体系减少私人储蓄的结论就大大值得怀疑了。与此同时，很多经济学家展开了对完全积累制养老体系的储蓄效应的研究。实际上，从理论上来讲，两大体系对储蓄的影响的差异并不明显。但是，在人口老龄化趋势的压力下，世界上大多数奉行现收现付制养老体系的国家均面临财务困难，需要寻求一条可以避免清偿不足风险(insolvency risk)和实现养老体系长期均衡的改革道路。在这种背景之下，人们更多地愿意夸大一个经济从现收现付制向完全积累制过渡的好处。中国经济学界对这一问题的讨论，主要是围绕改革传统养老保险体制来展开的，因而更多的是从比较和借鉴市场经济国家的养老保险体制的角度进行讨论的。

在下面的分析中我们先给出一个基本的分析框架，分析现收现付制和完全积累制养老保险体系的运行机制，然后在此基础上讨论中国的养老保险体系的选择问题。

三、现收现付制和完全积累制的运行机制比较

为了有效讨论中国养老保险体系的选择问题，现收现付制和完全积累制

---

① Feldstein, M. , Social Security, Induced Retirement, and Aggregate Capital Accumulation, *Journal of Political Economy*, 1974(5), pp. 905—926.

② Barro, R. , Are Government Bonds Net Wealth? *Journal of Political Economy*, 1974(6), pp. 1095—1117.

养老体系下养老储蓄报酬率的确定是我们整个讨论中至关重要的问题。

（一）现收现付制

首先我们来考虑现收现付制下养老储蓄的报酬率确定问题。我们在这里引用类似萨缪尔逊的叠代模型，假定每一代人生活两个时期：工作期和养老期。我们考察在 $t-1$ 期工作的一代人，他们根据 τ_{t-1} 从工资中缴纳养老保险金，因此他们的养老金缴纳数额为 $\tau_{t-1}w_{t-1}$。到 t 期他们进入退休期，每一个人可以从政府养老体系中获取养老金，养老金的数额 p_t 由下式决定：

$$p_t=(1+X)\tau_{t-1}w_{t-1} \tag{1}$$

其中我们定义 x 为养老金储蓄额 $\tau_{t-1}w_{t-1}$ 的报酬率。根据现收现付制的特点，是用下一代人的养老金缴纳来维持上一代人养老金的给付，如果我们用 N_{t-1} 表示在 t 期进入退休期的老一代的人数，N_t 表示 t 期工作的一代的人数，那么我们就可以获得养老金缴纳与给付的均衡等式：

$$P_tN_{t-1}=N_t\tau_tw_t \tag{2}$$

假定养老金的缴纳比例始终不变，在我们的模型里 $\tau_{t-1}=\tau_t$，人口的增长率为 n，我们有：

$$\frac{N_t}{N_{t-1}}=1+n \tag{3}$$

同时，我们又假定两代人之间劳动生产率的增长为 λ，劳动生产率的增长完全体现在实际工资的增长上，因此我们就有：

$$\frac{w_t}{w_{t-1}}=1+\lambda \tag{4}$$

综合以上各式，我们可以获得：

$$P_t=(1+n)(1+\lambda)\tau w_{t-1} \tag{5}$$

$$P_t\approx(1+n+\lambda)\tau w_{t-1} \tag{5a}$$

因此，上述（1）式中的养老储蓄的报酬率 $x\approx n+\lambda$，即现收现付制下的养老储蓄的报酬率由一个经济中人口的增长率与劳动生产率之和来确定。

现收现付制养老体系下有几个重要的参数值得讨论。

第一个参数，老年人口和就业人口之间的比例被称为赡养率（DB_t）。

$$DB_t=\frac{N_{t-1}}{N_t}=\frac{1}{1+n} \tag{6}$$

老年人口越多，就业人口的赡养比率就越高，相反，就业人口增长越快，赡养比率越低。

第二个参数，养老金给付与工资的比率被称为替代率（RR_t）。

$$RR_t = \frac{p_t}{w_{t-1}} = \tau(1+n+\lambda) \tag{7}$$

替代率由养老金的缴纳比例、人口增长率和劳动生产率增长率等因素共同决定，反过来说，养老金的缴纳比例 τ 由下式决定：

$$\tau = \frac{RR_t}{1+n+\lambda} \tag{8}$$

(8)式表明，如果要维持养老金的替代率不变，当人口增长速度下降或劳动生产率增长下降时，养老金缴纳比例必须提高，即社会负担程度必须提高，这在经济全球化的情况下，往往会降低该经济的国际竞争力。

根据上面描述的现收现付制运行机制，该养老体系的主要特征有以下三点。第一，以收支的短期平衡为原则，因而该体系不会形成巨额的资本积累，这一方面可以避免通货膨胀带来的基金贬值风险，另一方面该体系也不存在为巨额资金寻找合理投资渠道的必要，最后也没有基金营运的压力和风险。第二，但是由于没有资金积累，该体系的长期均衡极易受到人口结构不利变动（如老龄化）带来的冲击，其结果不是养老水平的下降，就是就业人口负担的增加，在老龄化不断加剧的情况下，该体系面临着清偿风险，最终可能导致养老体系的破产。第三，由于政府是现收现付制养老体系的最后担保人，因而这种清偿风险有可能转化为政府是否继续履行养老承诺的政治风险。

（二）完全积累制

在完全积累制下，在 $t-1$ 期就业人口中的每一个人还是根据一定的比例，比如说还是根据与现收现付制同样的比例 τ 从工资中扣除养老金，所不同的只是他们不将养老金扣除数额 τw_{t-1} 交给一个公共养老管理机构，而是交给一个养老基金营运公司，投资于证券市场，当这一代就业人口在 t 期退休时，根据金融市场的资本报酬率即市场利率 r 获得养老金给付，因此 t 期的养老金由下式决定：

$$p_t = (1+r)\tau w_{t-1} \tag{9}$$

但是，在一个完全积累制的养老体系下，一个经济的长期的资本报酬率由什么来决定？这里我们完全可以借用索洛①的新古典经济增长模型来讨论问题。② 该模型假定一个产出由资本和劳动两种投入要素决定的生产函数，生产过程遵循规模报酬不变和要素的边际报酬递减的规律，在资本市场和劳动市场达到均衡状态时，两个要素的价格——利率和工资分别等于它们的边际生产率。从长期看，劳动力的增长为 n，即 $N_t = N_0(1+n)^t$，如果以每一期人均消费量最大作为长期经济效率最优的标准，索洛在其增长模型中推导出著名的经济增长的黄金定律：当一个经济的资本增长率等于人口增长率加上劳动生产率的增长率时，经济处于最优增长的路径，与此相应的利率即为长期动态的最优利率。现在我们来分析在完全积累制养老体系下的资本增长和利率确定问题。为了更好地理解问题，我们设想一个经济中的总储蓄可以被分为两部分。一部分是形成资本的储蓄，按照索洛模型的推导，这部分储蓄是由资本的利润转化而来的，即所谓"资本家积累起其资本所得，工人消费其工资所得"。这部分储蓄再 100% 地形成资本 K。第二部分储蓄是就业人口的养老储蓄，每一个人的养老储蓄为 τw_{t-1}，全社会的养老储蓄额为 $\tau w_{t-1} N_{t-1}$。在一种完全积累制的养老保险体系中，经过 n 代人之后，每一代人的养老储蓄同时作为另一代人的养老给付，第二部分养老储蓄与养老给付之间的关系将处于一种相当稳定的状态。当经济一旦处于索洛所描述的黄金增长路径时，我们就有：

$$\frac{K_t - K_{t-1}}{K_{t-1}} = r - \delta = n + \lambda \tag{10}$$

该经济中资本的增长必须保持这样的关系：资本的边际报酬率（即利率 r）减去资本折旧率之后等于人口的增长率加上劳动生产率的增长率。因此，在经济处于黄金增长路径之下时，也就是以每一期人均消费最大作为标准的经济最优增长时，资本市场所能获得的毛利率应该为：

$$r = n + \lambda + \delta \tag{11}$$

净利润应该为：

---

① Solow，R. M.，A Contribution to the Theory of Economic Growth，*Quarterly Journal of Economics*，1956(1)，pp. 65—94.

② 一个更为严密的论证请参见袁志刚和宋铮：《人口年龄结构、养老保险制度与最优储蓄率》，《经济研究》2000 年第 11 期，第 24—32 页。

$$r_{\text{net}} = n + \lambda \tag{12}$$

将(12)式中的净利率 r_{net} 代入(9)式，我们有：

$$p_t = (1 + n + \lambda)\tau W_{t-1} \tag{13}$$

我们发现(13)式同(5a)式是一模一样的。因此，养老保险体系无论是采用现收现付制，还是采用完全积累制，只要一个经济的最优储蓄率能够得到保证，养老金增长的物质基础是完全一样的，即养老金获得增长的物质源泉只能是下一代就业人口的增长和他们劳动生产率的提高。只有当现收现付制下的总储蓄出现不足时，即该经济的利率大于黄金增长的最优利率，这时通过完全积累制的引进可以提高国民储蓄，使利率增长恢复到与黄金增长相一致。因此，养老体系由现收现付制向完全积累制过渡，经济的效率就可以得到改进，养老体系的转轨就是一种帕累托效率改进的改革。在现实经济情况中，美国的居民储蓄被一致认为是不足的，这是美国经济学界主张养老体系应该降低现收现付制的比重、增大完全积累制比重的主要理由。除此之外，全世界许多国家，尤其是人口老龄化严重的西欧国家，讨论过渡的一个更为现实的背景是现收现付制养老体系所面临的清偿风险以及这些国家的政府在政治上的考虑，即如何让政府从现收现付制养老保险体系的最后承诺人角色中退出来，让市场机制在其中起更大的作用。中国 20 世纪 90 年代的养老保险体系改革就是在这样的国际背景下展开。因为，中国在其经济获得迅速的增长的同时，人口老龄化问题也日趋严重，尤其是在不远的将来，中国的独生子女政策将对人口年龄结构造成巨大影响，人口年龄结构的改变将严重威胁现收现付制的均衡运行。因此，中国在 1997 年将部分的现收现付制养老保险与个人账户制相结合(称为"统账结合")的模型作为养老保险制度改革的目标模式。在弄清楚上述两大养老保险体系的运行机制的基础上，就可以分析这种混合模式养老体系的运行机制。

四、中国混合养老保险体系的运行机制

1997 年我国确定的养老保险模式为"统账结合"的混合模式，该模式规定城镇企业和职工共同的养老金缴纳应占职工工资总额的 28%，其中的 11% 进入个人账户，用于在职职工养老金的积累；17% 进行代际转移，用于退休职工的养老金的统筹支付。根据设计,退休职工的养老金给付由两部分组成:社会统筹的部分和个人账户的积累部分。我们用 τ 表示社会统筹部分的养老金缴纳比例,μ 表示个人账户的缴纳比例,这样我们就可以获得下述两个式子:

$$\begin{cases} C_t + s_{t-1} = (1-\tau-\mu)w_{t-1} \\ C_t = s_{t-1}(1+r_t) = RR_t w_{t-1} + \mu w_{t-1}(1+r_t) \end{cases} \tag{14}$$

其中 r 为储蓄利率(等于资本市场的投资利率),RR_t 为 t 期社会统筹的养老金替代率,对于 $t-1$ 期的每一个就业人口来讲,他在 $t-1$ 期的消费和储蓄等于扣除社会统筹养老缴纳和个人账户养老缴纳之后的工资余额,在 t 期该就业者进入退休期后,他的消费将等于社会统筹的养老金给付 $RR_t w_{t-1}$,加上私人储蓄的回报 $[s_{t-1}(1+r_t)]$ 和个人账户积累资金的投资回报 $[\mu w_{t-1}(1+r_t)]$。对于整个社会来讲,强制性的公共养老部分的收支均衡还是由下式决定:

$$\tau w_t N_t = RR_t w_{t-1} N_{t-1} \tag{15}$$

在劳动生产率不变(进而实际工资不变)的情况下:

$$\tau = \frac{RR_t}{(1+n)} \tag{16}$$

在中国养老目标模式设计的设想中 RR_t 应为 20%,即今后社会统筹的养老金为社会平均工资的 20%,如果将来出现就业人口的比重大幅度下降时,为了维持社会统筹账户的均衡,要么是替代率 RR_t 不变,但社会统筹养老金缴纳比例 τ 大大提高;要么是社会统筹缴纳比例不变,但替代率大大下降。在混合模式中,养老金的收与支只占社会总体养老水平的一部分,因此该部分的变动可以由其他部分(如私人储蓄与个人账户)的变动来进行补偿。另外,这种体系的好处是政府可以逐步转换其养老保险的唯一承诺者的角色,降低政府的政治风险。但是,混合体系的个人账户和私人储蓄部分的养老保险能否实现以及其报酬率如何,关键在于金融市场的报酬率如何确定。在前面索洛式的封闭经济增长模型里,我们已经证明了,投资的报酬率取决于一个经济的就业人口的增长率以及劳动生产率的增长率,但是在一个开放经济中(随着中国进入 WTO,中国金融市场的开放是迟早的事情),前面所论证的关于投资回报率的决定机制就没有意义了,因为那时中国居民将可以持有国外金融资产，其投资报酬率可以与国内的就业人口增长率和劳动生产率的增长率相分离。如果在模型中我们再引进本国政府的债券，中国城镇居民的私人储蓄和个人账户投资可以采取三种存在形式：政府债券、国内金融资产和国外金融资产，这样我们就可以获得下式：

$$s_t + \mu w_t = b_t + f_t + (1+n)k_t \tag{17}$$

其中 s_t 是私人储蓄，b_t 是政府债券，f_t 是国外资本投资，$(1+n)k_t$ 是国内资本投资。因此在一个开放经济里，最优储蓄率的讨论就没有意义了。养老储蓄的规模与国内劳动人口的增长率也不再紧密相关。因此经济的全球化为养老体系从现收现付制转向完全积累制的转轨又提供了一个有力的支持。

但是，所有养老体系转轨的国家都必须面临一个转轨成本的消化问题。艾伦（Aaron）称现收现付制养老体系存在一种"社会保险悖论"，因为现收现付制度开始时的第一代退休者并未缴纳养老金，但是他们却获得养老金给付，他们是养老制度创新的纯受益者。在制度的连续过程中每一代人的福利的增加，均来自后续一代的收入转移。从精算平衡的角度来看，这一制度存在"社会保险悖论"，但是由于现收现付体制的连续的无限性而获得了存在的合理性。因此，只要现收现付制无限连续下去，是不会有问题的。前面提到由于人口年龄结构大变动而导致的清偿风险，实际上或者通过缴纳比例的提高，或者通过养老金替代率的下降，可以获得相当程度的调节。但是，一旦体制转轨，即从现收现付制到完全积累制，就会碰到转轨成本问题。中国的养老体系要从现收现付制过渡到"统账结合"的混合制，意味着目前就业人口养老金缴纳的一部分要建立他们的个人账户，这部分养老金不再作代际转移，这样自然会出现一块"缺口"，这块"缺口"就是转轨成本。由于现实情况远比我们这个叠代模型要复杂，因此转轨成本在我国实际上涉及两种人的养老金缴纳和养老金给付问题。第一种是已经退休的"老人"，由于他们以前没有"个人账户"，他们面临的是由谁支付他们未来的全额养老金，第二种是"中人"，他们尚未退休但是已经有相当年份在现收现付制下缴纳了养老金，如果他们今后根据混合制的目标模式从社会统筹部分领取一部分养老金和从个人账户积累基金中获取一部分养老金，那么他们过去年份中应该有的那部分个人账户如何"充实"？由此可见，在我国的养老保险体系转轨过程中，转轨成本由两部分构成：一部分是目前已经退休的老人应该获得的养老金总量减去将来从社会统筹中可以分配给这部分老人的养老金总额；另一部分是所有我们上述定义中的"中人"为充实他们以往年份中的个人账户所需要的金额，这两部分相加就可以获得中国养老体系转轨的成本。

五、中国养老保险体系转轨及其均衡运行的几点思考

前面我们比较了现收现付制和完全积累制养老保险体系的运行机制、现收现付制和部分完全积累制相结合的混合制以及由现收现付制向部分个人积累制过渡的成本问题。由此可见，中国的养老保险体系要从目前的现收现付制向混合制的目标模式过渡，有许多问题需要解决。

第一，转轨成本的消化。实际上，一方面由于我国目前现收现付制养老保险体系的收支均衡尚有问题；另一方面由于这一转轨成本由谁负担的问题尚未落实，1997年以来，尽管我们确定了"统账结合"的混合养老保险模式，但是个人账户还是"空账"。转轨的关键一是要对转轨成本进行精确计算；二是要明确转轨成本的分摊方案，比如可以通过国家减持国有资产和发行特别国债等方式筹措资金，通过一个相对较长的时间逐步消化转轨成本。当然，不同的分摊方案将对中国的宏观经济运行产生不同的影响，我们要努力使转轨成本的负面影响减小到最低的程度。

第二，养老保险体系转轨的时机问题。何时进行现收现付制体系向混合制体系的转轨，关键要看中国当时的宏观经济运行处于何种状态。是国民储蓄不足还是储蓄过度？如果是前者，引进个人账户可以提高国民储蓄，这也是投资的报酬率得到保证的前提条件；如果是后者，引进个人账户可能导致进一步的过度储蓄，投资的报酬率难以得到保证。笔者认为就目前中国宏观经济运行状态来看，我们是处于宏观经济的有效需求不足的时期，城镇居民的消费倾向不高，投资不足，在这样的宏观背景下，如果加速养老体系的转轨，将对宏观经济带来负面影响。因此，即使养老体系的转轨从长期来讲是合理的，目前从时机上来讲不一定是恰当的。

第三，养老金维持长期收支均衡的物质基础。如果从一个封闭的角度考察一个经济的长期运行，无论是现收现付制，还是完全积累制，或者是现收现付和部分积累相结合的混合制，养老金的增长主要来自年轻一代人口的增

长和劳动生产率的提高。中国由于独生子女政策的实施，未来的人口年龄结构将有一个重大的变动，人口老龄化将比其他国家更为严重，因此指望以将来就业人口的增长来维持养老金水平是不现实的，唯一的希望就是下一代劳动生产率的提高。在知识经济不断发展的今天，物质资本投资的折旧率很高，相反人力资本投资的报酬率却较高，因此如何发展中国的教育产业，增加独生子女辈的人力资本投资是中国将来的养老保险体系能够均衡运行的一个重要物质基础。

第四，个人养老基金安全和有效运行的前提条件。个人账户的养老基金能否在长期内保值增值并保证营运安全，关键是需要具备良好的养老基金营运公司和安全可靠的金融市场以及严密的法律监管体系。与现收现付制相比较，完全积累制养老保险体系的长期营运风险很高，比如通货膨胀风险、经济周期风险和资本市场的泡沫风险，等等。很显然，我们目前还不具备实行养老金保值增值和安全营运所需要的条件，如何加速培育这些条件在当前是十分紧迫的任务。

第五，开放的资本市场对人口年龄结构面临不利变动的中国养老基金的营运十分重要。从开放经济的角度看，如果我们已经建立了一个高度开放的资本市场，那么中国的养老储蓄就可以避开国内最优储蓄的讨论，通过国际资本市场的保值增值来维持较高的报酬率。日本自 20 世纪七八十年代以来，由于老龄化问题比其他国家严重，个人储蓄的养老金就是通过投向国外资本市场尤其是购买大量的美国政府债券来提高其收益率的。

第六，在现收现付的养老保险体系内部，我们也可以找到在一段时期内均衡运行的调节手段，如养老金缴纳比例的上升，养老金替代率的下降以及退休年龄的推迟，等等。这几方面的手段在一个经济面临人口老龄化和现收现付养老体系出现收支失衡时都可以使用。如果我们考虑中国经济目前是典型的二元经济，目前养老保险的覆盖面只涉及城镇职工，只是全国人口中的一小部分，未来 10—20 年正好是二元经济不断一元化发展（工业化和城镇化）的时期，我们完全可能找到一条独特的维持养老保险基金均衡运行的出路，即通过青年农民不断流向城市和农村地区不断城市化的方式，扩大城市年轻劳动力的人数，降低城镇养老体系的赡养率。与此同时，推进农村养老保险，由于农村养老水平可以相当程度地低于城市水平，因此可以使全国养老保险体系在一段相当长的时期内维持均衡。

作者说明

人类的养老保险制度已经走过了 100 多年的历史，其基本模式为现收现付制和基金制以及两者的结合——混合制，究竟哪种模式为最优呢？本文通过严密的理论推导得出：养老保险体系无论是采用现收现付制，还是采用完全积累制，只要一个经济的最优储蓄率能够得到保证，养老金增长的物质基础是完全一样的，即养老金获得增长的物质源泉只能是下一代就业人口的增长和他们劳动生产率的提高。因此，只要储蓄率是一样的，影响中国养老体系健康运行的关键是人口年龄结构的变动和未来劳动力素质的提高。论文写作的当时，国内养老保险的理论界和实际部门都主张中国应该快速从现收现付制转向基金制（即个人账户制）。但本人认为在一个居民储蓄过度的宏观经济条件下，由现收现付向基金制转变并不是一种最优选择。同时，由于中国现有的现收现付制都难以维持养老金账户的平衡，养老保险制度转轨所涉及的成本也是无法消化的。另外，由于资本市场的不完善，规范基金公司的缺乏，个人账户做实之后的投资安全也是一个大问题。从 2000 年起我们这个团队就开始转向养老保险问题的研究，发表了一系列文章，观点鲜明，成为这个领域的少数派。本文实际上是一篇纲领性的东西，发表于《经济研究》2001年第 5 期。后面的一些文章都是围绕这个中心思想来展开的。

人口年龄结构、养老保险制度与最优储蓄率

一、引 言

在计划经济体制下，中国城镇居民具有很高的消费倾向。但是，自从20世纪80年代后期以来，城镇居民的平均消费倾向出现了较大幅度的下降。以消费倾向的大幅下降为主要标志，城镇居民的消费行为发生了一次显著的变异。我们把这次变异的主要原因归结为城镇居民生命周期内收入路径的变化、收入风险程度的增加和收入分配差距的扩大。但是，遵循以局部均衡模型为主的消费理论，收入只能被设定为外生变量，我们无法研究收入的内生变化对于城镇居民消费行为的影响，从而也就无法探讨至关重要的最优储蓄率问题。

中国从20多年前开始实施独生子女政策，由于该政策在城镇家庭得到了有效的实施，城镇人口老龄化现象已经初现端倪，养老问题也变得日益严峻起来。根据王东岩等人的估计①，2050年中国城镇退休人口占劳动人口的比重将达到52.1%（1995年为18.2%）。劳动力数量的下降会对劳动收入和利率产生影响，从而改变人们生命周期内的收入路径，并进一步影响他们的消费行为。因此，我们认为人口年龄结构的变化很可能是导致城镇居民消费行为发生变异的一个重要因素。此外，养老保险制度也是影响收入路径的重要因素。在完全基金式的养老保险制度中，养老金收入主要取决于基金数量和利率水平。而在现收现付式的养老保险制度中，养老金收入是由中青年人的数

---

① 王东岩、张鸿博等：《1996—2010中国劳动事业发展预测——劳动工资社会保险福利计划模型应用报告》，中国劳动出版社1995年版，第164页。

量、他们的劳动收入和代际转移比例等因素决定的。宏观经济学中的叠代模型可以很好地再现这两种养老保险制度的内在逻辑，本文的第二部分将对此作简单的介绍。在本文的第三部分中，我们构建了一个旨在反映目前中国城镇居民养老保险制度的两期叠代模型。我们发现，只要消费的跨期替代弹性小于1，模型中的个人最优储蓄率就将与未来劳动力数量负相关。为了检验人口年龄结构的变化对于中国城镇居民消费行为变异的重要性，我们在第四部分中还采用了数值模拟方法，结果验证了人口年龄结构的变化对于最优储蓄率的显著作用，从而为我们的解释提供了理论依据。

从更为深远的意义上讲，有关城镇居民消费行为的讨论实际上还涉及中国的个人最优储蓄率是否符合黄金律的问题。[①] 在人口不受控制的经济中，人口年龄结构如同雪松状，即中青年人口是总人口的主要组成部分。而在实行独生子女政策的经济中，人口年龄结构会演变成蘑菇状，即老年人口的比重逐渐上升并成为总人口的主要组成部分。无论养老保险制度采用何种形式，在后类经济中，提高未来的劳动生产率可以通过平滑消费路径来改善人们的福利水平。因此，中国城镇居民应当为子女（即未来的劳动力）装备更多的资本，这是中国经济增长所特有的黄金律的要求。很明显，中国的储蓄率要达到黄金律要求的最优水平必须具备以下两个条件：第一，中青年人口的储蓄率比较高；第二，储蓄能够有效地转化为投资。中国无疑具备第一个条件。[②]只要储蓄能够有效地转化为投资，单位劳动力的资本配置不断增长，中国经济就可以保持长久的增长，同时也不会出现短期总需求的不足。但是，由于可能受到诸多因素的制约，储蓄往往无法完全转化为资本，不仅长期增长得不到保证，短期波动也难以避免。本文的第五部分对上述情况进行了讨论。第六部分是全文的结论和一些扩展思考。

---

① 黄金律的概念是由费尔普斯（Phelps，1966a；1996b）提出的。黄金律通常是指平衡增长路径中消费最大化的条件。但是，在一个有限期界的模型中黄金律也可以指帕累托最优储蓄率，而这就是本文中的黄金律概念。

② 事实上，我们的研究表明，中国的高储蓄很可能就是人口年龄结构变动下个体的理性选择。

二、叠代模型与养老保险制度

由萨缪尔森[1]提出并经戴蒙德[2]扩展的叠代模型可以很好地再现各种养老保险制度的内在逻辑。在叠代模型中，行为人的生命被划分为青年期和老年期，第 t 期的青年人将在第 $t+1$ 期变为老年人。每期存在一代青年人和一代老年人，青年人可以从事生产而老年人只能进行消费。根据这些假设，第 t 期出生的行为人的效用函数可以被表示为：

$$U = u \mid c_t^1 \mid + \beta u \mid c_{t+1}^2 \mid, u' > 0, u'' < 0 \tag{1}$$

其中 U 表示效用；c_t^1 和 c_{t+1}^2 分别表示第 t 期的青年人和第 $t+1$ 期的老年人的消费，也就是同一个行为人在青年期和老年期的消费，β 表示主观贴现率，$\beta \in (0, 1)$；u' 和 u'' 分别表示效用对于消费的一阶导数和二阶导数。行为人面对的预算约束条件可以表示为：

$$c_t^1 + s_t = w_t \tag{2}$$

$$c_{t+1}^2 = (1 + r_{t+1}) s_t \tag{3}$$

其中 s_t，w_t 和 r_{t+1} 分别表示第 t 期的储蓄、资本和第 $t+1$ 期的利率。为了得到内生的收入变化，我们要引入企业来确定利率和工资。企业面对的生产函数可以表示为：

$$y_t = f(k_t, l_t), f_1 > 0, f_2 > 0, f_{11} < 0, f_{22} < 0 \tag{4}$$

其中 y_t，k_t 和 l_t 分别表示第 t 期的产出、资本投入和劳动投入；f_1 和 f_2 分别表示产出对于资本和劳动的一阶导数，f_{11} 和 f_{22} 分别表示产出对于资本和劳动的二阶导数。假设市场是完全竞争性的，利率和工资将分别取决于资本和劳动的边际生产率，即有 $r_t = f_1(k_t, l_t)$ 和 $w_t = f_2(k_t, l_t)$。为了简便起

---

[1] Samuelson, P. A., An Exact Consumption-Loan Model of Interest with or without the Social Contrivance of Money, *Journal of Political Economy*, 1958(66), pp. 467—482.

[2] Diamond, P., National Debt in a Neoclassical Growth Model, *American Economic Review*, 1965(55), pp. 1126—1150.

见，假设企业数量与第 t 期的青年人数量相等，资本使用一期以后完全折旧。① 由此可知，在均衡状态中，产品市场出清要求 $k_{t+i+1} = (n_{t+i}/n_t)s_{t+i}$，劳动力市场出清要求 $l_{t+i+1} = n_{t+i}/n_t$，其中 n_{t+i} 表示第 $t+i$ 期的青年人数量，也就是第 $t+i$ 期的劳动力数量，i 是一个整数。这样，(2)式和(3)式可以被改写为：

$$c_t^1 + s_t = f_2[(n_{t-1}/n_t)s_{t-1}, 1] \tag{5}$$

$$c_{t+1}^2 = f_2(s_t, n_{t+1}/n_t)s_t \tag{6}$$

由于 s_{t-1} 是前定变量，n_t 和 n_{t+1} 是外生变量，在(5)式和(6)式的约束下求解(1)式的最大值就可以确定行为人的最优消费和最优储蓄。

下面我们把养老保险制度引入叠代模型。在完全基金式的养老保险制度中，政府向第 t 期的年轻人征收数量为 d_t 的税金，用于投资以后向第 $t+1$ 期的老年人支付数量为 $(1+r_{t+1})d_t$ 的养老金。根据前面的有关假设，如(5)式和(6)式所示的预算约束条件应改写为：

$$c_t^1 + s_t + d_t = f_2[(n_{t-1}/n_t)s_{t-1}, 1] \tag{7}$$

$$c_{t+1}^2 = f_1(s_t, n_{t+1}/n_t)(s_t + d_t) \tag{8}$$

从(8)式中可以看出，未来劳动力数量的变化可以通过利率改变养老金的收益从而影响最优储蓄。由于 d_t 与 s_t 的作用完全相同，我们可以把 d_t 看作储蓄的一部分。只要 d_t 小于没有养老保险制度之前的最优储蓄规模，就容易证明完全基金式的养老保险制度对最优消费和最优储蓄没有影响。在现收现付式的养老保险制度中，政府向第 t 期的年轻人征收数量为 d_t 的税金，用于支付第 t 期的老年人的养老金。这时，行为人在青年期面对的预算约束条件依然由(7)式决定，但(8)式应改写为：

$$c_{t+1}^2 = f_1(s_t, n_{t+1}/n_t)s_t + (n_{t+1}/n_t)d_t \tag{9}$$

从(9)式中可以看出，未来劳动力数量的变化可以通过改变代际转移总额来影响最优储蓄。在叠代模型中，实行现收现付式的养老保险制度一般会降低最低储蓄规模，即具有挤出效应。然而，经验研究的结果却是含糊不清的。

---

① 由于行为人只能生存两期，每期的时间跨度可以被假设为 30 年，每年的资本折旧率为 13.3% (Aschauer, 1989) 的情况下，数量为 100 的资本经过 30 年的折旧仅剩 1.59。因此，假设资本一期完全折旧是可信的。

虽然芒耐尔①、费尔德斯坦②、科特里科夫③与贝恩海姆和列文④等人有力地证实了挤出效应的存在，但还有不少经济学家提出了相反的证据。不过，我们并不需要过多地比较不同的养老保险制度对于最优储蓄率的影响，因为我们关心的问题是人口年龄结构的变化如何通过现有的养老保险制度来影响中国城镇居民的消费行为。因此，我们首先需要构建一个可以反映目前中国养老保险制度的模型。

三、中国 20 世纪 90 年代的养老保险制度与一个简单的两期叠代模型

　　根据国务院于 1997 年颁布的《关于建立统一的企业职工基本养老保险制度的决定》，个人账户和社会统筹是中国城镇居民养老保险的两种筹资方式。因此，中国目前的养老保险制度是一种完全基金式与现收现付式相结合的混合模式⑤。具体来说，企业和职工的缴费应占工资总额的 28％，其中 11％进入个人账户，用于在职职工养老金的积累，17％进行代际转移，用于支付退休职工的养老金。需要指出的是，计划经济体制下的职工没有养老金积累是促使中国进行代际转移的主要原因。

　　根据上述情况，我们可以用一个简单的两期叠代模型来反映目前中国的养老保险制度。我们用第 1 期的青年人和老年人分别代表在职职工和退休职工。假设第 1 期的青年人既要缴纳数量为 d 的税金，用于第 1 期老年人的养

　　① Munnell, A. H., *The Effect of Social Security on Personal Savings*, Ballinger, 1974, pp. 104—113.

　　② Feldstein, M. S., Social Security, Induced Retirement, and Aggregate Capital Accumulation, *Journal of Political Economy*, 1974(82), pp. 905—926.

　　③ Kotlikoff, L. J., Testing the Theory of Social Security and Life Cycle Accumulation, *American Economic Review*, 1979(69), pp. 396—410.

　　④ Bernheim, D. B., Levin, L., Social Security and Personal Saving: An Analysis of Expectation, *American Economic Review*, 1989(79), pp. 97—102.

　　⑤ ［美］马丁·费尔德斯坦：《中国的社会养老保障制度改革》，《经济社会体制比较》1999 年第 2 期，第 52—58 页。陈佳贵、张金昌：《现行部分积累筹资模式的可行性分析》，《经济研究资料》1999 年第 2 期，第 37—49 页。

老，同时又要积累自己的养老金，因为他们年老以后将不能得到第 2 期青年人的转移支付。[①] 把第 1 期青年人的数量正规化为 1，并用 n 表示第 2 期青年人的数量。根据前面的有关假设，第 1 期青年人的消费行为将由如下最优规划决定：

$$\max u(c_1^1) + \beta u(c_2^2)$$
$$\text{s. t. } c_1^1 + s + d = f_2(k, l)$$
$$c_2^2 = f_1(s, n)s \tag{10}$$

其中 s 和 k 分别表示第 1 期青年人的储蓄和资本。由于完全基金式的养老金与储蓄具有等价性，第 1 期青年人的养老金积累被看做储蓄的部分。为了简便起见，我们再假设资本的产出弹性为常数 α，即有 $f_1(k_t, l_t)k_t/y_t = \alpha$。这样，(10)式中的第 2 个预算约束条件可以改写为：

$$c_2^2 = \alpha f(s, n) \tag{11}$$

(11)式表明第 1 期的青年人在第 2 期的消费等于第 2 期产出的一个固定比例。如果政府根据这一比例 α 对第 2 期的产出征税并对第 2 期的老年人进行转移支付，我们也可以把完全基金式的养老保险制度理解为某种现收现付式的养老保险制度。求解上述最优规划可以得到如下所示的一阶条件：

$$\frac{u'(c_1^1)}{u'(c_2^2)} = \alpha \beta f_1(s, n) \tag{12}$$

(12)式表明青年期和老年期的消费边际替代率应当等于资本产出弹性、主观贴现率与资本边际生产率的乘积。[②] 利用(10)式、(11)式和(12)式中的第 1 个预算约束条件，我们可以求出第 1 期青年人的最优储蓄。与一般的消费理论不同，这里的最优储蓄是一个一般均衡解，这就为考察人口年龄结构变化对于最优储蓄的影响提供了必要的研究基础。

---

① 未来中国退休职工的养老金很可能仍然依靠个人账户和社会统筹这两种方式筹集。但是，由于个人账户已经建立，代际转移的重要性必然显著下降。因此为了简便起见，我们假设第 1 期青年人的养老金是完全基金式的。事实上如果资本的产出弹性为常数，我们将会看到完全基金式的养老保险制度等价于某种现收现付式的养老保险制度。

② 通过对效用函数和生产函数添加一些辅助条件可以排除最优储蓄的边角解。

四、人口年龄结构与最优储蓄率

我们已经知道，无论养老保险制度采取何种形式，人口年龄结构的变化都对最优储蓄产生影响。由于 $f_{12}(s, n) = \alpha f_2(s, n)/s > 0$，从（12）式中可以看出，第 2 期青年人的数量（即未来劳动数量）的变化将影响第 1 期青年人的最优储蓄。因此，独生子女政策导致的人口年龄结构的变化很可能是影响中国城镇居民消费行为的重要因素。对（12）式进行比较静态分析，我们可以得到如下命题。

命题 1：当消费的跨期替代弹性小于（大于）1 时，最优储蓄与第 2 期青年人的数量负（正）相关；当消费的跨期替代弹性等于 1 时，最优储蓄与第 2 期青年人的数量无关。

证明：根据（12）式可知：

$$\text{sgn} \left| \frac{\mathrm{d}s}{\mathrm{d}n} \right| = \text{sgn} \left| 1 + \frac{\alpha f_1(s,n) f_2(s,n)}{f_{12}(s,n)} \left| \frac{u''}{u'} \frac{|c_2^2|}{|c_2^2|} \right| \right| \tag{13}$$

其中 sgn 表示符号函数。令 $\sigma = -u'(c)/u''(c)c$，表示消费的跨期替代弹性（或相对风险规避系数的倒数），由于 $\alpha f_1(s, n) f_2(s, n)/f_{12}(s, n) = c_2^2$，（13）式可以被改写为：

$$\text{sgn} \left| \frac{\mathrm{d}s}{\mathrm{d}n} \right| = \text{sgn} \left| 1 - \frac{1}{\sigma} \right| \tag{14}$$

根据（14）式可以直接得到命题 1。

命题 1 背后的机理是，第 2 期青年人数量 n 的变化对于第 1 期的青年人而言既有替代效应也有收入效应。当 n 下降时，替代效应要求第 1 期的青年人降低储蓄，而收入效应则要求第 1 期的青年人增加储蓄。当消费的跨期替代弹性比较小时，收入效应比较强，因为从（12）式中可以看出，未来收入的下降要求第 1 期的青年人增加更多的储蓄以确保消费路径的平滑。

为了更好地理解命题 1，我们用工资 w 和利率 r 分别代替（13）式中的 $f_1(s, n)$ 和 $f_2(s, n)$。这样，前面的均衡模型就被修改为局部均衡模型，由此可得如下所示的一阶条件：

$$\frac{u' \mid c_1^1 \mid}{u' \mid c_2^2 \mid} = \beta_r \tag{15}$$

(15)式是消费理论中常见的欧拉方程，它表明青年期和老年期的消费边际替代率应当等于主观贴现率与利率的乘积。对(15)式进行比较静态分析，我们可以得到如下命题。

命题2：当消费的跨期替代弹性小于(大于)1时，最优储蓄与利率负(正)相关；当消费的跨期替代弹性等于1时，最优储蓄与利率无关。

证明：根据(15)式可知：

$$\operatorname{sgn}\left(\frac{\mathrm{d}s}{\mathrm{d}r}\right) = \operatorname{sgn}\left(1 - \frac{1}{\sigma}\right) \tag{16}$$

根据(16)式可以直接得到命题2。

命题2是消费理论中的一个基本命题。[1] 在前面的两期模型中，由于 $f_{12}(s, n) > 0$，未来的劳动力数量 n 与资本的边际生产率(即利率)正相关。因此，人口年龄结构的变化导致了利率的变化，并进而影响了最优储蓄，命题1可以被理解为命题2在一般均衡模型中的一个推论。[2]

根据命题1可知，消费的跨期替代弹性 σ 是决定人口年龄结构与最优储蓄之相关性的关键。包括曼基[3]、汉森与辛勒顿[4]、霍尔[5]在内的许多经济学家都曾对 σ 作过估计，结果表明 σ 大致在1和10之间。根据这些估计结果和命题1，我们认为未来劳动力数量的下降很可能引起最优储蓄的上升，这就为中国城镇居民消费行为的变异提供了一个直观的解释。在独生子女政策的影响下，无论采取何种形式的养老保险制度，城镇居民将来的养老问题都不得

---

[1] 利用无限期界的拉姆齐模型也可以推导出命题2，参见布兰查德和费雪(Blanchard and Fischer, 1989)。

[2] 在命题1中，人口年龄结构的变化可以通过利率影响最优储蓄水平，两者的相关性取决于消费的跨期替代弹性。

[3] Mankiw, G. N., The Permanent Hypothesis and the Real Interest Rate, *Economics Letters*, 1981(7), pp. 307—311. Mankiw, G. N., Rotemberg, J., Summers, L., Intertemporal Substitution in Macroeconomics, *Quarterly Journal of Economics*, 1985(100), pp. 225—251.

[4] Hansen, L. P., Singleton, K. J., Stochastic Consumption, Risk Aversion, and the Temporal Behavior of Stock Market Returns, *Journal of Political Economy*, 1983(91), pp. 249—265.

[5] Hall, R. E., Intertemporal Substitution in Consumption, *Journal of Political Economy*, 1988(96), pp. 339—357.

不依靠数量较少的劳动力来解决，这就要求未来的劳动生产率$(y/1)$出现显著的提高。由于 $d(y/1)/dk>0$，增加储蓄可以通过增加资本积累来提高劳动生产率。因此，为了保证退休以后的消费水平，城镇居民的理性选择就是为子女(即未来的劳动力)装备更多的资本，用以提高他们的劳动生产率。

接下来的问题就是人口年龄结构的变化对于最优储蓄的影响究竟有多大，未来劳动力数量的下降究竟可以在多大程度上对中国城镇居民消费行为的变异做出解释。为了得到具体的数值结果，我们假设效用函数和生产函数分别为常见的常相对风险规避(CRRA)型和柯布－道格拉斯(CD)型：

$$u(c) = \frac{c^{1-\gamma}}{1-\gamma} \tag{17}$$

$$f(k,l) = \theta k^{\alpha} l^{1-\alpha} \tag{18}$$

其中 γ 是一个大于 0 的常数，$1-\gamma$ 等于消费的跨期替代弹性 σ；θ 是一个大于 0 的常数，反映生产技术水平；α 和 $1-\alpha$ 分别表示资本和劳动的产出弹性；$\alpha \in (0,1)$。由于(12)式是一个非线性方程，我们通常无法获得最优储蓄的解析解。因此，我们采取数值模拟方法对人口年龄结构变动的影响进行估计。我们首先用 $f(k,l)$ 代替(10)式中的 $f_2(k,l)$，即假设第 1 期青年人的收入等于当期的产出。然后，我们令 d 的取值满足 $c_1^1 = c_1^2 = [f(k,l)-s]/2$，即假设代际转移使得第 1 期老年人的消费水平与青年人相同。这样的假设既保证了产品市场的出清，又体现了养老保险制度的作用。如果每期的时间跨度为 30 年，每年的资本折旧率和资本产出比分别为 13.3% 和 $3:1$，每期的资本产出比应为 $0.4:1$。把产出 $f(k,l)$ 正规化为 1 以后，期初的资本 k 和技术水平 θ 应当分别等于 0.4 和 $0.4^{-\alpha}$。σ 和 α 是两个重要的参数。为了避免参数设置的随意性，根据参数的取值范围，我们将令 σ 和 α 分别等于 3、5、7 和 0.3、0.5、0.7。从理论上讲，实行独生子女政策以后，n 应当等于 0.5，但是考虑到现实世界中的种种复杂因素，我们还将考察 n 等于 0.75 的情况。最后，我们假设主观贴现率 $\beta = 0.9$。

表 1 给出了最优储蓄的估计值。由于第 1 期青年人的劳动收入被正规化为 1，表中的估计值也代表了第 1 期青年人的最优储蓄率。从表 1 中可以看出，如果第 2 期青年人数量下降 25%，最优储蓄率将大致上升 2 到 3 个百分点(至少也要上升 1.13 个百分点)。如果第 2 期青年人数量下降 50%，最优储蓄率将大致上升 5 到 8 个百分点(至少也要上升 2.81 个百分点)。由于 σ 和 α

的取值并不影响最优储蓄率上升的显著性，上述数值模拟结果充分说明，人口年龄结构的变动对于最优储蓄率的影响是相当大的，这就为我们的解释提供了理论依据。因此，我们认为独生子女政策的推行很可能是导致中国城镇居民消费行为发生变异的一个重要原因。

表 1　最优储蓄(率)的估计值　　　　　　　单位:%

n	$\sigma=3$			$\sigma=5$			$\sigma=7$		
	1	0.75	0.5	1	0.75	0.5	1	0.75	0.5
$\alpha=0.3$	23.34	27.23	33.13	28.67	34.30	42.48	31.50	37.92	46.97
$\alpha=0.5$	21.05	23.28	26.65	21.88	24.85	29.36	22.28	25.61	30.68
$\alpha=0.7$	20.53	21.66	23.34	19.74	21.12	23.19	19.39	20.88	23.72

注：假设 $\beta=0.9$ 和 $\theta=0.4^{-\alpha}$。

五、对于中国的个人最优储蓄率是否为黄金律的一些思考

在人口年龄结构逐渐向蘑菇状演变的经济中，提高未来的劳动生产率可以通过平滑消费路径来改善人们的福利水平。因此，中国经济增长所特有的黄金律要求中国城镇居民为子女(即未来的劳动力)装备更多的资本。我们已经知道，储蓄能否有效地转化为投资是决定储蓄率能否达到帕累托最优水平的重要因素。在一个瓦尔拉斯均衡体系中，市场出清意味着投资肯定等于储蓄。但是，现实世界中的情况并非总是如此，凯恩斯的《通论》就可以被视为针对瓦尔拉斯均衡体系的一次革命(Leijonhufvud，1967)。引入如下所示的投资函数和储蓄函数可以帮助我们理解储蓄无法有效地转化为投资的情况：

$$i=i(r)，\ i'<0 \qquad\qquad (19)①$$

---

① 凯恩斯(Keynes，1936)认为，投资主要取决于资本边际效率，而资本边际效率应当"等于贴现率，用此贴现率将该资本资产之未来收益折为现值，则该现值恰等于该资本资产之供给价格"。由此可见，资本边际效率实际上就是投资的内部收益率。只有当资本边际效率大于利率(即资本成本)时，厂商才选择投资。在厂商的预期资本收益给定的情况下，利率越高，选择投资的厂商数量和总投资越少，这就是我们假设投资函数如(19)式所示的原因。

$$s=s(r), \quad s'>0 \tag{20}①$$

其中 i 和 s 分别表示投资和储蓄，r 表示利率。在古典经济学中，资本市场可以通过利率的调节来实现出清。但是，如果利率取决于货币市场，并且可能存在"流动性陷阱"的话，根据(19)式和(20)式可知，我们没有理由认为资本市场可以即时出清。如果储蓄规模较大，而利率又不能调整到位，投资小于储蓄的情况就可能发生。在一个封闭经济中，如果储蓄不能完全转化为资本，资源将得不到有效的配置，这就是个人最优储蓄率偏离黄金律的表现。

中国城镇居民具有很高的储蓄倾向，这会不会导致资源的低效率配置呢？在目前正在进行的一项研究中，我们构建了两个模型。第一个模型的基础来源于斯蒂格利茨和韦斯[2]、伯南克和格特勒[3]、清泷伸弘和摩尔[4]。借助于这个模型，我们判断中国信贷市场存在的严重信息不对称问题很可能制约了投资需求（特别是中小企业的投资需求）。在投资需求受到约束的情况下，资本市场很可能出现超额供给，从而造成资源浪费。在第二个模型中，我们引入了政府参与投资以后可能导致重复建设的情况。如果重复建设规模与资金充裕程度正相关，增加储蓄就会产生负外部性，从而导致中国城镇居民之间出现合作失效[5]，导致个人最优储蓄率高于社会最优储蓄率。以上两个模型提供了一些可能使得中国的个人最优储蓄率偏离黄金律的因素。从更加直接的角度思考，由于目前城镇居民的消费需求比较疲软，市场缺乏投资热点，总需求不足已经成为制约中国经济增长的主要因素，资本市场因而很可能处于超额供给状态，即储蓄无法有效地转化为投资。由于人民币资本项目的不可兑换，比较国内投资和储蓄的规模可以为上述判断提供一些证据。贷款额和存款额是衡量国内投资和储蓄规

---

① 如果假设行为人依然依据(10)式确定储蓄水平，用 r 代替(10)式中的 $f_1(s, n)$，我们可以得到如(20)式所示的储蓄函数。

② Stiglitz, J., A. Weiss, Credit Rationing in Markets with Imperfect Information, *American Economic Review*, 1981(71), pp. 393—410.

③ Bernanke, B., M. Gertler, Agency Costs, Net Worth and Business Fluctuations, *American Economic Review*, 1989(79), pp. 14—31.

④ Kiyotaki, N., J. Moore, Credit Cycle, *Journal of Political Economy*, 1997(105), pp. 211—248.

⑤ Cooper, R. W., John, A., Coordinating Coordination Failure in Keynesian Models, *Quarterly Journal of Economics*, 1988(103), pp. 441—463.

模的理想指标。为此，我们在表2中给出了20世纪90年代中国金融机构历年的存款余额、贷款余额和存贷差额。从表2中可以看出，1994年以前，中国的贷款余额大于存款余额。但从1995年开始，随着存款余额的迅速上升，存贷差额变成了正数。截至1998年，中国的存贷差额已经高达9 000亿元，这是国内投资小于储蓄的有力证据。利率可以用以调节资本市场的需求和供给，中国人民银行近年来的连续降息就可以被认为是市场压力的结果。但是，或许是因为降息的幅度还不够大，或许是因为降息存在着一定的滞后效应，表2中的数据表明，利率调节并不能在第一时间解决资本市场供大于求的矛盾，这说明国内投资小于储蓄的状况至少不是一种可以忽略的短期现象。此外，在一个开放经济中，当国内投资小于储蓄时，行为人会选择对外投资。人民币资本项目虽然不可兑换，但大规模的资本外逃也从一个侧面反映了国内投资需求不足的事实。[1] 因此，综合以上情况，我们认为现有的证据充分表明，目前中国的储蓄并不能有效地转化为资本，个人最优储蓄率因而很可能是偏高的。

表2 中国全部金融机构的存贷情况　　　　　　单位：10亿元

年份	存款余额	贷款余额	存贷差额
1990	1 401	1 768	−367
1991	1 808	2 134	−326
1992	2 347	2 632	−285
1993	2 963	3 294	−331
1994	4 047	4 081	−34
1995	5 386	5 054	332
1996	6 857	6 115	742
1997	8 239	7 491	748
1998	9 570	8 652	918

注：数据来源于张新泽、王毅：《"存差"误解和贷款增长》，《经济研究》1999年第11期，第47—53页。

当个人最优储蓄率高于黄金律要求的水平时，降低储蓄率将成为一个帕

---

[1]　宋文兵：《中国的资本外逃问题研究：1987—1997》，《经济研究》1999年第5期，第39—48页。

累托改进。[1] 袁志刚和宋铮[2]曾经提出过一些旨在启动国内消费需求的建议。由于受到研究方法的限制，我们没有从养老保险的角度来思考如何降低中国城镇居民的储蓄率。我们已经知道，在未来劳动力数量减少的情况下，青年人会增加储蓄，用以弥补利率下降导致的养老金损失。因此，从养老保险的角度而言，提高养老金的收益率是降低个人最优储蓄率的根本途径。除了未来的劳动力数量以外，生产技术水平 θ 是决定利率的主要因素。在前面的模型中，我们假设 θ 保持不变。现在，我们假设第 2 期的技术水平 θ_2 比第 1 期的技术水平 θ_1 高出 10%。表 3 给出了技术进步下的个人最优储蓄率的估计值。比较表 1 和表 3 可知，10% 的技术进步至少可以把个人最优储蓄率降低1.3 个百分点。因此，通过加快技术进步的步伐可以间接地达到降低储蓄率的目的。

表 3　最优储蓄(率)的估计值　　　　　　单位:%

n	$\sigma=3$			$\sigma=5$			$\sigma=7$		
	1	0.75	0.5	1	0.75	0.5	1	0.75	0.5
$\alpha=0.3$	21.61	25.35	31.10	26.12	31.61	39.73	28.54	34.86	43.96
$\alpha=0.5$	19.64	21.78	25.03	20.03	22.86	27.20	20.22	23.38	28.35
$\alpha=0.7$	19.32	20.41	22.02	18.28	19.60	21.56	17.82	19.24	21.35

注：假设 $\beta=0.9$、$\theta_1=0.4^{-\alpha}$ 和 $\theta_2=1.1\theta_1$。

六、结论和一些扩展思考

我们利用一个两期的叠代模型考察了在一定的养老保险制度中，人口年龄结构的变动对于个人最优储蓄率的影响。通过模型的展示，对一阶条件的

---

[1]　首先，降低储蓄率可以减少资金的供给。其次，由于消费的增加往往具有带动投资的作用，储蓄率的下降也可以增加对于资金的需求。以上两点都有助于促进资本市场的出清，改善资源的配置效率。最后，通过增加消费、降低储蓄率还可以直接提高居民的福利水平。

[2]　袁志刚、宋铮：《城镇居民消费行为变异与我国经济增长》，《经济研究》1999 年第11 期，第20—28 页。

比较静态分析和数值模拟，我们得到了以下几个结论。

第一，无论养老保险制度采取何种形式，未来劳动力数量的下降必将通过利率或代际转移总额来影响第一代人退休以后的消费水平，并进而影响他们的最优储蓄率。这就引申出本文的主题：在一定的养老保险制度中，人口年龄结构的变动是如何影响人们的消费行为的。

第二，我们发现，只要消费跨期替代弹性处于经验研究的估计范围以内，个人最优储蓄率就将与未来劳动力数量负相关。数据模拟的结果表明，计划生育政策导致的人口年龄结构变化对于最优储蓄率的影响比较显著。这使得我们确信人口年龄结构的变化是造成中国城镇居民消费行为变异的重要原因。

第三，综合存贷差额、降息政策和资本外逃等证据，我们认为中国的储蓄不能有效地转化为投资，个人最优储蓄率因而很可能偏离了黄金律。这时，降低储蓄率将成为一个帕累托改进。数值模拟的结果表明，加快技术进步的步伐可以令储蓄率出现显著的下降。

技术进步通常被认为来源于人力资本投资和 R&D 的投入。[①] 因此，加大对于教育和 R&D 的投入不仅可以直接拉动投资需求，还可以通过技术进步来降低个人最优储蓄率，促进市场的出清，提高资源的利用效率，使中国的储蓄率向黄金律要求的水平趋近。如果我们把人力资本包括在资本的范畴之内，不难发现人口年龄结构的变化不仅要求中国城镇居民为子女装备更多的物质资本，而且要求他们为子女提供更多的教育机会。许多证据表明，中国城镇家庭对于独生子女的教育投资需求是比较旺盛的（这正是家庭理性的显现），只是因为一些制度因素抑制了教育投资的进一步扩张。[②] 只要改革教育投资机制，把对于教育的意愿投资转化为实际投资，未来劳动力素质的提高可以成为技术进步的重要源泉。中国 R&D 投入的前景也是非常广阔的。在知识经济时代，伴随着经济全球化的进程，发达国家和发展中国家的贸易条件正在发生着显著的变化。从积极意义上讲，发展中国家从事 R&D 可以直

---

① Romer, P. M., Endogenous Technologyical Change, *Journal of Political Economy*, 1990(98), pp. 71—102.

② 赵扬、宋铮：《对我国高等教育产业化的理论思考》，《教育发展研究》1999 年第 5 期，第 34—40 页。

接通过创新来获得垄断利润，而且还可以通过模仿和技术转移来缩小甚至消除与发达国家的收入差异。[①] 事实上，只要储蓄能够有效地转化为投资，单位劳动力的资本配置(包括物质资本和人力资本)不断增长，中国经济就不会出现短期总需求的不足，同时也可以保证经济的长久增长。

作者说明

在人口不受控制的经济中，人口年龄结构如同雪松状，即中青年人口是总人口的主要组成部分。而在实行独生子女政策的经济中，人口年龄结构将变成蘑菇状，即老年人口的比重逐渐上升并成为总人口的主要组成部分。由于计划生育的实施以及人口预期寿命的延长，中国的人口年龄结构正在迅速演变，这个过程将深刻影响中国的方方面面。本文与宋铮合作，发表于《经济研究》2000 年第 11 期。本文从居民储蓄率变化入手，设计了两期叠代模型来反映中国目前的养老保险制度与人口年龄结构变化情况，并进行了数值模拟。最后我们发现，在人口年龄结构变化的情况下，储蓄率自然是高的。现收现付制的养老保险筹资模式将能有效地降低居民最优储蓄率，改进中国经济的动态效率。另外，提高未来的劳动生产率可以通过平滑消费路径来改善人们的福利水平。因此，中国居民应当为子女(即未来的劳动力)装备更多的资本，这是中国经济增长所特有的黄金律的要求。

---

① Krugman, P. R., A Model of Innovation, Technology Transfer, and the World Distribution of Income, *Journal of Political Economy*, 1979(87), pp. 253—266.

由现收现付制向基金制转轨的经济学分析

在人口老龄化趋势的压力下，世界上绝大多数实行现收现付制的国家均面临着亟待解决的财务困难。许多国家都在寻找一条可以规避不足清偿风险和实现体制长期平衡的改革道路，这是每个进行养老保险体制改革的国家的共同目的。面对现收现付制养老保险体系的财务困难，经济学家提出了许多政策建议，包括：降低养老金发放水平，增加养老保险税，推迟退休年龄，通过移民或扩大养老保险覆盖面，保持养老保险体系的财政均衡以及由现收现付制向基金制转轨等。相较于其他改革方案而言，由现收现付制向基金制转轨是养老保险体系的"激进改革"。由现收现付制向基金制的转轨不仅会影响养老保险体系的财务平衡，而且对宏观经济的各个方面都会产生重要影响。与世界许多国家一样，我国从20世纪80年代开始实施的计划生育政策使我国的人口年龄结构逐渐演变为"蘑菇状"的老龄化人口年龄结构。因此我国也同样面临着人口老龄化带来的养老保险体系的财务平衡问题。对此我国提出了"三支柱"的改革方案，即在保留部分现收现付制的基础上，引入基金制养老保险计划和补充养老保险计划，所以讨论现收现付制向基金制的转轨不仅在理论上具有重要意义，而且对我国也有现实的借鉴意义。为什么要由现收现付制向基金制转轨？转轨将对宏观经济有什么影响？这是本文着重讨论的两个问题。

一、养老保险体系选择与黄金律

在前面《中国养老保险体系选择的经济学分析》一文中，我们已经证明：养老保险体系无论是采用现收现付制，还是采用完全积累制，只要在这两种养老体系下，一个经济的最优储蓄率能够得到保证，养老金增长的物质基础是完全一样的，即养老金获得增长的物质源泉只能是下一代就业人口的增长和他们的劳动生产率的提高。

那么由现收现付制向基金制转轨的理论根据又何在呢？关键在于储蓄率是否偏离黄金律的水平。以哈佛大学教授费尔德斯坦为代表的"转轨派"认为，如果一国的储蓄率水平低于黄金律水平，那么由现收现付制向基金制的转轨不仅能够解决养老保险体系面临的财务困难，而且会增加资本积累，加快经济增长，提高人民福利。为了清晰地阐述费尔德斯坦观点的理论逻辑，我们首先在一个简单的两期叠代模型中讨论现收现付制对经济福利的影响。实际经济中每期的青年人获得劳动收入 w_t，并储蓄 s_t。资本的边际收益率为 ρ，青年人在下一期退休后消费 $s_t(1+\rho)$。当 $t=0$ 时，引入由收入税平衡的现收现付制的养老保险体系，收入税的税率为 θ。当期征缴的养老保险税被用来支付当期老年人的养老金。假设人口的增长率为 n，人均工资的增长率为 g，那么下期的养老保险税为 $\theta w_0(1+n)(1+g)=\theta w_0(1+\gamma)$（$\gamma$ 为工资总额的增长率）。即期的老年人得到 $\theta w_0/(1+n)$ 的净转移支付，而即期的青年人每缴纳 1 元的养老保险税，在下一期退休时可以得到 $(1+\gamma)$ 的养老金。我们发现即期的老年人的福利由于净转移支付而上升，而以后各代的福利将如何变化呢？如果即期的雇员的人数等于该期的青年人人数（即没有失业）N_0，t 期的雇员人数为 $N_0(1+n)^t$，人均工资为 $w_0(1+g)^t$，那么 t 期的福利损失为 $(\rho-\gamma)N_0(1+n)^t\theta w_0(1+g)^t/(1+\rho)=(\rho-\gamma)N_0\theta w_0(1+\gamma)^t/(1+\rho)$。给定各代主观贴现率，即期以后各代的福利损失的现值是：

$$PVL=(\rho-\gamma)/(1+\rho)N_0w_0\sum[(1+\gamma)^t(1+\delta)^t]$$
$$=[(1+\delta)/(1+\rho)][(\rho-\gamma)/(\delta-\gamma)N_0\theta w_0] \tag{1}$$

在资本存量符合黄金律[①]的水平（即 $\rho=\gamma$）时，即期以后各代的福利损失为 0，即期的老年人得到净的转移支付，此时引入现收现付制的养老保险系统

[①] 黄金律的概念是由费尔普斯（Phelps，1966a；1966b）提出的。黄金律通常是指平衡增长路径中消费最大化的条件。但是，在一个有限期界的模型中，黄金律也可以指帕累托最优储蓄率，而这就是本文中的黄金律概念。

是帕累托改进；资本存量大于黄金律的水平，即经济处于动态无效率①(即 ρ < γ)时，以后各代的福利损失为负，即福利水平的上升，此时引入现收现付制的养老保险系统也是帕累托改进；资本存量小于黄金律水平(即 ρ > γ)时，以后各代的福利水平下降，在这时引入现收现付制的养老保险系统就不再是帕累托最优了。在叠代模型中，实行现收现付制的养老保险制度一般会降低最优储蓄规模，即具有挤出效应；而完全基金制对最优储蓄规模不会产生影响。② 当个人最优储蓄率低于黄金律的水平时，完全基金制比现收现付制更有利于刺激储蓄，从而加快经济增长，提高国民福利水平。总而言之，费尔德斯坦认为美国现收现付制的养老保险系统减少了经济中的储蓄，降低了资本存量，使得经济中的资本存量小于黄金律水平，减缓了经济增长。费尔德斯坦从这个逻辑起点出发，认为转轨将增加美国的国民储蓄，加快经济增长，从而带来国民福利的上升。

　　在接下来讨论中国养老保障改革问题的时候，首先必须对中国的储蓄率水平是否低于黄金律水平作出判断。笔者认为至少就现阶段而言，中国的储蓄率是高于黄金律水平的。我们知道，储蓄能否有效地转化为投资是决定储蓄率能否达到帕累托最优水平的重要因素。在一个瓦尔拉斯均衡体系中，市场出清意味着投资肯定等于储蓄。但是，现实世界中的情况并非总是如此，凯恩斯的《通论》就可以被视为针对瓦尔拉斯均衡体系的一次革命。引入如下所示的投资函数和储蓄函数可以帮助我们理解储蓄无法有效地转化为投资的情况：

$$i = i'(r), \quad i' < 0 \tag{2}$$

$$s = s'(r), \quad s' > 0 \tag{3}$$

　　其中 i 和 s 分别表示投资和储蓄，r 表示利率。在古典经济学中，资本市场可以通过利率的调节来实现出清。但是，如果利率取决于货币市场，并且可能存在"流动性陷阱"的话(凯恩斯宏观经济学)，根据(2)式和(3)式可知，

---

① 有关动态无效率的讨论参见 Aiyagari and Peled(1991)，manuelli (1990)，Abel et al. (1989)。

② 证明可以参见布兰查德和费雪(Blanchard and Fischer, 1989)。然而，从理论上来讲，遗产动机(Barro, 1974)、养老保险体系的诱致性退休作用(feldstein, 1974)等因素的存在使得现收现付制一定减少储蓄的结论大大值得怀疑。

我们没有理由认为资本市场可以即时出清。如果储蓄规模较大，而利率又不能调整到位，投资小于储蓄的情况就可能发生。在一个封闭经济中，如果储蓄不能完全转化为资本，资源将得不到有效的配置，这就是个人最优储蓄率偏离黄金律的表现。由于目前城镇居民的消费需求比较疲软，市场缺乏投资热点，总需求不足已经成为制约中国经济增长的主要因素，资本市场因而很可能处于超额供给状态，即储蓄无法有效地转化为投资。综合中国存贷差额居高不下、连续的降息政策难以抑制储蓄率的不断上升和资本外逃等现象，我们认为中国的储蓄不能有效地转化为投资，个人最优储蓄率因而很可能偏离了黄金律，这时，降低储蓄率将成为一个帕累托改进。因此我们认为在现阶段储蓄不能有效地转化为投资、资本市场处于超额供给的状况下，在部分现收现付制的基础上，引入基金制的养老保险体系在时机的选择上是不合适的。因为对于中国目前的经济而言，增加储蓄并不是最关键的，关键的是中国巨额的储蓄资金必须有一个坚实的投资基础。如果目前的金融积累不能转变为将来的生产力，那么高积累就是一种"金融假象"。一些亚洲国家的经验告诉我们，虽然高储蓄率在许多年内支持了国民经济的高速增长，但是现在看来大量的储蓄被错误地投入了很多价值很低的项目。

二、个人养老基金投资于资本市场的收益及风险

基金制下是否就有较高的收益率呢？支持转轨的经济学家认为：具有个人账户的基金制养老保险体系通过将养老保险贡献分散化投资于资本市场可以获得资本市场的预期收益率。而现收现付制下的收益率取决于人口的增长率和劳动生产率的增长率（也可以看作经济增长率）。那么当人口增长率下降时，现收现付制下养老金的收益率就将下降。费尔德斯坦根据瑞普对美国1927—1995年之间的非金融机构的企业税前收益率的实证研究，得出美国居民在基金制下如果将个人账户投资于资本市场，在免除利息税的前提下可以得到9％的预期收益率的结论。同时根据美国社会保障统计局预测，美国现收现付制的养老保险体系的长期预期收益率为1.1％。由于二者之间的收益率的巨大差异，费尔德斯坦认为美国的养老保险体系应由现收现付制向基金制转轨。但是金耐克普劳斯和米切尔认为考虑了转轨成本和个人账户的管理成本

之后，由现收现付制向基金制的转轨并不能保证养老基金取得资本市场的预期收益率。[①] 下面我们将简单地讨论转轨成本和管理成本怎样影响养老金的收益率。

首先何谓转轨成本呢？在现收现付制下老年人的养老金是以隐性债务的形式存在的，也就是政府通过向当代年轻人征税支付老年人的养老金，并承诺该期的年轻人年老后的养老金支付。但是当现收现付制向基金制转轨时，当代的年轻人将养老保险贡献转入个人账户，并投资于金融资产，那么该期的老年人的养老金债务就不再由当代年轻人的养老保险贡献支付了，所以政府必须通过税收或者发行债券的形式弥补这部分养老金债务。转轨成本也就是转轨所必须支付的隐性养老金债务。转轨成本的存在又是如何影响养老金的收益率的呢？下面一个简单的模型可以清楚地展示其内在的逻辑：在一个经济增长率为现收现付制下的养老金收益率的经济中，市场利率为 ρ，并且 $\rho > \gamma$，从时期 t 开始，该经济由现收现付制向基金制转轨。政府通过发行记名债券（recognition bond）的形式承担此时老年人的隐性养老金债务 T_0，年轻人将他们的养老保险贡献用于购买债券，获得 ρT_0 的收益。假如在转轨后各代并不偿还老年人的隐性养老金债务，也就是说代替隐性养老金债务的记名债券债务将以经济的增长率 γ 增长。[②] 每期政府可以增发 γT_0 的债券用来弥补前期债券的利息。在这种情况下是否以后各代实际的养老金收益率会上升呢？

表 1　转轨各代的支付和收益

时　期	$T=0$	$T=1$	$T=2$	$T=3$
现收现付制				
养老金收益（老年人）	$+T_0$	$+T_0(1+\gamma)$	$+T_0(1+\gamma)^2$	$+T_0(1+\gamma)^3$
养老金贡献（年轻人）	$-T_0$	$-T_0(1+\gamma)$	$-T_0(1+\gamma)^2$	$-T_0(1+\gamma)^3$
净收支	0	0	0	0
基金制				

---

① 经过税收的调整，税后收益率为 5.5%。
② 在稳态中政府债务将保持 GDP 的固定比例。

续表

时 期	T=0	T=1	T=2	T=3
养老金收益(老年人)	$+T_0$	$+T_0(1+\rho)$	$+T_0(1+\gamma)(1+\rho)$	$+T_0(1+\gamma)^2(1+\rho)$
养老金贡献(年轻人)	$-T_0$	$-T_0(1+\gamma)$	$-T_0(1+\gamma)^2$	$-T_0(1+\gamma)^3$
记名债券总额	$+T_0$	$+T_0(1+\gamma)$	$+T_0(1+\gamma)^2$	$+T_0(1+\gamma)^3$
增发债券	0	$+T_0\gamma$	$+T_0(1+\gamma)\gamma$	$+T_0(1+\gamma)^2\gamma$
记名债券利息	0	$-T_0(\rho-\gamma)$	$-T_0(\rho-\gamma)(1+\gamma)$	$-T_0(\rho-\gamma)(1+\gamma)^2$
净收支	0	0	0	0

由表1我们可以发现,虽然养老保险体系由现收现付制转向了基金制,个人获得了基金制下较高的收益率,但是面对新增债务的利息负担,政府必须增加税收以弥补这一开支,那么基金制下所取得的高收益率就被额外增加的税收所抵消。因此如果隐性的养老金债务并没有得到偿付,那么仅仅由现收现付制转向基金制就没有改变养老保险体系实质上的均衡。如果要获得基金制下较高的收益率,就必须在转轨的过程中逐渐消化转轨成本,而这必然会使处在转轨过程中的一代人的福利受到损失。当然在消化了转轨成本之后,以后各代人将获得较高的养老金收益率。因此如何分摊转轨的成本及面对其对宏观经济的影响将是以后需要研究的一个重要问题。

除了巨大的转轨成本影响基金制的收益率之外,基金制下的管理成本也是一个不容忽视的问题。米切尔通过对不同的养老保险体系的管理成本的比较研究得出了几个结论。对于现收现付制来说,管理成本的大小主要依赖于养老保险体系的规模,参加的人越多,规模效应越明显,成本越低。而个人账户下的基金制,其资产分别交给不同的资产管理公司管理,不能充分利用规模效应降低管理成本,因此管理成本较大。她通过对各国个人账户的实证研究发现,管理成本的高低直接决定于账户的结构。分散化管理的个人账户使得管理成本维持在一个较高的水平。例如营销市场费用(如广告等)、基金管理费用、个人资料管理费用、逆向选择所带来的费用等都使得个人账户的管理费用居高不下。在英国,个人账户的投资收益中的40%—50%被管理成本消耗了。智利的养老金投资管理公司花费大量的市场费用,如投入大量的广告以吸引投资者,从而使智利的养老金投资管理公司的管理费用居高不下,其管理费用相当于投资收益的三分之一左右。

以上我们讨论了两种养老保险模式的收益率，但是仅仅比较两者的收益率是不完全的，一个完整的分析还应该包括两者风险的比较。不同的风险因素将对不同的养老保险模式产生不同的影响。影响养老保险均衡的风险因素主要包括：人口风险、宏观经济波动风险、政治风险、资本市场波动风险、投资与管理风险。以上的风险因素有的会影响两种养老保险体系，但是有的仅会对某一种养老保险模式产生影响。下面我们逐一分析不同的风险因素。

第一，人口风险。现收现付制下人口的变动会影响养老保险的均衡。人口老龄化使得缴纳养老保险贡献的人数下降，同时养老保险受益的人数增加，使得养老保险体系要么调整养老金受益水平，要么增加养老保险贡献率。但是人口的变化是否会影响基金制养老保险体系呢？表面上看来似乎基金制养老保险体系并不受人口变化的影响，但是实际上人口结构的变化也会影响基金制的养老保险均衡。在基金制下，如果人口结构的变化对金融资产(比如资本市场的证券价格)也会产生影响，那么我们就没有理由认为基金制的养老保险体系不受人口变化的影响。在生命周期模型中，个人年轻时积累储蓄并投资于资本市场，在退休后卖出金融资产以供消费。当人口快速增长时，人口中年轻人的比例较大，因此对积累养老所需的金融资产的需求也较大，从而促使金融资产的价格上升；当人口增长速度变慢时，人口结构中老年人的比例上升，年轻人的比例降低，从而金融资产的供给上升，需求下降，导致其价格下降。波特巴通过对美国股市1926年以来股票价格和人口结构的实证分析，发现美国战后人口的急速增长对战后美国股票价格上涨有明显的推动作用。埃贝尔指出，当美国战后快速增长的一代人步入退休阶段，将使股票价格下降。① 因此人口风险会影响两种养老保险体系，只不过现收现付制对人口风险的反应更加明显、更加直接。

第二，宏观经济波动风险。主要指两类风险，产出波动风险和通货膨胀风险。产出波动风险会影响两种养老保险模式，对现收现付制而言，在养老保险贡献率一定的情况下产出的下降会降低征收的养老保险贡献；对基金制

---

① 由于遗产动机、寿命风险等因素，老年人并不会迅速将金融资产售出，而是逐渐售出，因此并不会有股票价格的迅速下跌。

来说，产出的下降会通过降低金融资产的价值来影响养老保险收益。通货膨胀风险（这里的通货膨胀指纯粹的货币现象）对于具有指数化调整的现收现付制养老保险体系而言，通货膨胀对养老金的均衡并没有什么影响，价格水平上升一倍，名义工资也上升一倍，则名义养老保险贡献也上升一倍，使得名义养老金也上升一倍，养老保险的实质均衡不变；在基金制下，情况就不同了。由于个人养老金来源于个人账户的投资，所以养老金的实际价值极易受到通货膨胀的影响。当然个人账户的储蓄可以投资于国际范围分散化的资产组合，以分散一般来说属于一国范围内的通货膨胀风险。

第三，政治风险。指的是当政府面对政治上的压力时，可以通过改变养老保险体系的规则从而改变养老保险均衡的风险。在现收现付制下，由于养老保险体系中的缴费率、替代率等重要的参数可能因为种种政治压力被政府改变，从而影响养老保险体系的均衡。而在个人账户式的基金制保险体系下，一般来说个人的养老金基于个人账户中的储蓄，并不受到政治风险的影响。

第四，资本市场波动风险。分散化投资于资本市场，从长期来看可以获得较高的收益率。但是资本市场波动很大，对于发展中国家来说，资本市场的短期波动更大。在股票市场有较高泡沫的时候，股票市场泡沫的破裂将会带来灾难性的后果，在这种情况下养老基金投资于股市会导致退休者和接近退休者的恐慌，丧失对养老保险体系的信心。相对于基金制而言，现收现付制的运行一般来说是独立于资本市场的运行的，因此并不受资本市场波动的影响。

第五，投资与管理风险。与现收现付制相比，基金制下养老保险贡献被征收以后，并没有立即被用来作为老年人的养老金，而是通过投资，经过若干年后才作为养老金发放。因此基金制的养老保险体系的平稳运行需要发育良好的资本市场、有效率的资产管理公司和有效的政策监管体系。对于个人投资者而言，他们往往缺乏专业化投资的知识和技能。个人投资知识的缺乏使得基金制养老保险体系的平稳运行非常依赖于一个透明的、有效的资本市场，高素质的投资管理公司，合格的专业投资管理人才，有效的政策监管体系尤其是保护中小投资者的政策监管等。否则，基金制下的投资收益将面临巨大的不确定性。

三、结论和一些扩展思考

以上我们比较了现收现付制和个人积累制养老保险体系的运行机制，探讨了黄金律与养老保险体系的选择之间的关系，并比较了两种体制下养老金的收益率和风险。从中我们可以发现，中国的养老保险体系要从目前的现收现付制向混合制的目标模式过渡，有许多棘手的问题需要解决。

第一，养老金维持长期收支均衡的物质基础。从封闭经济的角度考察一个经济的长期运行，无论实行何种养老保险体系，养老金增长的主要源泉来自年轻一代人口的增长和劳动生产率的提高。中国由于独生子女政策的实施，未来人口年龄结构急剧向老龄化人口结构演变，因此寄希望于以将来就业人口的增长来维持养老金水平是不现实的，只能寄希望于下一代劳动生产率的提高。因而人口年龄结构的变化就要求中国城镇居民为子女装备更多的物质资本，如果我们把人力资本也包括在资本的范畴内，这就意味着他们应为子女提供更多的教育机会。但是海克曼（Heckman，2002）指出我国的人力资本投资远远滞后于物质资本的投资，我国每年在物质资本和人力资本上的投资额分别占 GDP 的 30％和 2.5％，而美国则分别是 17％和 5.4％。虽然许多证据表明，中国城镇家庭对于独生子女的教育投资需求是比较旺盛的（这正是家庭理性的显现），但是因为一些制度因素抑制了教育投资的进一步扩张。只要改革教育投资机制，把对于教育的意愿投资转化为实际投资，未来劳动力素质的提高可以成为劳动生产率提高的重要源泉。

第二，转轨成本的消化问题。实际上，一方面由于我国目前的现收现付制养老保险体系的收支均衡尚有问题，另一方面由于这一转轨成本由谁负担的问题尚未落实，1997 年以来，尽管我们确定了"统账结合"的混合养老保险模式，但是目前的个人账户还是"空账"。什么时候完全转轨，其关键一是要对转轨成本进行精确计算；二是要明确转轨成本的分摊方案，比如可以通过国家减持国有资产和发行特别国债等方式筹集资金，通过一个相对较长的时间逐步消化转轨成本。当然，不同的分摊方案将对中国的宏观经济运行产生不同的影响，我们要努力使转轨成本分摊对宏观经济长期增长的负面影响减少到最低程度。

第三，养老保险体系转轨的时机问题。何时进行现收现付制体系向混合体系的转轨，关键要看中国当时的宏观经济运行处于何种状态。是国民储蓄不足还是储蓄过度？如果是前者，引进个人账户可以提高国民储蓄，这也是投资的报酬率得到保证的前提条件；如果是后者，引进个人账户可能导致进一步的过度储蓄，投资的报酬率难以得到保证。笔者认为就目前中国宏观经济运行状态来判断，我们是处于宏观经济的有效需求不足的时期，城镇居民的消费倾向不高，投资不足，在这样的宏观背景下，如果我们加速养老体系的转轨，将对宏观经济带来较大负面影响。因此，即使养老体系的转轨从长期来讲是合理的，目前从时机上来讲也不一定是恰当的。

第四，个人养老基金安全和有效运行的前提条件。个人账户的养老基金能否在长期内保值增值并保证营运安全，关键是我们的经济中需要具备良好的养老基金营运公司和安全可靠的金融市场以及严密的法律监管体系。与现收现付制相比较，个人积累制养老保险体系的长期营运风险是很高的，如何降低基金制下养老保险基金的投资风险是非常关键的。例如智利在转轨的过程中，政府就建立了投资风险评估机构以衡量养老金基金的投资风险，这对智利的转轨起了重要作用。很显然，我们目前还不具备养老基金保值增值和安全营运所需要的条件，如何加速培育这些条件在当前是十分紧迫的任务。

作者说明

本文与葛劲峰合作，发表于 2003 年第 4 期《复旦学报》。当时，由于人口老龄化，我国的养老金平衡问题已经成为社会养老保险中急需解决的最重大问题，为此，有关养老金账户平衡的计算、在不同的养老模式下养老金账户的动态演变趋势、账户缺口的解决方案等讨论层出不穷。我们对此有一个看法：在人口年龄结构给定的情况下，解决养老金收支问题的根本方法就是尽快提高未来劳动力的劳动生产率，其他只有通过改变退休年龄、各种养老金交纳和给付的参数的办法，在蛋糕的划分上做文章。至于究竟是现收现付制较优还是基金制较优，关键还是要看该国宏观经济的运行状态，即国民储蓄率是过高还是过低。另外，养老保险体系的转轨涉及一笔很高的转轨成本和基金的运营成本和风险成本，根据中国经济当时的情况，转轨并不现实，即使从长期考虑应该转轨，现在也不是转轨的最佳时机。

基于经济动态效率考察的养老保险
筹资模式研究

一、引　言

20世纪80年代以来，伴随着西方发达国家迅速的老龄化趋势，现收现付制养老保险模式难以为继，世界各国兴起了一股以基金制取代现收现付制的改革浪潮。基金制有利于储蓄与经济增长并最终有利于社会整体福利水平的提高。这一由新古典经济学分析方法得出的结论是支撑这一改革的理论依据。由于生活水平的提高导致人均期望寿命的延长和自20世纪70年代初开始全面推行计划生育政策，使得出生人口过快增长的势头得到有效遏制，中国已从20世纪90年代后期开始步入老龄化行列，养老问题也变得日益严峻。① 基金制与现收现付制相比，究竟哪一种制度更有利于经济的增长和社会福利水平的提高，无疑成为我们选择养老保险筹资模式的一个重要参照指标。若真如新古典经济学所分析的那样，基金制将比现收现付制更有利于经济的增长和社会福利水平的提高，那么，基金制毫无疑问应成为中国养老保险筹资模式的首选。本文将通过一个代际交叠模型来证明这一点。

---

① 按照联合国规定，60岁以上的人口占总人口的10％，65岁以上的人口占总人口的7％以上的国家或地区，称为"老年型国家或地区"。据测算，中国60岁和65岁以上的人口在2000年分别占总人口的10.71％和7.96％，这标志着中国已成为老年型国家。

二、代际交叠模型：自愿储蓄下的个人最优行为分析

在代际交叠模型中，假设市场经济由个人和企业组成，个人生存两期：青年期和老年期，第 t 期的青年人将在 $t+1$ 期变为老年人。每期存在一代青年人和一代老年人。个人在青年时期从事生产并获得收入而在老年期只消费，不生产。在时期 t 的年轻人的储蓄产生资本存量，此资本存量与 $t+1$ 期的年轻人提供的劳动相结合，生产 $t+1$ 期的产出。在时期 t 出生，并在时期 t 工作的人数为 N_t，人口以速率 n 增长，所以 $N_t=N_0(1+n)^t$。企业行为是竞争性的，采用新古典生产函数：$Y_t=F(K_t, N_t)$，其中，Y_t 为 t 期产量，K_t 为 t 期资本存量，N_t 为 t 期的有效劳动数量，并假定生产函数满足稻田条件。这样，我们也可以用人均项来表示生产函数：$y_t=f(k_t)$，其中，y_t 为 t 期人均产量，k_t 为 t 期人均资本存量。根据这些假设，时期 t 出生的个人将面临如下一个最大化问题：

$$\max u(c_{1t}, c_{2t+1})=u(c_{1t})+(1+\theta)^{-1}u(c_{2t+1})$$
$$u'>0, \ u''<0 \tag{1}$$

$$\text{s. t.} \begin{cases} c_{1t}+s_t=w_t \\ c_{2t+1}=(1+r_{t+1})s_t \end{cases} \tag{2}$$

式中 u 表示效用；u' 和 u'' 分别表示效用对于消费的一阶和二阶导数；c_{1t} 和 c_{2t+1} 分别表示第 t 期的青年人和第 $t+1$ 期的老年人的消费，也就是同一个行为人在青年期和老年期的消费；θ 表示主观贴现率，$\theta\in(0, 1)$；w_t 是行为人在时期 t 得到的工资，s_t 是行为人在 t 期的储蓄；r_{t+1} 是从 t 期到 $t+1$ 期对行为人所持有的储蓄支付的利率。

为了得到内生的收入变化，需要引入企业来确定利率和工资。在完全竞争的市场经济条件下，企业在上述生产函数的约束下追求利润最大化意味着下式成立：

$$r_1=f'(k_t)$$
$$w_t=f(k_t)-k_tf'(k_t) \tag{3}$$

即利率等于资本的边际产出，实际工资等于劳动的边际产出。在(2)式的约束下，通过求解(1)式的最大值就可以确定行为人的最优消费和最优储蓄。最大

值的一阶条件是:

$$u'(c_{1t}) - (1+\theta)^{-1}(1+r_{t+1})u'(c_{2t+1}) = 0 \qquad (4)$$

若设效用函数为代数型效用函数,即 $u_t = \ln c_t$,代入(4)式,有:

$$c_{2t+1}/c_{1t} = (1+r_{t+1})/(1+\theta) \qquad (5)$$

(5)式就是行为人消费的欧拉方程。结合(2)式的预算方程,我们可以求得 t 期行为人在年轻与年老时的最优消费与储蓄:

$$c_{1t} = (1+\theta)w_t/(2+\theta) \qquad (6)$$

$$c_{2t+1} = (1+r_{t+1})w_t/(2+\theta) \qquad (7)$$

$$s_t = w_t/(2+\theta) \qquad (8)$$

结合商品市场的均衡要求,即各期的商品需求等于供给,或等价地,投资等于储蓄,有:

$$K_{t+1} - K_t = w_t N_t + r_1 K_t - c_{1t} N_t - c_{2t} N_{t-1} \qquad (9)$$

(9)式中,左边是净投资,即 t 期与 $t+1$ 期资本存量的变化。右边是净储蓄,等于总收入减去总消费。其中,N_{t-1} 是在 $t-1$ 时期出生的人口数,他们所有人都在 t 时期变老。经过一些数学处理,我们可以推导出下式:[1]

$$(1+n)k_{t+1} = s(w_t, r_{t+1}) \qquad (10)$$

行为人的储蓄已由(8)式得到,利用(10)式,我们可以进一步求得人均资本存量 k 的演进路径。利用(3)式替换(10)式中的 w_t 和 r_{t+1},我们有:

$$k_{t+1} = s[f(k_t) - k_t f'(k_t), f'(k_{t+1})]/(1+n)$$

上式显示了 k_{t+1} 与 k_t 之间的关系,我们把它描述为储蓄轨迹。

储蓄轨迹的性质将取决于导数:

$$\frac{\mathrm{d}k_{t+1}}{\mathrm{d}k_t} = \frac{-s_w(k_t)f''(k_t)}{1+n-s_r(k_{t+1})k_t f''(k_{t+1})} \qquad (11)$$

式(11)的分子为正,反映了这样的事实:在 t 时期增加资本存量使工资增加,进而使储蓄增加。分母的符号不清楚,因为增加利率对储蓄的影响不

---

① 具体推导如下:利用(2)式消去(9)式中的 c_{1t} 和 c_{2t} 可得如下的差分方程: $K_{t+1} = s_t N_t + (1+r_t)(K_t - s_{t-1}N_{t-1})$。我们须使经济以某种方式开始,譬如说有一个初始资本存量 K_1,它被在第 1 期变老的 N_0 个人所拥有。这些老人消费的数额为 $c_{21}N_0 = (1+r_1)K_1$。这个条件连同(2)式和(9)式意味着 $K_2 = s_1 N_1$。因而上述差分方程对所有 $t \geq 2$ 意味着 $k_{t+1} = s_t N_t$。两边同除以 N_t 就得到(10)式。

清楚。如果 $s_r > 0$，(11)式中的分母就为正，dk_{t+1}/dk_t 也为正。

显然，模型稳态均衡的存在与否要取决于 dk_{t+1}/dk_t 的值。为了使模型的比较动态和比较稳态的性质获得确定的结果，我们假定经济存在唯一的、稳定的、非振荡的均衡。这一假定等价于稳态附近(11)式的导数值必须满足下述条件：

$$0 < \frac{-s_w(k_t)k_t^* f^n(k^*)}{1+n-s_r f^n(k^*)} < 1 \tag{12}$$

在作了这样的假设之后，我们就可以考察资本存量的动态调整过程。如图 1 所示：经济从 k_0 出发，逐渐移向稳态的资本存量。

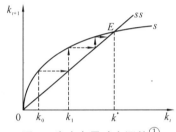

图 1   资本存量动态调整①

当我们对生产函数和效用函数以及模型的参数进行某些设定，就可以得到稳定的资本存量解 k^*。一旦求得 k^*，利用生产函数，就可以确定均衡时的真实利率 r^*。例如，我们假设社会的生产函数是 Cobb-Douglass 型生产函数，即 $Y_t = K_t^\alpha N_t^{1-\alpha}$，$0 < \alpha < 1$，若表示成人均产出，则为：$y_t = f(k_t) = k_t^\alpha$。根据(8)式和(10)式，有：

---

①   这里要特别注意的是，在有微观基础的拉姆齐—卡斯—库普曼斯模型（Ramsey-Cass-Koopmans model）中，因为有行为人是"长生不老的"这一假设，因而可以证明，无论是在分散经济中还是在统一经济中，经济均会自动收敛到长期的最优增长路径上去，即该模型所实现的均衡是一个瓦尔拉斯一般均衡。而在索洛的新古典增长模型中，由于缺乏微观基础，储蓄率是外生任意给定的，因而经济的均衡并不会自动收敛到长期的最优增长路径上去。在我们所介绍的代际交叠模型中，由于行为人的寿命是有限的，在分散经济的状态下，均衡也不会自动收敛到长期的最优增长路径上去。但不管经济是否会自动收敛到长期的最优增长路径上去，有一点是可以肯定的，即三个模型在均衡时所实现的经济增长率是相同的，因为储蓄在均衡时只具有水平效应，而不具有增长效应。基于此，我们可以通过对比经济实现均衡时的利率与经济增长率的高低来判断经济是否处于最佳状态。

$$k_{t+1} = w_t/(1+n)(2+\theta) \tag{13}$$

把(3)式中的 w_t 代入上式，可得：

$$k_{t+1} = [f(k_t) - k_t f'(k_t)]/(1+n)(2+\theta) \tag{14}$$

在均衡时，有 $k_1 = k_2 = \cdots = k_t = k_{t+1}$，我们可以求得均衡时的人均资本存量，记为 K^*，有：

$$K^* = \left[\frac{(1-\alpha)}{(1+n)(2+\theta)}\right]^{1/1-\alpha} \tag{15}$$

根据(15)式，我们可以进一步求得实际的均衡利率，记为 r^*，有：

$$r^* = \alpha(1+n)(2+\theta)/(1-\alpha) \tag{16}$$

在上述分析中，我们不仅求出了分散经济中行为人在各期的消费和储蓄的最优解，而且也求得了经济在实现均衡时最优的资本存量和利率的稳定解。但因为个人生命有限，均衡的最优解并不必然与社会的最优解相等。为了进行比较分析，我们需要求得社会的最优均衡解。这需要我们建立一个社会计划者的目标函数，然后借助社会的资源约束条件来具体求解。但就我们的分析目的而言，只要能获得实现社会最优所需要满足的条件就行了，而并不需要非得求出社会最优解。要获得实现社会最优所需要满足的条件，最简单的方法是借助 Solow 的新古典增长模型来分析。①

Solow 模型假定存在一个由资本和劳动两种投入要素决定产出的生产函数，生产过程遵循规模报酬不变和要素的边际报酬递减的规律，在资本和劳动市场达到均衡状态时，两个要素的价格——利率和工资——分别等于它们的边际生产率。如果以人均消费量最大作为长期经济效率的最优的标准，Phelps(1961)根据 Solow 的经济增长模型，推导出著名的经济增长的黄金定律：当一个经济的资本存量达到这样一个水平，即使得资本的边际生产率等于人口增长率加上劳动生产率的增长率时，经济就处于最优的增长路径上。用公式表示就是：$f'(k) = n + g$（对推导感兴趣的读者可与作者联系）。显然，在均衡时，资本的边际产出就是利率，我们也把这一利率称为长期动态的最优利率，而人口增长率与劳动生产率的增长率之和正是实际的经济增长率。

---

① Solow, R. M., A Contribution to the Theory of Economic Growth, *Quarterly Journal of Economics*, 1956(1), pp. 65—94.

黄金定律为我们判断实际经济运行的效率提供了一个依据：我们只要观察实际经济的利率是大于、等于还是小于经济增长率，就可以对现实的经济运行状态做出一个客观的判断。当实际利率恰好等于经济增长率时，称经济处于最优的增长路径上；当实际利率大于经济增长率时，称经济处于卡尔多意义上的动态无效状态；当实际利率小于经济增长率时，称经济处于帕累托意义上的动态无效状态。但因为效用具有主观性，我们很难对一个在牺牲了一部分人利益的前提下使得社会总效用有所增加的状态做出是好是坏的价值判断。因而，一般就把实际利率大于或等于经济增长率时的经济运行状态称为动态有效(dynamic efficiency)状态，而把小于经济增长率时的状态称为动态无效状态。

根据经济增长的黄金定律规则，我们可以发现，自由竞争并不必然使经济收敛到经济增长的最优路径上。根据式(16)，我们可以发现，随着参数的不同取值，r^* 既可能大于或小于 n，也可能恰好等于 n(这里我们没有考虑技术进步)。

上面我们介绍了自由竞争市场的均衡情况，现在我们可以在此基础上引入对社会养老保险的分析。在下面部分，我们将以满足社会最优的黄金定律为参照系，考察当引入不同形式的社会养老保险制度后，自由竞争均衡将会发生怎样的变化，并具体分析不同筹资模式的社会养老保险制度对实际经济运行的影响。

三、完全基金式养老保险制度运作的内在机理分析

设 d_t 是时期 t 年轻人的贡献，b_t 是老年人在 t 时期得到的利益。在完全基金式的养老保险制度下，政府在 t 时期从年轻人那里征收的贡献是 d_t，此贡献被投资为资本，政府向老年人支付 $b_t = (1+r_t)d_{t-1}$，老年人的贡献是在 $t-1$ 时期被投资的。这样，前面在分散经济中的约束条件(2)式就成为：

$$c'_{1t} + s'_t = w'_t - d_t$$
$$c_{2t+1} = (1+r'_{t+1})s'_t + (1+r'_{t+1})d_t \tag{2'}$$

而商品市场的均衡条件(10)式相应地变为：

$$(1+n)k'_{t+1} = s'_t + d_t \tag{10'}$$

借助由(5)式给出的行为人消费的欧拉方程及结合(2′)式的预算方程，我们可以求得 t 时期行为人在年轻与年老时的最优消费与储蓄。由于 d_t 和 s'_t 的作用完全相同，我们可以把 d_t 看做储蓄的一部分。只要 d_t 小于没有养老保险制度之前的最优储蓄规模，就容易证明完全基金制养老保险制度对行为人的最优储蓄和最优消费没有影响。

$$c'_{1t} = c_{1t} = (1+\theta)w_t/(2+\theta) \qquad (6')$$

$$c'_{2t+1} = c_{2t+1} = (1+r_{t+1})w_t/(2+\theta) \qquad (7')$$

$$s'_t + d_t = s_t = w_t/(2+\theta) \qquad (8')$$

我们可以这样理解这一结论：社会保险储蓄的增加 d_t，正好被这种方式的私人储蓄的减少所抵消，总量 $s'_t + d_t$ 恰好等于分散经济中的储蓄水平 s_t。原因也很清楚：社会保险系统提供的收益率等于私人储蓄的收益率，这样，就好像社会保险系统取出每个人储蓄的一部分，并投资同等数量。可是，消费者对谁储蓄并不关心，他只关心收益率；这意味着消费者通过私人储蓄抵消了社会保险系统代表他们所做的任何储蓄。

由此可见，只要行为人是完全理性的，基金制养老保险制度引入与否，并不会改变行为人的最优决策。但在现实中，作为一种强制性储蓄的养老保险制度，基金制还是有其存在的理由。一方面在于现实中的行为人并不都是完全理性的并具有非常强的自我保障意识。即使行为人是完全理性的，只要他预期到政府最终是不会坐视自己在老年时贫困潦倒而不管，行为人将会选择在年轻时尽可能地消费自己的收入。此时，强制储蓄与自愿储蓄将产生不同的经济后果：前者将维持自我保障理性下的自愿储蓄后果；后者将使自愿储蓄偏离最优的稳态路径。

四、现收现付式养老保险制度运作的内在机理分析

在非基金式的现收现付养老保险体制下，政府把年轻人当前贡献的"收益率"直接转移给当前的老年人，这样，$b_t = (1+n)d_t$；因而对社会保险贡献的"收益率"等于 n。

在现收现付的系统中，约束条件(2)式成为：[①]

$$c''_{1t} + s''_t = w''_t - d_t$$

$$c''_{2t+1} = (1 + r''_{t+1})s''_t + (1 + n)d_{t+1} \quad (2'')$$

相应地，商品市场均衡条件(10)式成为：

$$(1 + n)k''_{t+1} = s''_t \quad (10'')$$

从个人的观点来看，社会养老保险储蓄的收益率是 n 而不是 r 。政府可以支付收益率 n，因为在各期中有许多活着的人向社会养老保险系统作贡献。由于在分期付款系统中社会保险为一种转移安排，没有储蓄功能，因此，在这一经济中，资本的唯一来源是私人储蓄 s''_t。

借助由(5)式给出的行为人消费的欧拉方程，结合(2″)式的预算方程，我们可以求得 t 期行为人在年轻与年老时的最优消费与储蓄：

$$c''_{1t} = \frac{1 + \theta}{2 + \theta}\left(w''_t - d_t + \frac{1 + n}{1 + r''_{t+1}}d_{t+1}\right) \quad (6'')$$

$$c_{2t+1} = \frac{1 + r''_{t+1}}{2 + \theta}\left(w''_t - d_t + \frac{1 + n}{1 + r''_{t+1}}d_{t+1}\right) \quad (7'')$$

$$s''_t = \frac{1}{2 + \theta}(w''_t - d_t) - \frac{(1 + \theta)(1 + n)}{(2 + \theta)(1 + r''_{t+1})}d_{t+1} \quad (8'')$$

为了进一步分析社会保险对私人储蓄的影响，利用(8″)式，并设 $d_t = d_{t+1}$，可以求得：

$$\frac{\partial s''_t}{\partial d_t} = -\frac{(1 + r''_{t+1}) + (1 + \theta)(1 + n)}{(2 + \theta)(1 + r''_{t+1})} < 0 \quad (17)$$

由(17)式可知，社会保险贡献将会使私人储蓄减少，也即产生所谓的"挤出效应"。

到目前为止，我们已经分析了两种不同筹资模式的社会养老保险制度运

---

① 事实上，社会保险对储蓄的影响对于人们有关储蓄的理论模型假设相当敏感。OLG模型的分析建立在生命周期储蓄理论基础之上，而生命周期理论假设每个最大化他一生效用的个人完全依赖于其一生两个时期内的消费，个人不关心其死后的事情，特别是他们不会利他地对待其子女，从而对下一代成员不会提供遗产或其他让与。如果情况并不是这样，个人的效用不仅依赖于其一生两个时期内的消费，而且也依赖于其子女的消费，也即存在利他主义，那么，正如 Barro (1974) 所分析的那样，社会保险并不会对私人储蓄产生很大的挤出效应。

行的内在机制，并得出结论：当政府强制性地向行为人收取一笔养老保险金时，在基金制养老保险制度下，行为人的最优行为不会受到影响，也即并不会使社会的总储蓄发生变化；相反，在现收现付制养老保险制度下，行为人的最优行为将受到影响，并且使社会的总储蓄减少。但是，分析不同养老保险制度对储蓄的影响并不是我们的最终目的，我们更关心的是当储蓄发生变化以后，将会对社会的经济增长产生怎样的影响，从而最终会对社会的福利水平产生怎样的影响。这就是下一部分所要回答的问题。

五、两种养老保险运作模式的福利效率比较

在以上分析中，我们仅探讨了养老保险制度引入对储蓄的影响，而没有考虑其对经济增长从而对社会福利的影响。要进行福利分析，我们必须把模型扩展为一般均衡模型。我们已经知道社会养老保险制度引入后会挤出社会总储蓄，但这只是局部均衡分析。实际上，储蓄减少，因而资本减少，将使得工资减少和利率增加。工资的减少会进一步使储蓄减少，利率增加对储蓄会产生怎样的影响很难确定，需要我们进行一般均衡分析，才能最终确定养老保险制度的引入究竟会对资本存量从而对经济增长和社会福利产生怎样的影响。

如果我们假设经济的稳定状态是一种稳定的、非振荡的均衡，那么根据(12)式必然会有：

$$0 < k''_{t+1}/k''_t < 1$$

现在考虑动态方程(10″)：

$$(1+n)k''_{t+1} = s''[w''_t(k''_t), r''_{t+1}(k''_{t+1}), d_t] \tag{10‴}$$

要想知道当d_t从0开始增加时，图1中的储蓄轨迹将如何变动，对(10‴)式微分，得：

$$dk''_{t+1}/dk''_t = (\partial s''_t/\partial d_t)[1+n-s''_r f'(\bullet)] < 0 \tag{18}$$

在(18)式中，分子由(17)式已知是负的，分母因为(11)式和稳定性假设是正的。所以，社会养老保险增加将使得储蓄轨迹向下移动，从s移到s'，如图2所示。

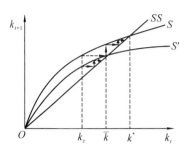

图2 社会养老保险的影响

社会养老保险对经济动态调整的影响是减慢资本积累，同时也减少稳态资本存量。设在 z 时期引入现收现付制社会保障，此时的资本存量是 k_z。经济原来沿着实线路径向稳态资本存量 k^* 前进，现在则沿着虚线路径移到 $\bar{k}$。稳态的资本存量减少了，未来各期的资本存量相对于它原本应该的值也一样减少了。

需要进一步探讨的是，这种资本存量的减少是否是一种合意的结果？当然，在这里，我们首先面临一个如何对"合意"进行定义的问题。不同的国家在不同的时期曾有不同的经济发展目标。例如在重商主义时期，许多欧洲国家都把积累黄金作为经济活动的中心，因而当时各国都竭力鼓励商品出口，限制进口。后来，也有一些国家把扩大外汇储备或追求重工业、军事工业的规模作为经济发展的重心。但现代经济学家普遍认为，提高一个国家的人均福利水平才是一个国家经济发展的根本目的，因而经济增长的最佳途径应该是使人均福利水平最高的途径。由于经济增长是一个长期的动态过程，因而政策制定者不应该要求人们遏制消费去单纯追求经济增长。所以，我们把保证人均福利水平最高的经济增长定义为"合意"的均衡增长途径。如果快速的经济增长同时能使人均福利水平提高，则认为这种经济增长是值得追求的；反之，若增长使人均福利水平恶化，可认为这种经济增长是不值得追求的，而适当抑制经济增长却是可取的。在给出我们对"合意"的定义之后，利用第二部分引进的黄金定律作为判断标准，我们就能探讨资本存量的减少是否是一种合意的结果，答案取决于在引入社会养老保险以前通行的利率是小于还是大于实际的经济增长率。我们可以结合图3来详细阐述两种社会养老保障制度引入后对社会福利的影响。

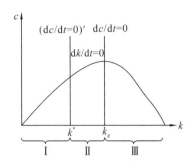

图 3　资本和消费的动态图

如图 3 所示，黄金资本存量 k_g 和动态最优的修正黄金资本存量 k^* 把水平轴分成三个区域：Ⅰ区域、Ⅱ区域和Ⅲ区域。当实际经济运行处于动态最优的修正黄金资本存量 k^* 左边的Ⅰ区域时，经济处于卡尔多意义上的动态无效区域。此时，从社会的角度来说，适当增加资本存量虽然会减少第一代行为人的福利水平，但却可以促进经济的增长并提高社会的整体福利水平，因此，增加储蓄从社会最优的角度来说是可行的。现收现付制社会养老保险制度会对稳态均衡产生影响，使稳态资本存量减少，因而会进一步加剧经济中资本积累相对不足的缺陷，从而使社会的福利水平进一步恶化。相反，基金制社会养老保险制度对稳态均衡没有影响，所以不会使社会福利水平进一步恶化。由此可知，若实际经济的运行处在这一阶段，基金制会比现收现付制好。

当实际经济处于动态最优的修正黄金资本存量 k^* 的右边和黄金资本存量 k_g 左边的Ⅱ区域时，经济仍处于卡尔多意义上的动态无效区域。此时，从社会的角度来说，适当减少资本存量虽然会减少未来一代行为人的福利水平并使经济增长放缓，但却可以提高社会的整体福利水平。因此，从社会最优的角度来说减少储蓄是可行的。现收现付制社会养老保险制度会对稳态均衡产生影响，使稳态资本存量减少，因而会缓解经济中资本积累相对过度的缺陷，从而使社会的整体福利水平有所提高。相反，基金制社会养老保险制度对稳态均衡没有影响，所以无力改变经济中资本积累相对过度的缺陷，也就无法使社会的整体福利水平有所提高。由此可知，若实际经济的运行处在这一阶段，现收现付制会比基金制好。

当实际经济处于黄金资本存量 k_g 右边的Ⅲ区域时，经济处于帕累托意义上的动态无效区域，资本积累过度。此时基金制对稳态均衡没有影响，所以无力改变经济中资本积累过度的缺陷。现收现付制虽然会对稳态均衡产生影响，使稳态资本存量减少，因而使经济增长放缓，但却可以有力改善经济中资本积累过度的缺陷，使全体社会成员的福利获得帕累托改善。由此可知，若实际经济的运行处在这一阶段，现收现付制会比基金制好。

至此，我们已经全面分析了当实际经济运行处于不同阶段时两种社会养老保障制度对经济增长与福利的影响。需要特别注意的是，我们到目前的分析均是在一个封闭经济的框架下进行的，没有考虑开放经济的情况。基于两方面的考虑，本文在此不想详细讨论开放经济的情况：第一，中国目前的资本账户仍未开放；第二，即使在开放经济的框架下，只要资本流动不影响世界均衡利率，上述结论仍然成立。①

从本部分的分析中我们知道，当实际经济运行处于Ⅰ区域时，实行基金制社会养老保险制度要优于现收现付制社会养老保险制度；当实际经济运行处于Ⅱ区域和Ⅲ区域时，实行现收现付制社会养老保险制度要优于实行基金制社会养老保险制度。因此，在实际中究竟选择何种社会养老保险制度，关键是要对一国经济的实际运行状态做出判断。那么，中国当前的实际经济运行状态如何呢？是处于动态有效区域还是动态无效区域呢？这就是下一部分我们要做的工作。

六、对中国经济运行的动态效率的实际考察

经济增长的黄金定律为我们考察一个经济的动态效率提供了一个非常便捷的方法：只要简单比较一下增长率和利率就知道了。问题是，我们应当选择怎样的利率。从企业的利润率到股票收益率，再到国库券利率，存在着广泛的收益率范围。尽管在理论模型中，我们可以抽象掉它们的区别，但在现实中，它们在数据上是有很大差别的。

考虑到中国的实际情况：利率一直没有市场化，很难反映资金的真实供

---

① 汤晓莉：《自愿储蓄、强制储蓄和"税收—债券发行"安排》，《金融研究》2000年第12期，第14—24页。

求关系；股市从诞生的第一天起，其主要目的是帮助国有企业解困，股市发展从整体来说也非常不完善，股票收益率也很难代表投资收益率。为此，我们选择企业的资金利润率作为衡量经济动态效率的指标，借助它与经济增长率之间的关系来反映现实中的经济动态效率的变动情况。

表1　1978—2001年中国企业资金利润率与经济增长率数据　　单位：%

年份	1978	1979	1980	1981	1982	1983	1984	1985	1986	1987	1988	1989
资金利润率	24.2	24.8	24.8	23.8	23.5	23.2	24.2	24.0	20.4	19.9	20.5	16.8
经济增长率	11.7	7.6	7.8	5.2	9.1	10.9	15.2	13.5	8.8	11.6	11.3	4.1
年份	1990	1991	1992	1993	1994	1995	1996	1997	1998	1999	2000	2001
资金利润率	12.2	11.9	9.9	10.3	10.2	8.3	7.1	6.9	7.1	7.5	9.0	8.9
经济增长率	3.8	9.2	14.2	13.5	12.6	10.5	9.6	8.8	7.8	7.1	8.0	7.3

注：资金利润率＝[报告期累计实现利税总额/（固定资产净值平均余额＋流动资产平均余额）]×100%，总资产贡献率＝[（利润总额＋税金总额＋利息支出）/平均资产总额]×100%。该表中1978—1983年的数据系各年份全民所有制独立核算工业企业的资金利润率；1984—1997年的数据系各年份全部独立核算工业企业的资金利润率，1998—2001年的数据系各年份全部国有及规模以上非国有工业企业的总资产贡献率。

资料来源：1978—1983年的数据来源于《中国统计年鉴》(1984)，1984—2001年数据来源于相关年份的《中国统计年鉴》。

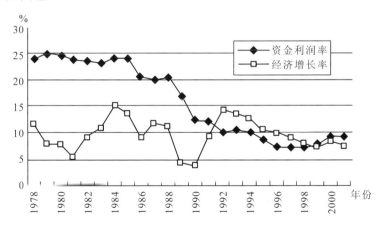

图4　资金利润率与经济增长率的对比

从图4可以看出，以1992年为分界点，在这之前资金利润率一直大于经济增长率，说明实际经济运行处于动态有效状态；在这之后到1998年，经济增长率大于资金利润率，说明实际经济运行处于动态无效状态；1999 年到 2001 年，资金利润率又超过经济增长率，说明实际经济运行又重新恢复到动态有效状态。

这里需要注意的是，正如我们在上面已经指出的，用利率作为判别实际经济运行动态效率的标准，对究竟选取什么利率是很有讲究的，选取了不同的利率，可能会得出截然不同的结果。为了避免这一缺陷，下面我们再用 Abel 等人提出的一种更为一般化的方法对中国经济的动态效率进行考察①，以便与上面的结果相对照。

根据经济增长的黄金定律，我们知道，在不考虑技术进步时，经济运行动态有效的条件是资本的边际产量 r 超过人口增长率 n。而在稳态条件下，人口增长率等于资本存量的增长率。此时，rK 为资本存量 K 的总收益，nK 为新增加的投资，公司现金流的净流出为 $rK - nK$。Abel 等人正是抓住这一点，认为可以通过比较一个国家经济生产部门的现金流是净流入还是净流出来判断实际经济运行的动态效率。

Abel 等人把不确定性引入模型后，经过推导得到了一个较易操作的判断经济运行动态效率的方法，即如果对于所有时期 t，$D_t/V_t > 0$ 成立，则均衡经济是动态有效的；如果对于所有时期 t，$D_t/V_t < 0$ 成立，则均衡经济是动态无效的。其中，V_t 是经济在 t 时期的有形资产的总价值（由于 V_t 的值难以得到，在下面的实际计算中，我们用 GDP 值作为替代，因为两者都是正的，对我们的分析结果不会产生影响），D_t 是 t 时期总资本的净收益，即总资本收益减去总投资。

下面我们就用这一方法来考察中国实际经济运行的动态效率。由于数据的限制，我们仅考察 1996—2001 年的情况，在这期间的国内生产总值、总资本收益、总投资和净收益等如表 2 所示。其中，总资本收益和净收益按如下方式计算：总资本收益等于国内生产总值减去间接税减去企业补贴再减去劳动者报酬；总投资等于固定资产投资加上存货投资；总资本收益与总投资的差即为净收益 R。

---

① 　Abel A.，Mankiw，N. G.，Summers，L. H.，Zeckhauser，R.，Assessing Dynamic Efficiency：Theory and Evidence，*Review of Economic Studies*，1989(1)，pp. 1—20.

表 2　中国经济(1996—2001 年)总收益和总投资

单位：亿元人民币,%

年份	GDP	总资本收益	总投资	净收益	总收益/GDP (%)	总投资/GDP (%)	净收益/GDP (%)
1996	67 884.6	25 987.55	26 505.1	−517.55	38.3	39.0	−0.76
1997	74 462.6	27 859.49	28 244.5	−385.01	37.4	37.9	−0.52
1998	78 345.2	27 691.25	30 321.3	−2 630.05	35.3	38.7	−3.36
1999	82 067.5	28 917.72	31 080.8	−2 163.08	35.2	37.9	−2.64
2000	89 442.2	30 824.64	32 793.7	−1 969.66	34.5	36.7	−2.20
2001	95 933.3	31 506.88	37 861	−6 354.12	32.8	39.5	−6.62

注：总收益＝GDP−间接税−企业补贴−劳动者报酬；总投资＝固定资产投资＋存货投资；净收益＝总收益−总投资。由于统计口径的变动，各年份公布的数据可能会不一致，这里，GDP 和总投资都是以 2002 年的《中国统计年鉴》公布的数据为准。其他则以当年的《中国统计年鉴》公布的数据为准。另外，在计算间接税时，我们以流转税和关税作为代表，可能会有一点偏差，但只会放大净收益而不会缩小净收益。

资料来源：《中国统计年鉴》(1996—2001 年)。

从表 2 可以看出，1996—2001 年，中国资本的总收益小于总投资，净收益为负，其绝对值在最大年份均超过了 GDP 的 6%，在最小年份占 GDP 的比重不足 1%。这表明中国经济是动态无效的，而且在有些年份还相当严重。综合上述两种判断实际经济运行动态效率的方法，我们大致可以得出结论：当前中国的实际经济仍处于动态无效状态。如果是这样，采取现收现付制的养老保险制度会更适合当前中国的实际情况。

七、结　论

无论养老保险制度采用何种筹资模式，其基本功能有三个：储蓄、收入再分配和保险。不同筹资模式的差异在于实现这三个目标时的侧重点不一样。一般而言，因为基金制是在职工工作期间缴费，并建立一个专门的延期支付的养老基金，不具备收入再分配的功能，但具有较强的储蓄功能。而现收现付制一般是通过征收收入税的方式为养老金进行融资，并以当前在职工人的缴费支付当前退休工人的养老金，因而，它不具备储蓄的功能，但有较强的收入再分配功能。从保险功能的角度看，两种筹资模式各有利弊，很难区分优劣。因此，一国采用何种养老保险筹资模式，关键取决于其对储蓄功能和收入再分配功能的关注程度。

一般来说，收入再分配功能总是会成为任何一个政府的首选目标，因而，纵观世界各国，在养老保险制度建立的初期均会毫不犹豫地采用现收现付制的筹资模式。但有意思的是，自 20 世纪 80 年代以来，世界各国却兴起了一股以基金制取代现收现付制的改革浪潮。其中缘由大致有二：其一，伴随着西方发达国家迅速的老龄化趋势，现收现付制养老保险模式难以为继；其二，在 Samuelson(1958)、Diamond(1965)等人的开创性研究之后，新古典学派的框架可以很好地用于分析养老保险问题，并迅速取代了已日渐式微的传统政治经济学派那种描述性的规范分析方法①。而新古典经济学的分析方法是从经济增长的视角来看待养老保险制度的，其关注的焦点更侧重于储蓄，主要关注不同的养老保险筹资模式如何通过影响储蓄来影响资本积累，并通过资本积累的变动来影响经济的增长，从而最终影响社会的整体福利水平。

根据前文的分析，我们已经知道储蓄的增加是否能对经济增长产生正面的影响并最终使社会整体福利水平得到提高，实际上取决于经济中的实际利率是大于还是小于实际的经济增长率。而根据 Abel 等人(1989)的研究，自 1929 年以来，美国和其他六个工业化国家的经济运行都是动态有效的。② 正是基于这一点，以新古典经济学分析方法为理论依据的国外学者一致认为基金制是一个比现收现付制更好的养老保险制度，从而引发了一场以基金制取代现收现付制的改革浪潮。在这一浪潮的冲击下，人们也逐渐把社会养老保险关注的重心从收入再分配的功能转到了经济增长这一功能上来。世界银行在《防止老龄危机：保护老年人及促进增长的政策》③的报告中指出："选择不同的老年保障方式会影响老年人的福利，因为它决定了老年人在社会发展成

---

① 李绍光：《养老金制度与资本市场》，中国发展出版社 1998 年版，第 213—225 页。

② 其他六个工业化国家分别是：英国、法国、西德、意大利、加拿大和日本。美国数据的样本区间为 1929—1985 年，其他六个国家的样本区间为 1960—1984 年。

③ 世界银行：《防止老龄危机：保护老年人及促进增长的政策》(中译本)，中国财政经济出版社 1995 年版，第 137 页。

果中可获得的份额。更重要的是，它还通过影响经济发展水平，进而影响每个人的福利。所以，本报告对于各种不同的政策选择进行了双重考察：其一，是否有利于老年人？其二，是否有利于整个国民经济？"应该说，在世界银行的推动与影响下，世界各国都进行了养老保险制度的改革，并把基金制作为了本国养老保险制度改革的首选制度安排。

中国在养老保险制度改革的过程中，也受到这份报告的影响。世界银行在1995年派了一个考察团对中国养老保险制度的改革进行了实地调研，并于1997年出版了《老年保障：中国的养老金制度改革》一书。在其影响下，中国建立了具有中国特色的"统账结合"的混合养老保险模式，力图同时考虑养老保险的收入再分配功能和经济增长功能，但出于对现收现付制在实际运作中所出现的困难以及未来人口老龄化的双重考虑，其基调还是以关注经济增长效应为主。本文认为，这一养老保险模式安排的最大缺陷是没有考虑到中国经济运行的动态效率，在当前实际经济运行处于动态无效区域时，实行这一制度并不会有利于社会福利水平的提高。在中国这样一个庞大的发展中国家，经济发展水平本身就不平衡，地区间的收入差距非常大，因而仅关注经济增长效应显然是不够的，收入再分配功能必须放在政府工作的首要位置。而现收现付制在发挥收入分配的功能方面具有非常明显的优势。实际上，国际劳工组织就从来没有赞成过基金制养老保险制度安排，它们向来是把养老保险的收入再分配功能放在首位的，因而一直站在世界银行的对立面看问题，认为养老保险制度改革是一种非常危险的改革。

从实际情况来看，虽然目前中国总体的人口增长率由于受计划生育政策的控制而较低，但是在社会养老保险体制覆盖面还不宽的情况下，每年有大量私人企业的职工以及农村劳动力进入这一体系，因而在养老保险体制内的有效劳动力供给的增长幅度还是非常大的。这无疑会提高前文所述的$(n+g)$的值，这又为现收现付制度的实行提供了可靠的保障。

因此，从中国的实际情况来看，现收现付制无疑是一种更适合当前中国国情的养老保险筹资模式安排。当然，养老保险的制度选择并不是一成不变的，随着经济运行效率的改善以及现收现付制的逐渐成熟，基金制的推行也是可接受的。

作者说明

本文从理论上探讨现收现付制与基金制对社会福利水平的提高与促进经济增长的现实条件，通过叠代模型讨论了在没有养老保险制度介入时行为人的最优行为，并在此基础上给出行为人在经济实现长期均衡时能获得消费最大化乃至效用最大化的条件，并将此作为参照系。接着文章比较了基金制养老保险制度运行和现收现付制养老保险制度运行的内在机理，并考察它们各自的社会福利效应，得出：当实际经济中资本的边际产出率处于大于经济增长率的状态时，基金制比现收现付制更有利于经济的增长和社会福利水平的提高；当实际经济中资本的边际产出率小于经济增长率时，现收现付制更有利于社会福利水平的提高。我们通过对中国经济的运行效率进行考察，得出当前中国经济运行正处于动态无效区域，即处于资本的边际产出小于实际经济增长率的区域。因此我们的结论就很明确了：在未来的一段时期里，现收现付制仍是一种比较适合中国实际情况的养老保险筹资模式。本文与何樟勇合作，发表于《世界经济》2004 年第 5 期。

均衡与非均衡

第七篇
创新、教育与知识经济

知识的生产和消费

对知识经济研究的经济学文献可以追溯到很远。英国古典经济学的创始人亚当·斯密在其代表作《国富论》中对科学技术在生产中的作用给予了充分的肯定。马克思更是高度重视科学技术在社会进步中的作用，把科学技术的发展进而推动生产力的高度发展看作社会进步的原动力。熊彼特早在 1912 年就使用创新这个概念，论述技术创新在经济发展中的重要地位。但是，真正把知识和科学作为研究对象，研究知识的生产、传播和消费特征的文献，则是在 20 世纪 50 年代末以后，最著名的代表作当推尼尔逊（Nelson，R. R.）1959 年的论文《基础科学研究的简单经济学》[1]、阿罗（Arrow，K.）1962 年的论文《发明资源的配置与经济福利》[2]和《干中学的经济含义》[3]。这些论文首次比较全面地论述了知识生产和消费的基本特征，如知识产品的公共性和私有性问题，知识产品在其生产者那里不能被成功地占为己有的情况下，知识生产的资源配置是否达到或如何达到最优，等等。这些经典论述至今仍被大家所接受，但是自那个时候以来对于知识的研究并没有形成一门系统的学科。到 20 世纪 80 年代末，关于知识、科学和技术创新与进步的研究才在两个方向上得到了很大的发展。一是沿着经济增长理论的发展，这就是今天被称作新经济增长理论的东西。二是经济学家有感于科学哲学和科学社会学两大领

---

① Nelson，R. R.，The Simple Economics of Basic Research，*Journal of Political Economy*，1959(67)，pp. 297—306.

② Arrow，Kenneth J.，Economic Welfare and the Allocation of Resources for Inventions，in：Nelson R. R.（ed.），*The Rate and Direction of Inventive Activity：Economic and Social Factors*，Princeton University Press，1962，pp. 609—625.

③ Arrow，Kenneth J.，The Economic Implications of Learning by Doing，*Review of Economic Studies*，1962(6)，pp. 155—173.

域已有的丰富成果，纷纷提出应该建立科学经济学①，对知识活动的参与者从经济学角度进行研究，如科学劳动的供给与需求，投入与产出，科学活动领域里的报酬系统及其激励机制等。达斯古普塔和大卫②提出新科学经济学的建立要在原有的关于知识生产与消费、科学与技术创新的作用、企业 R&D 行为研究等基础上，对科学和技术进行全面研究。本文在这些研究的基础上，讨论知识生产和消费的特征，找出知识生产和消费的自身规律及发展趋势。

一、有关知识经济的概念与含义

本文讨论的知识就是科学。研究知识在经济生活中的作用，就是要研究科学在经济中的作用。人类的科学活动或者知识活动可以追溯到很远，但只是在中世纪以后科学活动才有了很大的发展并被广泛运用于生产活动。19 世纪至 20 世纪科学活动进入了现代科学阶段，科学活动内部的分工越来越细，人文科学和社会科学从自然科学中分离出去；在自然科学内部，分工也越来越细，如物理、化学、生物、数学等各自成为一个庞大的科学体系；每个学科内部又进一步逐渐形成许多新的相对独立的体系。由于科学活动的这种分化，在过去几个世纪中，对生产活动产生重要影响的主要是自然科学的几个领域，因此，当我们讨论知识经济学时，最广泛意义上使用的科学一词已被知识所代替，而当我们使用科学一词时，往往指的是自然科学，而且从狭义的角度，这个自然科学活动是不包括技术活动的。自然科学活动的目的是为了科学发现，当然这不排除这些科学活动的结果有很大的经济应用价值，但是后者至少不是从事科学活动的最初动机和目标。而大量的与科学应用有关的活动实际上被称为技术活动。在很长的一段历史时期里，科学和技术活动是相对独立的，从事科学活动和从事技术活动的是两群不同的人。从事科学活动的目的是为了尽快获得对某项事物发展规律的认识，科学家争取在这个

---

① Arthur M. Diamand, Jr., The Economics of Science, *Knowledge and Policy*, 1996 (2), pp. 6—49.

② Dasgupta, P., David, Paul A., Towards a New Economics of Science, *Research Policy*, 1994(5), pp. 487—521.

认识过程中占据领先地位。但是技术创新活动则完全不一样，是工业企业为了在某一生产过程中使用人家还没有使用过的新技术、新工艺、新原料，生产新产品等，并保持企业在某一产品生产上的垄断地位。但是进入 20 世纪中叶以来，科学活动与技术活动向一体化趋势发展，它们之间的联系越来越紧密，尤其是在几个高技术领域，如生物工程、信息工程等领域中，技术创新完全依赖于科学进步，因此有越来越多的企业介入基础科学研究活动。科学对技术的影响具体表现在以下方面。第一，科学作为知识创新和传播活动的一个体系，就好像一个储存知识的银行，提供给社会源源不断的知识，科学发明过程本身没有应用方面的考虑，但是它却提供了满足社会新需求的机会。第二，科学实验过程及其不断的完善为日后应用方面的技术设计打下了基础。第三，科学为技术发展培养了人才。第四，在科学发明基础上所形成的技术创新，最后还是需要科学本身对它们进行评估和检验，如各项技术创新的社会和环境影响、新技术的风险和其他后果，等等，都需要广泛的科学知识（即跳出该技术领域的科学知识）为其进行评估。总之，科学研究本身可以帮助应用技术创新建立更为广泛全面的战略性决策，这是就科学对技术的影响和作用而言。反过来，技术对科学研究也具有重要的反作用，这些反作用体现在：第一，技术应用方面的前景为科学研究提出新的挑战；第二，应用技术的发展为进一步的科学研究提供工具和手段，使科学研究能够更加深入、更加仔细地观察自然现象。

二、知识生产的投入与产出

知识生产过程与其他生产过程一样，需要有各种要素的投入，生产过程结束以后，会有不同的产出形式存在。当然，知识生产过程又不同于其他普通产品的生产过程。首先，对投入品有特殊的要求，如劳动力的投入就不仅仅是普通劳动力的投入，每一项知识产品的生产都会对所投入的劳动力有自己特殊的要求，尤其是在智商方面有特殊的要求；其次，知识产品的生产过程具有很大的风险性，投入与产出之间的关系不像其他生产过程那样明确，也就是很难确定其生产函数；再次，在知识产品生产过程中，对科学研究和工程技术人员的劳动监督非常困难，监督者的信息是非充分的，甚至是极其有限的；最后，知识的产出可能有多种形式，而且某些知识存在的形式是难以进入市场进行交易的。研究知识生产的投入与产出具有特殊性。

知识的生产过程有两种形式，一种是专门从事知识产品生产的形式，如大学科研机构和企业所设立的 R&D 部门的知识生产。另一种是按照马克思主义所强调的知识来自生产实践的说法，知识的生产来自人类的生产实践活动。因为所有生产实践活动的结果都有两种产出存在：第一，具体的物质产品；第二，关于生产活动的信息。当然，我们在这里首先要研究的是专门知识生产部门的知识生产过程。斯蒂格勒（Stigler，G. J.，1983）曾在 1982 年的诺贝尔奖获奖演讲中讨论过知识的"生产函数"。首先，知识的生产需要主观要素的投入，这个主观要素就是科学家的智力。我们知道，在物质产品生产过程中，虽然也需要科技人员和管理人员脑力的投入，但主要是依靠劳动者的劳力投入。知识的生产过程对科学家的智力投入有两方面的要求：①高智力的投入，从事知识产品生产的科学家的智商要比一般人高，他们不仅有解决问题的能力，而且有发现问题的能力。②智力投入的质量要求还包括科学家必须具备某一领域的科学基础知识，这种基础知识有两种储存方式，一是储存于科学文献中，这就要求科技人员必须对这些文献相当熟识，二是储存于科学家的大脑中。除了上述主观要素投入之外，知识生产还需要客观要素的投入，有人把它们称作研究资源的投入。研究资源的种类和数量根据知识生产学科的不同而不同。对于社会科学来讲，电脑、数据资料、助手等是现代社会科学必不可少的研究资源。对于自然科学（如物理学研究）来讲，研究资源就是实验室、设备、材料、助手，等等。

知识生产过程的实质就是知识创新，就是科学发现和技术发明。这两类发现和发明可以通过不同的成果形式存在，如科学论文、著作、报告、图纸、电脑程序，等等。最后，通过经济创新活动（新产品、新生产过程、新原料来源、新市场和新的经济组织等），转化为经济价值。但是，知识生产过程与其他生产过程相比一个最显著的特点是，其生产函数所描述的投入—产出关系只能是一种随机概率关系，即知识生产过程中的投入—产出关系是不确定的，谁也不能保证投入多少科学家，投入多少研究资源，就一定能产生多少知识创新，一定能转化为多少经济价值。但是，我们也不能由此认为，知识生产过程是无规律可循的。知识生产与其他物质产品生产一样，从总体来看，投入越多，产出越高。但是深入到具体的某一个学科和某一短时期的知识生产过程，投入与产出之间的关系就未必如此明确。由于知识生产是一种投入和产出之间的关系由随机概率形式确定的生产活动，因此是具有风险的生产活动。这种知识生产活动的风险特征，加上科学家智力投入难以被观察的特征，决定了对科学家的活动进行监督和激励的困难。第一，投入和产出本身是随机概率过程，因此如果科学家具有机会主义倾向，他完全可以把知识生产低产出归咎于现实客观原因。第二，科学家脑力活动的支出，不像体力劳动那样可以被观察到。因此这两个特征加在一起，构成知识生产过程的复杂性，产生了知识生产者的监督和激励问题。在普通物质产品生产中，如果某些生产过程工人的体力活动也难以被观察的话，只要投入—产出关系是可以明确测定的，那么就可以通过产出数量（如计件工资就使用这一办法）来反过来推算体力劳动支出程度，但在知识生产过程中，我们就很难用"计件工资"的办法来确定科学家的脑力支出情况。如果我们不仅仅把知识产出等同于可以传播的成果形式（如论文、报告、著作、软件等），而且把科学家本身通过知识生产活动所积累起来的知识也看成一种产出，那么有些知识生产过程，尽管从短期看没有可以被发表的科学发现，或者从某一特殊的科研目标角度看，是失败了，也就是没有科研成果产出，但是并不等于没有知识产出。从这个意义上讲，知识的生产过程总是有所收获的，即使没有具体的成果，但是科研人员却得到了锻炼，积累了知识，这一次不成功，却可能成为下一次成功的基础。而且，进一步地看，这一领域科学实验的不成功，很可能为其他领域科学实验的成功打下了基础。

三、知识产品的性质

知识是一种公共产品还是一种私有产品？如果是公共产品，其基本特征是什么？既然是公共产品，为什么还有那么多的私有企业介入 R&D 活动从事知识的生产活动？如果是私人产品，能否完全由市场机制来确定知识生产的资源配置？

早在 1959 年尼尔逊就讨论了知识的公共产品性质（Nelson，1959），同样，阿罗也在 1962 年讨论信息经济学（Arrow，K.，1962）时论述了知识的公共产品性质。此后多年来这些论述都是被大家所广泛接受的，并且许多经济学家如达斯古普塔和大卫(1994)都进一步论述了知识的公共性。综合起来说，由于知识产品的以下几个特征决定了其公共产品的性质。第一，知识产品的生产者很难把知识创新的成果占为己有，科学的发现者(也就是知识创新者)如果把他的知识创新藏起来，那么他的创新就不会被承认，就没有意义。如果像大多数科学工作者那样，把科学发现和知识创新公开发表出来，那么这个知识就暴露在大庭广众之下，就不是知识生产者的私有产品。第二，知识产品的消费并不影响其中某个人的消费。第三，知识产品一旦生产出来，其他人增加消费的边际成本等于零。第四，知识产品的消费与其他公共产品不同的地方在于，知识的使用和消费不仅不会使知识减少，反而会使知识增加。第五，知识产品具有很强的外部性，即知识产品的社会效益要大大高于知识产品给生产者个人带来的效益。由于知识产品的这些公共产品性质，就决定了在知识生产的资源配置上市场是失灵的。另外由于知识生产具有高风险和长期性投资的性质，纯粹从经济收益角度出发的企业不愿意介入基础科学研究领域。如何改进市场机制的非最优效率状态呢？与其他公共产品的生产和供给相似，一个自然的结论就是政府的介入，即由政府通过税收取得收入，再用财政收入来支持知识的生产和传播。长期以来知识的公共产品性质几乎是不言而喻的，没有什么大的争议。但是，20世纪六七十年代以来，知识生产的情况有所变化，其中最大的变化之一是以追求盈利为主要目的的私有企业越来越多地介入知识生产领域。企业纷纷建立R&D机构，投入大量的资金，雇用大量的科技人员，甚至有些行业(如生物制药工业、电子工业等)的企业不仅介入应用技术的研究，而且也介入基础科学的研究。现实经济生活的这种变化要求经济学对其做出新的思考和新的论证，以符合经济情况的变化。因此从20世纪80年代末以来，就有一系列进行新的思考和论证的文章出现，称作新科学经济学。科学经济学的特点就是要证明，知识是公共产品，但不是纯免费供应的产品，也不是可以自由转移和传播的产品，因此知识在具有公共产品的性质的同时，还具有私有产品的性质。这是因为以下几点。第一，由于基础科学研究的新发现对应用技术的创新来讲越来越重要，因此基础科学研究的成果实际上包含着两部分的内容，一部分是可以公开发表的，可以让全人类来共同享用，另一部分可能带来经济应用价值，则是不可以公开的部分，而是作为知识产品可以交易的部分。因此在实际生活中，对于一项新的发现，科学家一方面为了争取优先权，抢先发表，声明自己已经发现了某项科学成果，但另一方面又对这项科学成果的细节进行保密，或者作为专利形式卖给应用技术研究部门，或者自己再进一步实现技术创新，甚至再进一步可以由科学家自己直接组建生产企业来进行生产。第二，随着科学技术的迅猛发展，虽然对于科学技术知识的提供者来讲，他们无法将其占为己有，也无法阻止其他人一起享用，并且其他人共同享用该项知识成果的边际成本对提供者来讲还是等于零。但是，并不是所有人可以无条件地进入知识成果领域。如果把这一推理推广到企业应用技术的领域，就意味着企业本身如果没有 R&D 机构，没有知识资本存量的储备，尽管存在公共技术知识产品，但是这些企业是没有能力利用这些技术知识的。第三，科学知识创新，尤其是技术知识创新，其中有相当一部分内容是不可言传的知识(tacit knowledge)，这部分只有通过自己的研究和学习经历才能摸索到。因此在现代的科学技术过程中，学习研究经历的积累、"干中学"，或者说人力资本的积累，对于科学和技术知识的创新和突破而言越来越重要。因此尽管科学知识对所有国家和所有企业都是公开的，但不同国家、不同地区以及不同部门和企业，因为其本身技术准备不同，或者因为该部门离某项知识革命中心的距离不同，技术创新的速度就会不同。这些情况使企业，尤其是大企业，越来越清醒地认识到，自己不投入 R&D 活动，光是等待"天上掉馅饼"是不现实的。第四，为了有效激励应用技术的开发和创新，市场机制本身也在不断寻求补充机制。有些补充机制是应用技术性质本身所带来的。例如，首先，有些应用技术其他企业无法知道其生产过程细节，因此开发技术的企业能做到有效保密，这样的技术知识就可以占为己有，成为私有产品。其次，有些技术创新知识虽然最终可以被破译，但是需要时间，如果开发这项技术的企业能够在这段时间里有效地获取超额利润，并且这部分超额利润用以弥补技术开发费用以后还有剩余，那么市场机制也能有效激励这一类技术知识的生产，知识生产的资源配置也能达到最优。再次，当技术创新本身的自然性质难以做到有效保密，或者保密的时间差不够长时(相对于获得的超额利润还不能补偿技术开发费用来说)，作为补充市场机制不足的知识产权保护就变得十分重要了。技术创新的主要产权保护形式就是专利权。技术创新者可以用该项技术发明申请专利，从事该项技术开发的企业，就可以在专利权保护的期限里，或者以出售专利的形式收回技术开发的资金投入，或者通过利用该项创新技术，自己生产产品，获取垄断超额利润，补偿技术开发成本。

四、知识生产的报酬系统

在讨论知识报酬系统时，我们对科学和技术做一下适当的区分是十分有意义的。一般来说，科学知识的生产所包含的内容，其公共产品的性质要多一些，因而其报酬系统基本上是建立在非市场机制基础上的报酬系统。相反，技术知识的生产所包含的私有产品性质多一些，或者说对技术知识比较容易建立起各类私有产权的保护，因而技术知识生产的报酬系统基本上建立在市场机制的基础上。

科学知识生产领域有其自身特有的报酬系统，这个报酬系统，我们可以把它称作优先权（Priority）的报酬系统。罗伯特·默顿是较早系统地分析科学研究中优先权重要性的学者，他在 1957 年和 1982 年等一系列论文中论证科学研究的目的是为了取得科学发现的领先权。科学发现的领先权对科学家而言是一种最好的报酬。科学家在某一领域经过多年的科学探索，一旦他有所发现，有了科学新成果，他必然是赶紧发表，向全世界通报，尤其是在自己所从事的科学领域中，要让同行知道自己的新发现。如果他的科学发现被同行所普遍承认，他的科学发现的优先权就被建立起来了。由此可见，科学发现的优先权实际上就是一种非市场性质的知识产权。优先权确立以后，科学家就可以获得与优先权有关的各类报酬。首先，优先权报酬体现在某一项科学发现以科学家的名字命名，如哈雷彗星、Hodgkin 病毒等，就是以完成该项科学发现的科学家的名字来命名的。其次，优先权报酬体现在各类科学奖金上，如诺贝尔奖就是世界范围内最著名的奖励科学发现的科学奖金，20 世纪 90 年代诺贝尔奖金额已经达到 100 万美元。仅在北美，大约存在 3 000 余种科学奖金，其中有相当一部分奖金额超过 30 万美元。再次，科学发现的优先权报酬还体现在科学家被选为国家科学院院士（如美国等）或皇家科学院院士（如英国等）。最后，科学发现的优先权报酬体现在科学论著的发表上。科学论著的发表既是科学发现优先权确立的前提和基础，同时也是优先权报酬的一种主要形式，并且以该论著被引用的次数作为该项科学发现重要性的计量标准，被引用的次数越多，说明该项科学知识成果越重要。从上述四种优先权报酬的体现形式中我们可以看到，科学发现的优先权实际上就是一项产权，或者说知识产权，这里优先权运作的规则是胜者拿走一切（Winner take all），而处于科学发现第二名和第三名的科学家就将失去获得上述优先权报酬的可能性。因此，从以下两个角度来看优先权报酬系统具有激励知识生产和传播的意义。第一，由于优先权报酬系统的运作规则是胜者拿走一切，因此，科学家偷懒的事情就很少发生了，科学研究活动在这里就相当于体育竞赛，每一个科学家都渴望成为科学发现的第一名，因为只有第一名，才能取得上述优先权的报酬。第二，因为优先权建立的基础是论著的发表、科学界同行的承认以及论著被引用的次数，因此优先权报酬系统鼓励科学家一旦有发现，就尽快发表并且传播。由于科学知识是公共产品，且有外部性，因此优先权报酬系统与知识的公共产品性质是相吻合的。因此优先权报酬系统是一种很好的机制，一方面，它激励科学家勤奋工作，多生产知识产品；另一方面，它又激励知识产品尽快传播，发挥其外部性优势，造福于全人类。另外，优先权报酬系统是以承认学术记录为基础的，建立在公开科学研究发现的信息基础上，因此这一报酬系统是不鼓励抄袭和剽窃行为的。在科学研究领域搭便车也是比较困难的。在这里产权安排达到了一种较为和谐的程度：优先权实际上是一项私有产权，即承认科学发现权归某个科学家个人的一种权利规定，但它却很好地起到了激励作为公共产品的知识的生产和传播的作用。

但是，优先权报酬系统也同时给从事知识生产的第二、第三流科学家工作的监督和报酬的确定带来一些问题。因为优先权报酬系统是胜者拿走一切，荣誉归于科学发现第一人，奖金归于科学发现第一人，因此这样一种报酬系统必然带来以下一些问题。第一，对于那些自认为很难成为第一流科学家的科学工作者来讲，从事科学研究工作的风险太大了，万一成不了科学发现者怎么办？因此优先权报酬系统很可能导致科学家队伍的不足。第二，优先权报酬系统只对第一流科学家的工作业绩做出了充分的评价，但是无法对第二、第三流科学家的工作做出评价。这样就可能带来两种后果，一是对第二、第三流科学家的知识生产激励不足；二是第二、第三流科学家可能采取机会主义态度，利用对第二、第三流科学家知识生产的信息的不足进行偷懒。由于存在上述这些问题，对于第二、第三流科学家的知识生产来讲，我们还必须找到其他的报酬系统。首先，我们应该承认知识产品是公共产品，市场机制从本质上来讲无法提供有效激励知识生产的机制，因此一种最为自然的选择办法就是政府介入知识的生产领域，用公共财政支出来支持私人不愿意支持的公共产品生产。因此在知识生产领域，实际上存在一种基础的报酬系统，即不管科学家的成就如何，他首先能够拿到一份稳定的工资，而且这份工资一般要高于社会某种工作的平均工资，作为对科学家早年人力资本投资的报酬。因此不管是哪一类的科学家，这一份基本工资保证了他们的基本生活，就相当于有一份保险一样，然后他再进入高风险的科学研究领域，努力成为科学发现第一人，得到与优先权相联系的一系列报酬。另外，很多经济学家还认为，科学家还有一类特有的报酬，那就是科学家对研究科学问题所固有的好奇心的满足，这种好奇心的存在，使科学家在既得不到优先权报酬系统的报酬，基本工资的报酬并不高的情况下，也愿意积极从事科学研究工作。这种现象在中国"脑体倒挂"的年代就显得特别明显，那时大多数科研人员还是愿意从事知识的生产和传播工作的。

技术知识的创新就与科学知识创新不同，技术知识生产往往发生在国家军事部门和企业生产领域。技术知识虽然也有公共产品的性质，但是主要还是私有产品。技术知识的生产者可以通过保密防止人家的模仿，或者通过模仿的时间差，或者通过申请专利杜绝人家的模仿，然后利用技术创新来获取企业的垄断超额利润。其实不仅仅是技术知识，科学知识也是同样，只要人们能够通过创造一种私有产权垄断该项知识创新，并利用其带来生产领域的超额利润，那么对知识生产的报酬就可以完全建立在市场机制基础上了。因此我们这里所要强调的是某项知识创新能否带来经济上的超额利润，这是市场机制基础上的私有产权安排的前提。因此，在知识经济到来的时代，知识产权保护就变得越来越重要了。以前，许多知识创新与生产部门的利润目标距离还比较远，因此主要是通过优先权制度来激励知识的生产和传播。而现在，在技术知识创新领域，也包括在许多科学知识创新领域，各种形式的市场机制基础上的知识产权，如专利权、版权等，对知识的生产将起到越来越重要的激励作用。但是这里我们需要区别的是，尽管非市场机制基础上的优先权制度和市场机制基础上的知识产权制度都是激励知识生产的机制，但是在鼓励知识传播上，两者是截然相反的。优先权制度鼓励知识广泛传播，但是知识产权制度是要求知识保密的。因此后者从全人类的福利角度来看，是低效率的，因为它损害知识的外部性发挥作用，导致企业重复的 R&D 投资活动。但是，从另外的角度看，市场机制基础上的知识的私有产权安排是激励知识生产的。例如，尽管从知识的传播和全人类的福利增加上讲，技术创新上的模仿、抄袭行为是有意义的，但是这种行为最终将危害从事知识创新活动的人的利益，导致知识创新活动减少。知识产权保护是知识经济时代一项重要的法律制度安排，必须承认知识产权，保护知识产权，才能促进知识的生产和传播。

作者说明

20 世纪最后十年人们开始广泛使用"知识经济"这个概念，在全球经济竞争中，知识创新和产品创新对一个国家的经济发展和增长越来越重要。1998 年本人有机会再回巴黎工作半年，并着手写一本《知识经济导论》的书，在法国人文科学之家(MSH)和巴黎政治学院(Sciences Po)的图书馆收集大量关于知识经济的资料。本文就是在这个基础上写成的。本文发表于《经济研究》1999 年第 6 期。在这篇文章中笔者讨论了知识的内涵与外延，知识作为一种产品和要素投入的特殊性，尤其是要明确知识产品如何介于公共产品和私有产品之间的性质，并在此基础上，我们才有可能进一步探讨知识生产和消费的特殊性，探讨知识产权的保护和激励，以及知识广泛传播对全人类的意义。

经济增长方式：人力资本和知识

对经济增长方式的判断在很大程度上建立在对经济增长源泉的理论分析和实证研究的基础上。知识是经济增长过程中必不可少的一个因素。从非常普遍的角度看，知识在人类文明长河中起着关键的作用，人类社会的进步和发展本身就是一部知识积累的历史。但是，从纯粹经济学的角度考察知识这一因素，那么分析工作会由于以下几个事实而变得非常棘手：知识是个非常笼统的概念，它不仅包括所有民族拥有的共同成分，而且也包括与区域文化传统等因素密切相关的特殊成分。因此，知识在经济增长中扮演的角色则会由于经济、文化和政治等社会现象的相互作用而变得复杂化。从知识这一头绪纷繁的因素中提炼出与经济增长方式关系密切的成分并加以分析，成为增长理论的研究重点之一。

一、经济增长新理论：人力资本和知识积累的作用

人们对经济增长的理论研究由来已久，如何界定经济增长的源泉成为经济增长理论的一个核心问题。自经济学产生以来，经济学本身就处于不断的变化中，经济增长理论也不例外。亚当·斯密的《国富论》诞生时，世界各国的经济已经发生了非常巨大的变化，经济增长的思想在各个时期也相应地得到了更正和完善。从 18 世纪古典经济学家著作中的零碎的非系统化的经济增长思想到 20 世纪八九十年代的内生经济增长理论，我们发现，知识、人力资本和技术等因素逐渐地进入经济学模型中，得到了相当的重视。

(一)传统增长理论：知识积累为外生变量

亚当·斯密于 1776 年出版的《国富论》一书是古典政治经济学理论体系形

成的标志和现代经济学的起源。这本书的题目已经说明了其内容是讨论一国财富和国民收入存量的性质、扩大商品生产的条件和促进或阻碍财富增长的原因。斯密的观点是，劳动分工是提高劳动生产率以扩大商品生产的关键，但是进行大规模专业分工的前提条件是，必须有资本积累来提供专业劳动分工所必须配备的专门的机器设备，这个前提条件加上一定的市场规模可以促进劳动分工。提高劳动生产率和利润率，增加资本积累，经济增长就会持续下去。和斯密同时代的其他古典政治经济学家大致上持与斯密相同的观点，即资本积累是经济发展的关键，而投资来源于储蓄，因此节俭和扩大储蓄非常必要。李嘉图的主要观点是，土地数量是有限的，资本会引起工资上涨和人口增加，但是土地制约资本的形成，因为经济剩余最终全归地主而不是资本家。马尔萨斯则认为，人口增长会超过生产资料的增加速度，从而引起食物短缺，整个社会用于消费的总产出递增，资本积累停滞。没有资本积累在他们看来等价于没有经济增长。古典政治经济学家生活的时期是经济科学刚刚起步的时代，他们的思想意义非常伟大，但这也是个泛泛而谈的时代，经济的发展程度和当时经济科学的智慧尚不允许这些经济学家对经济增长进行定量的阐述和论证，他们往往凭直觉考虑到了一些问题。从整个19世纪的资本主义经济发展情况中可以清楚地发现，很多古典政治经济学家原来假定不变的一些前提假设却发生了重大的变化，生产技术的迅速发展、新的自然资源的开采和劳动力技能提高等都成为促进经济增长的重要因素。这几位有代表性的古典经济学家的经济增长思想的几个假设条件值得商榷：首先，资本积累未必是经济增长的唯一制约因素；其次，他们没有考虑劳动力和资本这两个生产要素是否同质这一本质问题；再次，技术不变的假定是不可取的。我们发现，他们对投入品是否同质基本上没有详细讨论，也没有考虑知识积累对经济增长的影响。

19世纪末期的新古典学派则崇尚经济演化主义，因为这与他们的理论核心之一——均衡思想是和谐的。他们把人口变动作为外生已知的，技术进步被假定为独立的变量，理论研究的重点主要是资源配置问题。新古典学派的收入分配理论首先假设生产要素是同质的，无论是劳动力还是资本都是一样的。与古典政治经济学家相比，新古典主义在理论精致化的同时，在某些方面反而出现了重大退步，首先是技术进步和知识积累被假设为外生的变量，因而不是经济增长理论研究的核心因素；其次，要素同质彻底否定了教育和干中学等形成的人力资本的存在。被剥夺了人力资本这一主要载体之后，技术进步和知识积累也只能采取外生的形式了。在新古典主义盛行时期，只有熊彼特奏出了不和谐之音。他认为，不断地进行技术创新就是资本主义经济增长的动力，新的创新不但增加了利润，而且快速地提高了资本积累。但是，熊彼特也是泛泛而谈，他在这个领域的最远一步是对创新和发明的区分，而没有定量分析知识积累和技术来源。

凯恩斯革命改变了经济学的面貌，给经济增长理论的发展带来一些希望。但是，凯恩斯当时写作《通论》的主要目的在于提供解决就业问题的理论依据，因而他的分析主要从需求角度入手，同时采取了短期和静态的分析方法。经济增长理论的开创性人物哈罗德和多马认为，凯恩斯理论有局限性，需要在此基础上进一步长期化和动态化，即把人口、资本、技术等因素在长期内视作变动的量，分析它们在连续的时间内与其他变量一起在经济增长中起的作用和相互关系。哈罗德和多马的主要贡献是考虑到投资的供给效应，他们试图用乘数、加速数和资本系数等短期工具分析长期问题，但他们设立了一个最致命的假设，即生产过程中的资本和劳动力的比例不变。他俩的模型仍然把人口、知识积累等因素视作外生变量，并隐含着把劳动力和资本视作同质的假定。资本和劳动力的固定比例仍然是短期分析工具（长期内，生产技术和要素的投入量都可以变动）。因此，哈罗德—多马模型实质上排斥了教育和干中学等形成人力资本的可能性。

（二）"二战"后对人力资本和知识积累的系统研究

经济增长理论重新引起人们的注意是"二战"之后的事情，并主要归功于库兹涅茨等人用国民收入和产出统计数据所进行的实证分析。对人力资本和知识积累系统研究的一个重要来源，就是 20 世纪 50 年代美国经济学家在解释美国经济增长时遇到的问题。"二战"之后，以库兹涅茨为首的一批经济学家分析了投入—产出的数据关系，研究经济增长的学者马上意识到现代增长账户背后存在着某种内在逻辑。阿布拉莫维茨（Abramovitz，1952）指出，一国的产出水平取决于土地、劳动力和资本等投入品的数量与影响这些投入品生产率的其他因素（如生产艺术、产业和金融的组织结构与法律体制等）。因此，至少从某种层次上，经济增长可以被理解为投入数量变化和投入质量提高的函数。阿氏指出，对增长的分析不能仅停留在这个水平上，令人满意的增长理论必须抓住引起这些因素变化的背后力量。他的结论是，技术进步应该是引起增长的主要力量，而技术是内生的，主要来自投资。我们可以发现，阿氏的观点与古典政治经济学家的观点大不相同。阿布拉莫维茨认为，技术进步主要来源于R&D等形式，他仍然没有清楚地阐述劳动力也是异质的这一事实。对人力资本没有认识清楚也就无法彻底地理解和定量分析R&D部门的行为和技术进步。阿氏提到了新知识的利用总是要使用一些物资设备形式的投资，但却忽视了知识的更重要载体——人力资本。

同时期的实证经济学家用新的国民收入和产出账户以及其他新数据研究美国经济增长，结论是美国的产出增长远远大于投入增长的贡献，多余的产出增长应该归功于技术进步、规模经济、人力资本投资和资源重新从相对低效率的部门转移到高效率部门等因素。丹尼森的发现也证实了阿布拉莫维茨等人的观点。这些实证研究的缺陷是它们仅仅分析了经济增长的几个来源，对人力资本和知识积累本身没有具体分析，更不要说对后者如何变化的研究了。

从人力资本角度研究知识积累的工作并把其纳入经济增长理论进行分析的是索洛。索洛的模型针对哈罗德—多马模型的资本和劳动力的固定比例系数提出质疑，并在要素互相可以替代（通过要素价格机制实现）的假设上建立了资本和劳动力的投入与产出之间的函数关系，技术又被假定为外生，要素是同质的。根据索洛的思想，我们可以用总生产函数形式测量投入和产出之间的数量关系。被最广泛采用的生产函数是柯布—道格拉斯生产函数。用这一函数形式建立投入（同质的资本和劳动力）与产出之间的关系，并用实际的数据进行回归，估计参数的值。最终的结论是，投入增加不足以全部解释产出的增加，而且两者之间的缺口非常巨大。有人把这个不能解释的部分称作"索洛残差"或总要素生产率。实际上，假如所有解释要素都包括在生产函数中，并被准确地测量出来，那么表明这些变量之间相互作用的函数形式就能被精确地表示出来，总要素生产率应该等于零。从这个意义上讲，总要素生产率是一些解释不了的变量，应该包括异质的劳动力和资本所导致的贡献。由于假设了同质的生产要素，实证研究的误差就不言而喻。因为实际生活中的资本和劳动力是异质的，因而要素无法加总，总生产函数也就不存在。另外，即使能够加总要素，但是一些数据（如资本和劳动力的报酬份额）是根据实际情况得出来的，与抽象的理论要求有一定的差距，例如实际的劳动力报酬份额应该包括了人力资本的收入，在理论模型中却反映不出来。索洛自己几年之后在一篇文章中得出结论：美国经济增长主要依靠技术进步，而这个技术进步就反映在数值很大的总要素生产率上。索洛模型的缺陷马上暴露无遗：首先，这个总要素生产率是产出和投入增长的差额，是个后验数据，它应该由更细的因素组成，其中主要包括人力资本和内含于实物资本的技术进步，而索洛就此一笔带过；其次，索洛假设劳动力和资本是同质的，这就省略了很多解释经济增长的其他因素。

（三）新增长理论的核心内容：技术进步内生化

前面提到，很多经济学家认识到劳动力和人力资本是异质的，并从研究人力资本的角度来解释物质资本和劳动力的增长不能解释的全部经济增长或大部分经济增长。舒尔茨和贝克尔则从教育形成的人力资本角度建立了一套比较完整的人力资本理论。舒尔茨的研究领域涉及发展经济学，因此他对人力资本和经济增长的关系也有独到的见解。舒尔茨认为，劳动力是非同质的，他们的健康状况和所受的教育程度不同，相应的收入和报酬也不等。只要人们把这种差异视作一种人力资本投资的结果，那么问题就迎刃而解了。舒尔茨用人力资本解释了三个围绕经济增长的问题。一是资本和收入比率的长期行为。一般地，劳动力和土地是非积累性生产要素，而物质资本是积累性生产要素。理论告诉我们，假如一国积累了相对于土地和劳动力而言更多的生产性资本，那么它会由于物质资本的丰富和便宜而深化资本使用。但是实际上这种情况没有发生，物质资本和收入比率长期内却在下降。这涉及人们持有财富的动机和偏好以及他们的特定投资和积累资本存量的动机。上述资本和收入比率仅仅包括一部分资本而排除了任何形式的人力资本，但在实际生活中，人力资本的增加速度远远大于再生性非人力资本。假如我们认识到人们的动机和偏好、面对的技术可能性以及特定阶段与经济增长有关的不确定性导致人们维持所有自有资本对收入的比率的稳定性，那么估计到的资本—收入比率下降就意味着人力资本不仅相对于传统意义上的物质资本而且相对于收入而上升。其次，美国国民收入增长与要素投入贡献之间的缺口很大，而且这种缺口随着商业周期运行有不断扩大的趋势。舒尔茨认为，把这一缺口称作资源生产率等只意味着经济学者的无知，这不是研究经济增长的有效方法。他指出，假如忽视指数和加总中存在的问题，有两种因素可能解释这一缺口：规模经济和被从投入估计中忽略的要素质量的大幅度提高。一国经济肯定在某些时期经历规模经济和在其他时期发生规模报酬递减现象，只是我们无法测量其净值，非人力的物质资本的质量也会提高。但是，舒尔茨认为，相对于被省略的人力资本增量而言，物质资本质量和规模经济只是解释缺口的次要因素。再次，工人的实际收入长期内大幅度增加，这主要来自人们在人力资本上投资的报酬回收。观察到的平均劳动生产率增长仅仅是每单位劳动所含人力资本增加的结果。"二战"中，一些国家的物质资本的受损程度非常严重，但是它们保存了相当数量的人力资本，战后经济重建和恢复的工作非常迅速，这就是一个明证。舒尔茨本人的结论是，美国的总要素生产率绝大部分可以用人力资本积累解释，而贫困国家的经济发展速度迟缓的主要原因是由于这些国家人力资本匮乏。

舒尔茨的理论描述性成分居多而定量分析不足，但是，在预测经济增长来源的工作中，人力资本的存量是一个非常重要的变量。据美国经济学家乔吉逊估计，在美国的全部资本中，人力资本占 75%—90%。舒尔茨的理论包含了很多的合理因素，但是由于模型操作性差，他的一套内容在经济增长理论的演变过程中并没有占主导地位，主线的接力棒从索洛传到阿罗等人以后，沉寂二十余年，20 世纪 80 年代又由罗默和卢卡斯再度接过，引发一场内生经济增长理论的研究热潮。前文已经指出，技术进步和知识积累有人力资本和物质资本两种载体，从阿罗 1962 年的开创性文章《实践学习对经济学的意义》开始，技术进步内生化成为新增长理论的核心研究内容。这以后又有两个研究方向：一是卢卡斯(Lucas，1988)结合贝克尔的人力资本内生化理论和阿罗的观点，把原来被索洛假设为外生的技术进步转化成人力资本因素，这是一种间接的技术进步内生化理论；二是罗默(Romer，1986，1990)直接把技术进步内生化，把 R&D 部门看作知识积累和技术进步的源泉，建立 R&D 与投入人力资本(或劳动力数量)之间的函数关系。这一方向得到了一批学者的支持，但在具体研究方法上略有不同，一些经济学家用中间产品的数量来表示知识存量，模型中不直接出现人力资本。实际上，这两种方法都试图内生化知识积累这一因素，在如何引入人力资本这一变量方面是一致的，分歧在于建立模型的具体方式。

阿罗认为仅用资本和劳动力投入解释经济增长是不够的，技术外生则更令人难以接受。他认为，技术进步主要来自经历。首先，知识在实际生活中会逐渐积累起来，从事生产的劳动力获得知识是个内生的过程，获取知识的主要方式是学习，而学习又是多次重复经历的产物，只能通过解决问题的活动而产生。其次，相同问题重复出现，相关的学习过程的边际收益递减很快。阿罗用积累性总投资代表经历，吸收了技术进步完全内生于新的物质资本品的思想。任一时点上，新资本品的形成汲取了当时的所有可用知识(技术进步和学习效果只产生于资本品部门)。学习过程有两个效应：一是由于生产了更多的资本品而积累了更多的知识，下一代资本品包含更高的技术水平，生产每一单位最终产品所需劳动量下降；二是学习过程和知识的溢出效应，所有劳动力和积累性物质资本生产最终产品的效率会逐渐提高。阿罗最后指出，舒尔茨等人主张的劳动力质量提高是生产率提高的源泉这一思想，可以在他的模型中通过修正劳动力增加速度来体现(这一速度不仅包括数量增加，还包括质量提高)。

要论述卢卡斯的方法，我们还得从索洛模型说起。索洛模型表明，在各国知识水平相仿、技术可以自由转移的条件下，各国的经济增长率会趋同。但是，实际情况并非如此。技术是一种知识，体现在人力资本和物质资本上，技术无法达到自由流动的境界，往往出现物质资本流向人力资本存量高的地区，或者发展中国家的人力资本流向物质资本和人力资本均非常丰富的发达国家。人力资本和物质资本的互补性显然强于劳动力与物质资本的互补性，R&D等科技开发中的人力资本和物质资本投入有规模经济效应和最低投入限度。卢卡斯批判了索洛模型的不足后，提出了两种可能引入人力资本的模型：一种强调通过"干中学"的人力资本积累，另一种强调通过正规教育的人力资本积累。前者直接受惠于阿罗的观点，后者则承袭了舒尔茨和贝克尔的思想，贝克尔曾用家庭中父母对子女的利他主义精神把教育和人力资本投资内生化。卢卡斯假定人力资本投资的边际产出率递减，在第一个正规教育模型中，他把每个人除了闲暇之外的时间分成两部分，一部分直接投入生产过程，剩下一部分用于人力资本的投资和积累。卢卡斯又假定人力资本具有外部效应，每个人的人力资本投资都对社会平均的人力资本水平有贡献，而经济增长轨迹又取决于社会平均人力资本水平。另外，人力资本的私人投资具有收益递增的特点，原有人力资本存量越大，人力资本生产的投入产出率越高。在第二个"干中学"的模型中，卢卡斯吸收了阿罗的观点，但是摒弃了技术进步完全内含于物质资本的思想，提出人力资本的增加与实际生产过程中投入的时间成正比，同时又和已有人力资本存量的规模成正比。在这个模型中，卢卡斯保留了上一个模型的假设，建立了一个两部门经济，并对"干中学"对动态比较优势的经济含义作了说明，对国际贸易与经济增长的关系提供了一些看法。一国原有的相对优势会由于人力资本积累而强化，但是假如特定产品的学习潜力随时间而递减，那么已有的相对优势就会消失，这可以解释新产品的引入和一国经济增长率随时间而变化的情况。卢卡斯的政策含义很明显：由于人力资本积累具有边际收益递减的内部效应，一国的人力资本存量不可能无限扩大；另一方面，人力资本积累又具有外部溢出效应，而且人力资本增量与存量成正比，初始人力资本存量高的发达国家的经济增长率比发展中国家的要高。假如考虑到发展中国家的人才向发达国家移民，这一差距会扩大。当然卢卡斯的模型没有探讨在职培训这种人力资本投资方式，因为培训不属于正规教育范畴（根据世界银行的定义），但其性质与卢卡斯的教育人力资本模型相同，可以归入这一模型。

卢卡斯的文章也有不足之处。首先，他没有把正规教育和"干中学"这两种人力资本积累的主要方式结合起来，在他的技术处理中，这两种方式是相互排斥的，因此有必要建立一个模型来合理分析用于正规教育和直接生产的时间，使两种方式产生的人力资本总积累量极大化。其次，卢卡斯把人力资本视作技术进步的主要形式，但在实际生活中，一些技术进步和知识积累必须通过初始人力资本存量与物质资本相结合才能实现，如实验室里的研究设备，而且技术进步部分地内含于物质资本，新的技术必须通过使用新的机器设备等物质资本取代旧物质资本才能体现出来。

卢卡斯的研究方向在以后的内生经济增长理论研究中没有得到足够的继承和发挥，但是大家仍然给了人力资本重要的地位（当然，没有像在卢卡斯一文中那样举足轻重）。随后首先由罗默承袭阿罗的思想继续研究，接着，格罗

斯曼等人纷纷响应。罗默(Romer，1986，1990)首先明确地提出关于知识的
两个假设。首先，知识具有部分排他性和非对抗性，即知识的产权通过知识
产权保护措施和法律法规具有部分排他性，同时知识的消费和使用具有非对
抗性。由于知识的公共产品性质，完全竞争的企业对知识开发的投资与社会
的最佳要求并不相同。罗默假设每一项技术发明的产权受到永久保护，所产
生的垄断利润用于补偿企业在 R&D 上的费用。其次，知识具有溢出效应。
由于知识的消费和使用具有非排他性，知识就具有社会效益。罗默等人对总
知识的存量又进行了区分，分成一般性知识与专有性知识，前者是所有经济
主体都可以无偿使用的，而后者是应用性很强的科技发明等，一般受专利法
保护。他进一步假设专有性知识的生产需要投入人力资本且与原有的知识存
量规模成正比，这一初始存量越大，用于生产知识的人力资本的边际产出率
就越高。罗默在 1990 年那篇文章中构造了一个多部门模型，包括最终产品、
中间产品和知识发明(R&D)三个部门。它避免了卢卡斯(1988)和罗默(1986)
模型没有微观基础的缺陷(后两者把技术进步视作总生产函数的一个变量，技
术进步投资的溢出效应被加到其他所有企业的投入要素上)。罗默(1990)从规
模报酬不变的科布—道格拉斯生产函数中推导出如下结论：人均收入增长率
与社会投到 R&D 的人力资本比重成正比，与人力资本在 R&D 中的边际产出
率成正比，与时间贴现率成反比。假如一国用于 R&D 的人力资本过少，或
已有的人力资本存量相当贫乏，那么该国可能很难摆脱低速经济增长的轨迹。
罗默理论的主要缺陷是假定一国人力资本存量不变和封闭经济环境。另外，
格罗斯曼和赫尔普曼(Grossman and Helpman，1989，1990)也纷纷建立模
型，探讨研究与开发中间产品和最终产品生产中所凝结的人力资本以及它们
之间的相互作用，对这一方面的经济增长研究作出了贡献。

下面简单地归纳一下内生经济增长理论的两个特征和一些成功之处。第
一个特征是，知识发明创造的溢出效应导致生产的规模经济。第二个特征是，
规模经济意味着均衡增长速度与最佳增长速度之间有差距，政府通过技术发
明政策可以提高一国的福利状况。该理论的成功之处是，认识到内生技术进
步是经济增长的主要动力，这增强了增长理论的真实性，对技术的重新认识
也就是对政府作用的重新定位。

二、人力资本和知识：中国增长方式的转变

(一)知识积累方式的具体类型

知识的积累有各种方式，世界银行 1995 年《世界发展报告》强调了健康、学校教育和培训的重要性。对家庭而言，根据成本—收益分析方法，只有在健康和正规教育上的投资收益现值超过成本的现值时，家庭才会进行这些人力资本投资。但是由于家庭对人力资本(尤其是健康和寿命)的回报率的信息并不完全了解，经常出现私人投资不足的状况。政府在这方面应该积极支持人们对健康和正规教育的投资，如举办有关健康和营养的教育，向愿意但没有资金进行投资的家庭提供信贷等帮助。另外，人力资本投资的社会效益大于私人效益，这就是卢卡斯模型中知识和人力资本的溢出效应。例如，一个普通公民受过更多教育的社会更能接受和消化新技术。为了获得这些社会收益，政府可以通过在初等教育领域向受教育者提供补助等方式改变家庭投资教育动力不足的状况。特别需要指出的是，在大部分发展中国家，女孩所受的正规教育程度通常低于男孩，提高女孩的受教育程度一方面要提高妇女的人力资本存量，另一方面与降低出生率和婴儿健康、营养和教育环境改善等涉及整个社会的人力资本存量相关。这些工作非得需要强有力的政府干预才能实现。由此可见，作为社会主义国家的政府在这方面任重而道远。

人力资本的另一个来源是"干中学"和职业培训。大多数人在工作期间，通过在岗培训或在正式培训中心培训继续积累技能，无论从劳动者还是企业的角度看，这种培训是一项投资，因为劳动者的报酬会因此而增加，企业则经常需要特殊技能的工人。当然，这种投资也有一定风险，当事人不能确定能否完全占有投资回报：受训工人可能转投他处，把本该属于原企业的收益转移给其他企业；或者受训工人失业，所掌握的特殊性技能不发挥作用。一般的办法是，企业承诺就业安全性以减少工人的流动，工人可能同意签订提前辞职需要赔偿的合同，等等。非正规教育的人力资本投资非常普遍，主要原因是这种投资与生产的实际要求紧密相关，例如，1991 年 37% 的日本工人和 24% 的墨西哥工人承认自己接受过某种形式的旨在提高工作技能的培训。

高技术产业的企业和出口导向的企业更有动力进行在职培训等投资，这与这些企业所处的环境和产业特征有关，出口导向、技术进步速度、劳动力所受的正规教育、经济周期以及经济增长前景等都会影响企业培训工人的热情。假如企业在这方面的热情不足，从整个发展前景看，政府就需要介入这个过程。

专门生产知识的部门也聚集了大量人力资本，包括高校、专门的研究机构和企业中的 R&D 部门。各国所拥有的生产知识的部门的形成方式各异，如第一节提到的日本的方式和美国的方式。政府和企业在推动知识生产的过程中应该注意使知识的实际应用性和溢出效应相结合。一般来说，企业更倾向于生产特殊性知识，政府和公共部门则应该补充企业的行为，扶植溢出效应强的一般性知识生产，如高校的基础科学研究。另外，知识还存在于机器设备等实物资本中，技术进步和知识积累内含于实物资本中，后者的更新换代反映了知识水平的提高。由于新的实物资本（如中间产品的出现）与生产知识的部门有很大关系，后者在知识积累中发挥的作用超出了本部门的限制。新产品从图纸设计到实物形式，中间需要经过或多或少的环节，有财力的企业可以自己设立 R&D 部门而减少这些环节，对于数量众多的无力独立开发新产品的小规模企业，政府则应该为它们提供帮助，如设立专门的研究机构，或者在高校或研究机构与企业之间充当媒介，加速新产品设计的转移和实物资本品的顺利形成。

(二)中国增长方式转变中的知识积累

针对上述几种具体类型的知识积累方式和政府、企业在其中扮演的角色，我们下面来论述一下中国经济增长方式转变中的知识积累和现实生活中可能存在的亟待解决的问题。经济增长一般粗分为粗放型和集约型两种，前者主要指依靠要素数量增加而维持的增长方式，后者主要指要素质量提高而促成的增长方式，要素质量用要素的边际生产率反映。以人力资本和实物资本为主要载体的知识积累能够提高劳动力和资本的边际生产率，因而是集约型经济增长的主要源泉。粗放型经济增长方式最终会由于要素的数量制约而难以维持下去，中国的经济要实现可持续性增长，只能依靠知识积累和技术进步。

根据世界银行的报告，我国的人口绝对数在 1993 年达到 11.78 亿人，预计到 2000 年和 2025 年，这一数据分别达到 12.55 亿和 14.71 亿。1991 年劳动力人口达到 7.07 亿。劳动力平均年增长率在 1980—1993 年达到 2.0%。而 1993—2000 年将降至 1%（World Bank，1995a）。从这些数据可以发现，中国的劳动力数量充裕，而且有继续扩大的趋势。假如劳动力是同质的，那么要完全吸收和充分利用这么庞大的劳动力和人口队伍，中国的产业和国民经济将达到难以想象的规模。但是，劳动力是异质的要素，不同的产业对劳动力技能的要求也不一样，例如，农民就难以胜任计算机软件开发工作。中国庞大的劳动力队伍中多数是非熟练劳动力，人力资本的总量并不大。在经济发展的过程中，保证充分就业和平等也是值得重视的社会目标，因此加快农业等基础产业的发展也很有必要。但是，在新产品更新频繁的年代，一国经济的相对优势也是动态变化的，在罗斯托的模型中，现代化先进国家赶超领先国家的一个重要途径就是建立有发展潜力的主导产业和不断调整产业结构。技术含量高的产业对劳动力素质的要求比农业等初级产品产业高，提高劳动力素质成为经济增长的根本出路。中国的经济增长方式转变无非要从以前的以粗放型为主的方式过渡到以集约型为主的方式，我们已经讨论过一国的人力资本存量的结构和增加这种存量的方法，因此，摆在中国面前的任务是，首先，改善熟练劳动力（如科技人员、工程师等）的物质生活条件，注意他们的身体健康，延长这部分人力资本的服务时间。其次，加强学校正规教育投资，普及初等教育覆盖面，并适当地提高教育质量，逐渐增加高等教育的普及率。再次，中国的企业在提供在职培训方面没有形成系统工程，而且投资很少。工人在工作岗位上重复某种工作可以取得"干中学"的效果，与在职培训一样，"干中学"所获得的技能带有专有性。政府和公共部门直接介入这些非正规教育，人力资本积累的效果不一定好，但政府可以间接地介入，用各种优惠条件鼓励企业系统地进行人力资本投资。

知识的另一种物化形式是实物资本，这一形式又与生产知识的部门的人力资本有密切关系，如科研人员等。新产品的问世和转化成实物形式是人类社会的知识积累，我国的经济增长方式的转变也必须强化这个环节，如加速新产品的应用。大型企业一般都有专门的产品研制部门，而且与科研单位有一定的联系。政府的工作就是支持企业内的研究部门和加强它们与科研单位的联系。高科技产业（如计算机产业等），其发展本身就是依靠大量计算机人才等人力资本和内含技术的物质资本，政府有义务为这种产业的发展创造条件。小企业可以在政府帮助下建立与科研部门的联系。这些做法不仅可以充分利用已有的人力资本，又可以物化部分知识和实现技术进步。体现一国知识积累的另一个渠道是国际经验。根据东亚等出口导向国家和地区的经验，出口企业在人力资本投资方面比非贸易企业更加积极，引进国外先进的技术设备，经过国内消化，利用国内廉价劳动力再出口是东亚的成功之处。这里体现了两个方面的知识积累，首先是从国外引入先进技术设备等体现更高知识含量的物质资本，有时从国外聘请专家指导（国外人力资本通过指导方式向国内转移）；其次是国内消化过程，一方面是提高国内研究部门和企业的技术开发能力，另一方面通过劳动力的"干中学"和在职培训的方式扩大人力资本存量。我国改革开放以来，贸易部门引进国外知识和技术的成绩相当明显，家电等产业通过引进国外技术在知识积累上提高了几个层次。众多出口加工企业和外资企业也通过培训和"干中学"途径为我国扩大了人力资本存量和增加了内含技术进步的新产品。在增长方式转型的过程中，涉外经济部门的作用不可低估，继续执行开放政策是明智之举。

　　人力资本的正规教育投资是有成本的，其中就包括工资等机会成本。但从更长期的角度看，这种成本的回报足以补偿成本本身而且有剩余。对整个社会而言，推迟年轻人就业年龄、在学校里进行更多的正规教育可以扩大人力资本存量。在中国，由于种种因素的限制，人们工作一段时间后返校再教育的可能性很小，推迟就业年龄的措施极其必要。

　　不仅如此，增加接受正规教育的人数、延长每个劳动者接受教育的时间，从某种意义上讲，也是缓解就业压力的一个有效办法。为了缓解就业压力，我们目前往往采取让企业职工提前退休的方法，而这部分职工有些是积累了相当技能、身体又十分好的工人，与其让这部分人提前退休，还不如让年轻人多接受教育，晚些进入劳动市场，这部分年轻人将来就可能成为素质较高的劳动者，他们具有潜在优势。在今后的国际竞争中，高素质的劳动者所生产的产品更具有竞争力，这样就可以扩大中国产品的世界市场份额，从而进一步缓解中国的就业矛盾。

作者说明

自 20 世纪中叶以来，人们逐渐认识到在经济增长中人力资本所占地位的重要性。自舒尔茨以来，人力资本开始进入经济学家进行宏观经济分析时所用的数理模型中。为何在过去的几百年中，经济学家们并没有在经济增长模型中考虑人力资本？为何人们总是落在马尔萨斯陷阱中，直到工业革命后才得以逃脱？本文与韩贤旺合作，发表于《上海经济研究》1997 年第 2 期。本文首先分析了在不同历史时期、不同经济流派中人力资本所占的地位，其次对现代人力资本增长理论的发展做了一个总结。中国自 1978 年改革开放以来，经济增长的速度是快的，但是中国经济增长基本上属于粗放的。外延型增长，经济增长的效率和可持续性有问题，如何从外延型经济增长转变到内涵型经济增长，其中的关键是如何发挥人力资本在经济中的作用。今天，我们还是强调经济发展方式要转变，经济结构要转变，而这些转变的根本，仍然是人力资本转变的问题。

经济创新与企业战略

一、创新概念的内涵

创新，英文为 innovation，词义解释为创新（innovate）行为、发明（invent）行为或者创造（create）某种新事物的行为，因此有知识创新（即科学新发现）、技术创新（技术新发明）。在社会、政治生活中倡导和引进新生事物，我们也可以称其为社会事务创新或政治创新。但是，创新一词在经济学当中却有其特定的含义，而且在西方大多数现代语言词典中都已经把经济学意义上的创新含义作为解释这个词的一个主要条目。对于经济学意义上的创新概念，目前绝大多数经济学家都同意和接受奥地利籍经济学家熊彼特的定义，经济创新指的是新产品的开发、新市场的开拓、新生产要素的发现、新生产方式的引进和新企业组织形式的实施。在现代经济条件下，创新就是新的组合，如新技术与新产品的组合、新技术与新生产过程的组合、新技术与新生产原料的组合、新技术与新市场开发的组合以及新技术（或者新的生产力）和新产业组织的组合，等等。总之，创新在经济学上的意义就是新的组合，而这个组合的最初起因可能是知识的创新和技术的创新，但通过与经济生活中的某一活动相组合，就带来一场经济生活领域的革命。

在熊彼特早年的著作《经济发展理论》（1912）中，把经济学意义上的创新更多地归结为企业家活动的结果。在熊彼特看来，企业家活动的精髓就是创新，企业家不同于一般人的地方，就在于企业家能够发现经济生活中的问题所在，善于抓住机遇，开发出新产品、新市场、新生产原料，变革生产过程和生产组织。说企业家行为的精髓是创新，是因为企业的行为不能根据已有规则行事。如果某个企业的经营者根据成规或者从书本上学来的知识对企业事务进行处理，那么他至多是一个技术型的企业管理人员，而不是一个企业家。企业家虽然需要具备众多知识，尤其是企业管理方面的一般知识(或者说成规)，但是一个成功的企业家，其成功的根本原因就在于打破成规，有所创新。因此，一个企业家，尤其是知识经济时代的企业家，一方面他要善于捕捉科学技术领域的创新，另一方面他要善于捕捉来自产品、生产过程、原料、市场、企业组织等方面出现的(或者说潜在的)商业机会，然后把知识创新与经济生活中的机遇相结合，实现经济创新。如果一个企业家成功地做到了这一点，等待他的将是创新所带来的超额利润。企业家从某种意义上来讲就是要善于抓住来自各方面的机遇，尤其是要抓住来自科学技术领域的机遇。但是，熊彼特的创新概念，随着时代的发展以及经济生活中情况的变化，也发生着重要的变化。如果说早期的熊彼特更多的是强调创新活动的随机性，强调企业家在抓住创新机遇上的作用，那么随着垄断竞争的发展，大企业对R&D活动的投资不断增加，熊彼特在他后来的著作(《资本主义、社会主义和民主》，1942)中，努力将创新看成由企业行为内生所决定的。西方经济学界20世纪70年代以来对有关经济创新问题的讨论也都强调了这一点。

二、创新的源泉和激励

前面我们分析了创新活动所具有的基本特征，尤其是区分了熊彼特早期著作中的创新概念和晚期著作中创新概念的不同。现在我们将讨论创新的源泉和激励。创新的源泉和激励是关系到一个国家的经济创新活动是否活跃的关键。在工业革命以前，知识积累与创新也一直在进行，但是知识创新转化为经济创新的速度很慢；工业革命以后，创新活动开始活跃，科学知识转化为现实生产力的速度加快。但是在不同的国家和地区，创新活动的规模与程度差异非常大，这就说明在不同的历史时期，在同一历史时期的不同国家和地区，创新的源泉和创新的激励相差非常大。前面我们已经提到，创新是一种具有两面性的活动。创新的观念(idea)一方面来自科学知识的积累与发展，科学知识的创新和技术创新给所有形式的创新(产品创新、生产过程创新，等等)提供了机会和可能性，尤其是随着知识经济的到来，创新活动越来越依赖科学知识的新突破和技术的新发明，人类科学知识长河成为创新取之不尽的源泉，这一事实是所有人都不得不承认的。但是创新的另外一面，却是市场的考虑，如果没有市场的考虑就不可能产生经济创新，知识创新就只能按照其本身所固有的规律发展，而且只能停留在科学知识领域。而创新是一种联结科学技术和市场的活动，因此我们不仅要强调来自科学技术领域的创新的源泉，我们还要强调来自市场的源泉。那么如何理解来自市场创新的源泉呢？首先，创新的观念(idea)不仅仅来自科学技术的变动，同时也来自市场的变动。这里的市场是一个系统的概念，既包括产品市场，也包括原材料市场和其他投入品市场等。传统产品市场的饱和以及新产品的初露端倪，投入品市场的任何变动(如汽油的短缺导致的能源价格上升)，等等，所有这些都可能成为创新观念的来源。其次，市场在创新中的作用还体现在对现有科学和技术知识存量的选择上。科学和技术的发展体现为给创新提供所有可能的机会，但是经济处于一定发展阶段上的市场并不需要所有的科学和技术知识，因此有许多科学发现和技术发明，从科学技术发展历史的角度来看，可能十分重要，但是从现实市场的需求和发展来看，可能意义不大，因此这一类科学发现和技术发明还不能转化为有用的生产力，创新也就不可能产生。最后，市场在创新中的作用不仅仅体现在上述第二点中的对现有科学技术知识的被动选择，即企业家通过市场所形成的思考方式对已有的科学技术进行选择，而且还体现在市场对科学技术的主动选择。所谓市场对科学技术发展的主动选择，就是企业根据潜在市场的可能性以及潜在市场所可能提供的超额利润，主动对某些目前还没有出现或尚不成熟的科学技术领域进行开发和投资，使这一类科学技术开发工作沿着市场所需要的轨道发展，而不是按照科学技术本身的研究规律发展。因此，市场向科学技术提出的要求，主要是解决现实问题。如交通工具的速度问题，速度提高后所带来的交通工具的材料问题。再如现实生活中的能源问题导致科学研究中对新能源的寻找、设备能源节约等。又如当人们对环境质量的需求不断上升，对环境科学的研究、对各种反污染措施研究的速度就会不断加快。因此，创新活动是联结科学技术知识和市场活动的这一定义本身就决定了创新活动的源泉，一方面，来自科学技术知识存量及其现时的流量；另一方面，来自企业每天对现实市场变动的感受，这些感受将会形成种种有利于创新的观念和潜在市场，通过与科学技术领域活动的相互作用，最后产生创新活动。

上面我们讨论的科学技术知识源泉是一个笼统的概念，在讨论创新的源泉时，我们还有必要继续深化，把作为创新源泉的科学技术知识进一步分类。首先作为企业创新活动的一般基础是基础科学研究的知识成果，这一类知识往往是由政府资助的研究机构或大学的研究机构所生产的，这部分知识是公开发表的，是任何人都可以免费使用和汲取的。但是这部分知识的利用和汲取并不是无条件的。企业家本人或者企业必须能阅读并理解这些基础科研机构所产出的科研成果，并且随时注意这些研究机构的科研成果。因此，尽管这些科研机构的成果是公开的，但是从创新的源泉的角度来看，需要企业与这些科研机构建立一种紧密的合作关系，这种紧密关系尤其体现在人员的流动上，如企业招聘和雇用原属于国家科研机构和大学科研机构的研究人员或学生(尤其是博士后)，通过这一类人员的流动，企业不仅拥有能随时跟踪和获取这一类科研成果的人力资本，而且拥有与这些科研机构相联系的信息通道，有些科研成果甚至还没有公开发表，就已经被与这些科研机构有紧密联系的企业所捕捉到。另外，企业可以根据自己所掌握的市场情况和情报，左右这些科学研究机构的研究方向和内容。即企业通过向科研机构提出科研课题的方式，由企业确定研究题目与计划，并且提供资助，基础科研机构根据自己的研究特色，承担不同企业的研究课题，使科研与市场得到更好的结合，提高创新活动成功的可能性。

其次，企业创新源泉的一个重要部分是企业本身所拥有的特有知识。因为光是依赖基础科研机构的知识成果，有时很难完成创新，因为这些知识一方面是对所有企业都公开的；另一方面并不是为解决特定的市场问题而产生的。因此要做到创新，企业本身在解决某些问题方面所积累的知识和所培养的人力资本往往就具有非常重要的意义。而且企业所积累的这些知识往往是不公开的或者是人为保密的，或者是不可言传的，只有经历过的人才能拥有的知识。从某种意义上讲，创新是公共知识和企业私有知识相结合的产物，公共知识与私有知识在某一项创新活动中可能正好在知识结构上是互补的，这时企业的创新活动的意义就非常大，这样的创新行为是非企业莫属的。因此企业本身的特殊知识积累在创新过程中十分重要，而这些特殊知识非常重要的一个积累载体，就是企业所拥有的科技人员。

最后，企业的创新活动还需要拥有市场知识。在经济发展水平较低的情况下，有关市场的潜在需求、市场的变动（包括投入品市场的变动）的知识，主要依赖于企业家的感悟与洞察力。但是当经济发展处于较高水平时，市场现象越来越复杂，单凭企业家对市场的主观感悟和洞察力就远远不够了，这时就需要企业成立专门的调查研究机构，对市场的各种变动以及潜在的变动趋势作出研究和估计，而且这一类研究和估计必须建立在充分的数据收集的基础上。

前面我们对创新的源泉作了分析，那么创新的动力来自何方呢？换句话说，企业为什么要主动进行创新呢？在我们上面的分析中，我们比较多的是从创新成功的角度讨论创新活动，其实创新活动是一项后果非常不确定的活动，风险非常大。创新活动的风险首先表现在，科学技术的研究和开发工作本身带有很大的不确定性，某项攻关课题可能需要投入大量的人力和物力，耗资巨大，但结果可能是攻克不了的科技难关。或者说，从纯科学的角度把问题解决了，但是要进入应用阶段，困难还非常大，也就是说没有应用价值，这样从经济创新角度来讲，这项活动就是失败的。其次，即使在创新活动的科技知识利用方面，企业取得了成功，但是如果企业对潜在市场的估计错误，新产品的销售有困难，那么科技创新并没有带来企业超额利润，这一项创新活动最终也还是失败的。因此，科学技术知识生产的不确定性和市场的不确定性导致了创新活动是一项高风险的活动，尤其是在知识经济比重不断加大的情况下，高科技投资往往是一项高风险的投资。既然创新活动是一项高风险活动，企业为什么愿意投资于 R&D 活动，从事创新活动呢？而且从发展趋势来看，随着知识经济份额的增加，由科技创新推动的创新活动将越来越普遍。企业创新活动的普及来自企业本身内在的动力和外在的压力。企业内在的动力，毫无疑问是对创新所带来的超额利润的追求，企业外在的压力就是竞争的压力，竞争促使企业不得不时时创新，否则就有被其他企业淘汰的可能性。这两点非常明确，是大多数经济学家所承认的，无须多费笔墨。但是经济学家接着需要探究的是，什么样的市场结构是有利于创新活动的，是完全竞争的市场结构有利于创新活动，还是垄断竞争市场或者完全垄断市场有利于创新活动？与这一点相关的第二个问题是，什么样的企业规模最适合从事创新活动？是小企业还是大企业？对于这个问题的论述可以追溯到熊彼特晚期的著作和制度学派代表人物加尔布雷斯的著作。自 20 世纪 60 年代以来，在整个产业组织理论的发展过程中，一直在努力探索这个问题。肯尼思·阿罗在 1962 年的开创性工作中认为，一个完全竞争性的市场结构将更能鼓励企业投资于 R&D 活动，从而比垄断市场结构下有更多的创新活动。阿罗推理的逻辑非常简单，因为处于垄断地位的企业已经有很高的超额利润率，没有很大的兴趣去进行高风险的创新活动。但是完全竞争市场中的中小企业就不一样了，由于它们组织构架的灵活性和市场的单一性，应该更适合于创新活动。但是近二十年来的理论和经验研究结果并没有给阿罗模型提供更多的证据。相反人们却发现，R&D 的投入主要来自大企业，并且 R&D 投入的比重与大企业的规模成正比。当然，企业与企业之间、部门与部门之间的情况差异非常大，因为相对于不同的产业部门来讲，科学技术给它们提供的创新机会是不一样的，因此不同产业部门的相同规模的企业，其 R&D 投入数额就会不一样。除了用 R&D 投入水平来衡量创新活动程度以外，西方经济学还运用企业拥有的专利数目来衡量创新活动的程度。斯旭勒 (F. M. Scherer，1965) 的经验研究发现，企业的专利数与企业的规模正相关，即随着企业规模的上升，其拥有的专利数目增加，但是这两者之间并不存在对应的比例关系。因此从上述两方面的经验研究来看，人们似乎更倾向于认为创新活动与大企业的关系比较紧密，从逻辑推理来看，随着知识经济时代的到来，企业的 R&D 活动越来越复杂，耗费的人力、物力越来越多，只有大企业才有能力进行这样的创新活动。

根据上述分析进一步推理，是不是生产的集中程度越高，创新活动越多，或者说企业垄断程度越高，创新活动越多。不能简单推出这一论断。尽管有许多经验证明生产集中与创新活动的正相关性，但同时也有生产集中与创新活动没有明显关系的经验数据。因此在生产集中（垄断）和创新活动的关系之间，我们应持慎重态度。因为从理论上推理，垄断程度的上升，竞争的下降，必定会影响创新活动，垄断企业不创新，也能凭借其垄断地位而获得超额垄断利润。所以我们比较倾向于创新是与垄断竞争的市场结构相适应的结论，因为在垄断竞争的市场结构中，企业之间的竞争性仍然占主要地位，而且竞争的主要内容不是在价格上，而是在商品的差异上，而这种竞争特点与创新活动从本质上来讲是一致的。另外,经济学家道西①认为,生产集中度本身并不是一个独立的可以用来说明部门之间 R&D 差异的变量,也就是说生产集中并不是 R&D 活动上升的解释变量,相反,可能是 R&D 活动的成功导致了市场份额的扩大,从而引起生产集中,因此道西认为市场结构和企业规模本身是由部门的技术性质和技术进步所决定的内生变量。其次,由于企业所面临的科技创新的机会多,知识产权保护又非常到位,这一类创新企业就成为竞争中的胜利者,就有可能兼并其他企业,迅速扩展市场,集中生产。因此从这个角度来看,往往是创新活动的成功导致了企业规模的扩大和垄断市场结构的出现。

与创新活动激励密切相关的另一个因素就是创新成果的保护问题。由于创新的主要来源是科技发展所提供的机会,因此创新成果的保护问题实际上就是知识产权的保护问题。对于企业创新成果来讲,目前最重要的一种保护形式是专利权的保护,但是很多经验研究文献表明,专利权保护并不是企业创新成果保护的唯一形式,甚至在有些产业部门还不是主要的保护形式。那么,除了专利权保护形式之外,还存在哪些创新成果保护形式呢?第二种是保密形式。保密有两种情况,一种是企业主观上保密,即尽量将技术知识内容保密起来,不公开;另一种是客观上保密,即如果没有经历其中的科技开发工作,光是根据已经生产出来的产品,根据可以传递交流的信息,其他企业无法模仿。当然在更多的情况下,是这两种保密形式相结合,这是防止其他企业抄袭和模仿的最有效的保护。但在有些产业部门,由于产品中的科技含量储藏的特殊性,尽管创新企业想保密,但只要产品在市场上一出现,其他企业就可能很快完全理解其中的科技原理,这时主观上的保密就一点意义也没有了。第三,创新活动所导致的技术领先程度本身也是一种知识产权保护的形式,即某项创新活动所导致的新技术越是领先(与其他现有技术距离越大),那么其他企业想搭便车的可能性就越小,模仿就越困难。第四,"经历的成本下降曲线"也是重要的创新成果保护形式。所谓"经历的成本下降曲线"指的是,随着某项创新的产品或生产成果的引入,谁最先引入,随着实际操

---

① G. Dosi, *Technical Change and Industrial Transformation*, the Macmillan press, 1984, pp. 247—258.

作过程的经验的积累，谁就可以最先导致产品单位成本的下降，而且这种下降与经历的时间成正比。因此在"经历的成本下降曲线"的情况下，实现创新活动的企业在使用该项创新成果的过程中，处于领先地位，其生产的产品的单位成本比任何抄袭和模仿其创新成果的企业要低。第五，对创新成果进行保护的还有一种形式，就是市场销售方面的努力，如投入大量的广告费用，使消费者认同创新企业的创新成果，迅速占领市场，而那些企业虽然通过抄袭和模仿能生产同样的产品，但由于创新企业在销售上的成功，它们就很难与创新企业分享市场。综上所述，我们有五种创新成果的保护形式。如果我们再把创新成果分成两大类：第一，产品的创新；第二，生产过程的创新，那么，对上述五种保护形式而言，对产品创新的保护和对生产过程的保护，其意义是不一样的。

三、企业的创新战略

在传统的经济理论中，对企业行为的描述是把企业置于所面临的种种约束（如价格参数的约束和企业生产函数的约束）之下，分析企业在什么样的情况下可达到利润最大。因此在传统经济理论中，企业行为描述的一个最主要假定是企业追求利润最大。虽然企业在现实经济生活中并不是每时每刻都在追求利润最大，换句话说，企业的许多行为并不是完全可以通过追求利润最大这种单一行为来描述的，但是新古典经济学的这一假定对于在一个统一的逻辑框架里分析企业行为还是有意义的。比如说，企业在某一发展阶段上，追求的可能是销售额的最人，而不是利润的最大，但是从长远米看，追求销售额的最大最终也是为了利润最大，只是在企业的某一发展阶段，为了服从战略目标的需要，暂时把利润目标放在第二位而已。因此，对于企业创新战略的分析，用企业对超额利润的追求以及竞争环境下的生存愿望来解释创新的动机也未尝不可，因为确实是生存的考虑和超额利润追求这两股力量共同推动着企业的创新活动。但是我们在前面已经分析了，企业的创新行为是一个复杂的多因素互动的过程，既涉及每一产业部门中科技进步所提供的机会，又涉及各自市场的潜在变化趋势，同时还与企业本身的知识存量、人力资本存量、历史传统等有关，创新是可公开利用的科技创新与企业私有知识相互作用的结果,因此不同的企业具有不同的科技创新机会、不同企业的知识存量和人力资本存量,面临不同的市场环境,因此不同的企业会有不同的创新战略。这些丰富多彩的创新战略就很难用企业追求利润最大的单一行为来描述了,同时企业的创新行为也与新古典企业行为理论分析中的技术不变假定不相吻合。因此我们要根据企业所处的环境来分析企业的不同创新战略。当然,企业战略的分类也是一件比较困难的事情,因为每个企业可能有几种创新战略,只是在不同的历史时期,创新战略有所不同而已,因此不同创新战略之间没有泾渭分明的界线,它们之间是可以随时转换的。但不管怎么说,创新战略的分类对于我们理解企业的创新行为终究还是有帮助的,不失为一种有益的理论抽象。根据英国经济学家弗里曼(Freeman,1982)的描述,企业的创新战略大略可以分为以下几种:进攻性战略、防御性战略、模仿性战略、依赖性战略、传统性战略和"机会主义"战略。

(一)进攻性战略

所谓进攻性战略指的是企业通过率先(第一个)利用某项科技创新成果引进新产品,迅速成为该产品市场的领先者和绝对垄断者。由于世界上大多数的科学技术知识对其他企业也是开放的,因此实行进攻性创新战略的企业必须具备以下的条件。第一,企业与创新领域的科学技术有一种"特殊关系"。例如,这种特殊关系可能是因为该企业本身已经积累了大量这方面的经验和知识,因此一旦这个领域的科学技术有所突破,它能迅速抓住机遇。再如,企业可能雇用了这一科技领域非常关键的研究人员,或者这个企业与科技界有一种很好的信息联系等。第二,企业本身在该项科学技术领域内已经投入了大量的 R&D 经费,因此科学技术的最后突破是由企业内部的 R&D 部门所完成的。第三,上述两种情况的组合。总而言之,想实行进攻性创新战略的企业,必须要有上述"撒手锏",否则它很难争取和保持在新产品和新生产过程引入方面的领先地位。在企业进攻性创新战略中,科技因素是至关重要的,如果企业没有与科技界的"特殊关系",要实行进攻性创新战略就必须自己投入大量的人力、物力进行科技开发,但是这样的科技开发活动的风险是相当大的,如何把握进攻性创新战略的风险,说穿了,还是需要这一类企业对该科技领域的进展和突破的及时把握,因此需要实行进攻性战略的企业对科技界的了解（这也是一种"特殊关系"）。因此对科技进展和突破把握不大的企业，一般是不放心或不愿意实行进攻性创新战略的。在现实生活当中，采用进攻性创新战略的企业，往往是科技密集型企业，甚至在企业开创之初，就什么都不做，就是连续几年从事 R&D 活动。同时现实生活中还存在另外一种较为普遍的情况，即实行进攻性创新战略的企业干脆就是科技人员由于科技创新而创办的新企业，也就是说，先有了绝对把握的科技创新，然后才有实行进攻性创新战略的企业。总而言之，不管是哪种情况，进攻性创新战略的基础是密集的科技研发活动。与此同时，进攻性创新战略要获得成功，其结果必须是企业在该科技开发领域处于绝对的领先地位。因此进攻性创新战略是一项长期的风险性相当高的投资活动，一旦成功，由于其绝对的领先地位，所获得的超额利润也将十分可观。反过来说，也唯有这样的超额利润才能补偿进攻性创新战略的投资成本，并使企业获得高风险活动的收益。在全球经济日益一体化的情况下，要在全球范围内取得科技领域内绝对的领先地位，发展中国家企业的成功案例还是比较少的。因此大多数采取进攻性创新战略并取得成功的企业基本上是世界上最发达地区（北美、西欧和日本）的企业。在上面的分析中，我们十分强调进攻性战略企业本身在科技研发方面投入的重要性。但是，毫无疑问，这些企业在 R&D 活动中的投入再多，他们所能解决的也只能是基础科学研究中的一小部分问题。随着知识经济时代的到来，基础科学研究领域的知识创新变得越来越重要，对于想实行进攻性创新战略的企业来讲，除了自己投入 R&D 活动之外，很重要的一点就是如何保持与基础科学研究的广泛联系。基础科学研究之间的信息传递、相互影响、相互促进，就如同一项基础设施，为本地区的科技开发提供了重要的基础，具有很强的外部性。就投入创新的企业来讲，由于科学创新马上成为社会创新的起点的情况（有些经济创新用的可能是已有的知识存量）并不是十分普遍，同时当前的基础科学研究什么时候会有突发性的发现和发明，也是难以预期的。因此对创新企业来讲，需要广泛、密切地保持同基础科学研究的对话，如互派研究人员进行交流，在基础科研部门设立研究基金，经常招聘基础科研部门培养出来的博士生和博士后，等等。只有通过这种广泛的联系和接触，进入基础科学研究的信息网络，深入感受基础科研部门的脉搏跳动，创新企业才有可能凭借其与市场的联系，随时发现创新机会。基础科学研究部门如同公路、桥梁等基础设施，对所有企业都是公开的，但如何使用，却大有讲究。企业的 R&D 投资活动，一方面可能带来科学技术的创新，另一方面可能更为重要，那就是为企业获得与基础科研部门的交流和对话的机会做准备。很显然，自己没有 R&D 部门的企业，很难与基础科研部门进行广泛交流，也难以敏感地捕捉到基础科学研究部门所产生的可能导致重要经济创新的信息。

(二)防御性创新战略

实际上在任何国家，实行进攻性创新战略的企业只是一小部分，因为实行这一战略的代价和风险实在太高。很多企业即使曾经实施过进攻性创新战略，一旦成功之后，他们就千方百计地保持自己的领先地位，而进一步从事科技开发的动力就被削弱，随着新产品的扩展、成熟、下降等生命周期阶段的到来，这些企业就势必失去垄断地位。大量的其他企业可能采取另外一些战略。下面我们着重分析防御性创新战略的情况。

防御性创新战略并不意味着企业没有 R&D 活动。相反，实行防御性创新战略的企业也需要在 R&D 活动上投入大量的人力、物力，因此防御性创新战略也是科技密集型战略。与进攻性创新战略比较起来，实行防御性创新战略的企业不愿意成为某项科技创新或产品创新方面的全球第一人，但是他们也不希望在该科技领域长久地落后于别人。因此，防御性创新战略的真正动机在于，企业不愿意承担进攻性创新战略所承担的巨大风险，他们的策略是在科技研发上紧紧跟踪实行进攻性创新战略的企业。如果实行进攻性创新战略的企业的创新成功了，他们可以迅速跟上，一起分享利润。如果实行进攻性创新战略的企业的创新失败了，他们可以迅速转向。因而采用防御性创新战略的企业所承担的风险和科技开发成本要大大低于实行进攻性创新战略的企业。据一些综合性的研究报告显示，在主要发达国家，大多数企业的战略是防御性的，根据防御性创新战略投入 R&D 活动。防御性 R&D 活动的重点是放在改进已经存在的产品和生产过程以及提高产品售后服务水平上。因此防御性 R&D 活动是寡头垄断企业竞争的主要手段，即在产品差异上大做文章。由于实行防御性创新战略的企业也是科技知识密集型企业，它们与处于最领先地位的实行进攻性创新战略的企业的差距是可以控制的，它们根据市场份额目标尽量增加自己产品的科技含量，因此它们往往在产品的实验性开发和产品设计等方面投入较多的 R&D 活动。企业在选择和实行进攻性创新战略和防御性创新战略时，专利权制度是一项重要的参考因素，选择和实行进攻性创新战略的企业总是要充分利用专利权保护自己首创的产品和技术，努力维持自己在这个领域里的垄断地位，不允许实行防御性创新战略的企业分享自己的创新成果。相反，实行防御性创新战略的企业总是讨厌专利权制度，想方设法避开专利权制度，努力在自己产品的差异上做文章，在售后服务、广告投入上做文章，从而分得一些市场份额。从全球的不同区域来看，企业创新战略的类型是与企业所在的地区有关的。美国由于其基础科学研究（绝大多数领域）在全球处于绝对领先地位，也就是说，美国的科学技术研究的"基础设施"（infrastructure）要好于其他国家和地区，因此实行进攻性创新战略最多的企业在美国。西欧是全球另一个科学技术发达地区，但是与美国比起来，欧洲企业在科技开发、产品创新上紧紧跟随美国企业，它们中有相当一部分实际上也有能力实行进攻性创新战略，在某一科技领域首先突破，但由于欧洲的科技环境和市场环境似乎比美国要逊色一些，所以欧洲企业较多地实行防御性创新战略。但是它们与美国企业的差距并不是很大，保持在一个可控制的范围内。当然，欧洲国家的企业也有实行进攻性创新战略的，如欧洲在通信设备制造、空间技术以及铁路交通方面，都有一些处于全球绝对优势地位的企业。日本企业的创新战略在早期较多的是模仿性战略，如大量向欧美购买应用技术，但后来逐渐转化为防御性战略。20 世纪 70 年代以后，日本又开始出口技术，在某些领域处于全球领先地位，因此日本也有采取进攻性创新战略的企业。除此之外，发展中国家的企业，除少数企业之外，绝大多数企业所实行的战略，是防御性战略、模仿性战略、依赖性战略和传统性战略。对发展中国家的企业来讲，实行防御性战略已经有相当的难度，因为一方面要求发展中国家的基础科学研究环境有一个较大的发展，另一方面要求企业投入大量的人力、物力到 R&D 活动中，以期紧紧跟随世界最先进的科学技术发展。

（三）模仿性战略和依赖性战略

首先我们需要明确的是，前面讨论的防御性战略不等于模仿性战略，尽管防御性战略是等待人家创新成功以后紧紧跟上，共同生产创新的产品，但是实行防御性战略的企业并不是简单地拷贝人家的技术，而是相反。它要尽量找出最先创新的企业的产品和生产过程中的错误，从而不断地加以改进和完善，或者在该产品的差异性上做文章，尽量做得更好。因此实行防御性战略的企业其本身的科技开发能力也是非常强的，它之所以自己不开发，而是采取购买专利许可证等方式获取创新技术，只是为了降低成本，减少风险。模仿性战略就不同了，实行模仿性战略的企业一般没有自己的科技开发能力，也不想对已经创新的产品进行技术上的改进，它们只是希望能够生产同样的产品。这一类实行模仿性战略的企业，往往同实行进攻性战略的创新企业在科技开发能力上的差距相当大。当然具体的差距到底有多大，还取决于众多因素，如它们处于哪一个产业部门，所在国家和地区处于什么样的发展阶段，尤其是周围的基础科学研究情况怎样，等等。一般来说，企业所处的产业部门的科技含量越高，而同时，实行模仿性战略的企业又处于发展中国家，周围的基础科学研究水平又较低，那么，模仿企业和创新企业的科技开发能力的差距就会相当地大。

但是，实行模仿性战略的企业也具有种种优势。例如，一个处于发展中国家的模仿企业，它往往在生产的劳动成本上具有比较优势，此外，在市场的容量、关税保护、税收优惠等方面都具有优势，因此模仿企业比创新企业的生产成本更低，利润更加丰厚。发展中国家的企业通过模仿战略也能获取超额的垄断利润，所以发展中国家的企业特别愿意采取这种战略。随着创新产品的不断成熟，最初实行进攻性战略的创新企业在产品生产上竞争不过采取模仿性战略的发展中国家的企业，这时实行进攻性战略的创新企业就必须放弃该产品生产，再一次创新产品，领导世界"新潮流"。或者至少对原来的创新产品进行不断的技术更新，使自己比发展中国家的模仿企业始终领先一步，保持某种垄断优势。

在现实经济当中，由于知识产权的保护，实行模仿战略的企业需要花费很高的成本购买人家的技术和其他各类知识产权。同时，模仿企业尽管在科技开发上与实行进攻性战略的创新企业相比距离很大，但是它们也必须拥有一定的工程技术和设计技术，因此在这方面也必须投入一定的 R&D 活动，否则就连模仿也是不可能的。当然发达国家实行进攻性战略的创新企业和发展中国家模仿性战略企业可以采取合资企业的形式生产创新产品，这样对发达国家的创新企业来讲，可以充分开发发展中国家广阔的市场，充分利用那里的资源优势和廉价劳动力优势以及各类金融税收上的优势；发展中国家的模仿企业可以省去一大笔自己研究开发的投资和购买技术等知识产权的投资，二者可以做到优势互补。因此，在现实经济中，发达国家的技术创新企业和发展中国家的实行模仿战略的企业合资合作的可能性很大。

所谓实行依赖性战略的企业比实行模仿战略企业在科研开发能力上还要差，甚至没有自己的工程技术和设计能力，这些企业主要依赖于创新企业，成为创新企业的卫星企业，或者为创新企业生产比较单一的零部件，或者为创新产品组装零部件，再或者利用其原先生产旧产品时所形成的顾客网络关系，为创新产品提供各类专门的服务。总之，实行依赖性战略的企业彻底丧失掉了科学技术开发和工程设计方面的能力，许多资本密集型的小企业往往成为依赖性企业。虽然依赖性企业实际上是创新企业的一个部门，或者一个工厂，独立性比较差，但是这些企业由于对市场比较熟悉、专业知识比较丰富再加上企业家技巧的应用，有时也能获得较丰厚的利润。

(四)传统性战略或"机会主义"战略

实行传统性战略的企业与上面分析的实行依赖性战略的企业之间的差异来自它们所提供的产品的性质，实行传统性战略的企业所供给的产品很少有变化，甚至没有一点变化，而实行依赖性战略的企业供给的产品的变化很大，但是这个变化不是该类企业的内生行为，变动的原因纯粹来自企业的外部。因此，实行传统性战略的企业处于这样一个领域：市场需求没有变动的趋势，因而也无法提出任何产品的要求。与此同时，这一类企业一般没有能导致产品变动的科学技术开发能力，它们的强项在于能够跟上工程设计方面的变化步骤。实行传统性战略的企业或者接近于完全竞争市场模型中的企业，或者接近于处于地区分割情况下的垄断状态的企业，缺乏发达的市场体系，这样的企业所拥有的技术是低级的子工艺式的，现代科技投入品几乎没有，而且市场对这一类企业的产品的需求也是传统性的和比较强烈的，因此这样的企业甚至在高度发达的资本主义经济中也具有很强的生存能力。因为在一个科技高度发达、创新更多的社会里，某些传统产品总是有其存在的意义，这些产品越是变化小，越具有特殊意义，因此从这个角度来看，与产品的创新相反，不变的"传统性战略"也是一种谋求市场份额、争取企业生存空间的一种战略，这种战略带有明显的机会主义色彩，因此也被称作"机会主义战略"。

作者说明

由于涉及企业创新行为的分析，本文可能更接近产业经济学的一些理论。技术知识的创新主要是通过企业来进行的，企业或者进行独立的研发或者同某些专门机构合作进行研发，都是技术创新的主要来源。笔者认为，创新的观念一方面来自科学知识的积累和发展，另一方面则是市场的考虑。市场为企业的创新提供了动力和选择机制，只有成功的创新才可能带来超额利润。企业创新活动的普及来自企业本身内在的动力和外在的压力，内在动力是对创新带来的超额利润的追求，外在的压力就是竞争的压力。本文还讨论了企业的四种创新战略：进攻型、防御型、模仿和依赖型以及"机会主义"战略。在中国企业的劳动力低价带来的成本优势逐渐消失时，我们的企业应该正视创新能力不足的问题，要根据自身的条件，采取不同的创新战略，增加企业竞争力。本文发表于《复旦学报》2000 年第 1 期。

文化艺术活动的经济学分析

　　我们目前讨论知识经济，主要是从科学技术知识与经济创新和经济增长关系的角度来进行的。的确，从国内外大量的有关知识经济的研究文献来看，对财富的增加和经济的增长起着重要作用的知识，主要是科学技术知识。随着信息产业的出现和壮大，知识经济作为一个时代的标志越来越明显，因此有人干脆简单地把信息产业等同于知识经济，对知识的讨论就主要集中在对信息产业的出现、发展和壮大的规律性的研究上面。笔者认为，对于知识经济时代的到来，虽然可以把信息产业的出现和发展作为划分时代的重要标志，但是，知识经济的内涵与其发展的关系远比信息产业本身要丰富得多。知识经济是一个以所有人类知识在生产、消费和投资活动中越来越重要地作为标志的经济。所有的人类知识自然包括文化艺术知识。而且随着人类社会的发展，一方面，由于人们收入水平的大幅度提高，人们对精神生活中高层次内容的要求也将大大提高，从而导致对文化艺术的消费需求也必将大幅度提高。另一方面，文化艺术的消费与物质产品的消费不同的是：它需要大量的人力资本投入；文化艺术教育需要普及和提高；消费本身需要花费大量的闲暇时间。这些条件，在人类社会发展处于较低阶段时是难以满足的，但随着人类社会的发展，生产劳动的时间将趋于下降，人们将拥有更多的时间进行文化艺术方面的人力资本投资，将拥有更多的时间消费文化艺术产品。按照马克思的说法，人类社会发展的终极目标是个人的全面发展，这个全面发展除个人在科学知识方面的发展之外，也包括个人在文化艺术修养方面的发展。因此，本文要讨论的问题首先是文化艺术如何像科学技术要素一样成为经济活动的一个重要部分，从而在一个国家的GDP增长中做出重要贡献。其次，还要讨论文化艺术活动作为一种经济活动有什么样的特点，特别是文化艺术产品的需求和供给具有什么样的特征。最后，在这些讨论的基础上我们将分析政府文化艺术政策的重要性。

一、文化艺术在经济中的表现形态

我们要理解文化艺术在经济领域中的重要性，首先要对文化艺术在经济生活中的表现形态进行分类。毫无疑问，作为文化艺术的经济学分析，首先要关心的是艺术品市场的供给和需求。随着物质生活水平的不断提高，人们对精神生活的需求就日益重要起来。在精神生活需求中，对文化艺术产品的需求和消费是一个重要的构成部分。就文化艺术产品的形态，我们大致可以把它们划分成两部分，一部分是活动的艺术，它一般被称为活艺术（arts vivants），或者说表演艺术（performing arts），是由艺术家通过舞台演出的形式生产出来的，消费者在支付了入场费之后，在剧院等场所现场聆听和观看，如音乐、舞蹈、戏剧等节目。随着科技的发展，活艺术可以通过一定的方式储存起来，并通过现代通信设施重新展现，如电影、电视、广播，等等。从表演艺术派生出来的这一类艺术被称为视听艺术，也可以进一步细分为视觉艺术（电视、录像、VCD等）和听觉艺术（HI-FI音箱设备、广播、光盘、磁带）。另一部分则是凝固的艺术产品，如绘画、美术、工艺品、古董、雕塑以及博物馆的收藏品等。对这两大类艺术产品，都有专门的艺术市场，前一类称为演出市场，一般由演出公司、影剧院等企事业单位来组织，可以通过演出的成本、人工费用、票房收入、广告收入、税收等经济学概念对其进行投入—产出分析。后一类称为艺术品市场，是由不同档次的市场构成的，如专门经营艺术复制品的低级艺术品市场，经营画家、雕塑家原作买卖的画廊和其他艺术品市场，专门的拍卖市场以及专营某一名家画作或雕塑的市场。第一种市场是垄断竞争的市场；第二种市场是寡头垄断的市场；第三种市场则是一种完全垄断的市场。除此之外，还有一种是阅读艺术市场，指的是非学术著作的书刊、杂志、报纸的生产、消费、供给与需求，它们也构成经济生活中的一个重要的投入—产出活动，对家庭来讲也是一项重要的支出。前面提到的活艺术或演出艺术以及视听艺术还与现代家庭生活中的另一个重要内容——外出休闲联系在一起，在国外称为外出艺术享受，通常指进电影院、剧场、音乐厅、舞场以及参观各种艺术品展览和博物馆。最后，文化艺术消费还体现在人们亲自参加的业余的艺术活动，如摄影、绘画、各种乐器演奏，等等。其次，文化艺术作为生产要素在经济中具有重要的作用。前面我们是从文化艺术活动的直接结果的角度来讨论文化艺术活动的经济价值，即随着人们收入水平的提高，并随着人们在文化艺术方面人力资本积累的提高，人们对表演艺术（活艺术）和凝固艺术、阅读艺术以及业余艺术实践等消费需求越来越强烈，这些活动就越来越成为经济活动中的一个重要部分，其所创造的价值在 GDP 中的份额就会不断上升。但是，我们还需要进一步指出的是，文化艺术在经济生活中的重要性还不仅仅体现在艺术产品本身的生产和消费上面，文化艺术作为一种重要的生产要素还进一步地渗透到其他产品生产中。

文化艺术作为一个重要的生产要素在建筑物中得到了最好的体现。同样的建筑材料，同样的人工成本，文化含量和艺术含量高的建筑不仅在建筑物成交时可带来丰厚的利润，而且这些建筑物往往成为一个城市的标志性建筑。一个城市的建筑遗产又与旅游业的发展有着密切的关系，它们成为吸引源源不断的游客的一个重要因素。荷兰的阿姆斯特丹运河边上那富有童话色彩的建筑，罗马和巴黎辉煌的宫殿式建筑，都由于其特有的建筑风格而吸引着游客。建筑物与文化有着十分重要的联系。巴黎圣母院就由于雨果的同名文学名著的深远影响，成为全世界游客到巴黎之后必定参观的地方。在歌德的家乡，在莎士比亚的家乡，在文化名人的效应之下，参观人数不断上升。在歌德诞生 250 周年之际，歌德的家乡就获得了 6 000 万马克的额外收入。从旅游业角度来看，这些有着丰富文化艺术含量的建筑物，还有各类博物馆，不仅本身可以通过参观者带来丰厚的门票收入，而且还可以全面推动本地旅游业的发展。用经济学的行话来说，是一个外部经济十分明显的产业。巴黎的卢浮宫不断在扩展，展览场地不断扩大，展品不断丰富，游客越来越感到即使花费整整一天时间也难以参观完卢浮宫，这样就有人需要第二次、第三次进入，于是在巴黎逗留的时间就需要延长，其外部效应十分明显。

文化艺术将体现在所有其他物质产品的设计和生产过程上，如轿车车型的设计，家具和办公用品的设计，等等。文化艺术含量对产品的附加值的提高将有着极其重要的作用。可以这样说，如果这些产品的生产企业的设计师缺乏文化艺术品位，其产品的质量再好，其经济效益将是十分有限的。这一点随着人类社会的发展将日益明显地表现出来。另外，文化艺术在物质产品上的重要性表现得最为明显的行业之一是服装业。同样原料的服装其价值之差可达几倍、几十倍乃至几百倍，其差异来自质量、品牌和文化艺术含量，等等，越是高档的服装，其差异就越是来自文化艺术含量。

在现代经济中，以文化艺术传播作为主要内容的产业发展迅速，成为经济增长最有潜力的部门之一，如电影、电视和广播业的发展，报刊业和出版业的发展，还有主要依赖于这些传媒业的广告业的发展等。这些部门实际上是文化艺术和高科技相结合的产物，从而也是经济创新机会最多、经济增长最快的领域。传媒的发展，就其手段来看，是高科技发展的产物，如音箱、电视、多媒体，同时涉及高科技的许多领域，如激光、通信、卫星、信息产业等；但就其传播的内容来讲，文化艺术是一个主要的部分。在高科技没有发展起来之前，文化艺术的传播是十分落后的，传播的范围也是十分有限的，文化艺术只是一小部分人享用的东西。在高科技高度发展的情况下，文化艺术的传播手段日益丰富，传播的范围越来越广，但是如果没有好的文化艺术产品问世，传播的手段再发达，传播的范围再广，都会变得没有意义。因此在现代经济中，随着高科技的迅猛发展，我们要强调文化艺术发展的重要性，只有两者同步发展，才能给人们带来丰富的物质生活和精神文化生活，提高人们的生活质量，加快经济增长速度，并且这种经济增长是可持续的经济增长，是健康的经济增长。

二、文化艺术产品的需求和供给特征

文化艺术的消费不同于其他物质产品的消费，具有自己非常强烈的特殊性。这种特殊性的存在，就需要经济学家对文化艺术消费的特有规律进行探索，而不是简单地把经济学的一般原理运用到文化艺术的消费领域。同样，文化艺术产品的供给，从事文化艺术活动人的报酬，文化人和艺术家作为劳动力的供给和需求，都有其鲜明的特殊性。

文化艺术品的消费的一个共同特征是文化艺术品的消费实际上是一种过程，这一消费过程给消费者带来两方面的效用：一方面是文化艺术消费时的即时满足和快乐；另一方面是关于文化艺术的知识的积累和增长。由于后一种效用的存在，许多研究文化艺术经济学的经济学家认为，文化艺术的消费不能用边际效用递减法则来解释，相反这一消费现象是边际效用递增的，即音乐越听越想听，艺术品越看越想看，等等。所谓"上瘾"的说法，就很好地反映了文化艺术品的消费特征。但笔者认为，文化艺术消费过程确实是一个比较特殊的过程，有"上瘾"的情况存在，同时也说明文化艺术消费对消费者文化艺术知识的要求很高。但是一般还是应该把文化艺术分为两部分：高雅的文化艺术和通俗的文化艺术。前者对专有知识的要求较高，并不是人人都能进入并享受的，需要消费者有相当程度的人力资本投资，消费能力需要用专有知识的积累来培养，这一类需求的兴起需要文化艺术教育的普及。另一类是通俗的文化艺术，这一类文化艺术一般说来是人人都能进入并享受的，当然通俗艺术本身也有其知识含量和知识积累过程，但相对于高雅艺术来说，对这一类艺术的理解和知识积累并不是太难。但是，不管是哪种文化艺术，其消费过程中的"上瘾"现象是普遍存在的。但是就每一次具体的消费来讲，由于文化艺术消费涉及时间投入，脑力、视力、听力的投入，最后疲劳的感觉将超过"上瘾"的感觉，因此每一次文化艺术的消费必然会出现边际效用递减的阶段，边际效用递减在每种产品（包括文化艺术产品）的消费上是普遍存在的，是消费者均衡得以存在的前提条件，否则就很难解释消费者对文化艺术消费自动收敛的情况。文化艺术消费的"上瘾"现象说明文化艺术知识积累对下一次的消费强度具有重要的影响。这一点对于高雅艺术来讲尤其如此，如古典音乐会、歌剧等，都属于高雅艺术，对这些高雅艺术的需求和消费，对消费者本身艺术修养的要求就很高。许多研究显示，高雅艺术需求的价格弹性是较低的，因为它们的替代品很少，因此"上了瘾"的消费者一般都愿意继续消费，而不管其价格变化如何。根据摩尔（T. Moore）的研究，美国对百老汇戏剧的需求价格弹性人约在 -0.33 和 -0.63 之间。与此相反，高雅艺术需求的收入弹性却很高，这是因为，收入高的阶层一般是教育水平较高的阶层，因而他具备了接受高雅艺术的欣赏能力。所以统计数据显示，收入层次越高，对高雅艺术的需求就越高。因此，如果要写出文化艺术消费的效用函数，其形式将是较为复杂的。美国经济学家贝克尔（G. Becker）和乔治·斯蒂格勒（G. Stigler）曾经把音乐消费的效用函数写成如下形式：

$$U=U(M, Z_i)$$

其中 Z 代表音乐消费的"投入品"：时间、人力资本、市场购买的音乐商品，M 代表音乐享受本身，它包括过去的音乐消费和现在的音乐消费，其过去所欣赏的音乐越多，时间越长，音乐修养越高，其从音乐欣赏中所获得的效用就越高。总之，高雅艺术的欣赏本身是十分强调人力资本投资的，没有一定的人力资本投资和积累，即使一个消费者花了很多钱，购买了一场高档音乐会昂贵的门票，但是他并不一定能获得与该门票相对应的效用。

另外，对于文化艺术的需求和消费特征，除了上述分析中指出的共同特征之外，还表现在文化艺术的种类不同，带有各自种类的特殊性。例如，绘画艺术和雕塑艺术不同于前面分析的表演艺术，除了欣赏名画名作需要具备这方面的专有知识即人力资本投资外，还需要具备其他信息，如有关名画名作的画家和雕塑家的情况的信息，因为对这一类艺术品的需求，除了本身需要欣赏的需求之外，还有一种是投资需求。由于艺术创作(生产过程)是完全的创新过程，艺术品可以被复制，但不能被重复生产，这是艺术品不同于其他产品的一个重要特点。由于艺术品不能被重复生产的特点，而被复制的作品，其价值又远远不如原作，因此艺术品有其独一无二的市场垄断性质，是一种较理想的投资产品，因为它可以保值和升值，可以给投资者带来丰厚的利润。由此可见，对绘画、雕塑等艺术品的需求，尽管其基础是美学欣赏给人们带来的快感和满足，但是其价格的发展往往脱离了这一美学基础。有相当多的名画名作收藏者，其主要目标已经不是对艺术品的欣赏和享受，而是等待艺术品的价格再次上升以后把它们抛售出去，以获取超额利润，这样的行为就完全是投机行为了。正因为艺术品具有投资价值，因此艺术品的价值由两部分构成，一部分是它的美学价值，这种美学价值往往与创作该艺术品的艺术家的艺术经历有关，也与该艺术家创作该艺术品时所投入的时间、精力和智力有关。艺术家与科学家不同的是，其投入的"智力"，"情商"成分可能要高于"智商"成分，或者说艺术创作中，其天才的成分可能更重要。艺术品价值的另一个构成部分是由市场的预期价值来决定的，它受许多不确定因素的影响：时尚的变化；某种艺术风格的历史性演变；大的艺术运动的兴衰；大众媒介的介绍及推荐；艺术家是否过世以及目前年龄、身体状况；鉴定师的作用；等等。另外，艺术品作为投资品，其价值的变动与当时的经济情况有着密切的相关性。

前面我们对有关文化艺术产品的需求进行了粗略的分析，对文化艺术活动的经济分析还涉及文化艺术产品和服务的供给方面的分析，下面我们分别通过表演艺术的供给，绘画艺术、雕塑艺术的供给，博物馆收藏品展览供给以及阅读艺术供给等进行经济学的分析。

对于表演艺术的供给问题，我们首先要建立表演艺术的生产函数。表演艺术的产出就是舞台演出，从量上进行衡量，一是某一剧目的演出场次，二是每一场次的观众数目。从投入的角度来看，演出一个剧目首先涉及排演这个剧目的艺术家和非艺术家的劳动力投入和资本投入（如服装和道具的购买等），其次涉及每一次演出的资本投入。如果我们用 v 表示剧院的最大观众席位，y_{ij} 表示第 j 种剧目第 i 场演出的观众人数，那么 $y_{ij} \leqslant v$。同时，我们用 L^s 和 K^s 表示排演时的人力和物力投入，L^r 和 K^r 表示某场演出时的人力和物力投入，那么，我们可以建立一种关于表演艺术的生产函数：

$$y_j = \sum y_{ij} = y_j(L_j^s, K_j^s, m_j, q_j)$$

其中，$m_j(L_j^s, K_j^s)$ 是某场演出时人力和物力投入的函数，q_j 是表示演出质量的指标。因此，第 j 种剧目所能吸引的观众数目是人力和物力投入和演出质量等变量的函数，而且这一生产函数还具有以下的性质：

$$\frac{\partial y_j}{\partial m_j} > 0, \frac{\partial^2 y_j}{\partial^2 m_j} > 0$$

以上公式表明，一个剧种，演的时间越长，其最后的场次所能增加的观众越递减。这有点类似于物质生产领域中生产要素边际生产率递减的情况，但其中的机理具有很大的不同。

关于绘画、雕塑等凝固艺术品的供给问题，首先涉及一个国家艺术家（画家、雕塑家）队伍的形成问题。也就是说，我们首先要问，是什么原因促使一个人选择艺术生涯，是由于天赋或者个人爱好，还是出于社会对艺术家的丰厚报酬？毫无疑问，由于艺术创作实际上是一种创新活动，一方面，它要求艺术家必须具备一定的天赋，即对美学有很好的感悟能力；另一方面，它又要求艺术家对前人的艺术成果进行很好的学习、吸收和消化，两者的结合才能使得艺术家成功地进行创新，创作出具有个人风格的作品。因此，艺术活动不是人人都可以从事的，它需要一定的主客观方面的条件。从艺术家队伍的形成来看，艺术家本身的天赋及其对艺术的追求成为艺术家劳动供给的一个前提条件。其次，对艺术家创作性劳动的丰厚报酬构成对艺术劳动供给的一种激励，因此艺术家劳动供给是其报酬的函数，其弹性系数为正，这也是毫无问题的。但是，艺术家劳动供给对其报酬的反应程度究竟有多大，或者说艺术劳动供给的收入弹性究竟有多大？这是一件非常复杂的事情。复杂性主要来自艺术家付出的劳动与其收入报酬之间的关系并不是一种确定的关系，而是一种随机性很大的关系。换句话说，艺术家生涯是一种收入报酬差异极大从而导致艺术家活动是一种风险很大的活动。从事艺术活动的人们，有收入非常多的艺术大师，一幅画可能价值几千万元，但同时大量的小画家，或者还没有出名的画家，其收入可能难以维持温饱。上海电视台的记者1998年曾在巴黎采访过法国华裔抽象画大师赵无忌，据赵无忌先生的估计，法国大约有3万名画家，但正式按画家身份缴纳社会保险金的只有8 000名，其中真正能用售卖画作维持生计的大约只有200名左右。因此，尽管在成功的艺术家那里，其艺术劳动的收入报酬远远高于其他劳动者，有时甚至远远高于科学家的收入。但是对于大多数从事艺术劳动的艺术家来讲，其收入报酬不能维持生计。因此从收入报酬角度来讲，少数艺术家的高收入并不构成对大多数艺术家劳动供给的激励，对于他们来说，从事艺术活动的最初动机可能是艺术天赋和爱好使然。所以，对于大多数从事艺术活动的艺术家来讲，他们往往具有双重职业，如在学校里教书，或者在编辑部从事美编工作，等等，同时他们可以利用闲暇时间进行艺术创作。基于这些分析，我们基本上可以得出这样的结论，艺术家队伍的形成和壮大，艺术劳动的供给，主要取决于一个国家艺术人才的存量及其发掘，而艺术人才的存量及其发掘，又是与这个国家艺术活动的普及、美育方面的人力资本投资的多寡有关。当然，我们在这里也不否认社会对艺术大师丰厚的收入报酬激励从事其他活动的人向他们看齐，期待终有一天自己的作品能被社会所承认，从而能给其带来丰厚的收入。因此艺术家平均收入的提高是刺激艺术劳动供给增长的一个重要因素，但是与此同时，艺术家的艺术劳动供给本身就是一种艺术创新活动，是一种艺术享受。从这个角度来看，艺术劳动供给不同于其他的简单劳动供给，艺术劳动不仅仅是谋生的手段，给劳动者所带来的不仅仅是负效用。因此，艺术劳动者在闲暇时间偏好、收入偏好、艺术创新活动偏好函数之下，作出的劳动供给决策远比普通劳动供给决策要复杂得多。我们在考察普通劳动供给时，我们假定劳动者在使自己的效用为最大的情况下作出选择，而他的效用取决于以下几个要素：消费品、闲暇时间（即其所支配的总时间1减去劳动时

间 I^s：$1-I^s$）和货币（代表将来消费）。当劳动收入上升时，正常情况下劳动者根据替代效应，会提高其劳动供给，通过收入增加使得其消费品的消费增加（当然当其收入高到一定程度时，收入效应会发挥作用，这时闲暇会变得十分重要，因此收入提高到一定程度，劳动者对收入提高的反应是减少劳动供给，以增加闲暇的消费）。但是，当我们考察艺术劳动供给时，上述闲暇被视作消费品的替代品，而 I_s 被视作带来负效用的简单劳动的假定就难以成立了。因为在艺术家那里，艺术劳动往往是艺术家追求的一种享受，为了这种享受，他可能以其他谋生劳动获得收入，并用其他劳动获取的收入支持其艺术追求。当然，在大艺术家那里，艺术劳动为大家所承认，他们在享受艺术的同时，又可以解决生计问题，因此在大多数人看起来，艺术家的劳动是最高尚、最吸引人的劳动。一个国家艺术人才的形成还与一个国家的文化传统和艺术传统有关联，而一个国家的文化传统和艺术传统又通过一定的有形物流传下来，如建筑物、壁画、雕塑、国家及私人的绘画作品收藏，一个国家的艺术宝藏越丰富，保存得越好，传播得越有效，这个国家的艺术氛围就越浓厚，就越容易造就大量的艺术人才。

三、政府政策对促进文化艺术活动的意义

前面我们就文化艺术在经济活动中的作用以及文化艺术产品的供求特征进行了分析。经过前面的讨论我们发现，文化艺术产品的供给和需求不同于其他产品的供给和需求，有其本身非常明显的特殊性，由于这些特殊性的存在，使得文化艺术活动不能被简单地置于市场经济中进行发展，而是需要政府的政策支持，才能使文化艺术得以健康地发展。

第一，新古典经济学认为，完善的自由竞争市场机制是优化资源的最有效的手段，并通过严密的数学模型，证明了：在既定的经济资源拥有量和生产技术条件下，使全体经济行为人的经济福利达到最大的帕累托最优是与完全竞争的市场均衡状态相一致的。因此，新古典经济学从本质上来讲是否定政府对经济生活进行干预和调节的，他们强调的是，要充分利用市场的调节力量，使各类经济活动在市场机制的作用下达到均衡。文化艺术活动作为一种经济活动也不例外。市场中形成的文化艺术产品的价格是调节文化艺术产

品供求的最好的信号，供求通过价格波动而达到均衡，同其他产品一样，是文化艺术活动中资源配置的表现。但是，许多经济学家同时也发现，并不是所有商品通过市场调节都可以使资源配置达到帕累托最优状态。特别是对于公共产品的供给和需求，市场机制是失灵的，即市场无法通过价格的设置和波动来调节公共产品的供求。而文化艺术产品就是具有公共产品性质的产品，因此，市场机制在调节文化艺术的供给和需求时，也是失灵的。所谓公共产品，如桥梁、路灯、海上的灯塔，等等，具有如下的性质。其一，非竞争性。一群消费者在消费某一公共产品的同时不影响其他新加入的消费者在同一时点共同消费该产品的数量和质量。其二，不可分割性。如电视广播等，文化艺术产品的供给不可能在不同的消费者那里进行分割。其三，公共产品增加消费的边际成本等于零。当一群消费者消费某一公共产品时，增加其他人消费的边际成本等于零。其四，公共产品的非排他性。即公共产品一旦供给出来以后，产品的供给者无法要求需求者向其支付价格。如对于城市建筑和雕塑作品来说，这些建筑和雕塑的所有者很难要求每个欣赏这些雕塑的人支付价格。由于文化艺术产品具有很明显的公共产品性质，因此我们指望完全按照市场原则来处理文化艺术产品的供给和需求是不现实的。

第二，文化艺术产品的生产和消费具有很强的外部性。前面我们已经讨论过，文化艺术产品的生产和消费活动，如博物馆艺术品的展出和参观，文化艺术节在一个城市的举办等，都可以促进旅游业和其他产业的发展，增加就业机会。如法国卢瓦河上的一个名叫"香浓舍"的城堡，虽然属于私人家庭，但是该城堡每年接待参观者 945 000 人，雇用劳动力 70 人。这些参观者大部分都是通过各旅行社安排前往的，是法国著名的"卢瓦河城堡游"中的一部分。因此不仅"香浓舍"可以获得门票收益，而且各家旅行社可以获得导游等收益，同时"香浓舍"附近的旅馆、饭店、各类商店等都可以因此而获得它们的收益。

第三，与前面文化艺术产品的外部性有着紧密联系的是文化艺术活动能够对其他经济活动产生一种乘数效应。1992 年美国纽约市市长 Rudolgh Giuliani 宣布市政府将对文化机构进行各种形式的资助。这一决策是基于一项调查，该调查指出某项文化支出将有可能导致纽约市获得 100 亿美元的收入增长，这个收入增长包括交通收入增长、旅馆收入增长和饭店收入增长等。在加拿大的魁北克市，三大文化活动（管弦乐队演出、博物馆展出和文化节）

的举办将产生 1.5—3 倍于文化投入的收入增长。在法国，每年的阿维浓（A-vignon）戏剧节，都可能带来大于戏剧节举办成本的收入增长。如 1985 年，举办戏剧节的投入经费为 1 350 亿法郎，而综合收入为 2 550 亿法郎。上述这些研究所显示的外部性收益还只是纯经济收益，非经济方面的收益显然难以计量，但其影响可能比经济收益更大，更为持久。例如，文化艺术活动可以培养一个民族的爱国主义情操，提高民族的文化艺术素质。一个国家或民族的文化艺术遗产是构成民族自豪感的重要的物质基础，让本国公民经常性地回顾参观文化艺术遗产，经常性地举办各类具有本民族特色的文化艺术节，一方面，可以使他们充分吸收前辈的文化艺术养分，为文化艺术的进一步创新和弘扬作准备；另一方面，可以培养他们的民族自尊心和自豪感，进一步激发他们的爱国主义情愫，最后转化为奋发向上的动力。

第四，文化艺术活动中的投入—产出，像高科技方面的投入—产出活动一样是一项具有高风险的投资活动。因为在文化艺术活动中，高投入与高产出之间并不一定具有稳定的函数关系，而是一种概率关系。举例来说，某个艺术家投入毕生的财力、物力和人力，在某一艺术风格的创新方面进行不断的探索，但是其最终的结果——所创作的作品是否被大家所认可和接受，并可以卖出很高的价格以补偿其投入，是件很不确定的事情。虽然对于某一具体的文化艺术投入—产出来说，它们之间的关系是不确定的，但并不等于文化艺术的投入—产出之间就没有正向的关系，从普遍性角度来讲，文化艺术方面的高投入毕竟可以带来高产出。而现在的问题是，当具体到某一项文化艺术的投入—产出活动时，由于存在相当程度的不确定性，私人在这方面的投入往往是不充分的，因此需要政府的支持，才能使文化艺术投入与整个经济的发展相适应。

从上述四个方面我们论证了在文化艺术活动方面，单纯地依靠市场机制来配置经济资源，可能会使这方面的投入严重不足，从而使整个经济的资源配置处于一种非帕累托最优状态。如同其他的、具有很强外部性的产品、能够产生乘数效应的产品和具有高风险的投入—产出关系的产品一样，政府对文化艺术活动的介入是必要的。政府的介入可以解决外部性很强的产品供给不足的矛盾；政府的介入可以充分发挥文化艺术产品供给所带来的对整个经济的乘数效应；政府的介入可以支持私人进行高风险的文化艺从整个社会角度来看，会带来较高的收益。这是就文化艺术活动方面政府介入的必要性而言的，那么，政府的介入采取何种形式？政府在文化艺术活动方面的介入首先体现为政府直接的财政支出，即由政府拨款投资文化艺术方面的建设，如建造博物馆、歌剧院，等等，维持这些机构日常运作的费用也可以纳入国家和地方政府的财政预算项目。其次，国家投入和筹集各类资金举办各类文化艺术活动，促进文化艺术活动的发展。最后，国家还可以通过制定各类法规和政策，一方面对文化艺术活动给予如税收等方面的优惠，另一方面鼓励企业和私人对文化艺术活动的资助，多方面动员社会力量支持文化艺术活动。

作者说明

可能与我在巴黎留学生活 5 年有关吧，除了经济学外，巴黎的文化和艺术情调对我的影响也是非常大的。回国几年，尽管中国的经济增长速度很快，制造业突飞猛进，产品极其丰富，城市化进展也快，高楼大厦拔地而起，但是细细观测之下，这些东西总是缺少点什么。有感于此，迫使我一定要写一篇文化艺术经济学的文章。本文发表于《学术季刊》1999 年第 4 期。文章的目的是要说明，文化艺术活动是随着人们生活水平提高后越来越重要的生产和消费活动，其对 GDP 的贡献是很大的。同时，文化艺术作为生产要素，在所有有形产品的生产中都有体现，因而与科学技术一样，也是重要的生产力。文化艺术作为特殊的商品有其独特的生产和消费过程，我们要给予经济学的分析，揭示其特有的性质，以便更好地促进文化艺术生产和消费。同时，我们也指出，文化艺术活动具有相当强的公共产品性质，需要政府政策的大力支持，文化艺术活动达到社会最优状态。

后 记

经过三个多月的收集、整理、编辑，本书终于完稿。虽然时间比较紧张，但是其中的每一部分都经过仔细斟酌、挑选，所有的篇章都以体现不同时期的热点经济问题为主线。

本书的形成，首先感谢我的诸多论文合作者，如黄立明、陆铭、邵挺、朱国林、何樟勇、张若雪、范剑勇、宋铮、冯俊、樊潇彦、万广华、葛劲峰、余宇新、张闯、韩贤旺等（按书中文章顺序排列）。其中，有些合作者曾经是我的学生，有些现在已经成为著名的学者，他们在我的学术之路上与我共同前行、互相支持，让我铭记在心。

其次，要感谢北京师范大学出版社杨耕社长、叶子副总编、马洪立主任和陈婧思编辑，没有他（她）们的支持和帮助，本书无法如此顺利付梓。

最后，我要感谢参与修改、编辑的陈沁、夏择民、黄庆、范英豪等几位同学，他们默默无闻的整理工作是本书得以按时完成的有力保障。

本书涉及的问题均具有很强的时代性，并伴随着中国经济经历了波澜壮阔的大变革历程。虽说"管窥，亦得全豹"，然而，作为一家之言，难免会有不足之处，恳请广大读者批评指正！

袁志刚

2011 年初于复旦

图书在版编目(CIP) 数据

均衡与非均衡: 中国宏观经济与转轨经济问题探索 / 袁志
刚著.—北京: 北京师范大学出版社, 2011.3
ISBN 978-7-303-12164-9

Ⅰ. ①均… Ⅱ. ①袁… Ⅲ. ①宏观经济-研究-中国
②经济体制改革-研究-中国 Ⅳ. ①F12

中国版本图书馆 CIP 数据核字(2011)第 028753 号

营销中心电话 010-58802181 58808006
北师大出版社高等教育分社网 http://gaojiao.bnup.com.cn
电 子 信 箱 beishida168@126.com

JUN HENG YU FEI JUN HENG

出版发行: 北京师范大学出版社 www.bnup.com.cn
北京新街口外大街 19 号
邮政编码: 100875

印　　刷: 北京盛通印刷股份有限公司
经　　销: 全国新华书店
开　　本: 170 mm × 240 mm
印　　张: 37.25
插　　页: 3
字　　数: 572 千字
版　　次: 2011 年 3 月第 1 版
印　　次: 2011 年 3 月第 1 次印刷
定　　价: 75.00 元

策划编辑: 马洪立　责任编辑: 马洪立　陈婧思
美术编辑: 毛　佳　装帧设计: 肖　辉
责任校对: 李　菡　责任印制: 李　啸